冷战国际史研究丛书

国家社会科学基金项目

冷战时代的中国战略决策

牛　军◎著

世界知识出版社

图书在版编目（CIP）数据

冷战时代的中国战略决策 / 牛军著．--北京：世界知识出版社，2018．12

（冷战国际史研究丛书 / 李丹慧主编）

ISBN 978-7-5012-5893-2

Ⅰ．①冷… Ⅱ．①牛… Ⅲ．①国家战略—研究—中国—现代 Ⅳ．①D60

中国版本图书馆 CIP 数据核字（2018）第 256170 号

责任编辑　刘豫徽
责任出版　王勇刚
责任校对　张　琨

书　　名　冷战时代的中国战略决策
　　　　　Lengzhanshidai de Zhongguo Zhanlüe Juece
作　　者　牛军

出版发行　世界知识出版社
地址邮编　北京市东城区干面胡同 51 号（100010）
网　　址　www.ishizhi.cn
投稿信箱　lyhbbi@163.com
电　　话　010-65265923（发行）　010-85119023（邮购）
经　　销　新华书店
印　　刷　北京彩虹伟业印刷有限公司
开本印张　787 毫米×1092 毫米　1/16　38¼印张
字　　数　480 千字
版次印次　2019 年 10 月第一版　2023 年 8 月第四次印刷
标准书号　ISBN 978-7-5012-5893-2
定　　价　118.00 元

总　序

在历史研究中，冷战国际史研究不仅着眼于国家间的双边或多边关系，而且还在这一基础上向外扩展，探讨某一地区乃至全球的政治、军事格局的形成和走向；向内延伸，分析在已经形成的世界格局中各国国内政策的变化和发展，以及由此产生的对国际关系和国际事务的影响。就此意义上说，它已成为一个独立于国际关系史范畴的新的研究领域。

冷战国际史区别于国际关系史的重要特征即在于它的国际性，它是一个国际史。所谓“国际史”，其含义有两个层面，其一在于，无论是学者队伍和史料来源，还是研究对象和观察视角，凡在冷战史的范围内，都不能再以某一个或几个国家为中心，而已经构成了一种国际现象；其二在于，冷战首先表现为以意识形态、制度为分野的分庭抗礼，不同制度的国家卷入其中，成为一种世界范围的国际斗争，由此引发美苏集团对各地区、民族或国家事务的卷入，除阵营国家外，处于中间地带的各民族国家多分别依附于一方，各个国家的发展道路与两极国际格局的演变已经融为一体。这种历史现象的内涵与外延，已不是一般的国际关系史所能囊括的了。

1991 年，以苏联解体、东欧剧变和两德统一为标志，冷战作为世界历史上的一个时代结束了。即之，以俄国档案的解密为契机，一系列前社会主义阵营的东欧国家档案也纷纷见之于世，加上原有的美国、英国、日本等国定期公开的档案，学者们可以通过大量的一手材料更加真实地描述和解释冷战时期的历史。所有这些构成了冷战史研究在20世纪90年代异军突起的时代机遇。美国威尔逊国际学者中心（The Woodrow Wilson International Center for Scholars）于1991年率先成立了冷战国际史项目（The Cold War International History Project），许多国家和地区也随之建立了自己的研究机构或团队。此后，“冷战国际史”这一概念便开始流行，并被国际学界广为接受。

当20世纪中叶开始的世界社会主义与资本主义两大阵营的相互对抗成为过去，研究者与研究对象之间的距离也即逐渐拉开，各国冷战史学者得以在摆脱冷战环境及其思维定式束缚的条件下，对冷战的概念、内涵和外延，冷战的起源，冷战思维对各国决策层的影响，大国关系对国际政治力量改组的影响，小国在冷战格局变化中的地位和作用，不同阵营内部关系的变化及其对两极格局的影响，美苏之间冲突、遏制、对抗和缓和的交替过程，苏联解体过程中的冷战因素，冷战框架和冷战思维对后冷战时期世界格局发展变化的影响等一系列重大历史问题，进行比较客观的再思考。由此，国际学术界掀起了对冷战历史研究的新的热潮，参与学者的人数和国度、研究的角度和方法、课题的种类和范围，以及档案文献资料所涉及的语种和国家等，都大大超过了以往几十年的研究。这种新的国际学术潮流，被国际著名冷战史专家约翰·刘易斯·加迪斯（John Lewis Gaddis）称为“新冷战史”（The New Cold War History）。

近年来，冷战国际史的新研究日渐深入，其主要学术特征表现在以下几个方面。

第一，众多冷战史研究群构成了国际学者队伍。在美国和西欧，美国威尔逊国际学者中心冷战国际史项目、位于乔治·华盛顿大学的国家安全档案馆、伦敦政治经济学院冷战研究项目、以瑞士联邦技术学院安全研究中心为依托的合作安全平行历史项目（The Parallel History Project on Cooperative Security）等，是世界上几个主要的冷战史研究中心；此外还有意大利的马基雅维利冷战史研究中心，法国的“欧洲认同、国际关系和欧洲文明”研究所等冷战研究机构。而中东欧各国也几乎都建立了冷战史研究机构，除俄罗斯科学院冷战史研究中心外，经常在国际学界露面的是匈牙利冷战史研究中心和保加利亚冷战研究组。在亚洲，比较活跃的有中国华东师范大学冷战国际史研究中心，以及日本早稻田大学现代中国研究中心和北海道大学斯拉夫研究中心。韩国参与冷战史研究的主要是韩战研究会和国防部军史编纂研究所。新加坡国立大学近年也成立了冷战研究中心，侧重于冷战在东南亚的历史研究。香港大学历史系的美国研究中心经常与各国冷战中心合作举办国际会议，是亚洲冷战研究的主力之一。在中国台湾，“中央研究院”近代史研究所组建了一个专门研究冷战时期海峡两岸关系的研究群，“国立”政治大学历史系也有冷战史研究小组。印度学者最近也开始加入冷战史的研究队伍。

第二，档案开放、收集的国际化与多国档案的综合利用。冷战国际史研究的基本要求就是必须以第一手的档案文献构成学术论著的叙述主体，不仅如此，这项研究还强调综合利用双边档案或多国档案从事学术考察。以往的冷战史研究，依靠的主要是美国档案，故形成“美国中心论”——冷战史实际上是美国外交史——在所难免。目前，各国档案的开放、收集、整理、翻译及综合利用，已经成为冷战史研究领域首先关注的事情。正是这种档案收集和利用的国际化趋势，从根本上突破了“美国中心主义”倾向，使冷战史研究成为真正意义上的冷战国际史研究。

第三，研究者学术关怀的重点集中在历史事实的重建。冷战国际史之所以被称为“新冷战史”或“冷战史新研究”，并不是因为研究者持有相同的、统一的观点，更不在于他们形成了一个学术流派，而是恰恰相反，学者之间在很多观念、概念、定义以及对史料的解读方面，往往存在不同的释义和看法。就学术关怀而言，研究者的共同努力首先和重点在于重新描述历史过程，重新构建历史事实。冷战时代结束后，世界现代史在基本史实的认定方面出现了颠覆性的变化。过去，由于意识形态的对立和档案文献的阙如，冷战双方的研究者无法看到或不想看到铁幕的另一边究竟发生了什么，学者眼中的历史常常是片面的、虚假的、错误的，甚至是扭曲的或被歪曲的。如今，随着对峙双方档案文献的解密和公布，以及学术研究中意识形态因素的弱化，冷战历史的原貌开始浮出水面。冷战史演进的全过程进入重建阶段，在一个相当长的时间里，各国学者首要的和主要的任务就是恢复历史的本来面目。

第四，档案交流和专题研究方面的国际合作日益加强。冷战史研究走向国际化的趋势，是冷战结束以来各国档案大规模开放的现实促成的，也是其研究领域本身的内涵所决定的。冷战史研究领域的重大专题研讨会，需要多国学者利用多国档案共同参与讨论，如此才能更有效地辨明事实真相，总结历史教训。

第五，研究领域、研究对象和研究方法等方面呈现出新的发展趋势。目前，在持续关注冷战起源、苏联与冷战的关系、中美和中苏关系、朝鲜战争和越南战争等诸多热点问题的同时，冷战史学者也开始走出大国关系史研究的光环，注重考察中心地带与边缘地区的互动关系。从战后基本同步、并列延伸的冷战和殖民主义瓦解的进程来看，冷战的发展实际超出了东西方对抗的范畴，成为一种更为复杂、更具多元化特征的历史过程。两个超级大国在第三世界地区争斗的日益激烈，使无产阶级世界革命中的冷战对峙和民族独立运动这两大历史脉络密切地交织在一起，冷战的规模由此拓展至全球。这期间，第三世界扮演的角色不容忽略。只有进一步考察第三世界国家在冷战中的地位和影响，才能使人们更加深刻而全面地了解冷战年代世界格局的内涵，以及在这一总体格局中各国历史的发展道路。此外，冷战国际史研究还进一步突破了传统国际关系史研究的范畴，把观察的视野转向经济、文化和一系列社会问题，“经济冷战”“文化冷战”“宣传战—心理战”等研究逐渐兴起，跨学科研究成为一种发展趋向。战后以来，经济、文化、科技、宗教、社会等各类专门史，都不可能摆脱开冷战这个核心；与此相应，研究冷战史，研究国际格局产生和变化的过程，也必须考察经济、文化、科技、宗教、社会等问题，因为正是这些问题与国际关系问题融合在一起，才构成了冷战时代本身。也只有运用多维视角，才能完全展现出冷战史作为一部国际史的价值和魅力。而就方法论言之，一些学者正尝试着在合理的新历史证据的基础上，建立自己的冷战国际史概念、分析框架和理论模式。而这种做法本来就是冷战国际史研究者所关注的，重新建构历史活动之中的应有之义。

作为冷战中的一个社会主义大国，中国的角色和作用是冷战史的重要组成部分。冷战时期的国际环境对中国的内政外交产生了重要影响，新中国的发展轨迹与冷战进程交织在一起。以此，中国学者在冷战史新研究兴起之初就参与到了这一学术潮流中。随着国际交流的深入，中国学者的研究成果正日益引起国际学术界的重视。在朝鲜战争、中苏关系、新中国对外政策、台海危机、越南战争等一系列冷战史重大课题的研究中，许多中国学者的观点及其所依据的史料都在国际学术界产生了重要影响，中国的冷战史研究已经进入国际学术前沿，具备了与国际一流学者对话的能力。因此，与其他学科稍有不同的是，中国的冷战史学科一开始就是与国际学术界保持同步的，目前冷战史学界的新趋势也是贯穿在中国冷战史学科发展之中的。中国的冷战史研究已经成为一个新的学术增长点，其作为中国学术界新兴学科的地位也已经确立起来。

不过，中国学者在冷战国际史研究中仍然存在着某些不足和需要改进之处。其一，冷战时期美国外交政策研究仍然是中国冷战国际史研究的“大宗产品”，从事其他方面研究的学者比例过低。其二，多国多边档案的互证对比研究尚处于起步阶段。其三，偏重政治、外交和军事史研究，对社会、科学、经济和文化方面冷战的研究尚显重视不够。在中国日益崛起的今天，中国的冷战国际史研究还须迈出更为坚实的步伐，学者们的视野应该不断“扩张”，探索也应该“面面俱到”。毕竟冷战的历史极其丰富和鲜活，队伍庞大的中国的研究者应当尽可能均衡地关怀和揭示冷战史的方方面面。这不仅是学术发展的需要，也是国家发展的要求。

近年来，“新冷战”（New Cold War）问题开始引起国际社会的关注，大国之间围绕利益和权力展开的对抗，国际政治中出现的对峙和遏制，似乎重演着冷战年代的是是非非。面对新产生的“世界是否会进入新冷战时代”“目前国际紧张状态中有哪些因素来自冷战年代”“国际局势今后将如何发展和演变”等问题，人们只有通过思考过去的经验教训，才能做出合乎逻辑的解答。由于当代世界的结构性因素和重大国际问题的渊源都与冷战时期密切相关，所以，冷战史研究可以为理解和把握后冷战时期的历史运动规律、应对及管理现实的国际危机，提供必要的历史借鉴和战略性评估。这也是进一步全面、深入地加强冷战国际史研究，并在学科建设方面将这一研究提高到应有地位的现实意义所在。

有鉴于此，为了推动中国冷战国际史研究的继续拓展和深入，促进中国现代史、世界现代史、现代国际关系史和国际政治学研究的发展，以及为中国参与国际事务、选择对外方针提供政策咨询，我们着手编辑并出版了冷战国际史研究丛书。此套丛书的内容广泛，形式多样，既有中国学者的最新专题研究成果，也有国外学者的冷战史研究新作，以及口述历史著作。该套丛书将持续编辑出版下去，以期集中反映中外学者冷战史研究的面貌，拓宽中国冷战史学者的思路，开掘冷战史研究的新材料。

我们相信，经过中国学者的努力，中国的冷战国际史学科，必将不断走向成熟；中国的冷战国际史研究，也必将以其客观、严谨、厚重、创新的学术品质，跻身于世界史林。

冷战国际史研究丛书编委会

2012年6月

目　录

导　论 …………………………………………………………………… 1

第一章　踏入冷战：与苏联结盟

第一节　定义问题 ………………………………………………… 36
第二节　利益的交汇 ……………………………………………… 39
第三节　开启结盟之门 …………………………………………… 54
第四节　奠基 ……………………………………………………… 71
第五节　同盟诞生 ………………………………………………… 81
第六节　解读结盟 ………………………………………………… 90
第七节　结语 ……………………………………………………… 94

第二章　同盟与局部战争：抗美援朝

第一节　定义问题 ………………………………………………… 97
第二节　预防 ……………………………………………………… 102
第三节　“草鞋没样，边打边像” ………………………………… 122
第四节　打过三八线 ……………………………………………… 163
第五节　“局部化”战略与决定谈判 …………………………… 180

第六节　谈判中的选择 …… 202
第七节　结语 …… 222

第三章　军事—外交之战：东南沿海作战暨“炮击金门”

第一节　定义问题 …… 225
第二节　攻与防 …… 228
第三节　“两步走”战略形成 …… 234
第四节　“炮击金门”的缘起 …… 258
第五节　空战优先 …… 272
第六节　“军事外交战” …… 281
第七节　结语 …… 295

第四章　安全的革命：援越抗美

第一节　定义问题 …… 299
第二节　缘起 …… 307
第三节　转折年代 …… 329
第四节　援越革命 …… 356
第五节　革命但要安全 …… 366
第六节　结语 …… 377

第五章　重建均势：调整对美政策

第一节　定义问题 …… 382
第二节　安全战略转变的缘起 …… 385

第三节 中美地缘对抗衰退 …… 399
第四节 中苏地缘对抗的嬗变 …… 417
第五节 “乱”与均势 …… 434
第六节 打开和解之门 …… 478
第七节 结语 …… 480

第六章 退出冷战：中苏关系“正常化”

第一节 定义问题 …… 486
第二节 “正常化”的缘起 …… 496
第三节 决策战略化 …… 504
第四节 重启“正常化” …… 522
第五节 “不急于求成” …… 536
第六节 “退出冷战” …… 545
第七节 “正常化”与安定南疆 …… 556
第八节 结语 …… 569

参考文献 …… 572

索 引 …… 588

后 记 …… 593

导 论

本书以“冷战时代的中国战略决策”为题，选择六个重大历史事件作为案例，研究从中华人民共和国成立到1991年冷战结束这40余年间，中国领导人所作事关中国国家安全和对外政策并产生了持久和深刻影响的战略选择，它们包括与苏联结盟、抗美援朝、“炮击金门”、援越抗美、调整对美政策、中苏关系“正常化”。这些历史事件包含大量如经济、外交、国内政治等内容，本书选择的视角决定了其分析和叙述将聚焦于战略安全的内容并以此为主要线索，概括地说就是联盟、局部战争、国际危机管理、大规模对外军事援助、全面战备、国家安全战略转变、均势战略形成，等等。它们基本涵盖了冷战时代中国战略决策的主要内容和特点，所以是有代表性的。此外，这六个案例也构成了一个有内在关联的演变过程，大致反映了冷战时代中国战略决策的发展方向及其基本特点和动力。

除分别反映了不同的政策类型外，这六个战略决策的影响是长久和深刻的，而且大多数都以军事安全为重要内容，或受到军事安全问题的严重影响，所以它们更符合“战略”决策的标准。此外，也有认识价值，将它们视为40余年的历史过程中的一些重要节点连接起来，置于中国与冷战互动的结构中系统观察和分析，至少有两方面的启发。

其一是可以大致呈现出中国战略决策与冷战体系互动的轨迹，即从中华人民共和国成立伊始便多少有些主动地嵌入国际冷战体系，到这个体系行将崩溃之时，明智地主动选择退出，以及决定和推动中国对外政策出现大致同步的演变。其二是通过呈现和分析中国的决策者在既定的决策系统中如何做出那些堪称历史性的选择，从而揭示中国战略决策的一些关键特点、决策者能动性的作用和冷战体系对他们的基本限制，等等。因此，这项研究必然会涉及乃至深入到某些决策理论层面，以便从更具普遍性的视角来观察和界定中国战略决策到底有哪些独特性。除上述理由外，还有必要解释专门选择这几个案例的理由，特别是分析它们的思路和框架。

一

这六个战略决策有一个重要的共同点，即决策过程都持续时间比较长，以及被卷入的影响因素极为复杂且变动不居。如何在不断变动的环境中长时间确保战略目标的一致性并不断合理地调整不同目标之间的轻重缓急，是决策者在每次重大决策中都面临的严峻挑战。正是他们管理战略目标的质量——包括确定战略目标的轻重缓急并根据不断变动的条件加以控制或调整，在根本上决定了决策的质量甚至成败。为了丰富和加深对中国战略决策理论的理解，在确认对“战略”已有定义的基础上，有必要进一步提出“战略的本质是管理”，并将其融入个案的选择和分析之中。

古今中外成功的战略决策至少在表面上看，经常是（人们也会这样要求）战略家或决策者在关键时刻的妙至毫巅的觉察和几乎是一步到位的合理判断，包括首先也尤为关键的是，能较快地在复杂的目标中，合理地确定轻重缓急和采取行动的优先顺序。至少以往描述或分析冷战时代中国领导人决策的很多著作，就是这样告诉读者的。所以有必要强调，应将“管理”——合理确定目标和行动的轻重缓急和根据变动的内外条件加以控制和协调——作为战略决策研究的优先内容。

人们认识世界无不是依据包含有多重坐标的知识体系，而历史知识是最基本的知识之一，历史坐标是最重要的坐标之一。大量的案例研究都证明了认知在决策中的至关重要的作用。每临重要的历史关头，决策者是根据自己认识和理解的而非真实的世界做出选择的，其中包括那些重大的历史性选择。在任何一位决策者的认知结构中，都存在着大量“先在知识”，其中有相当一部分是历史知识。它们或来自决策者的历史经验和观察，或来自对历史研究成果的学习和理解。他或他们在思考和制定一项对外政策时，必定会大量运用他或他们已经拥有的“先在知识”包括历史知识，进行判断和做出选择。所以，如何理解约在 30 年前结束的、持续了 40 余年的国际冷战，特别是如何解读冷战时代中国战略决策的历史和经验，必定会对当下和未来中国的战略决策产生重要的影响。

对历史认识和理解的质量决定了处理当下事务的认知质量和基本态度的合理程度，这应该是合逻辑的推论，也是将冷战时代中国战略决策作为专门题目展开再研究的一个理由。在当代学界将诸多目光转向中国古代历史去寻找战略思想的资源之时，不妨对冷战 40 余年的重大事件也投以热情的关注，毕竟那是离今天很近的一段历史。那些事件不仅与其他一些重大事态一起塑造了冷战时代世界政治和中国历史进程，而且一些后果一直延续到今天。

历史研究有些本能地排斥单一视角和看上去有些简单的方法或范式，更加关注观察和研究的对象本身的独特性，更重视偶然性和叙事的可读性。但是，从事历史研究并不意味着就一定同意并因循这种本能，对研究问题的界定本身实际上就是在确定视角，只是因为比较粗放和边际不那么清晰，才声称没有单一的视角。为了更确切地分析冷战时代的中国战略决策，包括界定清楚这些分析的解释力的限度，有必要从大历史过程中发现并提出研究框架，从而描述出中国战略决策得以展开的主要舞台，以及解释这些战略决策的意义何在。总之，由于采用个案分析的方式，在确定研究范围、主要概念与研究目的和价值之后，还有必要分别介绍这些连续发生的个案的历史背景和分别解读它们时所依据的基本框架。

二

之所以研究冷战时代的中国战略决策，不仅是因为中国决策者做出的那些可以定义为是至关重要的抉择都发生在冷战年代，而且还是基于一个简单但绝非不重要的现象，即在第二次世界大战后的40余年里，中国的历史进程同冷战的互动是如此之明显和确定，中国国家战略的历史性转变同冷战的发生和转型等，在时间上几乎都是相契合的。这一点对于理解中国的战略决策甚至更有意义，它推动人们去思考这样的问题：在冷战的背景下考察这40余年的中外关系，我们应该如何定义国际体系与中国战略决策之间的互动？简单地说，就是哪一个因素更具有决定性？以及历史人物在什么范围内具有塑造历史的能动性？

中国国家战略转变与国际冷战之间的互动在中华人民共和国诞生之前就开始了。第二次世界大战（以下简称二战）结束不久即爆发的冷战，极大地影响了中国内部正在发生的历史性巨变，即中国共产党在同国民党的内战中胜出。美苏冷战既是中国革命胜利的独特的外部条件，也是中共建国时不得不面对的主要外部环境。中共中央选择“一边倒”，站在苏联阵营一边和与美国对抗，是中共领导人当时在两极对抗的国际格局中做出的反应，结果是中华人民共和国诞生伊始，便加入苏联阵营并与苏联结成军事同盟，并因此而进入冷战的两极体系和对抗之中，这是不争的事实。中国领导人做出这个选择的动机和动力是这本书首先要专门探讨的问题，不过无论其过程如何，中苏结盟客观上极大地加强了苏联阵营的力量。另一个同样重大的后果是导致了冷战向东亚地区的大规模蔓延，那之后的一大段时间里，东亚一度成为冷战中“热战”规模最大、最惨烈的地区，发生了朝鲜战争和两次印度支那战争。

20 世纪 60 年代中期，中国对外政策的激进化和与之相关的一系列战略决策，也包含着对变动的冷战体系做出反应的内容。所谓冷战体系的变化，在这里主要是指美苏力量对比和由此导致的两个超级大国的对外战略的变化、苏联对外政策和对华政策的转变，以及美国对外政策和对华政策的变化，等等。

20 世纪 60 年代，美苏两个超级大国之间形成了战略均势，特别是战略核力量的均势，其中突出的特点是苏联战略核力量的快速崛起。美苏面临着是继续对抗，还是“缓和”的抉择。美国选择了“缓和”，苏联选择了对抗。恰恰在这个时期，中国同苏联从盟友变成敌人，苏联被认为是中国国家安全的直接威胁。如何理解苏联对华政策与苏联全球战略调整的关系并加以合理地应对等，也成为中国对外政策的严峻挑战。可以确定地说，60 年代中国国家安全战略的根本性转变，即从苏联的盟友转变为美国的战略合作者，同这个时期冷战体系的转型存在直接的关联。当然，这种关联并不能简单地理解为中国的战略决策只是对冷战体系变动的单向回应，它大致指的就是一种可观察到的密切互动。中国从 1973 年开始推行名为“一条线”和“一大片”的国际反苏统一战线战略，是国家安全战略根本性转变的标志。这个战略的目的是针对中美苏战略关系变化和中国安全环境的改变，尽可能地联合世界政治中的各种力量，共同反对苏联的扩张。①

中国对外战略的这次转变对于推动冷战转型有需要进一步论证的重要意义。对于苏联体系而言，中国从盟友变成了强大的敌人；这在当时尚不能断定就是中国的好处甚或胜利，但肯定是苏联的惨败。对于美国主导的世界体系而言，中国是从安全战略的转变起步，开始了从革命者到参与者的历史过程，其长远的影响随着时间的推移越发彰显，而且这个过程现在看来还在持续，尽管矛盾重重。

在20世纪70年代初开启的东西方缓和，是否以及如何影响了中国的现代化进程，目前还没有深入探讨的研究成果，不过从时间上看，的确有很多重合之处。例如，当时除了安全战略的转变外，中国内部的确同时出现了巨大的变化。毛泽东发动的“文化大革命”表面上看似如火如荼，实际上以“四个现代化”为主要诉求的政治潮流已然逐步汇聚，并被清楚地证明正成为人心所向。1975年，邓小平主导的针对“文革”乱象的“治理整顿”，是在中美和解及东西方缓和的背景下发生和展开的。虽然不久“治理整顿”即随着邓小平被再次打倒而夭折，但它的确为否定“文革”凝聚了初步的政治共识和政治力量。到了70代末，中国的国家战略终于发生了走向“改革开放”的历史性转折，其长远的后果显然并不仅仅限于通过与美国建交而对全球均势和地区安全格局造成的实质性影响。

20世纪80年代中期，就在冷战开始进入终结的历史阶段，中国用百万人大裁军的实际行动和宣布奉行“独立自主和平外交方

① “Memorandum of Conversation,” November 12, 1973, U. S. Department of State, *Foreign Relations of the United States* (hereafter *FRUS*), 1969–1976, China, XVIII, 1973–1976, Washington, D. C.: United States Government Printing Office, 2012, pp. 123–138, 380–399. 另参见王泰平主编：《中华人民共和国外交史 1970—1978》第3卷，北京：世界知识出版社1999年版，第7页。

针”，开启了退出冷战的进程。1989 年 5 月，中苏两国领导人在北京宣布了两国关系正常化，中国前所未有地同时与两个冷战超级大国都保持了正常关系。这对冷战进程产生了何种影响，有着巨大的探讨空间。可以确定的是，它为中国应对后冷战时代的大变局奠定了可靠的基础。到 1991 年冷战因东欧剧变和苏联突然解体而宣告结束时，中国已经可以置身事外，比较超然地应付这个二战后最大的历史变局。

中国的重大战略决策与冷战进程存在同步，作为一种客观存在是如此之明显，不仅决定了有必要一般性地叙述冷战与中国历史进程的关联，而且需要进一步解读，在这个进程中，中国战略决策与冷战的互动为什么会发生，如何发生，后果如何；以及这种互动在关键时刻如何塑造了中国人的世界观和他们的战略思维，而他们的战略思维的确严重左右着中国的国家安全战略规划。本书选择的各个案例只有被分别置于中国与冷战互动的各个阶段的特殊背景下，才能更完整地呈现出考察和解读它们的价值。

三

多年以来，战略决策研究的大量成果证明，任何一位历史人物在关键时刻的战略抉择，都是在外部体系和国内体系之间的结构性互动中完成的。其中每一个体系的内容都极为丰富和复杂，都需要进行持久的观察和分析，将它们分开来都不足以解释任何战略决策。全面系统地观察和了解这种互动的结构及其在不同时段的特点，对研究冷战时代的中国战略决策是至关重要的。这首先就决定了，在研究这个时代的中国战略决策之前，需要对国际冷战体系的本质和特点有基本的了解，以及确定其作为中国战略决策的主要国际背景的意义何在。① 对于中国战略决策面对的外部情势而言，还可以将国际冷战体系分为全球和东亚地区两个层次来分析，后一点需要在另外的专项分析中展开论述。

冷战结束后，对冷战的研究已有30多年，学术界尽管有各种分歧，还是形成了一些基本的共识，它们大致包括下面几个内容。

首先，确认了以往研究的基本结论，即冷战时代世界政治的基本结构和国际体系最基本的特征是美苏两个超级大国的对抗，冷战的发生是因为欧洲在两次世界大战中衰落与两个非欧洲大国美国和苏联的崛起，简单地说就是美苏之间的对抗塑造了二战后国际体系的基本方面。

冷战结束后，已经可以在相对简单的环境和气氛中比较两个超级大国并得出结论。相比较而言，美国不仅在军事力量、对外干涉的能力、规模和范围等方面，均明显强于苏联；而且其综合国力和世界影响力等，都大幅超过苏联。在20世纪美国崛起为世界超级大国并雄踞国际体系中心的进程中，40余年的冷战是一个特殊并且至关重要的阶段。美国的崛起并一度独步天下，在冷战中同苏联的对抗和竞争起了非常重要而又独特的作用，以致在那个时代，世界政治的中心最终是从欧洲转到北美而非苏联。美国的世界地位给

---

① 学界已经有大量关于国际冷战史的论著，这里参考的新近出版的论著包括：Melvyn P. Leffler and Odd Arne Westad, eds., *The Cambridge History of The Cold War* (Cambridge: Cambridge University Press, 2011)；[挪] 文安立：《全球冷战：美苏对第三世界的干涉与当代世界的形成》（牛可译），北京：世界图书出版公司2012年版；Michael H. Hunt, *The American Ascendancy: How the United States Gained and Wield Global Dominance* (Chapel Hill: The University of North Carolina Press, 2007)；Michael H. Hunt and Steven I. Levine, *Arc of Empire: America's Wars in Asia from the Philippines to Vietnam* (Chapel Hill: The University of North Carolina Press, 2012)；王缉思、牛军主编：《缔造霸权：冷战时期的美国战略与决策》，上海：上海人民出版社2013年版；牛军：《冷战与新中国外交的缘起：1949—1955（修订版）》，北京：社会科学文献出版社2013年版；[美] 约翰·刘易斯·加迪斯：《长和平：冷战史考察》（潘亚玲译），上海：上海世纪出版集团2011年版；[美] 梅尔文·P. 莱弗勒：《人心之争：美国、苏联与冷战》（孙闵欣等译），上海：华东师范大学出版社2012年版。

20 世纪后半叶的世界历史带来何种影响，至今毁誉都有，不争的事实是其巨大的规模和深刻的程度令人叹为观止。冷战时代的主要事件、各种国际大小事件中的主要规范，乃至世界各国人民生活方式的很多方面，几乎都打上了“美国”的烙印。世界上凡是将现代化作为追求目标的国家，几乎都会有意无意地审视本国同美国的关系，认真观察和思考美国模式的现代性及其利弊。中国在冷战前期与美国对抗和后期同美国形成积极的战略关系，都是在这样的历史背景下做出的重大选择。换句话说，中国的战略选择都与中国人对美国的世界地位及其影响的认知有直接的关系。

与美国对抗的是苏联，后者也是超级大国，但综合国力在整个冷战时期都无法同美国相比。苏联成为美国的战略对手并具有世界范围的影响力，是因为它在二战后拥有强大的军事力量，并可以依靠一种经济和社会高度集中和军事化的体制，在一个或几个领域集聚起巨大能量并获得高速发展，从而挑战美国的优势。此外，苏联能获得快速发展的经济模式和战后一度快速复兴的能力等，对第三世界新兴国家有相当大的号召力，为它们建国提供了另一种选择。这些因素综合起来成就了苏联的世界超级大国地位。对苏联世界地位的判断当然难免受到苏联解体这个基本事实的影响，不过，那些以公开的信息和解密的苏联档案为依据所做的研究等，都论证了用当今所能设想出来的衡量国家力量的各项指标来评估，当年的苏联的确很难拥有匹敌美国的那种持久而广泛的影响力。换句话说，苏联在冷战中失败必定有其内在的和历史的逻辑，争论仅在于后人如何认识和解读它们而已。

其次，冷战史研究比较突出的论述，也是争论比较大的问题之一，是关于意识形态斗争在美苏对抗中的作用，其中给人印象深刻的是对美苏意识形态斗争重要性的重新评价。新发掘出来的历史档案证明，美苏各自的意识形态在诸多重大历史事件中的作用至关重要，不能简单地、有时甚至不能主要用地缘政治斗争和大国霸权等，来解释美苏对抗的本质、激烈程度和为何持续如此之长的时间，尽管这些因素无一不是极为特殊的和极为重大的。美苏冷战达到如此激烈的程度，很重要的原因就是双方及其支持者都拥有坚定的信念。他们都认为自己站在“历史正确的一边”，代表着人类的终极希望。两种对立的意识形态导致美苏从冷战一开始就把它们之间的争斗看成是你死我活的，任何一方的胜利都被认为是另一方的绝对毁灭，不仅是物质性毁灭，而且是包括精神在内的整个生活方式的毁灭。①

美苏对抗不仅给这两个国家和它们领导的集团造成极为严重的影响，而且导致了冷战的全球蔓延。与之前的殖民主义国家的对外扩张主要是为了攫取领土、资源和市场不同，美国和苏联积极向外扩张是基于对各自理念具的“普世性”的信心，它们因此对改变世界政治、社会和经济，尤其是逐个地改造其他国家等，具有并投入了无比巨大的热情。应该重视美苏斗争导致的两个超级大国长时间和大规模的对外干涉，包括非常残酷的军事入侵、支持政变，当然也有方式比较文明一些的对外经济文化援助，等等。

美苏都认为它们信奉的思想、理念等是放之四海而皆准的普遍真理，它们各自的现代化模式必定会为发展中国家带来福音。这种信念成为美苏对外扩张的强大动力，是导致冷战全球化的根本动力之一。美苏都打着理想主义的旗号到处争夺道义高地，它们的对外援助、军事干涉等通常都充斥着有关理想和道义的论述，不遗余力地宣传它们的思想，认为“武器的批判”要有“批判的武器”相配合才行。由于两个超级大国都有比发展中国家强大得多的国家能

① 可参见 David C. Engerman, “Ideology and the origin of the Cold War, 1917-1962,” Melvyn P. Leffler and Odd Arne Westad, eds., *The Cambridge History of The Cold War* (Cambridge: Cambridge University Press, 2011), pp. 20-42。

力，它们的干涉造成的后果也是惊人的，通常会直接影响到被干涉国家的政治走向。显然，简单地用“国家利益”“帝国主义”或“社会帝国主义”等概念来解释美苏的对外干涉的动力和行为等，是远远不够的，需要更具体地分析美苏干涉的本质和干涉模式对当地政治、经济、社会等造成的长远后果。

最后，美苏两国的政治、经济精英等固然都认为世界的未来属于自己一方，不过客观地看，二战后，也是在法西斯主义、帝国主义、殖民主义都被历史所抛弃之后，美苏的确为当时的世界展现了都曾经有望取得成功的两种选择。

在冷战前期，苏联模式看上去甚至更有吸引力，毕竟两次世界大战都已证明，资本主义不能阻止世界规模的战争，它甚至就是世界战争的根源，而且苏联在经济领域曾经获得蓬勃的发展，军事力量尤其是战略核力量一度达到可以匹敌美国的水平，还领导着一个军事同盟。不过随着时间的推移，以市场经济为本质特征的西方国际市场越来越成为主流和更有活力，它表现出了强劲的发展势头，培育了一批发达富裕的国家，并最终推动了经济全球化的浪潮。反之，苏联阵营的国际市场逐步衰退，其中的大部分国家技术落后，经济萎靡，增长乏力，最后随着苏联阵营崩溃而不复存在。在中国实行改革开放和冷战结束后，经济全球化的潮流愈显突出，并造成了越来越严重的后果。就冷战历史而言，两大国际体系的竞争毋宁说是更根本性的，因为这场竞争赤裸裸地展示出了优胜劣败的结果，迫使人们在每个阶段都需要认真观察其前景并做出有时是生死攸关的选择。

从后果看，美苏的扩张不论是基于什么理由，都极大地影响了它们的世界地位，也在它们各自的国内造成了严重的后果。例如，美国在亚洲的战争严重影响了美国的国家能力。参加朝鲜战争导致美国的世界地位不再上升，后来在越南的十年战争则导致美国地位的跌落，第36任美国总统尼克松当时承认，世界已经形成了美国、苏联、欧洲、日本和中国五个力量中心，即多极格局，美国“不再无所不能”。苏联也一样，它从70年代中期扩大对外干涉给自己造成了更为严重的后果，持续十年的阿富汗战争则是导致它彻底衰落直到国家解体的一个至关重要的原因。当然，美苏的军事干涉对被干涉国家造成的灾难甚至更为严重，有时给当地带来了严重的人道主义灾难。有些国家对殖民主义的清理和反思等，被淹没在冷战意识形态的争论中；有些国家则出现大规模内战甚至国家分裂。在冷战时代，世界各个地区的冲突和不同国家的内部冲突等，无不受到两个超级大国对抗的牵制，很多情况下就是它们对抗的直接延伸。

美苏之间的对抗、它们的对外扩张和两大阵营竞争等，都因为冷战时代的另一伟大进程才得以具有全球的意义，即持续了数百年的殖民主义体系在冷战时代彻底瓦解。据统计，在二战结束后的30多年中，在原来的殖民地出现了70多个新独立的国家。殖民主义崩溃和大量新兴国家的诞生是历史性的事件，它永久地改变了国际政治的面貌。这对中国的世界地位最显而易见的影响是1971年10月，联合国恢复了中华人民共和国的合法席位。由阿尔及利亚和阿尔巴尼亚两国发起的恢复中华人民共和国合法席位的提案即史称“两阿提案”，在联合国大会表决中获得三分之二多数的支持票，与联合国成员数量大幅增加和成员构成的结构性变化有直接的关系，这反映了全球反殖民主义运动的后果和影响。大多数新独立的国家先后转向市场经济，并逐渐地越来越转向建立具有包容性的政治体系，毕竟是选举权和人权的逐步扩展，才使新兴国家中的公众要求与宗主国人民享有同等权利，从而掀起了反对殖民统治的浪潮。这类诉求同民族自决的诉求结合在一起，构成了摧毁殖民主义统治的根本动力，尽管这些国家在争取独立和后来的建国过程中间，的确有不少曲折甚至是痛苦的探索，有些国家至今仍未脱贫和混乱不堪，有些地区甚至战乱不已。

冷战的全球化既是殖民主义瓦解的原因，也是结果。二战后各种类型的民族主义运动兴起同美苏对抗有紧密关联，但严格地说并不是由冷战引起的，它的核心价值源自反法西斯战争的核心理念，是针对数百年殖民主义统治的。但是，正是由于它的蓬勃发展，才为冷战的全球化提供了巨大的空间和可能性。一方面，各种反殖民主义力量不得不寻求两个超级大国的支持，以及新兴国家都在从美苏两大阵营提供的现代化模式中选择独立后的发展路径；另一方面，美苏都热衷于推广它们的价值和模式，它们通常将对方在某个地区或新兴国家的胜利或暂时的得势，视为对自己的威胁，或者说是对自己事业的威胁。如何厘清这个巨大的历史过程的脉络，以及置身其中的各个地区和国家之间的不同关系，对于中国学界毋宁说是一个巨大的挑战。因为在没有更深刻地理解和更透彻地解读这个过程之前，对中国在这段世界历史中的地位是很难做出中肯的评价的。

在冷战时代，与殖民主义彻底瓦解和新兴国家诞生相关联的重大国际政治特点之一，是美国和苏联的全面对抗以及它们各自的对外政策等，并没有也不可能决定冷战时代世界政治的所有方面，其他诸多国际行为体如一些中等强国在诸多情况下是在根据它们自己对外部世界的理解各行其是，两个超级大国有时甚至是被动地卷入地方的冲突。[①] 毫无疑问，美苏对抗是冷战中各地区发生冲突、战争，以及诸多国家内部政治斗争或内战的主要国际背景，两个超级大国的干涉看上去几乎无所不在。但是，如果转换视角，不将新兴

---

① 参见［挪］文安立：《全球冷战：美苏对第三世界的干涉与当代世界的形成》（牛可译），北京：世界图书出版公司 2012 年版；Thomas J. Christensen, *Worse Than a Monolith: Alliance Politics and Problems of Coercive Diplomacy in Asia* (Princeton: Princeton University Press, 2012)；牛军主编：《战略的魔咒：冷战时期的美国大战略研究》，上海：上海人民出版社 2009 年版。

国家仅仅视为美苏对抗的被动受影响者，就可以很清楚地看到，它们作为越来越有自主性的国际政治行为体，通常都有源自本土的深刻的历史诉求，并为实现这些诉求而对冷战进程施加了不可忽视的影响，如50年代和60年代相继兴起的亚非运动、不结盟运动，以及很多新兴国家如印度、埃及、阿尔及利亚等在重大事件中发挥的显而易见的作用等，而中国可以说是其中的一个典型。总之，反殖民主义运动的全球性影响是非常持久和深刻的，它不仅参与塑造了冷战进程，而且是当今世界新政治力量兴起和世界政治多元化的基本前提，并导致了当今的全球化浪潮与世界政治多极化、多元化乃至碎片化等趋势相伴而生。

冷战之所以成为“冷战”，两个敌对的超级大国之间始终没有发生热战，一个至关重要的因素是核武器及其中远程投送技术的发展，导致任何一个超级大国都承受不起向对方发动战争的后果，因为在一场核战争中没有谁能生存下来，包括它们的思想。从这个角度说，美苏核军备竞赛对两个超级大国基于意识形态的承诺都是巨大的悖论或讽刺。他们各自都生产了足以将地球彻底毁灭多次的核武器，却都声称是为了所谓的主义才将人类社会长期置于极其恐怖的核阴影之下；两国决策者任何一次误判，都会使他们许诺的将因其中一方获胜而无比幸福的人类不复存在。

由于有了核武器，美苏两个超级大国之间和它们对抗的核心地带欧洲没有像一战、二战那样炮火轰鸣、血雨腥风。当时冷战中的双方都认为，之所以要对战争保持高度警惕和戒备，要进行有效的国际危机管理，就是因为不能排除对方决策者在基本理性这个博弈的前提下出轨；或者是国际危机发生后，在误判对方意图的情况下，推动危机升级为军事冲突甚至大规模战争，特别是有可能升级为超级大国的核战争。其中，1962年10月发生的古巴导弹危机成为国际危机管理的经典案例，至今仍然为人津津乐道。

这也容易导致对冷战时代的历史经验的片面解读。例如，有些人一方面相信拥有核威慑会成为确保国家安全的关键因素，同时却对核扩散可能造成的危害缺乏关注。至今世界上仍然有人或个别国家遇到国家间的矛盾或冲突时，总会威胁或想要威胁使用核武器。他们不仅将拥有和威胁使用核武器当作国家强大的标志和鼓舞士气的手段，而且视其为国家安全的根本保障。可以说，他们至少是部分误读了冷战的教训，以为使用核威胁可以吓退对手或得到战略上的好处，例如大幅提升国家的地位和影响力等。实际上冷战并没有提供多少这方面的经验，或者准确地说，有关核武器和核军备竞赛的主要经验不是如此。

当年作为冷战对手的美国和苏联，曾经展开大规模的核军备竞赛，他们积累的核武器足以将地球摧毁几十次之多。但是，这最终没有使他们更加自信，反而是加倍的恐惧与持续上升的不安全感，也包括对己方使用核武器将造成的后果的恐惧。而且对大规模杀伤性武器的破坏性的恐惧等，被证明是推动东西方缓和的重要动力之一。尤其是在欧洲，反核运动成为重要的政治力量，影响了许多欧洲国家的政治议程。大规模杀伤性武器的出现及其影响也从一个方面有力地证明，科学技术的飞跃式发展对世界政治有巨大而复杂的影响，它不仅使冷战成为特殊形态的大国对抗体系，而且如历史学家所言，也使美苏对抗比历史上发生过的任何大国之争都“更危险、也更难以结束”。[①]

总而言之，美苏的全球对抗、美苏意识形态斗争和它们为输出各自的现代化模式而进行对外干涉、伴随科学技术进步的核军备竞赛的越来越大的影响、反殖民主义运动的勃兴以及殖民主义体系瓦

---

① Melvyn P. Leffler and Odd Arne Westad, eds., *The Cambridge History of The Cold War* (Cambridge: Cambridge University Press, 2011), Vol. 1, p. 11.

解等重大事态，构成了冷战时代世界政治的主要内容，它们之间在不同阶段的相互促进或相互冲突等，决定了世界政治潮流的方向，这是中国战略决策的主要国际背景。

以上略显烦琐地概括介绍冷战的主要和基本的内容，就是为了凸显这个时代的中国对外关系发展的基本范围，以及对外政策要解决的各类外部事务的关键内容。在全球冷战层面看中国的战略决策，并不难观察到中国领导人的战略选择与国际体系之间是存在互动的，他们的思考和选择明显包含着对冷战时代的大潮流及其带来的外部挑战的反应或回应，并且无一不与他们在不同时期对上述重大历史事态及其关联、对它们在世界政治潮流中的作用的认识等，有直接的关联。换句话说，不深入了解冷战时代世界政治的主要潮流和国际体系的主要特点和内容方面，就很难全面和透彻地理解中国有关的战略决策的外部根源和丰富含义。

四

冷战时代的中国战略决策大多是同美苏两国的关系以及它们的对华政策互动的结果，而且表现如此明显，以致必须将中国的战略决策置于这个互动的过程中加以描述，并解释推动中国战略决策的外部动因。不过，即使描述出它们同外部世界的互动过程，也不能完整和深刻地解释中国领导人做出选择的某些关键动力、特殊的方式、激烈的程度，以及每一次选择的近期与长期目标到底是如何界定出来的，等等。这些只能从中国的国内系统中寻找根源。国内系统是决定中国战略决策的另一个根本性的因素，它与国际体系相比更为深刻，对于中国学界甚至更值得重视。

具普遍性的理论研究都指出了，对外政策领域的任何研究都必定要涉及国家内部政治体制、国内政治形势的重大变动、国家发展战略或国内一些重大政策的变动、由不同领域不同层面的诉求引发的政治斗争以及社会思潮与主流的观念变化，等等。这些因素在不同时期和不同条件下，都会对国家的对外政策产生不同的影响。研究冷战时代的中国战略决策不仅不是例外，甚至更甚。这首先是因为中国对外政策有相当明显的“内向性”，即中国对外政策总的说来是为了国内政治的需要而制定的，而且受到国内政治的重大影响，对外政策的形成与执行通常要取决于中国内部的整合情况。所谓内部整合有两方面的含义，包括决策层团体和各种政治力量内部的团结和对决策达成共识的程度、建立有效的决策和执行机制，以及能否在国内凝聚更多的政治支持。这种“内向性”自 19 世纪末就已存在，而且作为中国对外政策的本质特征之一，一直持续并贯穿了整个 20 世纪，只是在不同时期有其独特的表现形式。

概括地看，在影响中国战略决策的国内系统中，首要的是国家战略或重大政策的转变，反映这些转变的政治斗争和政治运动，以及决策层内部在重大的政策问题上——包括对外政策和其他一些政策——的分歧和矛盾，等等。近年来，大量的研究证明，中国的对外战略决策通常都有国家战略转变的重要背景，都伴随着中国领导人对国家战略的探索、确立或根本性调整。这里所谓的国家战略简言之就是国家发展战略和安全战略的综合，即国家生存、安全和发展的根本之道，换句话说就是决定中华民族的存亡、兴衰和荣辱的根本之道。

中华人民共和国成立初期，中国与苏联结盟是在 1949 年 3 月召开的党的七届二中全会上基本确定的，同中国选择以苏联模式建国和实现现代化是同步进行的。导致中苏同盟破裂和中国脱离苏联阵营的原因是多方面的，其中一个重要的因素是斯大林（J. V. Stalin）去世后，中国不再能容忍苏联阵营中苏联与其他国家那种被认为是“父子”“猫鼠”式的不平等关系。不过中苏关系破裂的更深层原因是在中国的政局演变之中，即当赫鲁晓夫试图对苏联僵化的政治经济体制进行有限的改革时，毛泽东却在推动中国的发展道路向相反的方向延伸。[①] 这是导致后来中苏意识形态大论战的一个关键原因，正是在这场论战中，毛泽东“无产阶级专政下继续革命”的理论被逐步建构起来。

中美战略合作关系的形成有着类似的背景。70 年代初中国决定打开对美关系，主要是由于调整国家安全战略的需要。[②] 但是，发展与美国及其盟友的关系，与当时国内“文革”的极“左”政策极不协调，这其实也是制约中美关系正常化进程、使建交过程长达近十年的重要因素之一。一个重要的历史事实是，共同面临的外部威胁只促成了中美和解，中美关系的正常化却是与中国决定改革开放直接联系在一起的。中美建交是在 1978 年 11—12 月召开的中共中央工作会议上确定的，中美战略关系的形成是同中共中央确立改革开放的国家战略同步进行的。

不论上述两次战略决策的动机和过程如何复杂，它们在客观上都与国家战略的根本转变是同步的，要证明国家战略与对外战略同时发生的两个进程之间相互没有影响或没有直接的关联，几乎是不可能的。何况两次决策都是最高领导人同时亲力亲为、直接处理的。前者是毛泽东，后者是邓小平。更重要的是这种现象在冷战 40 余年中出现过两次。事实上两次重大决策过程中，都伴随着国内政治动员和广泛激烈的思想交锋，最终的结果都是国家战略被变换的联盟与局部战争等战略决策等，推向一个方向并最终定格，而且通常随后都会出现内政与外交十分协调一致的时期，如 1949 年至 1959 年，以及 1979 年至 1988 年（和以后很长时间），这种现象也

① 参见沈志华主编：《中苏关系史纲》（第 3 版）上册第二编第九章，北京：社会科学文献出版社 2016 年版。

② 参见宫力：《跨越鸿沟：1969—1979 年中美关系的演变》，郑州：河南人民出版社 1992 年版。

是不能忽视的。显然，这两次战略决策既是国家战略选择的结果，也是国家战略得以确立——包括获得足够的认同和统一思想等——的必要条件，国家战略的两次根本性转变同两次重大战略决策是互为因果、相辅相成的。

强调国家战略转变的根本性影响并不意味着否定其他一些更为持久的历史诉求的重要作用。在深层次上，中国同许多新兴国家一样，冷战前期也面临着“建什么国”的问题，同样需要回应确保主权与领土完整、发展经济和实现社会进步、建构社会核心价值等的挑战。在中国，任何政治力量、政党的存在和是否拥有合法性，都同解决这些基本问题有关；它们提出和推行的各种思想、各项政策包括对外政策，也必须能够解决或有利于解决这些问题，才具有持久的指导意义。不同的只是中国的特殊条件和中国领导人的认知结构，导致了他们回应挑战的不同方式和不同的激烈程度。总之，中国的战略决策不论曾经历过什么样的形态，以及今后可能会出现多么复杂的变化，它最终还是要回应现代国家建设的基本诉求。决策者如果不能从中国社会诉求中获得合法性，他们的战略选择就很难得到中国公众的基本和长期的支持，最终也会是难以持久的。

进一步分析所谓基本的历史诉求，其中首要的就是主权与领土的完整和国家的基本安全。中国在冷战不同时期的战略决策都有复杂的国内动力，但凡是涉及局部战争和军事冲突，其结果都包含着共同的内容，而且这些内容通常都决定着局部战争决策的最终目标。

在冷战时代，中国分别在朝鲜半岛、南亚半岛和中南半岛打了三次规模不同的局部战争，即史称“抗美援朝战争”“中印边界自卫反击战”和“中越边境自卫还击作战”。如果依据对中国行为及其后果的观察，可以说它们都展示了地缘政治斗争和由此形塑的国家基本安全诉求的根本性影响。这简而言之就是，中国不允许敌对国尤其是大国的军事力量过度靠近边境地区；保持一个缓冲地区，既是为了降低安全威胁和提升安全感，也被认为是对方有友好诚意的象征。在冷战后期与苏联谈判两国关系“正常化”时，中国领导人通过提出苏联从中苏边境撤军、从阿富汗撤军和促使越军撤出柬埔寨等作为“正常化”的三个条件，更是淋漓尽致地展示了冷战时代中国地缘战略的本质。因此，很有必要通过分析和解释中国的这类战略决策，证明是否始终存在以维护国家基本安全为主旨的塑造地区均势的原则，它指导或规范着中国对不同毗邻地区的行为，尽管中国领导人很少甚至完全没有使用过相关的标准术语。这种研究还可以进一步揭示，中国在冷战中分别同苏联和美国建立战略关系的动机到底为何，是否包含为造成地区均势而利用超级大国之间的矛盾和对抗的动机。

这里顺便指出，中国近代追求的主权独立、保持领土完整这些理念本身就是现当代国际体系的产物，甚至是这个体系赖以存在至今的核心理念。所以，追求主权独立与领土完整是不可能靠摧毁现当代国际体系包括其中的很多基本规范来实现的，其过程最终必定是导致这个体系的改善。中国人在实现中国革命运动的诉求过程中最终导致的是重新认识和修订中国革命运动的理念和理论本身，这正是历史的深层逻辑值得玩味之处，也是从更长的时段看待和评价一些战略决策成败得失的重要坐标。

五

有关决策的理论研究反复和持续深入地揭示出，任何决策都是在既定的体制和机制中完成的，它们在一定程度上决定着决策的过程、特点和质量。因此，研究中国的战略决策之前，有必要确定中国决策体制和机制有哪些基本的特征。这首先还是要指出一个最基本的历史事实，即中华人民共和国诞生于长期的战争。中共在取得全国政权之前，有过长达22年（从1927年8月1日，南昌起义爆发，中国人民解放军成立算起）的同国内外敌人进行政治和军事斗争的历史，包括建立政权和军队、长期处于优势敌人的包围之中、同主要对手进行复杂的也可以称为“联盟”的统一战线和战争，直至二战后大规模的内战。在这个漫长的过程中，中共塑造了一套独特和有效的战略决策体制和机制，并据以先后进行过联盟、国际危机管理、大规模军事援助和大规模局部战争等复杂的决策。从历史沿革的角度看，中国在冷战40余年中的决策体制基本上就是从革命年代继承过来的，它的特点可以被概括为“协商—共识”，这既是实质，也是过程。实际上，新中国成立以后，中国战略决策的形成与执行更依赖于中国内部的整合，即在执政党和其他政治力量之间保持团结和步调基本一致，以及凝聚尽可能多的政治支持，这些都同通过有效的决策体制达成共识的程度有明显关联。

“协商—共识”体制有可以观察到的基本运行程序。当外部出现需要专门处理的重要事态后，最高决策者在通常情况下，首先会在最高层找少数相关的领导人（有时包括有关职能部门的领导人）进行分析和讨论。在有些情况下，最高决策者甚至只同有关的个人进行事前沟通。得出初步结论后，他们会在更大的范围，如召开政治局会议或政治局扩大会议，进行讨论以便达成共识。在这个阶段如果出现不同意见，最高决策者有可能根据讨论的内容，对原有的方案进行调整和丰富，直到达成共识为止。此后如果需要的话，还会在更大的范围内如召开中央委员会、中央工作会议等，再次进行协商讨论，以便在更大范围达成共识，从而保证选择更加合理和完善，以及政策方案能被更准确地理解和更顺利地实施。

在这个决策体制中，最高决策者有最高决定权，包括确定议程、决定讨论的时间、选择最初小范围讨论的参与者等，甚至在出现严重的意见分歧时有最终决定权。最高决策者的决定权既来自体制的相关授权，也来自个人的权威，如毛泽东、邓小平等都在中国政治核心有最高的权威。尽管如此，通过协商达成共识仍然是至关重要的组成部分，绝不是可有可无的，它是战略决策和相关政策是否具有合法性和能否被顺利贯彻的重要保障。这个决策层内部的互动过程在毛泽东晚年的确遭到严重削弱甚至破坏，但大多数情况下都不是可有可无的。事实上即使在“文革”中，在涉及战略安全的重大决策领域，毛泽东仍然遵循这个体制的原则行事，尽管它的组织形式已经遭到破坏。70年代初的对美秘密和解外交就是最有力的证明，原有体制的规则和惯性是这一重大战略决策得以进行和完成的重要保障之一。当年的美国总统国家安全事务助理基辛格在后来的回忆和每一本涉及中美关系的著作中，都对这次“改变世界”的秘密外交赞不绝口。而且至今还有人情不自禁地表露出，希望再次体验当年那种秘密而高效决策的快感。

“协商—共识”体制的产生与成形并能在新中国成立后长期延续，是有特殊的历史原因的。除了革命时期特别恶劣的环境之外，还有几个重要的因素，包括以下几个方面。

第一，中共领导人有着强烈的意识形态认同，并在此基础上形成了对最高决策者和他们相互之间的忠诚，这是该决策体制得以运行的重要保障。

第二，这个体制产生于中国革命时代，与中共决策者面临的独特的环境有莫大关系。当时中共各个根据地长期被分割包围，各地区情况差异极大甚至有时互不关联，这使最高决策层的某些重大决定只需要选择（有时也只有可能选择）与相关的局部地区的领导层进行协商，这种客观的环境也决定了最高决策者选择参与者的权力能够得到理解和接受。

第三，由于各根据地情况差异极大，有些甚至互不关联，最高决策者做出任何战略性选择时，都必须判断具体方案与全局的关联度，以及判断事关全局的决定将对不同地区产生何种真实的后果。所以，如果不能达成基本的共识，包括共同的理解和认可，任何战略决策都有可能在不同地区或不同领域无法有效和合理地贯彻，甚至导致严重的消极后果。

第四，由于革命战争时代所处理的很多问题同战争、军事等有关，不少情况下都时间紧迫，机会稍纵即逝，而且有时一旦错过时机就会造成残酷的后果。在这种残酷斗争的背景下，最高决策者既被赋予了最高和最后决定权，以便必要时能够当机立断，当然他也就承担了历史性的责任。这在革命战争年代是不可缺少的，不过也使最高决策者的个性和认知水平等因素，在很大程度上决定着整个决策体制的运行质量。

这种决策体制在新中国成立后得以长期延续，同持续很长时期且内容极为复杂的大规模革命运动的巨大惯性有很大关系，这包括了革命时期的最高决策者在新中国成立后很长时间继续担任国家最高决策者，等等。这种决策体制也的确从新中国成立后的政治制度中获得保障。从新中国成立后的决策实践看，这种决策体制被证明更适合于传统安全领域，其合理性更多地体现在安全决策和国际危机管理过程中。不过也存在一个比较突出的问题，即在决策过程中及其后，决策通常都会表现出不计或很少顾及代价问题。毕竟，在革命时代一直面临着紧迫的生存危机，战略性的选择通常被认为关系到生死存亡。历史案例的研究或许可以在这方面提供某种启发，但尚不能提出比较精确的衡量决策得失和决策质量的标准。大战略研究的某些原则固然是有启发的，例如最简单的标准就是战略决策导致的结局是不是使国家的处境基本上好于决策之前。无论如何，已经相当发达的决策理论研究非常有助于改变这方面研究的薄弱情况。

六

研究冷战时代的中国战略决策，意识形态问题是无法也不应该被回避的，它既同前述冷战的本质特征有关，也是中国战略决策本身的重要内容。一般地说，对外政策意识形态作为一套系统的观念，被用于界定和解释国家的自我形象及其与外部世界的关系，它包括了国民记忆中的主要历史经历以及国内的主要诉求，因而可以用来进行政治动员，使对外政策获得公众持久地认同和支持。[①] 冷战时代的中国对外政策意识形态就是这样一套包括信仰、理论概念和象征物的观念，其内容首先是对马克思列宁主义有关世界政治和国家间关系等理论的理解、阐述和发挥。诸如一整套针对18世纪以来不同历史阶段中有关战争与和平、世界经济危机、世界革命运动、国家的本质和国家间关系准则、时代、国际政治格局、殖民地与民族自决权等问题的丰富论述。这套论述的认识论被概括为辩证唯物主义和历史唯物主义，它论证了人类社会在循着某种规律由低级向高级发展，最终上升到共产主义便终结了。人们要做的是发现然后自觉地循着这个规律，推动历史更快地前进。这成为第一次世界大战后出现苏联社会主义国家并在二战后形成社会主义阵营和社会主义国家支援世界范围的革命运动等的合理性与合法性的理论前提。冷战时代的中国对外政策意识形态与这一套理论论述不论是在逻辑上，还是在专用术语方面，都保持了一致。这套理论在引导中国领导人主动与苏联结盟从而参加到冷战之中，起了重要的作用；它也影响了他们后来包括与苏联发生论战的很多重要决定，至少在冷战前期是如此，而且后来也没有消失。

不过，中国对外政策意识形态的内容绝非仅此而已。如同“马

① Michael Hunt, *Ideology and U. S. Foreign Policy* (New Haven: Yale University Press, 1987).

克思主义中国化”一样，有关中国对外政策理念的系统论述也包括了来自中国的历史传统、思想文化，特别是对近代以来与世界交往的各种经历的认识等，尤其受到中国决策者的政治经历和经验的巨大影响。这类内容可以被大致归类为包括了“中国底色”和“中国经验”构建起来的观念体系，其内容是对自我形象的界定、对中国历史的重构即革命史观的建构、有关对外政策与国内诉求之关联的理论论述，等等。它们与马列主义经典理论有密切的关联，但的确是独具特色的，并被实践证明更具影响力和更适合进行大规模的政治动员，尤其是被历史证明其影响力更为持久。

近30年来，对中国历史特别是对中国人的思想历史的研究显示，中国人内心最深处的关切是中国文化和文明的存亡绝续，这被称为是一种“终极关怀”的情愫，如特别深入人心的顾炎武所论之“天下兴亡，匹夫有责”（“保国者，其君其臣肉食者谋之，保天下者，匹夫之贱与有责焉耳矣”①），其内在逻辑是文明的存亡绝续比王朝、家国等重要得多，所以每个人不论贫富尊卑，都负有匡扶被称为“天下”的这个文明的不可推卸的责任。对保持和构建优质文明的高度重视和追求等，酿成了中国人的认同中有种独特而明显的优越感和使命感，并由此造成了他们在冷战时代的两个关键的诉求。

其一是坚信一定要有，而且也一定能够找到高于近现代资本主义文明的现代化模式，这种信念使他们渴望并有意识地寻找超越时代和所有国家的发展途径和治理方式；其二是孜孜以求地倡导以民族“解放”和“平等”为号召的国际正义和国际秩序。这两点集中地体现在中国领导人的精神世界和对外行为中，它们外化为一种将道义感和理想主义置于重要地位的对外政策话语，甚至在某个历

① （清）顾炎武：《日知录》。

史时期扩展为包含了全球目标和使命的所谓“国际战略”观。

此外，就外部世界与中国传统战略文化的互动而言，冷战时代的世界政治的确极为深刻地塑造了毛泽东、邓小平等一代中国领导人的世界观，这在他们建构其观察和解释世界的基本理念的过程中有特殊的影响。这种影响首先同中国战略文化中的两个重要内容有直接关系，或者说是因为中国传统战略思想中存在的两个关键因素才产生的聚合反应。其一是中国的传统战略思想中强调对全局的关注，即所谓“不谋万世者，不足谋一时；不谋全局者，不足谋一域”的论述。[①] 其中的逻辑导致中国领导人认为，中国当代战略决策必然应该奠基于对冷战时代世界潮流和战略格局的合理认识和把握，他们的世界观所聚焦的主要内容，是对一系列更体现中国人的关切、在战略决策实践中也更为重要和紧迫的问题的理解和阐述。例如，世界潮流的走向以及起支配作用的“主要矛盾”和“主要矛盾的主要方面”；中国的世界地位以及确定那种地位的主要依据；中国所处的历史阶段以及这个阶段与自己的过去和未来的关系；中国国家战略的目标、方式和规划及其合理性和合法性的来源；中国处理世界事务与对外关系的基本准则、策略原则及其伦理与道义基础，等等。

其二是在中国的漫长历史中，包含着被称为“治乱循环”的基本规律。在各种宫廷政变、内战、外部入侵和下层民众造反导致的改朝换代的背后，有时也是以深刻的变革和革命为动力的，并从中产生了一套有关变革与革命、政权更迭的合法性和正当性的论述。诸如早在《周易》中就阐述过的“汤武革命，顺乎天而应乎人”的思想，以及后来的“天下”唯“有德者据之”“顺天承运”的思想，等等。这种观念体现在战略决策中，就是那些成为经典、代代

① （清）陈澹然：《寤言二·迁都建藩议》。

相传的夺取和治理“天下”的战略设计中，几乎无一例外地都包含了关于合法性的论述。到了近代，一切变革与革命的合法性逐步从必须顺应“天命”，转变为必须顺应“世界潮流”。孙中山所说“世界潮流浩浩荡荡，顺之者昌，逆之者亡”，即此之谓。这是关于中国一切战略、政策、决策等的合法性和正当性论述的巨大转变。近代以来的中国政治精英已经认识到，国家必定要融入现当代世界体系是历史的趋势，必须顺势而为，而不能逆世界潮流而动。从此每一位革命者，包括毛泽东、邓小平等中共领导人，无一例外，都是从顺应世界潮流的逻辑来观察和论证战略决策的合法性的。这也决定了不了解冷战和把握中国领导人对冷战时代世界政治的认识和理解，也就无法解读那时代的中国决策者的战略选择。

如果与冷战时代的其他主要大国相比较，中国领导人对世界政治的解读和对外战略思想的独特之处主要还不是以上那些部分，而是毛泽东阐述和邓小平主政时期继续坚持的一套围绕中国的世界地位的论述，正是这些论述在根本上决定了中国人或早或迟都要在冷战体系之外寻找自己的身份认同和立足点，以及改变最初卷入冷战体系时奉行的对外行为准则。

1946 年 8 月，毛泽东首次提出“中间地带”的思想，这可以说是中国领导人对冷战时代的世界政治的独特观察和理解萌发的开端。当时正是战后中国内战全面爆发的关键时刻，毛泽东试图通过重新描述世界政治图景，从而证明中共应该奋起打败国民政府的军事进攻并进一步夺取全国政权。他构建了一幅简要的认知图景，其中世界政治力量被分为三个部分：美国阵营、苏联阵营和它们两家之间“广大的中间地带”；其中，“中间地带”的人民革命斗争而不是美苏两个阵营的对抗，决定着世界政治的发展前途；处于“中间地带”参与这场斗争的中国革命从逻辑上说也决定着世界的前途；美国帝国主义是最凶恶的敌人，因为它反对和镇压人民革命，而且当时美国的主要战略目的就是征服“中间地带”。[①]

毛泽东这时提出“中间地带”的概念，固然是在回应二战后如何谋划中国革命战略的特殊需求，但在逻辑上看的确延续了20年代中国兴起的民族主义思潮，在深层上反映的是他对中国革命的独特身份的界定、理解和强调，其内容涵盖了对世界政治的本质、各种政治力量的作用和发展趋势，以及中国革命运动的世界地位和前途等基本问题的思考和判断。可以说中国决策者从此尝试从更高层次上回应解决国家认同和战后中国的世界地位等根本性问题。

还难以确定，“中间地带”思想在多大程度上影响了新中国成立前后那个阶段的中共对外政策，因为从1947年秋季起，为了与苏共中央提出的“两大阵营”理论保持一致，“中间地带”这个概念在中共话语系统中消失了八年之久。直到1954年夏季，即中国积极参加解决印度支那问题的第一次日内瓦会议时期，毛泽东才重提这个概念，目的是为中国即将开始在亚非地区展开的外交行动等提供理论支持。[②] 关键是从此以后，在每次中国对外政策发生阶段性变化的时刻，毛泽东都会重提“中间地带”并赋予新的解释，特别是重新界定中国不同于世界上所有各种类型国家的独一无二的身份和世界地位。

到20世纪60年代前期，随着反殖民主义运动走向高潮和中国在亚非地区对外行动的大幅扩展，毛泽东又一次用他的“中间地带”概念描绘了世界政治地图。在他的新论述中，世界进入了“大动荡、大分化、大改组”的时期，在“中间地带”出现了“革命

① 毛泽东：《和美国记者安娜·路易斯·斯特朗的谈话》，1946年8月6日，载《毛泽东选集》第4卷，北京：人民出版社1991年版，第1193—1194页。

② 毛泽东：《关于中间地带，和平共处以及中英中美关系问题》，1954年8月24日，载中华人民共和国外交部、中央文献研究室编：《毛泽东外交文选》，北京：中央文献出版社、世界知识出版社1994年版，第159—160页。

风暴”，“世界革命风暴的主要地区”是“亚洲、非洲和拉丁美洲”，其极端重要性被描述为将给“整个的旧世界以决定性的摧毁性的打击”。[①] 中国领导人在他们定义和笃信的“世界革命风暴”势将在冷战中越发猛烈地发展为一大潮流这种判断的影响下，更加相信世界的未来不会像列强描述的那样，被大国政治和科技进步、大工业等所支配，而是形成了“农村包围城市”的人民革命形势。[②] 作为掀起这场风暴的最重要部分的中国，必将站在比苏联和美国更具影响力的地位，这是可以推断的。

毛泽东在这个阶段阐述的诸多思想其实是将近代中国人、特别是他那一代中国领导人的历史经历和经验所塑造的观念和倾向等加以系统化和理论化，并使之成为对很多政策的合法性的论述和成为中国人的当代国际正义观的基本依据。尤其是在他对“革命时代”、民族“解放”与“平等”的国际正义等的坚持和强调，一直是对诸多战略决策进行理论论证的重要内容，并主要体现在有时是勉为其难甚至不计代价地支持和援助民族解放运动和世界革命运动的行为之中。由于中国的民族主义运动的酝酿和发展、中国的民族国家观念的形成等，都是在革命战争与反对外来压迫和侵略两大激烈的、大规模大众政治动员的过程中建构的，所以中国人更相信和后来更愿意支持反殖民主义运动中的激进力量，或称革命民族主义的政治势力。他们认为，苏联之所以背叛列宁主义，也是因为苏共领导人认识不到这场革命浪潮的世界意义。实际情况是中国领导人有关世界政治的很多理论思考等，恰恰就是在同苏联的争论中发展起

---

① 林彪：《人民战争胜利万岁》，《解放军报》1965 年 9 月 3 日。

② 参见《评莫斯科三月会议》，《人民日报》1965 年 3 月 23 日；《中国共产党第八届中央委员会第十一次全体会议公报》，1966 年 8 月 12 日，《人民日报》1966 年 8 月 14 日；毛泽东：《致阿尔巴尼亚劳动党第五次全国代表大会的贺电》，1966 年 10 月 25 日，载中共中央文献研究室编：《建国以来毛泽东文稿》第 12 册，北京：中央文献出版社 1998 年版，第 151—153 页。

来的。

此外，“中间地带”作为毛泽东独创的新概念，也被用来分析世界政治并成为中国制定对外政策的依据，为中国的国际统一战线政策提供了具有实践意义的指导方针。就后一个功能而言，“中间地带”思想可以被认为是冷战时代中国对外行为的主要理论依据之一。在毛泽东构建的世界政治图景中，在美苏两个超级大国之外存在的那个“中间地带”在不断扩大之中，而且各个国家在政治属性和地区属性上五花八门。不过，中国领导人认为它们有一些共同点，即都希望维持世界政治势力之间的均衡稳定，以及分别同美国或者苏联有着各种各样的矛盾。它们都希望，或至少在不同时间和在不同的问题上，都希望保持程度不同的“独立性”。这是中国领导人认为可以通过纵横捭阖，同它们建立服从于不同目标的、有时是暂时的“国际统一战线”的基本根据。所以，所谓的“中间地带”在 60 年代前期又被毛泽东划分为“第一”和“第二”两个部分，这为中国当时同法国等美国在欧洲的盟友发展关系直至建交等，提供了理论解释和合法性。[①]

毛泽东在晚年提出的“三个世界”思想是对他之前的思考的坚持和延续，里面包含了某种由具体事件带来的动力。70 年代初中国恢复在联合国合法地位和 1973 年因中东石油输出国联合限制石油出口造成的世界性石油危机等，极大地影响了中国领导人对世界政治的看法和判断。毛泽东在这时提出了“三个世界”的思想，并希望能用这个新概念来为中国的对外战略和政策在日益复杂的世界格局中，提供一个认识框架和理论支撑。[②]

---

① 毛泽东：《中间地带有两个》，1963 年 9 月，载中华人民共和国外交部、中央文献研究室编：《毛泽东外交文选》，北京：中央文献出版社、世界知识出版社 1994 年版，第 506—509 页。

② 参见牛军：《毛泽东“三个世界”理论的研究纲要》，载萧延中主编：《晚年毛泽东》，北京：春秋出版社 1989 年版，第 80—87 页。

需要进一步说明的是，毛泽东这时提出“三个世界”的思想还有更大的抱负。他是在回应二战后兴起的反殖民主义运动和民族解放运动已经带来历史性后果，即一大批蓬勃兴起的新国家正成为世界政治中越来越重要的力量。中国领导人渴望同这些政治力量联合起来，在世界上建立一种“国际政治经济新秩序”。“三个世界”这个概念之所以在整个80年代还被继续沿用，原因就是世界政治的这个部分中被认为还保留着中国人的一部分认同和归属感，也被视为中国人在世界政治中有一个不同于其他主要大国的落脚点。

产生于中国本土社会文化并结合着中国领导人根据自己的政治经验以及视角而形成的对外政策意识形态到底有多么强大的影响力，的确是需要认真评估的。在经验和观察的层次上，至少绝不能说它是可有可无的，它对于公众甚至更有说服力和动员力，特别是与那些概念化的论述相比就是如此。无论如何，正是基于中国历史文化和中国领导人的政治经验而建构的那套论述同马列主义理论化的意识形态一起，构成了一个框架，中国领导人在其中认识和解释外部世界，论证战略决策的合理性与合法性，以及为达成决策目标而进行大规模的政治动员。从这个意义上说，不了解对外政策意识形态领域里“马克思主义中国化”过程的内容和内在逻辑，就不可能理解中国的战略决策，尤其是不可能理解冷战后期中国领导人的重要选择。

七

研究战略决策必定要研究参与决策的历史人物，而且在某种意义上，他们的观念、思考与活动就是研究的中心，因为他们本来就站在历史舞台的中心，既是历史的创造者，也被当时的历史条件所塑造。研究冷战时代的中国战略决策，必定首先要研究那些重要的历史人物，如毛泽东、邓小平以及他们周围的一圈处于不同层级的决策参与者。冷战是一个需要战略的时代，也是一个战略决策频繁发生的时代，更是一个群星璀璨的时代，这对研究中国战略决策历史的人来说，实属幸运，当然也带来了巨大的挑战和困难。

毛泽东和邓小平等是同一代人，他们都有过从爱国而革命到信仰共产主义的心路历程，拥有内容大部分重合的革命意识形态；在革命时代也有着几乎同样的政治经历，包括进行长期的军事斗争和政治联盟，所以都擅长和重视大战略的谋划；他们的内心都有强烈的危机意识，包括相信世界政治的本质是紧张与冲突，特别担心错失历史机遇，因此更追求变革和跨越式的发展；特别是他们都有异乎常人的使命感，都想把中国建成世界一流的伟大国家，尽管他们选择的道路和模式会有不同。他们的共同点导致他们即使做出不同的战略选择，实现的方法却差别不大，这同他们从类似的革命经历中积累的政治经验和谋略有很大关系，也同他们赖以进行决策的体制有关。

毛泽东和邓小平等人的性格与个人风格的差异也一样明显，他们在不同时期的战略决策中，展示了非常不同的个性，包括他们的经历、兴趣、知识背景，以及对世界政治和中国对外关系的认知质量，等等。例如，他们在政治经验方面都富有优势，同时对国际政治的复杂性的理解程度不一。非常值得思考的问题是，毛泽东和邓小平这两位有共同革命经历和都身处冷战时代的最高领导人，先后为中国选择了不同的富强之路。他们在各自领导中国的不同阶段上，做出过非常不同的战略选择，包括不同的联盟和基于不同战略动机的局部战争，等等。

研究中国战略决策将不可避免地会涉及对高层决策人物的评价，对他们在战略决策中的地位和他们的决策质量的判断等，部分地取决于对他们的经历、气质和才能的综合理解和把握，这当然非常不容易。历史其实就是历史人物的宿命。成为历史人物的那些人命中注定要有一种担当，在关键时刻必须要代替很多人做出选择，他们会把自己的个性和气质灌输到国家战略中去，外化为一种国家气质。当然，他们也不得不承受有时是非常苛刻的检验。

以往研究的明显不足之一，是对除毛泽东、周恩来、邓小平等几位战略决策的中心人物之外的那些中、高级的决策参与者重视不够。从历史舞台上的表演者这个角度看，有时的确需要将聚光灯集中于某个或某几个人物，但长期忽视甚至不呈现其他人物的存在和作用，肯定是完全不合理的。当然出现这种状况是有原因的。一方面，中国的决策体制赋予了核心领导人拥有最高决策权和影响力，首先必须研究他们的思考和行动，才能基本理解那个时代的战略决策；另一方面，中国相关档案的整理、公布的制度和政策等，也决定了研究者首先和主要获得的档案主要来自主要领导人的文集，还有大量的重要信息来自官方机构编修的年谱和传记，等等。一些重要的杂志也更多地刊登了纪念、回忆几位主要领导人的文字。不过，即使难以获得足够的资讯，就是根据常理推断，缺乏对参与决策过程的那一大批中层领导人物的研究，也是很不合理的。随着研究的逐步深入，有必要更加重视对决策体制中那些中、高级群体的专门和系统分析，准确地确定他们在不同决策中的位置、他们与最高决策者以及他们之间的相互关系、他们参与决策的程序和在不同个案中的实际影响力，等等。这类研究对于更丰富和深入地理解中国的战略决策，是必不可少的，并有一些紧迫性。本书的一些案例研究将尽力在这个层面取得进展。

全球冷战和中国国内体系的互动构成了解读和叙述冷战时期中国战略决策的基本框架和出发点。在冷战结束 20 多年和学术界做了大量新的探索之后，也是因为有更多的历史档案被公开，在中国与国际冷战互动的结构中重新叙述和解读中国当年一些关键性的战略决策，有其独特的价值。不论是在当今国际政治和中国对外关系中，还是在当今中国人的战略思维方式和话语体系中，都可以清楚地感受到其影响的巨大存在，而且并不能排除未来还会面对相似的形势和需要做出相似的选择。希望这个研究也能在这些方面对读者有所启发。

在此由衷感谢文安立（Odd Arne Westad）教授在完成这本书的关键阶段，邀请我访问哈佛大学肯尼迪政府管理学院，使我有机会利用那里的图书资料和有更多机会进行高质量的交流。特别感谢好朋友南希（Nancy Hearst），她在我访问哈佛大学期间所提供的帮助之大和重要等，是难以用语言描述的。特别感谢华东师范大学李丹慧教授和世界知识出版社责任编辑，她们对这本书得以出版作出了特殊的贡献。还要感谢华东师范大学冷战史项目为这本书的出版提供了慷慨的资助。感谢张小明、张清敏、于铁军等几位好友提供了详细的修订意见。感谢张善鹏博士在本书的完成阶段校阅了全书的文字和注释。感谢我的家人和其他提供了各种帮助的朋友、同人和同学，这本书也是对他们的回报。

第一章
踏入冷战：与苏联结盟

1950年2月14日，中苏两国代表在克里姆林宫举行仪式，签订了《中苏友好同盟互助条约》。选择这一天签约是根据中国总理兼外交部长周恩来两天前的一项提议。周恩来告诉苏联外交部长维辛斯基（A. I. Vyshinskii），2月17日（北京时间）是中国的春节，14日签约可以使中方刚好在15日即农历除夕前一天公布这一消息，这会在中国大大增加节日的喜庆气氛，进而加强条约的积极影响。毕竟，签订《中苏友好同盟互助条约》是中华人民共和国诞生后第一个重大外交行动，新政府通过与苏联结盟向世界宣布，中国将同苏联站在一起，而且还建立了军事同盟。条约第一款宣布："一旦缔约国任何一方受到日本或与日本同盟的国家的侵略，因而处于战争状态，缔约国另一方即尽其全力给予军事及其他援助"；"双方均不缔结反对对方的任何同盟，并不参加反对对方的任何集团及任何行动或措施"；"双方根据巩固和平与普遍安全的利益，对有关中苏两国共同利益的一切重大国际问题，均将进行彼此协商"。[①] 根据这些内

① 齐世荣主编：《当代世界史资料选辑》第1分册，北京：北京师范学院出版社1990年版，第518—523页。

容，可以确定中苏同盟本质上是不折不扣的军事同盟。当然还不仅如此 。

从当时中国新政权需要解决的问题和面临的困难，以及双方交往中交涉的内容看，中国领导人认为通过与苏联结盟可获得的积极影响，简单地概括大致包括了有利于维护新政权的安全、加快解放军向边疆地区进军和更充分的攻占台湾地区的军事准备，以及较早获得国际承认和提升中国的国际地位、有利于内战后的经济重建，等等。这些内容已经被以往的研究做了充分叙述，不过它们既不是结盟的全部内容，也不是这一章探讨的重点。既然将分析聚焦于冷战体系与中国战略决策之间关联，就有必要分析冷战体系的形成对中国决策者在这个时期的世界观、战略思维，以及基于上述判断推动的结盟战略等，对中国安全战略和对外政策的影响。后来的发展证明，这方面的影响，包括对之后几十年中国的安全战略乃至东亚冷战态势等，都是相当深刻的。首先也是最直接的后果就是中华人民共和国从诞生之日起，就作为苏联的同盟国进入了冷战体系。其次则是极大地影响了中国决策者选择结盟时的对外战略思考，其内容包括了如何改变世界政治格局，尤其是改变亚洲地区的人民革命运动与殖民主义、帝国主义等两大势力斗争中的力量对比，以及至少会更有力地推动亚洲地区的革命，等等。

第一节　定义问题

中国领导人的结盟决策经历了很长的过程。如果从二战后中共与苏联在中国局部地区开始战略性合作算起，这个过程持续了大约五年。即使是从中共领导人 1949 年 2 月初比较明确提出签订一项同盟条约的建议算起，到 1950 年 2 月 14 日签订条约，也持续了约一年。这期间，最具有历史意义的变化是中共取得全国政权并开始转向建国。

此外，基于同盟理论的基本法则是，结盟通常都是领导者认为国家面临很紧迫的外部威胁而做出的选择。如同历史学家们已经深入和系统描述的那样，是中国领导人主动提出了结盟需求，后来也是他们主动选择了废止同盟条约。1979 年 4 月，当时的中国外交部长黄华向苏联驻华大使谢尔巴科夫（I. S. Sherbakov）递交照会，宣布中国政府决定不再延长中苏同盟条约。① 当天，中国第五届全国人大常委会第七次会议通过决议，《中苏友好同盟互助条约》“期满后不延长”。② 实际上，中苏基于同盟的战略合作只持续了大约十年，早在 1965 年年初，中国就宣布同盟“名存实亡”了。③ 之后两国还因为历史遗留的领土争端爆发军事冲突，苏联决策层中甚至有人提出过用“外科手术”毁灭中国核打击能力的建议。④ 中苏关系“再正常化”之后的发展表明，当两国关系正常之时，那些曾经引发军事冲突的争端看来都是可以通过谈判解决的，而且不是特别困难。

历史上同盟解体、盟友变成对手甚至敌人等，可谓屡见不鲜，不足为奇。这里的问题是，中国领导人断定同盟“名存实亡”的依据是社会主义阵营的分裂，而非外部威胁即主要是美国对中国的安全威胁不复存在。基于上述如此巨大变化的背景，叙述和分析结盟发生和发展的过程之前，可以列出一个必须要追问（尽管这可以算是事后诸葛亮）的问题清单。例如，中国领导人最初是如何理解军

---

① 黄华：《亲历与见闻——黄华回忆录》，北京：世界知识出版社 2007 年版，第 356 页。

② 《第五届人大常委会第七次会议决议不延长中苏友好同盟互助条约》，1979 年 4 月 3 日，载新华社编：《我国对外关系文件选编》，北京：新华通讯社 1980 年编印，第 164 页。

③ 《评莫斯科三月会议》，《人民日报》1965 年 3 月 5 日。

④ 参见沈志华主编：《中苏关系史纲》（第 3 版），北京：社会科学文献出版社 2016 年版，第 522 页。

事同盟的，包括他们选择结盟的目的、预期和主要动力是什么？他们认为推动同盟得以建立、巩固和发展的关键因素到底是什么？他们是在何种对世界政治的认知结构中选择了结盟的，包括根据什么原则处理同盟关系，以致能够与苏联合作应付朝鲜战争，却未能在处理历史遗留的边界领土争端中避免军事冲突？当然，最富挑战、也是一般的历史研究者不屑于回答也无法回答的问题是，如果没有冷战体系的形成，中共领导人会选择与苏联结盟吗？

答案部分存在于中国领导人寻求结盟的过程中，从战略决策的角度探讨中苏同盟兴起的过程仍有其独特的价值。这里顺便指出一个重要的事实，即继承了俄罗斯历史传统的苏联领导人不仅有远比中国领导人丰富的、主要源自欧洲近代国际关系历史的结盟经验，而且还有着世界上独一无二的领导和运作国际共产主义运动（以下简称国际共运）和各国共产党的经验，他们必定会将这些经验用于与包括中国在内的所有国家的结盟过程。与苏联领导人相比，从逻辑上讲中共领导人并不处于有利地位，他们的结盟经验主要来自中国的结盟传统和他们自己在国内政治斗争中建立统一战线的历史经验。

就对外部世界的影响看，中苏同盟诞生于国际冷战爆发和两个对抗的国际体系形成之际，同时也加剧了冷战向东亚蔓延，并深刻地塑造了这个地区国际政治的基本面貌，甚至影响到全球冷战的进程。这并不奇怪，在很多情况下，历史进程的复杂性以及由此导致的意外事件，远比被预见到的内容要多且复杂，而历史人物的应对之策有时甚至会根本改变历史的走向，其中包括与他们原有的判断和期待并不完全吻合。可以称为历史性的战略决策通常都是历史人物基于自认为合理的判断和期待完成的。他们既有非同常人的远见卓识，也有难以避免的认知局限。那种用事件的结果去推断动机和目的的叙述，尽管有时看上去合乎逻辑，但往往使对历史的解读误入歧途。这类经验也应被用于解读中共领导人的结盟决策，这也从另一个方面证明了反复研究中苏结盟决策的重要价值。

第二节　利益的交汇

中苏结盟经历了三个历史阶段，即首先在抗日战争结束后不久为夺取东北而发展与苏联的战略合作关系；其后是在内战转折时刻决定密切同苏联的关系并逐步形成了结盟的想法；然后是在建国前后确定了与苏联结盟并最终缔结了一项军事同盟条约。

在第一阶段，中共决策者显然是为了追求在东北地区的战略利益，选择了主动地密切同苏联的关系。他们相信，共同的意识形态和两党的历史联系可以证明那个选择具有合理性和可行性。此外，日益凸显的美苏矛盾也会推动苏联给美国支持的国民政府接收东北制造障碍。在他们头脑中，二战中大国政治的特点同样被用来证明苏联同美国的矛盾，这决定了苏联有可能不会限制中共在东北的发展——为了限制美国的扩张。显然，毛泽东等中共领导人这时是在一个矛盾的思维结构中考虑与苏联的关系的，即一方面是国际共运中的历史关系和共同的意识形态；另一方面是对国际权力政治的理解和运用。他们无法完全遵循列宁—斯大林的帝国主义理论，解读二战中变得极为复杂的同盟政治和大国关系，对苏联的对外政策尤其是对华政策，经常感到困惑。这种困惑后来一度被结盟后两国关系的快速发展所掩盖，但随着各种分歧和矛盾的发生、发展，它最终被证明仍然是导致中国决策者在诸多对外政策问题上怀疑苏联动机不纯正的重要动因。从这个意义上说，还有必要系统解读中共与苏联在东北的关系，以及中共决策者由此一度形成的苏联形象。

1942 年 4 月初，刘少奇与随行的 100 多人，在遵照中共中央指示从苏北阜宁返回延安途中，到达山东临沭八路军一一五师师部驻在的一个小村子。此后因沿途无法确保安全，他们直到7月下旬才离开。这期间发生了一件后来被证明对于中苏关系来说意义极为深远的事情。

7月9日，毛泽东发给刘少奇一份长电报，其中谈到“有一点须与你商酌，即是山东的重要性问题”。他说估计“日本战败从中国撤退时，新四军及黄河以南部队须集中到华北去，甚或整个八路、新四须集中到东三省去”，“如此则山东实为转移的枢纽”，所以希望擅长组织工作的刘少奇能多待一段时间，以“掌握山东任务”。[①] 此刻这还是毛泽东的设想，但历史证明它对理解后来中共应对美苏冷战体系的战略的形成，有重要价值。因为战后中共与美军具有战略影响的军事纠纷（尽管双方最终没有交火）首先就发生在山东烟台地区；与苏联的战略合作虽然复杂一些，但的确起始于东北地区。

毛泽东的这个可以概括为战后“向北发展”的战略设想在逻辑上包含着战后将与苏联合作的前景，值得深究的是这项设想得以提出的基本依据。它是毛泽东等中共领导人长期观察世界政治变动的结论，其核心内容是美苏之间保持合作将是战后的常态，美苏关系将继续支配国共关系的走向。[②] 他们的这类分析和判断并不都是准确的，但以分析大国战略均势的视角和逻辑来认识和把握战后世界政治的主要特点和美苏关系，当时被证明比简单依靠列宁和斯大林关于帝国主义理论的分析路径更有效。

毛泽东在这份电报中专门告诫刘少奇，“此点目前不须对任何

---

① 毛泽东：《山东有可能成为战略转移的枢纽》，1942年7月9日，载中共中央文献研究室编：《毛泽东文集》第2卷，北京：人民出版社1993年版，第434—435页。

② 毛泽东：《山东有可能成为战略转移的枢纽》，1942年7月9日，载中共中央文献研究室编：《毛泽东文集》第2卷，北京：人民出版社1993年版，第434—435页。

人说”。这种事先只在高层领导人之间个别沟通以逐步建立共识的办法，反映了他处理战略问题的一贯行事风格，实际上也就是一种决策模式——“协商—共识”——启动的开端。例如，1949 年春，中共军队打过长江后，毛泽东在如何处理对美关系问题上，就直接电告总前委书记邓小平或面授机宜。[①] 1951 年 1 月，毛泽东为了推动志愿军坚决打过三八线，将他获得的美军有可能退出朝鲜半岛的情报只告知志愿军最高指挥官彭德怀以及高岗、宋时轮等，并嘱“上述情报不要下达”。[②] 而且，这种模式一旦运作起来，也可以证明哪些问题在他的思考中占有重要的地位，有可能成为战略性决策。

在 1945 年春召开的中共七大上，夺取东北已经成为一项相当突出的战略设想。中共领导人认为，战后如能控制东北地区，就能形成背靠苏联的局面，从而根本改变中共长期被包围的态势，而这是他们多次尝试获得的。例如，在 1935 年长征期间，中共中央就提出过所谓的“打通国际路线”的战略，即夺取西北地区以便能背靠苏联，这甚至得到了斯大林的呼应，当然最终还是未能成功。[③] 这一次照毛泽东的话说，就是“如果东北能在我们领导之下，那对中国革命有什么意义呢？我看可以这样说，我们的胜利就有了基础，也就是说确定了我们的胜利。”[④]

---

① 参见牛军：《冷战与新中国外交的缘起：1949—1955》（修订版），北京：社会科学文献出版社 2013 年版，第 280、218 页。

② 毛泽东：《关于美军似准备从朝鲜撤退的情报的通报》，1950 年 12 月 11 日，载中共中央文献研究室、中国人民解放军军事科学院编：《建国以来毛泽东军事文稿》（上卷），北京：军事科学出版社、中央文献出版社 2010 年版，第 405—406 页。

③ 参见杨奎松：《“中间地带”的革命：国际大背景下看中共成功之道》，太原：山西人民出版社 2010 年版，第 320—325 页。

④ 毛泽东：《在中国共产党第七次全国代表大会上的结论》，1949 年 5 月 31 日，载中共中央文献研究室编：《毛泽东在七大的报告和讲话集》，北京：中央文献出版社 1995 年版，第 218—219 页。

抗日战争结束不久，毛泽东在赴重庆之前，中共中央已经基本确定了“向北发展”的战略，并开始向东北调兵遣将。[1] 重庆谈判结束后不久，中共中央一度提出控制华北、夺取整个东北的战略方针。[2]

以上的叙述证明，推动中共领导人走上结盟之路的最初动力是他们的战略利益。为了说明这一点，大致梳理抗战时期中共与苏联的关系是十分必要的，因为战后初期中共与苏联在东北开始战略合作时，双方在是否拥有共同意识形态这个问题上，互信还是相当脆弱的。而且就算中共领导人相信双方拥有共同的意识形态，它能在多大程度和范围内推动苏联支持中共“向北发展”的战略，也是相当不确定的，所以他们更倾向于按照大国权力政治的逻辑来考虑现实中的问题和制定对策。

中共与苏联的关系有着深远的历史渊源。中共从建党之日起，就一直坚定地站在苏联领导的国际共产主义运动的行列里，共同的意识形态在维系双方关系方面起着至关重要的作用。但恰是这一特点在抗战时期发生了重大的变化，而且导致后来不论是中苏结盟还是同盟破裂的种子，差不多都是在这时种下的。

中共中央与苏联的分歧最初发生在如何执行国共统一战线政策方面。1937 年 11 月，王明自莫斯科飞抵延安，从此中共与苏联的政策分歧便以中共党内斗争的形式展开。直至皖南事变发生，中共在付出巨大的代价后，这场斗争才基本结束。苏德战争爆发后，中共中央一度拒绝了苏军统帅部关于组织八路军向华北日军发动进攻

---

① 《中央关于迅速进入东北控制广大乡村和中小城市的指示》，1945 年 8 月 29 日，载中央档案馆编：《中共中央文件选集》第 15 册，北京：中共中央党校出版社 1990 年版，第 257 页。

② 《中央关于全力控制东北拒止蒋军登陆着陆给东北局的指示》，1945 年 10 月 28 日，载中央档案馆编：《中共中央文件选集》第 15 册，北京：中共中央党校出版社 1990 年版，第 388—389 页。

的要求。[①] 苏联方面为此指责了中共中央，但他们已不再有足够的影响力，以致可以像过去那样迫使中共中央改变其决定。中共领导人已经认识到，生搬硬套苏联的理论、经验和政策，可能会给中共带来极大的危害。而且为了避免党的分裂，必须在党内清除王明等的影响。从这个意义上说，1942 年开始的延安整风，也是在根本调整中共与苏联的关系。中共中央与王明的斗争凸显了国际共运这类斗争的某种特点，有关的政策分歧很快上升为坚持真正马列主义的理论争论。

这一时期苏联与中共中央的分歧在本质上是战略利益不同，毛泽东的出发点是维护中共的利益，而斯大林的出发点则是维护苏联的利益。问题是由不同战略利益引起的双方政策分歧，被斯大林界定为意识形态分歧，他对中共中央的不满逐步发展为对中共性质的怀疑，他的认知系统决定了他无法用其他话语和逻辑解读双方矛盾的特点和根源。1944 年 6 月，斯大林在与美国驻苏联大使哈里曼（William Harriman）谈话时说，中共是“人造奶油”式的共产党，一旦经济状况改善，“他们就会忘掉这种（共产主义）政治倾向”。[②] 总之，按照斯大林的逻辑，中共执行苏联对外政策不力就是因为意识形态不纯，而且中共作为一个爱国的农民小资产阶级政党，实际上也没多少实力。

到抗战后期，在苏联的对华政策框架中，与处理对美和对国民

① 毛泽东：《准备在战略上配合苏军作战》，1941 年 7 月 2 日；毛泽东：《帮助苏联红军我们决取广泛游击战的长期方针》，1941 年 7 月 15 日，载中共中央文献编辑室、中国人民解放军军事科学院编：《毛泽东军事文集》第 2 卷，北京：军事科学出版社、中央文献出版社 1993 年版，第 650、651—653 页；毛泽东：《八路军新四军应取长期斗争方针》，1941 年 7 月 18 日，载中共中央文献研究室编：《毛泽东文集》第 2 卷，北京：人民出版社 1993 年版，第 358—359 页。

② “The Ambassador in the Soviet Union (Harriman) to the Secretary of State,” June 22, 1944, *Foreign Relations of the United States (FRUS)*, 1944, Vol. 6, The Far East, China, pp. 799-800.

政府的关系相比，中共不能说是个重要的因素，它只是在必要时可以被用来制约国民政府这个层次上才被考虑到。在抗战结束前开始的中苏谈判中，斯大林就曾经直截了当地用有可能支持中共，迫使国民政府接受了苏联对中国东北的特殊要求。[①] 这同苏联当时在伊朗北部利用伊朗人民党的做法如出一辙。[②] 需要进一步指出的是，斯大林在贯彻那种欧洲传统的势力范围政策之时，的确遵循了苏联一贯的做法。他将与任何有党际关系的相关方（包括中共在内）之间存在的战略利益分歧，都视为对苏共理论的背叛，至少也是潜在的背叛。这使苏联在同其他国家的任何政治力量的关系，最终都难免意识形态化，同中共的关系当然不会是例外。

斯大林的这种对外政策逻辑当时给中共中央造成了巨大的困扰，直到很多年以后，他们才将始于斯大林时代的混杂着革命意识形态和传统地缘政治追求的苏联对外政策等，定义为一种“社会帝国主义”。[③] 不过，在抗战结束前那段时间，刚刚结束整风运动的中共领导人正根据自己的战略需要观察和思考苏联的对华政策。那次运动的重要成果是形成了被称为“马克思主义中国化”的毛泽东思想。当然，他们并不清楚斯大林是不是也认为，“中国化”的马克思主义仍是真正的马克思主义。

无论如何，中共中央在这个时期的确需要与苏联建立更紧密的合作关系，这同他们在抗战后期曾经希望与美军合作的策略是一样的。1944 年夏季，为了争取在华北和沪杭甬地区与有可能展开登陆

① 《行政院长宋子文、外交部长王世杰自莫斯科呈蒋主席报告为速缔立中苏条约以防生变请对外蒙及其他未决事项授予权宜处置之权电，民国三十四年八月十二日》，载秦孝仪主编：《中华民国重要史料初编——对日抗战时期》（2）（第三编）《战时外交》，台北：中国国民党“中央委员会”党史委员会 1981 年版，第 649 页。

② 参见［美］弗拉季斯拉夫·祖博克：《失败的帝国：从斯大林到戈尔巴乔夫》（李晓江译），北京：社会科学文献出版社 2014 年版，第 58—59 页。

③ 《苏联现代修正主义的总破产》，《人民日报》1968 年 8 月 23 日。

作战的美军进行合作，中共中央派遣大批部队向该地区集结，以便配合美军登陆，并借机发动大城市起义并控制那些地区。那次争取合作的努力因美军军事战略的改变而落空了，双方关系随后因美国驻华大使赫尔利（Patrick Hurley）推行被称作“扶蒋反共”的政策而迅速恶化。[①] 简而言之，恰恰是与苏联关系的冷淡和疏远，为中共领导人逐步形成更丰富的认知结构，提供了机会和空间。当然，对他们来说，改变和丰富对世界政治的认识路径，仍然是一个相当漫长的过程。

从 1945 年春季开始，中共中央越来越关注苏联的对华政策和考虑如何发展与苏联的关系。在苏联宣布中止《日苏中立条约》后不久，中共政策立即出现了将战略发展重心从配合美军在东南沿海登陆逐步转向在华北和东北配合苏军作战的动向。[②] 在中共七大期间，毛泽东首次向党的高级干部提出了战后夺取东北、建立背靠苏联的战略基地的设想，他重申了要争取与苏联合作的原则。不过他告诫与会者，也要对得不到苏联援助有所准备，因为并不能确定，苏联参战后是否会直接援助中共。[③]

中共七大结束后不久，国民政府与苏联开始谈判，这对中共中央的战略无疑是重大的冲击。中共领导人一直密切关注谈判的进展。目前能看到的最详细分析中苏谈判的文献是一份王若飞谈话的记录，他是一位长期在重庆负责外事工作的中央委员。8 月 3 日，他在延安作形势报告时说，中苏谈判一定会签订条约，而且绝不会

① 参见牛军：《冷战与新中国外交的缘起：1949—1955》（修订版），北京：社科文献出版社 2013 年版，第 67—69 页。

② 《晋察冀分局关于积极进行配合苏联作战的准备工作的指示》，1945 年 1 月 18 日。

③ 毛泽东：《论联合政府》，《解放日报》1945 年 5 月 2 日；《赫尔利、斯大林谈话情形》，1945 年 5 月 7 日；毛泽东：《在中国共产党第七次全国代表大会上的口头报告》，载《党的文献》1993 年第 6 期，第 18 页；毛泽东：《在中国共产党第七次代表大会上的结论》，1945 年 5 月 31 日，载中共中央文献研究室编：《毛泽东在七大的报告和讲话集》，北京：中央文献出版社 1995 年版，第 197 页。

是“苏联自由支持共产党反对国民党的条约”。不过，他认为苏联也不会允许国民政府亲美，以及不会限制中共发展，尽管可能不愿提供援助。[1] 他的这个判断可以说是代表了中共中央的主要观点，此外，也反映了他本人之前在重庆期间与包括美国和苏联大使在内的各方交往后的印象。实际上在中苏谈判开始之前，中共方面已经获得了这次谈判将讨论和达成协议的大致内容，尽管还不能根据这些信息得出最后结论。[2]

显然，中共领导层认为，此时与苏联的关系是很不确定的，双方的战略像是两条道上跑的车，而中共领导人尚存的信心就是基于历史联系的纽带，其中的主要部分是共同的意识形态，以及中共仍然是苏联领导的国际共运的一个分支。1943 年 5 月，共产国际解散了，但苏共中央仍然可以同中共中央保持直接的联系，他们在延安有自己的代表和电台。

日本投降后，斯大林立即同美国人一起施压中共与蒋介石谈判。这足以证明，斯大林认为苏联的战略利益比无产阶级国际主义更重要。毛泽东对苏联这种做法深感不满是可以确定的，不过他还是接受了斯大林的劝告，亲赴重庆与蒋介石谈判。这部分的原因是，中共中央认为当时有必要做出让步，以争取实现和平，因为“苏联如公开助我，美国必公开助蒋，大战就可能爆发”。[3] 另一个更重要的原因则是中共中央已经确定，战后必须将主力向华北和东北集中，以便背靠苏联与国民政府分庭抗礼，从而根本改变中共根

---

① 《王若飞同志报告记录》，1945 年 8 月 3 日，存中国人民大学中共党史系资料室，编号：6442/1 。

② 《斯克沃尔佐夫与王若飞会谈纪要：关于战后中国政治格局》，1945 年 6 月 29 日，载沈志华主编：《俄罗斯解密档案选编：中苏关系》第 1 卷，上海：东方出版中心 2015 年版，第 46—49 页。

③ 毛泽东：《抗日战争胜利后的新形势和新任务》，1945 年 8 月 23 日，中共中央文献研究室编：《毛泽东文集》第 4 卷，北京：人民出版社 1999 年版，第 4 页。

据地长期被国民党军队包围的局面。从这个战略需求看，毛泽东同意斯大林的要求去重庆与蒋介石谈判，就是为了实现“向北发展”的战略而谋求苏联支持的一种选择，事实证明正是这个选择给中共发展与苏联的战略合作带来转机。

中共中央最初只能通过有关部队与苏军的直接接触和试探，逐步地确认苏联在东北的态度。他们得到的信息是含混不清的，那些为数不多的报告显示，不同地区的苏军部队对主动前来联络的中共军队的态度并不一致，苏军统帅部显然事前没有计划同控制着华北与东北连接的广大乡村地区的中共军队合作。例如，在苏军关于由早前退入苏联的抗联余部组成的苏军八十八旅的任务中，尚未发现指示他们与中共建立直接联系的内容。① 苏军部队的反应来自他们所受的意识形态教育，总的来看，进抵长城沿线一些地区的苏军对前往接应与配合作战的中共军队持友善态度，并愿意进行合作，但中共军队尚不能用自己部队的番号展开活动。

直到 9 月上旬，中共在东北的组织还在联系苏军地方当局，希望建立联系并获得与中共中央通讯联系等事务上的帮助。② 中共冀热辽军区十六分区司令员曾克林率部到达沈阳后，当地苏军指挥官还表示，他们需要向莫斯科请示，到底应该如何与这支中共部队相处。③ 在重庆，苏联驻华使馆官员则没有向中共代表表明，苏联到底会不会在东北给中共军队提供生存的空间。10 月 5 日，在周恩来询问驻华大使彼得罗夫（A. A. Petrov），苏联对美军在华北甚至东

① 《邱维林致华西列夫斯基报告（摘录）：第八十八旅的分派》，1945 年 8 月 5 日，载沈志华主编：《俄罗斯解密档案：中苏关系》第 1 卷，上海：东方出版中心 2015 年版，第 69—70 页。

② 《中共山东支局东北委员会致斯克沃尔佐夫函：请求帮助》，1945 年 9 月 2 日，载沈志华主编：《俄罗斯解密档案：中苏关系》第 1 卷，上海：东方出版中心 2015 年版，第 74—75 页。

③ 见《程耿关于我军已与苏联红军会师向中央的报告》，1945 年 8 月 17 日；《曾克林谈进军东北和四保临江的有关问题》，载《党史通迅》1984 年第 2 期。

北的部署持何种态度，后者则闪烁其词，表示不能预见“形势发展的一切细节”，这实际上就是不予回答。① 中共中央因此要求进入东北的部队“一路不事声张”，“用东北义勇军及东北其他地方军名义。首先进驻乡村、小城市及红军尚未占领之中等城市和交通线”，发展中共力量，建立地方政权以及协助苏军建立秩序，等等。②

这种局面可以大致反映当时中共与苏联的关系处于何种状态。此前，当苏联需要毛泽东去重庆谈判的时候，斯大林的电报很快就直达延安，然后由中共中央自己去体会其利弊得失。反之，当中共军队需要去东北时，中共领导人的想法并不能直达莫斯科之“天听”，他们需要自己去试探虚实。为什么延安不能主动同苏联最高当局直接交往，至今仍然是个谜，但这至少证明双方的关系是冷淡和缺少信任的。

9月14日，东北苏军代表贝鲁诺索夫（Lieutenant Belunosov）中校奉命前往延安，向中共中央转达了苏军统帅部的口头通知：在苏军撤出之前，国共军队都不要进入东北，已进入苏军控制大城市的中共军队请自行退出，苏军不久撤出后“中国军队如何进入满洲由中国自行解决”。刘少奇等提出，中共军队可不进入东北和热河的大城市，但苏军应将热河、辽宁原属于抗日根据地的地区移交中共军队。贝鲁诺索夫遂表示同意。通过这次会谈，中共中央大致确定，中共军队可以不公开地进入东北，而且进入东北后，可在乡村和苏军不管理的地区开展活动。苏军实际上同意，由中共军队控制经冀热辽地区进入东北的通道，以及苏军撤出东北后，不会干预中

① 《彼得罗夫与周恩来谈话纪要：国共谈判的准备工作》，1945年10月5日，载沈志华主编：《俄罗斯解密档案：中苏关系》第1卷，上海：东方出版中心2015年版，第81页。

② 《中央关于调四个师去东北开辟工作给山东分局的指示》，1945年9月11日，载《中共中央文件选集》第15册，北京：中共中央党校出版社1990年版，第274页。

共争夺东北的行动。

这次会谈十分重要，尽管它被严格限制在地方层次和军事领域，双方实际上达成如下共识或默契：苏军允许中共军队进入东北，但不能以八路军的名义活动；中共可以在东北乡村开展工作，不得在大城市和苏占区公开活动；苏军同意中共控制由冀热辽进入东北的通道。[①] 中共中央由此断定，在东北有巨大的战略机会，而这时正是中共中央最终确定战略发展方向的关键时刻。9 月 19 日，中共中央正式向全党提出了夺取东北的战略方针。[②] 由于尚不了解东北苏军的政策，中共中央设想军队抢先进入东北或部署在靠近东北的地区，而且进入东北后部队应部署在东北的东部、西部和北部，控制苏军未驻扎的乡村和一些中小城市，大发展的时机则是苏军撤出以后。[③]

然而时隔不久，苏联开始调整它在东北的政策。9 月下旬，中共中央在延安获悉，苏军将暂缓撤出东北，东北苏军方面则表示，中共军队可以接收毗邻东北的一些华北重镇，其中包括了承德、平泉、赤峰等进入东北的战略要道。[④] 10 月初，中共中央接获东北局报告说，东北苏军已经“下最后决心，大开前门”，苏军将从日军那里缴获的大量装备都移交给中共军队。东北局遂向中共中央建

① 《中央关于东北情况及与苏军代表谈判问题的通报》，1945 年 9 月 14 日，参见中共中央文献研究室编：《刘少奇年谱（一八九八——一九六九）》（上卷），北京：中央文献出版社 1996 年版，第 490 页。

② 刘少奇：《目前形势与战略部署》，《刘少奇选集》（上卷），北京：人民出版社 1981 年版，第 371—372 页。

③ 《军委关于争夺东北的战略方针与具体部署的指示》，1945 年 9 月 28 日，载中央档案馆编：《中共中央文件选集》第 15 册，北京：中共中央党校出版社 1990 年版，第 299—301 页。

④ 《中央关于目前形势与部署致中共赴渝谈判代表团电》，1945 年 9 月 26 日，载中央档案馆编：《中共中央文件选集》第 15 册，北京：中共中央党校出版社 1990 年版，第 295 页。

议，可抽调30万名主力军进入东北。[①] 10月下旬，苏军代表进一步鼓励东北局，在东北“应以主人自居放手些干”，迅速派人“接收工业中心及城市工业”，苏军部队并可协同中共军队同国民党军队作战。苏军代表甚至建议，最好将中共“党的中心移到此间”。[②]

来自东北局的关于东北苏军政策变化的报告，又一次导致中共中央大幅调整战略方针，在10月下旬提出要“竭尽全力，霸占东北”，并准备在南满和热河等地，同国民党军队进行一次战略性决战，阻止国民党军队进入东北。[③] 为此中共中央进一步向苏军方面提出一系列要求，包括苏军推迟撤出东北、阻止国民党军队在东北港口登陆和接收政权，等等。[④]

苏军方面表示推迟撤军确实有困难，但同意在撤军前，不准国民党军队空降长春。另外，苏军还承诺向进入东北的中共军队提供武器装备、通信器材和运输工具，允许中共军队在国民党军队登陆地区自由行动，在长春除市长外，政府部门领导人均可由中共更换。[⑤]

苏军从营口和葫芦岛撤出后，协助中共军队占领了这两个港口，致使国民党军队一直无法在那里登陆。这期间苏军还向中共军队移交了一些日军仓库，里面存有大量日军武器。根据东北局给中共中央的报告，这时进入东北的中共部队已获得步枪十一二万枝，

---

① 《甲乙关于抽调主力卅万控制东北致丙丁电》，1945年10月5日，参见中共中央文献研究室编：《刘少奇年谱（一八九八——一九六九）》（上卷），第509页；参见《彭真传》编写组编：《彭真年谱（一九○二——一九九七）》（上卷），北京：中央文献出版社2012年版，第292页。

② 《东北局关于与苏军交涉经过给中共中央的报告》，1945年10月8日；《辰兄态度积极关系皆好》，1945年10月25日。

③ 《中央关于集中主力拒止蒋军登陆给东北局的指示》，1945年10月19日；《中央军委关于十一月份作战部署的指示》，1945年11月1日；载中央档案馆编：《中共中央文件选集》第15册，北京：中共中央党校出版社1990年版，第364—365、394—396页。

④ 《要求苏联红军再留驻热河两个月》，1945年10月25日；《与国民党会谈方针及要求苏军缓撤》，1945年10月26日；参见《彭真传》编写组编：《彭真年谱（一九○二——一九九七）》（上卷），北京：中央文献出版社2012年版，第303页。

⑤ 《在彼所知情况》，1945年11月6日。

机枪4000多挺，数目不详的各种火炮和大量弹药，大批通信器材，小型运输机6架和两列火车。[①] 加之苏军在一些地区接收过后，仍遗留大量日军武器无法带走，还有一些未被发现的日军秘密仓库，中共军队到达后便可自行获得。这些对于装备落后和物资匮乏的中共军队，也是很宝贵的军事资源。

这一时期，中共与东北苏军关系的发展对双方都产生了长远的影响。苏联为了巩固它在东北的实力地位，由东北苏军出面支持中共在东北立足。中共中央要实现其争取东北的计划，没有东北苏军的认可和支持，是完全不可能的。正是反对美国和国民政府控制东北的共同利益，使战略合作关系成为在东北联结中共与苏联的关键因素。此后尽管苏联一再调整其东北政策，但中共与苏联在那里进行战略合作的本质从未根本改变。迄今为止，仍然无法进一步解释的是，东北苏军的政策在多大程度上反映了莫斯科的意图。不能设想东北苏军当局能够违背莫斯科的指示自行其是，但莫斯科到底在都大程度上掌握东北苏军与中共军队合作的程度和范围，还有待更深入地考察。

中共“向北发展”战略的设想始于抗战后期，形成和贯彻则是在战后初期。非常有必要对这个阶段中共领导人制定对苏政策的认知结构等，作更深入的分析。在促使中共中央始终保持争取苏联合作的愿望的诸多原因中，固然包括了双方的历史联系和共同的意识形态，不过更重要的是，在中共领导人对战后世界政治的分析框架中存在的其他内容。有足够的文献证明，他们对美苏关系的中心地位及其与中国政局的关系等问题的解读，有着大大超越意识形态范式的内容，其本质还是一种对大国权力政治中的特殊均势的理解。

---

① 《彭真传》编写组编：《彭真年谱（一九〇二——一九九七）》（上卷），北京：中央文献出版社2012年版，第312—313页。

他们认为，战后世界政治的“中心问题是美苏之争”，国共斗争则是美苏之争在中国的反映，而美苏之间的力量对比将导致它们继续寻求妥协而不是立即冲突，这也就决定了中国的国共冲突将是有限的，双方都要做出妥协以达成政治解决的协议。[①] 中共领导人对苏联对东北政策的波动的分析，基本上是基于他们认识美苏关系变动的框架。在这个框架中，大国之间的力量对比和它们具体政策的含义，远比意识形态重要得多，也复杂得多。从这个意义上说，中共领导人认识战后世界政治的均势思想，就是发端于这个时期，特别反映在争夺东北的实践中。

前述1944年夏季，中共中央曾积极寻求与美军合作，并提出向沿海地区发展以配合美军登陆的战略。这可以从另一个方面说明，中共领导人在制定战略时，对获得实质性的战略利益和力量对比关系的重视程度，远不是用一种意识形态逻辑可以解释清楚的，至少在当时就是如此。[②] 当年10月15日，毛泽东在延安党校的一次会议上阐述与美国合作的意义时说：“鸦片战争以后，104年以来，没有一次这样好的环境，全世界民主国家都在帮助我们。过去只有苏联帮助我们，现在英美不反对我们，还帮助我们，起了大变化，马克思书本里也找不出这样的变化，只能找出这种变化的原理，而找不出这种变化的具体描写”。[③] 显然，对中共领导人来说，如何界定这时作为一个外部因素的美国人，更重要的是看他们对中共的态度和对中共战略的利弊。

---

① 《中央关于对美蒋斗争策略的指示》，1945年11月28日，载中央档案馆编：《中共中央文件选集》第15册，北京：中共中央党校出版社1990年版，第455页。

② 有关1944年夏季中共与驻华美军的关系，可参见牛军：《冷战与新中国外交的缘起：1949—1955》（修订版），北京：社科文献出版社2013年版，第60—70页。

③ 《毛泽东在延安党校作的报告》，1944年10月25日；另参见中共中央文献研究室编撰、逄先知主编：《毛泽东年谱（一八九三——一九四九）》（中卷），北京：人民出版社、中央文献出版社1993年版，第552—553页。

中共与苏联在东北的关系的发展是战后双方关系发展的一个转折点，也是此后双方关系发展的战略基础，尤其是美苏冷战爆发后，斯大林更明确和坚决地要将美国隔离在中国东北地区之外，而且由于国民政府日益鲜明地倒向美国，与中共在这个地区的战略合作对于苏联越来越重要。尽管如此，双方的战略合作在当时仍然是局部性的，其发展前景很大程度上取决于双方面临的外部压力。

东北局势的发展也证明，推动双方走到一起的外部因素的变化，曾经严重冲击它们的合作，甚至导致关系紧张。中共中央和东北局领导人对苏联的不信任是显而易见的，他们都比较多地关注和强调了苏联与美蒋的矛盾及其对苏联东北政策的影响。这清楚地反映了他们认识苏联政策的视角，即苏联对国共的政策是为苏联的东亚战略利益服务的，是为处理与美国的关系——包括在亚太地区和全球的关系——服务的，不可能是以中共的战略利益为出发点的。所以他们认为，有必要“竭力避免把一切希望寄托在苏联的援助上”。[①] 换句话说，中共中央必须主要以共同的战略利益为基础来考虑和处理与苏联的关系，双方的合作必须同时有战略的乃至当下具体的利益作为基础，才能存在和发展。

在中共领导人的话语中，苏联这时被赋予了多种身份。它不仅是一个社会主义国家，而且还可以被看作可以用来制约美国这个“夷”的另一个“夷”。刘少奇在1946年1月的一份电报中提到，如有必要，可以邀请苏联方面也像美国的总统特使马歇尔调处那样参与国共谈判，以便利用苏联充当“东北之马歇尔”（George Marshall），从而平衡美国人的影响。他是这样解释其必要性的：“中国从来就是依靠几个国家互相牵制来保持独立的，所谓以夷制

① 《陈高关于东北工作的意见向东北局、中央的报告》，1945年11月29日；陈云：《对满洲工作的几点意见》，1945年11月30日，载《陈云文选》，北京：人民出版社1984年版，第221—224页。

夷政策，如果中国只被一个强国把持，则早已灭亡……”①

除了中共决策层的认知呈现了复杂性外，中共内部的实际情况同样复杂。由于大量部队陆续进入东北并占据越来越多的地区，到1946年年初，已经达到了30万之众，这就意味着中共在东北已经有了很现实的战略利益需要保护。对这种尤其体现在当地官兵中的既巨大又具体的利益的关切，导致他们对苏军经常出尔反尔的做法极为反感。当地官兵甚至表示，为了捍卫他们控制的战略要地，不惜与苏军作战，“全部战死在所不顾”。② 所以，即便在延安的决策层基于对国际形势的认识，有意配合苏联的政策变动，在东北当地也很难被坚决和无条件地贯彻。这种情况比较典型地反映了中共与苏联在战略利益层面的矛盾，而中共领导人的最终选择则取决于他们对中共利益的评估和对美苏在华均势的分析。

第三节　开启结盟之门

1949年1月14日，苏共中央政治局在克里姆林宫开会，内容是讨论如何答复毛泽东要访问莫斯科的电报。从1948年春季以来，毛泽东多次提出访苏的请求。斯大林在发言中说，毛泽东此时来访并不适宜，既不利于毛泽东指挥正处于关键时刻的对国民党军队的反攻，还会“损害中共的名誉”，他会被“说成是谒见莫斯科”。其他与会者照例表示赞成后，斯大林随即口授了给毛泽东的复电，建议后者将访问推迟到建国之后，这样会“具有更大的国际意义”。他还说明，苏共中央愿意“派遣一名负责的政治局成员”，前往中

① 《中央关于提议英国苏联参加国共谈判问题的指示》，1946年1月3日。

② 《彭真传》编写组编：《彭真年谱（一九〇二—一九九七）》（上卷），北京：中央文献出版社2012年版，第362页。

国“商谈我们感兴趣的问题”。17 日，毛泽东的复电表示，“非常欢迎您派政治局委员到中国来”，并提出了具体路线和时间表：“在 1 月底或 2 月初”来。[①] 斯大林指示苏共政治局委员米高扬（A. I. Mikoyan）前往中国，后者欣然受命。

米高扬行前是做了充分准备的，他后来回忆说，为了避免在西柏坡的谈判出现困难时“过多地向莫斯科请示”，他将可能遇到的问题列成提纲并准备了各种答案，然后请求专门向斯大林本人汇报一次。米高扬在清单中列出供讨论的事项有 17 个之多，然后他同斯大林单独会谈一个多小时。

1 月 26 日，米高扬乘苏制 Си–47 飞机离开莫斯科。飞机的航行路线十分复杂，途经苏联的赤塔、哈巴罗夫斯克、中国的旅顺等地，然后从渤海超低空进入华北地区，以避开青岛美军的雷达侦查。几经辗转后，米高扬于 1 月 30 日抵达当时中共中央驻在的河北省西柏坡。他在那里住了 9 天，其间每天都与中共领导人长时间会谈。在一些事先未曾料到的问题上，米高扬当晚会电报莫斯科请示，通常“马上就会”收到答复，因为斯大林每天都会召开会议，讨论米高扬提出的问题并做出回复。

米高扬发现，毛泽东同斯大林有一个重要的共同点，即他们两个领袖人物清晨 4 点、5 点之前都不会睡觉，通常是下午起床后，于 4 点开始长时间谈话。在此之前，米高扬则要同其他中共领导人会谈。这趟访问对米高扬来说显然是苦不堪言的，但肯定也是值得的，他毕竟是在创造历史。正是在这次访问中，毛泽东提出了新中国成立后要同苏联缔结一项条约。2 月 6 日，米高扬在会谈中询问毛泽东，未来希望与苏联建立何种关系？后者回答说，中共新中国

---

① 《毛泽东致斯大林电：欢迎苏共中央政治局委员来华》，1949 年 1 月 17 日，载沈志华主编：《俄罗斯解密档案：中苏关系》第 1 卷，上海：东方出版中心 2015 年版，第 81 页。

成立后可以同苏联签个类似“苏波条约的苏中互助条约”。[①] 这相当于提出了建立一个军事同盟。

米高扬访问西柏坡是中共领导人寻求与苏联结盟进程中的一个重大事件，这一方面是因为这次访问是结盟进程的一个开端；另一方面，也是因为它只是一个开端。毛泽东等中共领导人同米高扬的谈话内容极为丰富，涉及双方关心的几乎所有问题。不过在通读这些谈话记录之后，仍然有两个问题无法清楚地确定。第一个问题是，毛泽东与斯大林或者说中共与苏共这两者中，谁更想结盟？第二个问题是，毛泽东等当时是否确切地理解，两国之间最终将建立的军事同盟的含义，包括在安全领域的权利，特别是还有什么义务，以及在冷战的背景下，结盟可能会导致何种后果。提出这个问题是因为毛泽东当时是在与米高扬谈到 1945 年 8 月 14 日苏联与国民政府签订的《中苏友好同盟条约》时，提出新中国成立后与苏联缔结条约的。不论是《中苏友好同盟条约》，还是毛泽东援引为例的苏联与波兰的条约，都具有军事同盟条约的性质。

可以基本确定的是，毛泽东等中共领导人首先和主动提出新中国成立后应该与苏联建立紧密的关系，并站到社会主义阵营一边。早在 1947 年夏季，中共军队转入反攻之前，就出现了毛泽东访苏的动议。按照毛泽东的俄语翻译师哲的回忆，是苏联方面想要接毛泽东等中共领导人到苏联去避难。起因是斯大林从来自巴黎的信息获知，中共军队在战争中“损兵折将，溃不成军”，等等。[②] 时任苏联驻华使馆参赞的列多夫斯基（Ledovsky）的回忆提供了佐证。他认为不论是谁首先提出的毛泽东访苏，原因都与师哲所说的一

---

① 《米高扬与毛泽东会谈纪要：新政府的组成和任务》，1949 年 2 月 6 日，载沈志华主编：《俄罗斯解密档案：中苏关系》第 1 卷，上海：东方出版中心 2015 年版，第 441—442 页。

② 师哲：《在历史巨人身边：师哲回忆录》（修订本），北京：中央文献出版社 1996 年版，第 345—346 页。

样，是军事上“为了避免全军覆灭”。[①]

1947年6月15日，苏军情报部部长库茨涅佐夫（Fyodor Kuznetsov）致电苏共派驻中共中央的医生兼联络员捷列宾（Terebin），请他嘱告毛泽东，随时可以到莫斯科去，如果必要的话，苏联可以派飞机去接。[②] 由苏军情报部发出这样的电报，以上所言苏联要接毛泽东去避难的说法应该是真实的，所以这个建议被拒绝应在情理之中。7月1日，库茨涅佐夫给捷列宾电报的行文证明了这一点。电报说收到了捷列宾关于毛泽东访苏和战场形势的回电，鉴于战场形势和毛泽东指挥的重要性，“毛泽东暂时推辞前往苏联是合乎情理的”。[③] 这时正值国民党军队发动全面进攻并攻占了延安的重要时刻，而且中共中央已经在酝酿向国民党军队发动全面反攻。目前无法了解中共领导人这时讨论和分析对苏政策的过程和内容，也许本来就不存在讨论的过程。

这段交往证明了两个事实：第一是苏联首先提出毛泽东访问莫斯科的，尽管理由有些荒唐；第二是中共与苏联的关系这时已经比抗战结束时期密切，但在苏联决策体制中，处理与中共关系的部门和官员的层级并不高。换句话说，斯大林本人这时仍未关注中共的情况。

1947年冬季，毛泽东提出了访问苏联的话题，这更有可能是对之前苏方邀请的回复。就宏观背景看，第一，是1947年夏季，随着冷战爆发，欧洲九国共产党工人党情报局成立，苏联宣布世界已经划分为分别以苏联和美国为首的两大阵营。中共中央立即发表声

---

① 参见沈志华：《无奈的选择：冷战与中苏同盟的命运》，北京：社会科学文献出版社2013年版，第80页。

② 《库茨涅佐夫致捷列宾电：毛泽东访苏事宜》，1947年6月，载沈志华主编：《俄罗斯解密档案：中苏关系》第1卷，上海：东方出版中心2015年版，第195页。

③ 《库茨涅佐夫致捷列宾电：推迟毛泽东访苏》，1947年7月1日，载沈志华主编：《俄罗斯解密档案：中苏关系》第1卷，上海：东方出版中心2015年版，第197页。

明，将坚决和坚定地站在苏联领导的社会主义阵营一边。[1] 既然世界政治进入一个新的划时代的阶段，之前任何有关世界政治的解读都面临重新修正的挑战。对中共领导人也是如此，按照他们的思考逻辑，不仅要理解苏共中央提出的新国际政治理论，更重要的是还需要搞清楚它同中国政局走向的关系。第二，就是中国革命运动已经发生历史性转折，中共中央提出夺取全国政权的纲领，解放军转入大反攻，建国问题从此开始提上日程，至少毛泽东已经在思考未来建设一个什么样的新国家。他也正是从这个时候开始加强与斯大林的联系，并在冬季首次表达了访苏的意愿。换句话说，是冷战爆发和中国革命胜利这两个重叠的历史事件，推动中共中央迈开了与苏联结盟的步伐。

12 月 16 日，库茨涅佐夫指示捷列宾答复毛泽东，“苏联政府欢迎”他“前来苏联访问”。[2] 这份电报注明是对后者 11 月再次提出在 1948 年访问莫斯科的请求的答复。根据捷列宾回电的叙述，毛泽东对来电“十分满意”，说可以在莫斯科“待上 3 个月或半年”；他对动身时间无具体设想，说“占领平绥路之后，那时就可以走了”。[3] 总的来看，毛泽东认为访苏时机正在到来，但尚不急切。用捷列宾电报中的话说，他交谈时“十分活跃，神情很满意”，“至于日程则无须再问什么”。这样的答复表明，毛泽东此时尚不急于访问苏联，更多的是表达要密切与苏联关系的愿望，特别是那个邀请并不是来自斯大林本人，而是苏军情报部这个层级。总之，正如毛泽东后来承认的，他本人这时的确并不急于到莫斯科去。第一回

① 毛泽东：《目前形势和我们的任务》，1947 年 12 月 25 日，载《毛泽东选集》第 4 卷，北京：人民出版社 1991 年版，第 1259—1260 页。

② 《库茨涅佐夫致捷列宾：毛泽东访苏事宜》，1947 年 12 月 16 日，载沈志华主编：《俄罗斯解密档案：中苏关系》第 1 卷，上海：东方出版中心 2015 年版，第 214 页。

③ 《捷列宾致库茨涅佐夫：毛泽东访苏事宜》，1947 年 12 月 17 日，载沈志华主编：《俄罗斯解密档案：中苏关系》第 1 卷，上海：东方出版中心 2015 年版，第 215 页。

合交往就这样结束了。

第二个回合开始于1948年4月，这回是毛泽东主动向斯大林提出，他计划立即访问莫斯科，而且可以断定他是认真的。4月20日，捷列宾向毛泽东转达了斯大林的一个电报，后者针对毛泽东1947年11月30日和1948年3月15日的两个电报，明确地提出两点不同看法。第一是“不同意”毛泽东在来电中说的，中国革命胜利后，中共“将仿照苏联和南斯拉夫的模式，除了中国共产党之外的所有政党都应当从政治舞台上消失，从而极大地巩固和加强中国革命”。斯大林说，中共胜利之后“一个时期”内，应建立“民族民主革命政府，而不是共产主义政府”，他还专门指出，毛泽东对南斯拉夫的“人民阵线”的理解是不对的；第二点是完全同意中共“建立中国中央政府及吸收自由资产阶级的代表参加政府”，毛泽东的“这个考虑是完全正确的”。斯大林在电报中强调，他之所以这么长时间才回信，是因为花时间核查了“答复所必要的一些材料”，意即他已做过调查研究和很认真的。[①] 斯大林所言非虚，苏联在华人员这个时期的确比较详细地调查和分析了中国政局，并向苏共中央报告了他们的建议。[②] 基于这些调研，斯大林这时也开始思考如何使革命胜利后的新中国参加到苏联阵营。[③]

---

① 《斯大林致毛泽东电：中共对其他政党的立场》，1948年4月20日，载沈志华主编：《俄罗斯解密档案：中苏关系》第1卷，上海：东方出版中心2015年版，第251—252页；《库茨涅佐夫致斯大林报告：毛泽东来电谈中国局势》，1947年12月10日，载沈志华主编：《俄罗斯解密档案：中苏关系》第1卷，上海：东方出版中心2015年版，第210—212页；《毛泽东致斯大林电：中国局势和中共任务》，1948年3月30日；载沈志华主编：《俄罗斯解密档案：中苏关系》第1卷，上海：东方出版中心2015年版，第239—243页。

② 《普霍洛夫致苏共中央报告：情报局会议后中国的政治局势》，1948年1月23日，载沈志华主编：《俄罗斯解密档案：中苏关系》第1卷，上海：东方出版中心2015年版，第219—235页；《罗申致马立克报告：中国局势及政治指示》，1948年4月2日，载沈志华主编：《俄罗斯解密档案：中苏关系》第1卷，上海：东方出版中心2015年版，第244—246页。

③ N. B. 科瓦廖夫：《斯大林和毛泽东的对话》，《国外社科信息》1992年第21期，第29页。

正是斯大林的这个回电，促使毛泽东做出立即访苏的决定。首先是因为这次是斯大林本人的亲自回电，并在最后表达“致以共产主义的敬礼”！这在战后是第一次，它表明现在的确是斯大林本人在亲自处理与中共的关系了。其次是斯大林明确指出了，毛泽东对苏联和中、东欧社会主义国家的政权结构理解有误。所以两天后，4月22日的晚上，周恩来和任弼时向苏联代表捷列宾表示，毛泽东本人希望5月初访问苏联，“预计5月4—5日动身”。[①]

4月26日，毛泽东亲自致电斯大林，表示他“决定提前去苏联”，而且5月初就动身。毛泽东在电报中首先表示，完全同意斯大林4月20日电报的观点，以及中共中央已经完全纠正了“极左倾向”；其次是他打算用一到三个月时间，包括到东欧和东南欧国家去学习“人民阵线的工作”，等等。[②] 毛泽东显然意识到在如何建国这个重大问题上，与斯大林存在明显的认识差异，所以他迫切地表达了尽早访苏和到东欧国家“去看看”的愿望。当然其目的也包括了要确认中共的重大政策如何与斯大林保持一致，尤其是这些政策不能建立在对苏联阵营缺乏了解甚至是错误理解的基础之上。他这次是真的打算前往莫斯科，真实地反映了中共中央寻求结盟的最初的，也是强大的动力——他们对取得政权后“建什么国”的深刻关切。

三天后，4月29日，斯大林即复电欣然表示同意，他说所有问题“我们面谈”。[③] 不过他很快改变主意，原因不详。5月10日，他致电毛泽东建议缓行，理由一是华北战局突变，傅作义军队要发

---

① 《捷列宾的密码电报：关于毛泽东访苏事宜》，1948年4月22日，载沈志华主编：《俄罗斯解密档案：中苏关系》第1卷，上海：东方出版中心2015年版，第252—253页。

② 《毛泽东致斯大林电：要求提前访苏及其安排》，1948年4月26日，载沈志华主编：《俄罗斯解密档案：中苏关系》第1卷，上海：东方出版中心2015年版，第253—254页。

③ 《斯大林致电毛泽东：同意提前访苏及其安排》，1948年4月29日，载沈志华主编：《俄罗斯解密档案：中苏关系》第1卷，上海：东方出版中心2015年版，第254页。

动进攻；理由二是担心无法保证毛泽东本人在行程中的安全。当然如果毛泽东坚持原计划，苏共中央也愿意接待并可以派飞机接驾。[①]从电报的行文中可以看出，斯大林至少不是很积极的。7月4日，毛泽东再度致电斯大林，告以“我决定近期到您那儿去”。[②] 10天后，7月14日，斯大林复电说，苏共领导人到各地去参加收购粮食，毛泽东行程“改到11月底”。[③] 毛泽东在听过任弼时的翻译后，口授一份回电，表示同意斯大林的意见。[④] 捷列宾随后打电报告诉斯大林，积其六年多观察之经验，毛泽东对这样的回复不会满意，他在怀疑斯大林是否在拒绝他。根据捷列宾的报告，毛泽东当时曾询问苏联的粮食收购工作如此重要，以致苏共中央领导人都要亲自参加？[⑤]

9月28日，毛泽东再次致电斯大林，提出要“尽快”访苏。[⑥] 10月17日，斯大林回电表示，“很高兴”于11月底在莫斯科接待毛泽东。[⑦] 这之后反而是毛泽东多次以战事紧张、交通不便或身体有恙为理由，推迟访问的行程，[⑧] 以致直到1949年10月中华人民

---

① 《斯大林致毛泽东电：推迟毛泽东访苏时间》，1948年5月10日，载沈志华主编：《俄罗斯解密档案：中苏关系》第1卷，上海：东方出版中心2015年版，第255页。

② 《毛泽东致斯大林电：关于访苏的安排》，1948年7月4日，载沈志华主编：《俄罗斯解密档案：中苏关系》第1卷，上海：东方出版中心2015年版，第266—267页。

③ 《斯大林致捷列宾：再次推迟毛泽东访苏日期》，1948年7月14日，载沈志华主编：《俄罗斯解密档案：中苏关系》第1卷，上海：东方出版中心2015年版，第267页。

④ 《捷列宾致斯大林：毛泽东同意推迟访苏》，1948年7月14日，载沈志华主编：《俄罗斯解密档案：中苏关系》第1卷，上海：东方出版中心2015年版，第267—268页。

⑤ 《捷列宾致库兹涅夫电：毛泽东对推迟访苏的反应》，1948年7月17日，载沈志华主编：《俄罗斯解密档案：中苏关系》第1卷，上海：东方出版中心2015年版，第268—269页。

⑥ 《毛泽东致斯大林：要求尽快访问苏联》，1948年9月28日，载沈志华主编：《俄罗斯解密档案：中苏关系》第1卷，上海：东方出版中心2015年版，第283页。

⑦ 《斯大林致捷列宾电：关于毛泽东访苏的时间》，1948年10月17日，载沈志华主编：《俄罗斯解密档案：中苏关系》第1卷，上海：东方出版中心2015年版，第286—287页。

⑧ 《斯大林致捷列宾：关于毛泽东访苏的时间》，1948年10月17日；捷列宾致库茨涅佐夫电：毛泽东谈访苏要求》，1948年10月17日，载沈志华主编：《俄罗斯解密档案：中苏关系》第1卷，上海：东方出版中心2015年版，第286—287、287—288页。

共和国成立之前，也未能踏上旅途。捷列宾当时在向斯大林报告那次会谈的观感时，也谈到他自己的一个基本但并非不重要的判断：毛泽东等看上去正准备在河北过冬，而不是去莫斯科。[①] 总之，或许是由于双方的原因，毛泽东访苏的设想在内战期间始终未能实现，不过从中国局势演变的规模和速度看，他当时能如此长时间地出国访问，也是很难想象的。

1947 年 12 月 25 日，中共中央在陕北米脂县杨家沟召开扩大会议。毛泽东当天在发言中说，形势已经出现有利于中共的根本转折，国共战争将持续“四五年，也可能还要长一些”。[②] 这个判断持续了一年时间，例如在 1948 年 9 月召开的中共中央政治局会议上，毛泽东将最后胜利的时间缩短到“五年左右即可以”。[③] 不过两个月后，11 月 2 日，中共军队攻占沈阳，彻底赢得了国共在东北的争夺战。9 天后，11 月 11 日，毛泽东终于在一份电报中根本修改了他的判断，断定再有一年左右“即可从根本上打倒国民党”。[④] 在这个历史性转折的阶段，作为有战略眼光的领袖，毛泽东固然会有思考并为胜利后设计对外战略的冲动，这应该是他这期间不断提出要访苏的主要和最深层的原因。

此外，如果考虑毛泽东直到 1948 年 9 月还保持着需要花五年时间取得全国政权，那么最快也要到 1951 年才能进入建国阶段，这期间他会真的放心长时间离开领导中国革命夺取最后胜利的岗位，花几个月的时间到遥远的列宁主义故乡去旅行吗？值得注意的

---

① 《捷列宾致库茨涅佐夫电：毛泽东谈访苏要求》，1948 年 10 月 17 日，载沈志华主编：《俄罗斯解密档案：中苏关系》第 1 卷，上海：东方出版中心 2015 年版，第 287—288 页。

② 毛泽东：《在杨家沟中共中央扩大会议上的讲话》，1947 年 12 月 25 日，载中共中央文献研究室编：《毛泽东文集》第 4 卷，北京：人民出版社 1996 年版，第 329 页。

③ 毛泽东：《在中共中央政治局会议上的报告和结论》，1948 年 9 月 5 日，载中共中央文献研究室编：《毛泽东文集》第 4 卷，北京：人民出版社 1996 年版，第 134 页。

④ 毛泽东：《再有一年左右时间即可从根本上打倒国民党》，1948 年 11 月 11 日，载中共中央文献研究室编：《毛泽东文集》第 5 卷，北京：人民出版社 1996 年版，第 193 页。

是，就在毛泽东1948年5月10日致电斯大林讨论如何早日抵达莫斯科后不久，28日，他就发电报警告东北局领导人，在对苏经贸中必须遵守事前请示和事后汇报的原则，除有借有还的“商业性协定之外”，其他“必须遵守自力更生不依赖外援之原则”，“不要轻易提出要求”。[①] 这种审慎从一个方面说明，中共领导人这时对如何发展同苏联的关系并不是很有把握的，尽管他们在毛泽东访苏的问题上做出了非常积极的姿态。

综合这段时间各种有关情况判断，毛泽东不断提出尽早访苏固然是基于战略考虑的一种真诚的姿态，不过其真正目的在于表明中共中央加强与苏联关系的迫切愿望，以及希望在什么基础上和多大范围内同苏联合作。就后一点而言，毛泽东在这个时期与斯大林交往的电文非常有分析价值，它们至少部分揭示了中共领导人密切与苏联关系的主要动力，以及他们关注的重点和各个领域的轻重缓急。

7月28日，毛泽东向捷列宾解释了去苏联打算讨论的事项，一共有七点：（1）与各民主党派的关系，这排在第一位是因为如前述斯大林并不同意中共中央的设想；（2）“东方革命力量的联合”与“东方”各党的联系；（3）反对美蒋的“战略计划”；（4）中国的重建和工业化；（5）3亿美元贷款；（6）与英法建交；（7）“一系列其他重要问题”。同样重要的是，他提出，“为了在政治路线上与苏联保持高度一致，需要达成一个协议”。[②] 这或许可以被视为后来与苏联缔结同盟条约的最初的想法。根据毛泽东最初的提议，他希望达成的只是一项使两党保持一致的协定，而不是规范两个国家

---

① 毛泽东：《关于对外订立有借有还商业性协定问题》，1948年5月28日，载中共中央文献研究室编：《毛泽东文集》第5卷，北京：人民出版社1996年版，第99页。

② 《捷列宾致库茨涅佐夫电：毛泽东关于访苏的想法》，1948年7月28日，载沈志华主编：《俄罗斯解密档案：中苏关系》第1卷，上海：东方出版中心2015年版，第269—270页。

双边关系的条约。这同当时尚未建国的背景有关，也同他最初急于访苏的冲动是一致的。

基于上述毛泽东列出的议题清单，可以说，中共领导人这时对中苏关系复杂性和斯大林对华政策的意图的理解，还是有很大的提升空间的。特别是从一开始，毛泽东等中共领导人的首要关切是革命运动的战略策略，而非国家安全和国家重建所涉及的各种问题。他们密切与苏共关系的主要动力是处理革命运动向建国过渡时期的革命战略的需求。直到米高扬到达西柏坡，他们通过与这位苏共中央政治局委员长时间会谈后，才逐步厘清、了解和把握了需要解决的方方面面的问题。从这个意义上说，米高扬的西柏坡之行是为中苏同盟廓清基础之旅，中共领导人由此开始接触到他们同样需要面对的中苏国家间关系中极为复杂的历史结构，它是任何政治力量最终都无法回避的。

1949 年 1 月 30 日，米高扬带着两个“科瓦廖夫”到达西柏坡。一位是 1948 年 5 月被斯大林派到东北帮助中共修复铁路的小组长（I. V. Kovalev）；另一位是苏共中央机关的工作人员（M. N. Kovalev）。在随后的一周里，毛泽东和其他中共领导人与米高扬进行了长时间的谈话。按照苏共中央政治局会议确定的办事程序，事先已有预案的，米高扬可以立即回答；遇到没有预案的新问题，米高扬立即报告斯大林。斯大林的回复通常都是很及时的，他每天都会亲自向他的同事们诵读米高扬的来电，并立即讨论，然后复电。米高扬接到电报后，便向中共领导人转达斯大林的指示和意见。这个很有效率的程序对保证米高扬访问成功是至关重要的，正是与米高扬的会谈使毛泽东等中共领导人相信，双方已经就是“盟友”了。[1] 当然，他们从这时开始了解到，双方关系能否达到战略同盟

---

① 胡乔木：《胡乔木回忆毛泽东》，北京：人民出版社 1994 年版，第 547—548 页。

的高度，还需要处理双边关系中巨大的历史遗留问题，而缔结同盟条约问题也是在这个背景下被提出来的。

如果与 1947 年双方刚开始商讨毛泽东访问莫斯科的情况相比，米高扬访问西柏坡时最大的不同，就是中共即将取得全国政权，这极大地影响了双方会谈的内容。毛泽东等中共领导人同米高扬的会谈内容从中共的革命战略，开始向革命后的中共建国方略扩展。这方面大致包括了未来中共建立的全国政权的性质和组成方式、经济政策和财政政策、对美英等国的外交政策、中苏双边关系、中共未来在国际共运中的地位和责任，等等。这些问题共同构成了未来新政权与苏联进行战略合作的主要内容。

毛泽东等人在会谈中很清楚地阐述了未来新政权将“一边倒”向苏联，不仅在内政方面，而且在对外关系各个领域与苏联保持一致，包括与美英等国“不急于建立外交关系”,[①] 以及在国际共运中支持苏联反对南斯拉夫共产党的决定，用毛泽东的话说简单明了，“铁托（Josip Broz Tito）就是张国焘”。[②] 尤为重要的是毛泽东表达了以下两个重要观点。

第一，中共承认斯大林的领袖地位，苏共与中共是领导与被领导的关系。毛泽东在第一次与米高扬会谈中，就非常明确地肯定了“列宁—斯大林的学说是中国革命取得目前的胜利的基础，斯大林不仅是苏联人民的导师，也是中国人民和全世界人民的导师”，他谦虚地表示“他是斯大林的学生”。为了说明中共的确是信奉马列主义的，他告诉米高扬，中共中央正在“对干部进行马克思主义的教育”，要求他们“读完 11 部马克思主义著作”，其中包括列宁以

① 《米高扬与毛泽东会谈纪要：中共当前的工作方针》，1949 年 1 月 31 日，载沈志华主编：《俄罗斯解密档案：中苏关系》第 1 卷，上海：东方出版中心 2015 年版，第 375—380 页。

② 《米高扬与毛泽东等人会谈纪要：中共历史问题》，1949 年 2 月 3 日，载沈志华主编：《俄罗斯解密档案：中苏关系》第 1 卷，上海：东方出版中心 2015 年版，第 409—413 页。

及斯大林本人的著作。[①] 不论根据国际共运中批判铁托的运动还是中共的经历，毛泽东都清楚地了解到，使斯大林了解并确信中共是马列主义政党，这对双方关系能否向前行至关重要。

第二，关于中共承担领导亚洲革命运动的责任。也是在第一次会谈中，米高扬首次提出了如何协调亚洲国家共产党的行动，并建议中共不必参加欧洲九国共产党工人党情报局，而是建立一个以中国为中心的亚洲共产党情报局，先由中国、朝鲜和日本三国共产党组成，然后再扩大之。米高扬说，“中国革命是伟大的历史事件”，以及不能否认“对中国经验的概括对亚洲的革命运动的理论价值”。这是苏共方面首次提出，中国革命经验在亚洲具有普遍的适用性。对于米高扬的建议，毛泽东一方面表示，“还没有确定看法”，要等到中共军队打到“中国南方地区，局势稳定以后再讨论”；另一方面，他也表示担心，建立一个独立的亚洲共产党情报局，是否会削弱中共与苏共之间的联系。米高扬对后一点明确答复说不会的。[②]

米高扬的建议在中共党内的影响是巨大的。在 3 月召开的中共七届二中全会上，毛泽东高度评价了中国革命运动的历史地位，他说中国革命的胜利是可比肩于十月革命和二战胜利的“第三个最伟大的胜利”。当时王明在发言中还提出，毛泽东思想是“马列主义在殖民地半殖民地的具体运用和发展”。当然这一提法当时被毛泽东本人否定了，他说“我们不要忙于想宽了，先把中国自己的事情做好。如果有可以运用到其他国家的经验，自然会

---

① 《米高扬与毛泽东会谈纪要：中共当前的工作方针》，1949 年 1 月 31 日，载沈志华主编：《俄罗斯解密档案：中苏关系》第 1 卷，上海：东方出版中心 2015 年版，第 375—380 页。

② 《米高扬与毛泽东会谈纪要：中共当前的工作方针》，1949 年 1 月 31 日，载沈志华主编：《俄罗斯解密档案：中苏关系》第 1 卷，上海：东方出版中心 2015 年版，第 375—380 页。

有人运用的”。[1]

综上可以说，米高扬的发言为中共的结盟行动注入了毛泽东等中共领导人此前还未及考虑过的新的动力，即中共取得政权后，将承担领导和支持亚洲地区革命的主要责任。后来的历史证明，中共领导人对此一历史性责任的认同，对他们更坚决地追求结盟和此后的对外战略决策等，均产生了极为重大的影响。

中苏双边关系中的主要实质性问题也在会谈期间有深入的讨论。关于新疆，米高扬声明苏联既不支持“疆独”势力，“也不觊觎新疆的领土”，新疆是“中国的组成部分”，苏联只对该地区的经济合作和贸易感兴趣。当毛泽东质疑说当地的“疆独”暴动者使用苏制武器，米高扬声称，苏联肯定会在解决这类问题上向中共“提供帮助”。关于外蒙古，毛泽东主动询问苏方对“内外蒙古合并”的态度，米高扬立即明确表示不予支持。显然在莫斯科对此问题是有预案的，早在 1946 年 2 月 27 日，苏联已经同蒙古签订了确认双方结成军事同盟的《苏蒙友好互助条约》，其中第一、第二两款都是苏联向蒙古提供安全保障的内容，其当时针对的可以说主要是中国的国民政府。[2] 所以，苏联不可能按照普遍理解的无产阶级国际主义行事。米高扬解释说，“合并会导致中国失去大片领土”，即内蒙古并入外蒙古。毛泽东则反驳说，外蒙古和内蒙古可以“合并入中国”，他设想“两三年后……政权更加稳固的时候，一切都会向所希望的方向发展，到时候外蒙古宣布，它脱离中国是由于国民党统治中国。现在政权在共产党手中，外蒙古愿意加入中国，同内蒙古合并”。米高扬立即声称“这是不可能的”，因为“中国同

① 毛泽东：《在中共七届二中全会上的总结》，1949 年 3 月 13 日，载《毛泽东文集》第 5 卷，北京：人民出版社 1996 年版，第 259—262 页。

② 参见《Ведомости Верховного Совета СССР》（苏联最高苏维埃公报），1946 年 4 月 30 日，No. 13（422），c. 2。

苏联一样，也承认了外蒙古的独立”，“它早已尝到了独立的甜头，未必会自愿在某时放弃独立。如果有朝一日它与内蒙古合并，它将成为独立的蒙古”。[①] 根据米高扬给斯大林的记录，中共领导人并没有立即放弃了自己的主张。直到6日，米高扬明确转达斯大林来电说，“苏联政府反对这个计划”，毛泽东才表示尊重外蒙古想成为主权国家的“愿望”。[②] 不过此事并没有到此为止。

有关缔结同盟条约问题，是由讨论1945年8月14日签订的《中苏友好同盟条约》引起的，中共领导人最初看来还没有考虑过修改这个条约。2月4日，毛泽东在解释如何处理与外国的条约时说，国民政府“还签订了一些爱国条约”，即1945年8月14日签订《中苏友好同盟条约》。他的说明符合中共中央之前的一贯评价，早在该条约签订时，中共中央机关报《解放日报》就发表过社论，说它是“我国历史上与外国签订的第一个平等的条约”，并由此而奠定了“远东和平的基石”。[③] 米高扬对此表示不解，实际上是怀疑中共领导人是否真诚。他甚至要询问，所谓“《中苏友好同盟条约》的爱国性的根据是什么?”这表明，斯大林当年在与国民政府代表谈判签约时，完全清楚这个条约对中国权利的损害。

毛泽东当时的解释是，“苏联不是作为帝国主义的势力，而是作为维护共同利益的社会主义力量来到中长铁路和旅顺港的”。米高扬对此不仅感到困惑，而且有足够的敏感，他立即追问中共中央为何反对美国在青岛保留军事基地？毛泽东回答说，“美帝国主义

---

① 《米高扬与毛泽东会谈纪要：关于民族和对外关系问题》，1949年2月4日，载沈志华主编：《俄罗斯解密档案：中苏关系》第1卷，上海：东方出版中心2015年版，第420—425页。

② 《米高扬与毛泽东会谈纪要：新政府的组成和任务》，1949年2月6日，载沈志华主编：《俄罗斯解密档案：中苏关系》第1卷，上海：东方出版中心2015年版，第441—447页。

③ 《解放日报》1945年8月27日。

在中国是为了压迫，而苏联在旅顺港是为了反对日本法西斯”。[①] 这种根据所涉国家的政治定性来解释涉及主权的立场，从一个方面反映了当时中共领导人对现代民族国家的认知程度。

在两天后即2月6日，米高扬根据斯大林的指示，告诉毛泽东等人，苏联认为“关于旅顺地区的条约是不平等条约”。他解释说，当时那样做的目的是阻止国民政府勾结美日反苏反共。现在苏联政府决定废除该条约，一旦对日和约签署，马上从旅顺撤军，如中共认为应立即撤军，苏联也愿意照办。关于中长路部分则不是“不平等条约”，但也“没有完全体现平等的原则”，苏方愿意同中共“同志般地解决这个问题”。根据米高扬的记录，毛泽东和其他领导人都对此感到有些意外，他们提出一旦新政权在有足够的管理能力后，再“重新研究这个条约”。然后毛泽东还说了一句：“那时我们签订一个类似苏波条约的苏中互助条约”。[②] 缔结新同盟条约就是这样提出来的，当时苏联与中东欧国家包括波兰、罗马尼亚、南斯拉夫、保加利亚、捷克斯洛伐克和匈牙利等，都签订了包含类似内容的军事同盟性质的条约。毛泽东这是在表明，新的中苏条约必须体现双方关系具有军事同盟的性质。

可以确信，未来的中国国家决策者们这时尚不急于修改1945年《中苏友好同盟条约》是真诚的。该条约不仅被描述为是“平等的”，而且原本就是一项军事同盟条约。其中开宗明义地规定，中苏双方在战时“彼此互给一切必要之军事援助”，战后则“共同采取一切其力所能及之一切措施”，防止日本军国主义东山再起，

① 《米高扬与毛泽东会谈纪要：关于民族和对外关系问题》，1949年2月4日，载沈志华主编：《俄罗斯解密档案：中苏关系》第1卷，上海：东方出版中心2015年版，第420—425页。

② 《米高扬与毛泽东会谈纪要：新政府的组成和任务》，1949年2月6日，载沈志华主编：《俄罗斯解密档案：中苏关系》第1卷，上海：东方出版中心2015年版，第441—447页。

特别是任何一方遭到日本攻击，“缔约国他方应立即尽其能力，给予该作战之缔约国一切军事及其他之援助与支持”。[1] 这部分应该是中共领导人最在意的，如果废除此条约，新政权能得到什么呢？毛泽东提到的“类似苏波条约”有可能是试探性的，当然此时很难说这是一个经过深思熟虑的想法。毛泽东等对其中应该有哪些具体条款未必十分介意。不过话语是有建构功能的，当时他提出这样的概念将产生决定性的影响这一点逐步被证明了。可以推断，这也是中共领导人一直在其他条款上持谨慎的、不轻易表达否定态度的一个重要原因。当然，这需要挖掘出新的历史文献来证明。

米高扬访问西柏坡就加强中共与苏联的战略关系来说，无疑是成功的。双方的会谈不仅开启了通向结盟的大门，而且建构了即将诞生的中苏同盟的独特框架。他们会谈的内容已经昭示，就未来可能诞生的一项新条约而言，中共领导人设想的是它应该具有军事同盟的性质。另外，也应该重视，从一开始就不能按照一般的军事同盟来理解一年后诞生的中苏同盟。这尤其体现在他们对使同盟得以运行的三个准则达成的初步共识中。它们包括：第一，中苏两党关系将占据核心地位，以及双方将遵循无产阶级国际主义的原则讨论问题和采取行动；第二，苏共与中共之间是领导与被领导的关系；第三，或迟或早地开始讨论重订军事同盟条约，但如何按照普遍的国家关系准则解决双边关系中的具体问题、规范两国关系等，尚未被置于应有的重要地位。换句话说，在中共领导人心目中，中苏战略关系是决定性的，同盟条约应主要体现这方面的内容，而非规范双边关系的具体原则，包括为处理那些极为复杂的历史遗留问题提供框架。

---

① 《中苏友好同盟条约》，1945 年 8 月 14 日，载王铁崖编：《中外旧约章汇编》第 3 册，北京：生活·读书·新知三联书店 1962 年版，第 1327—1328 页。

第四节　奠基

米高扬访问西柏坡对中共与苏联的关系产生了积极的影响。在1949年3月初召开的中共七届二中全会上，毛泽东热情洋溢地称赞苏联对中共的帮助和支持，称“中苏关系是密切的兄弟关系。我们与苏联应该站在一条战线上，是盟友，只要一有机会就要公开发表文告说明此点。现在对非党人士也要说明这一点，也要做这种宣传”。[①] 他在会议的正式报告中宣布，中共的最后胜利“将冲破帝国主义东方战线，具有伟大的国际意义”；未来新政权将与苏联站在一起，对帝国主义将采取“不承认”方针，即不急于解决同帝国主义建交问题。[②] 这相当于宣布了“一边倒”。这次会议标志着中共党内就与苏联结盟的政策达成共识，或者更准确地说是统一了思想，从而在中共方面已经为结盟奠定了政治基础。具有标志性的事件是在东北局工作的王稼祥到西柏坡参加七届二中全会后，并没有返回东北。3月14日，毛泽东告诉他，要准备出任新政权的首位驻苏联大使。[③] 王稼祥同苏联和共产国际有着极为密切的关系，并在中共中央担任过很高的职位，也由此可见这一任命的重要含义。

米高扬到达西柏坡当天，双方曾确定新政府成立并“得到苏联

---

① 毛泽东：《在中共七届二中全会上的总结》，1949年3月13日，载《毛泽东文集》第5卷，北京：人民出版社1996年版，第262页。

② 毛泽东：《在中国共产党第七届中央委员会第二次全体会议上的报告》，1949年3月5日，《毛泽东选集》第4卷，北京：人民出版社1991年版，第1435—1438页。

③ 徐则浩编著：《王稼祥年谱（一九〇六——一九七四）》，北京：中央文献出版社2001年版，第369页。

政府的承认之后"，毛泽东再访问莫斯科。① 不过当年6月21日，在新政协筹备会议结束后不久，刘少奇即率领一个中共代表团从北京启程，秘密访问莫斯科。刘少奇访苏计划是在5月初确定的，参与准备工作的主要成员包括了将担任第一任驻苏联大使的王稼祥、邓力群、戈宝权等。中共中央确定的谈判内容主要是：第一，介绍中国革命运动的历史、经验和当前形势；第二，中国革命与世界革命的关系及其影响，特别是对殖民地的影响和中共的有关政策设想；第三，苏联援助问题。② 前两点可以概括为建立战略共识，最后一点应该是更实质性的，它反映了中共中央在建国问题上的战略性需求。

6月20日，临行前一天，毛泽东与刘少奇、王稼祥等长时间讨论了访苏的具体计划和方针。③ 这次会议的详情不得而知，不过刘少奇在他起草的一项指示中自信满满地说，"中苏两国人民的亲密合作将要进入一个新的历史阶段"。④ 这并非无的放矢，因为这次秘密访问对中共中央有着巨大的紧迫性。

与米高扬访问西柏坡时有很大不同的是，随着在内战中正以出乎预料的速度取胜，建国问题对于中国领导人已经是迫在眉睫了。这导致中共的战略需求中增加了大量新的内容。它们包括为战后重建经济争取援助、尽早获得外交承认和确保新政权的基本安全，甚

① 《米高扬与毛泽东会谈纪要：中国局势和中共历史》，1949年1月30日，载沈志华主编：《俄罗斯解密档案：中苏关系》第1卷，上海：东方出版中心2015年版，第367—370页。

② 师哲：《在历史巨人身边：师哲回忆录》（修订本），北京：中央文献出版社1995年版，第395页。

③ 徐则浩编著：《王稼祥年谱（一九〇六—一九七四）》，北京：中央文献出版社2001年版，第369页。

④ 刘少奇：《中共中央委员会关于欢迎苏联专家问题给党的组织及经济机关中党员的指示（草案）》，1949年6月16日，引自中共中央文献研究室编：《刘少奇传》（下），北京：中央文献出版社1998年版，第646页。

至要争取在最终实现国家完全统一方面，获得外部的军事支持和援助，等等。这些新的利益需求正成为越来越重要和强大的动力，促使毛泽东等决策者在建国前夕加快了结盟的步伐和强化对外关系布局中的“一边倒”。实际上北平此时正在筹备召开新政治协商会议，这也是新中国成立前最重要的政治事务了。

进一步来说，中共中央在建国前夕临时决定刘少奇率团访苏和毛泽东随后不久（1949 年 6 月 30 日）发表《论人民民主专政》等，都反映了毛泽东等中共领导人希望能从斯大林那里获得战略合作的保障的紧迫感。他们相信，这个战略选择决定着他们对未来建国的设想能否付诸实施，乃至长期的理想追求能否实现。刘少奇访苏使他们终于能有机会，在至关重要的战略性问题上，直接向斯大林阐述自己的立场和态度，从而确定未来中苏战略合作关系的内容、性质，以及苏联有可能做出承诺的范围。

总而言之，如果说导致毛泽东产生访苏冲动的主要动力包含了取得革命的彻底胜利和从革命向建国的转变，那么促使刘少奇前往莫斯科的主要动力则是获得不论建什么国都不可缺少的经济、外交、管理国家的人才等的援助和基本的安全保障，以及进一步促使斯大林确认，双方在中国革命后期形成的战略关系应最终转化为未来两国在对外战略领域的合作，等等。这一变化使刘少奇访苏成为中共中央在米高扬访问西柏坡之后，推动与苏联结盟的一次新的战略行动，也是建国前夕中共中央最重要的对外行动。

中共代表团正是在这次访问中，首次也是主动地向斯大林提出了如何处理 1945 年的《中苏友好同盟条约》和是否签订新的军事同盟条约。目前无从获知，在刘少奇访苏之前，中共中央核心决策圈内是如何讨论处理 1945 年条约问题的。从刘少奇后来与斯大林会谈的内容看，他们肯定是讨论过的，而且从当时中共决策的体系看，讨论应是限制在很小范围内的。如果结合上述大背景，无论双边关系中的具体问题如何处理，结盟的决定仍然是被包裹在建立宏大的战略合作关系的架构之中，也可以说是建立在内容极为复杂的战略合作的基础之上。

6月27日晚，刘少奇首次与斯大林会谈。会谈中的实质性内容都是斯大林在陈述苏联将向中共中央提供各项经济援助，刘少奇则表示感谢这些“巨大的帮助”。特别重要的是，斯大林主动地慷慨承诺，将在军事领域展开全面合作，帮助中共建立海军和空军，包括提供舰船和作战飞机等；在加强中国海防方面，甚至可以直接派遣苏联海军舰队到青岛港访问。另外他还说，可以派遣空军直接参加解放军进军新疆的战斗。① 斯大林提出这种设想同中共领导人此前对苏军是否撤出旅顺的表态有关，只要有安全需求，他们对外国军队出现在中国的领土并不特别排斥。

为双方的军事合作奠定基础是刘少奇访苏的重大成果，包括以上有关帮助中国防空、建立海空军、向中共进军新疆提供空军支援和运送军队，等等。实际上就在刘少奇访苏期间，双方立即开始了军事合作。8月1日，解放军高级将领刘亚楼等即出发前往莫斯科，与苏军协商建立中国空军的具体措施。斯大林承诺的军事援助（不论是由谁先提出）具有重要意义，这种军事合作直接将双方关系导向了建立军事同盟。

不过，刘少奇等人在第一次会谈后还是感到，斯大林等似乎没有足够清楚地理解，他们在建国前夕赶来莫斯科还不只是要援助，所以有必要提交一份书面报告，以便准确阐述中共对未来双方关系的理解和期待。

---

① 参见沈志华：《无奈的选择：冷战与中苏同盟的命运》（上），北京：社科文献出版社2013年版，第113—114页；［德］迪特·海茵茨希：《中苏走向同盟的艰难历程》（张文武、李丹琳译），北京：新华出版社2001年版，第310—316页；中共中央文献研究室、中央档案馆编：《建国以来刘少奇文稿》第1册，北京：中央文献出版社2005年版，第28页。

7月4日，中共代表团起草了一份报告，表明希望在下列问题上与苏联达成一致意见：（1）苏联了解并赞成新政权的建设和一些大政方针；（2）中共在国际形势和对外政策方面与苏联保持一致；（3）建国后苏联和东欧国家尽快予以承认；（4）在解决新疆和台湾问题时得到苏联的帮助；（5）苏联提供经济和技术援助，并派遣顾问；（6）讨论处理1945年苏联与国民政府签订的《中苏友好同盟条约》；（7）确定两党关系的准则。与之前一样，这个报告继续将中共的革命战略和政策放在首位，以便获得斯大林当面确认，那些重大的内外政策与苏共是保持一致的。新增加的内容主要包括因为中国形势的发展，向苏联提出了援助的具体请求，如在完成进军新疆和台湾时获得苏联军事援助，以及在建国时得到经济、技术和专业援助。刘少奇在两天后又专门写信给斯大林，开列了他打算立即在苏联全面学习“党和国家建设”的所有领域，包括共青团和工会的基层组织。[①] 斯大林认真阅读了这份报告，并连续批了15个“对”字。在随后的会谈中，他表示同意报告中的几乎所有观点，也回答了报告所涉及的各种问题。

在报告所涉及的各项新内容中，最引人注目的是强调了中共中央希望切实加强两党关系。报告首先提出了建立保障机制，如双方互派“适当的政治上的负责代表”；其次是异常明确地确认了米高扬访华时达成的共识，即两党关系是领导与被领导关系，这也是未来中共处理两党关系的一个行为准则。报告称苏共是国际共运的“统帅部”，中共是“一个方面军的司令部”，中共“准备服从并坚

① 刘少奇：《关于向苏联学习问题给联共（布）中央斯大林的信》，1949年7月6日，载中共中央文献研究室、中央档案馆编：《建国以来刘少奇文稿》第1册，北京：中央文献出版社2005年版，第23—27页。

决执行联共的决定”，即使不同意苏共的意见，也会在行动上保持一致。[①] 在中共领导人看来，这样说就是要表明一种“态度”。[②] 斯大林对此表达了讶异，对报告的这个部分“觉得奇怪，一个国家的党服从另一个国家的党，这是从来没有过的，而且是不许可的”。[③]

斯大林显然是言不由衷的，他对各国共产党的起码要求从来就是“听话”，否则后果会很严重。毛泽东很详细地指示刘少奇要向斯大林解释清楚，这是“因为两党间没有共产国际及情报局一类组织，而现在又不适宜恢复或建立这类组织的情况下的一种实际上需要而非形式上需要的处置或态度，不要采取任何文字的决议或记录，更不应当向党内外宣布”，如果斯大林认为有必要就可以删去那段文字，“但我们实际上这样做，以利共产主义运动的发展”。[④] 毛泽东说的这个“态度”，对理解中共中央后来的诸多重大战略决策是至关重要的。

与上述相关的另一重要问题是如何确定中共在国际共运中的地位，刘少奇为此在会谈中提出了中共与欧洲共产党情报局的关系。斯大林一方面以中国的情况与中、东欧有很大差别为理由，表示中共参加欧洲共产党情报局“不合时宜”；同时提出可以考虑建立一个“东亚各国共产党联盟”，而苏联作为地处欧亚的国家也可参加之。他还就此一题目与刘少奇交换了对亚洲一些国家的共产党的

---

① 刘少奇：《代表中共中央给联共（布）中央斯大林的报告》，1949 年 7 月 4 日，载中共中央文献研究室、中央档案馆编：《建国以来刘少奇文稿》第 1 册，北京：中央文献出版社 2005 年版，第 1—17 页。

② 中共中央文献研究室、中央档案馆编：《建国以来刘少奇文稿》第 1 册，北京：中央文献出版社 2005 年版，第 22 页。

③ 刘少奇：《关于中共中央代表团与联共（布）中央斯大林会谈情况给中共中央的电报》，1949 年 7 月 18 日，载中共中央文献研究室、中央档案馆编：《建国以来刘少奇文稿》第 1 册，北京：中央文献出版社 2005 年版，第 34 页。

④ 中共中央文献研究室、中央档案馆编：《建国以来刘少奇文稿》第 1 册，北京：中央文献出版社 2005 年版，第 22 页。

看法。

或许是为了加强自己的论点并鼓励中共承担起在东亚支援革命运动的责任，7月27日，在一次晚宴的非正式场合，斯大林阐述了他的世界革命史观。他说由于西欧人“落后了”，一战后“革命的中心由西方移到了东方”即俄罗斯，关键是“现在又移到了中国和东亚”，而且“中国的马克思主义者成熟了”。他据此提出了中国与苏联“要分工合作”，中共领导人应理解他们的重要地位和历史使命，“今后多担负些对殖民地、半殖民地、附属国家的民族民主革命运动方面的帮助，因为中国革命本身和革命经验会对它们产生较大的影响，会被它们参考吸收。苏联在这方面起不到像中国那样的影响和作用”。他还鼓励刘少奇等说，“但愿弟弟能赶上和超过老大哥”。[①]

斯大林在这里阐述的世界革命史观对中共领导人的世界政治认知产生了重大的影响。这首先是因为它同毛泽东的革命史观很容易紧密衔接起来，而且革命运动正是中共领导人此时既关注又最熟悉的领域，他们对斯大林认可中国革命经验及其具有的普遍价值等，有着很高的期待。中共代表团的报告的第一部分中，就概括了几条中共的革命经验，并说“这些经验，对其他殖民地半殖民地国家，可能是很有用的”。[②] 刘少奇在与斯大林会谈时当场表示了足够的谦虚谨慎，而且在目前公布的刘少奇给北京的报告中，也看不到相关的内容。不过说中共中央接受了斯大林的世界革命东移论和中苏分工的建议，还是有迹可循的。

① 《刘少奇记录的斯大林谈话》，引自金冲及主编：《刘少奇传》（下），北京：中央文献出版社1998年版，第651页；另参见师哲：《在历史巨人身边：师哲回忆录》（修订本），北京：中央文献出版社1996年版，第412—414页。

② 刘少奇：《代表中共中央给联共（布）中央斯大林的报告》，1949年7月4日，中共中央文献研究室、中央档案馆编：《建国以来刘少奇文稿》第1册，北京：中央文献出版社2005年版，第4页。

8月14日，刘少奇专门起草了一份《关于东亚民族革命运动策略问题给斯大林的报告，表示中共“愿意提出这样一个东亚各被压迫国家的革命运动之策略问题来向你请教”。[①] 11月7日，在纪念十月革命32周年的演讲中，刘少奇直接将中国革命经验与马列主义、十月革命经验并列，称为“将要无比广泛地被许多国家的先进分子和劳动人民所接受与应用起来”。[②] 九天之后，他又在“亚洲澳洲工会会议”上提出了“毛泽东的道路”这个概念，并说那是“许多殖民地半殖民地国家的人民争取民族独立和人民民主所应该走的道路”。[③] 当与会的苏联工会代表团团长索洛维约夫（L. N. Solovyov）表示反对这种提法，并阻止苏联报刊登载刘少奇的讲话内容时，斯大林在莫斯科给中共中央以坚决的支持，他直截了当地斥责索洛维约夫“犯了严重的政治错误”。[④] 这个错误就出在索洛维耶夫根本不知道，刘少奇阐述的这个历史使命是斯大林与他会谈的内容之一。1950年1月5日，就在毛泽东在莫斯科与苏方达成订立新的同盟条约共识的三天之后，《真理报》发表了刘少奇的上述讲话。这至少说明，斯大林对推动中方承担领导东亚革命责任方面，是多么重视和认真。

关于如果签订中苏条约就必须要讨论的涉及双边关系的那些内容，并不是刘少奇这次访苏的重要议题。他离京前，中共领导人肯

---

① 刘少奇：《关于东亚民族革命运动策略问题给斯大林的报告》，1949年8月14日，中共中央文献研究室、中央档案馆编：《建国以来刘少奇文稿》第1册，北京：中央文献出版社2005年版，第50—53页。

② 刘少奇：《在纪念十月革命三十二周年大会上的讲话》，1949年11月7日，载中共中央文献研究室、中央档案馆编：《建国以来刘少奇文稿》第1册，北京：中央文献出版社2005年版，第139页。

③ 刘少奇：《在亚洲澳洲工会会议上的开幕词》，1949年11月16日，载中共中央文献研究室和中央档案馆编：《建国以来刘少奇文稿》第1册，北京：中央文献出版社2005年版，第164页。

④ 《关于苏联代表团在亚澳工会北京会议表现的材料》，1950年1月，载沈志华：《俄罗斯解密档案选编：中苏关系》第2卷，上海：东方出版中心2015年版，第206页。

定讨论过如何处理1945年《中苏友好同盟条约》，不过毛泽东只是说“可以谈谈看”。[①] 但这并不意味着两国双边关系中遗留的诸多悬案不重要，它们对两党关系是有实质性影响的，而且与所谓革命战略和策略相比，双方很可能不容易在这个领域达成共识。刘少奇在这方面主要提出了两个问题。

首先是关于蒙古，中共代表团的报告表示“应该承认蒙古独立”，不过蒙古“如果愿意与中国联合，我们自然欢迎”。[②] 这相当于委婉地再次提出毛泽东给米高扬的相关建议。斯大林在读报告时则顺水推舟，批语表示赞成，因为他断定，与苏联结盟的蒙古根本不可能有那种“联合”的愿望。

其次是关于1945年的《中苏友好同盟条约》。中共代表团的报告的表态看上去有些自相矛盾，这也可能反映了中共领导人的审慎或犹豫。该条约毕竟也是一个有军事同盟内容的条约，在没有获得明确承诺之前，简单提出废止该条约，其结果并不必然导致斯大林就愿意缔结新的军事同盟条约。所以在会谈中，1945年的条约被中共领导人认为“对中国人民及世界和平民主有利”，“在过去给予中国人民很大的帮助”，以及中共“完全愿意继承”，等等。然后刘少奇提出，建交后还是“必须加以处理”的，方式有三种：第一种是“全部承认”“不加任何修改”；第二种是“重新签订一个新的苏中友好同盟条约”；第三种是暂时维持，择机重谈条约问题。[③] 7月11日，斯大林在会谈中很痛快地表示，那个条约是“不平等

① 参见沈志华：《无奈的选择：冷战与中苏同盟的命运》，北京：社科文献出版社2013年版，第122页。

② 刘少奇：《代表中共中央给联共（布）中央斯大林的报告》，1949年7月4日，载中共中央文献研究室和中央档案馆编：《建国以来刘少奇文稿》第1册，北京：中央文献出版社2005年版，第16页。

③ 刘少奇：《代表中共中央给联共（布）中央斯大林的报告》，1949年7月4日，载中共中央文献研究室和中央档案馆编：《建国以来刘少奇文稿》第1册，北京：中央文献出版社2005年版，第15页。

的，因那时与国民党打交道不能不如此”，他会在毛泽东来访时解决这个问题。刘少奇的印象是，应该会重订一项新的包括结成军事同盟的条约了。①

双方未能达成共识的是在中共发动进攻台湾战役时，苏军派遣海空军专家和飞行员直接参战。这是毛泽东在7月25日给刘少奇的一份电报中提出的，他很可能受到斯大林承诺派空军在新疆参战的启发和鼓励。斯大林明确拒绝了这项要求，他的理由就是，苏联绝不能冒险卷入同美国的军事冲突，否则苏共甚至会被苏联人民“赶下台”。② 斯大林这番表态中的逻辑肯定会对中共领导人产生影响，他们由此直接了解到，所谓“无产阶级国际主义”在国家对外政策中可以被如何理解和执行，以及即便是建立了军事同盟，中国能得到的援助也不是无限的。这很有助于更深入地理解和分析中方后来考虑援越抗法和出兵朝鲜时，对同盟义务的认识和他们选择的对外政策行为。

8月14日，刘少奇踏上了归国的旅途。他访苏的重要意义首先是为在新中国成立后完成与苏联结盟奠定了一个战略基础。这主要是指他通过会谈，不仅了解了斯大林愿意和能够向中国提供援助和双方军事合作的范围，而且清晰准确地了解了，中苏未来合作的战略性质和将覆盖的范围，简言之就是中国将作为社会主义阵营的主要亚洲地区成员，也要承担起推动这个地区革命的重任——通过与苏联的密切合作。从这个意义上说，刘少奇访苏特别突出地反映了

---

① 刘少奇：《关于中共中央代表团与联共（布）中央斯大林会谈情况给中共中央的电报》，1949年7月18日，载中共中央文献研究室和中央档案馆编：《建国以来刘少奇文稿》第1册，北京：中央文献出版社2005年版，第33页。

② 《毛泽东致刘少奇、高岗、王稼祥电》，1949年7月25日，引自金冲及主编：《刘少奇传》（下），北京：中央文献出版社1998年版，第651页；另参见沈志华：《无奈的选择：冷战与中苏同盟的命运》（上），北京：社科文献出版社2013年版，第123—124页；［德］迪特·海茵茨希：《中苏走向同盟的艰难历程》（张文武、李丹琳译），北京：新华出版社2001年版，第364—365页。

在冷战体系中结盟的实质性内涵，以及国家双边关系中的具体问题到底会被置于何种地位。

第五节　同盟诞生

1949年12月6日，毛泽东乘上前往莫斯科的专列，踏上他人生第一次出国的旅途。他早就告诉过捷列宾，访问列宁的故乡是他早年的夙愿。同很多中共早期领导人一样，毛泽东信奉马克思主义同他对列宁领导的十月革命与布尔什维克建国的关注和了解有莫大的关系。早在1920年9月，他在长沙筹备成立了俄罗斯研究会并任书记干事。有意思的是，一年多前，他曾经放弃赴法国勤工俭学，对去俄国这个大革命圣地学习也不是兴趣浓浓。这个历史上的选择至关重要，当毛泽东终于决定出国去"看一看"的时候，他已经拥有了非常丰富的政治阅历，以及奠基于胜利者经验而形成的判断力和自信。

1949年6月30日，在接到刘少奇第一次与斯大林会谈的报告后，毛泽东起草并发表了《论人民民主专政》。这篇文章揭示了毛泽东等中共决策者们对冷战体系所提供的不同历史路径的思考的深度，而他们选择与苏联结盟的强大也是最深刻的动力，就是"走俄国人的路"建国，正如毛泽东所写的，"苏联共产党就是我们最好的先生，我们必须向他们学习"。[①] 总之，在中共领导人看来，结盟就是实现革命理想的关键性外部条件。

毛泽东的信念建立在将中国革命同俄国革命进行比较的基础之

① 毛泽东：《论人民民主专政》，1949年6月30日，载《毛泽东选集》第4卷，北京：人民出版社1991年版，第1468—1481页。

上，他认为中共与苏共有很多相似之处，现在中共的条件要好于当年的苏共，“我们有国际的援助，特别是苏联的援助，十月革命时的苏联，没有另一个苏联援助他的”。[①] 所以，中国不仅要遵循苏联模式建国，而且应该一定会比苏联走得更好、更快。毛泽东访苏的结果的确更加坚定了他的信心，他生平第一次亲眼看到现代大工业的场景并为之感到震撼；他亲耳聆听了自己对其发展模式心向往之的苏联人的经验介绍并备受鼓舞。他在归国途经沈阳时发表讲话说，他对苏联建设的历史“特别感兴趣”，特别是“他们的历史鼓励了我们”，“我们会很快地发展起来”。[②]

除了要亲眼看见理想中的革命故乡的现代景观，缔结新的军事同盟条约是毛泽东此行的另一个中心任务，而他要在莫斯科完成结盟，从逻辑上首先要废除1945年的旧条约。

中共领导人对1945年的《中苏友好同盟条约》的态度是很复杂的。一方面，他们在早年都走过由爱国而革命、而信奉列宁主义的道路。他们决心“走俄国人的路”的历史背景之一，就是苏联在1919年和1920年两次宣布放弃沙皇统治时期同中国签订的不平等条约。至于1945年8月国民政府与苏联签订的《中苏友好同盟条约》，如前所述，直到米高扬访问西柏坡之前，毛泽东等中共领导人甚至没有向苏联方面提出过要不要废除的问题。他们只是在处理东北地区的一些具体问题上，如中长路的管辖范围等，谨慎地表达过要避免扩大苏方所获之权益。[③] 毕竟，那时更重要的是夺取全国政权，之后才有条件考虑新的政权需要为国家民族捍卫和争取

---

① 《毛泽东在七届二中全会的报告记录》，1949年3月5日。

② 《毛泽东在中共中央东北局高级干部会议上的讲话记录》，转引自中共中央文献研究室编、逄先知、金冲及主编：《毛泽东传（1949—1976）》，北京：中央文献出版社2003年版，第53页。

③ 参见牛军：《冷战与新中国外交的缘起：1949—1955》（修订版），北京：社科文献出版社2013年版，第171页。

权益。

在米高扬访问西柏坡期间，双方对双边关系中那些敏感的历史问题有不少的讨论，中共领导人至少对问题的复杂性会有初步了解。不过，中共领导人在七届二中全会之后，仍然向党外人士打招呼说，“对外条约有的废除，有的则要加以修改，有的还可以保持”。[①] 所谓“要加以修改”或“可以保持”的，主要就是指 1945 年的《中苏友好同盟条约》了。这时做这样的决定固然有其特殊的原因，他们这时并不熟悉国家间的外交，与对列宁、斯大林等的理论思想的了解相比，他们对中苏关系历史知识的了解和理解等，都还是有限的。他们当时的经历、经验和对外交事务的认知水平等，对于应付在莫斯科遇到的复杂局面，包括面对外交经验堪称丰富、手腕世界一流的斯大林本人，是否是足够的，还需要实践的检验。而且有必要指出，诸多相关研究比较强调中国领导人的爱国情怀，却忽略了他们首先是革命者，并不是简单地用“民族主义”“爱国主义”一类话语，就足以概括他们当时的思考逻辑和言行。

刘少奇秘密访问莫斯科期间，直接同斯大林本人讨论过 1945 年中苏条约涉及的双边关系中的问题。斯大林决定将问题留到新中国成立后毛泽东本人来莫斯科时讨论，以致他们没有就这个问题做深入讨论，实际上刘少奇也没有将这件事作为访苏议程中的重点。新中国成立后不久，中共中央即开始安排毛泽东访苏行程。

如前所述，当中共在内战中取得决定性胜利并开始考虑未来建国时，推动结盟的动力发生了巨大的变化。一方面，建国与革命毕竟有着本质的区别，它提出了诸多巨大的、新的战略需求，诸如财政和经济援助、及早获得外交承认、维护新政权的基本安全，等

① 周恩来：《关于和平谈判的报告》，1949 年 4 月 17 日，载《周恩来选集》（上卷），北京：人民出版社 1981 年版，第 321 页。

等；另一方面，从内战出现转折开始，中共决策者的理想主义随着革命胜利的步伐而明显发酵。巨大的，甚至他们自己都略感意外地迅速取得全国政权的军事和政治胜利，使他们极快地从多年的弱者立即转变为胜利者。对于中共领导人，基于理论所建构的革命史观从一种对历史规律的普遍性认识立即变为被现实证明的历史事实，这不可能不影响他们对中国和世界问题的思考。有意义的是，开始于这个时期的结盟过程使苏联领导人得以施加特殊的影响。在中国革命的世界意义这个宏大的问题上，不论中共决策者之前如何思考以及曾经达到何种程度，斯大林论述的所谓“世界革命东移论”被证明是对他们的巨大启发和鼓舞，使他们更加渴望使中国革命胜利的影响超出中国边界，并到达尽可能远的地方，当然首先是在中国周边和亚洲地区。

中共决策者对中苏同盟的理解因此变得更复杂了，同盟不仅要符合革命向建国过渡这个特殊阶段的战略需求，而且还要有助于推动亚洲的革命。后来处理与苏联的分歧时产生的困扰，肯定与对同盟的这种理解有关。当在推动世界革命的问题上出现分歧的时候，中国决策者一直纠结于是否应该或至少接受，在有利于国家利益的基础上将良好的同盟关系维持下去。当然，结果并不都取决于他们的选择。

革命向建国转变的进程显然在逐步建构中共决策者的现代国家意识和认同，这是学习的过程，有时也是无意识的建构过程。当他们成为国家领导人那一刻起，角色的转换就决定了体现国家间关系的规范如缔结条约等，就不再是可有可无的了。这可以用来解释为什么在刘少奇于新中国成立前访苏时，中共领导人还可以明确表示，他们接受维持 1945 年条约的原状；但毛泽东在新中国成立后访问莫斯科时，就将一定要签署一项新的条约作为追求的目标。

进一步说，当他们开始用国家领导人的角色思考和处理问题时，很多革命阶段思考问题的方式和由此产生的后果，就有可能成为妨碍双边关系发展的消极因素，诸如“无产阶级国际主义”“革命同志”“大哥哥与小弟弟”，等等，都无法解决中苏关系中复杂的历史遗留问题。实际上在最终进入条约谈判的阶段，不论最终接受了什么样的条件，中共决策者内心中都有了衡量相关条约和各项协议的最基本的尺度——国家利益。问题只是在于他们遇到分歧的时候，是如何权衡利弊和依据什么理由坚持或做出让步的，而且他们对任何妥协可能在国内导致的负面政治影响是知情的，也是很敏感的。总之，中共决策者在夺取全国政权后的角色变化，反映了毛泽东即将踏上访苏旅途的新背景的特殊之处。

11 月 10 日，中国方面选择分别在莫斯科和北京同时向苏方提出毛泽东希望早日访苏。在莫斯科，时任驻苏联大使王稼祥会见苏联外交部副部长拉夫连季耶夫（A. Lavrentiev），告之毛泽东希望尽早访问莫斯科，并询问周恩来是否有必要同行，因为他的确很忙。后者立即表示代为上呈。①

同一天，周恩来在北京召见苏联首任驻华大使罗申（N. Roshchin），请他转告莫斯科，毛泽东希望在莫斯科参加为斯大林祝寿。他说访苏是毛泽东的夙愿，也是斯大林通过刘少奇发出的邀请。11 月 5 日，科瓦廖夫再次转达了斯大林的对毛泽东的邀请，毛泽东在三天后做了答复。周恩来专门说道，毛泽东除了希望“与斯大林同志建立个人友好的接触外”，“看来……还想提出中苏条约问题”。② 从谈话纪要的内容看，周恩来的表达尽管有些含蓄，但可以确定毛泽东访苏打算根本解决中苏条约问题即废旧签新。所以周恩

① 《拉夫连季耶夫与王稼祥会谈纪要：关于毛泽东访苏》，1949 年 11 月 10 日，载沈志华主编：《俄罗斯解密档案：中苏关系》第 2 卷，上海：东方出版中心 2015 年版，第 155 页。

② 《罗申与周恩来纪要：关于毛泽东访苏事宜》，1949 年 11 月 10 日载沈志华主编：《俄罗斯解密档案：中苏关系》第 2 卷，上海：东方出版中心 2015 年版，第 155—157 页。

来才提出，他本人即使不陪同前往，如果“要订新的中苏条约，那么他可以立即坐飞机去莫斯科签署这一条约”。结果斯大林还是决定首先接待毛泽东本人。

12 月 16 日，毛泽东到达莫斯科。当天他便与斯大林举行会谈，条约问题很快成为一个焦点。毛泽东用他独特的方式，表达了对订立新条约的态度。根据担任翻译的师哲回忆，当斯大林问毛泽东此次访问希望得到什么？他回答说，“应该是既好看，又好吃的”东西。师哲解释毛泽东说的那个东西，就是指签订新的条约，而毛泽东独特的表达方式使斯大林没能清楚地理解他的意图。[①]

苏联方面的记录没有那么形象，但显示事情似乎也没那么曲折。毛泽东当时明确提出，刘少奇回国后，中共中央讨论了缔结同盟条约的问题。斯大林立即表示，刘少奇离开后，苏共领导人也在小范围讨论过。他们设想了三种解决办法：保留、部分修改或宣布将来再修改；最后的决定是，原条约是基于与美英达成的谅解，目前还不宜修改。他建议，双方可以在形式上维持原条约不变，但在旅顺驻军和中长铁路等问题上，可按中方意愿做实际修改，即有针对性地发表一个专项声明。毛泽东回应说，他们没有“考虑到美国和英国在《雅尔塔协定》中的立场”，斯大林解释之后“已经清楚了，目前不必修改条约，也不必匆忙从旅顺撤军”。不过他也提到，中国“社会舆论有一种想法”，既然国民政府已经倒了，1945 年条约也就没意义了。针对毛泽东的坚持，斯大林提出了另一个推迟签约的设想，他说原条约可以而且也需要做大的修改，但要推迟到两年以后。至于毛泽东询问周恩来是否来莫斯科，他说

① 师哲：《在历史巨人身边：师哲回忆录》（修订本），北京：中央文献出版社 1996 年版，第 436—437 页。

由中方自己决定。[①]

斯大林从未否认1945年条约具有“不平等的性质”，重新修改对他来说只是选择时机的问题。斯大林是精明的战略家和有丰富经验的外交家，他应该不会算不清楚这笔账。苏联将从与中国结盟中得到巨大的战略利益，事到临头使他感到犹豫的，并不是要放弃依据条约获得的权益，而是担心会牵扯到二战期间与美英达成的其他谅解，如千岛群岛等的归属。而中共领导人的确也一直没有明确表达过，未来的中苏战略合作关系必须建立在废除1945年条约并签订一份新条约的基础上。刘少奇访苏时甚至用文字明白无误地表达过，可以接受“由新的政府宣布全部承认这个条约继续有效，不加任何修改”。[②] 这对斯大林产生误导是完全有可能的，实际上他在与毛泽东会谈时也说得很清楚了，可以用推迟两年的办法来解决条约问题。

18日，毛泽东发电报给北京的政治局委员们，报告了第一次会谈的情况。他说会谈没能就条约问题达成一致，不过不能因此就说会谈结果是消极的，他本人感到在两小时的会谈中，斯大林“情意恳切”。[③] 进一步说，中苏双方已经形成的战略共识和获得的战略利益，都使解决这个问题具有足够强大的基础和动力，选择何种时机签订新条约更合适，是有讨论空间的。当然，对毛泽东本人来说

---

① 《斯大林与毛泽东会谈记录》，1949年12月16日，载沈志华主编：《俄罗斯解密档案：中苏关系》第2卷，上海：东方出版中心2015年版，第175—178页；另参见中共中央文献研究室编、逄先知、金冲及主编：《毛泽东传（1949—1976）》（上），北京：中央文献出版社2003年版，第34—35页；裴坚章主编：《中华人民共和国外交史（1949—1956）》（第1卷），北京：世界知识出版社1994年版，第17—18页。

② 刘少奇：《代表中共中央给联共（布）中央斯大林的报告》，1949年7月4日，载中共中央文献研究室、中央档案馆编：《建国以来刘少奇文稿》第1册，北京：中央文献出版社2005年版，第15页。

③ 《毛泽东致刘少奇电》，1949年12月18日，转引自中共中央文献研究室编、逄先知、金冲及主编：《毛泽东传（1949—1976）》（上），北京：中央文献出版社2003年版，第37—38页。

是有问题的。如能立即废旧获新，不仅对巩固新政权和重建国家有利，对毛泽东本人也是有重要意义的。那将是他访苏的外交成就，中苏关系会因此看上去焕然一新，而且中苏战略合作关系将获得一个更为牢固的基础。反之，他本人来莫斯科就更像是礼仪性的了。实际上，从这段时间毛泽东的言行可以断定，他尽管在与斯大林会谈时从未直截了当地提出立即签约，但也从未放弃对签订一项新条约的坚持。

所以，21 日晚，在接到刘少奇复电后，毛泽东立即通过科瓦廖夫向斯大林转达两个可供选择的方案：第一个是周恩来前往莫斯科谈判解决中苏条约问题；第二个是双方广泛讨论有关问题，不必达成协议，周恩来也就不必来了。[1] 斯大林对举行会谈的反应是积极的。23 日，他答复说，第二天就会见毛泽东。

24 日晚 11：30，斯大林与毛泽东开始了长达五个小时的会谈，直到第二天清晨才结束。第二天，毛泽东这样向北京描述了会谈情景："一面吃饭，一面谈话，极为酣畅"。席间，斯大林与毛泽东讨论了国际共运和亚洲各国共产党与革命运动。从毛泽东的电报中看，他对条约问题只字未提。只是在毛泽东提到周恩来访苏时，他表示还是周"以不来莫斯科为宜"。斯大林看来并不想立即做出决定，而且毛泽东本人至少也没有认为，这已经就是苏方的最后决定了。[2] 从这种情况分析，对于中苏战略合作关系的建立，一份解决双边关系中具体问题的条约的重大意义到底何在？如何回答这个问题的确很费思量。

1950 年 1 月 1 日，事情出现了转折。起因是英国媒体报道了对

---

① 参见沈志华：《无奈的选择：冷战与中苏同盟的命运》（上），北京：社科文献出版社 2013 年版，第 140 页。

② 《毛泽东致中共中央电》，1949 年 12 月 25 日，转引自中共中央文献研究室编、逄先知、金冲及主编：《毛泽东传（1949—1976）》（上），北京：中央文献出版社 2003 年版，第 39 页。

毛泽东被软禁的揣测。实际情况是这期间毛泽东身体欠佳，每天在户外活动不能超过 15 分钟，否则头晕，故需要静养。为了解除外界的疑惑，苏方当天起草了一份毛泽东答塔斯社记者问，其中说毛泽东行期长短取决于各项问题的解决，“首先是现有的《中苏友好同盟条约》问题”。[①] 这相当于是斯大林首先和明确地就讨论条约问题的表态了。第二天晚 8 点，毛泽东在住处会见来讨论条约问题的苏联外交部部长莫洛托夫（V. M. Molotov）和米高扬，他向后者提出了三个可供选择的方案：第一最好是签订新的中苏条约；第二是条约“拖几年再说”，发表个简短公报，说明双方在重要问题上取得一致意见即可；第三是发表共同声明，说明两国关系的要点。莫洛托夫当即表示，第一个方案最好，可请周恩来立刻到莫斯科来谈判，并随后与毛泽东计算了周恩来到达莫斯科的时间。毛泽东在会谈后立即电告北京，周恩来应准备赴苏谈判，不过他这时对新条约的内容仍持保守的估计，认为新条约只“在旅大问题上可能有部分的变更，但具体内容尚待谈判”。[②]

1 月 20 日，周恩来到达莫斯科。22 日，毛泽东、周恩来与斯大林等苏共领导人正式会谈，以确定新条约的基本框架。在斯大林表态将全面修改条约之后，毛泽东强调新的条约将主要体现三个内容，保障和促进中苏两国的全面合作，尤其是“经济合作”、安全合作、国际事务中的合作。至于具体到东北的港口和铁路等，则可以“从双方的利益出发”加以解决。[③] 这是毛泽东第一次有机会系统阐述他对条约的原则主张，比较充分地反映了他对未来中苏同盟

① 《毛主席答塔斯社记者问》，《人民日报》1950 年 1 月 3 日。

② 毛泽东：《关于周恩来去苏联参加谈判问题给中央的电报》，1950 年 1 月 2 日、3 日，载中共中央文献研究室编：《建国以来毛泽东文稿》第 1 册，北京：中央文献出版社 1987 年版，第 211—213 页。

③ 中共中央研究室编、逄先知、冯蕙主编：《毛泽东年谱（一九四九——一九七六）》第 1 卷，北京中央文献出版社 2013 年版，第 84—85 页。

的实质内容的看法。随后展开的谈判还是比较顺利的，尽管双方的谈判代表有时也进行了甚至是尖锐的“讨价还价”。此外，斯大林促使中方就东北和新疆等地限制其他国家进入等达成一项《补充协定》。[①] 这个协定的潜在消极后果在中苏关系恶化后才为人所知。

2 月 14 日，中苏签署《中苏友好同盟互助条约》。其中的“互助”二字为中方提议加上的，其意义在于表示使中苏关系与苏联阵营保持一致，因为苏联同其他国家的双边条约的名称中都有“互助”的字样，尽管那些国家实际上都是在苏联的领导之下。由于条约的签字，毛泽东达到了他此行的全部目的。以此为标志，中苏成为名副其实的军事同盟。从中苏结盟的整个过程看，签订同盟条约有更丰富的含义，结盟不过是对中苏战略合作关系的确认和更进一步的保障。在毛泽东心目中，这个同盟不仅将保障和促进中国的革命事业，而且将极大地改变世界政治版图，斯大林阐述的那个革命中心向东方（向中国）转移的进程将会因此而大大提速。只有完整了解了毛泽东和斯大林会谈的全部内容，才能最终确定中共决策者心中的结盟到底意味着什么。

第六节　解读结盟

与苏联结盟是中华人民共和国成立后的第一个也是最重要的战略决策。1950 年 2 月 14 日签订的《中苏友好同盟互助条约》标志着中华人民共和国通过选择坚决站在苏联阵营一边而实际上参加到全球冷战之中，这对中国对外政策和对外关系的影响极为深刻并持

---

① 谈判的具体过程和内容可参见沈志华：《无奈的选择：冷战与中苏同盟的命运》（上），北京：社科文献出版社 2013 年版，第 145—182 页。

续了约 40 年之久。

从历史发展的脉络看，整个结盟决策开启于中国内战后期和冷战爆发的早期，这两个历史性事件之间的关联和互动是结盟战略的关键背景，中国决策者就是在这样的内部与外部互动的结构中做出选择并从中界定出他们选择的基本根据和动力等。这一点值得专门分析，因为其特点在整个冷战时代的中国战略决策中都持续存在。

一方面，与苏联结盟一开始就展现了冷战时代中国战略决策最关键的特点，即对外战略首先是为革命和随后不久发生的建国的战略服务的，它的主要动力来自中共中央大战略的变动，也是在与中共中央大战略的互动中展开和实现的。当然，这在国家间政治中不是例外，但确认中国战略决策中这一特点尤其有特殊的重要价值。指出这个特点是为了强调，中国的对外决策、特别是战略性决策，并不能被简单地解读为中国领导人针对外部世界的反应。

另一方面，与苏联结盟的决策作为个案，凸显了国际体系在塑造中共领导人的世界观、战略观和中国战略决策等的巨大影响。无论如何，中共决策者是在冷战爆发的关键年代，才决定根本改变 1911 年辛亥革命以来中国现代国家建设的基本发展方向，即从“向西方国家寻找真理”转向了“走俄国人的路”建国。这既是他们在冷战中选择“一边倒”和最终选择与苏联结盟的最深刻的根源和国内动力，同时也是冷战体系形成这个根本性的外部环境缔造的结果。在冷战为新兴国家提供了两种发展模式的背景下，毛泽东相信“走俄国人的路”才是正途，而且中国很有可能超过苏联而取得更大的成就，原因就是中共有比列宁当年更有利的外部条件，即苏联在各个领域可能提供的援助。这在当时是极具想象力的。

中国领导人通过结盟的确获得了苏联的巨大援助，这也是不争的事实，不过这并不能用来否认结盟的复杂动机。在结盟决策的漫长过程中，缔结同盟条约这个想法的出现甚至都有一定的偶然性。

例如，本章的研究证明，中国的结盟战略是从中共领导人在内战发生转折的关键时刻决定密切同苏联的关系开始的，具体地说是从毛泽东希望访问苏联开始的。1948年春，他在内战转折阶段急于前往莫斯科，其冲动是从斯大林的来电中得知，他对未来中国政权建设的设想未能获得来自列宁故乡的认同，斯大林在电报中直截了当地指出了他对苏联阵营内某些国家建国情况的了解是错误的。对“俄国人的路”的认识走偏这件事情在毛泽东看来非同小可，这显然不能简单地用利益来概括。

即使在终于决定缔结同盟条约之时，中国的决策者也未必完全理解近代国家关系中的军事同盟的确切含义。那种用从结盟过程中获得的好处与如果不这样做将得不到的好处进行比较，来解释选择“一边倒”与结盟的合理性，其逻辑至少部分地是基于这样的假设，即中国的决策者是根据对利益的计算做出决定的。但堪称漫长的结盟过程证明，那些特定阶段的可以解读出来的具体利益固然重要，但它们加起来也不能构成结盟的全部动力。用权力政治定义的利益并不能概括他们的全部动机，否则无从解释结盟过程和之后的一些重大分歧是如何发生的。

当然，即使最终没有实现结盟，中国也很有可能站在苏联一边参加冷战。有意义的问题首先是选择“一边倒”向苏联阵营，对当时的中国真的是不可回避的吗？历史不可能重复，按照历史研究的规范似乎也没有必要对此问题给出一个确切的回答。可以确定的是冷战对中国领导人的战略思维方式的影响。冷战时代带有一定普遍性的战略思维，就是要在两个敌对阵营中“选边站”。“一边倒”是反映这种思维的形象化的语言，它也反映了冷战对中国决策者的战略思维的影响。正是美苏斗争的极其激烈以及两个超级大国的影响力，导致了一种在两大集团对抗中“非此即彼”的战略思维模式，并在对外政策中以某国画线来决定立场，将对敌人的态度作为判断敌友的标准，以致会忽略国家间关系的复杂性和由此带来的多种可能性。还可以继续追问，除了世界一分为二“非杨即墨”和国家必须选边站之外，冷战体系还给中国决策者对世界政治的认知增加了哪些重要的内容，以致影响了他们在结盟过程以及之后发生的重大事件中的选择。

任何人的认识都是有局限性的，而任何战略决策都是决策者根据自己认识的而非真实的世界做出的。从这个意义上说，或许无法找到被广泛接受的答案，但仍然有必要继续探讨“一边倒”和结盟的合理性问题。

由于结盟动机的复杂性，毛泽东等中共领导人在计算将从结盟中获得显而易见的战略利益的时候，未必足够充分地认识到，中国作为一个军事同盟中缔约的国家，理应承担什么性质和何种程度的义务。他们更多的是从斯大林的相关对外政策行为——例如，如何思考和执行对外援助、如何处理同资本主义国家的关系等——来理解同盟、制定政策和采取行动的。了解这类认知中的特点，对理解后来中国决策者如何处理中苏分歧甚至对了解同盟的破裂等，都是非常有意义的。

在中国决策者看来，中苏同盟是有双重性质的。它既是两国的军事同盟，也是两党的革命联盟，后者才是起支配作用和决定性的。结盟过程中形成的三个准则支配着中国决策者的理解和行为：第一是国际共运中通行的党际关系准则，即“无产阶级国际主义”，这意味着双方需要在涉及全球和革命运动的问题上保持协商和一致。第二是苏联阵营中的准则，即苏共与其他国家共产党之间的领导和被领导的关系，这因为不符合马列理论而算是一种“潜规则”，中国决策者明确表示将按此行事。第三是普遍的国家关系准则，当毛泽东、周恩来等在莫斯科谈判同盟条约问题时，这才是处理所有双边事务的基本标准。

总而言之，不能简单地套用同盟的理论来解读中苏同盟——不论是其缘起还是结果，而且还需要在研究此后一个时期的重大决策时，关注这个同盟以及毛泽东等人对这个同盟的认知等的重大影响。因为他们从一开始就不仅打算依托它迅速地改变中国，而且要依托它迅速地改变世界，当然首先是改变中国的力量能直接够到的地方——东亚，这在后来中国领导人做出的涉及东亚地区的战略决策中，很充分地显示出来。

从当时中共决策体制观察结盟的过程，是相对比较简单又难以回避的。这时的中共中央决策体制仍然是为打赢战争建立和塑造的，它最主要的特点是战略决策权高度集中。这在内战结束阶段处理涉及对外关系的程序也是一样的，毛泽东本人亲自领导，他在各个阶段对每个重要决定都是亲力亲为、事必躬亲，而周恩来予以辅助。重要的决定通常是经由几位政治局常委首先讨论达成一致，然后在政治局、中央委员会等层级逐次达成共识。简单地说，选择与苏联结盟最初就是几个人在战争年代做出的决定。此外，中国决策者是在指挥打赢全面内战的阶段开始考虑结盟的，当时军事问题是压倒一切的战略优先，他们能用来思考对外政策的时间必定是有限的。权力高度集中、决策者处理对外事务经验有限和时间有限等，这样的决策过程对同盟的形成以及后来的解体等，到底有什么样的影响，还是值得进一步考察的。

第七节　结语

本章研究的重点是战略决策，所以没有专门阐述与苏联结盟对中共领导人来说也是一种矛盾的进程，但从叙事中还是可以大致得出这样的结论。解读中国与苏联结盟的决策，必须了解存在着两个互动的层次：中国现代国家建设的客观进程与中国领导人追求结盟的认知和行为过程，以及它们之间的具体联系，包括这两个层次何时被清楚准确地认识到，并开始被联系在一起考虑。

种种情况导致中国决策者在结盟过程中的诉求会越来越多地反映民族国家的利益（尽管还远远不够），并不得不为回应国内（包括他们自己）的民族主义诉求而在结盟最后阶段要求苏方做出更多的让步，否则，中共以及中国革命的合法性都将被严重削弱。

中国决策者从为实现革命运动的目标而追求与苏联结盟，却在结盟的过程中为现代国家建设而同斯大林讨价还价，而且在这方面没有得到满足这一点是可以确定的。尽管他们当时并没有让负面感受影响到结盟的进程，但在随后的年代里，那类问题最终发酵为摧毁同盟的重要因素之一。

如果从处理现代国家建设的角度客观地分析，1950 年的《中苏友好同盟互助条约》仍然未能超越，有些方面甚至没有达到 1924 年《中俄解决悬案大纲协定》的水准。例如，条约没有涉及两国处理边界遗留问题应依据何种的原则，或者为达成必要的准则建立相应的双边机制，等等。这反映了特殊历史条件下一种独特的情况。后来的巨变证明，中苏结盟不过是中苏关系的历史宿命的又一个开端。中国要想完成现代国家的建设，必须同苏联解决全部的历史恩怨，而不仅仅是建立一个有利于特定时期的安全或根据某种理想而推动革命运动的军事同盟。这需要时间。

第二章

同盟与局部战争：抗美援朝

1950年6月25日凌晨4：20，三八线北侧上空升起红、黄、绿等各种颜色的信号弹。朝鲜人民军的各种口径的火炮根据信号弹的顺序，依次向三八线南侧预定目标展开猛烈射击，之后是数万朝鲜人民军士兵伴随坦克冲过三八线。朝鲜战争终于爆发了。①

三天后，美国陆海空三军全面参战，并很快组建了一支以美军为主的“联合国军”参战。同一天，6月28日，毛泽东发表声明，谴责美国介入朝鲜战争和封锁台湾海峡，并号召“进行充分的准备，打败美帝国主义的任何挑衅”。② 时任四野第42军军长的吴瑞林回忆说，他听到声明后“立即感到形势严重了”，并有种将与美军作战的直觉，那时他正率该军在黑龙江地区驻扎。30日中午，他就接到紧急通知，立即乘专列到沈阳领受备战赴朝的密令，并从此停止用电话与东北局通讯。③ 两周后，42军即完成收拢各部并开往

---

① 有关战争爆发的历史情景可参见《延边朝鲜族自治州延吉市朝鲜族参战军人采访录》(三)，《冷战国际史研究》2014年第17期，第216—224页。

② 《毛泽东主席在中央人民政府委员会第八次会议上关于美国侵略台湾和朝鲜的讲话》，1950年6月28日，载《中美关系资料汇编》第二辑（上），北京：世界知识出版社1957年版，第91页。

③ 吴瑞林：《抗美援朝中的第42军》，北京：金城出版社1995年版，第2—3页。

预定集结地区吉林省通化和梅河口，吴本人不久后还化装秘密潜入朝鲜北部查看地形。朝鲜方面当时就发现了他的行踪，但金日成（Kim Il Sung）佯装不知，不动声色。

10月19日，“联合国军”攻占朝鲜首都平壤。当晚，中国军队第一批4个军及三个炮兵师跨过鸭绿江参战。在随后近三年时间里，除了朝鲜北南双方和中美两国，如果包括空军秘密参战的苏联，还有多达17个国家先后以各种方式参与作战。战争双方在战场投入兵力最多的时候各自都达到百万之众，而主要交战的双方——中国与美国——都是在各自的境外作战。可以说本章题目“同盟与局部战争”是这场战争最突出的本质，对于中国人尤其是如此，所以从战略决策角度持续深入研究这段历史对于中国人有特殊的重要意义。

第一节　定义问题

从1950年10月到1953年7月，中国军队在国境之外与一个超级军事强国展开持续近三年的大规模局部战争，这在中国近现代历史中是绝无仅有的；中美两个大国进行如此大规模的局部战争，在二战后的国际关系史中也是独一无二的。在中国学术界，多年来出版了一些研究论著，不过同中国介入战争的深度和规模、付出的代价和受到的巨大且深远的影响相比，中国人对这场战争的重视、了解和研究等，都远谈不上是充足的。尤其是研究视野被过度窄化，系统性的分析和丰富的解读都欠缺。不夸张地说，“抗美援朝”之于中国战略决策研究，还是一座没有被充分挖掘的宝藏，那里面有着取之不尽的瑰宝——不论是经验还是教训。

用“抗美援朝决策”这个概念能更准确地界定本章研究的对

象，包括其范围、发展过程和主要特点。这有利于聚焦研究的对象和主体，因为“抗美援朝”不仅是个耳熟能详的名词，当年的决策者既用它来概括和表述他们的战略和政策，也用它进行政治动员。本章将“抗美援朝决策”界定为中国决策者规划和指导中国参加朝鲜战争的战略或政策而进行选择的过程。

“抗美援朝决策”包含的问题和仍待探讨的领域非常广泛，以往成果中存在的突出缺陷是将研究过多地集中于中国领导人为什么决定“出兵”，以致很多读者会以为，“抗美援朝决策”研究的核心问题就是“要不要或该不该出兵”，以及围绕此问题的台前或幕后的秘密外交。“抗美援朝决策”作为一个持续了近三年的过程，起码包括了五次战略层面的选择。它们按时间顺序分别是：“预防”“出兵”“打过三八线”“决定谈判”和“结束战争”。概括地说，这些决策无一不是在三个密切互动的系统中产生的。

第一个系统是美苏冷战的国际大系统，中国既然在美苏对抗中选择了“一边倒”并与苏联结盟，在朝鲜半岛就必然站在苏联一边，并与美国为敌。在这样的系统中，出兵是中国决策者选择的一种激烈的行为方式。当然这还不是烈度最高的，因为参战过程中选择何种战争目标和制订何种军事计划，还有巨大的回旋空间，它们也决定着中美对抗的强度和范围。这也是需要探讨的一个重点，毕竟，选择不同的战争目标会导致性质和形态大为不同的战争。

第二个系统是中苏朝关系。这个三边关系由中苏、中朝和苏朝三组双边关系构成，它们之间的互动存在着基本可以描述和把握的模式。首先，苏联在三国中是被认可的领导者，由于其强大的国力和军事力量，及其承担的同盟义务等，甚至决定了中国和朝鲜是否能够进行这场战争。

此外，在这个时期，苏朝关系的密切程度超过中苏关系和中朝关系，这也增加了苏联的影响力。中国的任何选择都难免受到不可忽视的牵制，这也包括了苏朝关系对中朝关系的影响。这种状态决定了中国在重大战略问题上，包括处理与受援国朝鲜的关系上，必须而且有时首先需要与苏联协调，以获得斯大林的赞成和支持。出现这种情况有客观原因，也有中国决策者特殊的认知在起作用。换一个角度，中国领导人如何通过理解和影响苏联的政策来实现他们当时认定的战略利益，是可以而且很有必要做更深入的分析的。这需要结合新发现的历史文献，重新解读这场战争的每个阶段的重要案例。

第三个系统是中国内部的决策体制，其中毛泽东无疑占据中心地位。以往研究不够的是那些直接制订军事计划和指挥作战的志愿军高级指挥官们，彭德怀是他们中的代表，在他周围还有着一批那个时代堪称卓越的军事家，如志愿军副司令员邓华、参谋长解方，等等。叙述历史如同观看一部戏剧，须知道有时导演为了剧情需要而将灯光聚焦在一个角色身上，以致观众看不到舞台上的全部场景和其他角色，但决不能在一场大戏中从头至尾都将灯光聚焦于一人或一处。毛泽东与他麾下的将领之间如何通过“协商—共识”机制做出各种选择，是本章分析的重点之一。这方面的叙述肯定会有助于呈现相关决策过程的复杂性，并提出更多值得探讨的问题。例如不仅某一个决策目标形成过程变得复杂了，而且即使一项政策被选择出来，决策系统中不同层次的人对目标的理解未必是完全一致的，等等。

首先简要指出和解释这三个系统及其互动的结构的存在，有助于梳理和阐述中国决策过程中的诸多现象及其关联或因果关系，这也是本章叙述依循的主要线索。不过还需要说明，近 20 年来，随着各国历史档案被不断解密或被发掘出来，以及各种论著对历史细节的持续深入和详尽的描述，一幅远比过去要丰富和复杂的历史画面逐步呈现出来。其中比较突出的是苏联阵营内部结构的新图景以及这个结构对战争进程的影响等，正在被越来越详细地描述出来。在这个比以往看到的要复杂得多的过程，包括中苏朝三国关系中极为复杂的互动及其对战争进程的影响，等等。相比较而言，以往的叙事将中国的诸多决定解读为只是针对美国的行为及其潜在的战略企图的反应，这被证明不足以解释中国决策的复杂性。

因此，有必要重建更具解释力的研究框架，其增加的关键部分就是卷入这场战争的社会主义同盟内部关系对中国决策的至关重要的影响。这首先包括了对两个基本事实的确认：第一，中苏朝内部既有不同的利益诉求和对客观存在的事物经常出现不同的解读所带来的复杂的分歧和矛盾——这是可以合理推断的；也有三国之间逐步形成的决策体制和机制所带来的结构性问题。第二，中国不论是决定出兵还是最终决定停战，与盟友的关系始终是一个起支配作用的重要因素。原因其实也不复杂，中国是在朝鲜与美国作战的主要方，但苏联是社会主义阵营的盟主，而朝鲜同苏联保持着特殊的紧密关系，苏共中央对朝鲜劳动党的影响当时是大大超过中共中央的。中国领导人的重大决定通常需要经过同盟国的复杂协调，才能转变为被实施的政策。本章将更多聚焦于同盟内部互动对中国决策的影响，从这个角度也可以说这场战争是“联盟的战争”。

还有必要进一步分析结盟对中国决策者观念的影响，包括在与苏联结盟过程中如何构建了他们对同盟、同盟认同和同盟义务等的理解。例如同盟义务是基于什么原则，以国家的战略利益还是其他的什么东西为最高——特别是在面临相互冲突的选择时——和最终的原则。如果坚持维护国家战略利益的原则，从应然的角度讲，中国决策者就应该在战争爆发之前，坚决否定金日成的武力统一计划，如果曾经有过这样的机会的话。反之，如果在观念中认为维护“共同体”的义务就是中国的首要战略利益，就会做出不同的选择。当然首先是他们有没有过机会？然后才是有机会时是如何选择的，以及导致他们做出这样或那样选择的具体原因是什么，等等。

例如，1956 年 9 月 23 日，毛泽东与来北京参加中共八大的苏共政治局委员米高扬讨论了朝鲜劳动党内部的问题，他们谈话的一些内容涉及如何评价当年朝鲜战争中的一些问题。关于 1950 年 5 月中旬金日成访华期间，中国领导人为什么没有否决斯大林与金日成有关发动统一战争的决定，毛泽东说，“金日成来，说斯大林同意了。我想，三国，已经有两国同意了，我也就没有坚决反对。当然，我坚决反对，也是不行的”，“我对他们说，既然两国都赞成，我们只好同意”。①

如果仔细解读这段回顾，在字面上至少有两层含义。其一是朝鲜开始战争既不是中国领导人期待的，也不是他们赞成的；其二是毛泽东没有反对是因为，斯大林和金日成既然已经达成一致，他“也就没有坚决反对”，而且也不能“坚决反对”。这两层含义大致构成了中国未能阻止战争爆发（如果有这样机会的话）的逻辑，即中国并不赞成朝鲜当时就发动统一战争，但是由于中国领导人相信中苏朝三国在东北亚地区有特殊关系，包括中苏同盟和苏朝、中朝之间的特殊关系，实际上在东北亚成了一个不得不同进退的“共同体”，它们在其中相互承担着义务和责任、有基本的地区分工、对三者之间的领导者与被领导者有认可与认同，等等。这种“共同体”意识是他们所有决策的一个至关重要的出发点，并在关键时刻校正了决策过程中出现的一些不切实际的设想，当然也解构了许多后来被证明是合理的诉求。

① 《毛泽东与米高扬谈话记录》，1956 年 9 月 23 日，转引自沈志华：《毛泽东、斯大林与朝鲜战争》，广州：广东人民出版社 2013 年版，第 223—224 页。

第二节 预防

在朝鲜战争爆发前，中国决策者对朝鲜发动统一战争从不支持逐步转变到不反对，有一个变化的过程。这个过程开始于 1949 年春季解放军打过长江，结束于 1950 年 6 月下旬。为了完整呈现中国避免被卷入战争的全部努力，在本节最后部分将简单分析中国为避免卷入战争而做的最后的外交努力，目的是阻止美军越过三八线。

有关这部分的主要讨论都是基于两个基本的判断。

第一，朝鲜战争并不是中国决策者期待的，至少在战争发生时肯定不是，这是有历史根据的。

从地缘战略的角度看，中苏结盟对东亚地区包括朝鲜半岛在内的任何其他有敌意的力量，都构成了一种战略性的威慑。从中国领导人的意图看，他们决定与苏联结盟并不是为了与美国打仗，而是为了大幅降低——如果不是根本消除的话——美国发动对华战争的可能性，包括在攻占台湾时威慑美军不直接军事介入，从而争取避免与美军兵戎相见。[①] 这个战略逻辑也适用于朝鲜半岛，尽管他们当时未必很详细地考虑和讨论过那里的局势。

早在刘少奇于 1949 年 6 月秘密前往莫斯科访问时，毛泽东就指示他向斯大林专门询问，是否存在“新的战争危险”，以及苏联与美英的关系将如何发展。[②] 斯大林当时就很明确地回答说，“照

---

① 参见沈志华：《毛泽东、斯大林与朝鲜战争》，广州：广东人民出版社 2013 年版，第 165 页。

② 刘少奇：《关于向苏联学习的党和国家建设经验问题给联共（布）中央斯大林的信》，1949 年 7 月 6 日，载中共中央文献研究室编：《建国以来刘少奇文稿》第 1 册，北京：中央文献出版社 2005 年版，第 23 页。

历史发展的正常规律说，目前不应该有战争”，但可能性“仍然是有的”，因为“有精神失常的人”。[①] 他所说的“精神失常的人”指的是美国领导人或领导集团中的某些人。这次会谈是斯大林第一次直接向中国决策者阐述他关于爆发世界战争的辩证法，对中国领导人的影响至为深远。

1949 年 12 月 16 日下午，毛泽东在莫斯科第一次会见斯大林时，首先就提出，“目前最重要的问题是保障和平”。他郑重地告诉斯大林，“中共中央委托我向您了解，如何和在多大程度上能够保障国际和平”。[②] 这次斯大林又直接向毛泽东本人阐述了同样的看法，“实际上谁也不会同中国打仗”，而且中苏合作还能保障 20—25 年“甚至更长时间的和平”。[③]

新的政权能获得更强有力的安全保障和国家能得到一段时间的国际和平环境，可以说是中国决策者选择与苏联结盟的目的之一，也是他们迫切希望被确认的判断。[④] 随着内战最后获胜阶段的到来，毛泽东对中国的国家重建有着越来越远大宏伟的抱负，而他的一切愿景能否实现，首先就取决于一个最基本的条件——有没有时间，确切地说是有没有较长一段时间的和平。斯大林的答复肯定使毛泽东对实现重建的宏伟计划更有信心了，不过如同所有的宏观判断一样，斯大林对“战争与和平”的辩证法的说明，也只是对大趋势的一般性概括，未必能完全消除毛泽东的疑虑。毛泽东面对的局面的

---

① 刘少奇：《关于中共中央代表团与联共（布）中央斯大林会谈情况给中央的电报》，1949 年 7 月 18 日，载中央文献研究室编：《建国以来刘少奇文稿》第 1 册，北京：中央文献出版社 2005 年版，第 36 页。

② 中共中央研究室编、逄先知、冯蕙主编：《毛泽东年谱（一九四九——一九七六）》第 1 卷，北京中央文献出版社 2013 年版，第 59 页。

③ 中共中央文献研究室编、逄先知、金冲及主编：《毛泽东传（1949—1976）》（上），北京：中央文献出版社 2003 年版，第 33 页。

④ 中共中央文献研究室编：《建国以来毛泽东文稿》第 1 册，北京：中央文献出版社 1987 年版，第 290—291 页。

确牵扯到诸多具体领域，何况他本来就不是无的放矢的。

中国领导人是在面临数个棘手问题的形势中规划建国的，包括在不久的将来发起进攻台湾的战役时，美国是否会军事介入？斯大林就是因为担心美军介入而不肯按中国的要求，直接派海空军参战，而是选择向解放军提供海空军援助和训练。[①] 这在多大程度上加深了中国决策者对美军介入的担忧和戒备，是可以做合理推测的。当时他们一旦认为美军会介入，就需要权衡经济重建计划和统一台湾这两者的轻重缓急，并做出选择。

尤其是在是否重新订立中苏条约的问题上，斯大林曾经当面向毛泽东表示，他担心引起与美英的对抗并因此而犹豫不决。他这种谨小慎微的态度和行为方式对中国决策者的影响，不可能仅仅限于激发起后者源于民族自尊的不满，当他们面临同样问题时，会从中学习如何为了国家安全利益而谨慎权衡利弊的经验。这种学习一方面反映在他们决定帮助越南胡志明（Ho Chi Minh）领导的抗法战争时，明确选择了“援助但不包办”的原则，即不直接出兵越南。[②] 当然，这也难免会反映到他们此阶段对朝鲜半岛的政策。

第二，中国决策者客观上曾经有机会阻止那场他们并不期待、至少不期待在那个时间发生的战争，起码也是有机会表示不同意的。问题如前所述，是什么因素导致他们在有机会说“不”的时候，却没有做出那样的选择。

在建国前后这个时期，中国决策者考虑过诸种可能引发国际战争的领域，除了中共军队向全国特别是向西南边疆进军（这在刘少奇访苏时已经基本排除），还包括正在策划和准备中的攻台战役、

---

① 参见沈志华：《毛泽东、斯大林与朝鲜战争》，广州：广东人民出版社 2013 年版，第 165 页。

② 参见牛军：《中国“援越抗法”政策再探讨》，《外交评论》2012 年第 3 期，第 56—73 页。

印度支那地区越南劳动党（以下简称越劳）领导的抗法战争以及朝鲜半岛的紧张局势。其中最具潜在危险的就是朝鲜半岛，那里的北南双方都不断声称准备向对方发动进攻，以便完成他们的“祖国统一大业”。客观地看，当时对中国最有利的局面是朝鲜半岛不发生战争，至少新中国成立后一个时期不发生战争。为此首先需要威慑韩国不敢向北发动进攻，中苏结盟在朝鲜半岛的实际影响就是造成了一种威慑，而且是足够有效的威慑。

此外，则是如何约束朝鲜不要主动发起统一战争，这对中国决策者来说是真正的难题。国际冲突的历史反复证明了一个逻辑，对国家安全面临紧迫威胁的认知往往会成为导致军事冲突的导火索，循环就是从这里这种认知形成开始的。在中国决策者看来，与苏联结盟有利于维护中国的安全和周边地区的稳定，包括消除韩国在美国支持下进攻北方的冲动。问题是朝鲜领袖金日成对武力统一有着与韩国李承晚（Syngman Rhee）同样高涨的热情，特别是在中国革命胜利的鼓舞之下，他越来越愿意付诸实施。如何应对朝鲜方面的武力统一诉求，越来越被证明是中国领导人面对的最突出也是非常复杂的战略课题，是新中国成立后他们在地缘安全领域的第一次严峻考验，其复杂性首先就在于能否影响朝鲜的选择。

事实是中国决策者的确在一开始就表达过，他们不赞成朝鲜主动进攻南方，即使同意向朝鲜提供一些军事援助，也不表明他们有在该地区采取军事行动的战略意图。二战后，朝鲜半岛是美苏两家折冲的棋局，中国没有多少置喙的空间。之前国民政府自然是置身事外，中华人民共和国成立前后，情况并无根本改变。何况斯大林明确表示过，中国革命运动的对外影响力主要应该辐射到东南亚的殖民地、半殖民地国家，支持那里的革命运动才是中国的主要责任。这也可以被理解为朝鲜半岛不包括在内，朝鲜已经在苏联帮助下建国，并被定义为是社会主义国家，关键还是一直在苏联的直接领导之下。中国决策者对此也没有误解，刘少奇在 1949 年 7 月写给斯大林的有关东亚革命的报告中，就没有包括朝鲜。[1]

中国决策者有足够的战略经验来确定中国革命和朝鲜革命两者孰轻孰重，而且斯大林长期以来援助中共革命的方式，也树立了一个清晰的榜样，即对于苏联而言，支持中国革命并不意味着要直接参与中国的内战。这使中国领导人确信，即使不赞成、不参与朝鲜的军事行动，也不意味着违背了无产阶级国际主义原则。总之，在阻止朝鲜冒巨大风险发动统一战争的问题上，中国决策者在道义上的压力并不很大。

换一个角度看，对朝鲜政策的影响有限是中国决策者面临的特殊困难、也是潜在的危险。在国共内战初期，中共同在苏军控制地区建立了政权的朝鲜劳动党有一些交往，在中共军队中有不少朝鲜籍官兵；在朝鲜劳动党中，也有抗战时期在延安工作的资深成员。朝鲜劳动党当时曾经向东北中共军队提供过物资援助；中共东北部队也曾利用朝鲜边境地区作为庇护所和交通线，以及保护伤员和囤放物资。中共领导人视朝鲜劳动党为同志和战友，认为后者提供的帮助弥足珍贵，体现了“无产阶级国际主义的相互支持”。[2] 不过双方关系并不因此就很顺畅，而且严格地说，朝鲜劳动党当时对中共东北局的援助是得到苏联占领军当局允许的，从根本上也可以说是苏联远东政策的一个部分。例如，刘少奇秘密访苏期间，曾经要求斯大林帮助解决鸭绿江小丰满水电站向东北送电，他解释说，“单独与朝鲜协商，但没有成功”。[3] 金日成曾对中国代表直言不讳

---

① 刘少奇：《关于东亚民族解放运动策略问题给斯大林的报告》，1949 年 8 月 14 日，载中共中央文献研究室编：《建国以来刘少奇文稿》第 1 册，北京：中央文献出版社 2005 年版，第 50—54 页。

② 朱理治：《朱理治回忆录》，北京：中共党史出版社 2017 年版，第 105—108 页。

③ 《科瓦廖夫给斯大林的报告》，1949 年 7 月 6 日，载沈志华主编：《俄罗斯解密档案选编：中苏关系》第 2 卷，上海：东方出版中心 2015 年版，第 88 页。

地说："斯大林同志的指示对他就是法律。"[①] 总之，中国决策者当时必须要同苏联达成共识并保持合作，才能有效影响朝鲜的政策，这种情况甚至延续到朝鲜战争结束后一段时间。理解这一点对解读中国的决策是至关重要的。

中共与朝鲜的关系本来就很特殊，但真正将这种特殊关系提升到战略合作层次，并使之转向有利于朝鲜的始作俑者，是金日成。解放军打过长江后，金日成很积极地先后向毛泽东和斯大林提出，应该建立东方共产党情报局一类的组织。他在 1949 年 3 月上旬访问过莫斯科，知道在斯大林的亚洲战略中，中共被设想为东亚革命的领导者。他这时向中共领导人表示积极支持，目的无非是把中国同朝鲜更紧地拴在一起。[②] 如果有了一个东亚的共产党组织，朝鲜就会多一个影响苏联和中国的政策的舞台。他相信在那样的舞台上，无产阶级国际主义将占支配地位，朝鲜挥舞民族解放的旗帜将产生难以抗拒的效应。所以在 4 月下旬，他派遣朝鲜劳动党中央委员、朝鲜人民军总政治局主任金一（Kim Il）秘密访华，其间同中共领导人讨论了"东方形势"和"成立东方情报局问题"。

金一访华的另一个使命是寻求军事援助。他携带了金日成的一封信，主要内容是把中共第四野战军中朝鲜族官兵组成的三个师移交给朝鲜。这时正值美军即将撤出朝鲜半岛，苏、朝方面都有人认为，美国撤军是为了给李承晚进攻北方开绿灯，朝鲜似乎面临迫在

---

① 《什特科夫关于金日成提出向南方发动进攻问题致维辛斯基电》，1950 年 1 月 19 日，载沈志华主编：《朝鲜战争：俄国档案馆的解密文件》（上册），台北：台湾"中央研究院"近代史研究所 2003 年版，第 305 页。

② 《什特科夫致维辛斯基电：关于金日成通报金一在北平会谈情况》，1949 年 5 月 15 日；《科瓦廖夫致斯大林电：关于毛泽东与金一会谈的情况》，1949 年 5 月 18 日，载沈志华主编：《俄罗斯解密档案选编：中苏关系》第 2 卷，上海：东方出版中心 2015 年版，第 48—49、53—54 页。

眉睫的被入侵的危险。[①] 毛泽东一方面表示，中国战事结束后，会允许部分没有作战任务的朝鲜族部队回国，朝鲜“现在暂时不需要时，我们负责全面保障和训练这些师”；他同时也要求朝鲜打消主动发起进攻的念头，“不要向南朝鲜发动进攻”。他很清楚地表示，中共会帮助朝鲜，但是有条件的，即除非是后者首先遭到李承晚政权的进攻。这的确是很重要的一次外交预防，不过仔细分析毛泽东的谈话，有些内容说明他还是留有余地的。例如关于进攻韩国的时间，他说“只有在1950年初国际形势有利于”朝鲜时，才可以采取行动，而那时中国会给予帮助，包括了如果日本出兵介入的话中国将出兵，当然这些都需要在“同莫斯科协调后”。[②]

10月21日，毛泽东打电报给斯大林，请后者说服金日成打消武力统一的想法。斯大林回复表示同意，并说会“依照这种精神向朝鲜朋友提出我们的劝告”。[③] 问题是这位盟友的承诺靠得住吗？毛泽东显然是不放心的。10天后即31日，他提出了关于全国国防部署的战略设想，“全国国防重点是以天津、上海和广州三点为中心的三个区域”。目前华北只有3个军及6个师，“一旦有事，颇感兵力不足”，故要求用6个军约20万人从不同方向，“准备随时增援华北”。[④]

---

① 《维辛斯基关于核实美军撤出南朝鲜等问题致什特科夫电》，1949年4月17日，载沈志华编：《朝鲜战争：俄国档案馆的解密文件》（上册），台北：台湾“中央研究院”近代史研究所2003年版，第170页。

② 《科瓦廖夫致斯大林电：毛泽东通报与金一会谈的情况》，1949年5月18日，载沈志华主编：《俄罗斯解密档案选编：中苏关系》第2卷，上海：东方出版中心2015年版，第53—54页。

③ 《葛罗米柯致科瓦廖夫电：转交斯大林对朝鲜问题的答复》，1949年11月5日，载沈志华主编：《俄罗斯解密档案选编：中苏关系》第2卷，上海：东方出版中心2015年版，第153页。

④ 毛泽东：《关于兵力部署的几点意见》，1949年10月31日，载中共中央文献编辑室、中国人民解放军军事科学院编：《毛泽东军事文集》第6卷，北京：军事科学出版社、中央文献出版社1993年版，第35—36页。

当时全国的军力部署基本上是“南重北轻”，东北被视为战略后方，驻扎的主要是警备部队和地方部队，毛泽东对“一旦有事”后这个地区兵力不足以应付的情况等，深感担忧。他很可能感觉到了中国安全战略的走向将受到朝鲜半岛局势的严重影响，这也是为什么他不久后在莫斯科见到斯大林说的第一句话，就是“目前最重要的问题是保障和平”，这很难说是无的放矢的。朝鲜半岛的局势已经成为导致中国决策者将美国军事干涉视为主要安全威胁的直接原因之一，他们第一次有关“国防”的军事部署就是针对美国的，并对华北尤为关注。他们或许无法控制朝鲜半岛局势，能做的只是“有备无患”式的军事准备。

显然，至少在毛泽东访问莫斯科之前，中苏在朝鲜半岛政策上是有很高共识的，即不支持朝鲜主动进攻南方，避免引起美国军事干涉，中国攻占台湾完成国家统一被置于战略优先。后来的发展表明，这个共识并不牢固。可以确定的事实是，上述共识随着中苏结盟的进程而逐步削弱，直至实际上破裂。这发生在毛泽东访问莫斯科期间。

在中国决策者看来，与苏联结盟固然有利于维护中国的安全和周边地区的稳定，包括消除韩国在美国支持下进攻北方的冲动。不过潜在的问题是，中苏同盟是否也会产生鼓励北方向南方发动进攻的效应。1949 年 12 月下旬，解放军四野领导人建议将约 16000 人的朝鲜族军人经训练后派回朝鲜。他们报告中央军委了解朝鲜方面是否愿意接收并做出决定。① 之前四野就根据中共中央有关裁军的指示，提出将这些已无战斗任务的朝鲜族部队送回朝鲜，而他们中

① 《聂荣臻致毛泽东电：转林彪关于朝鲜族军人回国电》，1949 年 12 月 29 日，载沈志华主编：《俄罗斯解密档案选编：中苏关系》第 2 卷，上海：东方出版中心 2015 年版，第 198—199 页。

不少人也愿意回到自己的祖国。[①] 朝鲜方面很快便采取行动。

1950 年 1 月，金日成命令金光侠（Kim Kwang-hyob）访华，提出接回 14000 名解放军中的朝鲜籍官兵。11 日，在毛泽东访问莫斯科期间，中共中央军委决定，让四野中的朝鲜族部队回到朝鲜，并按照金日成的要求，安排他们于 4 月启程回国。[②] 21 日，聂荣臻拟订了行动计划。第二天，刘少奇将该计划电告在莫斯科的毛泽东，并请示批准与否，后者很快予以同意。[③] 在中国决策者的战略逻辑中，这样做是符合中国利益的，除了可以缓解国内裁军的压力，还可加强朝鲜的军事能力，以抵御朝鲜领导人不断强调的来自南方的威胁。他们或许没有考虑到，朝鲜军队的战斗力因此大幅提升，也有可能推高金日成武力统一祖国的意愿，而且由于苏、朝的特殊关系，它同时也有可能会影响到斯大林的思考。

斯大林在获悉朝鲜族部队将回到朝鲜后，立即就表示需要了解，朝鲜将如何部署这些官兵。金日成在答复苏联驻朝鲜大使什特科夫（T. F. Shtykov）时说，他接到了中方希望送这些部队回国的信，然后就请教什特科夫朝方该如何答复中方。直到什特科夫告以他需要询问莫斯科的指示后，金日成才如实相告，他本人是希望这些部队回到朝鲜的，时间定在 4 月。[④]

---

① 参见 Kim Donggil, "Prelude to war? The Repatriation of Koreans from the Chinese PLA, 1949-50," *Cold War History*, Vol. 12, No. 2, May 2012, pp. 227-244。

② 刘少奇：《军委同意第四野战军中朝鲜官兵回朝鲜的报告》，1950 年 1 月 11 日，载中共中央文献研究室和中央档案馆编：《建国以来刘少奇文稿》第 1 册，北京：中央文献出版社 2005 年版，第 319—321 页。

③ 聂荣臻：《聂荣臻回忆录》（下），北京：解放军出版社 1984 年版，第 744 页。刘少奇：《军委同意第四野战军中朝鲜官兵回朝鲜的报告》，1950 年 1 月 22 日，载中共中央文献研究室、中央档案馆编：《建国以来刘少奇文稿》第 1 册，北京：中央文献出版社 2005 年版，第 320 页。

④ 《什特科夫致莫斯科电：朝鲜同意接收朝鲜籍部队回国》，1950 年 1 月 11 日，载沈志华主编：《俄罗斯解密档案选编：中苏关系》第 2 卷，上海：东方出版中心 2015 年版，第 227 页。

在中苏朝的互动结构中，朝鲜虽然是最弱的一方，但绝不是完全被动和无足轻重的，金日成愿意以及看来也有能力影响盟友的政策。1月17日，金日成在朝鲜外相举行的一次午宴上，当着什特科夫的面，对斯大林不赞成他实现统一表示不满。他声称，如果斯大林不肯在莫斯科接见他，他就去北京与毛泽东商谈进攻南方和成立东方共产党情报局等问题，并说毛泽东曾经表示，在中国革命胜利后会援助朝鲜。[①] 由于这次抱怨发生在中朝刚刚就解放军中的朝鲜族军队回国达成协议和斯大林表达关切之时，金日成的做法即使不是在蓄意利用这件事挑逗斯大林积极支持他的武力统一计划，客观上也很容易产生那种效果。这在逻辑上是不难理解的，结果看来也如他所愿。

1月19日，斯大林接到电报；1月30日，斯大林电令什特科夫告诉金日成，莫斯科理解他的不满，但兹事体大，故"必须组织的不冒太大风险"，他本人随时准备接待金日成，以及"准备帮助他"。[②] 1月30日的这个电报成了苏联政策的一个重大转变，从此苏朝两家开始讨论武力统一朝鲜。

至于斯大林是否向当时还在莫斯科访问的毛泽东告知他与金日成的交流，目前不得而知。2月2日，他在给金日成电报中很明确地说，1月30日电报的内容是他与金日成两个人之间的秘密，不能告诉后者的朝鲜同事和"中国同志"，而他本人会在莫斯科与毛泽东讨论援助朝鲜的"必要性和可能性"。[③] 在进一步挖掘出新档案

---

① 《什特科夫关于金日成提出向南方发动进攻问题致维辛斯基电》，1950年1月19日，载沈志华编：《朝鲜战争：俄国档案馆的解密文件》（上册），台北：台湾"中央研究院"近代史研究所2003年版，第305页。

② 《斯大林关于同意会晤金日成讨论统一问题致什特科夫电》，1950年1月30日，载沈志华编：《朝鲜战争：俄国档案馆的解密文件》（上册），台北：台湾"中央研究院"近代史研究所2003年版，第309页。

③ 参见沈志华：《毛泽东、斯大林与朝鲜战争》，广州：广东人民出版社2013年版，第207页。

之前，断定斯大林此刻的决定时有必要保存一份谨慎，因为这涉及如下两个问题。

第一是斯大林这时是否已经下定决心，要支持金日成武力统一的军事计划？如果后者的确已经有了一个计划的话。很有可能，斯大林这时还是一种意向，最后下决心要等与金日成会谈之后，而后者此时还没有具体的军事计划。

第二个是如果斯大林要求金日成向中国封锁此类信息，到底是因为什么？从电文的内容看有两种可能的原因，首先是他认为应该与金日成磋商并决定之后再告诉中方；其次则是应该由他本人而非金日成来通知毛泽东。后一种可能性更高，因为从该电报的内容看，斯大林并不是要向毛泽东完全隐瞒这件事——这实际上也是非常困难的。电报中有一句斯大林本人将在莫斯科就援朝问题与毛泽东“交换意见”。这至少说明在斯大林看来，与中国的沟通应先由他来做。可推断其好处是可以避免朝鲜作为中间人传话可能引起的误解，以及还可以进一步减少中国置喙的空间。这里留下的疑问是，斯大林在莫斯科期间是否同毛泽东谈过这件事。已有的研究证明他们讨论过朝鲜问题，具体内容和达到的深度仍有待考察，可以确认他们的共识是要共同采取行动支持朝鲜——如果战争爆发的话，而且不论是谁发动的。[①] 至少毛泽东这时还没有认为，战争会由朝鲜引爆。

如前所述，30 日之前，中共中央正与金日成的代表洽谈四野 14000 人携带武器返回朝鲜。具体计划是由刘少奇 22 日报告毛泽东，他在 28 日给林彪的电报中说，“顷接毛主席指示，同意他们带

① 有关此问题的详细叙述可参见沈志华：《毛泽东、斯大林与朝鲜战争》，广州：广东人民出版社 2013 年版，第 208—210 页；杨奎松：《斯大林为什么支持朝鲜战争？读沈志华〈毛泽东、斯大林与朝鲜战争〉》，《二十一世纪》2004 年第 2 期，第 141 页。

回所列各项武器”。[①] 在刘少奇询问和毛泽东答复之间有五天时间，在毛泽东的答复与斯大林给金日成的电报之间，有不到两天时间。这期间在毛泽东和斯大林之间是否就朝鲜问题有过任何谈话，是一个有待进一步考察的问题，在没有进一步证据之前得出完全否定的结论还是不够谨慎。

学术界对斯大林改变政策的过程做了很深入的分析，在此不赘述。[②] 但一个以往研究中被忽视的重要因素是，斯大林 1 月 30 日给金日成的电报发出是在刘少奇在北京接待秘密访问的胡志明和毛泽东积极说服斯大林在莫斯科秘密接待胡志明期间。[③] 胡志明是在 1 月 28 日从武汉启程前往北京的，之前一天，刘少奇向在莫斯科的毛泽东报告他将于 30 日到达北京，并请向斯大林转交胡志明希望访问莫斯科的秘密报告。27 日，毛泽东复电说，“对越南要求援助事项，凡可能者均应答允之。”31 日，毛泽东又电告刘少奇，他已经电话通知斯大林，邀请胡志明秘密访苏并获斯大林同意。2 月 1 日，毛泽东再电刘少奇，“苏联已承（认）越南，其他各新民主国家估计亦可能承认”。由于胡志明担心旅途时间过长而打算放弃莫斯科之行，毛泽东在 3 日的一份电报中告刘少奇，经协商后斯大林“已派飞机往接胡志明同志”。[④]

毛泽东如此坚决地支持援越并积极促成胡志明访苏，就是为了

---

① 刘少奇：《军委同意第四野战军中朝鲜官兵回朝鲜的报告》，1950 年 1 月 28 日，载中共中央文献研究室和中央档案馆编：《建国以来刘少奇文稿》第 1 册，北京：中央文献出版社 2005 年版，第 321 页。

② 沈志华：《毛泽东、斯大林与朝鲜战争》，广州：广东人民出版社 2013 年版，第 184—185 页；Kim Donggil, “Stalin’s Korean U-Turn: The USSR’s Evolving Security Strategy and the Origins of the Korean War, ”*Seoul Journal of Korean Studies*, Vol. 24, No. 1, June 2011, pp. 89-114。

③ 有关研究可参见沈志华：《斯大林、毛泽东与朝鲜战争》，广州：广东人民出版社 2013 年版，第 209 页；杨奎松：《斯大林为什么支持朝鲜战争？读沈志华〈毛泽东、斯大林与朝鲜战争〉》，《二十一世纪》2004 年第 2 期，第 137 页。

④ 中共中央文献研究室和中央档案馆编：《建国以来刘少奇文稿》第 1 册，北京：中央文献出版社 2005 年版，第 325—326 页。

履行支援东南亚革命的义务和承诺，而这些正是斯大林在结盟期间逐步赋予中共中央的。很难设想，就在中国领导人有基于履行被斯大林赋予国际主义义务并促成苏方邀请胡志明秘密访问莫斯科的同一时间里，斯大林还能维持住原来的反对金日成武力统一政策的立场，这不合情理，至少口头上难以解释。特别是他在毛泽东说服下，同意胡志明秘密访苏，同时继续拒绝接待金日成，更不合情理。可以设想，胡志明到达莫斯科后，这件事情还能瞒过朝鲜在那里的代表吗？反之，给金日成开绿灯看上去才是合逻辑的。尽管仍然不能因此断定斯大林与毛泽东讨论过是否支持金日成的计划，但中苏结盟进程中的某些内容和特点，尤其是中国积极支持亚洲革命运动——当时的具体表现就是决定积极援越抗法，的确是促使斯大林开始改变政策的重大动力。

不论斯大林基于什么原因改变对朝鲜统一的政策，其结果对中国决策者来说都是非常严重的事态，因为中国从这时起就有可能被动卷入一场前途未卜的大规模战争。关于中国结盟战略最深刻的教训是，在涉及国家安全利益的重大问题上，必须具有准确及时了解盟友的政策和从根本上影响其行为的意识和手段。

如前所述，还有必要进一步分析结盟对中国决策者观念的影响，包括结盟过程如何构建了他们对同盟认同和同盟义务的理解，例如同盟义务是基于什么原则，以国家的战略利益还是其他的什么东西为最高的——特别是在面临相互冲突的选择时——和最终的原则。从之后不久的发展看，结盟的结果之一是限缩了中国决策者在朝鲜半岛事务上的选择范围，部分原因是结盟强化了他们“支援东亚革命”的使命感。毛泽东回到北京后不久，3 月 14 日，中共中央在一份电中说：“用一切可能的方法去援助亚洲各被压迫民族中的共产党和人民争取他们的解放，乃是中国共产党与中国人民不可推辞的国际责任，也是在国际范围内巩固中国革命胜利的最重要的方法之一”。[①] 这个指示虽然是针对援越抗法的，其中也包含着使中国决策者难以拒绝金日成武力统一计划的逻辑，这是一目了然的。

从应然的角度，如果坚持维护国家战略利益的原则，中方应该坚决否定金日成武力统一的计划。客观地看，中国决策者曾经有过这样机会。1 月 30 日后，苏联方面一直与朝鲜秘密磋商战争计划。4 月中旬，金日成秘密访苏。斯大林在此期间做出最后决定，支持朝鲜尽快实现国家统一。已有的研究证明，斯大林与金日成会谈的内容包括了武力统一计划的详细内容。[②] 苏联和朝鲜作为中国的盟友，在做出有可能将中国拖入战争的决定时，有义务征得中国的同意，斯大林看来也是准备履行其义务的。斯大林指示金日成，有关武力统一的决定必须告诉中国决策者并征其得同意后，才能付诸实施，否则就需要重新考虑。[③] 5 月 3 日，斯大林致电毛泽东，其中提到与金日成的会谈，称“将于日内向您专门通报”。[④] 后来的发展表明，斯大林所谓“日内”通报并未发生在金日成不久后秘密访华之前。

实际上，从 1 月到 5 月之间，中朝之间就朝鲜半岛问题是有过沟通的。换句话说，中国领导人即使在莫斯科期间不很了解情况，那之后不能说是完全不了解情况的。3 月末，毛泽东会见了朝鲜驻华大使李周渊（Lee Joo-yeon）。他根据后者的提议，讨论了金日成

① 中共中央文献研究室编：《刘少奇年谱（一八九八——一九六九）》（下卷），北京：中央文献出版社 1996 年版，第 245 页。

② 沈志华：《毛泽东、斯大林与朝鲜战争》，广州：广东人民出版社 2013 年版，第 214—216 页。

③ 《斯大林致毛泽东电：同意朝鲜关于实现统一的建议》，1950 年 5 月 14 日，载沈志华主编：《俄罗斯解密档案选编：中苏关系》第 2 卷，上海：东方出版中心 2015 年版，第 412 页。

④ 《斯大林致毛泽东电：苏联专家、朝鲜和印共等问题》，1950 年 5 月 3 日，载沈志华主编：《俄罗斯解密档案选编：中苏关系》第 2 卷，上海：东方出版中心 2015 年版，第 388 页。

访华问题，并提出如果金日成“有了统一朝鲜的具体计划”，就必须秘密访华，而不是正式公开的来北京。① 如前所述，刘少奇此前不久刚代表中共中央起草指示说，中国有不可推辞的国际义务“用一切可能的方法去援助亚洲各被压迫民族中的共产党和人民争取他们的解放”。② 目前尚无法确定这个指示与毛泽东同李周渊谈话之间的关联，但它贯穿着使中国决策者难以拒绝金日成的逻辑这一点，是相当清楚的。

另一个重要的迹象是在 4 月 1 日，周恩来在军委情报部二、五局工作会议上作报告，其中提到支援亚洲革命运动的问题。他说“今后我们要帮助东方被压迫民族兄弟的解放，如朝鲜、印尼、越南等国家”。这是中国领导人首次在对基层干部的讲话中，将朝鲜列在中国援助亚洲革命运动的首位。基于周恩来最透彻了解中国对外政策和思维缜密、谈话政策性很强的特点，这不大可能是疏忽引起的口误。他在谈话中还提出，美国并没有能力发动战争。③ 这次谈话之所以对了解这个时期中朝沟通的影响具有重要的参考价值，也是因为周恩来参加了毛泽东与李周渊的会谈。

毛泽东与李周渊会谈的内容被朝鲜副首相金策告知苏联驻平壤使馆参赞伊格纳季耶夫，后者向莫斯科报告的时间是 4 月 10 日。金日成这时正秘密访问莫斯科，所以金策也请苏方转告金日成。苏

① 《伊格纳季耶夫致维辛斯基电：毛泽东会见李周渊的情况》，1950 年 4 月 10 日，载沈志华主编：《俄罗斯解密档案选编：中苏关系》第 2 卷，上海：东方出版中心 2015 年版，第 381 页。

② 《中共中央致西南局、中南局、华南分局、陈赓、宋任穷等电》，1950 年 3 月 14 日，转引自中共中央文献研究室编：《刘少奇传》（下），北京：中央文献出版社 1998 年版，第 668 页；参见中共中央文献研究室编：《刘少奇年谱（一八九八—一九六九）》（下卷），北京：中央文献出版社 1996 年版，第 245 页。

③ 周恩来：《在全国二、五局工作会议上的讲话》，1950 年 4 月 1 日，载中共中央文献研究室、中央档案馆编：《建国以来周恩来文稿》第 2 册，北京：中央文献出版社 2008 年版，第 249 页。

朝之间这种沟通和传达高层绝密信息的方式——朝方与中方的会商内容要通过苏方向在莫斯科的金日成转达，从一个方面有力地证明了他们之间战略上极为密切的关系，这也是中方决策面临的严重困难之一。另一方面，从上述安排也可以看出，金日成是同时在向中、苏展开外交行动，特别是朝鲜方面在及时向苏联通报中国决策者并没有很明确地反对朝鲜的军事计划，而且可以在北京接待金日成。① 根据苏联的决策体制，这类报告应该会及时向正接待金日成的斯大林报告。

中朝之间的交往在多大程度上影响了苏朝的决定不得而知，从逻辑上看，至少不至于阻碍斯大林下决心支持金日成武力统一。5月12日，已回到平壤的金日成会见什特科夫，告诉后者他将去北京，与毛泽东讨论“以武力统一国家的意图和在莫斯科会谈此问题的结果”。根据金日成陈述，他回国后才看到李周渊的报告，遂召后者回平壤当面汇报；据李周渊报告，毛泽东在会谈中也说了，“用和平方式是不能统一朝鲜的”。然后金日成命李于10日携带金本人的指示前往北京，后者于12日回电报告，毛泽东同意按计划接待金日成访华。②

金日成显然没完全说实话。根据前述苏联驻朝鲜使馆给莫斯科的报告，金日成应该在莫斯科就知道了北京会谈的内容，而且毛泽东在会见李周渊时，并没有说过金日成提到的那句有关“用和平方式是不能实现统一的”。至于金日成为什么说他是回到平壤才看到李周渊关于与毛泽东会谈的报告，很可能是为了向苏方进一步强调，中方并没有反对他的军事计划。他是4月25日回国的，这时

① 《伊格纳季耶夫致维辛斯基电：毛泽东会见李周渊的情况》，1950年4月10日，载沈志华主编：《俄罗斯解密档案选编：中苏关系》第2卷，上海：东方出版中心2015年版，第381页。

② 《什特科夫致维辛斯基电：金日成访华计划》，1950年5月12日，载沈志华主编：《俄罗斯解密档案选编：中苏关系》第2卷，上海：东方出版中心2015年版，第407页。

离毛泽东会见李周渊的日期有20多天，从时间上看他不可能还不知道李周渊在北京的情况，他真正担心的应该是苏联人对他访问北京的结果有所怀疑。

5月13日，金日成来到北京。在同毛泽东等中国领导人会见中，他介绍了与斯大林会谈的情况和朝鲜的准备，希望中国领导人同斯大林一样支持他的计划。迄今未见到5月13日金日成在北京向毛泽东通报他与斯大林会谈的记录。当事人回忆在会谈中，金日成谈了两个关键的内容。其一是朝鲜军队有了苏联援助，加上从中国回去的有完整装备的三个师，足以迅速打赢战争；其二是基于前一判断，美国即使想干涉也没有时间了。[①] 既然他相信战争很快就会结束，美国不会或来不及军事干涉，以及特别重要的是并不需要中国提供具体的援助，中国完全没有介入的必要，当然也就没有了反对的理由。

中国领导人肯定感到了意外，就算知道金日成有武力统一的打算，事发如此紧迫且事先未能掌握在莫斯科发生了什么，仍然足以使他们吃惊。李周渊在会见毛泽东时，隐瞒了金日成前往莫斯科这件事，而是谎称金在养病，当然也有可能他真的不知道金日成在干什么，只是按领导人指示奉命行事。所以当晚11：30，周恩来奉命亲往苏联驻华使馆，要求与莫斯科核实金日成所说是否属实。

第二天，苏联外交部长维辛斯基回电称，斯大林在莫斯科会见金日成时，的确同意朝鲜的军事计划，因为形势发生了变化。不过，他也说了，最后的决定取决于中国是否同意。[②] 斯大林在这里

---

① 参见沈志华：《毛泽东、斯大林与朝鲜战争》，广州：广东人民出版社2013年版，第219页；军事科学院军事历史研究部编：《抗美援朝战争史》第1卷，北京：军事科学出版社2000年版，第24页。

② 《什特科夫致维辛斯基电：金日成访华计划》，1950年5月12日；《罗申致莫斯科电：金日成与毛泽东会谈情况》，1950年5月13日，载沈志华主编：《俄罗斯解密档案选编：中苏关系》第2卷，上海：东方出版中心2015年版，第411页。

等于承认了与毛泽东是有过共识的，所以才会说现在改变政策是因为形势变了。他将“形势变了”的解释权交给了金日成，但这并不能改变他严重误判战略形势的事实，包括误判美国是否会——尤其是会迅速军事介入。

毛泽东当时没有坚决否定金日成的计划，只是警告了后者存在美军干涉的可能性，以及中国会采取军事预防措施。阻止朝鲜发动这场战争的最后一次机会就这样失去了，当然，换个角度也可以说，这本来就不是一个机会，如果在毛泽东的认知中，维护同盟的一致性具有超过其他安全风险的利益的话。他后来在讨论是否参战时的一些论述实际上包含了这个逻辑。例如他后来说过，中苏朝在东北亚是“三驾马车”，“那两匹马执意向前跑，你又有什么办法呢？”“那两匹马一定要拉，我们不拉怎么得了！”[①] 这种形象的语言基本上反映了中国决策者对同盟的理解，即同盟就意味着中苏朝结成一种类似“共同体”的关系，其中的每一方都有必要照顾另外两方的需求，特别是其中还包括了盟主。一方面，中国需要苏联的援助；另一方面，中国领导人很信任斯大林的判断，后者毕竟领导苏联打败了德国，并处理了大量国际事务，他的威望部分地来自当时社会主义阵营中无人可比肩的战略决策经验。

毛泽东有关如何应付“三驾马车”的道理非常形象地反映了他对中国在中苏朝三边关系中的地位的认知。一方面，中方认同与苏朝的盟友关系，认为有义务支持苏朝的决定；另一方面客观地看，中方在三边结构中的确是有些被动的，既不能决定“三驾马车”的方向，也不能决定它的速度。所谓被动，反映的就是中国影响力的限度。但是，这种限度既是由物质力量和历史因素决定的，也是由决策者主观认知的质量决定的。不能否认认知质量更高，就更有可

① 苏维民：《杨尚昆谈抗美援朝战争》，《百年潮》2009 年第 4 期，第 12 页。

能改写或部分改写历史的进程。大量的决策案例研究证明，基于历史宿命论的逻辑并不总是经得起事实的检验。

例如，并没有资料可以证明，中国决策者在了解斯大林与金日成会谈的内容后，曾经详尽地分析过美国军事干涉的可能性，而这样做是非常必要的。他们曾经以美国干涉为理由，反对朝鲜主动发起进攻，实际上这时也没有完全消除对美国的担忧[①]，尽管斯大林都信了金日成的判断，以为基本不存在美国军事干涉的可能性。历史场景不可能再现而让后人重新推演各种可能发生的情况。但是，后人仍然可以也有必要检验当时的决策者是否做了足够合理的努力，以及认识到他们的认知中存在的那些需要引以为戒的缺失，毕竟不能完全排除这种可能，中国未来会为了某种需要而寻求结盟。

从预防的角度研究中国决策，应该包括解读朝鲜战争爆发后，中国为避免被卷入战争而做的外交努力。这首先表现在美军于 9 月 15 日在仁川登陆后，朝鲜战场形势出现根本性的转折，是否在境外同美军打一场战争成了迫在眉睫的问题。几乎是从接到苏联和朝鲜请求中国出兵之日起，中国领导人就立即采取外交行动，为不卷入战争做最后的努力。

1950 年 10 月 3 日凌晨，周恩来会见了印度驻华大使潘尼迦(K. M. Panikkar)，向他非常明确地阐述了中国将参战的底线。他说“美国军队正企图越过三八线，扩大战争。美国军队果真如此做的话，我们不能坐视不顾，我们要管”。[②] 这是中国决策层管理此次国际危机的最重要、也是最后一次努力。

周恩来这次谈话的起因是 9 月 29 日，潘尼迦递交了印度总理尼赫鲁（Pandit Jawaharlal Nehru）的一封信，其中说不经过联合国

---

① 苏维民：《杨尚昆谈抗美援朝战争》，《百年潮》2009 年第 4 期，第 11 页。

② 周恩来：《美军如越过三八线，我们要管》，载中共中央文献研究室、军事科学院编：《周恩来军事文选》第 4 卷，北京：人民出版社 1997 年版，第 67—68 页。

的同意，“联合国军”不会越过三八线。[1] 所以，周恩来借回复印方之机，专门详细阐述中国的政策底线，就是要通过外交方式向美国转达明确的信息。会谈的时间是 10 月 3 日凌晨，当时中共中央书记处会议刚结束了针对是否出兵的讨论。由此可基本肯定，周恩来是代表中国决策层采取行动和表态。结果没有产生效果。

9 月 28 日，美军参谋长联席会议已经做出了打过三八线占领朝鲜全境的决定；10 月 7 日，联合国通过决议，授权“联合国军”进入朝鲜作战。3 天后，10 月 11 日下午，潘尼迦约见外交部副部长章汉夫，转达英国外交大臣贝文的信函。该函是英国外交部与美国政府协商后通过印度政府传递的，其内容主要是除非朝鲜军队放下武器投降，否则就“只有继续进行这个战争”。[2] 中国决策层本来也没对美方的反应寄予多少希望，对他们来说，向美方转达立场能获得道义上的好处即可。且无论从哪个角度看，这都是明智之举。

不过就周恩来 1950 年 10 月 3 日会见潘尼迦这件事本身而言，也还是有进一步分析的空间。例如，中国决策层当时为何不直接利用在北京的英国驻华机构，向美国发出信号，毕竟英国是美国最紧密的盟友。从国际危机管理的技术角度看，那样做可以更好地避免信号的失真或衰减。此外，周恩来表达中国参战的用词是“要管”，而不是“参战”。英文被翻译为“involvement”可以说已经很清楚了，但在没有展示足够的军事部署从而形成威慑的情况下，是否可以选择更精确的词表达“参战”的决心和意志。这些都还有探讨的空间。

---

① 转引自徐焰：《毛泽东与朝鲜战争》，北京：解放军出版社 2003 年版，第 74 页。

② 转引自军事科学院军事历史研究部编：《抗美援朝战争史》第 1 卷，北京：军事科学出版社 2000 年版，第 142—143 页；柴成文、赵勇田：《抗美援朝纪实》，北京：中共党史资料出版社 1987 年版，第 59 页。

以往研究大致揭示了美国领导人未能判断美军越过三八线中国就会大规模参战的过程，可以看出导致他们对中方信号误读的原因的确有复杂的一面。例如美国总统杜鲁门（Harry Truman）认为，这只是中国方面发出的恫吓。国务卿艾奇逊（Dean Acheson）则认为，潘尼迦本人有“亲共”倾向，所以他有可能夸大中国领导人发出的警告。[①] 美国决策者的这些反应首先是基于战略误判，不过对于中国提升国际危机管理的水平而言，的确有必要深刻追究其中的教训，必须说明的是中国领导人实际上也做过这样的思考，这将在第五章作专门叙述。无论如何，中国避免被卷入一场自己不期待的战争的所有外交努力此时都结束了。

第三节 “草鞋没样，边打边像”

1950 年 10 月 19 日，中国军队秘密跨过鸭绿江，并在 25 日向分兵冒进的“联合国军”发起攻击，打响了抗美援朝的第一次战役，这一天因此被确定为抗美援朝战争开始之日。

已经有大量论著在尽可能详细地描述和分析从朝鲜战争爆发到这一天，中国决策层是如何思考、研究和讨论是否出兵朝鲜和最终做出决定的，其过程已经被清晰地呈现出来。这些论著的一个突出特点，是将研究聚焦于决策层在考虑“要不要出兵”时，如何权衡利弊和外交折冲的重大影响，这同不断被发现的大量有关中苏朝之间关系的档案有直接关系。不过，“出兵”决策主要是在解决要不要参加一场战争的军事问题，而要不要参加一场战争，还需要更系

① 参见牛军：《美国对朝鲜战争政策的演变（1950. 6—1951. 6）》，《美国研究》1991 年第 1 期，第 93—115 页。

统和深入地解读，中国领导人如何判断和制订能不能以及如何“打赢”，或者至少不输等最起码的、也是非常关键的军事目标和军事计划，等等。这涉及战略决策的另一项至关重要的原则，即使基于对“共同体”的认同而照顾盟友的需求，参战也是很难避免且是必需的，中国决策者仍然必须解决一个到底有必要付出多大代价的问题，直截了当地说就是如何尽可能降低代价的问题。

这涉及几个非常基本但在以往的叙事中并没有明确清楚的回答的问题：第一，中国决策者对战争的特点和前景的判断和定义；第二，他们如何界定中国在朝鲜半岛的战略利益？出兵的战略意图和到底要达到什么目的，简单地说就是何谓“打赢”；第三，战略意图和军事计划等之间的关系；第四，同盟外交与制订军事计划之间的关系，等等。这些问题在中国决策者的讨论过程中，几乎都不是一成不变的，而且是在与盟友的博弈中逐步清晰起来。如果不加以认真梳理、分析和回答，对中国“出兵”决策的叙述就会变成一个过于简单的故事。

在冷战体系中，当时对中国对外政策影响最大的除了向苏联“一边倒”，就是与美国对抗了。从多年后披露的资料看，中美在朝鲜半岛的战争至少部分地像是“自我实现的预言”，即当双方互相视对方为敌人或威胁的时候，他们就会互相为敌，并很容易因此陷入战争。当然，想象中的战争最终成为现实，取决于历史场景中的许多具体因素，而这个想象过程的尽头并非注定就一定是战争。

非常有必要指出的是，不论在意识形态和在国共斗争的历史中与美国处于多么深刻的敌对，中国决策者在内战后期从没有过同美国作战的意愿。反之，他们的基本判断一直都是美国不会直接参加中国内战，他们也一直在采取各种措施，避免引发美国介入中国内战。这个基本的战略判断只有一次因为受到斯大林的影响而动摇。解放军打过长江后，斯大林曾经提醒毛泽东，要提防美军在华北沿海如青岛等地登陆，从背后攻击中共军队。[①] 这个电报启发了解放军将领的想象，使他们后来在朝鲜战争前期就预测到了美军将在朝鲜人民军侧后如仁川登陆。不过在 1949 年春夏，它很快被证明是无稽之谈。5 月 17 日，美国驻华大使司徒雷登（John Stuart）与中共南京市委外事小组组长黄华举行秘密会谈，后者奉命询问驻青岛美海军陆战队的使命。司徒雷登告诉他，驻青岛美军的任务是保护侨民，中共军队到达后就会撤走。[②] 事实证明就是如此。如前所述，刘少奇在不久后访苏时，曾向斯大林直陈，中共中央并不认为美国会军事干涉中国内战，后者表示同意。后来毛泽东到莫斯科时，斯大林再次表达了同样的看法。基于这些历史事实，很难推断出中共领导人在建国初期会因为中国国内的原因而产生到境外去同美军打仗的意愿。进一步说，如果发现并证明了他们已经有了这样的意愿，就需要深究其动力到底是什么和来自何处？

此外，在新中国成立前夕，中国领导人曾经选择了暂时搁置与美国的关系。他们当时用“打扫干净屋子再请客”来形容处理同资本主义国家建交的方针，并预定了“不急于”与美国建交的原则，并确定所谓“不急”就是要持续约三到五年，那之后当然就可以“开门”，寻求与美国建立外交关系了。[③] 他们的这些论述在逻辑上已经肯定了，存在与美国建交的可能性，否则“不急于”三字便无从谈起。实际情况是即使发生了朝鲜战争，在停战一年后即 1954

---

① 《斯大林致科瓦廖夫转毛泽东电：给中共的意见》，1949 年 5 月 26 日，载沈志华主编：《俄罗斯解密档案选编：中苏关系》第 2 卷，上海：东方出版中心 2015 年版，第 58—59 页。

② 《黄华访司徒谈话要点》，1949 年 5 月 17 日。

③ 《周恩来在中共中央政治局扩大会议上的报告记录》，1954 年 7 月 7 日；《毛泽东在中共中央政治局扩大会议上的发言记录》，1954 年 7 月 7 日，转引自金冲及主编：《周恩来传(1949—1976)》，北京：中央文献出版社 1998 年版，第 189 页。毛泽东：《同一切愿意和平的国家团结合作》，1954 年 7 月 7 日，载中共中央文献研究室编：《毛泽东文集》第 6 卷，北京：人民出版社 1999 年版，第 333 页。

年夏季，中国领导人就启动了与美国的官方谈判即史称的中美大使级会谈。当然，由于朝鲜战争而导致了谈判的旷日持久，建交则直到建国30年之后才实现。

顺便说明，美国方面当时也一样选择了暂时搁置对华关系，而非积极干涉，更不要说是军事干涉。国务卿艾奇逊当年也在用含义类似的形象语言，解释了杜鲁门政府面对中共取得全国政权的对华政策。他说美国人要“等待尘埃落定”，意思是国民政府垮台犹如一棵大树倒下，必定会扬起一片尘埃；美国政策就是要等尘埃落定，看清状况后再做决定。[①] 不过历史证明，正是中美双方都选择“搁置”并放弃保持某种直接沟通渠道，一旦出现危机局面，就很容易导致极为严重的后果，包括战争。

在前述1950年5月14日的中朝峰会中，毛泽东曾提醒金日成，美国是有可能军事干涉的，而中方“可以考虑以志愿军的名义出兵参战”，界限是美军“越过三八线”。[②] 斯大林此前在莫斯科也表达过类似的担忧，尽管他也认为美国军事介入是小概率的事情。金日成则认为斯大林——以及后来毛泽东——对美军事介入的担忧是多余的。[③]

在目前能看到的资料中，毛泽东5月14日谈话（以下简称“5·14”谈话）是中国领导人首次明确地表达，中国将因美国军事介入而出兵朝鲜参战。这首先就提出了一个关键性的问题：到底是什么因素推动毛泽东立即提出与美军作战的设想？或者说他很清

① 有关杜鲁门政府这时的对华政策，参见 Nancy Bernkof Tucker, *Patterns in The Dust: Chinese-American Relations and the Recognition Controversy, 1949 – 1950* (New York: Columbia University Press, 1983)。

② 《毛泽东与米高扬谈话记录》，1956年9月；苏维民：《杨尚昆谈抗美援朝战争》，《百年潮》2009年第4期，第11页。

③ 参见沈志华：《毛泽东、斯大林与朝鲜战争》，广州：广东人民出版社2013年版，第214页。

楚地确定，参战就是要直接与美军作战？毕竟，此前中国决策者从来没有表示出主动同美军作战的意愿，也不认为存在发生与美军大规模作战的现实可能性，虽然他们相信美国是中国新政权的主要安全威胁。意识形态的对立只是决定了中国将美国视为敌人和安全威胁，但主动在一场境外战争中，将美国设想为作战对象并真的打算付诸实施，这还需要进一步解读，至少要解释，中国决策层为什么相信中国军队有条件打赢这场战争。

其一，毛泽东“5·14”谈话的有关内容反映了中国决策体制中真实存在的由敌对心理导致的一种巨大冲动，并非他一个人有参战的心理基础，而这种心理基础只能从长期的反美政治动员中找直接原因。这一点可以从前述吴瑞林在回忆中叙述的感觉得到印证，当然他的敏感也同他在东北与后来成为朝鲜领导人的那些人如金日成、崔庸健（Choi Yong-kon）（朝鲜最高人民会议常任委员会委员长）等有过较多交往的经历有关，他曾经在安东为金日成回朝鲜送行。这也多少有助于解读中国决策者在决定是否参战时心理认同的微妙之处，那句耳熟能详的“唇齿相依”，的确包含着一些中国领导人与朝鲜关系的深刻背景。

其二，必须从中苏结盟中找原因，没有苏联的援助，中国军队很难在境外同美国作战。不论毛泽东在莫斯科是否与斯大林讨论过朝鲜半岛局势，也不论金日成是如何转达他与斯大林的共识的，可以确定的是，中国决策者在开始考虑参战的那一刻，就需要立即与苏联进行战略协调，军事同盟则是他们协调的基石。目前还没有证据证明中国决策层将毛泽东“5·14”谈话通报莫斯科，可以想象他们会这样做。

“5·14”谈话非常明确阐述的另一个事关全局的决定，就是中国是否出兵取决于美军是否越过三八线，“如果美国出兵，只要他们不越过‘三八线’，我们也不过鸭绿江”。[①] 杨尚昆这段回忆还不能被其他资料印证就是毛泽东的原话，但内容有相当高的可信性，此后包括战争结束后很长时间，中国领导人在不同国际场合都对此做过这种说明。这里有一个至关重要的问题：中国领导人在得知金日成的决定后，为什么会立即提出将三八线作为中国参战的红线？他们在此之前同斯大林协商过，或者是毛泽东本人已经认真设想和思考过战争的场景吗？进一步说，将三八线作为出兵的红线，在这种情况下出兵的目的是什么？现在还无法找到确切的证据来回答这些问题，不过可以确定的是，中国领导人是根据这个原则开始与苏联的外交协调。

7月2日，周恩来约见苏联驻华大使罗申，很明确地将“美军突破三八线”作为中国出兵的底线。他阐述了中国决策层对朝鲜战局的分析和准备采取的应对措施，并告诉后者如果美军突破三八线，中国可以出兵支援朝鲜人民军“抵抗美军”，现在就着手在东北集结三个军。[②] 斯大林对此是明确认可的。三天后，7月5日，斯大林回信赞扬了中国决策者的看法和做法，并承诺届时苏军“将尽力”为中国军队“提供空中掩护”。[③]

从7月2日周恩来与罗申会谈到5日斯大林回电，是目前能看到的中苏就中国参战问题展开的首次战略磋商，其核心内容就是美军越过三八线中国将出兵参战，以及苏联将向中国提供直接的军事援助。这是中苏在这个阶段达成的最重要、也是最基础的战略共识，是中国决策层此后一系列战略部署的基本依据。这对中国决策

① 苏维民：《杨尚昆谈抗美援朝战争》，《百年潮》2009年第4期，第11页。

② 参见军事科学院军事历史研究部编：《抗美援朝战争史》第1卷，北京：军事科学出版社2000年版，第65页。

③ 《斯大林致罗申电：关于中国军队在中朝边境集结的问题》，1950年7月5日，载沈志华主编：《俄罗斯解密档案选编：中苏关系》第2卷，上海：东方出版中心2015年版，第429页。

者是一个鼓舞，他们7日召开专门的军事会议，决定十三兵团等部队立即向中朝边境地区集结，必要时“改穿志愿军服装，使用志愿军旗帜”入朝作战。① 13日，中央军委通过了《关于保卫东北边防的决定》，之后迅即开始大规模军事部署和政治动员。

还有必要进一步追问：为什么中国决策者在知道金日成的计划后，会立即将美军越过三八线作为中国直接参战的底线，并在战争爆发后立即将其作为战略谋划的一个基础，并据此与苏联协调行动？假定中国决策者是根据战略理性进行选择的，首先可以确认他们是为了占领道义高地，即参加战争取决于将美军定义为侵略者。这样推断是因为中国决策者有长期军事斗争的经验，对道义力量在战争中的无法估量的积极作用，会有足够充分的理解。但答案并不应到此为止，同样基于战略理性，他们的思考绝不会停留在仅仅获得道义好处的层面。在中国传统的战略思想中，“未虑胜，先虑败”是最高层次的思维原则。在中国内战绝大部分时间都处于以弱敌强的中国领导人，会本能地选择使自己处于不败之地的战略。毛泽东开始领导武装斗争夺取政权后，很快就提出“打得赢就打，打不赢就走”，就是这个最高战略原则在游击战争中的体现。后来围绕出兵的军事目标进行反复推敲的过程证明，毛泽东在战争爆发前就将三八线确定为参战的界线，在深层次反映了中国决策层对中国在朝鲜半岛的战略利益及其与这场战争的关系的真实认知。这将在之后讨论。

最后一个问题是，中国决策者这时提出参战问题，到底要达到什么目的。在推动选择参战的各种动力中，必须援助朝鲜的道义感或者说是“无产阶级国际主义”，最初是占主要地位的。特别是金

① 《讨论国防问题的第一次会议记录》，1950年7月7日，转引自军事科学院军事历史研究部编：《抗美援朝战争史》第1卷，北京：军事科学出版社2000年版，第65页。

日成在莫斯科和后来在北京对战争计划的介绍，加之斯大林的表态等，都会促使中国决策者将帮助朝鲜打赢统一战争作为目标。这是合乎逻辑的，也清楚地反映在他们的决策和政治动员的话语中。8月4日，毛泽东在一次政治局会议上说，“对朝鲜不能不帮，必须帮助”。周恩来随后的发言说明，毛泽东说的“帮”就是帮助朝鲜打赢统一战争。他说：“要争取胜利，一定要加上中国的因素”，“我们不能不有此远大设想”。[①] 他后来不久详细阐述过所谓“远大设想”，就是“最后将美军各个歼灭，看来这个任务势必落在我们肩上”。[②]

最充分地阐述体现在高岗在东北边防军召开的师以上干部“军事会议”的报告中。8月13日，他在这次军事会议上说，“我们必须主动地、积极地援助朝鲜人民，帮助朝鲜人民解放，使朝鲜成为独立民主统一的国家。也就是说，朝鲜人民的敌人，就是我们的敌人。朝鲜人民的胜利，就是我们的胜利”，“我们应该勇敢地担负起（消灭美国侵略军）这一光荣的战斗任务”。[③] 毛泽东对此深以为然，他在给高岗的信中说，“这个报告是正确的”。[④]

毛泽东本人在这个阶段上对出兵十分积极也有他的个性的原因，用他自己的话说就是有种“虎气”。特别是他正同时指挥进入越南的中国军事顾问团帮助越军展开边界战役、部署解放军进军西藏和实施昌都战役、指挥东南沿海筹备进攻台湾战役等。这种金戈

① 薄一波：《若干重大决策与事件的回顾》（上卷），北京：中共中央党校出版社1991年版，第43页。

② 周恩来：《充分准备，出手必胜》，1950年8月26日，载中共中央文献研究室、军事科学院编：《周恩来军事文选》第4卷，北京：人民出版社1997年版，第45页。

③ 《高岗在沈阳军事会议上的讲话》，1950年8月13日，转引自军事科学院军事历史研究部：《抗美援朝战争史》第1册，北京：军事科学出版社2000年版，第92页。

④ 毛泽东《东北边防军务必在九月三十日以前完成一切作战准备》，1950年8月18日，载中共中央文献研究室、军事科学院编：《建国以来毛泽东军事文稿》（上卷），北京：中央文献出版社和军事科学出版社2010年版，第199—200页。

铁马、挥师四面八方的感觉，是很有感染力的，而且也会感染毛泽东本人的情绪和精神状态。

不过，将帮助朝鲜打赢统一战争作为目标的设想并没有持续很久。沿着中国决策者思考和讨论的脉络可以看出，他们设想的战略目标出现过明显的变化，而且是沿着一条向下滑动即压缩军事目标的曲线变化，而这条曲线的出现，反映了中国决策者战略思维的诸多特点，有必要予以深究。这涉及中国为什么要参战？如何进行政治动员才能在国内各个层次上达成参战的共识？中国在什么条件下参战和在可以得到的条件下如何进行军事规划？

“草鞋没样，边打边像”是毛泽东对战略决策包括实施过程的形象比喻，大意是很多重大决策都存在诸多不确定性；在确定基本明确的目标之后如何实现之，需要根据复杂多变的环境不断调整各项政策并采取不同的行动，所以在规划过程中必须保留足够的选择空间。[①] 这里借用这个比喻来概括中国军事目标的变化，努力发现中国决策者心中的“草鞋”——参战蓝图——是怎样逐步“打”出来的。

战争中的战略决策受战场形势的影响最大、最直接。中国决策层最初对入朝作战目标的设想，是基于金日成和斯大林关于朝鲜将打赢这场战争的判断。如果说他们有什么保留，也主要是对金日成声称会迅速打赢有所怀疑。毛泽东在“5·14”谈话中就提醒金日成，存在战争长期化的可能，尤其是在美国介入之后。前述周恩来7月2日与罗申会谈中，前者阐述了同样的判断。随着时间的推移，毛泽东越来越怀疑朝鲜人民军的能力。他在8月4日政治局会议上

① 关于“草鞋没样，边打边像”的含义参见毛泽东：《在听取中印边界东段自卫反击作战情况汇报时的插话》，1963年2月19日，载中共中央文献研究室、军事科学院编：《建国以来毛泽东军事文稿》（下卷），北京：中央文献出版社和军事科学出版社2010年版，第165页。

已经提出，不仅存在战争长期化的很大可能，美军还有可能打赢。[①] 8 月 5 日，毛泽东向刚被任命为解放军十三兵团司令的邓华面授机宜，告诫说“要准备同美国人打仗，要准备打前所未有的大仗，还要准备他打原子弹”。[②] 十三兵团是确定入朝作战部队中的中坚，而邓华刚提交了对美军未来战略的分析，认为美军将在朝鲜中部狭窄地区登陆作战。毛泽东也对此深感忧虑。他固然保持着必胜的信心，但已不像最初设想的只需要派几个师入朝作战那么轻松了。

8 月下旬，北京决策层的气氛发生了明显的变化。26 日，中共中央政局召开会议。中国领导人在这次会议上基本达成共识：朝鲜战争长期化已成定局，“原来设想是赶李承晚下海，一鼓而下，很快解放全朝鲜”，现在“大体上是不能实现了”，中国需要准备应付战场形势的根本逆转。[③] 一天前，周恩来在国务院第 47 次政务会议上也说过，朝鲜将不得不“长期作战”。[④] 毛泽东遂决定，在已经部署四个军的基础上，再增加八个军“以便机动”。[⑤] 中央军委命令原准备进攻台湾的预备部队第九兵团和开始复员的第十九兵团，调动至津浦路和陇海路集结，进入东北的十三兵团必须在 9 月完成作战准备。[⑥] 不断加码的军事部署透出决策的气氛正越来越

---

① 薄一波：《若干重大决策与事件的回顾》（上卷），北京：中共中央党校出版社 1991 年版，第 53 页。

② 中共中央研究室编、逄先知、冯蕙主编：《毛泽东年谱（一九四九——一九七六）》第 1 卷，北京中央文献出版社 2013 年版，第 169 页。

③ 周恩来：《充分准备，出手即胜》，载中共中央文献研究室、军事科学院编：《周恩来军事文选》第 4 卷，北京：人民出版社 1997 年版，第 44 页。

④ 中共中央文献研究室编：《周恩来年谱（一九四九——一九七六）》（上卷），北京：中央文献出版社 1997 年版，第 69 页。

⑤ 毛泽东：《须集中十二个军以便机动》，1950 年 8 月 27 日，载中共中央文献研究室、军事科学院编：《建国以来毛泽东军事文稿》（上卷），北京：中央文献出版社、军事科学出版社 2010 年版，第 195 页。

⑥ 毛泽东：《东北边防军务必在九月三十日以前完成一切作战准备》，1950 年 8 月 18 日，载中共中央文献研究室、解放军军事科学院编：《建国以来毛泽东军事文稿》（上卷），北京：中央文献出版社、军事科学出版社 2010 年版，第 184 页。

沉重。

在这个阶段，中国决策系统内的中层机构对高层决策的影响是至关重要的。朝鲜人民军打到洛东江后，解放军总参作战室通过详细的沙盘推演和讨论，发出了美军很有可能会在仁川登陆的警告。该机构就设在中南海的居仁堂，主任雷英夫同时任周恩来的军事秘书，故可及时向最高层通报军情。8月23日，雷英夫本人向毛泽东和周恩来直接汇报了总参作战室的研究结论。他们认为，一旦美军在仁川登陆的假想成为现实，将给朝鲜人民军带来非常严重的后果。[①] 很可能是基于这一分析，8月28日，周恩来电告高岗，同意十三兵团在驻朝鲜使馆增加5名武官以获取情报，并要求时任驻朝鲜大使和参赞柴成文等，于9月初回京汇报朝鲜战场敌我情况。[②]

8月31日，十三兵团参谋长解方起草了一份《关于边防军作战准备问题给林彪的报告》。[③] 解方是日本陆军士官学校的高才生，1930年毕业回国后，进入张学良的东北军；后参加中共军队，成为四野的著名战将。组建东北边防军后，他担任十三兵团参谋长，后来担任志愿军参谋长，参与了整个战争的军事战略的谋划。8月上旬到达东北后，解方同十三兵团司令邓华、副司令赖传珠等人，深入研究了朝鲜战局，然后由他负责起草了上述报告，阐述十三兵团战将们对参战的战略设想，包括战局演变的前景和入朝作战的计划与困难，等等。这份报告并不是十三兵团战将们进入东北后唯一的报告，它值得更认真对待的一个原因是，作者是写给他们当年的老

---

① 雷英夫、陈先义：《统帅部参谋的追怀》，南京：江苏文艺出版社1994年版，第162—163页。

② 周恩来：《关于同意崔醒农等任驻朝使馆武官事给高岗等的电报》，1950年8月28日，载中共中央文献研究室、中央档案馆编：《建国以来周恩来文稿》第3册，北京：中央文献出版社2008年版，第226页。

③ 《关于边防军作战准备问题给林彪的报告》，1950年8月31日，引自《志愿军第一任参谋长解方将军》编委会编：《志愿军第一任参谋长解方将军》，北京：军事科学出版社1997年版，第89—98页。

上级即四野司令员林彪的。他们这样做的目的一是林彪当时还有可能挂帅出征朝鲜，是故供他“研究朝鲜作战的参考”。另外，也是为了更直接和更少保留地表达对军事形势和军事战略的见解，所以报告结尾处有一句“对全面情况（上面的和苏联方面的）不大了解”。

这份报告开宗明义地阐述了这些指挥员认为符合中国战略利益的最佳军事选择：“我军入朝目的，是为了歼灭敌人并求得迅速结束战争为有利”，而能否达成这一目标则取决于一系列复杂的条件。

第一，“北朝鲜人民军各个击破和歼灭敌人的机会已经过去，战争已走向长期”。而美军的目的已经是攻占朝鲜全境，作战方式有两种可能，其一是在朝鲜侧后小规模登陆作战，主力由南向北推进；其二是正面牵制朝鲜人民军主力，在侧后大规模登陆。报告认为，如出现后一种形势，朝鲜的“处境会很困难的”。解方等显然并不认为，参战将只是“加上我们的力量”帮助朝鲜打赢，而是要承担与“联合国军”作战的主要任务。朝鲜的困境使中国军队从协助其作战变成了主要作战方，这同中方最初的设想显然是不一样。报告很明确地提出，有必要再增加两个兵团“并加强部队必需装备”。由此才能理解，毛泽东为什么一再扩增东北边防军的规模。

第二，中国军队成为作战主力后，要达成“速决与全歼敌人的目的”就必须有空军参战，否则将是“很困难的”。他们认为，参战后如没有空军支持，就会有两种可能：打得好，“可以部分歼灭敌人”；反之，则可能“成为持久战和消耗战”。他们认为，后一种情况“是很不利的，会使我们在战略上陷于被动，而影响到军事政治财政各方面。这一点很值得深刻考虑”。尤其是他们特别突出地强调“尽一切可能组织大量空军配合作战”，因为空军是实现速战速决的“关键手段”。至关重要的是报告提出，没有空军参战则“以推迟出动时间为有利”，这相当于不能贸然参战。他们这时还设想，中国空军届时会有能力参战，但实际情况是战局的发展使中国军队出兵时，只能指望苏联提供空军掩护，而这一点即使做出外交努力都未必能实现。换句话说，中国是否参战，将更多地取决于与盟国的关系。

第三，报告中另一个后来被证明是很有战略眼光的建议，涉及“三八线”问题。解方等明确提出，参战时机和作战地区均以“联合国军”“进到三八线以北为有利”，这不仅是道义优势的问题即“更有政治资本”，而且在军事上“也是有利的”，包括敌我双方的优势和劣势都会因作战地域不同而发生变化。由此产生的问题是，他们的分析中包含着从作战的角度，越靠北的战场对中国军队作战越有利，包括运输线变短、离想象中的空军基地近、群众工作更容易，等等。但这也会导致战场靠近中国边境地区，从而给本土带来不安全。报告中的这种矛盾之处对后来选择具体的战争目标是有潜在影响的，如何解决这个矛盾也是影响最终将战场选择在何处的重要因素。

9 月 6 日，林彪将该报告转交毛泽东，并附有他对报告的意见实际上表示认可的建议，即应解决解方等提出的“后勤装备”问题。林彪后来对参战持谨慎态度和提出极富想象的“出而不战”的战略设想，一定是受到了这些身处前线的卓越的军事领导人的影响。其他决策者当然也不例外，毛泽东、周恩来等在尚未决定出兵时设想的作战地域的变化和确定，都同这个报告的内容有重大关系。例如 10 月 4 日，周恩来在他起草并经毛泽东修改后发给中国驻朝鲜大使倪志亮的一份电报中，指示后者和武官组“不要去三八线以南”，即使是“平壤元山线至三八线之间的情况，如有可能亦应略作调查但勿深入”。① 可以相当确定地推断，正是这些前线将

① 周恩来：《关于中国武官参观组在朝调查任务给倪志亮的电报》，1950 年 10 月 4 日，载中共中央文献研究室、中央档案馆编：《建国以来周恩来文稿》第 3 册，北京：中央文献出版社 2008 年版，第 385 页。

领的战略判断，导致了后来中国决策层与盟国的交涉和大幅调整军事目标，而军事目标的调整则反映了战略目标的实质性转变。

9月1日，毛泽东收到在沈阳的高岗于8月30日起草的一份报告。高岗在抗日战争结束后，长期担任东北局书记，在领导东北工作时期曾有过“东北王”称号；新中国成立后他时任国家副主席、主持东北地区党政军各项工作；从东北边防军组建起，高岗以东北军区司令兼政委的职务负主责，主持和协调东北地区的备战工作和东北边防军各项事务。① 作为如此熟谙东北地区的资深领导人，高岗在报告中阐述了中国参战可能导致的另一种严重局面，即本土安全问题。他在报告中对战局的估计虽不具体，但本质上同十三兵团战将一样，断定朝鲜人民军已无法速胜，如不改变战略，“而仍在原地，消耗日增，美军增援后势必出击，则可能遭受损失，影响士气”。报告最引人瞩目之处是明确提出，中国参战后，至少空战将会蔓延到东北地区，“敌人必大规模轰炸东北铁路、桥梁、工厂”。

实际上，东北地区从朝鲜战争一开始就被拖入其中，成为朝鲜事实上的战略后方。在7月上旬，那里就被苏联用作向朝鲜运输物资的重要通道和物资转运基地，中国领导人没有也无法拒绝苏方和朝鲜的各种要求。② 高岗此次除了提出加强防空和空军建设如修建机场等，还建议将“南满地区的重要工厂及设备北移”。③ 8月13日，高岗在东北边防军高级干部会议上的讲话中说，他并不认为战火会蔓延到中国本土，但他在30日的这次报告中提出本土防空的

① 周恩来：《东北边防军统由东北军区指挥与供应》，1950年7月22日，载中共中央文献研究室编：《周恩来军事文选》第4卷，北京：人民出版社1997年版，第38—39页。

② 周恩来：《中央关于帮助朝鲜运输物资事给高岗的电报》，1950年7月9日；《中央关于向苏联临时开放航空及铁路事给高岗的电报》，1950年7月11日，载中共中央文献研究室、中央档案馆编：《建国以来周恩来文稿》第3册，北京：中央文献出版社2008年版，第17、31—32页。

③ 中共中央文献研究室和军事科学院编：《建国以来毛泽东军事文稿》（上卷），北京：中央文献出版社和军事科学出版社2010年版，第200页。

严峻局势，无疑更凸显了拥有足够空军力量的重要性。这进一步增加了与盟友苏联协调的压力。

毛泽东这时已经断定战争将长期化，但似乎还不是那么悲观。他在给高岗的答复中说，朝鲜是有困难的，但“还须打一个时期(也有此种必要）”，尤其是他们“人员的后备力甚大（已动员报名百万以上)，装备是有的，故估计可以坚持颇久的时间”。[①] 这可能是因为毛泽东能通过苏联获得很多来自金日成的信息，当时后者告诉过斯大林，他还能动员和组建好多个师，只是缺少装备和训练，以及会开车的司机，等等[②]，尽管朝鲜实际上最缺的是合理的战略判断和合格的战场指挥人员，等等。这里存疑的是，为什么毛泽东认为，朝鲜人民军在已经是很被动的情况下，“还须打一个时期”，还“有此必要”，而不是需要尽快调整部署，收缩战线?

9 月 7 日，中国驻朝鲜使馆的临时代办柴成文奉召回到北京，汇报使馆内部对战局的看法。他根据使馆草拟的《汇报提纲》，向代总参谋长聂荣臻汇报说，朝鲜人民军实难以获胜，而美军“正在积极部署反攻”，据“估计可能在仁川或其他地区登陆”。柴成文回忆说，他的汇报很受重视，聂荣臻立即将《汇报提纲》转呈毛泽东，后者则指示周恩来与柴成文直接会谈并面授机宜。柴成文在随后向周恩来汇报时，阐述了使馆内部的分析，认为参战的最大问题是装备与后勤运输。他从周恩来那里得到的印象是，最后还是要出兵的。[③] 由于周恩来询问过入朝作战的具体问题，柴成文回忆的谈

---

① 毛泽东：《对东北边防军准备工作等问题报告的批语和复信》，1950 年 9 月 3 日，载中共中央文献研究室和军事科学院编：《建国以来毛泽东军事文稿》（上卷），北京：中央文献出版社和军事科学出版社 2010 年版，第 198 页。

② 《马特维耶夫关于朝鲜战况致史达林电》，1950 年 9 月 26 日，载沈志华编：《朝鲜战争：俄国档案馆的解密文件》（中册），台北：台湾“中央研究院”近代史研究所 2003 年版，第 550—551 页。

③ 柴成文、赵勇田：《板门店谈判》，北京：解放军出版社 1992 年版，第 58 页。

话内容和《汇报提纲》等，都没有提到空中掩护的重要性，这是有疑问的。如果事实就是如此，他们对中国决策者的影响就很需要分析了。

1970年10月10日，毛泽东在与金日成的一次谈话中说，他对志愿军没有空中掩护也能作战的判断，是来自一位随人民军到过朝鲜的中国新闻记者。[①] 这个时期，与朝鲜方面接触最多的是中国大使馆的人员，与其他人相比，他们对战局的了解会更多来自朝鲜领导人。例如，金日成在8月初就曾对中国驻朝鲜大使倪志亮说过，“美军的战斗力还不如伪军”。[②] 朝鲜提供的情报信息影响中国决策过程的情况显然是存在的。不过，前述十三兵团指挥员给林彪的报告的第一部分就写道，“南朝鲜伪军勇敢顽强，尚有战斗力。但美敌则与此相反，怕苦怕死怕切断后路”，等等。[③] 他们如何有这种美军战斗力尚不如韩国军队的判断，还不得而知。来自朝鲜方面的影响不能被排除。

以上是中国决策系统内部的准备作战的指战员、东北地区领导人和驻朝鲜使馆人员等，与决策最高层的互动情况。到9月初为止，他们的讨论已经大致形成了对美作战和与盟友协调政策的基本轮廓。需要指出的是，中国决策层此间同盟友的交往并不是很多，尤其是无法从朝鲜得到足够的战场情况说明。周恩来曾经就此向苏联方面做出说明，并要求苏方向朝鲜施加影响，改善与中方的情报交流。9月18日，周恩来在会见罗申和苏联军事顾问时告诉他们，中方除了来自新闻媒体的报道，“不掌握任何其他情报”，同“北

---

① 《毛泽东谈关于“抗美援朝、保家卫国”的决定》，1950年10月10日，《党的文献》2000年第5期，第13页。

② 柴成文、赵勇田：《板门店谈判》，北京：解放军出版社1992年版，第61页。

③ 《关于边防军作战准备问题给林彪的报告》，1950年8月31日，载《志愿军第一任参谋长解方将军》编委会编：《志愿军第一任参谋长解方将军》，北京：军事科学出版社1997年版，第90页。

朝鲜领导关于军事问题的交流也很少”，而且朝鲜至今未答复中方派遣军事技术人员“到战场实地勘察情况”的建议。他要求苏方如有准确情报“请务必通知”。[①]

不论是通过什么渠道了解朝鲜战局，中国领导人这时对军事形势日渐恶化的判断显然要比苏联和朝鲜都要严峻得多。但是，就合作打一场战争的客观需要而言，苏朝关系看上去比想象的要松散。特别是斯大林看来并没有对这场与他的朝鲜盟友生死攸关的战争给予足够多的关注。他似乎并不完整掌握战场的真实情况，没得到能做出比中国决策者更贴近战场真实情况的判断的足够信息，而苏联使馆和金日成身边的军事顾问报告的一些消息，本来是应该引起他的警觉的。苏朝之间为何出现这种看上去很不应有的不协调的情况，的确非常令人费解。

8 月 28 日，斯大林指示苏联驻朝鲜大使向金日成转交一封信。他在信中“祝贺金日成同志及其战友在伟大的朝鲜人民解放斗争中，在金日成同志领导下取得的辉煌胜利”，以及“毫不怀疑，外国干涉者将很快地被赶出朝鲜”，云云。[②] 31 日，金日成回信说他深受感动并向他们“敬爱的导师致谢”，以及朝鲜决心“夺取反对企图奴役朝鲜的美国武装干涉者斗争的彻底胜利”。[③] 就在金日成复函斯大林当天，朝鲜人民军发动全线进攻，在突入“联合国军”防线 15 公里后受阻，从此再也无力发起新的攻势。更严重的是 9 月 15 日，美军在仁川大举登陆，随后向汉城进攻，中国领导人设

① 《罗申致斯大林电：周恩来对朝鲜战事的建议》，1950 年 9 月 18 日，载沈志华主编：《俄罗斯解密档案选编：中苏关系》第 3 卷，上海：东方出版中心 2015 年版，第 51—52 页。

② 《史达林关于朝人民军作战的建议致什特科夫电》，载沈志华编：《朝鲜战争：俄国档案馆的解密文件》（中册），台北：台湾“中央研究院”近代史研究所 2003 年版，第 515 页。

③ 《什特科夫关于转呈金日成的感谢信致史达林电》，1950 年 8 月 31 日，载沈志华编：《朝鲜战争：俄国档案馆的解密文件》（中册），台北：台湾“中央研究院”近代史研究所 2003 年版，第 517 页。

想的最坏局面提早出现了。

美军在仁川登陆是一个重要的分界点，战场形势的巨变同时加剧了外部两个系统对中国决策层的压力。一方面是“联合国军”大举进攻的压力，中国领导人不得不在比预想要紧迫和恶劣得多的军事形势下，做出是否参战的决定；另一方面是立即面对来自两个盟友的压力，实际上正是他们的压力启动了中国最高决策层内有关出兵的讨论过程。

美军在仁川登陆后的军事形势非常严重，不过那已经被比较充分地叙述了，在这里不是讨论的重点。换一个角度，一方面，对中国决策者来说，更重要的还是盟友的影响，而中国的选择是在与盟友的互动中展开的。9 月 27 日，苏共中央政治局召开会议，讨论并批准了斯大林给在朝鲜的苏联顾问们的指示，要求他们尽快指导朝鲜人民军沿三八线建立起新的防线。① 这个决定是斯大林向中国提出的出兵计划的主要背景。另一方面，平壤也处于张皇失措之中。9 月 30 日，金日成告诉什特科夫，在南方作战的朝鲜人民军部队既撤不回来，也“不可能有效地抗击敌人”。他请后者转呈斯大林一封求援信，恳请“亲爱的约瑟夫·维萨里昂诺维奇”在危难之际伸出援手；如果苏联不愿意出兵，就请帮助要求中国等国家派出志愿部队。②

斯大林收到金日成信的第二天就向北京发电报，希望中国派出

① 《联共（布）中央政治局关于扭转朝鲜局势指示的决议》，1950 年 9 月 27 日，载沈志华编：《朝鲜战争：俄国档案馆的解密文件》（中册），台北：台湾“中央研究院”近代史研究所 2003 年版，第 556—958 页；《联共（布）中央政治局关于同意与美方接触的决议》，1950 年 9 月 27 日；载沈志华编：《朝鲜战争：俄国档案馆的解密文件》（中册），台北：台湾“中央研究院”近代史研究所 2003 年版，第 555 页。

② 《什特科夫关于与金日成的会谈情况致葛罗米柯电》，1950 年 9 月 30 日；《什特科夫关于转呈与金日成给史达林的求援信致葛罗米柯电》，1950 年 9 月 30 日；载沈志华编：《朝鲜战争：俄国档案馆的解密文件》（中册），台北：台湾“中央研究院”近代史研究所 2003 年版，第 561—562、563—565 页。

“哪怕五六个师也好”，掩护朝鲜人民军在“三八线以北组织后备力量”。[①] 金日成本人也按照斯大林的指示，于当天深夜接见倪志亮，请求中国在“联合国军”越过三八线时出兵相救。金日成还与朝鲜副首相兼外务相朴宪永（Pak Hon-yong）联名写信给毛泽东，请求中国出兵援助。[②] 朴宪永 10 月 3 日才到达北京。显然，盟友的期待不仅十分紧迫，而且目的明确，就是立即派几个师掩护朝鲜军队守住三八线以北。斯大林没有提及向参战的中国军队提供援助，特别是提供空军掩护，等等。

中国领导人之前已经获得了朝鲜局势危在旦夕的报告。9 月 20 日，美军在仁川登陆五天后，周恩来就电告倪志亮，劝金日成“必须力争保住三八线以北，进行持久战方有可能”，现在“唯有以持久战争取胜利”。不过这份电报中也透露了对战场情况的陌生，例如其中还建议朝鲜人民军争取每月“歼灭”韩国军队“一二个师”。[③] 30 日，北京已经获知朝鲜人民军主力八个师已经被“联合国军”“隔断”，难以撤到三八线以北。[④] 所以，10 月 2 日凌晨，毛泽东接到盟友的请求后，先是审阅了一封给金日成的电报稿，其内容是叮嘱他“切勿惶恐动摇”。[⑤] 随后起草电报，命令高岗立即来北京开会，并指示东北边防军“随时待命出动，按原定计划与新的

① 《斯大林致罗申电：建议中国派部队援助朝鲜》，1950 年 10 月 1 日，载沈志华主编：《俄罗斯解密档案选编：中苏关系》第三卷，上海：东方出版中心 2015 年版，第 72—73 页。

② 中共中央文献研究室编、逄先知、金冲及主编：《毛泽东传（1949—1976）》（上），北京：中央文献出版社 2003 年版，第 113 页。

③ 周恩来：《关于朝鲜人民军作战方针的电报》，1950 年 9 月 20 日，载中共中央文献研究室、中央档案馆编：《建国以来周恩来文稿》第 3 册，北京：中央文献出版社 2008 年版，第 311—312 页。

④ 中共中央文献研究室、中央档案馆编：《建国以来周恩来文稿》第 3 册，北京：中央文献出版社 2008 年版，第 378 页。

⑤ 毛泽东：《无法北撤的朝鲜人民军应在原地坚持打游击》，1950 年 10 月 2 日，载中共中央文献研究室、军事科学院编：《建国以来毛泽东军事文稿》（上卷），北京：中央文献出版社、军事科学出版社 2010 年版，第 229 页。

敌人作战”。[①]

毛泽东当天做的最重要的事情，是起草了另一封给斯大林的报告，不过后来没有发出。这里首先需要指出，中国出版的几种毛泽东的文集都登载的这封长电报的内容，肯定都不是全文，而是删减过的。[②] 由此带来的问题是，到底有哪些内容被删减了。例如，根据逄先知、李捷2000年出版的《毛泽东与抗美援朝》一书和2003年出版的《毛泽东传》记载，当天毛泽东起草的给斯大林的电报中，回顾了朝鲜方面无视中国的警告进行军事冒险，以及他们不重视中方的警告，以致造成现在的严重后果。毛泽东写道，“还在今年四月间，金日成同志到北京的时候，我们就告诉他，要严重地注意外国反动军队侵略朝鲜的可能性。七月中旬，七月下旬和九月上旬，我们又三次告诉朝鲜同志，要他们注意敌人有从海上向仁川、汉城前进切断人民军后路的危险，人民军应当作充分准备，适时地向北面撤退，保存主力，从长期战争中争取胜利”。[③] 根据这部分内容可以看出，毛泽东显然对朝鲜人民军的整个战略都很不满，这也是间接地提醒斯大林，本来就不该让“尾巴摇狗”的事情发生。

上述内容的存在应是没有疑问的，肯定也没有发给斯大林。目前还不能完全确定的是，它是不是已经公布的毛泽东同一天起草的长电报的一部分？如果是的话，为什么在正式公布的文献中没有？

---

① 毛泽东：《东北边防军随时待命出动》，1950年10月2日，载中共中央文献研究室、军事科学院编：《建国以来毛泽东军事文稿》（上卷），北京：中央文献出版社、军事科学出版社2010年版，第225页。

② 注释（1）中说明，刊印的毛泽东1950年10月2日起草的给斯大林电文稿是“节录”，见中共中央文献研究室、军事科学院编：《建国以来毛泽东军事文稿》（上卷），北京：中央文献出版社、军事科学出版社2010年版，第228页。

③ 《毛泽东致斯大林电（手稿，未发出）》，1950年10月2日，转引自逄先知、李捷：《毛泽东与抗美援朝》，北京：中央文献出版社2000年版，第12—13页和中共中央文献研究室编、逄先知、金冲及主编：《毛泽东传（1949—1976）》，北京：中央文献出版社2003年版，第113页。

此外，逄先知、李捷著《毛泽东与抗美援朝》一书刊载的照片中，10 月 2 日电报的最后部分有一段关于询问苏联可否出动“大批空军”协助中国防空的内容。[1] 这在历次公布的该文件中也是前所未见的。所以，在这份电报的草稿被全部公开之前，研究者对自己的分析和判断理应有所保留。

10 月 2 日电报被公开的部分包括了毛泽东阐述的一个相当完整的战略方案，其中包括了要争取达到的最好目标和力争避免的最坏局面。其一，毛泽东表示决心要派军队到朝鲜作战，否则美国占领整个朝鲜，不仅使“朝鲜革命力量受到根本失败”，而且美军“将更为猖獗，于整个东方都是不利的”。其二，中国出兵的目的并不限于斯大林来电所说，只是派几个师帮助朝鲜守住三八线，而是“准备在朝鲜境内歼灭和驱逐美国及其他国家的侵略军”，战争成败的关键是“中国的军队能否在朝鲜境内歼灭美军”。正是基于这样的设想，他提出一次出动十二个师，而不是斯大林建议的五六个师。

此外，毛泽东在电报中也阐述了战局的几种可能的发展。他认为最坏的是“不能大量歼灭美军，两军相持成为僵局，而美国又和中国公开进入战争状态”；而且中国既然参战，“就要准备美国宣布和中国进入战争状态，就要准备至少可能使用其空军轰炸中国许多大城市及工业基地，使用其海军攻击沿海地带”。如果比照当时朝鲜半岛的战略形势，客观地看，在最好和最坏这两者之间，尚存在巨大回旋空间，供决策者去发挥他们的才智和想象，使战略决策成为艺术。所谓“草鞋没样，边打边像”就是因为有这种空间的存在。

---

① 逄先知、李捷：《毛泽东与抗美援朝》文前插图第 6 帧，北京：中央文献出版社 2000 年版。

这里需要强调的是毛泽东在这份电报中已经提出了分两步走的军事设想，即中国军队入朝后先在“位于北朝鲜的适当地区（不一定到三八线），一面和敢于进攻三八线以北的敌人作战，第一时期只打防御战，歼灭小股敌人，弄清各方面情况；一面等候苏联武器到达，并将我军装备起来”，然后“举行反攻，歼灭美国侵略军”。[①] 毛泽东决心参战的目的是明确的，而他提出的军事设想恰是在那个空间中保持了弹性。

在随后召开的中央书记处会议中，几乎没人支持或完全支持立即出兵，所以上述电报没有发出。毛泽东当天又请罗申向斯大林发出另一封内容谨慎的电报，说中共领导人经讨论认为“目前最好还是克制一下，暂不出兵”，等待更好的时机。他列举了两个重要的理由，第一是按斯大林的建议派遣几个师，应付不了朝鲜的困境；第二是有可能将苏联拖入战争。他建议派周恩来和林彪到莫斯科与斯大林当面商谈。[②] 电报的内容反映了中国决策层的看法，战场形势与他们之前的设想有很大不同，中国军队虽然一直在做军事准备，但还没有打算过要在如此迫不得已的情况下参加战争。在朝鲜北部，朝鲜人民军这时竟然未能建立一条像样的防线。

10 月 4—5 日两天，中共政治局连续开会讨论出兵问题。5 日会上，彭德怀慷慨陈词支持出兵产生了重要影响，与会者就出兵接近达成共识。这时斯大林答复毛泽东 3 日的电报恰好到达。斯大林首先针对毛泽东关于派几个师“不能解决问题”一条，解释说他的意思是“至少而不是最多派五六个师”；关于苏联会被卷入战争，斯大林说不必担心战争扩大到中国，一方面美国还没有做好大战的

---

① 毛泽东：《关于派志愿军入朝参战问题》，1950 年 10 月 2 日，载中共中央文献研究室、军事科学院编：《建国以来毛泽东军事文稿》（上卷），北京：中央文献出版社、军事科学出版社 2010 年版，第 226—228 页。

② 《罗申致斯大林：毛泽东对出兵朝鲜的态度》，1950 年 10 月 7 日，载沈志华主编：《俄罗斯解密档案选编：中苏关系》第 3 卷，上海：东方出版中心 2015 年版，第 84—85 页。

准备；另一方面，如果美国将战争扩大到中国，苏联将按条约义务与中国并肩作战。他豪迈地写道，“如果战争不可避免，那么让他现在就打”。既然如此，苏军为什么自己不去朝鲜作战，甚至都不让苏联空军为中国军队提供掩护呢？他是了解其中逻辑的混乱之处，所以才会说援助朝鲜是“与中国利害攸关的”，如果中国出兵就会迫使美国在朝鲜半岛让步，甚至“被迫放弃台湾”；反之，朝鲜会成为美国“在远东的跳板”，中国“甚至连台湾也得不到，美国人将会把持台湾，把它当作基地”。斯大林最后表示，“非常高兴欢迎”周恩来和林彪到苏联来面谈。①

毛泽东得知斯大林的意见后立即告知与会者。② 该电报到底产生了多大的影响尚不能做精细的界定，但肯定不应低估。从最直接的作用看，当决策层还在争论时，斯大林的意见至少可以大幅降低与会者对参战将导致战争蔓延到本土的担忧，而这是不赞成贸然出兵朝鲜的人的一个主要论据，而且毛泽东也没有排除中国本土被卷入战争的可能性。③ 斯大林在电报中的有关承诺打消了中国决策层最重大的顾虑，从而基本完成了中苏的第二次战略性协调。

不过，仔细分析这个阶段包括 5 日会议在内所达成的参战共识，还是存在模糊性的，因为涉及决策的核心问题即参战要达到什么目的，并没有解决。所有决策理论与实践都证明了，“目的”恰恰是一切决策的核心要素，它决定了所有讨论、计划和行动的意义

① 《斯大林致毛泽东电：关于中国出兵问题的考虑》，1950 年 10 月 5 日，载沈志华主编：《俄罗斯解密档案选编：中苏关系》第 3 卷，上海：东方出版中心 2015 年版，第 80—81 页。

② 徐焰：《出兵入朝参战决策确定的曲折过程》，载《党史研究资料》1991 年第 4 期，第 11 页；沈志华：《中国出兵朝鲜的决策过程》，载《党史研究资料》1996 年第 1 期，第 9 页；苏维民：《杨尚昆谈抗美援朝战争》，《百年潮》2009 年第 4 期，第 12 页。

③ 毛泽东：《关于派志愿军入朝参战问题》，1950 年 10 月 2 日，载中共中央文献研究室、军事科学院编：《建国以来毛泽东军事文稿》（上卷），北京：中央文献出版社、军事科学出版社 2010 年版，第 226 页。

何在。简单罗列即可看出在这个核心问题上实际存在的分歧。

第一，金日成是要求中国援助朝鲜人民军作战。他在 10 月 1 日写给毛泽东的信说，请求中国军队在“联合国军”打到三八线以北的情况下，“直接出动援助”朝鲜人民军作战。[①]

第二，毛泽东在 2 日给斯大林的电报中说是，“准备在朝鲜境内歼灭和驱逐美国及其他国家的侵略军”，这可以理解为帮助朝鲜实现统一。[②] 在 4 日的讨论结束时，他的看法有所改变。这体现在他最后说的那句话：“别人处于国家危机时刻，我们站在旁边看，不论怎样说，心里也难过。”[③] 毛泽东至少是有过帮助朝鲜完成统一的想法，这一点被后来的发展证明是不能忽视的。

第三，斯大林设想的目标是从拯救朝鲜转变到创造出迫使美国让步的条件。他在 1 日给毛泽东的电报中只是建议，中国派出“哪怕五六个师也好”，目的是掩护朝鲜人民军在“三八线以北组织后备力量”。[④] 在 5 日的电报中，他提出“至少派五六个师”，目的是迫使美国在朝鲜问题上“做出让步”，以及防止朝鲜“变为”美国的“基地”，等等。[⑤] 这样的表述解释起来有比较大的弹性。

第四，彭德怀主张参战是要“救援朝鲜”，即避免朝鲜亡党亡国。他后来回忆说，在 5 日政治局会议上主张参战时，“内心想的

---

① 《金日成、朴宪永给毛泽东的信》，1950 年 10 月 1 日，见复印件，存丹东抗美援朝纪念馆。

② 毛泽东：《关于派志愿军入朝参战问题》，1950 年 10 月 2 日，载中共中央文献研究室、军事科学院编：《建国以来毛泽东军事文稿》（上卷），北京：中央文献出版社、军事科学出版社 2010 年版，第 226 页。

③ 中共中央研究室编、逄先知、冯蕙主编：《毛泽东年谱（一九四九——一九七六）》第 1 卷，北京中央文献出版社 2013 年版，第 204 页。

④ 《斯大林致罗申电：建议中国派部队援助朝鲜》，1950 年 10 月 1 日，载沈志华主编：《俄罗斯解密档案选编：中苏关系》第 3 卷，上海：东方出版中心 2015 年版，第 72—73 页。

⑤ 《斯大林致毛泽东：关于中国出兵的考虑》，1950 年 10 月 5 日，载沈志华主编：《俄罗斯解密档案选编：中苏关系》第 3 卷，上海：东方出版中心 2015 年版，第 80—81 页。

是应该出兵救援朝鲜”。[①]

简单比较以上四位关键人物的主张，即可看出他们对于中国参战的目的，存在明显不同的理解或者说是不同的主张，因此很难说5日达成的共识是足够清楚的。此外，从决策实践的角度看，不论追求上述哪个目标，在客观上都取决于一个基本的条件：中国到底能从盟友苏联那里得到何种援助。如果不能确定能得到苏联的何种援助，甚至也就决定了中国无法确定到底能否参战。所以参战决定本身就必然是附带条件的，至于具体条件是什么，部分取决于受援方决策者的认识和博弈能力，部分取决于提供援助者的能力和意愿。

通观这个阶段的思考和讨论，有几个认识在中国决策者的逻辑中起着关键的作用。

第一，他们都不认为、至少也不确定，美国会直接入侵中国，但普遍相信美军一旦打败朝鲜，就会威胁中国的安全；或者笼统地说，美军将打到鸭绿江边的前景导致中国领导人的不安全感大幅上升。

8月4日，毛泽东在政治局会议上就是这样阐述的，他说“如果美帝得胜，就会得意，就会威胁我国”。[②] 彭德怀在10月5日最后发言时，也阐述了同样的理由。他说“如让美军摆在鸭绿江岸和台湾，它要发动侵略战争，随时都可以找到借口”。[③] 他在10月14日的志愿军动员大会上的讲话系统地概括了中国领导人的战略逻辑，即美国占领朝鲜全境将对中国安全构成一种威胁，使中国处于

---

① 彭德怀传记组著：《彭德怀全传》（三），北京：中国大百科全书出版社2009年版，第846页。

② 中共中央研究室编、逄先知、冯蕙主编：《毛泽东年谱（一九四九——一九七六）》第1卷，北京中央文献出版社2013年版，第168页。

③ 王焰主编：《彭德怀年谱》，北京：人民出版社1998年版，第441页。

被动的战略态势。他说美国在朝鲜作战是为了“巩固他们的内部”和“扩大他们的影响”，而美国“如果侵占了朝鲜，对我们就是一个威胁……我国就会陷于被动，国防、边防都处于不利”。① “唇亡齿寒”即此之谓。

中国领导人的这种不安全感反映了中国近代地缘政治环境演变对中国人的安全观的根本性影响，即任何强国军事力量过度靠近边境地区，都会使中国人产生强烈的不安全感并做出反应。反对强国军事力量过度靠近中国边境，是中国安全战略的本能反应，这也被后来的多次战略决策反复证明。

第二，在中国领导人中普遍存在一种对类似“多米诺骨牌”效应的担心。这固然同他们的认知中关于帝国主义的理论有关，但更直接的原因是美国当时不仅大规模介入朝鲜战争，而且立即在台湾海峡和东南亚加强军事部署。这导致中国决策者从一开始就认为，必须将朝鲜、台湾和东南亚等联系起来，才能完整地判断美国的战略意图。② 他们认为美国是“企图在朝鲜打开一个缺口，准备世界大战的东方基地”，“下一步必然对越南及其他原殖民地国家进行压服”，占领朝鲜甚至是“进攻东北华北、进攻中国的跳板”。③ 即使退一步说美国最初没有这样大的企图，它一旦在朝鲜得手，“就会把兵力转向越南、缅甸，到处搞鬼”等。④ 总之结果都一样。

---

① 彭德怀：《在中国人民志愿军师以上干部动员大会上的讲话》，1950 年 10 月 14 日，载彭德怀传记编写组编：《彭德怀军事文选》，北京：中央文献研究室 1988 年版，第 321—322 页。

② 柴成文、赵勇田：《板门店谈判》，北京：解放军出版社 1992 年版，第 30 页。

③ 周恩来：《充分准备，出手即胜》，1950 年 8 月 26 日，载中共中央文献研究室、军事科学院编：《周恩来军事文选》第 4 卷，北京：人民出版社 1997 年版，第 43—44 页；《高岗在沈阳军事会议上的讲话》，1950 年 8 月 13 日，转引自军事科学院军事历史研究部：《抗美援朝战争史》第 1 册，北京：军事科学出版社 2000 年版，第 91 页。

④ 彭德怀：《在中国人民志愿军师以上干部动员大会上的讲话》，1950 年 10 月 14 日，载彭德怀传记编写组编：《彭德怀军事文选》，北京：中央文献出版社 1988 年版，第 322 页。

这种对“多米诺骨牌”效应的担心不断强化那种与美军作战难以避免的判断，他们越来越相信“朝鲜事件不过是个借口”，中美战争“不在朝鲜爆发，也将在其他地区爆发，台湾、越南都是可爆发的地方”，结论是“对于我们来说毋宁以朝战最有利”。[①] 中国决策者头脑中有明确的反对绥靖政策的逻辑，这很可能是受到二战历史的影响。在中国军队的政治动员口号中，甚至有类似美国总统罗斯福当年为《租借法案》获得通过而使用的话语。1940 年 12 月 17 日，罗斯福发表演讲说，以借水龙带给邻居救火做比喻，说服美国公众同意向正与德国奋战的英国提供援助。[②] 现在在志愿军的动员口号中，就称援助朝鲜是“中国邻居快救火，救了朝鲜救中国”。[③]

如果分析具体的过程，至少还有两个事件在推动中国决策层更容易选择参战。

其一是美军封锁台湾海峡，这一方面极大增加了中国人对美国的敌意；另一方面迫使解放军放弃了准备中的攻台战役，从而使攻台的战略预备队得以迅速调往东北。

其二是东北地区的安全环境因朝鲜战争爆发、特别美军在仁川登陆而极大恶化。中国领导人一开始就在不断加强东北地区的防卫，不过在此过程中出现的问题，却成为促使中国决策者宁愿选择到境外去打仗的一个至关重要的因素。

首先是东北防空。如前所述，高岗曾经向毛泽东汇报，中国参战可能导致美军大规模轰炸东北，所以需要加强防空力量，包括增

---

① 周恩来：《抗美援朝仍是一九五一年的首要任务》，1951 年 4 月 2 日，载中共中央文献研究室、军事科学院编：《周恩来军事文选》第 4 卷，北京：人民出版社 1997 年版，第 181—182 页。

② 王绳祖主编：《国际关系史（1939—1945）》第 6 卷，北京：世界知识出版社 1995 年版，第 35 页。

③ 军事科学院军事历史研究部：《抗美援朝战争史》第 1 卷，北京：军事科学出版社 2000 年版，第 99 页。

修诸多机场。周恩来后来审阅在东北修建机场的计划时发现，其数量之多已经大大超出国家的财政能力。他在给毛泽东的报告中说，“最难者为批准预算问题”，“将来不知要浪费吃亏到什么程度”。[①]

其次是东北工厂搬迁。高岗在他的报告中提出搬迁南满地区工厂的建议时，毛泽东就持保留意见，后来高岗的建议也被证明是不可行的。[②] 更复杂的是朝鲜不仅将东北作为其后方的物资转运基地，后来还要向那里转移机器设备。[③] 结果是东北战备陷入一个怪圈，从纯粹的军事角度看，这种消极防御的态势带来的严重困难和那些可预见、不可预见的代价，可能并不比到朝鲜开辟一个战场更低。9 月 3 日，周恩来向毛泽东提交了否定大规模搬迁厂矿企业的建议，提出“以加强积极防御较消极搬迁为好”，“大搬迁（鞍山、抚顺、本溪等）不可能”。[④] 这是有关部门讨论的结果，周恩来后来曾向党外人士介绍过这类困难，以证明出兵确有不得已之处。[⑤]

最后，美军在仁川登陆后，东北面临着另一种更加严峻的问题。随着朝鲜人民军的溃退，朝鲜将东北当成了集结、整编和训练预备军队的基地。根据苏军 10 月下旬的统计，陆续进入东北的朝鲜预备部队的数量有 9 个师近 10 万人之众。他们经过整编训练之后，将返回朝鲜参战，苏军派遣了顾问指导训练，并向他们提供武

① 周恩来：《关于控制修建机场经费问题给毛泽东的报告》，1950 年 9 月 29 日，载中共中央文献研究室、中央档案馆编：《建国以来周恩来文稿》第 3 册，北京：中央文献出版社 2008 年版，第 342—343 页。

② 参见中共中央文献研究室、中央档案馆编：《建国以来周恩来文稿》第 3 册，北京：中央文献出版社 2008 年版，第 294—295 页。

③ 周恩来：《关于同意朝鲜在中国设立仓库等事给倪志亮等的电报》，1950 年 9 月 29 日，载中共中央文献研究室、中央档案馆编：《建国以来周恩来文稿》第 3 册，北京：中央文献出版社 2008 年版，第 345 页。

④ 周恩来：《关于加强东北边防军问题给毛泽东、刘少奇的报告》，1950 年 9 月 3 日，载中共中央文献研究室、中央档案馆编：《建国以来周恩来文稿》第 3 册，北京：中央文献出版社 2008 年版，第 250 页。

⑤ 周恩来：《抗美援朝，保卫和平》，1950 年 10 月 24 日，载中共中央文献研究室、军事科学院编：《周恩来军事文选》第 4 卷，北京：人民出版社 1997 年版，第 77 页。

器装备。[①] 由此，东北已经是名副其实的朝鲜战争基地了。中国这时还能置身事外吗？

如果比较中国决策者的动机，毛泽东在决策层中是最关注道义和国家尊严的。他在10月2日给斯大林的电报中，首先强调的就是“援助朝鲜同志”。在4日的政治局会议上，当与会者们分别阐述了各种不赞成出兵的理由后，毛泽东表示朝鲜有难时袖手旁观，“不论怎样说，心里也难过”。[②] 毛泽东的这种心理同他认知中已经建构起来的国际主义义务感有关，而其他领导人未必都感同身受，他们中绝大多数都曾参与缘起于延安时代的中共对外事务。在中国所有决策者中，毕竟只有毛泽东与斯大林专门讨论过“东方的”革命运动，并最清楚中共承担的革命义务到底意味着什么。当然，不能否认毛泽东鲜明的个性的作用。每个中国领导人都有可能遇到相同的处境，但当时能立即做出这样明确和激烈反应的只有他一个人。特别是他这时正直接指导中国军事顾问团帮助越军，在越南北部边境地区实施边界战役。同时指挥在中国境外两个半岛的战争，这恐怕是他指挥战争的经历中的巅峰时刻。这对他的精神状态和思维方式的影响不可低估，他自认个性中“虎气”的一面会更加昂扬。

即便中国决策层存在不同主张，以及他们的个性和认知存在复杂的差别，也不能因此就将他们的分歧简单地界定为是国际主义与国家安全利益哪个更重要的争论。在他们看来，不同观点的本质区别是如何更好地维护国家的战略利益，因为“存亡”“兴衰”“荣

① 《什特科夫致扎哈罗夫电：朝鲜人民军到中国进行整编的情况》，1950年10月31日，载沈志华主编：《俄罗斯解密档案选编：中苏关系》第3卷，上海：东方出版中心2015年版，第105—106页。

② 中共中央研究室编、逄先知、冯蕙主编：《毛泽东年谱（一九四九——九七六）》第1卷，北京中央文献出版社2013年版，第204页。

辱”等都是国家的战略利益，既缺一不可又同等重要。特别是毛泽东所关注的“威望”，客观上对一个国家的确也是无价之宝。在他看来，在参战决策中，“威望”的具体体现就是能否及时帮助危难之中的盟友，以及是否用更强硬的方式反击威胁，等等。在这个范围内，“国际主义”这个概念的关键作用是它定义了什么是威望的价值标准。

假定将国家战略利益仅仅界定在防止和消除安全威胁的范围，那么引发决策层热烈争论的逻辑看上去是有些矛盾的。如果以维护国家安全为理由出兵援朝，就不得不面对另一种可能，即出兵会导致更严重的不安全，例如将战争引到本土，或者因为战争失利而导致政权的不安全，等等。毛泽东在 10 月 3 日向罗申突出地表达了他们的主要担心，即“美国与中国直接冲突”会破坏中国的和平建设计划，以及由此引起国内各方不满。① 正是这种困难使他们的确为避免出兵、至少是推迟出兵等，做出过努力，毛泽东也不例外。包括如前所述，他们通过印度向美国阐述了中国的安全关切、警告和最终会参战的红线。

接获美军在仁川登陆的报告后，9 月 20 日，中国决策者立即发电报给金日成，建议他务必迅速改变战略方针，从速战速决转向“自力更生，长期作战”，关键是“力争保住三八线以北”，以进行持久战。② 接到斯大林和金日成的信后，毛泽东本人立即判断，参战决策中的一切问题的核心，就是能不能在朝鲜战场“打败美军”——正如他在 10 月 2 日给斯大林的电报中所言。对于中国，

---

① 《罗申致斯大林电：转呈毛泽东关于暂不出兵的意见》，1950 年 10 月 3 日，载沈志华主编：《俄罗斯解密档案选编：中苏关系》第 3 卷，上海：东方出版中心 2015 年版，第 77—78 页。

② 周恩来：《关于朝鲜人民军作战方针的电报》，1950 年 9 月 20 日，载中共中央文献研究室、中央档案馆编：《建国以来周恩来文稿》第 3 册，北京：中央文献出版社 2008 年版，第 311 页。

要达到这个目的取决于诸多条件，其中最难以控制的是苏联是否以及能够提供何种援助。在中国决策者中，当时只有他和周恩来最了解之前与苏联的交涉，并知道斯大林曾经许诺，苏军将向入朝的中国军队提供空中支援。7 月中旬，时任中国空军司令的刘亚楼已经在与苏军顾问一起工作，协调苏空军一个歼击机师进入东北的方案。苏方不久就下达命令，该师应于 8 月 3 日完成部署。[①]

10 月 5 日，毛泽东在彭德怀于下午政治局会议上就出兵表达支持意见之前，找他单独谈过一次。至于他是否告以斯大林 7 月中旬保证出动空军参战及随后已经在东北部署了一个师等措施，还不得而知，没有理由完全排除这种可能性。彭德怀是有丰富战争经验的高级将领，义无反顾地支持出兵是要有军事专业根据的。不过这并不表明，这几位知情的领导人这时真能确定，他们可以从苏联那里得到所需的各种援助。何况斯大林在 5 日发来的电报中，除了保证在美国入侵中国时将履行条约义务，没有提到之前的任何其他承诺。所以，他们此刻即使打算出兵朝鲜，也不能清楚地确定中国军队能打一场何种规模和样式的战争。

在 6 日的政治局会议上，由于已经决定要出兵了，林彪又提出了“出而不战”，建议军队进入朝鲜后屯兵于北部建立一条防线，能不打最好。[②] 这的确是一个极富想象力的战略设想，而且被证明至少其战略逻辑在中国决策层是有重大影响的。这样做首先就否定了那种帮助朝鲜完成统一的可能性，而明显的好处是可以通过威慑而不是大规模战争，让朝鲜政权在朝鲜半岛生存下去，从而也算履行了国际主义义务。

---

① 中共中央文献研究室和军事科学院编：《建国以来毛泽东军事文稿》（上卷），北京：中央文献出版社和军事科学出版社 2010 年版，第 165、171 页。

② 雷英夫：《抗美援朝战争几个重大决策的回忆》（续一），《党的文献》1994 年第 1 期，第 27 页。

早在 9 月 8 日，林彪曾经约谈回国介绍朝鲜战场情况的柴成文。他当时刚看到驻朝鲜使馆发来的《汇报提纲》，对朝鲜是否能靠自己坚持下去，包括“上山打游击行不行”等，都是有疑问和有考虑的。[①] 从目前能看到的很有限的资料分析，林彪的思路是不倾向参战的，至少也是主张争取不直接与美军作战。根据诸多研究成果对美国决策过程的分析，美军这时的军事计划是建立于中国不会出兵的假定之上，而且美国是顾虑中国与苏联是军事同盟，因而没有攻击中国本土的意图，实际上杜鲁门政府对朝鲜美军不得攻击中国本土是有明确限制的。[②] 如果当时中国能及时出兵抢占一条防线，从而形成威慑的局面，再辅以外交行动，并不排除不发生大战情况下即有可能维护中国的基本安全利益，并同时履行拯救朝鲜政权的义务。迄今也不清楚当时是否以及如何讨论林彪的建议，对这段历史的回忆录都是在负面评价他的语境中陈述的。不过这个事实的存在足以证明，决策层内部围绕出兵的讨论还远没有结束，而讨论的焦点已经不是是否出兵，而是到底要达到什么目的。

10 月 8 日，中央军委发布了《组成中国人民志愿军的命令》，其中对出兵目的的宣示仍然相当宽泛，几乎是陈述之前讨论中支持出兵的所有论点，“为了朝鲜人民解放战争，反对美帝国主义及其走狗们的斗争，借以保卫朝鲜人民、中国人民及东方各国人民的利益”。[③] 问题的关键是没有对什么是“光荣的胜利”做出具体阐述，而做到这一步还需要拥有一些尚不确定的条件，主要就是苏联能提

① 参见雷英夫：《抗美援朝几个重大决策的回忆》（续一），《党的文献》1994 年第 1 期，第 27 页；柴成文、赵勇田：《板门店谈判》，北京：解放军出版社 1992 年版，第 59 页。

② 参见牛军：《美国对朝鲜战争政策的演变（1950. 6—1951. 6）》，《美国研究》1991 年第 1 期，第 93—115 页。

③ 毛泽东：《组成中国人民志愿军的命令》，1950 年 10 月 8 日，载中共中央文献研究室、军事科学院编：《建国以来毛泽东军事文稿》（上卷），北京：中央文献出版社和军事科学出版社 2010 年版，第 235 页。

供什么援助。

在中国决策层初步决定出兵后，苏联应承担何种义务理应成为双方战略协调的主要内容，它包括苏联是否根据中国的要求提供援助，以及在苏联承担何种义务的条件下——如果它不能满足中国的全部要求——中国仍然可以出兵，甚或不能出兵。10 月 6 日，发出组建志愿军命令的前两天、也是政治局决定出兵的第二天，毛泽东会见罗申，告诉他中国军队装备很差，“急于出动是不合适的”，所以有必要派代表去莫斯科，直接向斯大林面陈中方的“全部打算”，他还初步罗列了中国需要的所有主要援助。①

中苏第三次也是特别重要的一次战略协调从此开始，双方的讨论集中在两个问题上：其一是中国是否出兵；其二是中国出兵后苏联承担何种义务，它们都同中国决策系统中的不同意见交织在一起。

斯大林的确在 7 月初承诺过将派苏联空军为中国军队在朝鲜作战提供空中掩护，问题首先在于斯大林在 9 月末建议中国出兵时，战场局势与 7 月中旬已经完全不同，朝鲜已经完全没有统一南方的可能，后来证明即使加上中国援军也不可能。所以，他只建议中国派五六个师前往三八线设防，帮助朝鲜人民军北撤。在电报的最后他还表示，并没有将此建议告诉金日成，意即中国领导人还有余地选择不这样做。②

如前所述，毛泽东的想法与斯大林并不一样，他最初的反应还是要援助朝鲜完成统一。毛泽东当时的这种想法很难说是深思熟虑的，也还没有经过集体讨论。而且即使 10 月 5 日的政治局会议决

① 《罗申致斯大林电：毛泽东对出兵朝鲜的态度》，1950 年 10 月 7 日，载沈志华主编：《俄罗斯解密档案选编：中苏关系》第 3 卷，上海：东方出版中心 2015 年版，第 84—85 页。

② 《斯大林致罗申电：建议中国派部队援助朝鲜》，1950 年 10 月 1 日，载沈志华主编：《俄罗斯解密档案选编：中苏关系》第 3 卷，上海：东方出版中心 2015 年版，第 72—73 页。

定出兵时，也没能确定到底要达到何种目的，包括战略的和军事的。这在斯大林看来是有巨大风险的，他这时并不认为，中国军队有能力将美军赶出朝鲜半岛，追求这样的目标反而有可能将苏联卷入同美国的战争，这是他从一开始就坚决要避免的。美军在仁川登陆后，斯大林考虑过应朝鲜请求，派遣一个团的空军参战，以保卫平壤。苏军领导人当时就告诉他，除了需要一些时间准备之外，必须考虑“第一次空战后”美军发现苏军参战，因为空战的指挥“将用俄语通过无线电话进行”。[①] 此事最终不了了之。其原因是多方面的，不过可以肯定的是，斯大林对苏联空军参战的风险已经有了非常确切的了解和警觉。

10月8日，就在《组成中国人民志愿军的命令》发布当天，中国决策层也立即着手与盟国协调行动。首先是毛泽东给金日成发电报，告诉他中国军队将“到朝鲜境内帮助你们反对侵略者”。[②] 金日成刚结束与副首相兼内务省相朴一禹（Park Il-woo）的争论，内容大概是还要不要在朝鲜坚持下去。当倪志亮当面告诉他中国将要出兵时，他的紧张情绪“一扫而光”，并兴奋地打了个响指，连说：“太好了，太好了！”[③] 与朝鲜的第一次协调就这样以告知的方式结束了，这对朝鲜领导人维持其战争意志至关重要。

同一天，周恩来和林彪离京前往莫斯科，直接与斯大林讨论苏联将如何提供援助。后者在之前10月5日的电报中表示，他愿意在莫斯科会见周恩来，当面讨论中国出兵问题。[④] 他们离开的第二

---

① 《华西列夫斯基致斯大林报告：向朝鲜派遣歼击机团事宜》，1950年9月23日，载沈志华主编：《俄罗斯解密档案选编：中苏关系》第3卷，上海：东方出版中心2015年版，第65页。

② 中共中央研究室编、逄先知、冯蕙主编：《毛泽东年谱（一九四九——一九七六）》第1卷，北京中央文献出版社2013年版，第207页。

③ 柴成文、赵勇田：《板门店谈判》，北京：解放军出版社1992年版，第30页。

④ 《斯大林致毛泽东电：关于中国出兵问题的考虑》，1950年10月5日，载沈志华主编：《俄罗斯解密档案选编：中苏关系》第3卷，上海：东方出版中心2015年版，第81页。

天，到达沈阳的彭德怀与在东北的苏联军事顾问商讨了运输苏联武器装备的计划。当然，这个计划有什么实际意义，还要取决于周恩来与斯大林的谈判结果。中方先后提出的援助要求包括三个方面：一是充足的军事装备和各种物资援助；二是中国购买的军用物资由苏联提供的贷款支付，以减轻中国的财政负担；第三是向中国提供空军支持，包括向进入朝鲜的中国军队提供空中掩护，为中国的本土重要目标提供空中保护，以及增加对中国空军的援助和人员训练，以便中国空军能尽早参战。

10 月 11 日，周恩来和林彪在黑海见到了正在度假的斯大林，后者在会谈中完整阐述了苏联的政策。第一，他强调中国出兵的重要性，如果听任美国占领朝鲜，将对中国的安全形成长期和严重的威胁，尤其危及东北的经济建设。第二，苏联可以完全满足对武器装备的所有要求，但不会立即出动空军掩护志愿军作战，苏空军需要时间作准备。第三，如果中国不出兵，应考虑接受金日成政府到东北流亡。① 会谈后，周恩来与斯大林联名电告毛泽东，结果在中国决策层造成极大的震动。

由于苏联空军不能参战，他们不得不重新考虑是否坚持出兵，以及如果出兵，应该和能够打一场什么样的战争，等等。毛泽东立即回复斯大林，中国将暂时停止出兵朝鲜。② 他也立即命令已经到东北的彭德怀，紧急赶回北京重新讨论，准备入朝的军队则原地待命。这时中国领导人面临的最棘手的问题，恐怕就像斯大林提出的，如果中国国军队不参战的话，就要准备接受朝鲜政府到东北流亡。可以设想，一旦朝鲜政权转移到东北，必定给中国带来长期的

---

① 中共中央文献研究室编：《周恩来年谱（一九四九——一九七六）》（上卷），北京：中央文献出版社 1997 年版，第 85 页。

②《罗申致斯大林电：毛泽东同意暂不出兵》，1950 年 10 月 12 日；《毛泽东致斯大林电：已下令停止出兵朝鲜》，1950 年 10 月 12 日，载沈志华主编：《俄罗斯解密档案选编：中苏关系》第 3 卷，上海：东方出版中心 2015 年版，第 92—93 页。

麻烦，中国本土恐怕仍难免被卷入战争。朝鲜方面的确在作这样的打算，或许斯大林的建议就是来自金日成，因为这种情况已经发生了。早在9月下旬战局濒危之际，金日成就向倪志亮提出，朝鲜打算在东北建立仓库和向那里转移工厂设备。换句话说就是将东北作为朝鲜的战略基地。① 彭德怀进入朝鲜后就很直率地告诉过金日成，志愿军入朝后在很多情况下得不到朝鲜方面的帮助，“因为朝鲜地方政权机关都跑到中国境内去了”。②

10月3日，朝鲜副首相兼内务省相朴一禹携请求中国出兵的信到达北京。他于5日返回朝鲜，这期间与中国领导人讨论了哪些事项目前不得而知。周恩来在当天给倪志亮的一份电报中说，“一切已和他面谈，当由他转报金首相”。③ 两天后，正是朴一禹本人告诉苏方，朝鲜劳动党政治局开会，做出了一旦失败就坚持长期斗争的决定，其中就包括了“在中国组织突击军团，从而为以后的进攻做好准备”。④ 不能排除这也是他在北京会谈的重要内容之一。

10月13日，中共中央政治局召开会议，再次讨论是否立即出兵。毛泽东在会后发给周恩来的电报中说，会议决定还是立即出兵，这样做不仅是考虑到中国东北的安全，而且是为世界全局着想，出兵“对中国、对朝鲜、对东方、对世界都极为有利”，反之

---

① 周恩来：《关于同意朝鲜在中国设立仓库等事给倪志亮的报告》，1950年9月29日，载中共中央文献研究室、中央档案馆编：《建国以来周恩来文稿》第3册，北京：中央文献出版社2008年版，第345页。

② 《什特科夫致葛罗米柯电：彭德怀与金日成讨论前线形势和对策》，1950年11月17日，载沈志华主编：《俄罗斯解密档案选编：中苏关系》第3卷，上海：东方出版中心2015年版，第122页。

③ 周恩来：《关于收集朝鲜战场双方情况事给倪志亮的电报》，1950年10月5日，载中共中央文献研究室、中央档案馆编：《建国以来周恩来文稿》第3册，北京：中央文献出版社2008年版，第389页。

④ 《马特维耶夫致斯大林电：朴一禹通报中国出兵决策的情况》，1950年10月7日，载沈志华主编：《俄罗斯解密档案选编：中苏关系》第3卷，上海：东方出版中心2015年版，第83—84页。

"则对各方都不利"。这到底是中国决策层讨论的结论，还是毛泽东个人的世界观的反映，抑或是为了坚定斯大林提供援助的决心，都需要做更深入的专门解读。总之，毛泽东基于这种理由要求周恩来再做努力，敦促斯大林在以下几个方面做出承诺。第一，苏联的武器装备"只能用租借办法"，即由苏联提供贷款购买；第二，苏联空军如能于两至两个半月内参战，中国则可"忍受一些损失"；第三，苏空军出动为北京、天津、沈阳、上海、南京、青岛等城市提供空中保护。毛泽东指示周恩来必须坚定不移地转达中国决策层的结论："我们认为应当参战，必须参战。参战利益极大，不参战损害极大"，而目前的困难就是对以上三项援助还没有把握。[①] 当晚，毛泽东会见罗申，向他转达了中共政治局的决定，同时强调苏空军参战"无论如何不迟于两个月"。[②] 问题是：如果上述三个条件没有实现呢？

10 月 14 日，周恩来根据毛泽东的指示转交给斯大林一封信，通报中共中央政治局的决定，并提出八点具体的援助事项，特别是再次要求苏联空军赴朝作战和保护中国滨海各大城市。[③] 斯大林与周恩来会谈的具体内容不详，他曾在一天前通知金日成，立即着手疏散人员，并向中国和苏联边境撤退军队。但在接到周恩来的信和罗申发回的电报后，他立即连续两次打电报通知金日成，中国还会

---

① 毛泽东：《我们认为应当参战必须参战》，1950 年 10 月 13 日，载中共中央文献研究室、军事科学院编：《建国以来毛泽东军事文稿》（上卷），北京：中央文献出版社、军事科学出版社 2010 年版，第 252—253 页。

② 《罗申致斯大林电：毛泽东通知中国决定出兵告朝鲜》，1950 年 10 月 13 日；《罗申致斯大林电：毛泽东决定出兵及对苏联的要求》，1950 年 10 月 13 日，载沈志华主编：《俄罗斯解密档案选编：中苏关系》第 3 卷，上海：东方出版中心 2015 年版，第 94—96 页。

③ 周恩来：《关于苏空军入朝作战等问题给斯大林的信》，1950 年 10 月 14 日，载中共中央文献研究室、中央档案馆编：《建国以来周恩来文稿》第 3 册，北京：中央文献出版社 2008 年版中共中央文献研究室、中央档案馆编：《建国以来周恩来文稿》第 3 册，上海：东方出版中心 2015 年版，第 404—405 页。

参战，以及他本人对此“感到高兴”。[①]

同一天，毛泽东又于 15 时、21 时两次发电报给周恩来，告以经过仔细分析新的条件后，重新拟定了一个军事计划，并指示他找斯大林确认，苏空军能否在两个月内到朝鲜作战和保护中国的大城市，以及能否用租借方式提供军事援助。[②] 周恩来当晚即向毛泽东报告，斯大林通过莫洛托夫转告他，苏空军可以立即满足为中国本土提供空中保护的条件，但两个月以后也无法到朝鲜为中国志愿军提供空中掩护。[③]

至此，中国从斯大林陆续得到的承诺包括：第一，一旦美军攻击中国本土，苏联将根据条约参战，这基本解除了中国领导层对同美国发生全面战争的担忧；第二，苏联用租借的方式，提供中国参战所需全部武器装备和各种军用物资，这极大缓解了中国的财政困难，有利于中国长期作战和避免给国内建设造成严重损害并由此可能产生的不满；第三，给中国的大城市和战略要塞提供空中保护，从而解除了中国参战的后顾之忧。斯大林最终也没有承诺立即派空军进入朝鲜掩护中国军队作战。

这种有所得但未完全如愿的局面是对中国决策者的一次考验，他们的选择是靠制订一项切实可行的军事计划来平衡援助不足和战场形势变化带来的困难。10 月 13 日的政治局会议最终决定出兵时，考虑了没有苏空军掩护的情况下要不要和如何参战的问题。彭德怀

---

① 《斯大林致金日成电：中国再次做出援助朝鲜的决定》，1950 年 10 月 14 日，载沈志华主编：《俄罗斯解密档案选编：中苏关系》第 3 卷，上海：东方出版中心 2015 年版，第 97—98 页。

② 毛泽东：《朝鲜情况和对我军入朝参战的意见》，1950 年 10 月 14 日，载中共中央文献研究室、军事科学院编：《建国以来毛泽东军事文稿》（上卷），北京：中央文献出版社、军事科学出版社 2010 年版，第 256—257 页。

③ 中共中央文献研究室编：《周恩来年谱（一九四九——一九七六）》（上卷），北京：中央文献出版社 1997 年版，第 87 页。

认为，斯大林的反应说明，苏联“这是半洗手，但他们能满足我军的武器装备，也可以打”。[①]

当晚，毛泽东与彭德怀、聂荣臻等再次研究了作战方案。毛泽东在会议结束后电告周恩来，他们经决定大幅压缩参战的军事计划。第二天，中国决策层经过反复交换意见，终于确定了出兵后的作战计划，“在平壤、元山铁路以北德川、宁远公路线以南地区构筑两道至三道防御线。如敌来攻则在阵地前面分割歼灭之，如平壤美军元山两路来攻则打孤立较薄之一路。现在的决心是打伪军，也可以打某些孤立的美军。如时间许可则将工事继续增强，在六个月内如敌固守平壤、元山不出，则我军亦不去打平壤、元山。在我军装备训练完毕，空中和地上均对敌具有压倒的优势条件之后，再去攻击平壤、元山等处，即在六个月以后再谈攻击问题”。这个决定被立即通知周恩来，而且在10月21日，由进入朝鲜的彭德怀当面告知金日成，后者则（当然）表示同意。[②]

上述作战方案是前述毛泽东“两步走”设想的具体化。就其实质而言，是林彪提出过的“出而不战”的改进版，即中国军队入朝后屯兵于朝鲜北部，争取至少暂时不与美军作战，甚至实现在一定的条件下，“我军可以不打仗，而争取时间装备训练”。至于6个月以后能否获得毛泽东提出的那种军事优势，这时也是很难预测的。可以肯定的是，毛泽东本人和多数决策者都保留着同美军作战的选项，他们都认为战场目前这种状态下，“出而不战”即不同敌军打仗已经是不可能了。这是合理的判断，不过也可以同样合理地推测，即使中国军队受到条件的限制，只是长期守住这条防线，中国

---

① 参见彭德怀传记组著：《彭德怀全传》（三），北京：中国大百科全书出版社2009年版，第859页；《党的文献》1995年第6期，第87页。

② 柴成文、赵勇田：《抗美援朝纪实》，北京：中共党史资料出版社1987年版，第60页。

领导人也是可以接受的。用毛泽东的话说，这个计划的实质就是“将国防线由鸭绿江推进到德川、宁远及其以南的线，而这是有把握的和很有利益的”。[①] 这是毛泽东等在做战略谋划过程中首次明确使用“国防线”的概念，他们的军事设想的确反映了他们对本土安全利益日益增高的关注。在他们看来，国家安全利益不仅仅包含了本土的安全，而本土安全在战略优先的排序中就是绝对不可受到损害的，其他则可以视条件而定。

这里有必要解释有关档案公布的情况所导致的问题。在《党的文献》杂志2000年为纪念抗美援朝50周年刊发的一组电报中，上面引用的电报中是有“将国防线由鸭绿江推进到德川、宁远及其以南的线，而这是有把握的和很有利益的”这句话的。但是，在之前1993年出版的《毛泽东军事文集》和之后2010年出版的《建国以来毛泽东军事文稿》等公布的这份电报中，都没有了“将国防线由鸭绿江推进到德川、宁远及其以南的线”这段。[②] 这里立此存疑，《党的文献》公布版无中生有地增加这段话的可能性很低，而其他两个版本删去这句的可能性更高。

中国领导人终于提出明确的军事计划具有非常重要的意义。首先是它反映了中苏同盟在应付重大国际危机时所能达到多密切的程度，以及中国和苏联将在一场局部战争中合作的限度。从某种意义上说，中国的军事计划只能是基于对同盟合作的限度的判断。其次是毛泽东对这个计划的阐述表明，中国领导人终于对中国在朝鲜的

① 《毛泽东关于志愿军入朝作战的方针和部署给周恩来的电报》，1950年10月14日，载《党的文献》2000年第5期，第8页。

② 毛泽东：《志愿军入朝作战的方针和部署》，1950年10月14日，载中共中央文献编辑室、中国人民解放军军事科学院编：《毛泽东军事文集》第6卷，北京：军事科学出版社、中央文献出版社1993年版，第122页；毛泽东：《志愿军入朝作战的方针和部署》，1950年10月14日，载中共中央文献研究室、军事科学院编：《建国以来毛泽东军事文稿》（上卷），北京：中央文献出版社、军事科学出版社2010年版，第258页。

战略利益形成了清晰的看法。中国的战略利益简言之，就是不允许敌对大国的军事力量过度靠近中国边境地区，这包括了地缘安全、战略威望和对国际义务的理解等的需求，而当时维护这一战略利益的最佳方式就是采取各种措施，使朝鲜政权在朝鲜半岛生存下去。至于地理界线最终能划在什么地方，主要取决于力量对比、战场形势以及中国决策者对美国意图的判断，等等。总之就是"草鞋没样，边打边像"。

1964 年年底，美国记者斯诺（Edgar Snow）再次访华。时任外交部长的陈毅与他会谈时，特别清楚地证明了中国领导人决策出兵过程中最终形成的战略目标。他说，"麦克阿瑟侵占平壤时，我们说，美国不再北进，有一个地段让金日成住下来，我们不参加"，"但美国一定要打到鸭绿江，我们没办法，只好参加"。①

上述军事计划的形成是中苏协调的重要结果，标志着中苏第三次战略协调的完成。10 月 18 日，周恩来回到北京，彭德怀亦奉召回京参加讨论。彭德怀在沈阳时接到邓华等人的急电，他们提出由于准备不足和得不到空军支援，志愿军应将出兵时间推迟到明年春天。② 这个建议很快被毛泽东否决，北京的决策者们根据周恩来介绍的中苏领导人会谈情况，又一次讨论了是否出兵，并做出参战的最后决定。18 日晚 9 时，毛泽东电令邓华等，务必于第二天率军进入朝鲜。③ 19 日夜，志愿军跨过鸭绿江，开始加入到在境外同美国的战争。

---

① 《陈毅副总理会见美国作家斯诺谈话记录》，1964 年 12 月 11 日，外交部档案馆：106-01265-05。

② 彭德怀传记组著：《彭德怀全传》（三），北京：中国大百科全书出版社 2009 年版，第 862 页。

③ 毛泽东：《志愿军决于十九日开始渡江进入朝鲜作战》，1950 年 10 月 18 日，载中共中央文献研究室、军事科学院编：《建国以来毛泽东军事文稿》（上卷），北京：中央文献出版社、军事科学出版社 2010 年版，第 266 页。

第四节　打过三八线

10月25日，志愿军入朝不久即发起第一次战役并取得胜利，随后到1951年1月20日为止，志愿军又冒着严寒连续发起两次攻势作战。尤其12月31日发起的第三次战役，志愿军在200公里的宽大正面发动进攻，迅速打过三八线，并于1月4日攻占汉城，迫使“联合国军”全线撤到三七线一带。志愿军入朝进攻作战达到巅峰，不过从后来的发展看，这次战役也是志愿军开始由攻转守的一个重要拐点。

如前所述，打过三八线并不是志愿军战前计划中必定要实现的军事目标，参战后初期也不是。仔细分析中国的安全利益和战略规划过程，甚至可以说打过三八线都不是非达到不可的目标。实际上在第三战役的决策过程中，确实发生过是否越过三八线的争论，具体也涉及何时发起这场战役是适当的。1951年4月6日，志愿军党委在金化郡上甘岭上召开扩大会议，为第五次战役进行战前动员。彭德怀在报告中总结了前四次战役的得失，其中谈到第三次战役发起前，志愿军司令部（以下简称志司）“曾经考虑过要不要打过三八线的问题，战役发起后又考虑到取不取汉城的问题”。他说，事后看打过三八线是胜仗，“但当时不急于打过三八线亦没有什么不利，加以准备，可能胜利更大”。[①] 这段发生在战役结束后不久的谈话证明，是否打过三八线在决策过程中是有过争议的；其次是对如何评估战役的进程和结果等，在事后不久也是有过不同看法的。

---

① 彭德怀：《在中国人民志愿军第五次党委扩大会上的讲话》，1951年4月6日，转引自彭德怀传记编写组编：《彭德怀军事文选》，北京：中央文献出版社1988年版，第383页。

分析和评价战略决策存在两个层次的问题。其一是如何合理地界定行为体的战略利益；其二是如何付出尽可能少的代价来实现被界定的战略利益。它们共同构成了具有普遍性的基本的分析和评价标准。当时中国决策者在是否参战的决策过程中，基本界定清楚了中国的战略利益，即首先是阻止美军过度靠近中国边境地区，同时履行同盟义务。为维护这种战略利益，有必要采取军事行动使朝鲜政权在朝鲜北部而不是中国生存下去，以及随之而来的是考虑如何付出尽可能低的代价。这当然适用于对此后一系列决策的评估。

中国决策的变动最初出现在中国内部系统中。如前所述，志愿军于 1950 年 10 月 19 日进入朝鲜，25 日发起第一次战役。从入朝后的第一次作战行动看，毛泽东已经明显趋向提升原定的作战目标，虽然是逐步的，但也的确相当迅速。引起这种变化的首要和最直接的原因，当然是战场形势，特别是与美军最初的直接较量。根据前述入朝前的设想，志愿军应争取控制龟城、泰川、德川、宁远到五老里一线以北地区，建立几道防御线。问题是“联合国军”占领平壤后迅速向北进攻，10 月 20 日，西线的韩国先头部队三个师已经进抵离志愿军预定防线 90—130 公里的顺川、新仓里、成川、破邑一线。东线韩国先头部队一个师则已进抵志愿军预定的设防地区。21 日，“联合国军”从平壤、元山全线大举北进，这时志愿军部队离那里的距离比韩国军队要远将近一倍。简言之志愿军已失去抢占预定防区的时机。

中国决策者立即选择了进攻性方针。10 月 21 日，毛泽东电令彭德怀等，迅速向韩国军队发动进攻，以“转变朝鲜战局”。他没有具体解释“转变朝鲜战局”的含义，但改变预定计划的意图是明显的。他在电报中说，美军和韩国军队兵分两路大胆北进，志愿军的方针“是争取战机”，几天之后即开始作战，“而不是先有一个时期部署防御然后再谈攻击的问题”。[①]

志愿军司令部将领同样明白已无法实施预定计划，至于应采取何种军事行动，他们同毛泽东的想法既有共同点，也有差别。彭德怀认为，志愿军有可能也有必要立即以运动战方式，歼灭部分韩国军队，以打击“联合国军”士气并使其不敢冒进。[②] 不过，10 月 22 日，他在给毛泽东的回电中也说明，未来半年的基本方针“是保持长津、熙川、龟城以北地区和长甸河口、辑安、临江渡河交通”；在没有制空权的情况下，东西沿海诸城市甚至新义州等，都“应勇敢加以放弃”，当前作战的目的是“争取扩大和巩固元山、平壤线以北山区”。[③] 这相当于即使立即发起进攻，也还是要坚持既定计划。

毛泽东的回电表明，他认为彭德怀的计划有些保守。23 日，他回电提出应根本改变原定的作战方针，认为志愿军初期的攻击作战可能导致三对变数：其一是如果取得较大胜利，美军会停止进攻，甚至在一些地区后退；反之如果战果不大，美军增援迅速，战局将对志愿军不利。其二是如果美空军给志愿军造成重大损失，志愿军将处于很困难的境地；反之，志愿军就可以通过运动战，大量歼灭美军，或迫使美国统一和谈，或志愿军进一步逐一攻占所有的大城市。其三是美军大量增兵而志愿军运动战并不顺利，这会造成被动和困难；反之则对志愿军有利。毛泽东基于其分析和判断，提出“应当力争此次战役的完满胜利”，目的是“力争在敌人从美国或他处增调兵力到朝鲜以前多歼灭几部分敌人的兵力”，并“在稳当

---

① 毛泽东：《志愿军打好出国第一仗》，1950 年 10 月 21 日，载中共中央文献编辑室、中国人民解放军军事科学院编：《毛泽东军事文集》第 6 卷，北京：军事科学出版社、中央文献出版社 1993 年版，第 128—129 页。

② 军事科学院战史研究部：《抗美援朝战争史》第 2 卷，北京：军事科学出版社 2000 年版，第 13 页。

③ 参见王焰主编：《彭德怀年谱》，北京：人民出版社 1998 年版，第 445 页。

可靠的基础上争取一切可能的胜利”。①

仔细分析毛泽东在这封电报中提出的设想，可以看到有两个明显的特点。第一是与之前比更富进取性和进攻性；第二是仍然保持着相当程度的模糊性。根据他的三个预判，新方针的上限包括在具备某种条件（如美空军作用不大等）的形势下，通过运动战大量歼灭美军，较快地结束战争；下限则是在非常困难的情况下，进行长期作战，争取和谈。与此相联系的战役部署则是要力争最好的结果，这既是他的性格使然，也同他在最初决定出兵时的偏好有很大关系。他更强调国际主义道义，并更渴望能将美军赶出朝鲜半岛。不承认这种个人认知偏好上的区别，就很难完整解读后来的一系列争议的原因。

10 月 25 日，志愿军发动了第一次战役并取得了首战胜利。志愿军在这次战役中坚决贯彻了新作战方针，主动发起进攻并迅速击退了北进的“联合国军”，遗憾的是没有能大量歼灭“联合国军”作战部队。彭德怀的评价是中肯的，他说这次战役胜利的意义是稳定了“朝鲜北部战局，使友军得到了收容整训的时间”，以及志愿军“在朝鲜北部站稳了脚跟”，获得了“新的经验”，但歼灭敌有生力量不多，故不能根本扭转战局。② 实际上到战役结束时，42 军仍在东线阻击“联合国军”的进攻。这意味着毛泽东设想的第一、第二两对变数中的有利情况并没有出现。战役结束后不久，志司即提出“巩固胜利，克服当前困难，准备再战”的方针，利用山区隐

① 毛泽东：《在稳当可靠的基础上争取一切可靠的胜利》，1950 年 10 月 23 日，载中共中央文献编辑室、中国人民解放军军事科学院编：《毛泽东军事文集》第 6 卷，北京：军事科学出版社、中央文献出版社 1993 年版，第 140—141 页。

② 彭德怀：《入朝作战第一次战役的基本总结及第二步作战的方针》，1950 年 11 月 13 日，转引自彭德怀传记编写组编：《彭德怀军事文选》，北京：中央文献出版社 1988 年版，第 336 页。

蔽休整部队，待“联合国军”进攻深入后寻机再战。[①]

毛泽东对战局的思考同样受到战役结果的影响。一方面，因战役的胜利，毛泽东主张继续通过运动战迅速大量歼灭“联合国军”作战力量。另一方面，既然第一次战役尚未取得他设想的最佳战果，志愿军下一次作战的目标就应该是争取根本扭转战局，将“防御局面改变为进攻局面”。[②] 他因此提出，将德川方向作为战略重点，争取“将战线推进至平壤、元山间铁路线区域”。他说如此“就在根本上胜利了”。[③] 这里所谓“根本上胜利”，可以理解为取得了战场主动权。如果能将战线向南推进到平壤、元山以北一线，建立德川、球场、宁边及其以北以西的战略后方，便可造成“立于不败之地”的战略态势。这也是出兵前夕确定的战略方针，区别只不过在于现在是通过向“联合国军”进攻才能实现。所以，第二次战役虽然是进攻作战，但它要达到的作战目标同出兵前夕的计划保持了基本一致。

第二次战役的进程大大超出中国决策层的预期，战场局势出现未曾料到的戏剧性变化。1950 年 11 月 25 日，西线志愿军发起进攻，拉开第二次战役的序幕。“联合国军”遭受突然打击后出现大溃败，大批主力迅速向南狂撤，于 12 月 5 日放弃平壤，然后一路退向三八线以南。

国际局势亦随战场形势出现变化。首先是苏联阵营一片兴高采

---

① 《彭德怀致毛泽东并告高岗电》，1950 年 11 月 4 日，转引自军事科学院军事历史研究部著：《抗美援朝战争史》第 2 卷，北京：军事科学出版社 2000 年版，第 76 页。

② 毛泽东：《朝鲜战局是可以改变的》，1950 年 11 月 13 日，载中共中央文献编辑室、中国人民解放军军事科学院编：《毛泽东军事文集》第 6 卷，北京：军事科学出版社、中央文献出版社 1993 年版，第 201 页。

③ 毛泽东：《争取在元山顺川铁路线以北创造战场》，1950 年 11 月 5 日；《同意志愿军下一步的作战方针和部署》，1950 年 11 月 9 日，载中共中央文献编辑室、中国人民解放军军事科学院编：《毛泽东军事文集》第 6 卷，北京：军事科学出版社、中央文献出版社 1993 年版，第 194、198 页。

烈，12月1日，斯大林发来一份热情洋溢的贺电“致以由衷的敬意”，并表示中国军队将变成同苏军一样“完全现代化的、装备精良的、威力强大的军队”。[①] 另一边，美国阵营内部议和的主张明显高涨。此外还有一些国家提出，通过联合国调停来实现停战，这当然有些莫名其妙，因为在朝鲜与中国作战的主力部队还打着“联合国军”的旗帜。比较突出的是亚洲13国一面联合呼吁志愿军不要打过三八线，同时起草了一份《朝鲜和平方案》，其中有的国家则在私下向中方试探如何解决朝鲜半岛问题。[②]

志愿军要不要打过三八线的问题就是在这样的军事的和国际的背景下，突然进入中国的决策程序，并集中反映到第三次战役的谋划过程中。

第三次战役开始策划于1950年12月初，它最初涉及的是第二次战役第二阶段作战如何发展的设想。这时志愿军的战果已经大大超出预期的战役目标，而“联合国军”快速撤到三八线以南，从而出现一周左右的作战间歇期。由此演变出了发动第三次战役的谋划。

由于军事形势急剧变化和志愿军与朝鲜需要建立适当的军事指挥关系，金日成在与彭德怀协商后，于12月3日秘密访华，与毛泽东、周恩来等讨论战争形势、军事战略和建立中朝军队的联合指挥机构，等等。毛泽东在此次会谈中仍然阐述了应作长期打算即“准备至少打一年”，不过真正令人印象深刻的是他对战局的看法发生两个重大变化。其一是战争有可能较快地以中朝全面胜利而结束；其二是提出美军退到三八线以南是停战的必要条件。他说

① 沈志华编：《朝鲜战争：俄国档案馆的解密文件》（中册），台北：台湾“中央研究院”近代史研究所2003年版，第643页。

② 《中美关系资料汇编》第2辑（上），北京：世界知识出版社1957年版，第321页；The United States Representative at the United Nations (Austin) to the Secretary of State, New York, December 9, 1950, U.S. Department of State, ed., *Foreign Relations of the United States*, (hereafter *FRUS*), 1950, Korea, Volume Ⅶ, pp. 1488–1489.。

“战争有可能迅速解决”，以及基于这个判断，他针对国际上停战的呼声，明确提出了政治解决的指导原则，即美国“必须承认撤出朝鲜，而首先撤至三八线以南”。按他的设想，“最好我们不但拿下平壤，而且拿下汉城，主要的消灭敌人，首先是全歼伪军，对促进美国撤兵会更为有力量”。[①] 会谈后不久，金日成曾私下向苏联方面透露说，他的理解是中方实际上“不同意让部队打到三八线便停下来”。[②]

毛泽东在同金日成会谈中提出的这些看法和设想，第二天通过电报转达给彭德怀等志愿军将领。这里有必要指出，中国参战后，他这是第一次在中国决策层内部达成共识之前，首先直接向盟友表达如此大幅调整战争计划的设想，然后再通告前线军事将领。这实际上意味着中国决策程序出现某种改变，结果是有可能使盟友之间的协商被置于中国内部的军事决策程序之前，其影响值得分析。它至少会扩大对盟友承诺在决策过程中的影响力，也难免会影响到志愿军将领的思考。

当时金日成固然表示同意，另一个盟友苏联方面也感到满意。直到第二次战役发动之前，斯大林没有公开干预过志愿军制订军事计划，也没有提出任何超出以三八线为界进行和谈的设想或要求。12 月初，13 国提出停火草案后，苏联明显地表现出不希望中国接受停火。4 日，中国驻苏联大使王稼祥利用回国前辞行的机会，会见时任苏联外交部长的葛罗米柯（A. A. Gromyko），其间，询问了苏联对朝鲜停战和志愿军军事计划的看法。后者表示，美国并没有提出“和平解决朝鲜局势的建议”，至于志愿军是否应该打过三八

---

① 《中共中央致彭德怀并高岗电》，1950 年 12 月 4 日，转引自军事科学院军事历史研究部：《抗美援朝战争史》第 2 卷，北京：军事科学出版社 2000 年版，第 162 页。

② 《拉祖瓦耶夫致葛罗米柯电：金日成访华结果》，1950 年 12 月 5 日，载沈志华主编：《俄罗斯解密档案选编：中苏关系》第 3 卷，上海：东方出版中心 2015 年版，第 150—151 页。

线，他说苏联没有特别的意见，但中国有句话是“趁热打铁”。[①]由此可见，苏方是希望志愿军打过三八线的。不过他们并没有主动提出过这类建议。

随着苏方了解了中朝会谈内容，开始明确表示志愿军应打过三八线。[②]这期间苏联驻朝代表和金日成频频向彭德怀施加影响，要求志愿军打过三八线。斯大林一方面继续坚持要求朝鲜应尊重志愿军将领的决定，并批评苏联代表必须端正态度；他同时也向毛泽东宣布，苏联将向志愿军增加2000辆汽车。[③]这是用实际行动解决志愿军提出的继续发动进攻所带来的后勤供应的困难。客观地看，这期间苏联援助的大幅增加必然会扩大斯大林对中国决策的影响力。例如，最突出的是苏空军在志愿军参战后，很快参加中国边境地区的防空作战，并受命可以进入朝鲜一侧上空作战。12月3日，苏空军五十师接获指令，“保护北朝鲜中国志愿军的后方”。从志愿军入朝到12月的两个月时间里，苏空军出动作战飞机达1079架次。[④]

同时发生的上述重要事件不影响中国决策层对朝鲜战局的思考是很难想象的。中国与苏联在越过三八线的决策过程中是相互影响，相互推动的。在重大决策过程中，任何外部因素会产生何种影响都取决于两个基本条件。一是该因素在决策过程中客观上的重要性；二是决策者对该因素是否重视以及重视的程度，而且重视的程

---

① 《葛罗米柯与王稼祥会谈纪要：征求苏联对和谈的意见》，1950年12月4日，载沈志华主编：《俄罗斯解密档案选编：中苏关系》第3卷，上海：东方出版中心2015年版，第145—146页。

② 《葛罗米柯致电罗申：苏联同意中国政府停止军事行动的条件》，1950年12月7日，载沈志华主编：《俄罗斯解密档案选编：中苏关系》第3卷，上海：东方出版中心2015年版，第152—153页。

③ 毛泽东：《打一个胜仗后休整准备春季攻势》，1950年12月29日，载中共中央文献编辑室、中国人民解放军军事科学院编：《毛泽东军事文集》第6卷，北京：军事科学出版社、中央文献出版社1993年版，第252页。

④ 参见沈志华：《无奈的选择：冷战与中苏同盟的命运1945—1959》（上），北京：社科文献出版社2013年版，第255页。

度往往决定着该因素在实际上会产生何种影响。在联盟政治中，苏联一旦表达态度，就会在相当大的程度上提升中国决策者对问题的重视程度。在打过三八线的问题上也不会有例外。最初是志愿军的胜利使毛泽东倾向于改变军事计划，提高军事目标；接着是苏方鼓励中国决策层选择打过三八线，并因此不支持中方在志愿军越过三八线以前开始停战谈判；然后是毛泽东虽然了解了志愿军的实际困难，却必须考虑苏联的决定和反应。结果是盟国之间就打过三八线达成的共识，成了中国内部决策系统谋划第三次战役的一个出发点，志愿军将领则由此出发策划军事行动。这种程序在客观上扩大了盟国对决策的影响，是不争的事实。

12 月 4 日，在接获毛泽东、金日成会谈的通报和毛泽东有关“如平壤敌已退，则向三八线攻进”的指示之后，彭德怀于当天 24 时报告中央军委，在追击作战中“如敌放弃平壤、元山线时，我即追越三八线，相机进攻汉城”。[①] 这是目前能看到的志愿军领导人首次提出要打过三八线的文献，毛泽东第二天 7 时即回复说，“所述战役部署甚好，望即照此执行”。[②]

不过，在志司内部的讨论中，很快就围绕打过三八线问题出现了与毛泽东不同的看法。志愿军将领们讨论的主要是两个问题：是否打过三八线和应在何时发起第三次战役。时任志愿军后勤部长洪学智和政治部主任杜平事后都回忆说，接到 12 月 4 日毛泽东与金日成会谈内容后，彭德怀曾组织他们讨论下一步作战方案。彭德怀当天深夜虽然提出了越过三八线进攻汉城的设想，但也只是一种设想，他有可能是受到毛泽东来电的激励，但更可能是针对战场形势

---

① 彭德怀：《十二月四日二十四时给军委的电报》，载彭德怀传记编写组编：《彭德怀军事文选》，北京：中央文献出版社 1988 年版，第 352—353 页。

② 毛泽东：《同意东西两线作战部署》，1950 年 12 月 5 日，载中共中央文献研究室、军事科学院编：《建国以来毛泽东军事文稿》（上卷），北京：中央文献出版社、军事科学出版社 2010 年版，第 397 页。

的变化。如果联系到发动第二次战役力争多消灭敌军作战力量的设想，彭德怀提出相机扩大作战地域到三八线以南，在逻辑上不会只是为了占地而向南行军。现实的局面是到7日，“联合国军”按计划已经全线后退到三八线以南，这导致志司想定的在运动战中歼敌有生力量的目标很难实现。

此外，越过三八线大大超出了第二次战役的设想。根据彭德怀之前的作战命令，第二次战役是要“将战争推到平壤、元山地区，在消灭敌人至少六七个团，使敌人由进攻转入防御”。[①] 基于战役策划和“联合国军”全线后撤，8日，彭德怀致电毛泽东，针对迅速改变的战场形势明确提出，如能大量歼敌则越过三八线并“相机取得汉城”；如不能歼灭韩国和美军各两个师，就在三八线以北数十里停止，准备明年“再战时歼灭敌人主力”，作战时间大约是在“三月初旬”。[②] 这应该是经过志司将领研究后的建议，简单地概括就是志愿军打过三八线应该是有条件的，包括大量歼敌有生力量，以及尤其需要空军参战，以掩护已经大幅拉长的交通运输线。

13日，毛泽东回电否定了志司有条件越过三八线的意见。他明确提出“我军必须越过三八线”，反之会“给政治上以很大的不利”。他说美英正要求中方停在三八线，“以利其整军再战”。[③] 15日，彭德怀下达了相机越过三八线、准备在汉城以北地区作战的命令。[④] 两天后，毛泽东又催促志愿军尽快发起攻击，甚至不必等待补充兵力，即可展开攻势。他设想“每一战役，以歼灭美李军一万

---

① 彭德怀：《入朝作战第一次战役的总结及第二步作战的方针》，1950年11月13日，载彭德怀传记编写组编：《彭德怀军事文选》，北京：中央文献出版社1988年版，第341页。

② 中共中央文献研究室和军事科学院编：《建国以来毛泽东军事文稿》（上卷），北京：中央文献出版社和军事科学出版社2010年版，第409页。

③ 毛泽东：《中国人民志愿军必须越过三八线作战》，1950年12月13日，载中共中央文献研究室、军事科学院编：《建国以来毛泽东军事文稿》（上卷），北京：中央文献出版社、军事科学出版社2010年版，第408页。

④ 王焰主编：《彭德怀年谱》，北京：人民出版社1998年版，第455页。

人左右至两万多人为目标，兵力似已够用”，“太多兵力也用不着”。[①] 这些电报的内容证明，毛泽东对军事形势的判断更加乐观了，而且这种乐观强化的速度很快。这有主客观两方面的原因。

首先是情报。12 月 11 日，毛泽东密电彭德怀等人，告从情报系统获悉，华盛顿派遣柯林斯（Joseph Collins）将军到日本会见麦克阿瑟（Douglas MacArthur）。柯林斯与麦克阿瑟会商后认为，“联合国军”“在朝鲜的态势无希望”，按照目前中朝军队进攻的速度和范围，“不能组织长期的防御”，故可能正准备撤军。电报说这个情报准确与否，在志愿军进抵汉城时“可以证明”了。[②] 毛泽东显然有通过军事进攻测试美军战略意图的考虑，这在情理之中。事实证明，这个情报虽有根据但肯定不准确。美军的确制定了在军事大败后从朝鲜撤军的应急计划，但柯林斯给华盛顿的报告中的判断是，美军在朝鲜半岛的真实状况比在华盛顿了解的要好得多，美国还是应该也可以坚持打下去的。[③]

其次如上述所证明的，毛泽东这时对战场形势是非常且日益乐观的。5 日晚，他挥毫撰写了一篇有关战场胜利的新闻稿，并指示胡乔木立即播出。这篇文稿中洋溢着胜利的激情和乐观情绪，诸如残敌“均向南面狂逃”“节节南逃”“恐慌万状，急于逃命”“受到歼灭性打击”，而志愿军则“大举反攻”“全线追击”，等等。由于此类描写甚多，难以将其完全解读为鼓舞士气和政治动员的夸张之

① 毛泽东：《关于志愿军兵力使用的意见》，1950 年 12 月 17 日，载中共中央文献研究室、军事科学院编：《建国以来毛泽东军事文稿》（上卷），北京：中央文献出版社、军事科学出版社 2010 年版，第 410 页。

② 毛泽东：《关于美军似准备从朝鲜撤退情报的通报》，1950 年 12 月 11 日，载中共中央文献研究室、军事科学院编：《建国以来毛泽东军事文稿》（上卷），北京：中央文献出版社、军事科学出版社 2010 年版，第 405 页。

③ 参见资中筠主编：《战后美国外交史——从杜鲁门到里根》（上册），北京：世界知识出版社 1994 年版，第 219—220 页。

词，其中还是反映了对战局的真实感受。第二天晨7时，他批复了彭德怀前述第一封关于将“进越三八线”的电报。当天志愿军就顺利进占平壤，晚上毛泽东又亲撰新闻稿，描述了中朝军队“下午二时进入平壤城”，以及美韩军队残部向南“溃逃”。[①] 这种乐观的心情导致他倾向于高估战场的有利因素和愿意相信有利的情报，是符合常理的推断。

毛泽东关于迅速打过三八线的命令对志司将领们来说的确是始料不及的，究其根本原因是他们对战场的力量对比以及由此产生的对战争前景的估计等，远没有毛泽东那么乐观。当时“联合国军”部署在一线的部队达26万，中朝军队加在一起为30万，数量并不占绝对优势，而且部队经过连续两次作战，已相当疲劳。更严重的是后勤供应困难，运输线拉长两倍但运输能力明显不足，例如西线主力部队20万人，仅有300辆汽车负责运送各种物资。

19日，彭德怀电报毛泽东，详细地阐述了对战争前景的不同看法。他说，“据我看朝鲜战争仍是相当长期的、艰苦的。敌人由进攻转入防御，战线缩短，兵力集中，正面狭小，自然加强了纵深，对联合兵种作战有利”；“政治上，敌马上放弃朝鲜，对于帝国主义阵营来说是很不利的，英法也不要求美国这样做”；故“我军目前仍应采取稳进”，“能否控制三八线，亦须看当时具体情况再行决定”。[②]

两天后，毛泽东复电表示，在“打法上完全同意你的意见”，但他坚持甚至更明确地指出，战争有较早结束的可能性。他说“就总的方面说，只要能歼灭伪军全部或大部，美军即陷于孤立，不可能长期留在朝鲜。如能再歼灭美军几个师，朝鲜问题就更好解决”。

---

① 中共中央研究室编、逄先知、冯蕙主编：《毛泽东年谱（一九四九——一九七六）》第1卷，北京中央文献出版社2013年版，第258页。

② 参见军事科学院战史研究部：《抗美援朝战争史》第2卷，北京：军事科学出版社2000年版，第164页；中共中央文献编辑室、中国人民解放军军事科学院编：《毛泽东军事文集》第6卷，北京：军事科学出版社、中央文献出版社1993年版，第246—247页。

他再次强调，志愿军要坚决打过三八线，要打破“三八线在人们中存在的旧印象”，以便为未来作战保持更大的选择余地，避免被三八线束缚。① 从行文的逻辑看，他这时对战争结局的设想已经大大超越了出兵前的计划，所以他才会如此注意为未来的选择保留更大的空间，包括了在三八线以南展开大规模军事行动。

另一个分歧是何时发起第三次战役。12 月 24 日，志愿军进抵三八线以北地区集结。第二次战役就此结束，正在策划中的进攻作战就此向“第三次”战役转变。此时志愿军的战役准备仍在进行之中，毛泽东与志司将领们的讨论也在继续。由于“联合国军”迅速北撤，志司指挥员都认为，1951 年 2 月、3 月或更晚一些再发起新的战役，才是合理的。② 但毛泽东的决心是 1 月上旬即发动进攻，一举打过三八线再休整。这里顺便指出，彭德怀等提出的“3 月初”发动新的战役，是志司早已规划的时间表，而且这是基于持久作战（约三年）的设想。第一次战役结束后，1950 年 11 月 16 日，彭德怀、高岗与金日成曾召开会议，讨论战场形势、作战计划和联合中朝军队的指挥机构。彭德怀向金日成详细介绍了中方选择参战的时机和志司的作战规划，提出第二次战役将把战线推进到安州—咸兴一线，而反攻的计划拟于“1951 年 3 月开始”。③

12 月 29 日，毛泽东致电彭德怀，列举了不立即打过三八线可能会在国际上造成的消极影响，以及反之，立即行动可能带来的积极效果，特别是能促使苏方的态度更加积极。他在说如不较早发动

---

① 毛泽东：《朝鲜作战必须作长期打算》，1950 年 12 月 21 日，载中共中央文献研究室、军事科学院编：《建国以来毛泽东军事文稿》（上卷），北京：中央文献出版社、军事科学出版社 2010 年版，第 414 页。

② 杜平：《在志愿军总部》，北京：解放军出版社 1989 年版，第 140 页。

③ 《什特科夫致葛罗米柯电：彭德怀与金日成讨论前线形势和对策》，1950 年 11 月 17 日，载沈志华主编：《俄罗斯解密档案选编：中苏关系》第 3 卷，上海：东方出版中心 2015 年版，第 122 页。

攻势，“必引起资本主义各国甚多揣测，民主阵线各国亦必有些人不以为然，发生许多议论”；反之则“对民主阵线及资本主义各国人民大众影响甚好，对帝国主义则给以新的一击，加重其悲观失败情绪”；最后一点是斯大林还“自动提议增加汽车二千辆，解决你们的困难问题”，等等。[①]

毛泽东这时如此强调尽快打过三八线的国际影响，原因之一他认为志愿军的连续胜利使中国在亚洲革命运动中的威望大幅提升。12月31日，毛泽东、刘少奇等人宴请尤金（P. F. Iulin），畅谈了朝鲜战争和亚洲革命运动。毛泽东告诉尤金，亚洲各国共产党都要求中国“给他们建议和帮助”，现在“北京聚集了除印度共产党以外的所有亚洲共产党的代表”，中共应“给予他们建议和各方面的援助”，而苏联应该在北京设立联络机构，以便加强双方推动亚洲革命运动的合作。刘少奇随后详尽介绍了他了解的亚洲一些国家共产党的情况，并询问能否建立一个中共中央领导下的苏共常驻机构，其成员为苏联的亚洲问题专家。[②]

毛泽东在北京的决定使前线将领们颇感困难，他们的计划主要依据的是战场形势和军事准备的需要，而毛泽东坚持立即打过三八线，其理由的很大部分是基于国际政治斗争需要的考虑。他们认为军事固然必须服从政治需要，但是“政治斗争又应如何照顾军事斗争的实际情况呢”？[③] 正在养病的副司令邓华给彭德怀的信是有代表性的。他基于系统性分析指出，“第三个战役可能打出三个可能：

---

① 《打一个胜仗后休整准备春季攻势》，1950年12月29日，载中共中央文献编辑室、中国人民解放军军事科学院编：《毛泽东军事文集》第6卷，北京：军事科学出版社、中央文献出版社1993年版，第252—253页。

② 《尤金致斯大林报告：与中共领导人会面情况》，1951年1月20日，载沈志华主编《俄罗斯解密档案选编：中苏关系》第3卷，上海：东方出版中心2015年版，第210—212页。

③ 杜平：《在志愿军总部》，北京：解放军出版社1989年版，第142—143页；洪学智：《抗美援朝战争回忆》，北京：解放军文艺出版社1990年版，第115—116页。

一为敌被迫谈判求和，二为被迫撤出朝鲜，三为安上桥头堡一个（大丘、釜山）或两个（汉城、仁川）。如我能歼灭比上一战役更多的美军，则可能出现第一、二个可能，否则为第三个可能。根据今天情况看来，第三个可能大。因敌有两次经验，且兵力更加集中了。虽如此，我们仍应争取前两个可能，缩短战争时间，于全局有利"；"假如打成第三种局面，我意作较长期打算。保留小部分（两三个军）配合人民军并撑他们的腰，广泛开展游击战，来纠缠疲惫和消耗敌人"。[①]

如何能协调政治需要与军事困难之间的矛盾，成为志司将领反复考虑的问题。彭德怀最终决定通过制订一个相对保守的战役计划来协调政治考虑与军事现实，这凸显了他极为高超的战略指挥才能。他电告毛泽东，考虑到军事上的实际情况，第三次战役打败仗倒是不可能的，但有可能攻击受阻或胜利不大。他提出采取"稳进方针"，即"专打伪军，目标缩小，能吃就吃，适时收兵"，越过三八线后"不去威胁汉城"；如"联合国军"主动放弃汉城，就让"人民军一军团前往占领"，志愿军则"撤至三八线以北"。[②] 26 日，毛泽东回电明确支持了彭德怀的"稳进方针"，而且指出作战"如不顺利则适时收兵，到适当地点休整再战"；战役结束后"后退几十公里进行休整"。[③] 打过三八线就这样确定下来。

还有必要进一步分析毛泽东接受相对保守的战役计划的主要考虑。毛泽东与志司将领分歧的根源是对当时战场形势乃至整个战局

---

① 参见军事科学院战史研究部：《抗美援朝战争史》第 2 卷，北京：军事科学出版社 2000 年版，第 165 页。

② 参见军事科学院战史研究部：《抗美援朝战争史》第 2 卷，北京：军事科学出版社 2000 年版，第 166 页；杜平：《在志愿军总部》，北京：解放军出版社 1989 年版，第 152 页。

③ 毛泽东：《第三次战役结束后全军主力均应后撤休整》，1950 年 12 月 26 日，载中共中央文献研究室、军事科学院编：《建国以来毛泽东军事文稿》（上卷），北京：中央文献出版社、军事科学出版社 2010 年版，第 420—421 页。

的发展趋势等，都有非常不同的判断，以及对军事问题与国际政治的关系有很不同的关注度和不同的重点。毛泽东主张尽早打过三八线是基于对战争形势的乐观判断和对国家威望——尤其是在盟国中威望的重视，不过他毕竟有极为丰富的战争经验，熟谙处理与战场指挥官间复杂关系之道，加上之前美军在仁川登陆后朝鲜人民军惨败的教训，这些都会使他考虑将政治考虑尽可能与战场实际情况相协调。不过这时更重要的还是毛泽东在内战中积累的军事经验使他继续抱有一种期待，即通过运动战大量歼灭“联合国军”有生力量来争取达到速胜的目的，最终迫使美军撤出朝鲜半岛。

毛泽东的主要战争经验来自中国内战战场，他更擅长也特别强调通过大规模运动战歼灭敌有生力量的重要性。他认为争取在三八线南北地区通过运动战大量歼灭“联合国军”有生力量，这才是上上策，因此不主张长距离追击作战或攻坚战，更不要说阵地防御战。他这时甚至指示彭德怀，可以放弃派朝鲜人民军深入南方展开游击战的计划，这样才有利于诱使“联合国军”继续将主力置于三八线和三七线之间，他们“固守汉城不退，则对我更为有利”，而不是撤到更南部去“扼守大邱、釜山狭小地区”。[①] 彭德怀在总结第一次战役后提出的战略设想中，在南方展开游击战有重大战略价值，“是当前我军作战不可少的部分”，可以“从战略上分散了敌人的兵力，配合主战场歼灭敌人”。[②] 毛泽东否定了这种战略安排，这也从一个侧面说明，他还没有接受志司将领对战争的长期性和艰苦性的判断。

---

① 毛泽东：《第三次战役结束后全军主力均应后撤休整》，1950 年 12 月 26 日，载中共中央文献研究室、军事科学院编：《建国以来毛泽东军事文稿》（上卷），北京：中央文献出版社、军事科学出版社 2010 年版，第 424 页。

② 彭德怀：《入朝作战第一次战役的基本总结与第二步作战方针》，1950 年 11 月 3 日，载彭德怀传记编写组编：《彭德怀军事文选》，北京：中央文献出版社 1988 年版，第 338—339 页。

不过仍有必要指出这个决策的两个基本特点：第一，打过三八线决策是战争发展到一定阶段的产物，同中国的战略目标的模糊性（或曰弹性）有直接关系。第二，越过三八线是更多考虑政治需要的军事决策。“战争是政治的继续”，战争中的军事计划经常要根据政治需要进行调整。战争决策之所以被称为一门艺术，其原因之一就在于，当政治目标与军事能力之间出现矛盾时，如何能有效与合理地予以协调。这包括协调的机制是否有效，制度的保障是否可靠，以及决策者是否具有协调的智慧和能力。从这个角度看，彭德怀最终的选择是合理的，毛泽东予以批准也是明智的，这为未来面对不确定环境时，保留了可以做出更多选择的空间。

12 月 31 日夜，志愿军发起第三次战役。“联合国军”很快放弃汉城，向南撤退到三七线附近。综合评估这次战役，志愿军占领了汉城以及三七线以北一些地区，也基本上取得了预期的政治效果，中国在同盟以及地区的政治影响力大幅上升。但是，由于“联合国军”主动快速后撤，志愿军还是没能大量歼灭其作战力量，即毛泽东和志司设想的最有利的结果——既攻占汉城又大量歼灭“联合国军”等，并没有出现。实际上，到战役结束阶段，志愿军在战场的处境正出现逆转，已经有必要及时变更作战方针。问题是战役谋划阶段存在的一些重要误判这时不仅没消除，有些还在继续发酵，这表现在决策层一度举棋不定。

后来战场形势的发展很快证明，发动第三次战役在政治上或有其合理的理由，在军事上的确有些勉为其难了。事实证明，在战略决策中坚持“惧高戒满、守泰持盈”这个根本性原则并不容易，尤其是在战局顺利的时候。特别是毛泽东刚刚在一个规模如此巨大的国家指挥打赢了统一战争，他最近的战略经验就是“宜将剩勇追穷寇，不可沽名学霸王”。

第五节　“局部化”战略与决定谈判

从1951年1月始到6月，中国决策层开始酝酿是否进行停战谈判。如果更详细地追溯，这个过程开始于第二次战役期间，完成于第五次战役之后。1951年5月，战场形成军事僵持局面。这是中国决策层选择开始停战谈判的最直接原因；从深层次看，这个决策是“战争局部化”（以下简称“局部化”）战略原则的合逻辑的产物。这里所说的“局部化”战略原则包括两个关键内容：第一，尽可能防止战争扩大到中国本土；第二，不准美国在朝鲜北部尤其是靠近中国边境的地区实行军事占领。它形成于出兵决策过程之中，贯穿其中的逻辑在根本上决定着中国出兵和军事方针，直至最终结束战争的方式。

一般地说，研究局部战争中的战略原则，包括对参战方战略利益的分析与认定、对力量对比的分析和判断、对战争目标的确定和变动的界定和解读等，对于认识甚至预见一场局部战争的规模、一般进程和结局等，都具有特别重要的价值。这个结论也同样适用于研究中国在抗美援朝战争中的“局部化”战略。

“局部化”最初是中国决策层概括朝鲜战争的范围和规模的一种话语，它首次出现在1950年8月13日高岗在东北边防军高级干部会议的动员报告中。他在阐述出兵到朝鲜作战更有利于维护中国本土安全的观点时指出，美国并没有做好大战准备，“所以这一战争只能是局部性的”。[①] 按照这个逻辑，中国出兵只会是中美在朝

① 《高岗在沈阳军事会议上的讲话》，1950年8月13日，转引自军事科学院战史研究部：《抗美援朝战争史》第1卷，北京：军事科学出版社2000年版，第92页。

鲜作战，不会引发大战，这样做还有利于保护本土安全，这当然符合中国的战略利益。该报告同会议动员情况一起上报给毛泽东，后者在 18 日回复中说："这个报告是正确的。"① 这大致反映了中国决策层在打一场局部战争上是有共识的。

周恩来 1950 年 10 月 3 日会见潘尼迦时，首次准确地阐述了"局部化"的含义。他当时用朝鲜战争"地方化"一词概括中方关于"局部化"的含义，即朝鲜半岛立即停战，外国军队应该撤退，首要条件是美军不得越过三八线。② 这是对"局部化"的第一次完整表述，正如他后来在 11 月 13 日所说的，中国出兵就是为了使战争"局部化"，使美国"知难而退"，"朝鲜问题在它本国获得解决"。③

可以合理地推论，"局部化"战略的逻辑决定了通过谈判解决有关的军事问题的选项一直存在。实际上，在朝鲜战争爆发之际，中国决策体系中就有关于谈判解决的议论，包括有没有可能和谈解决北南冲突和限制战争的范围，等等。④ 当时议论存在于较低层级，且仅仅是推测。值得重视的是，斯大林在 10 月 5 日电报中已经提出，如果中国参战，就有可能迫使美国谈判解决朝鲜问题。他的说法是，经过与中国的"一场认真的较量"，美国"将不得不接受就朝鲜问题进行调停的条件"。⑤ 这可以说就是个"以战迫和"的设

---

① 毛泽东：《东北边防军务必在九月三十日以前完成一切作战准备》，1950 年 8 月 18 日，载中共中央文献研究室、军事科学院编：《建国以来毛泽东军事文稿》（上卷），北京：中央文献出版社、军事科学出版社 2010 年版，第 184 页。根据正文判断，应该是 1950 年 8 月是 18 日。

② 周恩来：《美军如越过三八线，我们要管》，1950 年 10 月 3 日，载中共中央文献研究室、军事科学院编：《周恩来军事文选》第 4 卷，北京：人民出版社 1997 年版，第 67—68 页。

③ 周恩来：《对朝鲜问题的估计与我们的思想准备》，1950 年 11 月 13 日，载中共中央文献研究室、军事科学院编：《周恩来军事文选》第 4 卷，北京：人民出版社 1997 年版，第 92 页。

④ 柴成文、赵勇田：《板门店谈判》，北京：解放军出版社 1992 年版，第 38—39 页。

⑤ 《斯大林致金日成函：关于中国出兵朝鲜问题》，1950 年 10 月 8 日，载沈志华主编：《俄罗斯解密档案选编：中苏关系》第 3 卷，上海：东方出版中心 2015 年版，第 86—87 页。

想，至于能谈成什么结果，则取决于战争的进程。当然，其逻辑也就包含了不可能靠战争将美军赶出朝鲜半岛的可能性。

肯定“局部化”战略原则的存在、合理性及其具有宏观指导意义等，固然有利于解读和理解一系列重大决策发生和演变的逻辑，但不能认为这个战略原则在每个关键时刻，都会自动导致决策者做出合理的选择。决策者在不同阶段的判断和选择能力仍然是至关重要的，“停战谈判”的决策过程正是如此。

归纳起来，中国决策层在出兵决策过程中，先后提出过三个军事目标。

第一个是8月上旬至10月初提出，帮助朝鲜打赢统一战争。用毛泽东的话说，就是“在朝鲜境内歼灭和驱逐美国及其他国家的侵略军”。[①]

第二个是10月3日周恩来与潘尼迦谈话时提出，恢复6月25日战争爆发前的状况，包括美军不越过三八线，并最终撤出朝鲜半岛。[②] 在这里，三八线并不是作为军事目标提出的，但它被证明是可以接受的“安全线”，背后反映了中国的安全诉求。

第三个是10月14日确定的军事计划，即控制平壤、元山铁路以北和德川、宁远公路以南地区。这个选择是“攻防”兼备的，就在志愿军跨过鸭绿江当天，毛泽东还要求“在目前几个月内，只做不说”。[③]

上述三个目标是随着时间和战场形势的变化相继提出的，如果

---

① 毛泽东：《志愿军入朝参战及参战后的战略方针问题》，1950年10月2日，载中共中央文献研究室、军事科学院编：《毛泽东军事文集》第6卷，北京：中央文献出版社、军事科学出版社1993年版，第106—108页。

② 周恩来：《美军如越过三八线，我们要管》，1950年10月3日，载中共中央文献研究室、军事科学院编：《周恩来军事文选》第4卷，北京：人民出版社1997年版，第67—68页。

③ 《毛泽东关于志愿军出动目前只做不说的电报》，1950年10月19日，载《党的文献》2000年第5期，第11页。

将它们连接起来，可以很容易看出一条向下滑动的曲线，三八线差不多就位于这条曲线的中间。从逻辑上说，三八线不论在法理上、心理上还是基于国家的军事安全考虑，对于中国都是可以接受的一个界限。由此产生的问题是，既然三八线具有这种意义，中国决策者是否曾经将它作为军事上可以就此止步并可以据此展开和谈的目标？答案显然不是用“是”或“否”，就可以解释清楚的。

志愿军进入朝鲜后不久，中国决策层在内部多次谈到，经过军事较量后，美国有可能被迫接受谈判。[①] 他们甚至倾向于认为，最终还是要通过谈判解决朝鲜问题。所以在第二次战役取得胜利和国际上出现调停声浪之时，他们开始考虑相关问题并与盟友展开协商。

前述毛泽东12月3日同金日成会谈的主要内容之一，是确定在什么条件下可以与美方谈判。他提出的条件是美军必须承诺撤出朝鲜半岛，首先是撤到三八线以南；谈判时机则选在占领汉城和歼灭大量韩国军队之后。[②] 这是毛泽东在出兵后，第一次提出在取得军事胜利的基础上谈判解决朝鲜问题的方案，他这时的主要倾向还是美军撤出朝鲜半岛和帮助朝鲜统一。当然，这个决定首先同当时战场的有利形势直接相关，另外还存在其他两方面的考虑。

第一是美国这时既没有提出也没有表现出打算接受国际上有关停战的呼吁。反之，杜鲁门政府正在进行大规模的战争动员，大量增加军费，并宣布美国进入战争状态。由于中国决策层这时判断美国的战争目标仍然是占领朝鲜，只要杜鲁门政府不宣布放弃武力统一的政策，停战建议不论由谁提出，中国决策层都有理由认为，那

① 周恩来：《抗美援朝，保卫和平》，1950年10月24日；《对朝鲜问题的估计与我们的思想准备》，1950年11月13日，中共中央文献研究室、军事科学院编：《周恩来军事文选》第4卷，北京：人民出版社1997年版，第76、92页。

② 《中共中央致彭德怀并高岗电》，1950年12月4日，转引自《抗美援朝战争史》第2卷，北京：军事科学出版社2000年版，第162页。

不过是美国争取时间、重整旗鼓的计谋。实际上他们也是这样分析的。①

第二是盟友的反应。从中国出兵到第二次战役开始这段时间，斯大林并没有提出过任何有关超越以三八线为界进行和谈的设想或要求。12 月初，13 国提出停火草案后，苏联方面如前述，明显表现出不希望中国立即接受停火。

12 月 7 日，周恩来根据毛泽东的指示，向罗申转达中方准备向有关国家提出停战的五项条件，并希望了解苏联的态度。② 斯大林接到罗申的报告后，当天即指示后者转告周恩来，同意中国拟定的五项谈判条件，但提出时间最好是在占领汉城后。③ 这与毛泽东同金日成会谈的有关内容是有一致之处的。与此同时，苏共政治局批评苏联驻联合国代表维辛斯基，不应在联合国这样的国际场合提出朝鲜停战的建议，因为该建议与志愿军的作战行动不一致，而且美国怂恿一些国家建议停战，只不过是在争取时间来挽救失败，所以维辛斯基在联合国应该提出，“一切外国军队立即撤离朝鲜”。④

从时间的顺序看，斯大林应该是在了解了毛泽东 12 月 3 日谈话后，才做出上述决定的。但苏方的决定既是对中国的支持，同时也会形成压力，毕竟在谈判问题上，苏联的态度有时是决定性的。如果没有苏联在联合国的配合与支持，中国很难处理和谈问题，首

---

① 《中美关系资料汇编》第 2 辑（上），北京：世界知识出版社 1957 年版，第 355—358 页。

② 《罗申关于中国政府停止在朝鲜军事行动的条件的电报》，1950 年 12 月 7 日，载沈志华编：《朝鲜战争：俄国档案馆的解密文件》（上册），台北：台湾“中央研究院”近代史研究所 2003 年版，第 639—640 页。

③ 《中美关系资料汇编》第 2 辑（上），北京：世界知识出版社 1957 年版，第 355—358 页。

④ 《联共（布）中央政治局关于停战问题指示的决议》，1950 年 12 月 7 日，载沈志华编：《朝鲜战争：俄国档案馆的解密文件》（中册），台北：台湾“中央研究院”近代史研究所 2003 年版，第 643 页。

先是在程序性问题上，实际上还不止于此。毛泽东在前述 29 日给彭德怀的电报中说，如果不立即发动第三次战役，“民主阵线亦必有些人不以为然”。此一判断部分地源于苏方之前对和谈的反应，这应是合理的推论。[①] 斯大林此时希望志愿军打下去的意愿显然远比对谈判解决问题的意愿要强烈得多。

12 月上旬，周恩来在获悉苏联不赞成接受 13 国停火协议后，立即通知在联合国开会的中国代表，对停战谈判的建议应采取拖延的方针。[②] 22 日，毛泽东亲笔修改了中国针对“朝鲜停战三人委员会”[③] 14 日决议的声明。他在第六项关于“我们坚持一切外国军队撤出朝鲜及朝鲜内政由朝鲜人民自己解决为和平调处朝鲜问题的谈判基础”一句之后，加上“美国侵略军必须退出台湾，中华人民共和国的代表必须取得联合国的合法地位”，以及“朝鲜问题和亚洲重要问题的和平解决，离开这几点是不可能的”。[④] 至此，中国终于形成了一个完整的停战谈判方案。确认这一点至关重要，它一方面有助于理解志愿军军事计划的演变，因为这也是一个具体的政治目

---

① 毛泽东：《打一个胜仗后休整准备春季攻势》，1950 年 12 月 29 日，载中共中央文献研究室、军事科学院编：《建国以来毛泽东军事文稿》（上卷），北京：中央文献出版社、军事科学出版社 2010 年版，第 423 页。

② 《中美关系资料汇编》第 2 辑（上），北京：世界知识出版社 1957 年版，第 355—358 页。

③ “朝鲜停战三人委员会”亦称“朝鲜停火小组”，1950 年 12 月 14 日，第五届联合国大会根据十三国提案通过了一项关于成立“朝鲜停火小组”的决议，其内容包括“兹请大会主席组织一个包括他本人在内的三人小组，来确定可以在朝鲜议定满意的停火的基础，并尽速向大会提出建议”。后经协商组成了由联合国大会主席、加拿大代表和印度代表等三人组成了“朝鲜停火三人小组”，参见《五届联大根据十三国提案通过的关于成立“朝鲜停火小组”的决议》，1950 年 12 月 14 日，载《中美关系资料汇编》第 2 辑（上），北京：世界知识出版社 1957 年版，第 331 页；《“朝鲜停火三人小组”向五届联大政委会提出的报告》，1951 年 1 月 2 日，载《中美关系资料汇编》第 2 辑（上），北京：世界知识出版社 1957 年版，第 362 页。

④ 毛泽东：《对我国关于联合国大会通过“朝鲜停战三人委员会”决议的声明的修改》，1950 年 12 月 22 日，载中共中央文献研究室、军事科学院编：《建国以来毛泽东军事文稿》（上卷），北京：中央文献出版社、军事科学出版社 2010 年版，第 417 页。

标；另一方面也有助于判断谈判决策的得失，因为终于有了一个衡量谈判方案变化的具体标准。

如前所述，立即发起第三次战役并打过三八线是服从“政治需要”的军事行动，打过三八线在军事上则是权宜之计。志愿军将领在战役发动之前就认为，并非长期占领并坚守三八线以南包括汉城的相关地区不可，并且已经做好退回三八线以北的准备。问题是毛泽东在两次战役后，明显在拉高军事目标；国内在第三次战役策划中已经出现的速胜情绪，在志愿军打过三八线的激励下迅速发酵。这种情况并不仅仅反映在国内舆论激扬，例如高唱“把不肯撤出朝鲜的美国侵略军赶下海去”，而且在中国内部决策系统和盟友中都严重存在。

第三次战役即将结束前，志愿军党委召开会议进行总结，通过了《休整时期工作指示》。该指示要求战役结束后，部队应休整补充迅速恢复战斗力，“争取下一战役开始后，连续作战，一气呵成，全歼敌人，全部解放朝鲜”。[①] 这个报告中包含速胜的倾向是明显的，不过彭德怀等已经意识到，就当下的战场情况看，部队已经很难迅速恢复实力并发动新的攻势。他明确和坚决地主张，必须经过足够长时间的休整和获得足够充分的兵力和装备物资等的补充后，才能再战。由于他反对任何过早发动新战役的主张，立即导致了与盟友的争论，这首先发生在中朝军队联合指挥部（下称“联指”）中。

中朝建立联指是彭德怀基于更有效地指挥和协调中朝部队作战的需要提出的。志愿军入朝作战后不久，中国决策层已经意识到解决指挥权问题的重要性，并提出盟国军队间的指挥权问题。这关系到志愿军、朝鲜人民军和苏联空军等各方，应在谁的指挥下协调军

① 参见杜平：《在志愿军总部》，北京：解放军出版社 1989 年版，第 186 页。

事行动。当时经过中国内部的协调和中朝之间初步协调后，11 月 13 日，周恩来起草了给斯大林的电报，提出建立中朝联合指挥系统的报告，并提出由金日成、苏联顾问史蒂克夫和彭德怀组织“三人小组”，在有关作战的各个方面“求得彼此意见一致，以利战争进行”。他建议由斯大林向金日成和史蒂克夫“提出为妥”。

斯大林肯定理解了毛泽东建议由他向朝鲜和苏军顾问提出这个建议的原因，并认为拟议中的三人小组中，志愿军司令彭德怀应该有指挥作战的最终决定权。所以，他 16 日复电毛泽东，同意建立“三人小组”，并专门表示“赞成由中国同志来统一指挥”，具体地说就是由周恩来负责。他还将同一电报发给了金日成和什特科夫。[①] 斯大林对“三人小组”中谁来统一指挥的表述，反映了联盟各方在此问题上的敏感，以及现实中可能遇到的麻烦有可能达到何种程度，以致他没有明确说，彭德怀本人在军事上应该拥有最高指挥权。这种多少有些曲折暧昧的决定，客观上会使彭德怀行使指挥权时难以果决高效，这被后来的事态演变所证明。

就在斯大林起草这个电报且尚未发出的当天，彭德怀、高岗与金日成和什特科夫就已经召开专门会议，协调三方的战略指导思想。高岗在发言中立即提出，会议应讨论“如何能够经过细致的组织和安排”来取得胜利。他在最后发言中再次强调，“有必要考虑一下双方合作的模式问题”。什特科夫则敏锐地注意到，“金日成在自己的发言中故意回避了关于中朝军队作战中的从属关系问题”。最后，彭德怀和高岗同意，统一指挥问题等第二次战役结束后“再

---

① 周恩来：《统一指挥朝鲜境内的作战》，1950 年 11 月 17 日，中共中央文献研究室、军事科学院编：《周恩来军事文选》第 4 卷，北京：人民出版社 1997 年版，第 100—101 页；参见齐德学：《巨人的较量：抗美援朝高层决策》，沈阳：辽宁人民出版社 2010 年版，第 119 页；军事科学院战史研究部：《抗美援朝战争史》第 2 卷，北京：军事科学出版社 2000 年版，第 159 页。

作决定”。[①]

除了程序问题外，毛泽东还为彭德怀等志愿军将领附加了可称之为“国际主义”的行为准则。他在给斯大林发出上述报告的前一天，曾电告彭德怀，要“采取委婉曲折与温和的态度”，而且要有“精神准备，即有些意见通不过，争论和分歧在相当长的时期内存在着”，直到志愿军用不断取得胜利来使盟友“信服”。[②] 顺便指出，之前他的确也是这样叮嘱前往越南的中国军事顾问们的。

中朝军队指挥权的问题在12月初才最终解决，这同什特科夫拖延了7天，即直到11月24日，才向金日成传达了斯大林16日的电报有些关系。这之后不久，金日成接到中方电报，邀请他到北京与毛泽东直接商谈。他曾就此询问什特科夫是否同意，后者告诉他应自行决定。[③] 在此背景下，金日成于12月初秘密前往北京。行前他发给斯大林一封电报，说斯大林关于中朝军队统一指挥问题的决定“是正确的和及时的”，他也认为联合司令部“最高司令员无疑应当由中国人来担任，而且副职由朝鲜人担任”。[④] 12月3日，毛泽东与金日成终于在北京的会谈中达成共识，彭德怀拥有中朝联军最高指挥权的问题终于解决了。

中朝建立联合指挥机构是合理的，也是不可避免的。但它客观

---

① 《什特科夫致葛罗米柯电：彭德怀与金日成讨论前线形势和对策》，1950年11月17日，载沈志华主编：《俄罗斯解密档案选编：中苏关系》第3卷，上海：东方出版中心2015年版，第119—123页。

② 毛泽东：《与朝鲜同志商谈应注意方式》，1950年11月12日，载中共中央文献研究室、军事科学院编：《建国以来毛泽东军事文稿》（上卷），北京：中央文献出版社、军事科学出版社2010年版，第348页。

③ 《什特科夫致葛罗米柯电：金日成请求允许他访华》，1950年11月29日，载沈志华主编：《俄罗斯解密档案选编：中苏关系》第3卷，上海：东方出版中心2015年版，第137页。

④ 《金日成致斯大林电：同意中朝联军由中国统一指挥》，1950年12月1日，载沈志华主编：《俄罗斯解密档案选编：中苏关系》第3卷，上海：东方出版中心2015年版，第141—142页。

上增加了决策程序的复杂性，会提升朝鲜方面在战略决策中的影响力，这也是不争的事实。更何况金日成身边还有个苏军总顾问，从而增加了斯大林介入军事决策的渠道，尽管他一直保持着谨慎的态度。战场指挥机构的变化的影响很快就显现出来。

1月7日，彭德怀下达停止第三次战役和部队转入休整的命令，中朝联军第二天即停止追击作战。金日成和苏军顾问立即对这一决定表示不满和反对，这导致彭德怀在随后三天展开艰难的协调工作。矛盾的起因首先是金日成并没有因为战争前期的失败就接受足够的教训，毫不收敛急于统一朝鲜的雄心壮志。他在第二次战役结束时，表示不赞成志愿军占领汉城后做两个月休整，而应立即派三个军向南进攻。12月13日，时任苏联驻朝鲜大使的拉祖瓦耶夫（V. H. Razuvaev）正式担任金日成的顾问，他向苏军指挥部转达金日成的抱怨说，“中国军队战斗进展迟缓”。[①] 29日，朴宪永在私人会谈中告诉苏联人，金日成对志愿军的不满加深了，他感到中国军队作战“总是带有一定的局限性”，“中国军队战斗进展迟缓，主要是因为他们得到了北京的有关指令”。第二天，金日成在一次会谈中转告了中方的作战方案，他要求苏方“提出建议”。[②]

拉祖瓦耶夫做上述报告肯定是有其倾向性的，他也直接向彭德怀表达了对志愿军休整计划的不满，声称“哪有打了胜仗不追击敌人的？哪有这样的司令官呢？”[③] 当时苏军有关部门也对志愿军的作战表达了至少也是怀疑的态度。他们在报告中提出，志愿军每次

---

① 《拉祖瓦耶夫致华西列夫斯基电：金日成对志愿军进攻迟缓不满》，1950年12月13日，载沈志华主编：《俄罗斯解密档案：中苏关系》第3卷，上海：东方出版中心2015年版，第165—166页。

② 《拉祖瓦耶夫致维新斯基：金日成对志愿军的作战计划不满》，1950年12月30日，载沈志华主编：《俄罗斯解密档案：中苏关系》第3卷，上海：东方出版中心2015年版，第177—178页。

③ 参见彭德怀传记组著：《彭德怀全传》（三），北京：中国大百科全书出版社2009年版，第932页。

进攻都没有强大的预备队，以及“部队行动不坚决，尤其是正面进攻部队”。[①]

斯大林肯定是了解这些情况的，不过他还保持着足够的清醒和谨慎。8日，他致电毛泽东表态，彭德怀的指示“是正确的。并且已经付诸实行”。[②] 9日，即志愿军停止追击作战的第二天，毛泽东向彭德怀转发了斯大林的电报。他还在电报中提出，为了避免国际上对中国的责难，建议由志愿军负责控制三八线以北及其两翼的海岸线，由朝鲜人民军向南追击敌军。[③]

彭德怀很快复电毛泽东说，部队已经“难以继续作战”，急于南进是不可能的。10日晚，他又向前来会商的金日成很详细耐心地阐述了志愿军的困难处境和对战局的判断。他说“不消灭敌军主力，美军是不会退出朝鲜的”，而金日成所谓“扩大领土也是很重要”的主张，并无多少实际意义。由于金日成等不肯接受劝告，彭德怀遂向他出示了9日毛泽东的来电，并据此建议朝鲜军队自主向南追击，志愿军则镇守汉城地区和三八线以北。

第二天，奉金日成指示赶到的朴宪永按照苏联顾问的脚本，阐述了志愿军应发动进攻的意见。他说只要在半个月内向南展开攻势，美军一定会退出朝鲜，其根据则是“美国人民反对，资产阶级内部矛盾”。对于久经沙场的彭德怀等，这类空洞的论据当然是毫无说服力的。争论的结果是金日成和朴宪永终于检讨了他们企图“速胜”的错误思想，并同意部队就地休整两个月，以及召开中朝

---

① 《戈尔拉乔夫报告：关于中国人民志愿军作战情况》，1950年12月15日，载沈志华主编：《俄罗斯解密档案：中苏关系》第3卷，上海：东方出版中心2015年版，第168—170页。

② 《斯大林致毛泽东电：同意彭德怀的作战行动》，1951年1月8日，载沈志华主编：《俄罗斯解密档案：中苏关系》第3卷，上海：东方出版中心2015年版，第190—191页。

③ 参见彭德怀传记组著：《彭德怀全传》（三），北京：中国大百科全书出版社2009年版，第933页。

高级军官联席会议，以统一两军行动。[1] 这次争论后不久，斯大林撤换了拉祖瓦耶夫，原因就是他不当地干预了彭德怀的战场总指挥权。这当然是对彭德怀的重大支持。

在彭德怀与金日成等会谈同时，1 月 11 日，苏联代表在联大发言，反对“朝鲜停战三人委员会”的停战建议。[2] 两天后，斯大林打电报给周恩来，表示支持中国将撤退一切外国军队等作为停战谈判的条件，他提出应将中国的这个立场通知朝鲜方面。周恩来当时建议，最好彭德怀和金日成能一起到北京来讨论，这表明他对谈判一事是很认真的。毛泽东则认为已无此必要，他提出先拟订一份备忘录，发给金日成征求意见。[3]

毛泽东肯定没有想到，彭德怀接到周恩来发给金日成的备忘录后，回电一方面原则上同意拒绝“三人小组”的停战提案；另一方面却提出，应努力争取有限期停战，“如果停战限期至 3 月底止，不会妨碍朝鲜作战，反而有益”。[4] 他已经感觉到部队不仅难以很快发动新攻势，而且有可能形成被美军吸住而后退不能的态势。1952 年 7 月，彭德怀在一次军委作战会议上披露了他当时的心情。他说“我打了一辈子仗，从来没有害怕过，可是当志愿军越过三八线一直打到三七线后，我环顾前后左右，确实非常害怕”，“眼看着几十万中朝军队处在敌人攻势的情况下，真是害怕得很”，“我不能

---

① 参见王焰主编：《彭德怀年谱》，北京：人民出版社 1998 年版，第 466 页；彭德怀传记组著：《彭德怀全传》（三），北京：中国大百科全书出版社 2009 年版，第 933—936 页。

② 《中美关系资料汇编》第 2 辑（上），北京：世界知识出版社 1957 年版，第 369—370 页。

③ 毛泽东：《关于改写朝鲜停战谈判问题备忘录的批语》，1951 年 1 月 14 日，载中共中央文献研究室和军事科学院编：《建国以来毛泽东军事文稿》（上卷），北京：中央文献出版社和军事科学出版社 2010 年版，第 444 页。

④ 王焰主编：《彭德怀年谱》，北京：人民出版社 1998 年版，第 467 页。

把几十万军队的生命当儿戏”。[①] 这就是彭德怀向毛泽东建议争取尽快停战的关键原因。当然，这时争取暂时停战只是彭德怀的主观愿望了，先不论能否获得同盟各方的同意，按照邓华不久后的总结，志愿军这时已经在战场“失去了主动权”。[②]

这时，毛泽东如何选择成为关键。毛泽东拒绝“朝鲜停战三人委员会”的停战建议固然有一些复杂的因素，至关重要的还是他在第三次战役结束前后进一步大幅提升军事目标，明确提出要“解放全朝鲜”。1 月 14 日，他在给彭德怀和金日成的电报中，阐述了对战争前景的分析。他认为“今后敌人统帅部的方针有两种可能性”：第一是美军“在中朝两大军队压力下，略作抵抗，即退出南朝鲜”；第二是在大丘、釜山地区“做顽强抵抗，要待我们打得他们无法再打下去了，方才退出南朝鲜”。志愿军应作充分准备，“然后举行最后性质的春季作战”。19 日，他在彭德怀报送的在中朝两军高干会议的报告上加写了一段话，“我军必须按照新的情况进行各项准备，采取新的战术，以求解放全朝鲜”。[③]

毛泽东这时的确也坚决支持彭德怀停止进攻、充分休整军队的主张。另外，1 月 15 日，他向斯大林转发了一天前发给彭德怀和金日成的电报，除告对形势的判断和战略设想之外，还详细地说明了志愿军的作战计划和面临的巨大困难。他据此提醒斯大林说，如不进行充分的准备，“就会重犯朝鲜军队 1950 年 6 月到 9 月所犯过的错误”。一天前，毛泽东还刚刚去电斯大林，要求提供更

---

① 转引自彭德怀传记组著：《彭德怀全传》（三），北京：中国大百科全书出版社 2009 年版，第 931 页。

② 邓华：《论朝鲜战场之持久战》，1951 年 6 月下旬，载邓华：《论抗美援朝战争的作战指导》，北京：军事科学出版社 1989 年版，第 26 页。

③ 转引自军事科学院军事历史研究部：《抗美援朝战争史》第 2 卷，北京：军事科学出版社 2000 年版，第 194—195 页。

多的军事贷款。[1] 问题在于，他这时接受彭德怀有关军队休整和增加装备等的建议，是希望志愿军有较多时间进行充分休整补充后，能发动更强大的攻势，以便速战速决。由于没有充分理解彭德怀提出的困难，毛泽东没能善用第三次战役造成的复杂局势中的一些有利因素，失去了一次至少也能取得外交主动和分化敌方联盟的机会。

彭德怀等并不能确信，毛泽东设想的未来再经过一、二次战役，就可以"解放全朝鲜"，而且志愿军相当严重地缺乏兵员、弹药和粮食。1 月 25 日，联司召开中朝军以上干部会议，彭德怀做了新的军事部署和政治动员，但已经有些迟了。"联合国军"当天开始发动大规模进攻，志愿军不得不放弃休整，被动迎战。

1 月 28 日，在美军发动进攻后的第三天，彭德怀经过与金日成、朴宪永和其他将领磋商之后，打电报给毛泽东，再次提出争取有限期的停战的建议。他还提出甚至可以通过新闻主动播报停战建议，包括志愿军向北撤退 15 公里至 30 公里。他还询问如果放弃仁川等桥头阵地，"国内外政治情况是否许可？"如不主动后撤，则"须被迫部署反击，但从各方面考虑甚为勉强"。[2] 从彭德怀的分析中可以清楚地感受到，军事决策所受政治因素的严重困扰。这里顺便指出，这个案例也从一个方面证明，在一场局部战争中，决不应轻易拉高原定军事计划中的目标，否则会给决策带来非常严重的困扰。

毛泽东还是否决了彭德怀的建议。他当天即回电告诉彭德怀，

---

① 《毛泽东致斯大林：询问贷款问题》，1951 年 1 月 14 日；《毛泽东致斯大林：关于下一步作战计划》，1951 年 1 月 15 日，载沈志华主编：《俄罗斯解密档案：中苏关系》第 3 卷，上海：东方出版中心 2015 年版，第 200—202 页。

② 转引自军事科学院军事历史研究部：《抗美援朝战争史》第 2 卷，北京：军事科学出版社 2000 年版，第 2248 页。

现在“发表拥护有限停战的新闻是不适宜的”，志愿军应立即发起第四次战役，那之后再考虑谈判问题。[①] 斯大林也在火上浇油，他声称“从国际观点看”，不应放弃汉城和仁川，继续沉重打击敌人是“完全合适的”。[②]

彭德怀当然会执行命令，但明确反对按照不切实际的幻想发动进攻。2 月 4 日，他与金日成举行会谈，争取首先在两军中达成共识。他在会谈中指出，事实证明第三次战役打得太早，而且“从上到下都产生轻敌思想，对敌人估计不足”，当前作战方针应是“停止敌人前进，稳步打开战局”，“战争仍作长期打算的方针”。金日成表示同意应充分准备，不过他还是表现出抱有更高的期待，提出“如能守住汉江南岸一线也就很好”，“能于 5 月举行总攻，那就更好”。另外他还提出，战役结束后将与彭德怀一起去北京。第二天，彭德怀电告毛泽东，已经与金日成达成共识，并建议拟议中的进攻如果不顺利，志愿军仍将后撤到三八线以北。[③]

2 月中旬，志愿军全线转入防御，彭德怀认为已有必要回北京，与毛泽东等就当前局势和未来的战略方针取得共识。16 日，他向北京发出急电说，将与金日成共赴北京，17 日即获准。第二天深夜，他赶到平壤附近会见金日成，商谈后决定在战役尚未结束时，由彭德怀单独回京，尽快解决“困难问题”。21 日，彭德怀到达北京后，立即驱车前往玉泉山景明园，唤醒正午睡中的毛泽东详谈。

这次会谈对确定战略方针有决定性影响，而战略方针的确定是

---

① 毛泽东：《志愿军必须立即准备发起第四次战役》，1951 年 1 月 28 日，载中共中央文献研究室、军事科学院编：《建国以来毛泽东军事文稿》（上卷），北京：中央文献出版社、军事科学出版社 2010 年版，第 454—455 页。

② 《斯大林致毛泽东电：同意第四次战役作战方针》，1951 年 1 月 30 日，载沈志华主编：《俄罗斯解密档案选编：中苏关系》第 3 卷，上海：东方出版中心 2015 年版，第 219—220 页。

③ 《彭德怀致毛泽东的电报》，1950 年 2 月 5 日，转引自军事科学院军事历史研究部：《抗美援朝战争史》第 2 卷，北京：军事科学出版社 2000 年版，第 228 页。

决定停战谈判的最基本的条件。彭德怀阐述了 20 日与志愿军主要将领综合研究后的结论，如不解决空军掩护、防空装备和供应线安全，“是很难坚持这场战争的”；毛泽东则终于同意，可以“不要急于求成”。[①] 彭德怀随后密集召开北京各有关部门也包括驻华苏联军事顾问等的会议，向他们阐述战争形势和志愿军在战场面临的巨大困难。彭德怀的努力尚未能根本改变国内轻敌的气氛，但的确使各部门大幅提升了对志愿军作战的艰苦性和复杂性等的认识。这期间最令彭德怀失望的，是苏联空军仍然无法为志愿军作战提供战场空中掩护，而志司将领均确认了空军参战的极端重要性。

26 日，毛泽东、彭德怀和周恩来开会，最后讨论确定了在朝鲜的战略方针，其主要内容反映在会后给斯大林的电报中。第一，“朝鲜战争有长期化的可能”；第二，军事战略必须着眼“长期作战，以几年的时间，消耗美国几十万人，使其知难而退，才能解决朝鲜问题”。这次会议的决定由彭德怀通知了金日成。28 日，周恩来起草给了斯大林的电报，系统阐述了中国决策层的战略判断和新的军事计划，并告志愿军当前“应避免战役性出击”，并将退出汉城甚至撤到三八线以北；“联合国军”“有重新进出三八线南北地区的可能”，并将“再占汉城，再过三八线”；这难免在政治上引起“一番波动，必须预作准备”。电报提出，苏联需要增加更多的援助，特别是在东北地区的苏空军应进入朝鲜，掩护志愿军交通线，以及增派更多空军参战。[②] 3 月 1 日，毛泽东签发了这个电报。

3 月 3 日，斯大林回电，通知中方苏联将派两个空军师“进入

---

① 参见彭德怀传记组著：《彭德怀全传》（三），北京：中国大百科全书出版社 2009 年版，第 953—954 页。

② 周恩来：《必须准备长期作战》，1951 年 3 月 1 日，载中共中央文献研究室、军事科学院编：《周恩来军事文选》第 4 卷，北京：人民出版社 1997 年版，第 162—165 页。

朝鲜境内作战”。[①] 15 日，斯大林又回电同意中国决策层准备长期作战的军事计划，并承诺进一步提供军事援助，特别是增派一个包括三个团建制的空军师到东北，以确保在那里的苏空军能进入朝鲜。[②] 周恩来当天将斯大林电转告回到朝鲜的彭德怀和金日成。至此，中国决策层又一次完成了与盟国的协调。与此同时，从 14 日起，中朝军队放弃汉城，随后且战且退到三八线以北地区，展开防御作战。

4 月 22 日，中朝军队发起第五次战役。此次战役最初策划于第四次战役期间，但选择的发起时机是基于对美军很有可能在志愿军侧后的元山登陆的判断，可以说它是在准备尚不充分的情况下提前发动的。基于本章研究的重点而需要指出的是，这次战役开始策划时，中国决策层还没有根本改变“最后解放朝鲜”的想法，作战“仍旧是一种带速决性的办法”。[③]

4 月 6 日，志愿军召开党委扩大会议。彭德怀在会上阐述了 2 月在北京同毛泽东谈话的精神，即“我们的总方针是‘战争准备长期，尽量争取短期’”，全国工作都在配合这个方针，而军事上的各种部署和改善措施等，都是“为了尽可能争取短期”。[④] 显然，第五次战役的作战方针的确同战争的指导原则还处在过渡中有密切关系。另外，那些刚从国内轮换进入朝鲜作战的部队中，还普遍存在着轻敌情绪。邓华、解方等认识到，他们的“乐观和信心不是建

---

① 《斯大林致毛泽东电：关于苏联空军入朝问题》，1951 年 3 月 3 日，载沈志华主编：《俄罗斯解密档案选编：中苏关系》第 3 卷，上海：东方出版中心 2015 年版，第 253 页。

② 周恩来：《抢修足够的机场是空军早日参战的中心课题》，1951 年 3 月 15 日，载中共中央文献研究室、军事科学院编：《周恩来军事文选》第 4 卷，北京：人民出版社 1997 年版，第 171—173 页。

③ 邓华：《论朝鲜战场之持久战》，1951 年 6 月下旬，载邓华：《论抗美援朝战争的作战指导》，北京：军事科学出版社 1989 年版，第 27 页。

④ 彭德怀：《在中国人民志愿军第五次党委扩大会上的讲话》，1951 年 4 月 6 日，载彭德怀传记编写组：《彭德怀军事文选》，北京：中央文献出版社 1988 年版，第 385 页。

立在可靠的基础之上的”。问题是碍于资历等原因，在战前未能直截了当地予以纠正。[①]

志司发动第五次战役的目的是争取在三八线和三七线之间大量杀伤当面“联合国军”，夺取战场的主动权。[②] 至战役结束时，交战双方在三八线附近地区形成一条相对稳定的战线。客观上，志愿军这时打到三八线并初步形成一条稳定的战线，已经达到甚至超出了出兵时的设想。此外，志愿军在军事上的弱点，如无空军掩护、部队机动能力不足、战线拉长后勤供应极其困难，等等，都严重加剧并一时难以克服，此外还有应付美海空军有可能攻击中国本土的顾忌。

既然志愿军不可能在短时期内打破僵局并建立军事优势，争取停战和政治解决已成为比以往更有吸引力的选择，这是中国决策层这时开始认真考虑停战谈判的主要背景。在决定出兵之后，有关作战的决策权是高度集中的，其间一些转变即使是战略性的，很多参与最初“协商”的人因为不在决策过程中，也不会了解其含义。当他们重新参与讨论停战谈判的决定时，基于作战开始前的理解，反而不难就基于三八线进行停战谈判达成共识。

这时，毛泽东仍然倾向于发动新的军事攻势并督促志愿军抓紧准备，而彭德怀显然感到有必要明确界定今后的军事计划。5 月下旬，他派遣邓华及一些重要的一线军级将领返回北京，以便使最高决策者更充分地了解战场上的困难。这时，不仅志愿军需要尽早明确未来的作战方针，斯大林也对毛泽东的一些作战设想持怀疑态

---

① 杨迪：《在志愿军司令部的岁月里——鲜为人知的真情实况》，北京：解放军出版社 1998 年版，第 128 页。

② 彭德怀：《在中国人民志愿军第五次党委扩大会议上的讲话》，1951 年 4 月 6 日，载彭德怀传记编写组：《彭德怀军事文选》，北京：中央文献出版社 1988 年版，第 386 页；中共中央文献研究室、军事科学院编：《周恩来军事文选》第 4 卷，北京：人民出版社 1997 年版，第 195 页。

度。5 月 29 日，他在给毛泽东的电报中提醒后者，要避免为大量歼灭美军有生力量而冒险让“联合国军”向北推进太多，否则一旦“联合国军”建立了巩固的防线，再要突破它“难以不付出巨大损失”。他说用歼灭蒋介石军队的大踏步地前进或后退的运动战作类比，来谋划在朝鲜同美军之间的运动战，“也是不能令人信服的”。[①]

恰在此时，美国的政策出现了重大的变化。5 月 31 日，正在普林斯顿大学休假的凯南（George Kennan）根据美国务院的指示，与苏联驻联合国大使马立克（Jacob Malik）会谈。前者在会谈中表示，杜鲁门政府希望尽快就朝鲜停战举行谈判。[②] 美国通过苏联转达希望举行停战谈判的信息，至少在技术层面上是有价值的。中国决策层一直对美国和其他方面有关停战谈判的种种议论等持严重的怀疑。[③] 苏联很快向中国通报了他们会谈的内容，中国决策层因此基本确定，美国这回是认真的；毛泽东本人也相信，“美国开始有了一点谈判的意向”。[④] 这个判断对中国决策层正式开启停战谈判的讨论和相应地调整军事计划等，都是至关重要的。

中国调整军事计划和中苏就停战谈判进行沟通，难免引起金日成的不安，他似乎对停战谈判持怀疑态度。5 月 30 日，他写给彭德怀一封信，表示同意战争将“长期化”的分析，但也很明确地指出，延长军事行动“对我不利”，而且“决不能预测和平解决，亦不能在‘三八线’上结束战争”，而应在 6 月下旬发起大规模攻势。

① 《斯大林致毛泽东电：关于打英美军的战术问题》，1951 年 5 月 29 日，载沈志华主编：《俄罗斯解密档案：中苏关系》第 3 卷，上海：东方出版中心 2015 年版，第 294 页。

② 参见资中筠主编：《战后美国外交史——从杜鲁门到里根》（上册），北京：世界知识出版社 1994 年版，第 225 页。

③ 彭德怀：《在中国人民志愿军第五次党委扩大会上的讲话》，1951 年 4 月 6 日，第 384 页。

④ 中共中央研究室编、逄先知、冯蕙主编：《毛泽东年谱（一九四九——一九七六）》第 1 卷，北京中央文献出版社 2013 年版，第 357 页。

他还附上八项关于发动新战役的准备措施。[①] 然后尤嫌不足，金日成还决定亲自跑一趟北京，而且不想与彭德怀同行。6 月 2 日，毛泽东电告彭德怀，金日成明天要到北京表达对作战的意见，原拟发给联司朝方副司令金雄（Kim Ung）的电报，暂时别发了。[②] 那个电报的内容就是中国决策层刚确定的战略方针，简单说就是告诉人民军军将领，要“准备长期作战”。[③]

6 月 3 日，金日成到达北京，与毛泽东讨论战争形势和停战谈判问题。他最终同意，两个月以后再发动大规模进攻，同时开始与美国谈判，争取以三八线为界停战。特别重要的是他还表示，同意根据实际情况对分界线做具体调整。[④] 从目前公布的历史文献看，这次北京会谈讨论的内容是比较详细的，是之后中国与盟友间上层协调谈判政策的一个基础。这次会谈结束后，中共中央即召开专门会议，讨论有关停战的决定。与会者多数认为，在三八线附近“边打边谈，争取谈判解决问题”，是可以接受的局面。[⑤]

中朝达成的共识是“边打边谈”，而非先停战后谈判。这首先是因为对美国的战略意图存在深刻怀疑；其次也不能否认，毛泽东本人仍有某种程度的期待，他认为还有机会争取到更好的结果。与金日成的会谈结束后他即决定，让金日成和高岗一起去莫斯科会见斯大林，详细解释在北京的讨论，以争取斯大林对这个决定有深刻

---

① 参见王焰主编：《彭德怀年谱》，北京：人民出版社 1998 年版，第 500 页。

② 毛泽东：《提高斗志停止敌进稳定局面》，1951 年 6 月 2 日，载中共中央文献研究室、军事科学院编：《建国以来毛泽东军事文稿》（上卷），北京：中央文献出版社、军事科学出版社 2010 年版，第 499 页。

③ 参见王焰主编：《彭德怀年谱》，北京：人民出版社 1998 年版，第 501 页。

④ 毛泽东：《六七两月不进行大的反攻战役》，1951 年 6 月 11 日，载中共中央文献研究室、军事科学院编：《建国以来毛泽东军事文稿》（上卷），北京：中央文献出版社、军事科学出版社 2010 年版，第 502 页；周恩来：《朝鲜停战谈判的若干问题》，1951 年 11 月 14 日，载中共中央文献研究室、军事科学院编：《周恩来军事文选》第 4 卷，北京：人民出版社 1997 年版，第 250 页。

⑤ 聂荣臻：《聂荣臻回忆录》（下册），北京：解放军出版社 2007 年版，第 741—742 页。

和全面的了解并给予支持，特别是不要因为决定开始谈判而影响军事援助。高岗原就有计划访苏讨论对华援助，所以这次毛泽东还让他带上了“增订武器及其他军事物资的订货”。[①]

6月10日，金日成和高岗乘斯大林派来的专机前往莫斯科，当面向苏方解释停战谈判的决定和军事形势。6月13日，斯大林向毛泽东通报了与金日成、高岗会谈的情况。他首先表示同意开始谈判，说“现在停战是好事”。随后说明这一决定不会影响苏联已定的向中国提供60个师的军事装备，以及继续派遣苏联军事顾问。他还提醒毛泽东要提高警惕，美国人很可能在停战前发动一次进攻。[②]

不过苏联并没有完全按照中方要求提供援助。5月5日，徐向前已经被派往莫斯科，专门与苏军参谋部讨论落实援助计划。后来高岗带到莫斯科的清单中，除60个师的装备，还包括新增的其他项目，均交由徐向前与苏军参谋部直接洽谈。但是，徐向前在协商后电告毛泽东，苏军参谋部表示年内只能提供16个师的装备，其中还包括了给朝鲜人民军的3个师装备，即提供给志愿军13个师的装备。毛泽东为此专电斯大林，告诉他这是志愿军“今年内所必需的和至低的要求”，苏方应按中方计划发货，否则“朝鲜战场上得不到应有的补充”。[③] 苏军参谋部是按专业而非政治评估做出的

---

① 《毛泽东致斯大林电：关于金日成和高岗赴苏问题》，1951年6月5日；《毛泽东致斯大林电：关于高岗、金日成访苏等问题》，1951年6月9日；载沈志华主编：《俄罗斯解密档案：中苏关系》第3卷，上海：东方出版中心2015年版，第303—304，305页；参见中共中央文献研究室编：《毛泽东年谱（一九四九——一九七六）》第1卷，北京：中央文献出版社2013年版，第358页。

② 《斯大林致毛泽东电：关于停战和空军使用问题》，1951年6月13日，载沈志华主编：《俄罗斯解密档案：中苏关系》第3卷，上海：东方出版中心2015年版，第309—310页。

③ 毛泽东：《请苏联提供六十个师装备并在六个月内运至中国》，1951年6月21日，载中共中央文献研究室和军事科学院编：《建国以来毛泽东军事文稿》（上卷），北京：中央文献出版社和军事科学出版社2010年版，第504—505页；中共中央文献研究室编：《毛泽东年谱（一九四九——一九七六）》，北京：中央文献出版社2013年版，第361—362页。

决定，故斯大林是非不为也，实不能也。

就在斯大林电告毛泽东同意开始停战谈判的同一天，毛泽东也打电报给金日成、高岗等，要求他们向斯大林建议，由苏联出面向美国政府“试探停战问题”，或者等待美方提出。另外他还通报了中国停战的原则立场是以三八线为界停战；关于之前停战方案中提出的恢复中华人民共和国政府在联合国的合法席位，可以不在这次停战谈判中提出，因为中国现在无意加入；关于台湾问题可以提出，但只是作为讨价还价的筹码，如美方坚持只谈在朝鲜停战，中方“将做出相应的让步”。① 这些提议均获斯大林同意，中国与盟友就停战谈判的协调终于结束。

在停战谈判问题上达成共识和终于完成与盟国协调的同时，中国决策层最终确定了“充分准备持久作战和争取和谈，达到结束战争”的战略方针，军事计划则随之转变为“持久作战，积极防御”。② 6月25—27日，志愿军党委召开高级干部会议，讨论贯彻“持久作战、积极防御”的军事计划和配合实施停战谈判。从北京回到前线的邓华在会上做了题为《论朝鲜战场之持久战》的报告，他指出“迅速结束朝鲜战争是不可能的”，全军“要有长期打算和执行稳扎稳打的方针”。具体说，就是“打到三八线为止”，“反击要稳，一次打不了两次打，进一步巩固起来”。他在通报有关停战谈判的决定时说，“如果停战谈判破裂，我们坚决继续打下去”。③ 以此次会议为标志，中方也终于完成了军事计划的转变，这也是

① 《毛泽东致高岗、金日成电：关于停战谈判问题》，1951年6月13日，载沈志华主编：《俄罗斯解密档案：中苏关系》第3卷，上海：东方出版中心2015年版，第311—312页。

② 《毛泽东年谱》记载毛泽东发表此意见时间是6月13日之前，见中共中央文献研究室编：《毛泽东年谱（一九四九——一九七六）》第1卷，北京：中央文献出版社2013年版，第359页；《彭德怀年谱》记载是6月20日左右，见王焰主编：《彭德怀年谱》，北京：人民出版社1998年版，第506页。

③ 邓华：《论朝鲜战场之持久战》，1951年6月下旬，载邓华：《论抗美援朝战争的作战指导》，北京：军事科学出版社1989年版，第26—27页。

“局部化”战略原则最终落实的一个标志。

就在志愿军高层会议召开当天，马立克在联合国发表演讲。他说朝鲜战争可以通过谈判解决，“第一个步骤是交战双方应该谈判停火与休战，而双方把军队撤离三八线”。① 杜鲁门政府在确认了马立克演讲代表苏联政府的立场后，决定通过主动向中、朝战场指挥官喊话来建立直接联系。美军参谋长联席会议命令联合国军司令李奇微（Matthew Ridgeway），立即发表一项邀请中、朝军队举行停战谈判的公开声明。6 月 30 日，李奇微在战区发表了广播声明。第二天，彭德怀和金日成联名答复同意。停战谈判终于就这样开始了。

第六节　谈判中的选择

停战谈判从 1951 年 7 月开始到 1953 年 7 月结束，历时两年。这期间的中国决策极为，复杂和频繁，其中重要的决策主要是四个：第一是建立谈判决策机制，以确立中国在盟友中的主导地位；第二是确定“军事分界线”以三八线为基础进行适当调整的原则；第三是确定遣返战俘的原则；第四是决定停战。

中国决策者对战争中进行谈判的困难和复杂程度并不陌生，不过他们堪称丰富的停战谈判经验主要来自内战。那期间有过一段（1945 年末到 1946 年中期）应付美国介入调处国共内战的经历，这是他们与美国人谈判的主要经历。朝鲜停战谈判对于他们的不同之处，看上去首先当然就是主要对手是美国人，但更棘手的是他们必须在一个联盟的结构中与美国人谈判，这才真正是前所未有的。

---

① 《苏联代表马立克关于和平解决朝鲜问题的演说》，1951 年 6 月 23 日，载《中美关系资料汇编》第 2 辑（上），北京：世界知识出版社 1957 年版，第 511 页。

从某种意义上说，中国在停战谈判中的决策过程，也是与盟友博弈的过程，而且盟友之一还是同盟的领导者苏联。从两年的决策过程看，能否在一个基本有效的同盟机制中协调各方对形势的不同判断和各盟友对各种解决方案的利害关系的不同认知，对中国决策者是首要的难题，甚至是决定谈判进程和结局的一个关键因素。

一、谈判领导权

在谈判开始阶段，中国决策者需要解决两个牵涉全局的问题。第一是谈判要达到何种目的；第二是建立能协调同盟的决策机制。之前的联司是为了作战而非谈判组建的，所以肯定要另起炉灶。

如上所述，第五次战役结束后，中国决策层开始调整军事战略，这期间中共中央曾召开会议讨论“下一步怎么办”。与会者多数同意争取在三八线附近停战，争取谈判解决朝鲜问题。他们的理由有两个。第一，占领三八线以北已经达到出兵的政治目的，即实现了“战争局部化”；第二，沿三八线停战，“各方”比较容易接受。① 这里所谓“各方”既包括对手美国，也包括盟友苏联和朝鲜，后者可能更重要。这反映了中国决策层处理停战问题时考虑的基本条件有两个：第一要达到中国的战略目的，以及第二有关“各方”都可以接受。这其实是一个中国决策者有必要在其中做出选择的结构，他们一旦确定要基本达成的战略目的，影响决策的关键因素就不仅是对手，而且还有盟友们了。换句话说，他们并不能因为已经达到中国的战略目的，就能很容易的结束这场战争。

谈判开始前后一个时期，还不能说中国决策层内部达成的共识是很牢固的，他们还在积极准备发动第六次战役。直到 8 月 19 日，中央军委才决定停止实施第六次战役，理由是未能完成必要的准

① 聂荣臻：《聂荣臻回忆录》（下册），北京：解放军出版社 1984 年版，第 741—742 页。

备，包括还不能解决空中掩护问题。斯大林这时也同意，中国空军应推迟到朝鲜作战。所以发动新的进攻并无必胜的把握，而且军事行动还“应与谈判的要求相配合”。[①] 差不多从这时开始，中国决策层的政策才算真正稳定下来。说明这一点同时也有助于理解，中国决策层对在盟国间建立谈判决策机制的看法。

停战谈判开始前，毛泽东提出中方不担任谈判的主角。6 月 29 日，金日成来电询问，如美方要求谈判，他当如何答复。此前一天，毛泽东刚收到罗申转来有关苏联外长葛罗米柯与美国驻苏联大使柯克（Alan G. Kirk）会谈的电报，内容涉及停战谈判中的程序等具体安排。毛泽东当天即致电斯大林，提出“假如谈判真能举行的话”，很需要斯大林“密切地指导这次谈判”，这样做的必要性是“以免上敌人的当”。[②] 这固然表现了他对斯大林的尊重，也有因缺乏经验而产生的担忧。当然也可以推断，毛泽东这时还是希望将更多的精力放在“打”而非“谈”上。

一天后，李奇微发表战地声明。毛泽东立即打电报给斯大林。在简要说明中方的应对措施后，他建议后者“直接与金日成同志通讯，密切地指导此次会议，同时将您的意见告知我们就行了”。[③] 他同时向彭德怀、金日成转发此电，主要是告诉金日成，谈判以朝方“代表为主”，并直接由斯大林指导，请金日成经常与斯大林联络，“有问题直接向他请示”。他还希望金日成“考虑和准备”谈判内

---

① 周恩来：《目前的作战方针与第六次战役的备而不战》，1951 年 8 月 19 日，载中共中央文献研究室、军事科学院编：《周恩来军事文选》第 4 卷，北京：人民出版社 1997 年版，第 217—219 页。

② 毛泽东：《关于朝鲜停战谈判等问题》，1951 年 6 月 29 日，载中共中央文献研究室和军事科学院编：《建国以来毛泽东军事文稿》（上卷），北京：中央文献出版社和军事科学出版社 2010 年版，第 511—512 页。

③ 毛泽东：《关于朝鲜停战谈判时间地点等事宜》，1951 年 6 月 30 日，载中共中央文献研究室和军事科学院编：《建国以来毛泽东军事文稿》（上卷），北京：中央文献出版社和军事科学出版社 2010 年版，第 513 页。

容和方法，中国则派外交部副部长李克农前去“在内部帮助”。[①] 提出这些建议表明，毛泽东的确不打算让中方在谈判中担任主角，最好由斯大林直接指导朝方谈判即可。

斯大林肯定认为兹事体大，当天即回电予以拒绝。因为无论如何是志愿军在战场承担主要作战任务，没有中方的赞成和积极支持，苏联和朝鲜在谈判中都将一事无成，这是基本现实。所以斯大林在电报中说，毛泽东提议由莫斯科领导停战谈判“这是不需要的，也是毫无意义的。您，毛泽东同志，可以领导谈判”。苏联最多就是在“某些问题上提一些建议”，并且“不能和金日成保持直接的联系”，反之毛泽东“应该同他联系”。[②] 斯大林的态度相当明确，谈判必须由中方领导，尤其重要的是他承诺，不插手中朝之间可能出现的分歧，不会背着中国直接与金日成处理谈判问题。

从决策体制的角度看，毛泽东与斯大林的交往时间不长且内容看似简单，但他们实际上在中苏朝三方之间构建了一个切实可行的决策机制和程序，这对防止三个盟友因决策机制和程序而发生严重矛盾，是至关重要的。斯大林通过复电明确了中苏朝三方在有关停战谈判的决策结构中的相互位置。在这个结构中，可以分为谈判代表团、中朝军队和中苏朝最高领导人三个层次；中国领导人、具体的是毛泽东和周恩来，将在最高一个层次上居主导地位；彭德怀等志愿军将领则在战场指挥中占主导地位；苏联则以盟国领袖的身份，在最高决策层上居间协调；金日成显然是一个配角，尽管他仍

① 毛泽东：《停战谈判代表以朝鲜人民军为主》，1951 年 6 月 30 日，载中共中央文献研究室、军事科学院编：《建国以来毛泽东军事文稿》（上卷），北京：中央文献出版社、军事科学出版社 2010 年版，第 515 页。

② 《斯大林致毛泽东电：关于停战谈判问题》，1951 年 6 月 30 日，载沈志华主编：《俄罗斯解密档案选编：中苏关系》第 2 卷，上海：东方出版中心 2015 年版，第 333—334 页。

然十分重要，在联盟的各层程序中的所有重大决定，必须有他的参与。后来的发展表明，这种结构安排使中方可以更容易地处理同朝鲜的关系；从长远看，中国从此获得了在朝鲜问题上的主导权，而苏联也心甘情愿，关键是他们不愿意在这里直接面对美国人。

二、军事分界线

1951 年 7 月 10 日，朝方代表南日（Nam Il）将军在谈判开始当天，提出包括三项议程的方案。第一，交战双方同时下达停止一切敌对军事行动的命令；第二，将三八线确定为军事分界线，双方军队沿三八线南北两侧各自后退十公里；第三，在“尽可能短的时间内撤退一切外国军队”。[①] 这个方案主要反映的是中方的主张，其中第二条沿三八线停战是最具实质性的。如上所述，以三八线为界停战是中苏之间的基本共识，也是包括朝鲜在内的三方合作的重要基础。

南日在谈判开始提出三点建议后，美方立即表示坚决反对其中的第三条，即各国尽快从朝鲜半岛撤军，而非第二条沿三八线停战，然后就是双方持续 16 天的激烈争论。

7 月 17 日，周恩来起草了给谈判代表团的指示，要求“必须坚持一切外国军队撤离朝鲜”。中朝代表团中的中方代表对此提出不同意见，他们在复电中提出，对外国军队撤出一条“不宜过分坚持”，可以先达成沿三八线停战，“第二步再谈撤兵”。[②] 23 日，毛泽东回电明确表示，“此次停战谈判，仍应以争取从三八线上撤兵

① 《朝中代表团首席代表南日将军在开城停战谈判首次会议上关于停战谈判三项建议的发言》，1951 年 7 月 10 日，《人民日报》1951 年 7 月 11 日。

② 周恩来：《必须坚持一切外国军队撤离朝鲜》，1951 年 7 月 17 日，载中共中央文献研究室、军事科学院编：《周恩来军事文选》第 4 卷，北京：人民出版社 1997 年版，第 200—203 页。

停战为中心，来实现和平解决朝鲜问题的第一步”。[①]

毛泽东的决定至关重要，两天后，中朝代表团提出一项折中方案，其中没有了“外国军队撤出朝鲜”一句，改为“与双方就有关系的一系列问题制定给各政府的建议”。南日在发言中解释说，所谓“一系列问题”包括了外国撤军的问题。美方表示可以接受这种含糊的文字表述。7 月 26 日，双方就谈判议程达成五点协议。[②]

从 7 月 27 日到 11 月 27 日，谈判聚焦于军事分界线，中朝代表团提出以三八线作为军事分界线实现停战。8 月 10 日，李克农向毛泽东报告说，美方表示可以调整他们的军事分界线方案，提出“应当根据实际军事形势来讨论军事分界线问题”。毛泽东第二天即复电李克农，表示可以提出更为可行的建议，例如以三八线“定为双方军事分界线的基线”，并以这条基线为依据建立非军事区，双方军队可以根据地形的实际情况后撤，“不必一律向后各撤十公里”。[③]

李克农等是在 8 月 12 日新一轮谈判之后，才接到毛泽东的电报。他们经过研究后复电毛泽东，提出坚持三八线和停战这两者之间何为优先的问题，以及“对三八线问题必须做出明确的决策”。他们认为，美方目的是按当前双方所处的战线停战，并愿意为此做出一些调整；中朝要迫使美方接受三八线作为军事分界线“是不可能的”；所以当前已经有必要做出决定，到底是“为三八线斗争并准备谈判终止，还是避免谈判破裂，为停止军事行动进行斗争”。他们的主张是“最好考虑在当前战线所在地区停止军事行动的问

---

① 周恩来：《撤军问题可以不列入朝鲜停战谈判议程》，1951 年 7 月 23 日，载中共中央文献研究室、军事科学院编：《周恩来军事文选》第 4 卷，北京：人民出版社 1997 年版，第 204—205 页。

② 《佩图霍夫的报告：关于朝鲜停战谈判的情况》，1951 年 9 月，载沈志华主编：《俄罗斯解密档案选编：中苏关系》第 4 卷，上海：东方出版中心 2015 年版，第 20—29 页。

③ 见中共中央文献研究室、军事科学院编：《周恩来军事文选》第 4 卷，北京：人民出版社 1997 年版，第 216 页。

题，而不再为三八线进行斗争，以免导致会谈终止”。[①] 这显然是以停战为优先考虑的建议，意味着决策的精细化和可能由此导致重大变化。中央军委此时决定停止第六次战役，应与此时有关军事分界线的谈判方针变化有关。

8 月 13 日，周恩来代毛泽东复电李克农等，要求他们认真研究美方的谈判立场，并转告金日成也须考虑，在谈判中应当把“三八线同当前战线结合起来，甚至把军事分界线同缓冲地带结合起来”，为以后提出“商定的折中方案做伏笔”。[②] 显然，北京准备在军事分界线问题上做出切实可行的调整，并且希望朝鲜也予以考虑。

中国决策层随后即与盟友展开沟通，毕竟这涉及修改之前的某些共识。8 月 17 日，毛泽东打电报向金日成通报了对军事分界线问题的新方针。他说可根据“双方的意见并考虑地貌”，决定对缓冲地带的划定。他也在给斯大林的电报中，详细解释了调整军事分界线的原则和做法，并告诉后者，金日成 6 月初在北京会谈时“便有此意”，中方这次改变也是“得他同意后始行提出的”。[③]

第二天，深谙朝鲜战场形势、志愿军军事规划并深得彭德怀个人信任的邓华以个人名义致电彭德怀，提出了更务实的判断和建议。他说毛泽东 17 日电中所提方案都“恐难成交”，目前“能争取

---

① 见中共中央文献研究室、军事科学院编：《周恩来军事文选》第 4 卷，北京：人民出版社 1997 年版，第 215—216 页。

② 周恩来：《军事分界线与目前谈判策略》，1951 年 8 月 13 日，载中共中央文献研究室、军事科学院编：《周恩来军事文选》第 4 卷，北京：人民出版社 1997 年版，第 214—215 页。

③ 《毛泽东致斯大林：转发停战谈判第 25 号简报》，1951 年 8 月 16 日，《毛泽东致斯大林：转发停战谈判第 26 号简报》，1951 年 8 月 17 日，载沈志华主编：《俄罗斯解密档案选编：中苏关系》第 3 卷，上海：东方出版中心 2015 年版，第 430、432—433 页；周恩来：《朝鲜停战谈判的若干问题》，1951 年 11 月 14 日，载中共中央文献研究室、军事科学院编：《周恩来军事文选》第 4 卷，北京：人民出版社 1997 年版，第 250 页。

和谈成功”才是“正确的实事求是的方针”，故“现地停战”亦可接受。[①] 彭德怀立表同意，并转达给毛泽东。

8 月 20 日，中朝代表团在谈判中提出了根据毛泽东 11 日电拟定的新建议，即以三八线为基线进行调整。这时国内也在做相应的政治准备。22 日，周恩来在各部门负责人会议上，专门解释了有可能做出让步的理由。他说原则是“只要谈判在公平合理的基础上求得停战”。[②]

但是，美方这时严重误判中方的意图，企图靠新的军事进攻改变战场态势，以战迫和。19 日，李奇微已经下令“联合国军”发动夏季攻势，这次军事行动严重破坏了这一轮谈判的气氛。美方谈判代表的态度也十分强硬，他们在会谈中声称，“联合国军”不能让出在三八线以北占领的地区，并提出了需要对“联合国军”的“海空优势”作补偿，谈判遂陷入僵局。23 日，停战谈判中断，志愿军亦展开反击“联合国军”夏季攻势的战役。

不过，毛泽东这时仍然相信，美方有可能“在拖延中寻找转弯的办法，并在军事分界线的问题上求得妥协”。[③] 前提当然是中朝军队能在战场上击败“联合国军”的夏季攻势。他电告斯大林此一判断，并请后者转达金日成，将在谈判中提出邀请中立国家作监察员。这可以理解为中方仍有达成协议的意愿并据此采取了行动。中朝谈判代表团也在内部讨论了解决军事分界线问题的可行方案，并

① 参见军事科学院军事历史研究部：《抗美援朝战争史》第 3 卷，北京：军事科学出版社 2000 年版，第 77—78 页。

② 周恩来：《关于朝鲜停战谈判问题》，1951 年 8 月 22 日，载中共中央文献研究室、军事科学院编：《周恩来军事文选》第 4 卷，北京：人民出版社 1997 年版，第 224—225 页。

③ 《毛泽东致斯大林电：因敌破坏活动宣布暂停谈判》，1951 年 8 月 27 日，载沈志华主编：《俄罗斯解密档案选编：中苏关系》第 2 卷，上海：东方出版中心 2015 年版，第 83—84 页。

建议北京同意他们采取一些具体办法，以便推进谈判。[1]

问题在于斯大林这时表示不能同意毛泽东的判断。他认为，“美国人更愿意继续拖延谈判”，而且一旦由朝鲜提出中立国作为监察员的建议，就会使美国人误以为中朝急于停战，这对中朝“没有益处”。[2] 他的建议给中国决策层造成很大困扰，至少拖延了他们的行动。斯大林的态度同他从苏联驻朝使馆获得的报告有关。这些报告分析说，中朝之间存在明显分歧，中国希望更早结束战争，而朝鲜担心会因此而被强加上对他们不利的停战条件。

9月10日，苏联驻朝鲜使馆就中朝之间的分歧向克里姆林宫做了专门报告。由于金日成本人同苏联大使拉祖瓦耶夫之间的关系十分密切，这份由后者本人起草的报告对于了解朝鲜方面的看法，也有一定的参考价值。该报告说，朝鲜领导人认为他们已无法实现统一，“不得不在最坏的条件下同意恢复战前的状态”；金日成本人则将这种后果部分地归咎于中方。他们认为中方“倾向于向美国人做出让步，只要能达成停战协定”。按照报告的说法，朝鲜因此“更加坚定了依靠苏联的方针”。[3]

时任苏联驻朝鲜使馆一秘的佩图霍夫（V. Petukhov）此时编写了一份比较系统的报告，在详细分析了停战谈判的前景后，提出中朝不应该在军事分界线问题上做出让步。报告的结论部分措辞十分尖刻，称美国掌握战场主动权，苏中朝的一些行动会被美方认为

---

① 参见军事科学院军事历史研究部：《抗美援朝战争史》第3卷，北京：军事科学出版社2000年版，第78—79页。

② 《斯大林致毛泽东：同意中朝方面的谈判立场》，1951年8月29日；《毛泽东致斯大林：同意暂不邀请中立国代表参加谈判》，1951年8月30日，载沈志华主编：《俄罗斯解密档案选编：中苏关系》第3卷，上海：东方出版中心2015年版，第448—449页。

③ 《拉祖瓦耶夫的报告：北朝鲜的政治情绪及中朝关系》，1951年9月10日，载沈志华主编：《俄罗斯解密档案选编：中苏关系》第4卷，上海：东方出版中心2015年版，第42—45页。

是“软弱、被迫求和的表现”，而朝鲜担心他们“会被强加上”有损威信的“停战条件”，中国则“力图尽快结束战争并摆脱援助朝鲜的负担”。该报告还描述说，朝鲜领导人对中国“明显冷淡”，对苏联的期盼则“越来越坚定而广泛”。[①] 10月3日，苏联驻华盛顿远东委员会代表处也在给斯大林的报告中断言，杜鲁门政府选择了“无限期拖延停战谈判的策略”，并不打算以三八线为基础停战。[②]

依据上述那些报告的逻辑，斯大林会要求中朝立场坚定、放弃幻想，事实也是如此。显然，中国不仅要同美国进行艰苦的对抗，还需要同盟友进行也很艰苦的协调。

“联合国军”发动的夏季攻势未达成战役目的便结束了，军事上毫无进展使美国政府内部进一步加紧讨论军事分界线问题，并倾向在军事分界线问题上做出妥协。9月26日，李奇微向参谋长联席会议提出，“联合国军”发动攻势的目标是要控制三八线东段以北的堪萨斯线，为达此目的可以在某些地段向南撤退，换取中朝做对应的调整。华盛顿接受了李奇微的建议，很快确定先以双方当前的实际接触线为中心线、设立4公里宽的中立区，然后再进行调整。[③] 这个方案同中方的设想已经接近了。10月5日，美国驻苏联大使柯克会见了维辛斯基，口头转达两点声明，杜鲁门政府认为停战谈判

---

① 《佩图霍夫关于朝鲜停战谈判的情况报告》，1951年9月，载沈志华主编：《俄罗斯解密档案选编：中苏关系》第4卷，上海：东方出版中心2015年版，第29页。

② 《弗拉迪金致巴济金函：远东委员会苏联代表处关于朝鲜停战谈判的报告》，1951年10月3日，载沈志华主编：《俄罗斯解密档案选编：中苏关系》第4卷，上海：东方出版中心2015年版，第85—92页。

③ “The Commander in Chief, Far East (Ridgway) to the Joint Chief of Staff, Tokyo,”September 26, 1951, *FRUS*, Vol. Ⅶ, Korea and China, pp. 952-955, 955-962.

意义重大，以及希望改善美苏关系。[1] 在苏联做出积极回应和中朝同意将谈判地点改到板门店以后，美国立即同意于10月25日恢复谈判。

此时中国决策者的确希望尽快达成停战协议。毛泽东在18日电告李克农，“我应坚持促使迅速恢复会议活动这一目标”，不必因一些具体问题上的纠缠使谈判不能尽快恢复。[2] 10月22、23两日，李克农连续就谈判恢复后应执行的原则报告北京。[3] 25日，谈判恢复当天，毛泽东指示李克农等，可以“主动建议双方不讨论旧方案，而提出双方可以探讨的分界新方案”。如果美方同意，就可以提出李克农23日来电中谈到的新方案。他认为经过努力，是有“可能达到根据把分界线划在当前战线地区的建议稍加修改而划定分界线的目标”。[4] 换句话说，就是不再坚持最初确定的以三八线为军事分界线。

如何与盟友协调仍然是中国领导人不得不处理的重大问题，特别是此时，能获得苏联的外交协助尤显其重要。所以，毛泽东本人亲自保持着与斯大林、金日成的及时沟通。李克农10月22、23两日发给北京的报告，均被毛泽东迅速转达给斯大林。[5] 毛泽东也在

---

① 《维辛斯基与柯克会谈纪要：朝鲜停战与苏美关系》，1951年10月5日，载沈志华主编：《俄罗斯解密档案选编：中苏关系》第4卷，上海：东方出版中心2015年版，第95—97页。

② 《毛泽东致斯大林：关于停战谈判策略问题》，1951年10月18日，载沈志华主编：《俄罗斯解密档案选编：中苏关系》第4卷，上海：东方出版中心2015年版，第106—107页。

③ 《毛泽东致斯大林：关于停战谈判策略问题》，1951年10月18日；《毛泽东致斯大林：关于修改分界线建议第二方案》，1951年10月25日，载沈志华主编：《俄罗斯解密档案选编：中苏关系》第4卷，上海：东方出版中心2015年版，第106—107、111—112页。

④ 《毛泽东致斯大林：恢复谈判后的策略问题》，1951年10月25日，载沈志华主编：《俄罗斯解密档案选编：中苏关系》第4卷，上海：东方出版中心2015年版，第110—111页。

⑤ 《毛泽东致斯大林：关于停战谈判策略问题》，1951年10月18日；《毛泽东致斯大林：关于修改分界线建议第二方案》，1951年10月25日，载沈志华主编：《俄罗斯解密档案选编：中苏关系》第四卷，上海：东方出版中心2015年版，第106—107、111—112页。

谈判恢复前一天，将自己的想法告诉金日成，并于 25 日接获后者表示同意的电报。31 日，毛泽东将金日成表示同意的信息转告斯大林。[①]

恢复谈判后，美国的政策也出现重要的变化。11 月 12 日，美国防部和参谋长联席会议召开联合会议，最终决定面对战场较量的现实，放弃对开城的要求，只坚持以现有实际接触线为临时军事分界线。[②] 五天后，美方代表团向中朝提出上述建议，以及不再坚持"海空补偿"。中国领导人因此认为达成协议的可能性在增大。

11 月 14 日，毛泽东签发了给斯大林的电报，详细阐述了中方对谈判的基本估计和为尽快实现停战而准备采取的行动。该电报说，美国"对于接受休战条件的可能性已在增长"，"我们主张就地停战，在现时双方接触线上，建立军事分界线"；金日成 6 月在北京表达过类似意见，现在的方案也是经过他同意的。电报还分析了其他问题并指出都不难解决，所以可以"努力争取谈判在年内达成协议"。电报最后介绍了中国国内的各项安排，特别提到因为参加朝鲜战争，中国政府的财政预算比上一年增加 60%，国家总预算的 32%用于战争。[③] 中国领导人提到战争对中国财政的影响肯定不是无的放矢的，苏联还需要提供更多的援助。

上述电报发出后，斯大林迟迟未予答复。由于事关重大，毛泽东指示周恩来通过罗申催促斯大林尽快表明态度，因为中朝代表团

---

① 《毛泽东致斯大林：金日成同意中方所提谈判方案》，1951 年 10 月 31 日，载沈志华主编：《俄罗斯解密档案选编：中苏关系》第 4 卷，上海：东方出版中心 2015 年版，第 83—84 页。

② "Memorandum on the Substance of Discussions at a Department of State-Joint Chiefs of Staff Meeting, Washington," November 12, 1951, *FRUS*, Vol. Ⅶ, Korea and China, pp. 1123-1124.

③ 周恩来：《朝鲜停战谈判的若干问题》，1951 年 11 月 14 日，载中共中央文献研究室、军事科学院编：《周恩来军事文选》第 4 卷，北京：人民出版社 1997 年版，第 249—251 页。

已经两次为此推迟与美方的会谈。[①] 19 日，斯大林在接到罗申电报的当天即答复毛泽东，表示同意他对形势的判断和采取的措施，不过还是建议中朝“不能有急躁和尽快结束谈判的表现”。[②] 与此同时，苏联外长葛罗米柯向苏联驻平壤大使馆发出一封电报，严厉指责拉祖瓦耶夫擅自同意朝鲜向联合国发表有关军事分界线问题的呼吁书，尤其是后者并没有查清，朝鲜此前是否同中国协商过。[③] 这表明在谈判决策体制中，中国还处于主导地位，中苏高层关系尚属顺畅，但中朝之间则存在需要协调的问题，所以葛罗米柯才对涉及中朝关系的事情十分敏感。

就与盟国沟通的内容看，毛泽东对如何解决军事分界线问题的判断是合理的。金日成当时也持同样的看法，或者说他宁愿早一些结束战争，所以很快接受了毛泽东的建议。11 月 27 日，中朝代表与美方终于就军事分界线问题达成协议。当时中朝两方对停战前景是比较乐观的，金日成当天就给斯大林发了一封密电，说毛泽东告诉他如果“年内能达成停战协定”，中国军队“应返回中国进行改编”，那时一些苏联武器就可以转交给朝鲜人民军了。[④]

斯大林此时的看法处于摇摆之中。他在谈判涉及的具体问题上通常会顺应毛泽东的建议并给予支持，但对美国早日结束战争的诚

---

① 《罗申致莫斯科电：要求斯大林尽快答复关于谈判的请示》，1951 年 11 月 19 日，载沈志华主编：《俄罗斯解密档案选编：中苏关系》第 4 卷，上海：东方出版中心 2015 年版，第 128 页。

② 《斯大林致毛泽东电：对朝鲜停战谈判问题的答复》，1951 年 11 月 19 日，载沈志华主编：《俄罗斯解密档案选编：中苏关系》第 4 卷，上海：东方出版中心 2015 年版，第 128—129 页。

③ 《葛罗米柯致拉祖瓦耶夫电：苏联声明与中朝做法的差别》，1951 年 11 月 20 日，载沈志华主编：《俄罗斯解密档案选编：中苏关系》第 4 卷，上海：东方出版中心 2015 年版，第 132 页。

④ 《拉祖瓦耶夫转呈金日成关于援助问题致史达林的电报》，1951 年 11 月 27 日，载沈志华编：《朝鲜战争：俄罗斯档案馆的解密文件》（下册），台北：台湾“中央研究院”近代史研究所 2003 年版，第 1130 页。

意心存怀疑，或者他因内心并不希望过早实现停战而导致倾向于相信那些悲观的信息和分析，不得而知。总之他会不时就美方缺乏停战的诚意等，向中方发出一些警告。[①] 事实证明，毛泽东认为只要解决了军事分界线问题，就能比较早地停战的估计有些太乐观了，美国的确并没有因此就罢手，谈判转向战俘问题后很快又陷入僵局。谈判局势的变化又在中苏朝之间引起发新一轮争论，这次主要是在中朝之间。

三、战俘问题

遣返战俘的谈判始于 12 月 11 日，中国决策层此前在给斯大林的电报中曾经分析到，在战俘问题上“反对一对一交换的原则而主张有多少交换多少的原则，估计这一问题不难达成协议”，“慢到五六月”也是可能达成协议的。[②] 但谈判开始后的情况证明，美方另有图谋。杜鲁门本人早就明确表示，不能同中朝交换全部战俘；美国军方、情报部门和政宣机构也都在为达到军事或政治目的，企图在谈判中利用战俘问题。[③] 结果不仅谈判长期无进展，“联合国军”的军事行动也不断升级。

中国决策者再次面临让步还是继续战争的选择。他们经研究认为，决不能在美军升级战争的压力下让步。贯彻这个决定面临很多

① 《斯大林致毛泽东电：对朝鲜停战谈判问题的答复》，1951 年 11 月 19 日，载沈志华主编：《俄罗斯解密档案：中苏关系》第 3 卷，上海：东方出版中心 2015 年版，第 128—129 页。

② 周恩来：《朝鲜停战谈判的若干问题》，1951 年 11 月 14 日，第 250 页；周恩来：《对敌目前动向的估计》，1952 年 2 月 14 日，载中共中央文献研究室、军事科学院编：《周恩来军事文选》第 4 卷，北京：人民出版社 1997 年版，第 267 页。

③ “Memorandum of Conversation, by Frank P. Lockhart of the Bureau of Far Eastern Affairs, Washington,”July 3, 1951; “Memorandum by the Joint Chiefs of Staff to the Secretary of Defense (Marshall), Washington,” August 8, 1951, “Memorandum by the Acting Secretary of State, Washington,” October 29, 1951, *FRUS*, vol. Ⅶ, Korea and China, 1951, pp. 614 – 618, 792 – 794, 1073.

挑战，包括在战场抵抗和打败“联合国军”的进攻、承担大规模的空中轰炸和海空战可能扩大到中国本土的风险、中国军队还需要得到苏联持续不断的军事援助，等等。不过，最棘手的是朝方希望早日停战。

朝鲜感到难以承受美国不断升级的军事打击，尤其是美空军的狂轰滥炸，严重挫伤了朝鲜的士气民心。1952 年年初，朴宪永曾经在一次与彭德怀的会谈中提到，朝鲜“人民要求和平，不愿继续进行战争”。他当时表示如果中苏希望打下去，朝鲜当然也是会克服一切困难的。[①] 为了鼓励朝鲜坚持下去，苏联和中国均再承诺增加向朝鲜提供各方面的援助。[②]

7 月 13 日，在“联合国军”进一步升级军事行动的同时，美方在谈判中提出一项遣返 8.3 万中朝战俘的建议，其中朝鲜战俘 7.6 万余人，志愿军战俘 6400 余人，两者比例约为 11∶1。[③] 如果从总人数上看，此方案已经接近中朝内定的遣返回 9 万战俘的底盘，但问题在于建议中关于遣返中朝战俘的比例。“联合国军”控制的中朝战俘总数为 13.8 万，其中朝鲜人民军战俘 11.1 万余人，志愿军战俘 2 万余人，比例大约是 5.5∶1。美方在大规模轰炸平壤之后提出按上述建议中的比例遣返的方案，可以被解读为就是在挑

---

① 《毛泽东致斯大林电：朝鲜希望停战并得到粮食援助》，1952 年 2 月 8 日，载沈志华主编：《俄罗斯解密档案选编：中苏关系》第 4 卷，上海：东方出版中心 2015 年版，第 176—177 页。

② 《联共（布）中央政治局关于援助朝鲜粮食的决议》，1952 年 4 月 14 日；《苏联部长会议关于 1952 年与朝鲜贸易的决议》，1952 年 6 月 13 日；《拉祖瓦耶夫关于人民军训练情况给什捷缅科的报告》，1952 年 7 月 1 日；载沈志华编：《朝鲜战争：俄罗斯档案馆的解密文件》（下册），台北：台湾“中央研究院”近代史研究所 2003 年版，第 1152—1153、1171—1172 页；《毛泽东致斯大林电：朝鲜希望停战并得到粮食援助》，1952 年 2 月 8 日，载沈志华主编：《俄罗斯解密档案选编：中苏关系》第 4 卷，上海：东方出版中心 2015 年版，第 176—177 页。

③ 参见军事科学院军事历史研究部：《抗美援朝战争史》第 3 卷，北京：军事科学出版社 2000 年版，第 252 页。

拨中朝关系，也是对中方政治威望的挑衅。因为根据美方所谓“自愿遣返”的说辞，未被列入遣返的人数就可以被蓄意解读为不愿被遣返的人数。

李克农电询毛泽东、彭德怀和金日成等，应如何应对这个方案。14 日，金日成还是发给毛泽东一份希望能早日停战的电报。15 日，由周恩来起草、毛泽东签发了一份复电，否定了李克农和金日成的建议。该电报证明中国决策者经过两天的研究，认为“在目前接受敌人这一挑拨引诱性的并非真正让步的方案，并在敌人狂轰滥炸之后接受，显然对我极为不利”，不仅会“启其扩大挑衅之念”，而且会损害“我们的威望”。他还告诉金日成，朝中通过战争已经“保卫了北朝鲜和中国的东北”，朝鲜也“已光荣地站在保卫全世界和平阵营的前线”，两国的安全和政治地位都加强了，现在接受美国的方案“这就是一着错满盘输的道理”。为了鼓励和帮助金日成，该电报中提出，朝鲜可以“不再客气地提出目前朝鲜急需解决的一些问题”，中方将尽力而为，而且还可以请苏联“予以帮助”。[①] 与此同时，毛泽东也电告斯大林，中方不能接受美方带有“挑拨性”的方案，现在也决不能在“敌之压力下屈服”。

金日成得知中方决定后，向毛泽东发出一份电报，一方面表示同意后者 15 日的决定；另一方面强烈要求中方改变“消极防御”的军事战略，将志愿军空军的作战范围从鸭绿江一线向北一直延伸到平壤一线，并应派空军深入到敌人后方，对美军机场和军事设施等展开猛烈的轰炸，此外还应在地面发动局部进攻，向美军施加压力。[②] 总之，中方如果不接受美方的建议，就应通过主动的军事进

① 周恩来：《不能接受敌人的遣返战俘方案》，1952 年 7 月 15 日，载中共中央文献研究室、军事科学院编：《周恩来军事文选》第 4 卷，北京：人民出版社 1997 年版，第 289—290 页。

② 《毛泽东致斯大林电：不接受美方建议》，1952 年 7 月 18 日，载沈志华主编：《俄罗斯解密档案选编：中苏关系》第 4 卷，上海：东方出版中心 2015 年版，第 237—238 页。

攻来尽量减少朝鲜的压力和损失。

17日，金日成通过拉祖瓦耶夫转呈斯大林一份电报，对谈判前景表示了极度悲观。他认为，中朝军队在谈判开始后就在消极防御，致使朝鲜人力物力遭受极大的损失，而美军却没有付出什么代价。他还表示朝鲜同意中方的谈判立场，但有必要采取措施来保护朝鲜的重要设施，并实施积极进攻的军事行动。电报中列出四点建议：第一，加强防空力量；第二，对敌方要害地区发动地面进攻；第三，“必须坚决力争尽快签订停战协定、实现停火和根据《日内瓦公约》交换所有战俘”；第四，要求苏联提供更多的军事援助。[①]

毛泽东这时也将此前金日成发给他的电报和他的回电转发斯大林。斯大林回电表示支持中国决策者的决定，他说“您在停战谈判上的立场完全正确”。[②] 不过这一轮沟通尚不足以彻底消除存在的分歧，直到8月周恩来访问莫斯科，中朝决策者才有机会同斯大林一起做出关键的决定。

8月20日，周恩来在克里姆林宫与斯大林会晤，其间专门讨论了停战谈判问题。周恩来详细介绍了中国在战俘问题上的政策以及与朝鲜的分歧所在，以及朝方表现出“有些动摇”“情绪不太稳定”。他重点解释了两个问题：第一，美方7月13日的交换战俘建议是挑拨中朝关系的阴谋，中方决不能接受；第二，志愿军可以坚守现在的防线，但只能发动有限的局部进攻。斯大林立即表示坚决支持中方的决定，而且中朝军队“不得进行任何进攻”。最后，周恩来转达了毛泽东的建议，邀请金日成和彭德怀到莫斯科与斯大林

---

① 《拉祖瓦耶夫致华西列夫斯基电：转呈金日成对停战谈判看法》，1952年7月17日，载沈志华主编：《俄罗斯解密档案选编：中苏关系》第4卷，上海：东方出版中心2015年版，第235—236页。

② 《斯大林致毛泽东电：同意中方停战谈判立场》，1952年7月17日，载沈志华主编：《俄罗斯解密档案选编：中苏关系》第4卷，上海：东方出版中心2015年版，第176—177页。

面谈，后者表示“乐于接见他们”。[①] 中苏朝很快商定了金日成和彭德怀秘密访苏的行程。

9 月 4 日，斯大林、周恩来、彭德怀、金日成和朴宪永等举行会谈。斯大林是这次会谈的主角，他全面落实了同周恩来达成的共识，为坚定金日成打下去的信心，在援助朝鲜方面可以说是做到了有求必应。他承诺提供各种援助，包括 1—3 个空军歼击机师的飞机和装备、10 个高射炮团的武器装备等。其他凡是金日成提到的装备和物资，斯大林均十分爽快地答以把“清单交给我们”。关于战俘问题，他表示赞成中方的方案，坚持遣返全部战俘的同时，准备提出自己的按比例遣返的方案。会谈结束前，斯大林又慷慨地宣布，再向中朝各援助一个空军师的装备。[②] 至此，中国与苏朝终于完成了在战俘遣返问题上的政策协调。

四、停战

由于无法在遣返战俘问题上达成协议，“谈谈打打”的局面又持续了一段时间。直到 1953 年 3 月，中国政策开始重新考虑相关政策，其动力首先来自同盟内部出现的重大变化。

3 月 5 日，斯大林突然病逝。苏联新领导人很快就决定尽快结束朝鲜战争。由于苏方主动坚决地贯彻其新政策，中苏朝的决策机制和程序随之出现重大变化。

8 日，周恩来率中共代表团到莫斯科吊唁斯大林逝世。苏联领导人利用这次机会，直接向周恩来通报了他们希望尽快结束朝鲜战

---

① 《斯大林与周恩来会谈记录：朝鲜停战及延长旅顺口协定等问题》，1952 年 8 月 20 日，沈志华主编：《俄罗斯解密档案选编：中苏关系》第 4 卷，上海：东方出版中心 2015 年版，第 248—251 页。

② 《斯大林与金日成、彭德怀谈话记录：朝鲜停战谈判》，1952 年 9 月 4 日，载沈志华主编：《俄罗斯解密档案选编：中苏关系》第 4 卷，上海：东方出版中心 2015 年版，第 281—287 页。

争。周恩来当时回答，将向中共中央汇报苏方的新建议。苏联领导人这时也派出特使去平壤，向金日成传达他们的决定。[①] 金日成的反应当然是“完全同意”，而且希望“尽快实现”。他说朝鲜每天都损失“非常大”，继续讨论战俘的数字已经“不十分明智”，而苏共中央的新建议才是“最明智和正确的”。[②]

19 日，苏联新领导人分别致函毛泽东和金日成，说明苏共中央关于解决战俘遣返问题的决议，同时也向苏联驻联合国代表团发出了指令。该决议用“给各方发出指示”为抬头，其中不仅涉及了中朝应恢复停战谈判的具体步骤，而且很清楚地阐述了恢复谈判的目的，就是为了达成朝鲜停战。[③] 显然，苏方不仅做出决定，而且也不打算再听取盟友的不同意见，如果后者还有不同意见的话。两天后，苏联新领导人与周恩来再次讨论了停战问题。

22 日，在连续接到周恩来两封电报后，毛泽东回电莫斯科，说明北京已经决定答复时任“联合国军”总司令的美国陆军上将克拉克（Mark Clark）2 月 22 日提出的建议。他还在在电报中提出了中方的疑问，如苏联的建议同中方原定的让步的底线是一致的，不过苏方改变政策的目的是什么？在谈判中到底应该和实际上可以走到哪一步，等等？这些问题都还需要周恩来回北京后研究解决。[④] 三

---

① 《苏联外交部关于朝鲜战争的背景报告》，1966 年 8 月 9 日，载沈志华编：《朝鲜战争：俄罗斯档案馆的解密文件》（下册），台北：台湾“中央研究院”近代史研究所 2003 年版，第 1349 页。这是 1953 年 3 月发生的事儿，档案时间怎么是 1966 年 8 月 9 日？（这个报告是 1966 年苏联外交部应苏共中央的指示根据他们保存的档案撰写的）

② 《库茨涅佐夫和费德林致莫洛托夫电：朝鲜对停战问题的立场》，1953 年 3 月 29 日，载沈志华主编：《俄罗斯解密档案选编：中苏关系》第 4 卷，上海：东方出版中心 2015 年版，第 353—354 页。

③ 《苏联部长会议决议：关于战俘遣返问题的指示和信函》，1953 年 3 月 19 日，载沈志华主编：《俄罗斯解密档案选编：中苏关系》第 4 卷，上海：东方出版中心 2015 年版，第 347—351 页。

④ 毛泽东：《同意所提战俘交换方针》3 月 22 日，载中共中央文献研究室、军事科学院编：《建国以来毛泽东军事文稿》（上卷），北京：中央文献出版社、军事科学出版社 2010 年版，第 131 页。

天后，周恩来返回北京。他立即向毛泽东汇报了苏联政策的变化，他们认为苏联的方案并没有超出以往中方与斯大林商定的达成停战的底线，谈判能否取得进展的关键，是美国方面是否愿意做出妥协。

28日，中朝联合发表声明，宣布愿意恢复谈判；苏联随后也公开宣布支持中朝的立场。[①] 两天后，周恩来发表声明，就解决战俘问题提出了新的建议："双方应保证在停战后立即遣返其所收容的一切坚持遣返的战俘，而将其余战俘转交中立国。"[②]

美国领导人这时也基本上心力交瘁了，他们很快回应中朝的建议，宣布同意恢复谈判。4月26日，停战谈判再次恢复并随后进展相对顺利。5月7日，中朝提出八点新建议。第二天，美国驻苏联大使波伦（Charles Bohlen）拜会了苏联外长莫洛托夫，详细介绍了美方提出的新六点建议。[③] 五天后，莫洛托夫告诉波伦，"可以满意地断定"谈判将顺利完成。波伦对此心领神会，会谈中没有再提任何问题。他们这次会谈一共只用了三分钟。[④] 三天后，艾森豪威尔（Dwight Eisenhower）总统亲自致函李承晚，告诉他结束其武力统一朝鲜的"梦想"，美国已经决定不再延长这场战争了。[⑤]

6月8日，中朝与美方达成交换战俘的协议，至此，停战谈判

---

① 《金日成元帅、彭德怀将军致"联合国军"总司令克拉克函》，1953年3月28日，载《人民日报》1953年3月29日。

② 《周恩来外长关于朝鲜停战谈判问题的声明》，1953年3月30日，载《中美关系资料汇编》第2辑（上），北京：世界知识出版社1957年版，第1113页。

③ 《莫洛托夫关于接见美国大使波伦的备忘录》，1953年5月28日，载沈志华编：《朝鲜战争：俄罗斯档案馆的解密文件》（下册），台北：台湾"中央研究院"近代史研究所2003年版，第1310—1313页。

④ 《莫洛托夫关于接见美国大使波伦的备忘录》，1953年6月3日，载沈志华编：《朝鲜战争：俄罗斯档案馆的解密文件》（下册），台北：台湾"中央研究院"近代史研究所2003年版，第1314页。

⑤ "Memorandum by the Joint Chiefs of Staff to the Secretary of Defense (Wilson), Washington, May 19, 1953"; "Memorandum of Discussion at the 145th Meeting of the National Security Council, Wednesday", May 20, 1953, *FRUS*, 1952-1954, Vol. XV, Korea, pp. 1059-1069.

的全部议程都已经完成。7 月 27 日，交战双方在停战协议上签字，历时三年的朝鲜战争终于结束了。

停战协定签订后，苏共中央向中共中央发出一个贺电。中国决策层则认为，还是有必要同苏联进一步讨论这场战争结束后仍然需要解决的诸多问题，包括恢复中华人民共和国政府在联合国的席位和台湾问题，等等。7 月 29 日，毛泽东召见苏联驻华大使库茨涅佐夫，告诉他停战前志愿军已经具备了打到汉江一线的能力，在此背景下实现了停战，随后还有很多事情需要同苏联新领导人磋商解决。[①] 总之，在朝鲜半岛的战争是结束了，但朝鲜半岛北南之间的政治问题和战争给中国造成的诸多问题等，尚需要解决。

第七节　结语

本章的研究证明，中国抗美援朝决策是在一个非常复杂的内外部结构性互动中完成的。在朝鲜战争中，与美军作战的战场形势起着决定性的作用，这是不言而喻的，不过并不能因此就断定，中国决策的所有内容都只是在对美方的行动作出反应的结果。不应否认或忽视冷战、同盟和中国决策体系等之间复杂的关系和互动所造成的系统性的和有时是关键性的影响，以及中国有关决策的过程包含了同盟国之间的权力结构、不断变动的决策程序和盟国内部的政治形势变化等非常复杂的因素。它们与中国重大决策之间复杂的互动、其影响不论内容的复杂性和达到的程度，在中国战略决策中都是绝无仅有的。只有依据新历史档案重新构建的大为丰富的历史进

① 《库茨涅佐夫致外交部电：毛泽东谈停战问题》，1953 年 7 月 29 日，载沈志华主编：《俄罗斯解密档案选编：中苏关系》第 4 卷，上海：东方出版中心 2015 年版，第 395—396 页。

程，更合理地叙述和解读一系列重要决定的主要特点，才能更全面地了解中国决策者的战略思考和诸多事关全局的重要选择等，是在何种复杂的内部和外部结构中发生和实现的，及其真实的历史含义，包括经验和教训。

第三章
军事—外交之战：东南沿海作战暨“炮击金门”

1958年8月23日下午，在厦门云顶岩观察所，负责直接指挥炮战的解放军福州军区副参谋长石一宸从15：00开始，就一直手握电话机，等待远在北京的总参作战部下达向金门岛发动炮战的命令。按照既定的程序，开始炮战的命令只有毛泽东本人有权发出。他这时住在位于渤海湾的夏季疗养胜地北戴河，与彭德怀等共同研究军事形势和作战计划。一旦做出开战决定，命令由福州军区司令叶飞传达到总参作战部。他是20日被从福建前指召到北戴河，参加研究作战方案并提供战役细节的咨询，协助对一些复杂重大的因素做出判断。然后，命令由在北京的总参作战部长王尚荣传达到厦门前线。在这样复杂的结构中，坐镇最前沿观察所的石一宸，手握话机长达两个多小时，直到17：20，终于听到北京传来的毛泽东的命令：“17：30分准时开炮。”10分钟后，解放军开始持续20分钟的三波次大规模炮击。第一波次炮击代号“台风”，持续约15分钟；第二波次炮击代号“暴雨”，持续约5分钟。第三波是“短促急袭”，打击一些具体目标如抢救、维修、灭火行动，等等。这三波次炮击将近30000发炮弹倾泻到国民党军队驻守的金门岛。炮击开始后不久，解放军海军也加入了对金门岛国民党守军的联合封锁作战。这次作战行动持续一个多月，到 10 月中旬基本结束，之后象征性的炮击持续了很多年。由于解放军炮击突然开始和大规模炮击所造成的巨大轰动效应，以及随后的作战仍然是以炮战为主，这次福建沿海作战后来被形象地称为“8·23 炮战”或“炮击金门”。

第一节　定义问题

诸多研究通常借用“炮击金门”来概括解放军于 1958 年夏季在福建沿海采取的军事行动。这种约定俗成的称呼导致的后果之一，就是以往诸多研究成果都没有对那些军事行动做出明确和完整的定义。

首先，本书既然将这次军事行动涵盖在战略决策的范围内，就有必要定义清楚，“炮击金门”作为代名词，所指是 1958 年夏季解放军在福建沿海展开的一系列军事行动，它们包括 7 月 25 日先于炮战开始的空军夺取福建沿海制空权的空战、8 月 23 日开始的炮战以及随后不久展开的炮兵和海军参与的对金门的联合封锁作战等。基于作战行动涉及的范围，包括军事计划谋划的时间起点可向回追溯约十年之久，决策者做出相关决定时思考的政治和外交问题的复杂性，以及军事行动产生的广泛、持久的影响等原因，从战略决策层次研究这一问题不仅是恰当的，而且也是很有益的，这有助于更加系统和深入地解读其丰富的内涵。

基于战略决策研究的视角，就有必要系统地研究新中国成立后解放军解决东南沿海国民党军队占领岛屿的全部军事行动的来龙去脉，而且必须将有关的军事计划的形成和演变等，作为分析的主要线索。这是基于一个非常基本的事实：“炮击金门”不论当时曾经被赋予或服务于何种政治和外交的目的，它首先是一次现代化的陆海空三军联合军事行动，包括军事战略的谋划、制订军事计划、完成作战准备、采取军事行动和最后结束战争，等等。这一军事行动的独特之处是它在某个阶段上被赋予了独特而且重大的政治和外交含义；军事作战计划最终付诸实施和展现的过程等，同最高决策者的政治考虑有直接关系。历史学家的描述已经证明了，这的确是一个非常复杂的过程，但对军事战略的设想和解放军的军事能力、不同阶段的作战效果等，从根本上决定着政治和外交目标的范围和最终效果。以往研究中对军事谋划的不重视，以及对研究领袖人物的独特作用和国内政治对军事行动的影响的偏好等，均凸显了研究这个战略决策中的军事谋划和影响的必要性和重要性。

其次，更为重要的且与上一个基本事实紧密联系的是，“炮击金门”在本质上是朝鲜战争结束后解放军东南沿海作战行动的一个组成部分，从军事战略层次分析尤其是如此。迄今为止，学术界的研究虽取得不少进展，诸多成果的共同点是试图通过越来越细致地叙述和分析最高决策者的动机及其赋予决策过程的复杂性，揭示影响决策的国际和国内的政治因素以及它们之间的关联等；特别是一些研究成果分析了中国国内因素对决策者的重大影响。这些都是很有价值的新进展。[①] 不过，诸多研究成果都没有对 1954—1955 年东

---

① 戴超武：《敌对与危机的年代——1954—1958 年的中美关系》，北京：社会科学出版社 2003 年版，第 7—9 章；中共中央文献研究室编、逄先知、金冲及主编：《毛泽东传（1949—1976）》（上），北京：中央文献出版社 2003 年版，第 846—884 页；赵学功：《第二次台湾海峡危机与中美关系》，载《当代中国史研究》2003 年第 3 期；侯晓佳：《炮击金门决策与曲折进程》，载《中共党史研究》2003 年第 2 期；杨奎松：《毛泽东与两次台海危机——50 年代中后期中国对美政策变动原因及趋向》，载牛大勇、沈志华主编：《冷战与中国的周边关系》，北京：世界知识出版社 2004 年版，第 336—366 页；宫力：《两次台湾海峡危机的成因与中美之间的较量》；章百家：《通向缓和的崎岖之路：变动的国际环境与中国对美政策（1954—1971）》，载姜长斌、[美] 罗伯特·罗斯主编：《从对峙走向缓和：冷战时期中美关系再探讨》，北京：世界知识出版社 2000 年版，第 36—75、421—456 页；从军史角度所做的最详细的叙述见徐焰：《金门之战：1949—1959》，沈阳：辽宁人民出版社 2011 年版。

南沿海军事行动与 1958 年“炮击金门”决策的关联，包括既定的军事战略与政治、外交等考虑之间的具体互动及其过程等，做足够系统和深入地分析。当然，很多档案未公开所造成的限制和由此而产生的种种问题等，也仍然存在。

弥补上述缺失不仅仅是为了提供更完整的历史画面，还有助于更合理地解读当时的决策者所赖以做出决定的体制的效力和约束力，这对解读整个冷战时代中国战略决策体制都是有价值的。例如，至少在这个阶段和这个案例中，毛泽东所受到的体制约束还是需要认真考察后，才能给予明确的界定，其结论或许会修正既有研究中对领袖人物在决策过程中的作用的判断和描述，以及还可以更清楚地理解决策体制的重要作用。

从军事决策全过程看，毛泽东本人的个性和认知、中国对外政策的演变进化等的影响到底有多大等问题，还有很大的探讨空间。可以基本确定的是，毛泽东虽然在某阶段上提出了响亮的政治口号、并且的确一度试图利用军事行动实现更宏大的政治和外交目的，但整个决策层对军事形势的判断和采取的行动等，均未超出解放军将领基于经验和军事专业的、经过长时间研究形成的战略设想、军事计划和对作战能力的判断。毛泽东固然有复杂的因应国内外形势的考虑和动机，但他仍然是在已给定的范围内选择行动方案，而且事实证明了，他对既定作战方案的依赖是确定的，他的选择是有明确的范围的。书写历史有时有些类似导演戏剧。这里再重复这个类比：导演有时为了剧情发展的需要，会将灯光聚焦于一个角色，以致观众看不到整个场景和其他角色。不过一场戏剧如果从头至尾都将灯光聚焦于一人或一处，以致观众始终无法了解舞台的全景，这样的导演肯定是失败的。这个案例或许能最好地证明这一点。

第二节　攻与防

1958 年 8 月开始的“炮击金门”同 1954—1955 年东南沿海军事行动存在直接的联系，它是 1954 年春季即逐步展开的军事行动在特殊国内外环境下的继续。更确切地说，1958 年的军事行动是落实大致形成于 1954—1955 年东南沿海作战过程中的军事计划的一个部分。该计划的核心是逐步夺取东南沿海国民党军占领岛屿，其主要和基本的内容缘起于 1952 年春季。确定这个时间段对理解这项战略决策的演变和特点有重要的意义，因为解放军对东南沿海国民党军占领岛屿的军事进攻在酝酿阶段到后来的发展，都带有明显的防御性质，战略谋划和作战计划包含的防御性质是导致决策动机和过程呈现复杂性的一个关键原因。1958 年“炮击金门”也是如此，多数论著并没有重视并分析这个基本但十分重大的问题。

1949 年 6 月，解放军取得渡江战役胜利之后不久，中共中央向第三野战军（以下简称“三野”）领导人提出解放台湾的任务。6 月 7 日，三野开会，讨论华东地区军事部署和进军福建的计划，从而开始部署研究“夺取台湾的问题”，包括是否有可能在较快的时间内夺取、用什么方法“夺取台湾”，等等。① 特别重要的是，6 月 7 日召开的这次会议被粟裕称为“国防部署会议”。②“国防”这个概念在内战后期的军事战略谋划中浮现这一事实，对于理解夺取东南沿海岛屿的军事战略至关重要。它表明，随着中共逐步取得全国政权和即将开始建国的进程，很多军事行动的含义在中国领导人的

① 中共江苏省党委党史办公室编：《粟裕年谱》，北京：当代中国出版社 2006 年版，第 471 页。

② 参见《粟裕传》编写组：《粟裕传》，北京：当代中国出版社 2000 年版，第 429 页。

心目中变得丰富起来，也必然会导致很多设想逐步发生质变。

6月21日，中共中央指示粟裕等，将攻占台湾作为“几个月内四大工作”之一。[①] 当时各地区军事行动进展迅速，三野司令部曾设想，可以尽早进军福建并同时攻占厦门和金门，毕其功于一役。由于10月下旬发起的金门战役失败，攻台计划被推迟并被证明变得复杂了。不过到1950年5月，解放军相继攻占海南岛等地和国民党军队主动撤守浙江沿海的舟山群岛等，加之中苏结盟后，海空军力量在苏联帮助下快速加强等，这些因素使攻占台湾被中国领导人确定为新中国成立后需要尽早完成的战略任务。根据中共中央这一时期的设想，解放军应争取在1951年适当的时机发动攻台战役，一举攻占台湾、澎湖以及和其他一些福建和浙江沿海的国民党军占领岛屿，从而彻底消灭国民政府。[②] 此外，由于国民党军队以台湾、大陈列岛等沿海岛屿为基地，对大陆实施海空封锁和军事攻击，所以夺取台湾等地当时也增加了解除国民党军队对上海及沿海各港口城市的安全威胁的含义。

中国领导人从开始为解放台湾进行动员起，就非常重视美国的政策，当时他们最关注的就是美国是否会军事介入。根据大陆地区战争的进程和与美国方面的交往，特别是黄华与司徒雷登的秘密谈判，他们的基本判断是美国直接军事干涉的可能性并不大。[③] 1950

① 中共中央文献研究室编、逄先知主编：《毛泽东年谱（一八九三——一九四九）》（下卷），北京：中央文献出版社1993年版，第521页；《粟裕传》编写组：《粟裕传》，北京：当代中国出版社2000年版，第439页。

② 周恩来：《当前财经形势和新中国经济的几种关系》，1949年12月22日、23日，载中共中央文献研究室编：《建国以来重要文献选编》第1册，北京：中央文献出版社1992年版，第73页；毛泽东：《关于同意粟裕调四个师演习海战等问题给刘少奇的电报》1950年2月10日，载中共中央文献研究室编：《建国以来毛泽东文稿》第1册，北京：中央文献出版社1987年版，第257页；另参见 He Di, “ ‘The Last Campaign to Unify China’ : The CCP’s Unmaterialized Plan to Liberate Taiwan, 1949-1950, ”*Chinese Historians*, Vol. 5, No. 1, Spring, 1992。

③ 参见牛军：《冷战与新中国外交的缘起：1949—1955》（修订版），北京：社科文献出版社2013年版，第208—211页。

年6月25日，朝鲜战争爆发，杜鲁门政府在两天后宣布派遣美国第七舰队封锁台湾海峡以及向台湾派驻美空军，台海两岸的军事力量对比因此发生了根本变化。

实际上，在《中苏友好同盟互助条约》于2月14日签订后，美国政府内部就在讨论如何阻止台湾被攻占，而且强硬的声音越来越占上风，朝鲜战争的影响在于促使美军终于做出军事介入并派第七舰队封锁台湾海峡的决定。[①] 美国政策的重大变化和朝鲜战局的发展结合在一起，促使中国领导人决定推迟原定作战计划。

6月30日，周恩来约谈时任海军司令萧劲光时，就告诉后者中央已经决定“推迟解决台湾问题的时间”。[②] 在7月10日召开的国防会议上，原负责指挥攻台战役的粟裕被任命为新组建的东北边防军司令兼政委，准备入朝指挥作战。[③] 随着朝鲜战局进入僵持，中国军队开始大规模战争动员和准备。8月26日，周恩来在东北边防军会议上明确宣布，现在朝鲜已经成为“世界斗争的焦点”，中国将“支援朝鲜人民，推迟解放台湾”。[④] 9月7日，原定主攻台湾的部队正式解除对台作战任务，改为入朝的战略预备队，并开始向山东曲阜地区集结。9月15日，就在美军登陆仁川的当天，中央军委正式下达推迟进攻金门作战准备的命令。[⑤] 至此，攻台战役被搁置。

比暂停攻台战役更有重要意义的变化是中国决策层在决定出兵朝鲜的过程中，夺取东南沿海岛屿和解决台湾问题的军事战略开始

---

① 参见资中筠主编：《战后美国外交史——从杜鲁门到里根》（上册），北京：世界知识出版社1994年版，第135—136页。

② 参见肖劲光：《肖劲光回忆录（续集）》，北京：解放军出版社1988年版，第26页；中共中央文献研究室编：《周恩来年谱（一九四九——一九七六）》（上卷），北京：中央文献出版社1997年版，第52页。

③ 参见《粟裕传》编写组：《粟裕传》，北京：当代中国出版社2000年版，第442页。

④ 周恩来：《充分准备，出手即胜》，1950年8月26日，载中共中央文献研究室、军事科学院编：《周恩来军事文选》第4卷，北京：人民出版社1997年版，第43页。

⑤ 参见徐焰：《金门之战：1949—1959》，沈阳：辽宁人民出版社2011年版，第99页。

出现的从“攻”到“防”的历史性转变。如上所述，解放军夺取东南沿海岛屿和台湾的最初目的，就是要彻底消灭国民政府和完成国家统一；朝鲜战争爆发后，东南方向的军事行动的主要目的逐步转向主要和首先是维护国家安全有关的军事战略，成为同美国展开地缘安全对抗的一个重要组成部分。在中国领导人有关出兵朝鲜的论述中，美军第七舰队封锁台湾海峡被定义为是美国从三个方向实施威胁和准备进攻中国的一个组成部分，另两个战略方向是朝鲜半岛和印度支那。美国同时在这三个地区进行程度和形态不同的军事干涉，它们共同组成了针对中国的战争计划。①

中国军队在朝鲜同美军开战后，中国本土尚在进行的重大军事行动几乎都被同维护国家安全和与美国的地缘对抗直接联系在一起。例如同时展开的广西剿匪行动等，就与朝鲜战争联系起来。11月30日，叶剑英在一次谈话中说，广西地区现在不仅在支援东南亚革命中，“是负有光荣的国际任务的”；而且由于朝鲜战争的缘故，“帝国主义者可从陆地闯进广西，侵略我国”，所以那里也就成了“国防最前线，担负着保卫祖国的光荣的战斗任务”。②

广西尚且如此，华东地区的情况可想而知。比较有代表性的是11月4日，华东军区在上海召开一次高干会议，专门研究中国在朝鲜参战后，东南沿海的军事形势和作战问题。会议讨论的内容大致反映出在与会者的认知中，东南沿海地区攻防态势发生了重要的转换，他们思考的逻辑已经不再是如何夺取沿海诸岛进而攻占台湾，

① 周恩来：《抗美援朝局势的发展前途》，1950年11月25日；中共中央文献研究室、军事科学院编：《周恩来军事文选》第4卷，北京：人民出版社1997年版，第104页；周恩来：《抗美援朝运动中存在的思想问题》，1950年11月25日，中共中央文献研究室、军事科学院编：《周恩来军事文选》第4卷，北京：人民出版社1997年版，第111页；叶剑英：《抓紧广西剿匪工作》，1950年11月30日，载中共中央文献研究室、军事科学院编：《叶剑英军事文选》，北京：解放军出版社1997年版，第228页。

② 叶剑英：《抓紧广西剿匪工作》，1950年11月30日，载中共中央文献研究室、军事科学院编：《叶剑英军事文选》，北京：解放军出版社1997年版，第224—226页。

而是如何打败国民党军队在美军支援下从沿海进犯大陆。时任东海舰队司令张爱萍认为，新中国成立后，国民党残余部队是“撤守”沿海岛屿，“袭扰大陆”；朝鲜战争爆发后，国民党军队则“可能要求在美军支援下从中国沿海向大陆进犯，从战略上牵制”志愿军在朝鲜作战，其“最大可能”是在美海空军的支援下进攻上海，而以进攻温州、台州等为辅，等等。[①] 叙述这种判断是因为在其逻辑中，是将国民党军队在东南沿海可能采取的行动与朝鲜战争挂钩，从而成为美国在东亚大陆军事干涉的组成部分，而且反映了配合美国在朝鲜的军事干涉和进攻中国的战略意图。

1951 年 1 月 13 日，毛泽东根据所获情报电告时任华东军区司令陈毅，蒋介石向美方提出准备动用 20 万至 25 万军队进攻厦门、汕头等地，而且国民党军队发动进攻的“可能性很大”，故华东军区必须“速筹对策”，“务达击退进犯匪军，确保厦门之目的”。[②] 华东军区迅速采取行动，落实这一指示，提出调入福建 4 个军以加强防御。毛泽东立即予以批准，要求他们“务必长期确保厦门”，以及“除福建首先是厦门为敌人进攻重点已有部署外，江浙两省沿海亦需准备对付敌人进袭”。[③]

显然，在朝鲜战争爆发的大背景下，从 1950 年 11 月到翌年 1 月，中国决策者的有关战略思考出现了一次根本性的转变；根

① 张爱萍：《华东海军在华东海岸防御战中可能担负的任务——在华东军区关于陆海空设防的高干会上发言提纲》，1950 年 11 月 4 日，载张爱萍：《张爱萍军事文选》，北京：长征出版社 1994 年版，第 95 页。

② 毛泽东：《迅速研究防御国民党军队进攻厦门汕头的对策》，1951 年 1 月 13 日，载中共中央文献研究室、军事科学院编：《建国以来毛泽东军事文稿》（上卷），北京：中央文献出版社、军事科学出版社 2010 年版，第 441 页。

③ 毛泽东：《确保厦门并加强华东沿海防务》，1951 年 1 月 16 日，载中共中央文献研究室、军事科学院编：《建国以来毛泽东军事文稿》（上卷），北京：中央文献出版社、军事科学出版社 2010 年版，第 445 页。

据张震回忆的叙述，军事计划相应地也从“解放”转向了“战略防御”。[①] 随着朝鲜战局的演变和中美对抗的持续与扩展，这个转变的后续影响也越来越固定、深刻和广泛，包括直接影响到东南沿海的军事规划和部署。[②]

实际情况也是从中国军队入朝参战起一直到1953年7月停战前，有关部队在东南沿海的主要作战行动都是防御性的，包括清剿国民党军队支持的海匪、沿海城市的防空作战、突破国民党军队的海上封锁，等等。在此期间，华东军区部队相继夺取了浙江、福建和广东一些沿海国民党军占领的小岛。1952年春夏间，由于国民党军队提升了在沿海侵扰的强度，并以大陈列岛为依托，继续封锁浙江一些港口，使船只难以进出。华东军区领导基于朝鲜战场形势稳定，开始着手筹划夺取东南沿海岛屿，当时曾制订了发起攻占大陈列岛的战役计划。该计划于6月中旬获中央军委批准，华东军区曾向所辖各部队发布了作战指示，准备在9月、10月间进攻大陈岛。[③]

华东军区这时再提出东南沿海的作战设想，主要针对的是台湾当局不断升级的军事袭扰。特别是华东军区提出的作战计划的具体内容，就是针对夺取福建和浙江的国民党军占沿海岛屿。从中国战略方针演变的发展脉络看，分析这个计划之所以有意义，就在于它是基于沿海安全防御的需要，从军事策划的实践中，将夺取沿海岛屿与解决台湾问题切割开来。

该计划不久后被决策层否决，主要原因是彭德怀认为，中国军队正在朝鲜与美军交战，一旦在浙江沿海实施夺岛战役，“美海空军亦可能参加，为慎重计，须待朝鲜停战实现后举行为宜”。[④] 毛泽

① 参见张震：《张震回忆录》（上），北京：解放军出版社2003年版，第406—407页。
② 叶飞：《叶飞回忆录》，北京：解放军出版社2007年版，第487—488页。
③ 参见东方鹤：《张爱萍传》（下册），北京：人民出版社2000年版，第656页。
④ 王焰主编：《彭德怀年谱》，北京：人民出版社1998年版，第530页。

东立即批示同意，特别是他还提出，即使在朝鲜战争结束后如何行动，“亦须慎重考虑”。[①] 这个决定背后反映了中国决策者的某种趋向，即在东南沿海采取行动时，必须更慎重地考虑如何避免与美军的冲突。这同朝鲜战争爆发前的判断是有很大的不同的，那时，包括直接承担指挥攻台的粟裕等在内的中国决策者们几乎都不认为，美军会帮助国民党军队守住台湾。[②] 实际上，慎对与美海空军作战的逻辑并不仅仅限于谋划东南沿海作战。例如在之前不久，彭德怀也否定了志愿军空军轰炸朝鲜战场上美军的金浦、水原机场的作战计划。他认为，在无足够空军力量反击的情况下实施轰炸计划，一旦引起“敌之报复轰炸”，将“对我不利”。[③]

总而言之，中国参加朝鲜战争后，解决台湾问题包括夺取东南沿海国民党军占领岛屿等的军事行动的目的已经复杂化了，即从新中国成立初期的彻底推翻国民政府和完成统一，发展为包含完成国家统一和维护国家安全（当时具体地就是维护东南沿海地区的安全）等两方面内容。理解这个变化对于解读之后军事计划的形成和军事行动的特点等，都是至关重要的。

第三节　“两步走”战略形成

随着朝鲜战争结束和日内瓦会议达成有关印度支那和平的协

① 毛泽东：《朝鲜战争结束前不要进行对大陈岛的作战》，1952 年 7 月 27 日，载中共中央文献研究室、军事科学院编：《建国以来毛泽东军事文稿》（中卷），北京：中央文献出版社和军事科学出版社 2010 年版，第 45 页。

② 参见中共江苏省委党史工作办公室编：《粟裕年谱》，北京：当代中国出版社 2006 年版，第 489、498 页；张震：《张震回忆录》（上），北京：解放军出版社 2003 年版，第 393—395 页。

③ 王焰主编：《彭德怀年谱》，北京：人民出版社 1998 年版，第 528 页。

定，台湾海峡的紧张局势很快被凸显出来。解放军与国民党军队的冲突涵盖了从浙江到广东等省沿海的广大区域，特别是针对浙江、福建沿海的岛屿的作战，并终于在 1954 年夏季爆发了第一次台海危机。解放军 1954—1955 东南沿海军事行动正是在这个背景下展开的，也正是在这次以攻占浙江沿海岛屿为中心的军事行动中，中国决策层终于制订了一个新的军事计划，其关键特点是界定清楚了东南沿海作战与军事解决台湾问题之间的关联。夺取东南沿海岛屿与解决台湾问题被划分为一个战略的两个部分，而军事行动被分为两个阶段，后来这被形象地称为“两步走”。因此就有必要研究 1954—1955 东南沿海军事行动与解决台湾问题的新军事战略之间存在何种关联及其在不同阶段上的影响。

1954—1955 东南沿海军事行动是指解放军于 1954 年春开始在东南沿海展开的一系列作战，包括海空军在浙江沿海的“力量向前伸”与春汛护渔作战、空军在浙江沿海夺取制空权作战、海空军保护海上航运的护航作战、福建沿海炮击大、小金门和浙江沿海夺取大陈列岛的三军联合作战，等等。这一军事行动持续一年左右，其中规模最大也最受研究者关注的，是夺取大陈列岛战役；该战役的关键则是三军联合作战攻占一江山岛。到 1955 年 4 月 23 日，周恩来在万隆会议期间发表声明：“中国人民同美国人民是友好的。中国人民不要同美国打仗”，中国政府愿意同美国政府谈判，讨论“和缓台湾地区的紧张局势问题”。[①] 以此为标志，此阶段东南沿海的军事行动基本结束。

以往的研究已经很详细地描述了 1954—1955 年作战的过程，但对两个重要的历史事实及其间的关联等，没有给予足够的重视和

① 《周恩来关于缓和远东紧张局势问题的声明》，1955 年 4 月 23 日，载中华人民共和国外交部档案馆编：《中国代表团出席 1955 年亚非会议》，北京：世界知识出版社 2007 年版，第 75 页。

分析。

其一是对解放军发动这次作战的背景、动机和目的等，均未做深入具体地分析。例如，正是 1954 年 8 月初，中国政府非常响亮地提出了“一定要解放台湾”的口号，并展开大规模宣传和政治动员。这同军事行动之间到底是何种关联，是不能回避的问题，也不是用政治动员的口号本身的含义就可以解释清楚的。

其二是忽视了夺取东南沿海岛屿和解决台湾问题的军事计划恰恰形成于 1954 年夏季，也就是东南沿海各项军事行动已经逐步展开并走向高潮的阶段。换言之，解放军并不是先有了完整的计划才开始采取行动的。所以需要揭示和深入分析有关军事计划的形成过程，以及与军事行动有关的国际背景和中国对外政策的变化在这个过程中的影响，等等。总而言之，还有必要系统分析军事行动过程出现的各种非军事因素及其如何影响了决策者最终确定的军事计划。

朝鲜战争于 1953 年 7 月停战以后，解放军的战略重心逐步向东南沿海地区转移，明显增强了在东南沿海的军事部署，并几乎无间断地就展开了争夺浙江沿海制空权。不过与新中国成立初期夺取国民党军占领岛屿和准备攻台的军事准备相比，朝鲜停战后开始加强东南沿海作战的指导思想已经有很大的不同。如前所述，新中国成立初期攻台军事计划的目的就是要彻底摧毁国民党政权并完成国家统一；朝鲜战争爆发后，解放军在东南沿海的军事行动转向防御为主。到 1953 年前后，解放军的相关战略思考中出现新的发展，越来越多地增加了维护国家安全的含义，也反映了加强国防现代化的设想。

如前所述，渡江战役胜利后，三野在制订军事计划时，已经提出了需要基于“国防”考虑的认知。在中国军队进入朝鲜之前，毛泽东首次明确阐述了，入朝参战的战略中包括将“国防线”向南推进的设想，从而将军事计划的合理性与国家的军事安全联系在一起。[①] 朝鲜战争结束后，这种观念变化的影响更为突出，这首先与国家安全战略、国防政策和军委规划军事现代化的背景有关。

根据参加制定中国第一个《军事建设五年计划纲要》的张震回忆，1952 年春，周恩来开始领导制订第一个五年计划时，就提出军队应相应拟订一个军事建设的五年计划。军委遂指示总参起草了一份《一九五三——一九五七年军事建设计划纲要》（以下简称“《纲要》”），供军委讨论。总参在制订计划的过程中，明确界定了中国国家安全战略要解决的首要安全威胁，确认了朝鲜战争爆发后形成的战略判断，即美国在朝鲜半岛、东南沿海和印度支那等三个战略方向上“构成对新中国安全的主要威胁”。[②] 基于此判断，《纲要》提出了国防政策和军事建设的指导方针，“五年之内达到基本上完成必要的准备、不受敌人战略袭击的目的”。[③] 7 月 18 日，毛泽东批示“基本同意，可即照此部署”。[④] 军委随后开始部署实施，包括在北方的山东半岛和辽东半岛、南方的海南岛重点设防，修筑永久坚固的工事，等等。

从国家安全战略角度制订计划时，必定会将涉及解决沿海岛屿和台湾问题的军事计划囊括其中；上述国防布局也必定会将攻占东南沿海岛屿和解决台湾问题中的国防因素等突出出来。后来的发展证明，这些规划都在逐步改变解决这类问题的战略思维逻辑，并程度不同地影响了中国决策者处理相关军事问题的思考角度，至少也

---

① 《毛泽东关于志愿军入朝作战的方针和部署给周恩来的电报》，1950 年 10 月 14 日，《党的文献》2000 年第 5 期，第 8 页。

② 张震：《张震回忆录》（上册），北京：解放军出版社 2003 年版，第 474—475 页。

③ 参见《中国人民解放军军史》编写组编：《中国人民解放军军史》第 4 卷，北京：军事科学出版社 2011 年版，第 296—297 页。

④ 毛泽东：《对军事建设五年计划的批语》，1952 年 7 月 18 日，载中共中央文献研究室：《建国以来毛泽东文稿》第 3 册，北京：中央文献出版社 1989 年版，第 497 页。

使之复杂化了。

当时促使中国加强军事力量特别是海空军向东南沿海地区部署的一个重要外部因素，是美国政府加强与台湾的军事合作和支持、鼓励台湾当局展开针对大陆的军事袭扰。换个角度说，台湾当局加剧东南沿海紧张局势，也是美国在朝鲜战争中的军事战略的衍生物。1953 年 2 月，美国艾森豪威尔政府开始推行所谓“放蒋出笼”政策，通过怂恿和支持国民党军队加强对大陆沿海的军事袭扰，从而开辟一条新的战线，以加大对部署在朝鲜半岛的中国军队的压力。①

朝鲜战争爆发后，美国军事介入台湾问题的影响并不仅仅是导致解放军停止攻台计划。国民党军队在 50 年代初期仍然处在溃败过程中，他们甚至已经准备弃守大陈列岛和金门等岛屿。② 朝鲜战争的爆发根本改变了这一局面，美国军事介入台海地区，使国民党政权终于有了得以生存的转机和依靠，并可从中美对抗中争取到美国更多的战略性支持和具体的军事援助。

从 1952 年春夏开始到朝鲜停战前后，国民党军队在美国的军事援助和支持下，在东南沿海所占岛屿逐步打造了一条以大陈列岛为中心的战线，并以这些岛屿作为基地，加强对大陆沿海地区的海空军事攻击和侵扰，包括对一些岛屿进行袭扰。规模最大的一次是 1953 年 7 月 16—17 日，国民党军队集结约 12000 人的部队，攻占了福建沿海的东山岛，并于三天后撤出。

国民党军队的军事行动虽然总地看规模不大，但显然是进攻性的，在本质上是美国在朝鲜半岛以外开辟的另一条战线，它对大陆

---

① “放蒋出笼”政策的主要内容见艾森豪威尔 1953 年 2 月 2 日国情咨文中有关对华政策的讲话，参见 U.S. Department of State, *American Foreign Policy: Basic Document 1950 - 1953* (Washington D. C. : Government Printing Office, 1957), pp. 61-65。

② 胡琏：《金门忆旧》，台北：黎明出版社 1976 年版，第 112 页。

东南沿海地区安全构成了严重的威胁，包括威胁大陆渔民的生命和财产安全、生产安全、海上交通安全和一些沿海城市的安全，等等。在此背景下，中国决策者将台湾当局发起的军事攻击与美国在台湾海峡的军事活动联系在一起，定义为美国敌视和威胁中国的侵略性政策的组成部分。①

另一个重大的外部因素是美国同台湾当局开始磋商签署军事同盟条约。美台之间讨论签约开始于1953年春夏，当时美国开始积极在亚洲建立和加强针对中国的军事基地和军事同盟，而筹划中的《东南亚集体安全条约》并没有将台湾包括在内。美国打算同台湾当局签订一项双边军事同盟条约。当时在讨论“美台共同防御条约”时，美台双方的主要分歧是美国是否参与防御东南沿海岛屿，美国政府内部的确存在不赞成美军介入大陆与台湾争夺东南沿海岛屿的军事冲突的主张，这是谈判一时难以取得进展的关键原因。不过，台湾当局相信签署该条约只是个时间问题，美国内部支持与台湾签约的势力显然也很有影响力。

如何评估“美台共同防御条约”对中国决策的影响，包括军事行动和军事计划的防御性、展开的军事行动与相关政策变动之间的关联等，都是至关重要的。这期间制定的军事计划乃至之后一直持续到1958年的一系列有关决定等，都同中国领导人对美台加强军事关系直至建立军事同盟的了解和认识等，有非常重要的关联。这包括他们对美台建立同盟的可能性、同盟的性质和意图、同盟涵盖的地理范围和真实效力等的判断。进一步说，解放军1954年夏季“炮击金门”和攻占大陈列岛等行动，通常被认为也被描述为是富

---

① 中共中央文献研究室编：《周恩来年谱（一九四九——一九七六）》（上卷），北京：中央文献出版社1997年版，第405页；周恩来：《中国人民一定要解放台湾》，1954年9月23日，载中共中央文献研究室、军事科学院编：《周恩来军事文选》第4卷，北京：人民出版社1997年版，第353—355页。

有进攻性的，而且一再被定性为引发第一次台海危机的主要原因。所以，只有更仔细地观察和分析影响中国决策层的各种因素与美台军事关系演变之间的复杂互动，才能得出更确切的结论。

首先可以肯定，中国领导人对美台企图签约的动态极为敏感和警惕，这反映在中国宣传机构立即予以严厉和持续不断的谴责。实际上，中国媒体不断强化的宣传舆论中展示的内容，也反映了中国决策者的担忧是很复杂的。他们固然强调美国加强美台军事关系的目的是企图长期占领台湾，但这更多的是为凸显中国对台湾的主权立场，用反对美国干涉中国内政来取得政治主动和道义优势。真正会影响到他们有关安全战略的判断的主要内容，是他们将美台谈判共同防御条约视为美国在亚洲建立军事同盟体系的一个组成部分，而美国建立军事同盟体系的目的则是企图在某个时候进攻中国大陆。在他们看来，美国加强美台军事关系直至结盟等，从逻辑上说，也是在为侵略中国作准备，就是进攻性的行动，虽然有个“共同防御”的名号，这必然会加剧亚太地区的紧张局势。[①]

从当时的实际情况看，如果美台签约时将东南沿海国民党军占领岛屿包括在内，将使美国军事力量直接抵达大陆沿海水域，对中国安全构成极为严重和直接的威胁。这时美军舰不时到大陈列岛访问，已经对浙江沿海解放军驻军造成压力。所以，1953 年 10 月 11 日，毛泽东在军委联络部提交的一份报告上专门批示，要求查明美台是否确实有“包括金门、二陈等地之协定”。[②] 这时期中国媒体不断扩大和强化宣传，其中很重要的一部分内容就是谴责美国在亚

① 《美国加紧进行敌视中国的侵略部署妄图继续奴役亚洲人民和加深国际紧张》，载《人民日报》1954 年 3 月 26 日；《美国统治集团敌视亚洲人民》，载《人民日报》1954 年 5 月 14 日。

② 毛泽东：《美蒋签订军事协调谅解协定值得注意》，1953 年 10 月 11 日，载中共中央文献研究室、军事科学院编：《建国以来毛泽东军事文稿》（中卷），北京：中央文献出版社、军事科学出版社 2010 年版，第 178 页。

洲建立军事同盟，称其目的是企图侵略中国；美台之间酝酿的军事条约则是美国利用台湾威胁中国安全的阴谋。[①]

此外，中国决策层并不认为，他们谋划中的东南沿海军事行动是足以挫败美台缔约谈判的。7 月 7 日，毛泽东在中南海召集政治局扩大会议，听取周恩来有关日内瓦会议的报告和讨论今后中国对外政策。他在谈到中美关系时说，台湾问题是中美关系中的“一个重要问题”，也是个“长时间的问题”，当前“要破坏美国跟台湾订条约的可能，还要想一些办法，并且要作宣传”，另外“在外交方面要有一种适当的表示，比如在侨民问题上的接触，目的就是迫使美国跟台湾不要订条约”。从这段话的逻辑分析，他相信除了军事行动之外，如果能找到适当的政治和外交措施，加上英法等国“也反对”，还是有可能阻止美台签约的。[②] 毛泽东这次发言的主调是促成日内瓦会议达成印支停战协议，以及争取打开中国外交的新局面，所以在处理美台军事条约等问题上，并没有提出、至少没有强调付诸军事行动的重要性。他当时提出的措施主要是展开大规模宣传，以及在外交领域与美国建立联系，包括在释放美国人方面做出一些让步等，总之没有涉及展开军事行动。

重要的是时机。这阶段解放军的军事准备正在加速，军事计划正在加紧酝酿之中。换句话说，毛泽东这时强调采取外交和政治宣传行动等的重要性，同中共中央决定加快促成印支停战的决心是协调的，但同日趋紧张的台海军事形势和解放军在东南沿海的作战准备等是不协调的。其原因值得深究。

---

① 《美国加紧进行敌视中国的侵略部署妄图继续奴役亚洲人民和加深国际紧张》，《人民日报》1954 年 3 月 26 日；《美国统治集团敌视亚洲人民》，《人民日报》1954 年 5 月 14 日。

② 毛泽东：《同一切愿意和平的国家团结合作》，1954 年 7 月 7 日，载中共中央文献研究室、军事科学院编：《建国以来毛泽东军事文稿》（中卷），北京：中央文献出版社、军事科学出版社 2010 年版，第 216 页。

如前所述，华东军区曾经在1952年春夏提出过攻打大陈列岛的计划。该计划曾被军委批准，后被彭德怀以可能导致美军介入而否决，他的意见得到毛泽东的支持。这里顺便指出，避免美军介入这个因素在后来的诸多决策中一直存在。1953年夏季，随着东南沿海紧张局势加剧，华东军区再次酝酿夺取东南沿海国民党军占岛屿和攻占台湾。他们于9月7日提出了一项计划，内容是首先夺取福建的金门、然后夺取浙江的大陈列岛，最后攻占台湾。[①]

时任总参作战部部长张震两次给彭德怀等写信，对该计划提出质疑，其要点是必须改变战役顺序，应该首先攻占大陈列岛。他的主要理由包括：金门防御坚固、解放军空军因无机场难以提供支援、国民党空军作战比较便利、华东军区海军力量尚单薄、“作战物资所需甚巨”、陆上运输因铁路未通“困难很大”，等等；另外，从军事态势看，“金门等于下围棋的一个死子，攻击主动权在我手中”，军事准备成熟则随时可以发动进攻。所以张震提出，不如先夺大陈列岛、后攻金门，这样从军事上看更为有利。[②]

总参作战部的上述意见获得毛泽东的重视和其他领导人同意，值得注意的是，他们都表现出很关注战费问题，这同正在筹划中的军事改革有很大关系。彭德怀在作战概算报告上的批示一再说明，“攻金门问题耗费巨大”，“预算甚大”，等等。[③] 毛泽东在批示中特别提到，打金门“需费近五万亿元，至少一九五四年不应动用如此

① 参见《中国人民解放军战史》编辑组编：《中国人民解放军战史》第5卷，北京：军事科学出版社2011年版，第72页。

② 张震：《张震回忆录》（上），北京：解放军出版社2003年版，第491—493页。

③ 参见彭德怀传记组著：《彭德怀全传》（三），北京：中国大百科全书出版社2009年版，第127页。

大笔经费”。[①] 军委遂指示华东军区，暂停进攻金门的作战准备。显然，中国决策层还不打算在朝鲜战争结束后，立即在东南沿海展开大规模军事行动。这种情况大致持续到 1954 年 7 月上旬，这也是毛泽东 7 月 7 日谈话的主要背景。

根据已经公开的档案和有关回忆录的内容，换一个角度也可以说，毛泽东在 7 月 7 日会议上的有关谈话也反映出他在开始思考印支停战后，如何处理台海形成的新局面和美台谈判签约问题。综观这个时期出现的各种复杂因素，对中国有关决策影响最大和最直接的是解放军基本制订完成了以应对威胁和解决台湾问题为主要内容的新军事战略。这个战略被概括为“两步走”，而“两步走”又可以分为三个部分的“两步走”。第一个部分是将攻占东南沿海岛屿与夺取台湾分为“两步走”，即先解决东南沿海岛屿问题，然后再攻台湾；第二个部分是将夺取东南沿海岛屿的作战也分成“两步走”，即在浙江沿海岛屿和福建沿海岛屿这两者中，首先夺取浙东沿海的大陈列岛，然后再夺取福建沿海的金门、马祖，即“由北向南”，而不是最初的“由南向北”先攻金、马，后取大陈；第三个部分是不论攻占大陈列岛还是金门、马祖等，均采取先夺小岛再攻大岛、逐岛进攻的作战方式，简言之就是作战采取“从小到大、由北向南、逐岛进攻”。[②]

“两步走”军事战略是在解放军海空军已经展开的持续的军事

---

① 毛泽东：《对金门作战建议的批语》，1953 年 12 月 9 日，载中共中央文献研究室、军事科学院编：《建国以来毛泽东军事文稿》（中卷），北京：中央文献出版社和军事科学出版社 2010 年版，第 193 页；《同意不打金门》，1953 年 12 月 22 日；载中共中央文献研究室、军事科学院编：《建国以来毛泽东军事文稿》（中卷），北京：中央文献出版社和军事科学出版社 2010 年版，第 194 页。

② 郑文翰：《秘书日记里的彭老总》，北京：军事科学出版社 1998 年版，第 32 页；参见林晓光：《中国共产党对台政策的历史演进》，载《党史研究资料》1997 年第 3 期，第 3 页。

行动中逐步形成的，这个过程与台海紧张局势加剧是同步的，有非常直接的关系。从 1954 年春季开始，由于国民党海空军持续的袭扰，给大陆沿海地区居民的日常生活和春季生产活动等，造成越来越大的干扰甚至威胁。为了改变这种局面，解放军空军根据在浙江沿海空域“力量向前伸”的作战方针，与国民党空军展开争夺制空权的空战；海军为展开春汛护渔作战，也主动前出浙江海域。这期间，解放军海空军均取得一些战果。在此有利的军事形势下，7 月 11 日，军委基本同意了华东军区夺取浙江沿海大陈列岛的作战方案，并责成作战部起草了首先攻占一江山岛的命令。该命令对战役目的的说明非常具体，即攻占一江山岛“以打击美蒋协防阴谋，察明美军可能采取的行动，为解放浙东沿海岛屿创造条件”。毛泽东本人于当日予以批准。①

维护东南沿海的海上交通安全，是解放军升级军事行动的另一个直接和具体的目的，它也是推动有关军事决策进程的重要动力。随着东南沿海紧张局势升温，国民党海空军攻击和劫持外国商船的情况频繁发生，这严重损害了大陆海上航运的安全，解放军也面临来自外国公司和国内交通部门要求护航的压力。限于海军舰船的作战能力，海军部门甚至建议过，请外国船舶改变原航线，走地中海、苏伊士运河，以便进入中国更南方的港口停靠装卸，从而避开从浙江到广东一带沿海的国民党海军的袭扰。②

6 月 23 日，国民党海军将苏联商船“图阿普斯号”劫往台湾的港口。这是当时最严重的一起事件，引起了苏方的严重关注。苏联顾问直接向中方提出，需要解放军海空军为有关国家商船护航。

---

① 参见张震：《张震回忆录》（上册），北京：解放军出版社 2003 年版，第 494 页；王焰主编：《彭德怀年谱》，北京：人民出版社 1998 年版，第 571 页。

② 参见中共江苏省委党史工作办公室编：《粟裕年谱》，北京：当代中国出版社 2006 年版，第 540 页。

中国决策层面临的压力是可想而知的。

7月13日，即中国决策层批准夺取大陈列岛作战计划仅两天后，彭德怀召集海空军领导人等，专门讨论如何为前往中国港口停靠的外国商船护航。之前讨论东南沿海作战的会议的与会者通常都是军队指挥官，党政高层领导人参加的情况是不多见的。这次的参会者还包括了朱德、邓小平等人，这反映了此次会议所涉内容的敏感和复杂性。会议决定由总参作战部拟订出护航和保卫领海领空的作战计划，而随后展开的作战行动必然增加了维护海上交通安全的目的。这也从一个方面证明了，此时军事行动中的确是包含了防御性的。

根据7月13日会议的决定，宣传部门明显大幅提升了谴责台湾当局和国民党海空军的声调。《人民日报》专门就解放军护航问题发表文章，激烈谴责国民党海军劫持和攻击十几个国家的商船是“海盗行为”，而且是受到美国的支持和怂恿的；而解放军的护航行动是同解放台湾联系在一起的，是解放台湾的斗争的组成部分，解放军将为“最后收复台湾和粉碎美国的海盗行为而奋斗到底”。[①]

就在13日会议结束的第二天，英国首相丘吉尔（Winston Churchill）在英国议会的下院发表谈话。他针对台海紧张局势提出，需要“联合国托管台湾”。[②] 他在美国与台湾缔约谈判的背景下发表这样的讲话，立即被毛泽东等中国领导人视为警讯。他们认为外部势力在利用台海紧张局势，加强使台湾问题国际化的行动，而且其目的可能还不止于此。所以，中国必须做必要的军事准备和政治动员，首先要在政治上给予坚决的回击。最明显的是中国媒体立即加强了对美国的抨击，一方面谴责美国国会通过决议，阻挠中

① 《继续制造远东紧张局势、推行侵略政策美国加紧指使蒋介石匪帮劫夺各国商船》，载《人民日报》1954年7月16日。

② 见《一定要解放台湾》，载《人民日报》1954年7月23日。

国恢复在联合国的合法席位；另一方面是谴责美国企图与台湾当局签订军事条约，从而侵占台湾。[①] 舆论宣传的升温和反对外国干涉的内容的明显突出和日益猛烈，至少部分地反映了中国领导层的关注重点在发生变化，他们势必会将东南沿海的紧张局势与国际上围绕台海问题的动向联系起来。

7 月 22 日，中央军委召开专门会议，研究的主要内容就是统筹针对东南沿海各种事态展开的军事行动，使之与解决台湾问题整合在一起，并据此拟订出战略性的指导方案。彭德怀在会上传达了中共中央和毛泽东关于解决台湾问题的指示，并指示总参立即着手拟订带有战略指导性的军事计划。[②] 毛泽东发出的有关指示的具体时间、方式和内容等尚不得而知，但从会议讨论的情况看，可以肯定包括了要加强台海军事行动的力度，以及将东南沿海已经展开的行动同“解放台湾”联系起来，包括要同时在国内和国际上展开大规模的宣传攻势和政治动员。毛泽东在会议两天后海军上报的一份作战方案上批示说，需要召集华东、浙江和福建等军区的领导人到北京，进一步讨论军事行动。[③]

中央军委 7 月 22 日会议是中国政策转变的转折点，其关键是基本确定了有关军事战略的指导原则，以及应该据以制订军事计划。那之后，毛泽东和中共中央很快表达了对日内瓦会议后东亚形势和围绕台湾问题出现的变化的判断，他们决定要突出“解放台湾”的宣传和政治动员。换句话说，他们是在赋予已经确定要实施的夺取东南沿海国民党军队占领岛屿的军事行动以更为丰富的政治内容，即通过东南沿海军事行动，强调中国解决台湾问题的决心和

---

① 见《华盛顿走向绝路的政策》，载《人民日报》1954 年 7 月 18 日。

② 参见张震：《张震回忆录》（上册），北京：解放军出版社 2003 年版，第 498 页；王焰主编：《彭德怀年谱》，北京：人民出版社 1998 年版，第 573 页。

③ 中共中央研究室编、逄先知、冯蕙主编：《毛泽东年谱（一九四九——一九七六）》第 2 卷，北京中央文献出版社 2013 年版，第 261 页。

紧迫感，从而向国际社会凸显台海紧张局势可能导致的严重后果。这当然更凸显了研究军事战略和作战计划的重要性，同时也必须要看到，政治和外交因素对军事决策的影响甚至制约将会越来越强的趋势。这一趋势被后来的发展证明是至关重要的，军事服从政治这一原则成为有关军事决策过程中的一个尤为突出的特点。

与军委 22 日开会的同一天，中共中央宣传部针对日内瓦会议闭幕发出通知，除了明确肯定会议达成的积极成果，也提出要宣传“反对美国策划的东南亚军事集团”，要专门宣传朝鲜和印支停战后，台海地区的紧张局势还在持续，“收复台湾是我全国人民最重要的战略任务”，不解决台湾问题“我们的革命事业就没有完成，和平建设的环境就没有保障”，“这点要在全国人民和全部解放军中着重反复宣传”。[①] 23 日，也就是在《关于和平解决印度支那问题的协议》签订的当天，《人民日报》就发表社论，强烈谴责美台密谋军事同盟和丘吉尔有关“联合国托管台湾”的谈话，等等，并宣布解放军“一定要解放台湾”。[②] 这篇社论经过彭德怀本人的修改，这很能反映中国决策层的意图，同中宣部 22 日指示的有关内容也是高度一致的。

中国领导人决心并谋划提升台海军事行动烈度，同美国的有关行动存在密切的互动。艾森豪威尔政府的频繁行动，包括反对联合国讨论恢复中华人民共和国代表席位的言行升级、美台加强军事关系和公开讨论缔结军事条约、美海空军加强在大陆东南沿海的军事活动、美第七舰队航母编队进入海南岛东部海域，等等，都在激化

① 《中央宣传部关于日内瓦会议闭幕后宣传中应注意之点的通知》，1954 年 7 月 22 日，载中共中央宣传部办公厅、中央档案馆编研部编：《中国共产党宣传工作文献选编　1949—1956》，北京：学习出版社 1996 年版，第 819 页。

② 《一定要解放台湾》，《人民日报》1954 年 7 月 23 日。

中国决策层的反应。[①] 在如此紧张危机的气氛中，更容易出现突发事件，而突发事件对中国决策层做出关键性判断和决定等，有时也会起决定性作用。这种情况是不能忽视的。

7 月 23 日，解放军空军战机在护航行动中，误击落一架英国国泰航空公司的运输机，机上人员 10 死 8 伤，这立即在国际上引起震动。在前述 13 日讨论护航问题的会议上，与会者已经提出，需要为海空军的护航行动做出必要的规定，以避免意外事件。就在误击事件发生当天，毛泽东本人还专门修改了军委有关护航的注意事项“指示稿”。他在第一部分亲笔加上，护航时“对一切外国的飞机军舰”均不得攻击；在第二部分加上，“如系一般运输机，而非军事运输机，即使是国民党所有亦不应攻击”；在第三部分加上，“如有违反此规定者，当受到应得的处分”。[②] 由于军委领导工作程序上的缘故，这份“指示稿”报送和下达都被延迟。可以设想，如上指示的内容得以及时传达和贯彻的话，23 日的误击事件得以避免是很大概率的事情。

尤为严重的是，三天后即 26 日，两架执行护航任务的解放军战机在公海上空被美空军击落。[③] 美空军的行动使台海军事紧张的气氛几乎白热化。因档案的限制而无法了解中国决策层讨论的具体情况，不过可以合理推论中国领导人难免会研究和判断，美军的行

---

① 《美国统治集团企图和蒋匪帮缔结军事条约变台湾为美国长期侵略基地扩大侵略我国》，载《人民日报》1954 年 7 月 24 日；美驻台大使兰金当时回华盛顿，顾维钧与包括美总统在的政要会谈后也于 7 月 20 日返台，他们都公开发表了美台缔约的言论，当时台湾舆论普遍相信美台签约只是时间问题。参见张淑雅《中美共同防御条约的签订：1950 年代中美结盟过程之探讨》，《欧美研究》1994 年第 12 卷，第 2 期，第 73 页。

② 毛泽东：《对军委关于保卫领海主权及护航注意事项指示稿的修改》，1954 年 7 月 23 日，载中共中央文献研究室、军事科学院编：《建国以来毛泽东军事文稿》（中卷），北京：中央文献出版社和军事科学出版社 2010 年版，第 220—221 页。

③ 《美国空军侵犯我领空并击落我飞机两架章副外长向美国提最严重抗议》，载《人民日报》1954 年 7 月 28 日。

动到底只是针对击落国泰运输机一事的报复，还是在蓄意扩大军事冲突。由此也可以大致理解，中国决策层为何第二天即召开会议，立即向在回国途中的周恩来发出指示，要求他向苏联方面解释中方对日内瓦会议后的东亚和台海形势的最新看法，以及中国将采取的军事行动和战略意图，等等。

7月27日，中国决策层讨论了中美在台海的军事冲突以及未来可能的发展。根据毛泽东的指示，邓小平以中共中央名义起草了一份电报（以下称“7·27”指示）并立即发给周恩来。中共中央此举的主要目的，一方面是及时通报会议的内容和决定，使周恩来在外交场合发表的公开讲话与北京的决定保持一致；另一方面利用周恩来途经莫斯科的时机，向苏联领导人通报和解释这一决定，以便协调中苏双方的政策。

周恩来于7月23日离开日内瓦，取道柏林、华沙、莫斯科等地回国。他在行前发表声明说，日内瓦会议达成协议使印度支那恢复和平这件事情“缓和了紧张局势，并为进一步协商解决其他重大国际问题开辟了道路”。[①] 26日，他还在华沙的一次群众大会上发表讲话，又一次肯定了日内瓦会议达成恢复印支和平的协议，导致“进一步缓和了国际紧张局势”，但没有提到台湾海峡的紧张局势。[②] 他此时还未了解到，东亚地区的另一个热点——台海紧张局势正在急剧升温，有可能随时爆发严重的军事冲突。

中共中央的“7·27”指示系统阐述了中国政策已经出现的重要调整的主要内容，包括了中国决策层对东亚地区特别是台海形势和美国有关政策的判断，以及中国将在台海地区采取的军事行动及

① 《周恩来离开日内瓦时发表的声明》，1954年7月23日，载中华人民共和国外交部档案馆编：《1954年日内瓦会议》，北京：世界知识出版社2006年版，第484页。

② 《周恩来在华沙群众大会上的讲话（摘录）》，1954年7月27日，载中华人民共和国外交部档案馆编：《1954年日内瓦会议》，北京：世界知识出版社2006年版，第485页。

其主要目的。

首先，如果比较中国领导人几天前日内瓦协议签订时对日内瓦会议的意义和东亚局势的评价，可以说，中国决策层现在对东亚形势的基本判断要严峻得多。该指示说，美国将会继续在亚洲制造紧张形势，“准备战争和敌视我国的政策”，如签订“美台共同防御条约”、增加对台军事援助和扩大对中国的封锁等；所以中国正面临“一个战争”，“即对台湾蒋介石匪帮之间的战争”。

其次，“7·27”指示反映了中国领导人对台湾问题“国际化”的高度警觉。该指示提出：“在朝鲜战争结束之后我们没有及时（约迟了半年时间）地向全国人民提出这个任务，没有及时地根据这个任务在军事方面、外交方面和宣传方面采取必要措施和进行有效的工作，这是不妥当的，如我们现在还不提出这个任务，还不进行工作，那我们将犯一个严重的政治错误”。这里所谓“我们没有及时（约迟了半年）”一句，根据推算是指在解决印支问题谈判开始这个时期，就应同时提出解决台湾问题。可以设想，如果在法国、英国等希望印支停战的情况下，以谈判解决台湾问题作为同意印支停战的一个条件，并不是一个不可以和不值得检讨的问题。所以中国决策层才认为，有必要立即提出“解放台湾的任务”，这样做将有利于“击破美蒋军事条约”，而且更重要的是有利于进行政治动员，从而起到鼓舞人心和提高人民的政治觉悟的作用，以及还可以加强“国防力量”。[①] 总之，在外交、政治等方面均可收获综合性的利益。

周恩来于28日下午抵达莫斯科，第二天上午即会见了时任苏

① 《中共中央致周恩来电》，1954年7月27日，转引自中共中央文献研究室编、逄先知、金冲及主编：《毛泽东传（1949—1976）》（上），北京：中央文献出版社2003年版，第585页；中共中央研究室编、逄先知、冯蕙主编：《毛泽东年谱（一九四九——一九七六）》第2卷，北京中央文献出版社2013年版，第262—263页。

共中央领导人苏维埃部长会议主席的马林科夫（G. M. Malenkov）和时任苏共中央第一书记赫鲁晓夫（N. S. Khrushchev）等，向他们转达中共中央“7·27”指示的内容，包括：第一，美国将继续制造国际紧张局势、“准备战争和敌视我国的政策”；第二，美台正商谈共同防御条约并加强对台军事援助，一旦美台达成协议，中美关系“将会长期紧张下去，更难寻求缓和与转弯的余地”；第三，“击破”美台订立军事条约和搞东南亚军事条约等，“乃是我们当前对美斗争的最中心的任务”；第四，为了反击美国的挑衅，中共中央将提出“解放台湾”的口号，解放军加强对国民党军队的海空军事行动，击败其对大陆的任何侵犯，但会避免与美军冲突；第五，为了加强对台军事斗争，需要得到苏联海空军技术装备等方面的援助。马林科夫当即表示同意中共中央的判断和决定，他说苏共中央理解台湾问题是中国的首要关切，并决定接受周恩来的邀请，派一高级领导人率团参加中国的建国五周年庆典。之后不久的赫鲁晓夫率团访华，即缘起于此次会谈。[①] 马林科夫还表示，苏联愿意根据中国针对台海局势而加强海空军建设的需要，包括愿意提供图-4s远程轰炸机，等等。周恩来否定了后一项建议，因为中共中央曾于7月16日电告他，图-4s轰炸机已经过时，故不在中国空军的军购选择范围。[②] 尽管有此小分歧，苏联领导人的表态总的来看非常配合和支持中方将于9月上旬展开军事行动的计划，特别是同意在此期间派高级代表团访华。了解这一点对解读后来发生的1958年夏季赫鲁晓夫匆忙访华的背景，是有帮助的。总之，“7·27”指示

① 中共中央研究室编、逄先知、冯蕙主编：《毛泽东年谱（一九四九——一九七六）》第2卷，北京中央文献出版社2013年版，第262—263页；“Reception of G. M. Malenkov by CDE. Zhou Enlai, Premier of The State Administrative Council And Minister of Foreign Affairs,” *CWIHP*, Iss. 16, July 19, 1954, pp. 102-103。

② 中共中央文献研究室、军事科学院编：《建国以来毛泽东军事文稿》（中卷），北京：中央文献出版社、军事科学出版社2010年版，第219页。

可以说是对这次战略性调整的最系统的阐述；周恩来途径莫斯科与苏联领导人的会谈则是配合这次调整的最重要的外交行动。

从军事战略演变的过程看，美台商谈建立军事同盟和中美突发的空战等，的确升高了中美发生军事冲突的可能性，也增加了筹划夺取东南沿海岛屿的复杂度。不过需要指出的是，这一方面固然导致毛泽东等中国领导人赋予原定的军事行动更为重大的政治意义；另一方面，解放军拟订的东南沿海作战计划本身并没有出现重大调整。总参作战部根据7月22日会议的决定，很快修订并提交了《关于对台湾蒋匪军积极斗争的军事计划与实施步骤》的草案。这个草案的标题并没有加上“解放台湾”的字样，这多少也能说明，其重点还是针对东南沿海地区作战的指导原则，包括了从此时起到1957年，分先后逐步夺取浙江大陈列岛和福建金门、马祖等沿海岛屿的设想。①

7月30和31两日，中央军委连续召开军事会议，讨论东南沿海军事计划。综合间接的资料，彭德怀在会上阐述了军事行动的指导原则，主要内容首先是坚决贯彻“7·27”指示关于及时提出“解放台湾”的决定，将当前沿海军事行动同解决台湾问题结合起来，而且要立即开始付诸准备行动；其次是在对台军事斗争中逐步提高军队战斗力，换言之，行动的指导原则并不是“毕其功于一役”；第三是对美军采取自卫原则，东南沿海的军事行动要在无美海空军参战的条件下实施，要避免引发与美军的直接冲突。② 这个讲话的内容经整理过后，被口头下达，直到执行战斗任务的飞行员、舰长和连级干部，等等。根据目前公布的文献，彭德怀阐述的

① 参见彭德怀传记组著：《彭德怀全传》（三），北京：中国大百科全书出版社2009年版，第1222页；尹启明、程亚光：《第一任国防部长》，广州：广东教育出版社1997年版，第198页。

② 参见王焰主编：《彭德怀年谱》，北京：人民出版社1998年版，第574页。

这些指导原则和具体的军事计划等，同之前的各种计划相比，并没有什么重大的变化。[①]

8月8日，中共中央政治局召开会议，讨论通过了该计划，毛泽东本人亦予以批准。11日，中共中央下发了《关于对台湾蒋匪军积极斗争的军事计划与实施步骤》。两天后，中央军委颁布了有关的军事行动命令。[②] 9月3日和22日，福建部队两次炮击金门，这是执行《关于对台湾蒋匪军积极斗争的军事计划与实施步骤》的第一个具体行动。该文件的具体内容目前还没有公开，基于相关研究成果公布的相关文件和间接资料，以及分析朝鲜战争后中美关系、台湾海峡的军事形势和解放军在东南沿海的军事计划和军事行动、解放军的现代化计划等几个方面的因素，可对其指导思想和原则做合理的推论如下：基于对台军事斗争将长期化的判断，将最终解决台湾问题分为“两步走”：“第一步”先夺取东南沿海的国民党军队占领岛屿并取得绝对制空权；“第二步”是进行充分的军事准备，在条件具备时（通过各种可能方式）完成统一台湾。8月11日，就在中共中央下发上述军事计划的当天，毛泽东在中央政府委员会上谈到台湾问题时解释说，现在提出解放台湾是为了“强调它”，而且“解放台湾的时间也不会很短”。[③] 实际上，他从指示有必要提出“解放台湾”口号时起，就在阐述解决台湾问题的军事斗争的“长期性”，要求解放军将领据此考虑战略方针和采取行动。[④]

---

① 参见王焰主编：《彭德怀年谱》，北京：人民出版社1998年版，第574页；张震：《张震回忆录》（上册），北京：解放军出版社2003年版，第494页。

② 中共中央文献研究室编：《毛泽东年谱（一九四九——一九七六）》第2卷，北京：中央文献出版社2013年版，第266页；张震：《张震回忆录》（上册），北京：解放军出版社2003年版，第499页。

③ 参见中共中央文献研究室编：《毛泽东思想年谱（一九二一——一九七五）》，北京：中央文献出版社2011年版，第767页。

④ 中共中央文献研究室编：《毛泽东年谱（一九四九——一九七六）》第2卷，北京：中央文献出版社2013年版，第267页。

有论著认为，中国当时采取的宣传攻势和军事行动等，就是为了阻止美国与台湾签订共同防御条约，并据此推论说，当时展开的东南沿海军事行动并没有达到预期的目的，甚至起到了加速美台签订共同防御条约的反作用。[①] 这个判断显然是简单化了。首先就很难使人相信，有着丰富政治和战争经验的毛泽东等中国领导人真的会相信，通过在报纸上发表宣言和在沿海采取那些规模很有限的军事行动，就足以阻止美台签约。从逻辑上说，利用必定要实施的军事行动来反对美台签约和相信那类军事行动就能阻止美台签约等，并不是一个问题。实际情况如上所述，那些军事行动从规划开始，就不是或主要不是为了使美台无法达成协议的。

如前所述，在 7 月 7 日的政治局会上，毛泽东曾经专门提出要争取“破坏”美国同台湾签订军事条约的可能，他仅提到要用宣传攻势谴责美国政策和与美国进行外交接触等办法，“迫使美国跟台湾不要订条约”。[②]“7 · 27”指示也强调了要阻止美台签约的意图，但指示中并没有包括用军事手段达成此目的内容。[③] 如前所述，包括攻占大陈列岛的战役计划在内的军事计划，是经过长时间酝酿并在提出“一定要解放台湾”的口号之前就基本确定了，其目的就是拔掉台湾当局在浙东沿海的一个重要的军事基地。即使在中共中央提出“一定要解放台湾”的口号后，这个军事计划本身也没有什么改变，它只是同更长期的战略方案捆在一起了。

从毛泽东本人 7 月 23 日亲自修改并批准下发的为外国商船护

---

① 代表这种观点的主要论述见章百家、贾庆国：《对抗中的方向盘、缓冲器和测试仪：从中国的角度看中美大使级会谈》，载《当代中国史研究》2000 年第 1 期，第 175 页。

② 毛泽东：《同一切愿意和平的国家团结合作》，1954 年 7 月 7 日，载中共中央文献研究室、军事科学院编：《建国以来毛泽东军事文稿》（中卷），北京：中央文献出版社和军事科学出版社 2010 年版，第 216 页。

③ 中共中央文献研究室编：《周恩来年谱（一九四九——一九七六）》（上卷），北京：中央文献出版社 1997 年版，第 405 页。

航的指示中还可以看出，他在军事行动方面仍然保持特别的谨慎，例如其中规定，对外国海空军“如不发生自卫问题，一律不得采取攻击行动”。[①] 在上述7月31日会议上，彭德怀还指示空军轰炸作战的范围仍然限于浙江和福建沿海的国民党军队占领的岛屿。毛泽东则明确指示，必须“确实查清没有美机美舰的时机，方可对上下大陈进行攻击，否则不要攻击”。[②]

这里的关键是需要解读清楚，中国领导人在1955年1月最终决定攻占一江山岛时，到底是如何考虑“美台共同防御条约”问题的。美台条约谈判的进展的确对中国领导人下决心攻占一江山岛，起了重要的推动作用，但确切地说这并不是因为中国领导人断定，那样的军事行动能阻止美台签约，而是因为他们决心通过夺取大陈列岛，限制美台条约的适用范围。由于已经有明确系统的军事计划，中国军队领导人最担心的是美台条约有可能将浙江和福建等的沿海岛屿，包括在美军必须介入的范围内，甚至还会借机将封锁大陆沿海的范围扩大到“广东沿海及东京湾地区”。[③] 如果出现这种情况，不但会造成台湾的长期分离，以及对大陆沿海的安全构成更加严重的威胁，而且最直接的后果是使有关部队甚至难以实施已经准备中的夺取浙东沿海的大陈列岛的计划，更不要说之后夺取福建沿海的金门、马祖等岛屿了。

中国领导人的担心并非空穴来风。6月初，美海军舰队曾经驶近大陈列岛显示武力。8月19日，美海军四艘军舰抵达大陈岛，美军指挥官还登岛视察一番。美军的行动无疑是针对中国军事准备而

① 张震：《张震回忆录》（上册），北京：解放军出版社2003年版，第496页。

② 毛泽东：《关于攻击上下大陈岛时机问题的批语》，1954年8月21日，载中共中央文献研究室、军事科学院编：《建国以来毛泽东军事文稿》（中卷），北京：中央文献出版社和军事科学出版社2010年版，第229页。

③ 中共中央文献研究室：《周恩来年谱（一九四九——一九七六）》（上卷），北京：中央文献出版社1997年版，第405页。

实施的威慑，而中国领导人则必定会担心，一旦美台签约，美军的行动将更加肆无忌惮。所以，最可靠的办法是尽量采取实际可行的行动来限制美台条约涵盖的范围——如果不能阻止美台签约的话，而这是完全有可能做到的，也是合理的选择。在前述军委下达的攻占一江山岛的命令中，就有测试美台条约适用范围的内容。

11 月 11 日，副总参谋长粟裕向华东军区下达命令，明确指示有关部队务必积极作战，以迫使美台条约不能适用于大陆沿海的大陈、马祖和金门等岛屿。① 11 月 30 日，总参谋部下达的作战命令表明，解放军当时决定尽早攻占浙江沿海岛屿，主要就是为了防止美台条约将这些沿海岛屿包括进去。② 12 月初，美国与台湾当局签署共同防御条约后，华东军区仍按计划上报《关于进攻一江山作战计划方案》。中国决策层在讨论批准攻占一江山岛过程中，并没有因为美台签约而改变作战方针，实际情况是美台签约反而强化和加速了解放军攻占一江山岛的决心。例如总参作战部断定，“特别在美蒋条约签订后，明年不打二、三个小岛显为示弱，更易助长敌人凶焰”。③ 从军事角度看，夺取东南沿海岛屿才是当时阻止美台条约将它们涵盖其中的最可靠的保证。即使如此，12 月 11 日，毛泽东在批准攻占一江山岛计划时，仍然提出需要慎重考虑战役发起的时机，“因美军正在浙东海面作大演习”。④

1955 年 1 月 18 日，解放军按计划向一江山岛发起攻击，并迅速达成战役目标，东南沿海作战由此达到一个高潮。第二天，美第

---

① 转引自徐焰：《金门之战：1949—1959》，沈阳：辽宁人民出版社 2011 年版，第 124 页。

② 参见江英：《50 年代毛泽东外交思想述论》，载姜长斌、［美］罗伯特 · 罗斯主编：《从对峙走向缓和：冷战时期中美关系再探讨》，北京：世界知识出版社 2000 年版，第 587 页。

③ 张震：《张震回忆录》（上册），北京：解放军出版社 2003 年版，第 495 页。

④ 毛泽东：《关于攻击一江山岛时机的批语》，1954 年 12 月 11 日，载中共中央文献研究室、军事科学院编：《建国以来毛泽东军事文稿》（中卷），北京：中央文献出版社、军事科学出版社 2010 年版，第 252 页。

七舰队部分舰只抵达大陈列岛外海，解放军则暂停攻岛行动。此后不久，美国通过苏联方面转达国民党军队将撤出大陈列岛，希望解放军届时不要发起攻击。[①] 2月8日至12日，国民党军队陆续全部撤出大陈列岛，浙江沿海其他一些岛屿的国民党军队也相继撤出。2月下旬，解放军占领浙江沿海全部岛屿，浙东沿海区域作战基本结束。

综合观察和分析上述各种因素，1954—1955年东南沿海作战首先针对的是国民党军队以沿海岛屿为依托展开的进袭和破坏行动，作战动力首先来自解除东南沿海地区被认为是迫在眉睫的安全威胁。随着军事计划日臻成熟、台海局势紧张升温和国际上将台湾问题国际化舆论的突出等，使中国决策层特别是毛泽东本人在7月下旬，将在东南沿海逐次展开的针对不同问题的不同类型的军事行动等，同“破坏”“美台共同防御条约”的宣传和外交行动整合到一起。在此背景下展开的大规模宣传和激昂的“解放台湾”的政治动员等，很容易导致对中国军事行动的意图的误读。实际上，在制定和实施该计划的关键阶段，中国决策层是在利用即将而且必定要发动的战役，通过提出“解放台湾”的口号来凸显解决台湾问题的决心，但这并没有改变军事计划和当时的作战行动在本质上的防御性，可以设想，即使没有美台签订共同防御条约的谈判和国际上出现台湾问题国际化的舆论，解放军也一定会按时采取那些计划中的军事行动。不过需要指出的是，通过大规模政治动员、对外宣传和外交行动等，将一场军事上属防御性的作战行动转变为战略进攻的姿态，这是毛泽东对东南沿海作战的战略筹划中贯穿始终的精彩之作。

---

① 参见彭德怀传记组著：《彭德怀全传》（三），北京：中国大百科全书出版社2009年版，第1228页。

第四节 “炮击金门”的缘起

有关决策科学的理论都指出，在任何一项决策中，目的都具有优先重要的地位。这是因为目的决定了决策者的各种权衡和选择、一切计划和行动等的意义和价值，也是检测决策质量高低的首要标准，这包括了检验被确定的目的的合理性，以及实现目的的方式和代价的合理性。对于研究和检讨决策的历史研究也是如此，“决策目的”是研究决策和评估其质量的主要指标。专门指出这一点是因为，研究“炮击金门”决策的一个重大难点，就是确定中国决策者在1958年夏季发动这次军事行动的目的到底是什么。

关于毛泽东在1958年8月23日终于决定发动“炮击金门”的动机和目的等，可以用众说纷纭来形容。有关研究成果大多聚焦于外交和政治领域，研究者们更偏好于叙述毛泽东这时对国际形势的极度乐观估计、他对促进国内“大跃进”运动的考虑、中国外交思想和对外政策的激进化以及由这些因素导致的中国决策层希望通过“炮击金门”来更有力地影响国际形势，等等。[①] 从各种文献、回忆和研究成果中，可大致概括出以下几种目的：(1) 支援中东人民的反美斗争；(2) 对美国进行战略侦察以了解美国军事干涉台湾问题的底线；(3) 打击台湾当局在福建沿海和空域的侵扰；(4) 迫使美国恢复中美大使级会谈；(5) 为“大跃进”鼓劲；(6) 对美

---

① 宫力：《两次台湾海峡危机的成因与中美之间的较量》，载姜长斌、[美] 罗伯特·罗斯主编：《从对峙走向缓和：冷战时期中美关系再探讨》，北京：世界知识出版社2000年版，第56—57页；章百家：《通向缓和的崎岖之路：变动的国际环境与中国对美政策，(1954—1971)》，载姜长斌、[美] 罗伯特·罗斯主编：《从对峙走向缓和：冷战时期中美关系再探讨》，北京：世界知识出版社2000年版，第433—434页；戴超武：《敌对与危机的年代——1954—1958年的中美关系》，北京：社会科学出版社2003年版，第266—274页。

国实行“绞索”政策，等等。[①] 这些说法都各有其根据，这种情况至少也反映了当时影响毛泽东思考和做出决定的因素是多种多样的，以及很有可能是经常发生变动的。

不过，如果仅仅罗列这些来自毛泽东在不同阶段和场合所做的各种阐述和谈话，不进一步深入分析整个决策过程的内在逻辑，以及这些被表述出来的目的中可能存在的内在矛盾，就会难以解读和揭示“炮击金门”决策的本质特征，也难以找出一条可以贯穿始终的线索。当然，也许事实本来就是没有贯穿始终的线索的，不过这一点也不是不证自明的。所以，“炮击金门”这个在当时乃至后来一个时期都影响甚大的军事行动到底为了达到什么目的，现在看来仍然需要作进一步的探讨。

如本章开篇所述，有关研究成果存在的共同问题是有意或无意地忽视了“炮击金门”不论有多么复杂的政治、外交考虑和试图达到多少种目标，它首先是一次现代化军事行动。与此相关的另一个关键特点，就是它与1954—1955年东南沿海作战之间存在紧密联系，而其密切程度首先就是指它是当年制订的军事计划在新条件下的继续实施；其次也尤为重要的是，1954—1955年东南沿海作战的经验对“炮击金门”的指导思想和战略谋划等，均有着极为深刻的影响。从这个意义上说，1954—1955年和1958年夏季这两次作战就是一个持续连贯的军事决策过程的不同阶段。“炮击金门”尽管发生在1958年夏季，它本质上仍然是1954年夏季制订的东南沿海作战计划在福建沿海的实施。

---

① 关于毛泽东决定“炮击金门”的目的，可参见宫力：《两次台湾海峡危机的成因与中美之间的较量》，载姜长斌、[美] 罗伯特·罗斯主编：《从对峙走向缓和：冷战时期中美关系再探讨》，北京：世界知识出版社2000年版，第56页。该文的是比较有代表性的，作者在有关部分列出了毛泽东本人先后在不同场合提到过的几乎所有目的，论文的叙述给人的印象是所有这些共同构成了决策的目的。

1955 年年初夺取浙江沿海岛屿的军事行动结束后，解放军并没有立即发起夺取福建沿海的金门、马祖等岛屿的战役。一些军队将领的传记和间接资料证明，在 2 月 25 日完全占领浙江大陈列岛后，总参很快着手部署作战重点南移，计划先夺取福建沿海制空权，然后发动攻占金门和马祖的战役。3 月 5 日，总参制订出攻占福建沿海岛屿的具体作战方案，即由北向南先攻马祖，然后年内夺取金门。[①] 空军亦组织进入福建的演习，并初步拟订了进入福建的作战计划。[②] 总参的方案于 9 日获军委批准，不过毛泽东当时在批示中专门提到，如果“马祖及其他任何岛屿敌人撤走时，我均应让其撤走，不要加以任何攻击或阻碍”。[③] 这显然是基于国民党军队被迫自动撤出大陈列岛的经验的联想。

以前述 4 月 23 日周恩来在万隆发表中国愿意同美国谈判解决台海紧张局势的声明为标志，东南沿海的军事行动暂告结束。不过，解放军的军事准备并没有因此就停止，尤为重要的是在持续准备过程中，由南向北、先攻马祖后打金门的计划被逐步改变了。5 月间，总参和空军司令部提出，空军应在当年夏季进入福建新修建的机场。19 日，该计划获毛泽东、周恩来等批示同意。[④]

7 月 8 日，彭德怀主持召开总参作战会议，专门审议作战部 6 月 19 日提交的夺取马祖作战方案。彭德怀在会议中重申，应坚持 1954 年夏季制订的作战方针，即“充分准备、逐岛攻击”。他提

---

① 参见《粟裕传》编写组：《粟裕传》，北京：当代中国出版社 2000 年版，第 915—916 页；王焰主编：《彭德怀年谱》，北京：人民出版社 1998 年版，第 591 页。

② 参见空军政治部编：《空军高级将领传》，北京：蓝天出版社 2002 年版，第 243 页。

③ 毛泽东：《关于马祖等岛屿敌人撤走时我军不要攻击的批语》1955 年 3 月 14 日，载中共中央文献研究室：《建国以来毛泽东文稿》第 5 册，北京：中央文献出版社 1991 年版，第 51 页；中共中央文献研究室编：《周恩来年谱（一九四九一九七六）》（上卷），北京：中央文献出版社 1997 年版，第 478—479 页。

④ 中共中央研究室编、逄先知、冯蕙主编：《毛泽东年谱（一九四九——九七六）》第 2 卷，北京中央文献出版社 2013 年版，第 377 页。

出，先攻金门还是先占马祖可暂不确定，空军应准备两个月后进入福建。所以报送的这次会议纪要中强调，“先选敌最小最弱的一个岛攻占之，求得战必胜，攻占后即巩固之，然后再看情况决定下一步的作战行动”。7 月 14 日，毛泽东批示“同意”。[①]

9 月上旬，彭德怀率有关军队指挥员前往福建沿海勘察。他在 10 日于厦门召开的作战会议上提出，要贯彻“杀鸡用牛刀”原则，首先攻占大担、二担，得手后再攻小金门的作战设想。这实际上否定了之前先攻马祖的计划。10 月 3 日，军委开会批准了彭德怀的建议，并决定 11 月开始实施战役准备，空军在 12 月进驻福建机场。不过这些计划当时未能获毛泽东批准。[②]

1956 年春，军委为适应福建沿海作战的需要，对南京军区进行大调整，专设了直接负责指挥进攻金门、马祖的福州军区。在 9 月中共八大召开期间，粟裕受军委委托，召集有关军兵种领导人员开会，讨论研究空军进入福建作战的各种问题。这次会议提出并确定了空军进入福建的作战方针，即“以小进求大进，逐步往前推进”。[③] 后来的发展证明，这也就是 1958 年夏季空军进入福建的指导方针，可以说空军进驻福建作战方针的确定，是福建沿海作战的具体计划基本形成的一个重要标志。由此也可以推断，参加这次会议的将领至少也了解以及也会考虑具体的作战计划。

1954—1955 年东南沿海作战所遇各种情况和获得的经验，必然会影响到“炮击金门”的战略筹划、具体的军事计划与行动。深入

---

① 中共中央研究室编、逄先知、冯蕙主编：《毛泽东年谱（一九四九——一九七六）》第 2 卷，北京中央文献出版社 2013 年版，第 398 页；王焰主编：《彭德怀年谱》，北京：人民出版社 1998 年版，第 598—599 页。

② 参见王焰主编：《彭德怀年谱》，北京：人民出版社 1998 年版，第 603、606—607 页；郑文翰：《秘书日记里的彭老总》，北京：军事科学出版社 1998 年版，第 44—45 页。

③ 参见《杰出将领聂风智》编委会编：《杰出将领聂风智》，南京：江苏人民出版社 1994 年版，第 519 页。

考察1954—1955年作战中形成的经验，很有助于理解1958年“炮击金门”中诸多决策的来龙去脉。

首先也是最重要的变化，是军事战略越来越多地具有了作为执行对外政策的手段的功能。1954—1955年作战是在日内瓦会议结束和万隆会议召开之间展开的，这个时期中国领导人的确在考虑缓和同美国关系的可能性，军事计划和行动难免越来越多地受到对外政策系统性调整的影响。例如，这次军事行动的结束就同中国参加万隆会议以及其间发生的政策调整等，有直接的关系。这场军事行动的进程和结束的确证明了，东南沿海作战难免会牵涉重大的对外政策调整，甚至还可以成为执行对外政策的手段。实际情况也是“外交”这个词已经开始出现在一些军事研讨和有关作战的指示之中。

从现在直接和间接公布的历史文献可以看出，毛泽东本人也没有因为提出“解放台湾”的口号而提出比原计划更激进的军事目标，他在军事问题上甚至比一些军事将领更谨慎。进一步说，他在整个决策过程中都没有表现出很主动和很热情，甚至对如何评价夺取一江山岛在政治上的得失等，也持保留和审慎，当然他认为那在军事上肯定是一次重要的胜利。[①] 毕竟，在战役发动过程中，美台签订了条约，而毛泽东在“7·27”指示中就曾预见，一旦美台签订共同防御条约，中美关系就更难转圜，台湾问题也更难解决了。另外，将有限的军事行动与大规模政治动员结合在一起，难免造成一种同决策层原定的通过促成日内瓦会议达成停战协定从而“打开”外交新局面的设想不够协调的气氛。这也可能是毛泽东在他的层次上才会有的敏感和更关注的，而如何调度军事行动和外交行动相互协调、配合，客观上已经成为中国决策层必须更加细致思考和

① 参见彭德怀传记组著：《彭德怀全传》（三），北京：中国大百科全书出版社2009年版，第1228页。

权衡的问题。军事领导人在一江山岛战役后不久，也逐步开始意识到这一点。

在前述5月12日总参提交有关空军入闽计划时，周恩来在批示中专门提出，对马祖的空炮联合作战“应注意时机和有利条件”。毛泽东在随后的批示中特别指出，总参应“注意周总理所提意见”。[①] 毛泽东和周恩来的本意就是在提示军事部门，作战行动必须要考虑到外交、政治等方面的情况。

6月上旬，时任空军司令的刘亚楼根据总参指示，前往上海、杭州等处部署空军准备进入福建。毛泽东在杭州见到刘亚楼后，对总参未向他报告此行表示不满意。他认为，现在正根据万隆会议的情况，考虑缓和亚洲紧张局势，台海地区以平静为好。彭德怀当时也认为，总参针对马祖的计划与军委既定先打弱岛、“逐岛攻击”的战略方针等，有不符之处。13日，周恩来应军委领导人之请，在全军高级干部会上作了国际形势报告。他根据毛泽东的指示精神阐述了经过万隆会议以及基于中美将开始谈判等情况，“我们要力争缓和国际局势”。会议之后，空军当年入闽计划被推迟，粟裕就此事所作的书面检讨中提到，对东南沿海作战涉及“政治上复杂的外交斗争理解不深刻不全面”。[②] 前述7月8日总参作战会议后提交的纪要，也反映了军队将领们在筹划福建沿海作战时的认识变化，他们提出了在研究东南沿海作战时，“必须把军事、政治、外交等因素同时加以考虑，不能单纯从军事出发”，等等。[③]

---

① 中共中央研究室编、逄先知、冯蕙主编：《毛泽东年谱（一九四九——一九七六）》第2卷，北京中央文献出版社2013年版，第377页。

② 参见彭德怀传组著：《彭德怀全传》（三），北京：中国大百科全书出版社2009年版，第1160—1163页；中共江苏省委党史工作办公室编写组：《粟裕年谱》，北京：当代中国出版社2006年版，第368—370页。

③ 中共中央研究室编、逄先知、冯蕙主编：《毛泽东年谱（一九四九——一九七六）》第2卷，北京中央文献出版社2013年版，第398页；王焰主编：《彭德怀年谱》，北京：人民出版社1998年版，第598—599页。

经过上述在军事部门不同层次的复杂协调，中国决策层尤其是在军事领导人之间，终于形成了一种共识，东南沿海的军事行动要服从政治、服从对外政策的需要，这成为一个坚定的指导原则。后来在“炮击金门”作战中，刘亚楼向参战空军部队阐述中央军委的政策是最有代表性的。他说“台湾海峡的斗争属于中国的内政，由于美国的介入，已成为复杂的国际性问题，因此，军事斗争必须服从政治斗争和外交斗争”。[①] 这一方面固然有利于统一作战思想和行动；另一方面反映了东南沿海作战的含义在变化或者说在复杂化，它为对外政策服务的特点大大增强了。这就是后来“炮击金门”被称为“军事政治仗”或“军事外交仗”的由来。进一步说，从毛泽东推动军事领导人了解外交事务从而形成共识的过程看，他本人在处理此类问题时，也表现出越来越关注政治因素、政治效果和政治利益。可以说东南沿海军事斗争的政治化过程，这时在毛泽东的思考中已经完成了。

与上述因素密切相关也是合逻辑的延伸，是有关避免与美军直接冲突的行动规则的确立。在1954—1955年东南沿海作战的决策中，尽可能避免与美军发生直接冲突是另一个贯穿始终的指导原则，后来这个原则也贯彻到1958年“炮击金门”的战役。1954—1955年作战期间，美军多次在相关海域和空域部署海空军力量，进行各种规模的军事演习，以对解放军进行军事威慑。中国的各种媒体宣传极为强烈地抨击美国的军事干预，中国领导人也利用各种外交场合谴责美国加强与台湾的军事关系是侵略行为等，但解放军在军事行动中一直保持了耐心和谨慎。几乎在每一个重大军事行动中，毛泽东和军委都为避免与美军发生军事冲突，作出了具体和严

① 参见杨万青、齐元春：《刘亚楼将军传》，北京：中共党史出版社1995年版，第327页。

格的规定。

在筹划攻占大陈列岛时，军委领导人多次强调要避免同美海空军作战。1954 年 6 月 1 日，华东军区就做出规定，参战部队不得主动向美海空军射击，“以免引起冲突”。毛泽东第二天即批示，“处理正确，不要先向美军开炮，直取守势，尽量避免冲突”。[①] 在前述 1954 年 7 月 30 和 31 日讨论台海军事战略的会议上，彭德怀明确说明，拟订中的作战计划应在无美海空军参战的情况下才可实施。他此后听取作战准备的汇报时，重申了避免同美海空军作战的原则，并致电华东军区，告以针对美军的不同情况的处置办法。[②] 也如前述，在展开护航作战时，毛泽东曾经亲自修改了护航规则，强调海空军的护航行动“仅限于”打击国民党海空军，而对美军如“不发生自卫问题，一律不得采取攻击行动”。[③] 12 月中旬，毛泽东曾因美军在大陈附近海域举行大规模军事演习，要求彭德怀等重新考虑攻占一江山的时机。[④] 在国民党军队撤出大陈列岛过程中，解放军空军作出明确和严格的规定，以避免发生误击美军飞机。可以合理地推论，解放军的作战计划是建立在美军不直接介入的前提下的。在中国决策层看来，如因政策失误或误判而与美军发生冲突，甚至导致美军直接介入，东南沿海作战就很难达到预定的目的。

---

① 中共中央研究室编、逄先知、冯蕙主编：《毛泽东年谱（一九四九——一九七六）》第 2 卷，北京中央文献出版社 2013 年版，第 44 页。

② 参见王焰主编：《彭德怀年谱》，北京：人民出版社 1998 年版，第 574、576 页。

③ 毛泽东：《对军委关于保卫领海主权及护航注意事项指示稿的修改》，1954 年 7 月 23 日，载中共中央文献研究室、军事科学院编：《建国以来毛泽东军事文稿》（中卷），北京：中央文献出版社和军事科学出版社 2010 年版，第 220—221 页。见 280 页注释毛泽东：《对军委关于保卫领海主权及护航注意事项指示稿的修改》，1954 年 7 月 23 日，载中共中央文献研究室、军事科学院编：《建国以来毛泽东军事文稿》（中卷），北京：中央文献出版社和军事科学出版社 2010 年版。

④ 前引毛泽东：《关于攻击一江山岛时机的批语》，1954 年 12 月 11 日，载中共中央文献研究室、军事科学院编：《建国以来毛泽东军事文稿》（中册），北京：中央文献出版社和军事科学出版社 2010 年版，第 252 页。

避免同美海空军发生军事冲突还有更深层的原因。在12月美台签订共同防御条约之前，解放军执行避免与美海空军作战的原则，除了为达成战役目的的考虑外，还包括了解美国协防台湾当局守备沿海岛屿到底达到了何范围和何种程度的意图。7月11日，中央军委在给华东军区的一项指示中表示，选择首先攻占一江山岛，也是为了“打击美蒋协防阴谋，查明美军可能采取的行动”。[①]“美台共同防御条约”签订后，该条约涵盖的范围以及该条约是否包含进攻大陆的意图等，成为解放军东南沿海作战必须面对和查明的战略性问题。

对于中国决策者而言，1954—1955年军事行动遗留的重大疑问之一，就是没有能最终确定，“美台共同防御条约”是否将福建沿海的金门、马祖等岛屿包括在内。1956年8月，解放军空军在华东沿海地区上空击落一架美军飞机。美军立刻调动三个航母编队向江苏沿海事发地区集结示威，而这种大规模的军事集结必然会推动中国决策者更加重视对美军的战略意图的不断评估。这也是理解毛泽东决定“炮击金门”的动机的一个重要历史背景，他曾说“炮击金门”是“直接对蒋，间接对美”、“是侦察美国人的决心，是考验美国人的决心”，即此之谓。[②]事实上，也正是经过1958年的军事行动，中国领导人终于基本确定了，美国在台海的政策并不是进攻性的。由此才能理解，为什么1962年夏季发生第三次台海危机时，中国领导人会主动与美国进行外交沟通，通过预防以避免危机升级为战争。这一问题将在之后的有关章节专门阐述。

---

① 参见张震：《张震回忆录》（上册），北京：解放军出版社2003年版，第494页；王焰主编：《彭德怀年谱》，北京：人民出版社1998年版，第571页。

② 《毛泽东给彭德怀的信》，1958年8月18日，转引自中共中央文献研究室编、逄先知、金冲及主编：《毛泽东传（1949—1976）》（上），北京：中央文献出版社2003年版，第857页；吴冷西：《忆毛主席——我亲身经历的若干重大历史事件片断》，北京：新华出版社1995年版，第76—77页。

浙江沿海作战中的一个未曾预料的重要发展是，解放军攻占一江山岛后，国民党军队很快从大陈列岛全部撤出，其他浙江沿海岛屿的国民党军队也陆续撤出。华东军区原计划是攻占一江山岛后，先观察美军是否直接介入，再决定下一步行动。结果如前所述，艾森豪威尔政府促使和协助国民党军队很快撤出大陈列岛，并通过苏联方面转达，希望解放军不要攻击撤出的国民党军队。这肯定是出乎中国领导人的预料的。正是有了这样的经验，通过军事打击或施加压力，迫使国民党军队撤出福建沿海岛屿，就成为解放军作战的重要选择，而且是较好的选择。前述毛泽东关于蒋军撤出马祖就不要追击的指示，其源即出于此。在 1958 年初讨论的空军进驻福建一线机场的作战方案中，解放军将领也提出了用炮击和封锁等军事行动迫使国民党军队撤出金门的设想。① 这是后来“炮击金门”中曾经实施用陆炮和海军联合封锁金门作战的由来，而且在决定“炮击金门”的时刻，彭德怀直接提出了迫使国民党军队撤出的可能性。他在战前就说过，炮击之后如国民党军队选择撤出，“就不再打，让他撤走算了”。②

选择迫使国民党军队撤出金门、马祖相比于发动渡海夺岛作战，从军事角度看固然是上上策。不过也不能忽视导致中国决策层设想这种作战方式的另一个重要原因，即他们对战费问题的考虑。包括毛泽东在内的中国领导人都对战费相当敏感。在规划东南沿海作战初期，战费问题就有重要的影响，总参 1953 年 10 月拟订了攻占金门的作战计划，毛泽东于 12 月下旬否定了该计划，除华东军区有不同意见外，如前所述他认为所需经费过高是非常重要的原

① 尹启明、程亚光：《第一任国防部长》，广州：广东教育出版社 1997 年版，第 209 页。
② 《叶飞传》编撰委员会：《叶飞传》，北京：中央文献出版社 2007 年版，第 604 页。

因。[①] 一五计划期间，中国领导人一直在控制军费在国家财政中的比例，军队制订作战计划时自然会顾虑财政压力。当然，战费压力的大小也取决于特定时期的财政状况或其他项目的考虑。例如 1954 年夏季，中国军队正筹划从苏联引进远程轰炸机，按预算每建成一个师约 1.5 亿卢布另加 1 亿人民币。[②] 面对如此巨大的财政压力的同时，再打一场大规模战争几乎是不可能的，除非迫不得已。

参照 1954—1955 年决策的特点，“炮击金门”的决策会面临同样的财政问题。毛泽东在 1958 年发动大跃进的目的之一，就是为了经济建设实现飞跃式的发展，甚至设想用较短的时间就“超英赶美”。炮战开始后不久，他甚至提出过更为乐观的经济目标，估计只要经一年努力就超过英国。[③] 这既是他的雄心壮志，也是他当时的首要关切，从而决定了他不可能会选择糜兵费饷地打大仗，否则经济赶超的宏大设想就更不可能实现了。所以，后来在封锁作战未达成迫使国民党军队自动撤出金门、马祖等岛屿时，周恩来提出结束大规模封锁作战，选择“打而不登、断而不死”的有限施压的办法，很快被毛泽东接受。系统了解中国决策层在这个时期的战略优先顺序，可以说，做出这个决定是非常合乎逻辑的，尽管那样做实际上不太可能达到迫使国民党军队撤走的目的。[④]

---

① 毛泽东：《同意目前不打金门》，1953 年 12 月 22 日，载中共中央文献研究室、军事科学院编：《建国以来毛泽东军事文稿》（中卷），北京：中央文献出版社、军事科学出版社 2010 年版，第 194 页。

② 中共中央文献研究室、军事科学院：《建国以来毛泽东军事文稿》（中卷），北京：中央文献出版社、军事科学出版社 2010 年版，第 219 页。按当时美元人民币汇率（1∶3）及美元卢布汇率（1∶4）折合美元数约 7 千万元。

③ 毛泽东：《在第十五次会最高搞国务会议上的讲话》，1958 年 9 月 5 日，载中共中央文献研究室编：《建国以来毛泽东文稿》第 7 册，北京：中央文献出版社 1992 年版，第 381 页。

④ 中共中央文献研究室编：《周恩来年谱（一九四九——一九七六）》（中卷），北京：中央文献出版社 1997 年版，第 173 页。

实际情况是从决定发动“炮击金门”起，中国决策层就没有打算“大打”。7 月 26 日，在讨论作战问题的军委会上，彭德怀还谈道，“要尽量节约可以不用的钱，投入工业建设”。[①] 战役开始后，9 月 2 日，时任军委秘书长黄克诚提交了《军委关于对台湾和沿海蒋占岛屿军事斗争的指示》，他是根据毛泽东本人的指示完成此项工作的。该指示中第一段就是，解放军装备“不必为近期准备打台湾搞那么多那么大”。[②] 这可以确定是反映了中国决策层这时的共识，因为毛泽东第二天即批准该文件。这或许能证明他本人也有同样的考虑。

第一部分论证了东南沿海作战计划中有防御的性质，这也是理解“炮击金门”决策的本质的一条重要线索。解放军攻占一江山岛后，国民党空军曾连续两天，相继对广东和福建沿海等的城市进行大规模报复性轰炸，造成了严重损失。特别是 1 月 20 日对福州等地的轰炸，炸毁民房 4000 余间，引起大火烧毁民房 8000 余间；另在湛江港炸沉解放军炮艇一艘，炸伤三艘。[③] 彭德怀对此深感痛心，并对空军尽早进入福建取得制空权，有了很强的紧迫感。

进一步说，福建沿海制空权不仅是防空问题，也关系到金门、马祖作战的成败。解放军选择由北向南、先浙后闽的作战方针，同没有取得福建沿海制空权有很大关系。国民党空军从台湾基地起飞到大陈列岛上空，因航程较远几乎没有了作战的时间，故在浙江沿海的空战中，多采取少数飞机作战和实施骚扰战。金门离台湾机场则近得多，国民党战机可在有关空域持续作战 40 分钟。反观解放军

---

① 参见尹启明、程亚光：《第一任国防部长》，广州：广东教育出版社 1997 年版，第 216 页；郑文翰：《秘书日记里的彭老总》，第 320 页。

② 毛泽东：《关于对台湾和沿海蒋占岛屿军事斗争指示的批语》，1958 年 9 月 3 日，载中共中央文献研究室、军事科学院编：《建国以来毛泽东军事文稿》（中卷），北京：中央文献出版社、军事科学出版社 2010 年版，第 411—412 页。

③ 姚峻主编：《中国航空史》，郑州：大象出版社 1998 年版，第 599 页。

空军，从当时最近的连城机场起飞，到金门上空也仅能作战 10 分钟。1954 年 7 月中旬，军委批准一江山岛作战计划并非偶然，当时空军从 5 月开始经过 3 个月作战，刚刚取得了浙东沿海地区的制空权。

可以说取得制空权在当时不论对于防空还是夺取金门、马祖，都是战略性问题。而要取得福建沿海制空权，空军及时进入福建地区的机场则成为关键。所以，空军入闽又因此成为福建沿海军事行动中的关键和首要的步骤。

空军入闽涉及两方面问题。其一是修建机场和保障运输，包括修建铁路和公路。其二是对空军进入福建机场对台海局势可能产生何种影响的判断和应对计划。第一个问题相对简单，相关工程在攻占一江山岛前后相继动工。从 1955 年 6 月到 1956 年 5 月，解放军在闽浙地区修建的一线、二线军用机场相继完工；1957 年 12 月，鹰潭—厦门铁路也建成通车。第二个问题则比较复杂，而且对解放军的作战计划有重大的影响。

根据在朝鲜战场与美军空战的经验，解放军空军 1955 年春在规划进入福建机场时，就设想到两种可能出现的情况。

第一种情况是机场特别是一线机场一旦建成，立即招致国民党空军的轰炸，如同志愿军在朝鲜战场修建的机场反复遭美军轰炸破坏而无法使用一样。这是 1955 年 5 月，华东军区即决定空军立即进入福建已建成部分机场的重要原因，他们担心那些机场遭到轰炸而毁坏。当时该计划获得军委同意，福州前线总指挥所于 5 月 30 日成立，当与军事行动迫近有关。之后军委和总参多次讨论空军入闽计划，终因中国决策层对国际形势和外交方面的考虑，于当年 11 月初停止执行。

第二种情况是空军大规模进入福建的军事调动，有可能引起国民党空军、甚至有美国空军参与的攻击和轰炸。军委和空军在规划空军部队入闽过程中，非常重视如何应付这种局面，而这对后来

“炮击金门”作战的影响至为重大。

从1955年到1957年，军委多次开会提出空军入闽的时间表，均未获毛泽东批准。根据彭德怀的秘书郑文翰统计，彭德怀先后六次提出实施空军入闽的计划。在这个过程中，解放军空军逐步建立起了东南沿海防空体系，取得了大部分沿海地区的制空权，歼击机作战半径从浙南方向可达福建的烽火列岛，从粤东方向可达汕头。这样沿海仅有500公里地段尚无法提供空中掩护，国民党空军则可以利用这一空隙进出大陆进行侦察和袭扰。

1957年，随着中美大使级会谈陷入僵局，中美关系再次紧张起来。与此同时，国民党空军的侦查和袭扰明显上升。11月下旬起，国民党空军飞机一再经福建沿海进入大陆腹地，飞经地区遍及除西藏和西北以外的几乎所有地区，有时长达9小时。最严重的一次是一架国民党空军飞机飞达石家庄地区，几次被雷达发现却未被击落，后经连云港地区退出。这一情况发生在莫斯科会议结束后不久，在中国决策层引起强烈反应。毛泽东刚在莫斯科会议上宣布了现在的国际形势是“东风压倒西风”，所以周恩来一再强调该次入侵“影响太坏”。12月9日，总参提交了一份报告，认为国民党空军的各种袭扰行动“在群众中造成极坏影响”，“今后必须采取一切积极有效的措施”给以打击，“力求将其击落”。[①]

12月18日，毛泽东在批示中写道，请彭德怀“督促空军全力以赴，务歼入侵之敌”，并“考虑我空军一九五八年进入福建问题”。[②] 至此，1958年“炮击金门”的决策过程终于开启了。这里重复之前的有关内容是有必要的，1954年8月颁布的《关于对台湾

① 中共中央文献研究室、军事科学院编：《建国以来毛泽东军事文稿》（中卷），北京：中央文献出版社、军事科学出版社2010年版，第370页。

② 毛泽东：《空军要全力以赴务歼入侵之敌》，1957年12月18日，载中共中央文献研究室、军事科学院编：《建国以来毛泽东军事文稿》（中卷），北京：中央文献出版社、军事科学出版社2010年版，第370页。

蒋匪军积极斗争的军事计划与实施步骤》中的计划是，从 1954 年到 1957 年逐步夺取浙江福建沿海的国民党军占领岛屿。所以，毛泽东在 1957 年末提出 1958 年空军进入福建，并非随心所欲，这是一个有根据、有既定军事计划支撑的决定。

第五节　空战优先

在 12 月 18 日毛泽东指示彭德怀考虑“我空军一九五八年进入福建问题”后，1958 年 1 月 15 至 19 日，参与福建沿海作战的解放军将领集聚福州军区，召开了一次重要的作战会议，讨论空军入闽的作战计划。这次会议提交的报告包含了作战的时间表、对作战形势和进程的基本判断、应对措施和可能的结果，它对解读“炮击金门”的决策过程有极为重要的参考价值。这次会议的参加者中，不少参加过 1956 年中共八大期间的军事会议，比较了解福建沿海作战的主要目的和具体问题；有些与会者还参加了八大后不久召开的讨论福建沿海地区作战的军事会议。[①]

会议报告概括地说，包括三个内容。

第一，空军进入福建不会引起大战，但美军会在台海地区制造紧张局势，比较大的可能是国民党空军轰炸福建前线机场、城市和交通枢纽，等等，而解放军的“行动计划必须建立在敌人会轰炸的基础上，准备应付最坏的情况”。

第二，为反击国民党空军的轰炸，直接轰炸台湾并不适宜，但

① 记录此次会议报告比较完整的书是沈卫平：《8. 23 炮击金门》（上册），北京：华艺出版社 1998 年版，第 93 页；笔者曾向作者求证，被告知书中所用资料均为作者在档案馆抄录的。另可参见《杰出将领聂凤智》编委会编：《杰出将领聂凤智》，南京：江苏人民出版社 1994 年版，第 519 页；空军政治部编：《空军高级将领传》，北京：蓝天出版社 2002 年版，第 243 页。

可以“抓住金门、马祖这两条小辫子”，“小打”或“大打”。“小打”是用地面炮兵和海军舰艇打击马祖；“大打”则是陆炮和海空军三军轰炸和封锁金门、马祖；报告根据攻占大陈列岛的经验，认为存在“即使不用步兵登陆，也有可能将金门、马祖敌人迫走”的可能性。

第三，空军进入福建时间“最早也要到七八月间才行”，而且那时福建沿海的气象条件有利于空军入闽的战术安排，对国民党空军作战则很不利。[①]

1月31日，军委第141次会议批准了福州会议的建议，决定“空军争取于七八月间进入福建”，并责成总参拟订作战计划。[②]

3月5日，彭德怀根据军委会议决定及总参的计划，向毛泽东上报空军入闽的建议。这个建议的主要部分是提出空军“拟在七八月间开始行动”，约派遣八个空军师分别进驻福建一、二线机场，然后夺取该地区制空权，并准备必要时轰炸金门、马祖。报告也说明，经长时间围困，国民党军队有可能“被迫放弃金、马等岛”，但也有可能“困斗”，并对苏、浙、鲁等沿海地区进行报复性轰炸，解放军海空军对此已做了准备。[③] 三天后，毛泽东批复“同意”军委意见，照此计划准备，“但最后实行进入，到那时再作决定”。[④]

根据以上叙述可以得出几个重要的结论。其一，到这时为止，“炮击金门”作战的最直接的目的和动力是空军进入福建前线机场，打击国民党空军的空中袭扰、夺取该空域制空权和完成东南沿海防

---

① 沈卫平：《8.23炮击金门》（上册），北京：华艺出版社1998年版，第93—100页。

② 参见中共江苏省委党史工作办公室编写组：《粟裕年谱》，北京：当代中国出版社2006年版，第397页。

③ 该报告全文见彭德怀传记组著：《彭德怀全传》（三），北京：中国大百科全书出版社2009年版，第1231页。

④ 毛泽东：《关于空军进入福建问题的批语》，1958年3月8日，载中共中央文献研究室、军事科学院编：《建国以来毛泽东军事文稿》（中卷），北京：中央文献出版社、军事科学出版社2010年版，第379页。

空体系；而促使毛泽东下决心批准空军入闽的具体事件则是国民党空军对大陆日益加剧的和深入腹地的严重袭扰。其二，作战开始实施的时间“七八月”是计划中预定的，根据是作战准备情况和战区的气象条件，等等。毛泽东后来选择的开战时间并没有违背作战计划规定的范围，但他这时还是为是否和何时做出最后决定，留下了一定的选择空间，这也可以解读为他不想完全从军事需要的角度采取行动。其三，彭德怀上报的作战方案是以空军入闽作为“炮击金门”作战的核心，炮战及其可能造成的积极结果，例如迫使国民党军队撤出金门、马祖等，则是对一种可能性的估计或衍生的设想，军事领导人对此有期待但并非势在必得。

4 月间，时任炮兵司令韩先楚根据军委作战的设想和指示，领导着手制定了地面火炮打击和封锁金门的计划。在军委扩大会议期间，彭德怀专门召开作战会议，研究和确定福建沿海作战的具体方案和军事部署。[①] 到这时为止，一切都在按计划进行。

7 月 14 日爆发的伊拉克革命和美国在中东地区的军事干预升级等，成为作战计划付诸实施的导火索，并导致决策过程出现复杂的变化。15 日到 18 日，毛泽东每天下午都召集一些领导人讨论中东局势和中国将采取的对策。他下决心实施“炮击金门”是 17 日晚，同一些领导人开会研究中东局势之后。彭德怀当晚即向解放军三总部领导人传达了毛泽东的决定，说是根据中东局势，空军要尽快进入福建，炮兵准备封锁金门，包括封锁其海上航运，总参要根据这个指示立即拟订出部队行动的具体计划。[②] 综合地看，这时立即开

---

① 罗元生：《百战将星王尚荣》，北京：解放军文艺出版社 1999 年版，第 263 页；《王尚荣将军》编写组著：《王尚荣将军》，北京：当代中国出版社 2000 年版，第 421 页。

② 参见郑文翰：《秘书日记里的彭老总》，北京：军事科学出版社 1998 年版，第 310 页；参见中共中央研究室编、逄先知、冯蕙主编：《毛泽东年谱（一九四九——一九七六）》第 3 卷，北京中央文献出版社 2013 年版，第 387—388 页；《叶飞传》编撰委员会著：《叶飞传》，北京：中央文献出版社 2007 年版，第 591 页。

始的行动部署至少是增加了针对中东局势导致国际局势骤然紧张而做出反应的因素，以及中国领导人认为存在爆发战争的可能性，所以有必要立即着手实施预定计划，以便应付可能发生的事变。当天最严重的事态是台湾当局召开了一次紧急会议，随即公开宣布国民党军队立即进入一级战备。[①] 与此同时，太平洋地区的美军也宣布进入紧急战备状态。

第二天，毛泽东的想法就出现了重要的变化。18 日当晚，他召集正在参加军委扩大会的解放军高级将领，直接宣布了“炮击金门”的作战决定。目前出版的许多间接文献证明，促使毛泽东决定立即行动的直接原因已经不是一天前为了应付突发战争的危险，而是针对美国在中东的干涉。他在宣布作战决定时明确地强调，这次作战的目的就是“支援阿拉伯人民的反侵略斗争”“牵制美帝国主义”“意在击美”，等等；作战方式是以对金门炮战为主，第一次要发射 10 万到 20 万发炮弹，以后每天 1000 发，准备打二到三个月；两个空军师在炮击同时或炮击之后，转场进入广东的汕头、连城等基地。[②] 彭德怀随后在军委会议上部署作战计划，包括空军 27 日开始转场，炮兵准备于 25 日打击金门守军的舰艇、封锁港口等。[③] 他还在军委扩大会议的主席团会议上说，缩短既定军委扩大会议的会期，军队将领立即回到各自岗位以应对可能发生的战争。

目前尚无法看到毛泽东和彭德怀在 18 日部署作战会议上的讲话的记录，仅对比间接公开的资料分析，17 和 18 日两天对作战的

① 《中央日报》1958 年 7 月 18 日。

② 参见中共中央文献研究室编、逄先知、金冲及主编：《毛泽东传（1949—1976）》（上），北京：中央文献出版社 2003 年版，第 853 页；韩怀智、谭旌樵：《当代中国军队的军事工作》，北京：社会科学出版社 1989 年版，第 387 页；王焰主编：《彭德怀年谱》，北京：人民出版社 1998 年版，第 692 页；萧劲光：《萧劲光回忆录》，北京：当代中国出版社 2013 年版，第 281 页。

③ 参见王焰主编：《彭德怀年谱》，北京：人民出版社 1998 年版，第 692 页；郑文翰：《秘书日记里的彭老总》，北京：军事科学出版社 1998 年版，第 311 页。

安排还是有区别的。彭德怀在17日晚传达毛泽东的指示并要求总参部门拟订行动计划时，仍将空军进入福建放在首要位置。这种部署更有可能是从军事角度应对同时加剧的台海军事紧张局势。彭德怀本人的思维逻辑受到长期制订军事计划的影响，他将取得制空权视为福建沿海一切军事行动的首要条件，空军进入福建则是“关键的第一仗”。[①] 总之，彭德怀从17日着手部署作战那一刻起，军事行动实际上就包含了两个不同的部分：一是空军进入福建，二是“炮击金门”，空军进入福建是优先的，炮战按计划是配合空军转场，首先是打击金门舰艇和封锁金门。[②]

毛泽东18日决定的军事行动更强调声势浩大的大规模炮战，以期造成巨大的政治效果。正是因为重视作战的政治效果，他将重点放在炮轰金门，而且非常重视炮战的规模，提出首战要一次发射10万到20万发炮弹。18日晚的作战部署是上述两者综合的产物，但主要反映了毛泽东最新的决定，包括首先是25日先开始炮击，27日空军开始转场；其次是炮兵准备于25日打击金门守军的舰艇、封锁港口等，并没有一下轰出10万—20万发炮弹的明确指示。总参第二天拟订的具体作战计划的内容目前不得而知。

从作战的实际进程看，首先开始的还是空中行动，而不是地面的炮战。解放军空军仍然在严格按照预定计划和作战方针采取行动，于27日开始陆续进入粤东和福建地区各机场，29日开始与国民党空军展开夺取福建沿海制空权的空战。所以说还是空战拉开了“炮击金门”的战幕，而毛泽东却在同时决定，无限期推迟炮战。他在空军转场的当天即27日，给彭德怀、黄克诚等写了一封信，

---

① 参见《杰出将领聂凤智》编委会编：《杰出将领聂凤智》，南京：江苏人民出版社1994年版，第520页。

② 《当代中国》丛书编辑部王定烈主编：《当代中国空军》，北京：中国社会科学出版社1989年版，第334页。

提出暂停炮轰行动。这封信表露出他认为此前决定有些操之过急，并解释了暂停炮战的原因和未来再战的条件。他写道“目前不打，看一看形势”；“等彼方无理进攻，再行反攻”；“中东解决，要有时间……何必急呢”；“暂时不打，总有打之一日”；“彼方如攻漳、汕、福州、杭州，那就最妙了”；等等。[①] 这封信对推迟炮战行动的决定性影响自不待言，更重要的是透露出中国决策层对中东局势、台海军事形势和空军入闽行动等的判断的变化，特别是毛泽东本人实际上调整了18日提出的用大规模炮战“支援中东人民革命”的目标。

第一，福建沿海军事行动开始于中东出现紧张局势之后，当时中国领导人一直在关注和讨论事件对整个国际形势的影响，包括是否引发世界大战。在这种气氛影响之下，战争问题和准备打仗成为正在进行的军委扩大会的重要内容。这次军委扩大会已经持续了两个多月，原以批判军事教条主义和个人主义为中心内容。7月15日以后会议内容开始发生变化，到18日晚的军事会议结束时，彭德怀提出各位军队领导人要回到各自的岗位，准备应付突发事变。这相当于建议提早结束军委扩大会议。在布置作战任务和随后的讨论中，他提出了要准备“打大仗、打恶仗”。两天后即20日，黄克诚在军委扩大会上传达了毛泽东对战争形势的估计。后者认为战争有“小打”“中打”“大打”等三种可能性，中国“要有应付战争的准备”。值得注意的是就在第二天，毛泽东在会见苏联驻华大使尤金时，却系统阐述了他对战争问题的实际判断，即美英还“不准备打”。[②] 在随后的24日、25日、26日几天里，军委开会持续讨论了

① 毛泽东：《关于把握打金门时机给彭德怀、黄克诚的信》，1958年7月27日，载中共中央文献研究室编：《建国以来毛泽东文稿》第7册，北京：中央文献出版社1992年版，第326页。

② 中共中央研究室编、逄先知、冯蕙主编：《毛泽东年谱（一九四九——一九七六）》第3卷，北京中央文献出版社2013年版，第389页。

国际形势和战备问题。与会者也不认为会有“大打”的可能性，维持现状的可能性反而更大一些。[①] 随着中东局势的发展和中国领导人确定不会爆发大战，以及“中东人民革命”不会有大的进展等，立即实施大规模炮战的紧迫性自然就降低了。

从军事行动的进展看，由于突发暴雨，部队部署并不顺利。福建前线的军事调动已经延误，到25日只能算勉强完成部署，而空军转场任务尚未全面完成，因而无法取得制空权。当时还在福建直接指挥作战的叶飞认为，“不掌握制空权，就没有下一步的炮击”，而实际情况是争夺制空权的空战29日才开始。面对这种局面，毛泽东等曾经将炮击时间的决定权下放给福建前指。26日，叶飞才向毛泽东报告了具体的作战计划，预定在17时到19时，国民党军队调防部队到达金门料罗湾时开始行动。不过这份上午9时发出的报告说明，还未发现国民党军队的调动情况。[②] 结果是决定难免被拖延下来。

第二，是中东局势引起的台海军事形势紧张。一方面是美军和国民党军队都进入战备状态，如果说这到底在多大程度推动毛泽东本人下定决心采取军事行动还有待进一步证明，对军事领导人支持毛泽东采取行动的决定，则是确定无疑的，更何况本来就有了空军“七八月”进入福建的作战计划。进一步说，在前述1月讨论空军进入福建的计划时，如何应对国民党空军会报复性轰炸沿海城市等，就在与会军队领导人的考虑范围，他们的设想也被写进计划之中。6月26日，总参曾上报军委，估计国民党军队最近有可能发动“大的火力袭击”，粟裕建议加强防空力量以及“如有机会再打地

---

① 参见王焰主编：《彭德怀年谱》，北京：人民出版社1998年版，第694页。

② 《叶飞传》编撰委员会著：《叶飞传》，北京：中央文献出版社2007年版，第596—597页；王尚荣：《持续二十一年的炮战——炮击金门决策过程》，载朱元石编：《共和国要事口述史》，长沙：湖南人民出版社1999年版，第255—256页。

面目标”，主张“作战部队积极进行还击”。毛泽东当天即批示“照办”。[①]

总参的情报和判断以及中国领导人的处置等，是他们对中东局势紧张之时台湾方面和太平洋美军进入战备状态后，立即决定进入战备和在金门采取军事行动的一个关键背景。7月25日，彭德怀在一次战备座谈会上提出，空军不仅要进入连城和汕头，还要同时进入福建的漳州、福州，即完整实现原定进入福建的计划，再准备增加四个空军师，以应付国民党空军的轰炸，如国民党空军轰炸福州，解放军空军就轰炸金门。[②] 这同毛泽东18日提出的动用两个空军师先进入粤东汕头和福建连城两个机场以配合炮战，是有明显区别的。

显然，毛泽东和军事领导人在决定“炮击金门”之前就已经有判断，国民党军队主要是空军，很有可能对大陆发动攻击，而反击国民党空军的攻击和报复行动等，一直就是解放军作战方针的重要组成部分。这也就是为什么毛泽东会在27日的信中反复提到“后发制人”的原则，其次数之多令人印象深刻。诸如“等彼方无理进攻,再行反攻”“彼方如攻漳、汕、福州、杭州，那就最妙了”“如彼来攻，等几天，考虑明白，再作攻击”，等等。这绝不可能是他一时想到的或仅为罗列各种可能之一所致，尽管这是否与事实相符，还需要专门研究。反之还可以合理推论，这是他认为可能性很高以致值得等待其发生的情况。

26日晚，彭德怀等军队领导人曾到毛泽东处研究作战问题，内容不得而知，只可大致推断不会超出他们这段时间讨论的范围。所

① 毛泽东：《关于应对国民党军火力袭击的批语》，1958年6月26日，载中共中央文献研究室、军事科学院编：《建国以来毛泽东军事文稿》（中卷），北京：中央文献出版社、军事科学出版社2010年版，第391页。

② 参见王焰主编：《彭德怀年谱》，北京：人民出版社1998年版，第694页。

以，在第二天即27日早10时，毛泽东即写了那封致彭德怀等推迟炮战的信，这应是他与军队领导人研究后再思考的结果。由此完全可以将毛泽东27日信视为一个标志，以“支援中东人民革命”为作战目标的过程到此大致结束了，与此同步的是作战行动回到了以空军进入福建取得制空权为主的原计划中。空军27日开始转场的作战方式也证明了这一点。

军委和空军为在空军转入福建机场过程中尽量避免国民党空军的报复性轰炸和与美军发生冲突，对作战行动做出极为严格的规定。有关命令包括：第一，空军不进入公海作战；第二，国民党空军不到大陆轰炸，解放军空军不轰炸金门、马祖；如国民党空军轰炸大陆，解放军空军即轰炸金门、马祖，但不轰炸台湾；第三，不主动攻击美空军飞机，除非其侵入中国领空。[①] 毛泽东本人同样对空军的行动极为慎重。时任福州军区空军司令并直接指挥福建空战的聂凤智曾经回忆，在空军于8月初进入漳州机场时，毛泽东甚至直接打电话向他了解飞机着陆的朝向，并告诫战机不得进入金门上空。[②] 由此可见毛泽东多么重视避免空军转场时可能遭受的攻击。

从纯军事的角度看，中国决策者选择7月中旬美国在中东进行军事干涉时采取行动，其实就是选择了美国在台海进行军事干涉可能性最低的时机，也就是最符合解放军作战设想的时机。当时的军队领导人就是这样理解的，用他们的话说就是，选择美国干涉中东时决定空军入闽是“迫使美国难以顾及东西两头”，意即这时美国很难在台海直接军事介入。[③]

以上的分析至少也证明了，用大规模炮轰金门来“支援中东人

---

① 王定烈主编：《当代中国空军》，北京：中国社会科学出版社1989年版，第341页。

② 参见《杰出将领聂凤智》编委会编：《杰出将领聂凤智》，南京：江苏人民出版社1994年版，第502页。

③ 参见《杰出将领聂凤智》编委会编：《杰出将领聂凤智》，南京：江苏人民出版社1994年版，第503页。

民革命”的想法，更多是毛泽东一时兴起，而非神来之笔，原定的军事计划则对决策者有着强大的约束力。当空军27日开始实施入闽作战时，毛泽东便推迟了对金门的炮战，或者说这时炮战已经不那么重要了，而空军的行动不仅没有停止，实际上还在按计划逐步扩展；保证空军顺利入闽并取得制空权等，则成为首要目标和作战的主要内容。

在这里不妨提出这种设想，即不论是否为了“支援中东人民革命”，解放军空军在这个阶段或迟或早都会进入福建夺取制空权。还可以进一步设想，即使没有中东局势紧张，夺取福建沿海制空权的军事行动也很有可能会照样发生，而一旦发生后形势将如何发展，导致炮战至少也是可能性之一。这里不妨提出一个疑问：从毛泽东27日信的行文看，选择7月25日即发动炮战这个具体的决定，是他本人或一个人做出的吗？有一点可以肯定的是，这不是经过深思熟虑的，实际上也是难以按时执行的。

第六节　“军事外交战”

8月17日至31日，中共中央政治局在北戴河召开扩大会议，讨论1959年的国民经济计划。18日凌晨1点，毛泽东在一份报告上批语，再次提出准备对金门的炮战，并说明目的是“直接对蒋，间接对美”。[①] 该报告是彭德怀于13日上报的，内容是请示广州军区拟在深圳方向举行实兵军事演习。[②] 该报告具体何时报到毛泽东

① 毛泽东：《关于停止在深圳方面的演习准备打金门的批语》，1958年8月18日，载中共中央文献研究室编：《建国以来毛泽东文稿》第7册，北京：中央文献出版社1992年版，第348页。

② 中共中央文献研究室、军事科学院编：《建国以来毛泽东军事文稿》（中卷），北京：中央文献出版社、军事科学出版社2010年版，第409页。

处尚无法确定，毛泽东的批语何时转回彭德怀处也无法确定。8 月 20 日上午，彭德怀召集总参作战部讨论毛泽东的批示；下午，毛泽东召集军事领导人专门研究了作战方案。21 日，叶飞奉命到达了北戴河，向毛泽东和其他军事领导人汇报前线的具体情况；下午的会议做出 23 日开始炮击的决定，当晚军委向前线下达了准备作战的命令。①

毛泽东再次决定发动炮战的动机是理解此后决策发展演变的一个关键因素，而如何解读“直接对蒋，间接对美”应是其核心。时任《人民日报》总编辑的吴冷西在回忆录中提供了重要的信息，他本人也是 21 日到达北戴河的，之后参加了一系列政治局会议。在 23 日（开始“炮击金门”当天）和 25 日的政治局会议上，毛泽东都谈到了（不可能不谈）发动炮战的目的。根据对吴冷西回忆的内容分析，所谓“直接对蒋”就是炮击然后封锁金门守军，以打击和警告台湾当局不得再利用沿海岛屿进行骚扰，以及有可能的话，迫使国民党军队自己撤走；在封锁无法达成目的的情况下，是否发起登陆作战则要“相机行事”，关键是看美国会不会军事介入。这里顺便指出，从后来作战的进程看，有关决策目标的讨论和重要的调整，一直是围绕着是否迫使国民党军队撤出金门展开的。

所谓“间接对美”，就是通过金门作战使美国“紧张一下”，以及确定“美台共同防御条约”是否将金门、马祖等包括在内，用毛泽东的话说，就是“侦查美国人的决心，考验美国人的决心”。② 中美大使级谈判中断后，毛泽东于 1958 年 6 月中旬即向中国外交

---

① 中共中央文献研究室编、逄先知、金冲及主编：《毛泽东传（1949—1976）》（上），北京：中央文献出版社 2003 年版，第 856 页；叶飞：《叶飞回忆录》，北京：解放军出版社 1988 年版，第 654 页。

② 吴冷西：《十年论战 1956—1966：中苏关系回忆录》（上册），北京：中央文献出版社 1999 年版，第 174 页；吴冷西：《忆毛主席——我亲身经历的若干重大历史事件片断》，北京：新华出版社 1995 年版，第 74、76—77 页。

部说明，有必要调整1954年以来的对美政策，应该“坚持和美国斗争，不和美国政府发展关系”。[①] 这一看法对决定“炮击金门”是否有重要影响这一点值得探讨，不能排除存在毛泽东有意借助金门炮战这种战争边缘政策，迫使美国在政治上做出某些让步的可能。当然也有可能是随着炮战导致的形势变化，使毛泽东后来产生了这种意图。

毛泽东选择这个时机发动炮战，肯定同1958年8月21日联合国大会通过决议，要求美军撤出黎巴嫩和约旦有关。他在25日的会议上说，“凡事要抓住时机”，而目前就是一个政治上非常有利和会产生更大影响的时机。[②] 不过尽管他也谈到炮战“可以声援中东人民”，但这时这已经不是他的重要关注点了。无论如何，炮战开始的规模远不如毛泽东最初设想的第一次就发射10万—20万发炮弹。23日第一天炮击共发射各种炮弹约3万发。

毛泽东在8月18日决定发动金门炮战，曾使包括彭德怀在内的不少直接参与指挥作战的军事领导人感到突然。13日，彭德怀已经指示总参作战部的王尚荣，如无特殊情况，福建前线部队可以解除战备。总参于19日通知前线部队，可以解除战备。不过客观地看，解放军炮兵和海军已经完成大规模集结和实战准备，要已经大规模集结的参战部队长期盘马弯弓、引而不发，是有一定困难的。毛泽东必定要做出选择，或者在不出现国民党空军大规模轰炸的情况下，完成夺取制空权的空战后，放弃对金门的炮战和封锁战，后者毕竟是在假想国民党空军报复轰炸的情况下予以实施；或者直接选择作战方案中强度更高的作战方式，无论如何也要炮击和封锁金

---

① 张培森主编：《张闻天年谱（一九四二——一九七六）》（下卷），北京：中共党史出版社2000年版，第1097—1098页。

② 吴冷西：《忆毛主席——我亲身经历的若干重大历史事件片断》，北京：新华出版社1995年版，第76页。

门，争取迫使国民党守军撤出。问题是什么原因促使毛泽东选择在空军正顺利夺取制空权而国民党空军并未进行大规模报复性轰炸的时刻，突然决定发动对金门的炮战。

之前已经大致解读了毛泽东的批示中显露的发动炮战的目的。尽管尚不能更确切地分析和证实他此时的思维过程，但客观上已经形成某些有利再战的条件这一点，则是有迹可寻的，它们肯定是有助于推动毛泽东提高作战强度的因素，毕竟毛泽东不会在他认为条件不利的情况下冒风险。

第一，空军已经陆续进入福建，并在夺取制空权的战斗中取得初步胜利。在夺取粤东和福建制空权战役的第一阶段，即 7 月 27 日至 8 月 22 日，进入福建的空军部队出动战机 255 批共 1077 架次；空战四次，击落国民党空军战机 4 架，击伤 5 架，解放军空军仅损失 1 架。更重要的是，解放军将领认为极有可能发生的中等规模的空战和国民党空军轰炸沿海城市的情况等，并未发生。国民党空军每天约 100 架次飞机起飞，主要在台湾海峡上空巡航，仅有少数进入大陆上空进行侦察飞行。事实表明，解放军的作战计划高估了国民党空军的反击意愿和能力。解放军空军逐步取得空中优势使尝试升高作战强度以迫使国民党军队撤出金门等，成为合理并有一定诱惑力的选项。

第二，赫鲁晓夫于7 月 31 日到 8 月 3 日访华，结束时中苏发表了联合声明。这次中苏峰会和联合公报的发表，为发动炮战提供了被认为是有利的外部条件。在中国是否向苏联方面通报了福建沿海作战行动这个问题上，一直存在一些不同看法。这里所谓事前通报涉及两个问题。一是是否通过双方的军事或外交部门进行了协调，尤其是当时解放军中是有苏联军事顾问的，使他们了解军事行动并不难，反之则很难；二是在 7 月底到 8 月初赫鲁晓夫访问北京期间，毛泽东是否向他通报了中国即将采取的炮战计划。如果未通报，又涉及两个问题：其一是毛泽东有意不予通报；其二是毛泽东本人这时候还没有一个确定的想法。从毛泽东在7月27日之后的日程内容看，他很长一段时间都没有表现出在集中思考国际形势和军事问题。倒是在同赫鲁晓夫会谈之后，他又开始表现出对国际问题越来越大的兴趣。当然不能排除，他在仔细和花大精力思考，但没有表现出来。

根据吴冷西的回忆，毛泽东在1958年11月召开的郑州会议期间也说过：“在有些人的印象里，好像炮轰金门是我们跟苏联商量好的。其实，赫鲁晓夫在7月底8月初到中国来的时候，根本没有谈什么金门问题。如果说了一句话也就算谈了，但是一句话也没有谈到。”[①] 1959年9月30日，毛泽东在与到达北京访问的赫鲁晓夫会谈时说过，那时美国人“以为我们在炮打金门问题上达成了协议。其实，那时我们双方并没有谈这个问题”。他解释说首先是因为“我有这种想法，但是还没有最后决定”；其次是“没有想到打炮会引起这么大的风波”。[②] 综合毛泽东本人在事后不久的这些谈话，他首先没有同赫鲁晓夫谈过将发起的军事行动，“一句话也没有谈到”；其次，没谈是因为他“还没有最后决定”，只是“有这种想法”。换句话说，他并没有为了军事行动来利用赫鲁晓夫访华的意图。既然如此，中苏峰会与“炮击金门”决策之间到底有没有关联，以及如果有的话是什么？无论如何，从客观效果看，赫鲁晓夫访华对中国决定采取军事行动的确是有利的。

对苏联到底是否知道中国的军事行动必须作更深入和具体的分析，因为有重要的档案证明，中国在此期间曾要求苏联提供军事援

① 吴冷西：《十年论战1956—1966：中苏关系回忆录》（上册），北京：中央文献出版社1999年版，第186—187页。

② 《毛泽东与赫鲁晓夫谈话纪要》，1959年9月30日，转引自中共中央文献研究室编、逄先知、金冲及主编：《毛泽东传（1949—1976）》（上），北京：中央文献出版社2003年版，第855页。

助，主要是提供飞机和空战的武器弹药。8月11日，周恩来致电赫鲁晓夫，通报了空军7月底开始进入福建并取得了进展，而由于美军可能向台湾空军提供F-100战斗机，中方希望苏联援助30架米-19C型战斗机及相应的作战武器弹药，等等。[①] 这一电报足以证明，中方当时至少通报了空战情况，而毛泽东所说的“一句也没有谈到”，应该只是指后来的炮战，而他那时没决定是否实施炮战，是完全有可能的，他的解释也是合情理的。就可能产生的后果而言，以空军入闽为由要求苏方提供先进战机，而在决定炮战前不予通告，对方一旦因此而怀疑是故意隐瞒，客观上对盟友间互信可能造成的负面影响将是严重的。

已经公开的俄罗斯档案也证明，在1958年8月初赫鲁晓夫访问北京期间，毛泽东没有同其谈过“炮击金门”问题。他们除了用半天处理有关国防军事合作引发的矛盾外，大部分时间在讨论国际形势，特别是中东局势。[②] 这同中国外交部之前的一项建议有关。中东紧张局势升温后，7月23日，中国驻苏联使馆向北京提交了一份报告，分析了苏联对中东形势的政策。该报告认为，苏联对中东局势的反应表明，苏共领导人对“东方压倒西风的形势和对人民群众的力量估计不足”，“对战争的可能性估计偏高”，如果他们“端正认识”，采取更积极和坚决的行动，是有利于制止战争的。[③] 第二天，驻苏使馆再电外交部，更建议“中央或外交部”利用

---

① 《订购飞机事》，1958年8月11日，外交部档案馆：109-00838-03。

② 《赫鲁晓夫与毛泽东会谈记录：对中东和国际局势的讨论》1958年8月1日；《赫鲁晓夫与毛泽东会谈记录：漫谈国际形势》，1958年8月2日；《赫鲁晓夫与毛泽东会谈记录：核武器与核试验》，1958年8月3日；均见沈志华主编：《俄罗斯解密档案选编：中苏关系》第8卷，上海：东方出版中心2015年版，第144—184页。

③ 《对苏在中近东形势上所采取行动的看法》，1958年7月23日，外交部档案馆：107-00297-02，第21—22页。

“各种方式同苏联方面交换意见，以帮助他们提高认识”。[①] 28日，外交部复电驻苏使馆，对他们的积极建议表示满意，并说苏联的措施应给与肯定，至于建议中的磋商其不足之处，“国内当相机进行”。[②]

毛泽东决定邀请赫鲁晓夫访华是否同外交部的建议有关联，算不算所谓“相机进行”的步骤，还有待进一步考证，但的确存在这种可能性。毛泽东是在7月22日同尤金谈关于中苏军事合作的分歧时，提出赫鲁晓夫应访华解决有关问题的。[③] 这足以证明，毛泽东邀请赫鲁晓夫访华的初始动机主要是解决双方军事合作中的分歧。但根据驻苏使馆的建议和外交部随后的回复推论，他们的建议对中国决策者邀请赫鲁晓夫访华的目的也会有影响。特别是在赫鲁晓夫访华期间，毛泽东花了很多时间同他讨论国际形势，这也可以解释为是外交部的建议产生了影响。至于他们之间那些热烈的、展示了双方对国际形势和战争问题存在很多很不同看法的长时间讨论等，是不是和在多大程度上激发起毛泽东对军事行动的兴趣，的确是有很大想象空间的。

中方对苏联国内对赫鲁晓夫访华和峰会的报道热度和报道重点等，做了相当详细的观察和分析。例如，驻苏使馆8月4日的报告详细叙述，苏方“特别把公报倒数第六段的最后两句摘登在第一版右上角”，等等。[④] 驻苏使馆在6日的报告中综述了有关苏联报道对

① 《对苏外交措施的看法》，1958年7月24日，外交部档案馆：107-00297-02，第23页。

② 《关于对苏联措施的看法问题》，1958年7月28日，外交部档案馆：107-00297-02，第24页。

③ 毛泽东：《同苏联驻华大使尤金的谈话》，1958年7月22日，载中共中央文献研究室、军事科学院编：《建国以来毛泽东军事文稿》（中卷），北京：中央文献出版社、军事科学出版社2010年版，第404页。

④ 《关于毛主席和赫鲁晓夫会谈公报的登载情况》，1958年8月4日，外交部档案馆：109-01812-05。

“中苏公报的宣传非常重视”，以及“开始强调不怕战争的精神”，等等。[①] 8日，外交部向各驻外机构发出通报，统一对中苏峰会和联合公报的宣传口径。该通报将中苏联合公报定义为“极为重要的历史文献”，证明了中苏在对外政策上是“团结一致的”以及“东风压倒西风的真理”；关于中东局势则“是有可能暂时缓和下来，但战争危险仍然严重存在”，等等。[②] 对峰会的这种判断至少不会降低毛泽东决定发起炮战的愿望，这是合理的推断。

赫鲁晓夫访华本来是秘密进行的，后来根据毛泽东的建议，赫鲁晓夫大张旗鼓地公开离京，很容易造成中苏在协商重大决定并达成一致的印象，事实也是如此。中苏峰会后发表的《毛泽东和赫鲁晓夫会谈公报》中说，两国领导人“就目前国际形势中迫切和重大的问题，进一步加强中苏之间友好、同盟、互助关系的问题和为争取和平解决国际问题、维护世界和平而进行共同奋斗的问题，进行了全面的讨论，并且取得了完全一致的意见”。[③] 推测存在这种可能性也有其合理性，即毛泽东以中苏军事合作出现分歧为由促使赫鲁晓夫紧急访华，的确有使美国认为解放军在福建的军事行动得到了苏联支持的意图。毕竟这时空战刚刚开始，给美国人造成中国军事行动得到苏联支持的印象，对避免美军直接介入肯定是有利的。不过就赫鲁晓夫访华对中国决策的关联而言，最中肯的结论还是——这次访问很有助于毛泽东下决心升级军事行动，或者简单地说下决心“炮击金门”。

毛泽东决心“炮击金门”的最高目标是争取迫使国民党军队撤出金门等地，不过，他和其他军队领导人也并无把握靠现有作战规

① 《苏各报对中苏会谈公报的反应》，1958年8月6日，外交部档案馆：109-01812-05。

② 《每周通报第141期》，1958年8月8日，外交部档案馆：107-00152-03。

③ 《毛泽东和赫鲁晓夫会谈公报》，《人民日报》1958年8月4日。

模，即能实现这一目标。[①] 问题是升高军事行动强度就有可能招致美军直接介入，而避免美军直接介入又是军事行动的一个底线，是决策过程中贯彻始终的原则。中国领导人有关避免与美军直接冲突和避免采取有可能导致美军直接介入的指示和部署等，已经为众多论著所提及。[②] 这里不赘述。被忽视的是还存在另外一条底线，即尽可能避免国民党空军轰炸大陆地区。特别是 9 月 17 日以后，美空军接手台湾的防空，使国民党空军得以每天投入 200 多架次战机，在金门区域掩护空投、海运等，并经常集中数十架战机在台湾海峡中线上的空域巡航，伺机空战。周恩来在 9 月 22 日给毛泽东的一封信中说：轰炸金门“更不适宜，因这样做，恰好给蒋介石空军以轰炸我大陆的机会”。他建议在美国因不了解中方意图而控制国民党空军“不许其轰炸我大陆”时，就以不促成“蒋空军向我大陆轰炸为有利”。[③] 毛泽东批示说，周恩来建议的方针“是很对的”，这样可以“完全立于不败之地，完全立于主动地位”。[④]

对避免美军直接介入和避免国民党空军轰炸大陆地区这两条底线肯定是相互关联的，对它们的坚持再次证明了既定军事计划的重大影响，也证明了作战计划中的防御性质并没有因为选择大规模炮战而消失。实际上经过一段时间炮战和封锁之后，毛泽东已经明白，单靠现有军事手段和作战规模，很难迫使国民党军队自动撤出

① 《王尚荣将军》编写组编：《王尚荣将军》，北京：当代中国出版社 2000 年版，第 423 页。

② 参见中共中央文献研究室编、逄先知、金冲及主编：《毛泽东传（1949—1976）》（上），北京：中央文献出版社 2003 年版，第 857—861 页；戴超武：《敌对与危机的年代——1954—1958 年的中美关系》，北京：社会科学出版社 2003 年版，第 333—342 页。

③ 中共中央文献研究室编：《建国以来毛泽东文稿》第 7 册，北京：中央文献出版社 1992 年版，第 425 页。

④ 毛泽东：《关于承认阿尔及利亚临时政府等问题给周恩来的电报》，1958 年 9 月 22 日，中共中央文献研究室编：《建国以来毛泽东文稿》第 7 册，北京：中央文献出版社 1992 年版，第 424 页。

金门。

9月3日，毛泽东在前述黄克诚起草的《军委关于对台湾和沿海蒋占岛屿军事斗争的指示》上批示，认为“写得很好”。[①] 这项指示明确说明，解决台湾和沿海岛屿问题“必须有长期的打算”，长时间内不在金门、马祖登陆作战，以及不升高当前作战的规模和强度。[②] 换句话说，这就是确定了不急于攻占金门。毛泽东显然还是在既定的军事计划中选择行动方案，尽管他随后仍然在不断赋予军事行动更多的政治意义，以及争取更大的政治影响。

在9月5日、8日召开的第15次最高国务会议上，毛泽东针对金门炮战提出了一个“绞索”的概念，即美国帮助国民党军队防守金门等岛屿，等于把自己“吊在我们中国人的铁的绞索上面”。如果仔细比较这两次讲话便可以看出，毛泽东的思路正明显地转向如何利用军事斗争，促使美国迫国民党从金门等岛屿撤走。在5日的讲话中，毛泽东说，美国已经在协防福建沿海的国民党军队占领岛屿，用他的话说就是把“一切包过去”了。[③] 这反映了中国领导人对美国政策的判断的主要方面，他们这时的看法还不是十分确定的。在8日的讲话中，他又改变了看法，认为美国“形成了金马脱身政策”，意即不是要把“一切包过去”，而是要放弃金、马，其办法就是国民党军队“这十一万人走路”即从金、马撤回台湾。[④]

---

① 毛泽东：《在军委关于对台湾和沿海蒋占岛屿军事斗争的指示稿上的批语》，1958年9月3日，载中共中央文献研究室编：《建国以来毛泽东文稿》第7册，北京：中央文献出版社1992年版，第376页。

② 参见中共中央文献研究室编、逄先知、金冲及主编：《毛泽东传（1949—1976）》（上），北京：中央文献出版社2003年版，第859—860页；彭德怀传记组著：《彭德怀全传》（三），北京：中国大百科全书出版社2009年版，第1237页。

③ 毛泽东：《在第十五次最高国务会议上的讲话》，1958年9月5日，载中共中央文献研究室编：《建国以来毛泽东文稿》第7册，北京：中央文献出版社1992年版，第384页。

④ 毛泽东：《在第十五次最高国务会议上的讲话》，1958年9月8日，载中共中央文献研究室编：《建国以来毛泽东文稿》第7册，北京：中央文献出版社1992年版，第393页。

出现这种变化主要是9月4日以后相继发生的一些重要事件引起的。

9月4日，中国政府宣布了领海宽度为12海里。选择这个时机做这一宣布的目的之一，是为美军划出一条行动不可逾越的界限。这是一种典型的国际危机管理措施，也是进一步向美国施加压力。中国政府的声明还包括明确宣布，包括金门在内的福建沿海各岛“都是中国的内海岛屿”。[①] 同一天，美国国务卿杜勒斯（John Dulles）发表声明，声称美国会已经授权美国总统，“使用美国的武装部队来确保和保护像金门和马祖等有关阵地”。[②] 美国务院也声明，不承认中国政府关于12海里领海宽度的主张。[③] 杜勒斯声明的主调使毛泽东等中国领导人认为，美国可能会用所谓“大包干制度”来协防金门。不过他们也注意到，杜勒斯的声明中也有寻求谈判的迹象，用毛泽东的话说，就是“前面很硬，后面就软了”。[④]

9月5日，周恩来会见了专程访问北京的苏联外交部长葛罗米柯，告诉后者“炮击金门”并非要武力解决台湾问题，中方的目的“只是武力惩罚国民党军队”和阻止美国搞“两个中国”。第二天下午，最高国务会议第十五次会议开会，其间专门讨论了周恩来针对杜勒斯4日声明的《关于台湾海峡局势的声明》。毛泽东在会上说，“现在的好处就是我们这么一打，打出美国想谈了”，“现在你想谈，那好，可以谈”。这次会议通过了周恩来起草的声明稿。该声明当天即播发，在强烈谴责美国军事干涉的同时也宣布，“中国

---

① 《人民日报》1958年9月5日。

② 《美国总统艾森豪威尔和美国国务卿杜勒斯会谈后授权杜勒斯发表的声明》，1958年9月4日，《中美关系资料汇编》第2辑（下），北京：世界知识出版社1960年版，第2681—2683页。

③ 《美国国务院关于拒绝我领海决定的声明（报道）》，1958年9月4日，《中美关系资料汇编》第2辑（下），北京：世界知识出版社1960年版，第2683—2684页。

④ 中共中央研究室编、逄先知、冯蕙主编：《毛泽东年谱（一九四九——一九七六）》第3卷，北京中央文献出版社2013年版，第438页。

政府准备恢复两国大使级会谈”。[①] 毛泽东在会后会见葛罗米柯时说，美国“可能要逼迫国民党军队从金门、马祖撤退，他们害怕被拖下水”。[②]

基于间接公布的历史文献分析，周恩来此刻发出这一声明有两个原因。

第一是美国务院9月4日声明中，很明显地将金门、马祖与台湾和澎湖列岛分开，其用语是中国政府用12海里领海权“把所谓解放沿海岛屿跟台湾和澎湖列岛直接联系起来”。[③] 美国做这种切割也算用心良苦，重要的是中国领导人这时相信，美国的目的是要从金、马脱身的，并要求国民党守军撤出。基于此判断，周恩来6日的声明也将金、马与台、澎做了有分别的论述，即“中国人民解放自己的领土台湾和澎湖列岛的决心是不可动摇的。中国人民尤其不能容忍在自己的大陆内还存在像金门、马祖这些沿海岛屿的直接威胁”。[④] 这句话既说明了台澎与金马都是中国的领土，也解释了中国决策中的轻重缓急。

第二是来自苏联的影响。葛罗米柯正是在9月5日到北京的，不论他带着何种使命，都是在表达苏方对台海紧张局势升级的关切。中国领导人的谈话表明，他们是在针对苏联人的担心而做出解释，而毛泽东本人肯定对苏联方面的表态有某些不同意见。他曾告诉周恩来，在修改赫鲁晓夫写给给艾森豪威尔的信时，“肯定部分

---

① 中共中央研究室编、逄先知、冯蕙主编：《毛泽东年谱（一九四九—一九七六）》第3卷，北京中央文献出版社2013年版，第438—439页；周恩来声明见《人民日报》1958年9月7日。

② 参见吴冷西：《十年论战 1956—1966：中苏关系回忆录》（上册），北京：中央文献出版社1999年版，第180页。

③ 《美国国务院关于拒绝我领海决定的声明（报道）》，1958年9月4日《中美关系资料汇编》第2辑（下），北京：世界知识出版社1960年版。

④ 《周总理关于台湾海峡地区局势的声明》，《人民日报》1958年9月7日。

占百分之九十，可商量部分只占少数”。[①] 这段话足以说明，他并不完全赞成苏方的态度，不过还是需要有所表示，不如此则难以获得苏联的有力支持。

艾森豪威尔政府几乎立即对周恩来6日的声明做出反应。白宫发言人当天即声明，美国国家安全委员“特别注意到”周恩来声明中提到，中方“准备同美国恢复大使级会谈”，而美国驻华沙大使“随时准备立即”同中方代表会晤。[②] 毛泽东正是根据此一声明断定，美国有从金、马“脱身”的意图和可能。所以，他开始了设想利用恢复中美大使级会谈，促使美国压蒋介石从金门撤军。也是为了达到这个目的，解放军随即加强了对金门的炮击和封锁。

7日，美军舰为向金门补给的国民党海军运输船护航，在解放军发动炮击时，美军舰即撤退到12海里以外。美军的这种反应进一步加强了毛泽东的信心，他在前述8日讲话中提到，存在美国迫使国民党军队“十一万人走路”即撤出金门、马祖的可能，即是基于对军事形势中的这种新情况的分析。

9月10日，外交部根据指示拟定了与美国重开大使级谈判时提交的协议草案，其内容包括：中国必须收复金门、马祖，“如国民党军队愿意主动地从这些岛屿撤走，中华人民共和国政府将不予追击”；“在收复金门、马祖等沿海岛屿以后，将争取用和平方法解放台湾和澎湖列岛，并且在一定的时期内避免使用武力实现台湾和澎湖列岛的解放”。[③]

9月15日，中美开始第一次复谈。中方代表很快提出预订方

---

① 中共中央文献研究室编：《周恩来年谱（一九四九——一九七六）》（中卷），北京：中央文献出版社1997年版，第167页。

② 《美国白宫关于同我恢复谈判的声明》，1958年9月6日，载《中美关系资料汇编》第2辑（下），北京：世界知识出版社1960年版，第2688页。

③ 《中美关于和缓和消除台湾地区紧张局势的协议声明（草案）》，1958年9月10日，外交部档案馆：111-00146-01。

案，但遭到美方拒绝。中国领导人几乎立刻意识到，以军事压力和外交手段促使美国逼国民党军队撤出金、马，同时就和平解决台、澎作出某些承诺，不仅使相对主动的局面出现逆转的趋势，而且有可能被美国利用来造成台、澎与大陆永久隔绝的状态。在第二次会谈中，中方立刻调整了谈判策略，强烈谴责美国是在干涉内政。随后经过一段时间观察和考虑，毛泽东等终于下决心，不攻占金、马等沿海岛屿，将它们同台、澎等“一揽子”解决，“一下子收回”。[①]

10月6日，中联部、外交部和对外文委联合向驻外和涉外机构发出通知，指出美国“也可能提出以蒋介石部队撤出金门、马祖来换取我们放弃解放台湾、澎湖列岛，承认美国侵占台湾、澎湖列岛合法化”，故在外交中必须强调反对“两个中国”，以及中国必须收复包括台澎金马的全部领土。[②] 到此为止，中国领导人已经确信，台、澎、金、马“一揽子”解决的方案更有利于阻止将台湾从中国分离出去。[③] 这也意味着攻占东南沿海岛屿的军事行动的基本结束。

从军事安全角度看，解放军已经具备三军联合打击和封锁金门的能力，并取得了随时打击金门的主动权。对台湾当局来说，金门已成困局，只有政治价值，至于政治价值是什么则需要专门评估。特别是解放军空军在战役的第二阶段，即8月23日到10月中旬，已经进入所有福建一线机场，在飞机数量和性能上占有明显的优

---

① 毛泽东：《杜勒斯是世界上最好的反面教员》1958年10月2日，载中华人民共和国外交部、中共中央文献研究室编：《毛泽东外交文选》，北京：中央文献出版社、世界知识出版社1994年版，第356页。《周恩来与安东诺夫谈话纪录》，1958年10月5日，转引自中共中央文献研究室编、逄先知、金冲及主编：《毛泽东传（1949—1976）》（上），北京：中央文献出版社2003年版，第877—878页。

② 《关于对外宣传和国际活动中揭露和打击美国在台湾海峡地区问题上制造新阴谋的通知》，外交部档案馆，1958年10月6日，外交部档案馆：102-00006-06。

③ 毛泽东：《杜勒斯是世界上最好的反面教员》，1958年10月2日；《周恩来与安东诺夫谈话纪录》，1958年10月5日，载中华人民共和国外交部、中共中央文献研究室编：《毛泽东外交文选》，北京：中央文献出版社、世界知识出版社1994年版，第877—878页。

势。经10月10日最后一次规模较大的空战，解放军空军完全取得福建沿海上空的制空权，国民党空军则不再进入大陆地区上空作战。

此外，中国领导人通过“炮击金门”也基本确定，美国对福建沿海岛屿的政策并不是进攻性的，美国甚至有可能不再帮助台湾当局防卫这些岛屿。从国防的角度看，已经没有来自福建沿海国民党军占领岛屿的迫在眉睫的军事威胁；美国无意也不可能利用它们来进攻中国大陆，国民党军队则没有这个能力。[①] 这种判断极大地缓解了使用武力夺取这些岛屿的压力。换句话说，解放军虽然没有最终攻占金、马，但实现了根本消除美军和国民党军队利用福建沿海岛屿威胁大陆的目的。

第七节　结语

1954年春夏展开到1958年夏秋结束的东南沿海军事决策是一个完整的战略决策，有一个极为复杂的演变过程。最初的作战行动发生在中美因朝鲜战争而处于尖锐对抗和美国越来越深地介入台湾问题的背景之下，军事战略从形成期就明显增加了维护国家安全——当时主要是维护东南沿海地区安全的内容。可以说维护东南沿海地区的基本安全是东南沿海作战的首要目的和动力，这包括了确保相关海域和空域不受国民党军队的攻击和骚扰；维护海上运输航路的安全畅通；保护渔业生产和渔民的生命财产的安全；根本消除国民党军队依托沿海岛屿进袭大陆地区的军事威胁；以及抵抗美

① 吴冷西：《忆毛主席——我亲身经历的若干重大历史事件片断》，北京：新华出版社1995年版，第84页。

国不断变化的军事压力。另一个重要的发展是，作战计划在制订过程中与如何最终解决台湾问题连接在一起，从而演变成完整的台海军事战略。与此相伴而生的另一个至关重要的特点是，军事战略越来越多地受到外交与政治因素的影响，从这个意义上说，相关的军事行动最终演变成为贯彻对外政策和实现对外政策目标的手段，“军事服从外交”在这个战略中成为特别突出的原则。从国家安全战略发展历史的角度，1954 年开始持续到 1958 年“炮击金门”的作战是解放军确定“积极防御”的国防战略的关键时期的第一战，研究它同“积极防御”战略之间的联系，则是需要进一步探讨的课题。

第四章
安全的革命：援越抗美

1965年4月27日，时任中国国务院副总理陶铸在河内会见越南国家主席胡志明，转达了毛泽东、刘少奇对后者的访华邀请。1960年之后，胡志明每年5月都会到中国度过他的生日。这次他照例表达感激并盼相见一叙，然后提出国内形势紧张，不宜公开出访，以及已接到若干国家邀请，只访华似不妥等。他提出只能秘密访华，中方经研究很快回复表同意。

5月16日，胡志明乘机到达长沙，恰逢毛泽东在这里休养，他们得以立即见面。会谈中，毛泽东鼓励胡志明说，“美国打不赢你们，他们怕你们”。对于胡志明提请帮忙修筑六条从中国边界通到北越地区的公路，他答复说“服从胡主席的命令”。[①] 这次会谈后，胡志明便到山东、安徽、浙江等四处游览，再见到毛泽东是离华前的6月13日了。

胡志明21日前往黄山，在那里疗养了一段日子。时任中国国家副主席董必武全程陪同，曾作四绝句赠送。其内容有叙述黄山之

---

① 中共中央研究室编、逄先知、冯蕙主编：《毛泽东年谱（一九四九——一九七六）》第5卷，北京中央文献出版社2013年版，第494页。

景如“天都雄峻冠群峰，端坐巍巍大有容。倘能爬上鲫鱼背，突破难关第一重”；还有赞颂胡志明领导抗美之志，如“胡公更是当事人，好整以暇斗强横。既荷子肩不愿卸，定将纸虎付牺牲”。胡志明亦作《游黄山日记诗》相赠，表达感谢之意如“地方同志太客气，对我们无微不至。几乎天天去参观，晚晚请我们看戏”；还有唱和言志，如“董公赠我以长诗，我欲作诗奉和之。可是抗美救国事，完全占据我心思”，等等。[①] 此诗文字固直白，的确道出了他人在黄山却心系越南，那里的军事形势正急剧升级。

在胡志明开始访华前两个月，3 月 2 日，美军发动了“雷鸣”行动，大规模轰炸北纬 17 度和 19 度线之间的北越军事设施和一些战略性的经济设施。5 天后，两营 3500 名美国海军陆战队在岘港登陆，拉开了美地面部队大规模参战的帷幕。面对美国急剧升级和扩大的军事干涉，越南劳动党（以下简称越劳）中央决心继续抗战到底，坚决抵抗美军的干涉。3 月中旬，越劳中央召开十一中全会，决定集中全国力量，争取在南方“短时间、控制和战胜敌人和伪军”，同时也准备应付“南方和北方的局部战争”。[②] 越劳随后派更多主力进入南越，越南南方民族解放阵线（以下简称民解）武装力量继续发动春夏季攻势作战，越南北方经济则“全部转入战时生产”。[③] 为达成其战略目标，越劳中央更加积极地展开从外部争取更大规模军事援助的外交活动。

中国是越南的主要盟友和最大援助国，越南战争升级再次使中国决策者面临紧迫和严重的抉择。用毛泽东当时的话说就是：“我

① 转引自黄铮编著：《胡志明与中国》，北京：解放军出版社 1987 年版，第 168—171 页。

② 《越南劳动党中央全会决议内容及有关情况》，1965 年 5 月 15 日，外交部档案馆：106-00882-01。

③ ［越］越南国防部军史研究院编：《越南人民军史》第 2 部（廖贤春等译），桂林：广西人民出版社 1991 年版，第 131—132 页。

们发了那么多声明，什么不能置之不理呀，什么打了越南就是打了中国呀，结果敌人一来，我们溜了那还行，不能见死不救。”[①] 换言之，就是中国不得不进一步增加军事援助，而其范围和强度正是中国领导人需要做出抉择的核心问题。既然要分析决策，就需要定义何为美国“打了越南”？以及如果绝不“置之不理”的话，具体应该采取何种行动方案，特别是它同中国正在处理的其他对外政策问题（如中苏关系破裂）和国内各种事务之间，到底应该是何种关系？简而言之，就是如何在国内和对外的各种错综复杂的目标中，重新确定轻重缓急。历史证明中国决策层当时的选择是极为复杂和精巧的，其逻辑包含在他们处理印支问题的历史之中，只有回到历史进程中，才能揭示其演变的脉络和一些根本性的特点。

第一节　定义问题

“援越抗美”对于研究当代中国外交史、中国对外政策、中美关系等领域的学者和学生，几乎是耳熟能详的。不过，在迄今为止的有关研究成果中，并没有对“援越抗美”的确切含义做出清晰的解释和定义，它在有关论述中大致可以被理解为是对一项政策或一类长期对外行为的简约和形象的概括。所以首先需要说明，本章阐述的“援越抗美”是对60年代中国针对越南战争而选择的一项持续了十余年之久的大规模对外军事援助政策的概括。这项政策支配着从1963年到1973年中国在印支地区的许多重要决策和行动，其主要内容是通过提供大规模的军事、财政和物资援助、“间接”军

① 中共中央研究室编、逄先知、冯蕙主编：《毛泽东年谱（一九四九——一九七六）》第5卷，北京中央文献出版社2013年版，第487页。

事介入，以及各种政治和外交支持等，达到一系列复杂的目的。

将“援越抗美”作为战略决策来研究也是合理的，它毕竟指导了迄今为止的中华人民共和国历史上规模最大和持续时间最长的对外军事援助行动，而且严重影响了这期间的中国安全战略和对外政策等的许多方面。中国领导人的一系列有关选择还包含着大大超出越南乃至印支地区的复杂考虑，他们从一开始就没有将“援越抗美”（在冷战背景下实际上也难以）视为一项仅仅关乎解决地区问题的政策。其目的包括了帮助越南实现国家统一，反对美国在印支的军事干涉，消除美国对中国南部地区安全的潜在威胁、提升中国在亚非拉民族革命运动（具体是亚非运动）中的地位、加强国际共运中反对苏联“修正主义”的斗争以及在国内加强政治动员，等等。

本章着重研究援越抗美政策的缘起和形成阶段，即从 1960 年秋至 1965 年夏。这固然是为了弥补以往研究规范性和系统性不足所导致的某些缺失，另外对于系统理解这个阶段中国对外政策的特征和战略性转变等，也有着无可替代的价值。

第一，由于这项政策追求的目标十分复杂，各目标之间的关系及其在不同阶段的轻重缓急，只有通过对其形成和演变的历史过程作详细的分析，才能界定清楚并从而变得有思考价值。例如，“美国对中国南部地区安全的潜在威胁”属何种性质、达到何种程度以及在哪个阶段上成为决定政策变动的关键性因素，等等。再如，既然支援北越统一国家也是政策要达到的目标，那么从逻辑上说，美国在印支特别是在南越的军事干涉等，最直接的是对支持北越实现统一战争这个目标的威胁，而不是对中国安全的威胁，至少首先和最初不是。

当年南越地区局势所涉各方互动引发的战争逐步升级后，有可能导致美军越过 17 度线进攻北越、甚至攻击中国本土等问题，还是一种潜在的安全威胁，至少部分地属于认知、感受等层次的问题。作这样的区分并非纸上谈兵，而是基于对中国决策层认知过程的分析，而且对如何解读和评价“援越抗美”这项政策也是必不可少的。至少在本文探讨的这个阶段上，中国领导人已经在考虑避免因支持越劳中央的统一战略而被卷入与美国的局部战争，避免再出现类似引爆朝鲜战争的事态，对此问题将在随后各部分展开讨论。

第二，“援越抗美”不同于一般对外援助政策之处，不仅在于其规模巨大和持续时间非常之长，而且一直伴随着大规模的国内政治动员，这一点只有在“抗美援朝”过程中出现过。可以说“抗美援朝”为了解和理解“援越抗美”提供了一个最有价值的参照系。如果没有对“抗美援朝”的系统研究，其实也很难界定和深入理解“援越抗美”的缘起和过程中出现的诸多现象。

总之，通过分析和揭示援越抗美政策形成过程中的主要内容、特点和颇为复杂的动力等，可以为回答如下几个最基本的问题提供有价值的思路：中国领导人如何以及为什么逐步选择了“援越抗美”；他们在不同阶段采取各项行动的目的到底为何，以及是不是一成不变的；他们要达到的目标是单一的、始终协调一致的，还是相反；他们是如何界定政策选项的范围的，是否存在和如何避免政策底线被突破的风险，等等。

这些年学术界对援越抗美的更丰富和深入的解读，使一些基本的、也是至关重要的问题被比较清楚地呈现出来。首先是“援越抗美”这个概念提出的时间。1965 年 5 月 1 日，《人民日报》发表题为《为加强社会主义建设和援越抗美而斗争》的社论，首次正式公开使用了“援越抗美”这个概念。[①] 在此前的 4 月 4 日，《人民日

① 《为加强社会主义建设和援越抗美而斗争》，《人民日报》1965 年 5 月 1 日；另参见李丹慧：《中苏在援越抗美问题上的分歧和冲突（1961—1973）》，载李丹慧主编：《中国与印度支那战争》，香港：天地图书有限公司 2000 年版，第 174 页。

报》在题为《朝鲜人民热烈要求抗美援越》的报道中，首次使用了“抗美援越”这个更像是“抗美援朝”的概念。在随后几天，该报又连续使用“抗美援越”来描述一些亚洲国家的“人民”想做的有关事情。[①] 不过从之前《人民日报》刊载的有关中国政府的声明或一些报道的行文看，“抗美援越”可以理解为是“支援越南人民抗美斗争”或“支持和援助越南人民伟大的抗美爱国斗争”等的缩写，其内容包括了“越南人民需要什么，我们就支援什么，直到派出自己的人员，同越南人民并肩战斗，赶走美国侵略者”。[②]

与之前该报的用语相比，5 月 1 日社论的根本不同之处，就是将“援越”放在了“抗美”之前。在《人民日报》社论中出现这种改动是有实质意义的，后来的发展证明，与“抗美援越”相比，“援越抗美”更准确地反映了中国领导人的政策意图。“抗美援越”太容易引起对中国参加朝鲜战争的联想，即通过直接同美军打大规模局部战争来援助越南。而后来的发展证明，中国领导人在印支一直不希望而且也的确在努力“避免爆发朝鲜式的战争”，他们更愿意通过各种援助来支援越南人自己坚持斗争并达到实现祖国统一的目的。[③]

目前尚无法翔实地叙述中国决策系统如何在如此短暂的时间里就选择了用“援越抗美”作为政策的准确概括和展开政治动员的标准口号。这里提出“援越抗美”何时成为中国有关政策的权威表述并公之于众这个问题，主要是为了确定这个政策到底开始于何时。

---

① 《朝鲜人民热烈要求抗美援越》，《人民日报》1965 年 4 月 4 日。

② 《支援越南人民抗美斗争是中国人民神圣的国际义务》，《人民日报》1965 年 3 月 29 日。

③ 关于“避免爆发朝鲜式的战争”这句话，参见张沱生：《难能的探索，可贵的努力——试论王稼祥对党的国际战略思想的贡献》，载国际战略研究基金会编：《环球同此凉热——一代领袖们的国际战略思想》，北京：中央文献出版社 1993 年版，第 176 页；之后杨奎松的论文《毛泽东与印度支那战争》对这句话做了注释，参见李丹慧主编：《中国与印度支那战争》，香港：天地图书有限公司 2000 年版，第 37 页。

因为精确的政策话语的出现有重要的指标意义，它可以被认为是政策形成的重要标志之一。从现有的研究成果看，由于论述的视角和侧重不同，还是有必要做更具体的分析，才能确定“援越抗美”政策开始于何时，而大致确定这个时间是确定相关研究范围的一个前提。

根据国内军事历史研究学者的论述，“援越抗美”作为一项政策，大致始于1965年春夏，标志是中国决定和开始派出支援部队进入越南北方，参加军事工程建设和防空作战。[①] 这类论著着重于分析中国援越的军事行动，特别是叙述中国向越南派遣军事支援部队的决定。根据他们的叙述，这个行动就是1965年夏开始的，其他军事援助也在此时大幅度增加。

此外，从军事援助的视角展开的论述逻辑非常清楚，导致援越抗美的主要原因就是美国的军事介入升级到轰炸北越。这些论著的叙事呈现的基本事实是，中国军事援助强化的程度同美国军事介入的程度存在明显的正相关；正是1965年春，美军扩大对北越的轰炸和直接出兵南越参战，才导致中国援越升级直至派出支援部队。指出这一点有重要的价值，它涉及一个关键性的问题：援越抗美的

① 曲爱国、鲍明荣、肖祖跃编：《援越抗美——中国支援部队在越南》序，北京：军事科学出版社1995年版；李可、郝生章：《“文化大革命”中的人民解放军》，北京：中共党史资料出版社1989年版，第409—429页；张爱萍主编：《中国人民解放军》，北京：当代中国出版社1984年版，第272页。此外，外交部系统出版的论著也基本是以此为主要线索展开叙述的；在近些年出版的成果中，一些内容更具体的研究支持了这种观点。参见：王泰平主编：《中华人民共和国外交史（1957—1969）》第2卷，北京：世界知识出版社1998年版，第35—38页；王泰平主编：《新中国外交50年》（上），北京：北京出版社1999年版，第160—165页；吕桂霞：《遏制与对抗：越南战争期间的中美关系（1961—1973）》，北京：社科文献出版社2007年版，第148页；王栋（北大国关的教师，论文发表在英文杂志上）：“Grand Strategy, Power Politics and China's Policy toward the United States in 1960s,” *Diplomatic History*, Vol. 41, No. 2, 2017, pp. 265-287；冯一鸣：《“革命”与“中立”之间：中国对老挝初期政策探析——以第二次日内瓦会议筹备阶段为核心的考察》，《冷战国际史研究》2016年第21期，第124页；潘一宁：《中美在印度支那的对抗（1954—1973）——越南战争的国际关系史》，广州：中山大学出版社2011年版，第203—209页。

目的到底是什么？按照上述逻辑，这个目的就是或主要就是维护中国的国家安全。

近十几年来，有一些新研究成果重构了有关援越抗美的叙事。这些论著从更广阔的视角解读中国对外行为，从而对援越抗美政策做了更为细致的界定。例如，有些论著着重分析了中苏矛盾的演变对中国相关政策的复杂影响，这种视角难免会将“援越抗美”叙述为一个更长的过程，其开始点则 1961 年；如果从中国赞成和支持越劳在南越推行武装斗争算起，时间则在 60 年代中期。[①] 还有其他一些论著也将援越抗美视为一个较长的过程，不过对这项政策开始于何时的看法，显然是有区别的，这里不赘述。[②]

需要指出的是这类论著的一个共同点是更重视分析那些导致援越抗美的其他国内外因素的关联，指出中国各类军事援助的不断增加和强化，并不只是因为美国不断升级其军事介从而导致越南战争激化，其他因素如毛泽东本人对世界政治的复杂认识和思考、中苏论战和中苏关系的动荡等，在对越援助出现变化的各个阶段都起了明显且直接的作用。这类论述难免导致这样的疑问：如果没有那些国内外因素的存在，即使有美国那种规模和强度的介入，“援越抗美”真的会是后来看到的那种形态吗？毕竟，美国的军事介入和升级与越劳中央的南方战略和行动的变动等，也存在复杂的互动。当然还需要进一步回答：美国军事介入升级同中国援越之间是否存在以及存在何种互动？这里顺便说明，即使前述军史类论著也都认为

---

① 李丹慧：《中苏在援越抗美问题上的分歧和冲突（1961—1973）》，李丹慧主编：《中国与印度支那战争》，香港：天地图书有限公司 2000 年版，第 127 页；李丹慧：《关于 1950—1970 年代中越关系的几个问题：对越南谈越中关系文件评析》（上），《江淮文史》2014 年第 1 期，第 80 页。

② 参见谢益显主编：《中国外交史：中华人民共和国时期 1949—1979》，郑州：河南人民出版社 1988 年版，第 212—217 页；杨奎松：《毛泽东与印度支那战争》，载李丹慧主编：《中国与印度支那战争》，香港：天地图书有限公司 2000 年版，第 34—36 页。

或都没有否认，早在 1962 年，中国已经开始为在南越发动武装斗争而向北越提供了一定规模的军事援助。

显然，清楚地定义研究对象的价值并不仅仅在于弥补一个研究领域的基础性缺失，它涉及这项研究的核心也是最基本的问题：中国的援越抗美政策——也可以大致包括这个时期整个对外政策——到底是主要取决于国内政治还是外部环境变化的压力，或两者的互动？是主要取决于推动世界革命的“理念”还是维护国家安全的需要？进一步说，即使各种因素都存在并起作用，也还需要分析主次并揭示到底是什么理念和逻辑等，能够在更深层次上将看上去相互矛盾的目标（这在援越抗美政策中表现的足够突出）调和起来，并决定着中国对外行为的方式和力度，等等。

如果将援越抗美作为一项战略决策加以研究，还有必要提出和界定以下两个基本的出发点。

其一，援越抗美政策的确有一个形成的过程，它大致分为几个阶段：1960 年末到 1965 年夏是酝酿与形成阶段；1965 年夏到 1969 年是政策被执行的第一阶段；1970 年到 1975 年末是政策被执行的第二阶段。做这种划分的依据是中国决策层对越劳中央统一南方战略的认识和政策、中国援越的数量和内容等的重要和明显的变化。本章的叙述进一步将 1960 年末至 1965 年夏大致分为两个时期。第一时期从 1960 年末到 1962 年春夏即第二次日内瓦会议结束；第二时期从 1962 年夏到 1965 年夏，从中国向北越提供大规模军事援助的开始到派出支援部队到北越参战。

其二，实际上，只要指出和证明政策形成和发展的阶段性的存在，就已经在逻辑上提出了一个带有根本性的疑问：如果中国援越抗美主要是为了消除美国对中国的安全威胁，那么在中美关系于 1970 年开始和解后，为什么还会出现与这个历史性进程几乎同步的援越抗美第二阶段？换句话说，既然可以而且已经通过外交行动基本解除了美国在印支地区的军事干涉造成的安全威胁，中国为什么反而同时开始了新一轮军事援助行动？答案至少可以基于两个假设：其一是中国的政策从一个开始就不仅仅是、甚至主要不是针对美国军事干涉造成的安全威胁；其二是中国的政策目标在第二阶段出现了根本性变化。无论如何，对第一个观点的阐述会涉及第二个假设是否成立，即援越抗美政策是在包含多种因素的复杂结构中形成的，特别是包含了很复杂的目标。

如同分析中国其他战略决策一样，有必要将援越抗美政策研究置于一个可观察和表述的结构之中。本章将在由三个因素组成的结构中分析援越抗美政策的形成过程，它们包括在美国干涉和侵略逐步升级背景下的中越互动、中苏同盟解体、和中国国内政治带动的中国对外政策革命化等，它们之间在关键事态中的互动也是本文叙述的主要线索。

分别分析甚至强调上述结构中的每个要素等，都是至关重要的，但显然也都不足以解释如此大规模的、长期的、内容极为丰富以及变化极为复杂的对外军事援助行动。例如，系统观察1960年至1965年一些关键性的内外因素的变动和相互影响，可以大致看出，在援越抗美政策从酝酿到形成的阶段，同时出现了几个重大事件在向相同方向演变并有明显的关联。它们包括：（1）越劳中央的南方战略形成与南方武装斗争迅速升级，直到1965年春夏进入一个高潮，这也是越战的一个转折点；（2）1962年秋季中国对外政策出现转折，其后日益激进化的进程也在1965年春夏进入一个高潮；（3）中苏关系急剧恶化，到1965年3月，中方公开宣布中苏同盟“名存实亡”；（4）美国军事干涉逐步升级，到1965春开始大规模轰炸北越，并在南越大规模投入地面部队。这四个事态共同构成了中国政策演变的主要背景，证明它们之间存在关联甚至正相关而非碰巧而已，很有助于理解援越抗美政策的复杂性，及其在中国对外政策中的特殊地位和影响。

第二节　缘起

援越抗美政策大致缘起于 1960 到 1962 年夏季这个时期。1954 年 7 月 21 日，前后有 23 国参加的日内瓦会议终于达成了以停战和平解决印支地区问题的《日内瓦最后宣言》和一系列在该地区停止敌对行动的协议（以下简称《日内瓦协议》）。此次谈判构成了中国对印支政策的一个新起点，也是叙述之后中国政策变化的一个坐标。

在持续 70 多天的谈判中，中国始终是积极的参与方和达成最终协议的重要推动者。[①] 这时支配中国印支政策演变的基本因素大致包括：（1）中国向越南提供了决定性的军事援助，其规模决定了越劳是否能将战争进行下去；（2）中苏越之间的同盟关系以及中国在政治解决印支问题上被同盟国认可的主导地位；（3）中国领导人的独特认识，包括从朝鲜战争获得的经验和反思，如应尽可能避免因盟友的战略误判而被卷入同美国的战争；（4）中国领导人经常从远超出印支地区的更宏大的世界政治视角，思考印支地区停战问题，等等。

这些基本因素共同导致中国的政策概而言之是要达到两个目标：其一是尽可能消除美国对中国安全的威胁，当时具体的目标就是阻止美国在周边主要是东南亚建立军事同盟体系，特别是防止美国将军事同盟体系扩展到印支地区；其二是在亚洲特别是东南亚地区，扩大中国的影响力，甚至在那里的新兴国家中最终取得主导地

---

① 参见牛军：《论 1954 年中国对印度支那停战政策的缘起与演变》，《冷战国际史研究》2016 年第 21 辑（夏季号），第 27—62 页。

位，这反映在中国同时推动地区中立化运动的行动中。两者比较，前一个目标更为紧迫，也更有取得成效的可能。但并不能因此忽视后一个目标的重要性及其长远的深刻影响，从某种意义上说，前者被视为是后者的必要条件。由于援越抗法政策缘起、特点和发展的特殊背景，也需要重视支援东南亚革命（当时主要体现在支援越南反法战争）的政策的持续和重大的影响，它也反映在中国在日内瓦会议期间调整政策和处理与盟友的关系之中。[①]

二战后不久爆发的“第一次印度支那战争”，最初在本质上是越劳领导的反抗力量反对法国殖民统治的战争。由于冷战的爆发及其向东亚的蔓延，这场战争很快就转变成为国际冷战中的一场“热战”。有关各方尽管终于在日内瓦会议达成了停战协议，但这并没有能改变和消除冷战两个阵营施予印支问题的影响。尤其是随着冷战的升级，各方都越来越热衷于在冷战思维的框架里，解读印支形势的每次重要变动。脱离开冷战和冷战思维等，很难深刻理解日内瓦会议之后印支形势的演变。时至今日，由于国内仍然缺少从印支地区内视角的研究成果，相关的探讨只能首先从大国的介入开始，尽管这是有缺陷的。

《日内瓦协议》中既有立即停战的规定，也有通过政治方式实现越南国家统一的具体条款，包括清楚地确认，北纬 17 度线作为军事分界线，“是临时性的界线，无论如何不能够被解释为政治的或领土的边界”，以及于 1956 年 7 月“举行普选”。[②] 在谈判中，北越方曾经主张政治与军事问题同时解决，即停战与普选同时进行，以避免出现朝鲜半岛那样南北长期分立的局面。后北越方做出让

---

① 参见 Chen Jian, “China and First Indo-China War, 1950 – 54,” *China Quarterly*, No. 133, March 1993, pp. 85 – 110; Zhai Qiang, *China and the Vietnam War, 1950 – 1975* (Chapel Hill: University of North Carolina Press, 2000)。

② 《日内瓦会议最后宣言》，1954 年 7 月 20 日，载中华人民共和国外交部档案馆编：《1954 年日内瓦会议》，北京：世界知识出版社 2006 年版，第 506 页。

步，同意在停战两年后进行普选建立统一的政府。在这方面中国是做了工作的，客观地看，当时要求北越做出这个妥协对于停战是必需的，但对后来的中越关系难免会有消极影响。说这是中国后来不得不支援越劳在南方开展武装斗争的原因之一，也有其道理。[①] 从这个角度，只分析毛泽东革命意识形态的作用和中方有关谋略的讨论，显得有些简单化了，忽视了中越关系的复杂性对决策者的心理影响。

或许各方在谈判中讨论并最终接受这样的政治安排，本来就是充满疑虑的，尤其是北越方的确对此条款能否被执行深表怀疑。事实是 1956 年 3 月，南越吴庭艳（Ngo Dinh Diem）政权单方面召开制宪会议，从而最终毁灭了 7 月举行普选的前景，也就是破坏了《日内瓦协议》的有关规定。《日内瓦协议》被破坏的结果是导致了南北出现长期对立的局面，由此必然产生了越南国家统一的问题。

吴庭艳政权为了维持其统治，随后展开了更加残酷的镇压行动，这导致许多留在南越的越劳党人和前反法抵抗人士、参与和平统一运动的人士等惨遭迫害。他们不仅无法展开合法的政治活动，活下去都成了问题。结果是他们拿起武器进行反抗，并积极寻求北方的支持和援助。北方明显拥有政治上的优势，包括在南方得到日益增多的民众支持。南方抵抗运动的兴起和发展逐步成为越劳中央的战略问题，尤其是党内高层那些来自南方的成员，越来越积极地主张支持南方武装斗争，直至推行武力统一政策。实际上，根据苏联外交部的情报，南方的武装反抗一开始就得到了越劳中央的指导和支持。[②]

---

① 牛军：《论 1954 年中国对印度支那停战政策的缘起与演变》，《冷战国际史研究》2016 年第 21 辑（夏季号），第 56—60 页。

② 《莫里亚科夫提供的资料分析：关于越南南方的分析》，1961 年 12 月 22 日，载沈志华主编：《俄罗斯解密档案选编：中苏关系》第 9 卷，上海：东方出版中心 2015 年版，第 348 页。

无论如何，越南形势的演变在逻辑上难免会发展成中国必须面对的政策问题。中国是《日内瓦协议》的签字方和事实上的积极推动者，当这个协议遭到破坏和自己的盟友成为受害者时，中国要袖手旁观是难以想象的，除非有极为特殊的条件。从这个角度可以说，中国面对的问题在本质上和首先就是要不要支持越劳中央的南方政策，包括这个政策后来发展到用武力在内的各种方式推翻南方的亲美政权，进而完成国家统一。

在对外政策分析的层次，可以推论中国领导人在不同时期是需要权衡和选择的，即当时在越南到底是维持以 17 度线划界南北维持和平局面对中国更有利？还是相反，冒被卷入战争的风险来支持越劳在南方开展武装斗争，直到以武力实现统一更有利？事实上中国领导人最初就清楚，决策中的确需要做这种权衡的。选择前一种政策也是可以找到理由的，《日内瓦协议》中有保障和平的条款，可以作为中国行为的依据，例如就像盟友苏联在中国内战中那样。不过这次不一样，苏联领导人赫鲁晓夫直到 1964 年 10 月下台前，一直在是否积极支持越劳的统一南方战略上摇摆不定，或者说主要倾向是限制苏联对印支问题的介入。① 苏联人更愿意支持越劳中央在北方“发展社会主义”，加强北方的建设和实力（当然这在客观上会加强越劳的实力），同时支持用政治方式解决越南北南的关系。这只是概括苏联政策的特点，并不是说苏联这个时期就没有向越南和老挝的革命运动提供援助，包括有价值的军事援助。

所以，对中国决策者而言，导致援越问题得以产生的形势还不能简单地归结为就是美国的军事介入及其对中国安全构成了威胁，

① 参见［挪］文安立：《全球冷战：美苏对第三世界的干涉与当代世界的形成》（牛可译），北京：世界图书出版公司 2010 年版，第 183—184 页；［美］弗拉季斯拉夫·祖博克：《失败的帝国：从斯大林到戈尔巴乔夫》（李晓江译），北京：社科文献出版社 2014 年版，第 302 页。

更完整地叙述至少应该包括，是否支持越劳中央在南方展开武装斗争甚至发起统一战争，如何应对由此可能引发的美国军事介入，直至爆发大规模局部战争，后者当然也就涉及地缘安全问题。简而言之，首先是要不要支持越劳中央在南方开展武装斗争并实现（包括用武力）国家统一的政策；其次是美国会不会介入以及会不会引发一场“朝鲜式的战争”，而中国又被卷入境外甚至有可能在中国境内与美国的战争。后一个可能的结果是 1954 年日内瓦会议期间影响中国领导人决心促成印支停战的关键因素，也是他们向越劳中央阐述停战必要性的主要论点之一。① 区分问题的不同层次和顺序并揭示其互动关系的内在逻辑是重要的，它涉及后来如何分析和界定援越抗美政策的目标。

1956 年的普选被吴庭艳政权破坏之后很长一段时间，那里的局势尚不紧张，而中国一直在向越南提供各种援助，其中包括军事援助。② 这期间中国的援助总体在增加，主要是为了加强越南北方的经济与国防建设；中国领导人也没有对南越逐步兴起的抵抗运动给予特别的关注。在中国决策层看来，印支地区的核心问题是美国会不会发动侵略战争，以及一旦发生这种（很不可能发生的）情况，越南北方和中国将如何应对。

中越双方从 1955 年秋季开始磋商国防政策。1956 年 4 月下旬，解放军副总参谋长陈赓率军事专家团专程访越，实地考察和研究越南北方的军事形势和国防状态。他曾在援越抗法时担任中国军事顾问团团长，对那里的形势有比较深入的了解。经过长时间考察之后，5 月 19 日，陈赓向越方做了系统汇报。他的报告内容极为系统

① 牛军：《论 1954 年中国对印度支那停战政策的缘起与演变》，《冷战国际史研究》2016 年第 21 辑（夏季号），第 57、62 页。

② 参见李可、郝生章：《“文化大革命”中的人民解放军》，北京：中共党史资料出版社 1989 年版，第 409 页。

和丰富，对理解这时中方的安全战略和印支政策有重要的价值。

陈赓首先指出：美国发动侵越战争的可能性很低，即使美国发动第三次世界大战，其“进攻的矛头将是苏联和中国”，“敌人从越南方向实施大规模进攻的可能性是较小的，除非美国犯了战略上的错误。即使美国通过越南侵入中国的滇桂粤地区，也不能对整个和平民主阵营造成威胁”。其次，他很明确地说明，即使美国发动侵越战争，越方“应该随之准备在比较困难的条件下，独立地进行战争”，中国等“社会主义兄弟国家”固然不会坐视越南被侵略，他们会“根据情况的需要，采取积极的支援行动”，但“支援的方式是多种多样的，决不能认为支援就一定是出兵参战”。[①] 如果了解中国在“援越抗法”中贯彻的“积极援助，但不包办”原则，更有助于理解陈赓作为那项政策的主要执行者之一，此刻所言中国援越并不意味着“一定是出兵参战”，绝无可能是权宜之计。[②]

这里有必要强调的是，陈赓的汇报中也贯穿着中国领导人认为越南与中国存在特殊关系的逻辑。他们是将越南问题视为社会主义同盟的总问题的一部分，特别是“越南和中国在地理上已连成一片”。[③] 陈赓汇报中透露的有关认知反映了从地缘战略角度，中国将印支视为一个不可忽视但毕竟是次要的战略方向；从意识形态的角度，越南又是社会主义同盟中的革命战略问题的组成部分。这其中的逻辑在当时固然决定了中国的印支政策是以支援北方建设和维持现状为主，但对之后的政策演变同样有重要的影响。

中国决策层的上述看法一直持续到 1960 年末开始出现变化，

---

① 陈赓：《向越南劳动党中央政治局和越南总军委的汇报》，1956 年 5 月 19 日，载《陈赓军事文选》编辑组编：《陈赓军事文选》，北京：解放军出版社 2007 年版，第 743—745 页。

② 牛军：《中国“援越抗法”政策再探讨》，《外交评论》2012 年第 3 期，第 56—67 页。

③ 陈赓：《向越南劳动党中央政治局和越南总军委的汇报》，1956 年 5 月 19 日，载《陈赓军事文选》编辑组编：《陈赓军事文选》，北京：解放军出版社 2007 年版，第 745 页。

重要的标志是当年 12 月 20 日，民解宣布成立。中国是在一个月之后，开始用不特别引人注目的方式公开表达了支持。1961 年 1 月 31 日，《人民日报》报道说："据越南通讯社引路透社和在金边出版的柬埔寨文、法文、中文和越南文的报纸消息说：反对吴庭艳集团的各种力量最近成立了'越南南方民族解放阵线'，该报道还具体介绍了民解的十项纲领。"① 分析这个变化发生的原因，需要关注涉及中国对外政策领域的三个同时发生的重要事态。

首先当然是越劳中央对南方政策的变化，以及为此展开的与中国的交往。简单地说，没有越劳中央提出在南越开展武装斗争以实现国家统一，中国的有关政策就无从提起。

诸多研究大致展现了一个共识，即 1959 年是南越形势的一个重要转折点。一方面是南方武装斗争迅速发展，曾被有些夸张地描述为"已成燎原之势"；另一方面，越劳中央内部有关是否支持南方武装斗争的争论，越来越成为该党的重要议程。这场争论持续到 1960 年 9 月上旬召开的越劳第三次全国代表大会，越劳中央在这次会议上终于确定了总路线，即在"促进北方的社会主义革命"，同时"促进南方的人民民主革命"，最终"实现国家的统一"；北方"革命的方针是建设北方，照顾南方"，而南方革命将是"同各种从低到高的斗争形式灵活地结合起来的一个复杂的斗争过程"，最终目的是推翻美帝和南越政权的统治。②

越国防部副部长在 9 日的大会发言中，一方面重申决议中在南方坚持"各种从低到高的斗争形式"；另一方面，非常明确地肯定了南方革命力量"不得不进行"武装斗争。他说这是由南越政权的

---

① 《团结各界人民，打倒美吴集团和平统一祖国越南南方民族解放阵线宣告成立》，《人民日报》1961 年 1 月 31 日。

② 《越南劳动党第三次全国代表大会关于党在新阶段中的路线和任务的决议》，《兄弟国家和兄弟党报刊资料》，1960 年 9 月 12 日，第 30—32 页。

性质、各方力量对比和各阶级的态度决定的。[①] 可以说越劳中央从此将解放南方提升到国家战略层次，尽管北方建设仍是被定义为战略优先；而且他们认为军事斗争是难以避免的，尽管必须也必定要采取多种斗争方式。民解诞生无疑是这个政策的立即和最有标志意义的产物，这个组织实际上也是由越劳中央统一领导的。[②]

基于中越关系的密切程度和北越对中国援助的依赖程度，越劳中央在新政策的形成过程中，肯定要考虑中国的反应并尽可能争取中国给予认可和支持。反之亦然，中国决策层不了解越劳中央的动向也是难以想象的，最终会或不得不做出反应也是有必然性的。需要证明和解读的只是双方的互动内容以及中方的决策过程还受到何种因素的影响。

如同越劳中央内部存在讨论的过程一样，中国的反应看上去也存在复杂的过程。如前所述，1960 年之前，中国方面一直秉持日内瓦会议之后的方针，认为越劳应将巩固和建设北方作为首要任务。根据郭明主编的《中越关系演变四十年》叙述，1958 年夏季，越劳中央曾经向中共中央征询统一南方的斗争路线。中共中央在回复中表示，在南方“目前不可能实现革命变革，而只能长期埋伏，积蓄力量，联系群众，等待时机的方针”。[③] 该书没有注明这段加引号的文字的出处，故有待进一步核实。不论是当时还是之后一段时间，如何应对越南形势的变化和越劳中央的说服活动，在中国决策层都谈不上是重要的议程。南越局势虽然出现动荡但看上去还不严重，对于中国决策者来说，它甚至不如老挝问题来的严峻和直接，

① 《阮文咏在越劳党三大谈统一问题》，《兄弟国家和兄弟党报刊资料》1960 年 9 月 12 日，第 20—21 页。

② 参见资中筠主编：《战后美国外交史——从杜鲁门到里根》（下册），北京：世界知识出版社 1994 年版，第 518 页。

③ 郭明主编：《中越关系演变四十年》，南宁：广西人民出版社 1992 年版，第 66 页。

毕竟老挝与中国是接壤的。

1960 年 5 月 9—14 日，周恩来访问河内，这期间他是否以及如何与越方讨论南方政策的，存在重要的疑点。周恩来这次访越的起因是 5 月，越劳中央为准备第三次全国代表大会，分别向中国和苏联咨询针对南方的战略，实际上也就是询问是否要改变过去的南方政策，而苏联对此持否定态度。① 根据郭明书叙述，周恩来在访越期间，与越劳领导人会谈时说过，南方斗争要有灵活的方法，在农村要“有武装斗争”，在城市主要有政治斗争，但要推翻吴庭艳政权，“没有武装力量是不行的”。② 由于这类叙述被放在该书的中国支持越南“抗美救国斗争”部分，给人留下的印象是周恩来在强调“武装斗争”的重要性。由于该书没做注释，无从核对引文的出处。从目前已经出版的官修年谱的内容看，也难以得出与之一致的结论。例如《周恩来年谱》记载，周恩来在这次访问中告诉越方，中国将坚决支持“中间地带”人民的斗争，“但主要依靠各国人民自己的力量，这是人民自己的斗争”，以及“斗争是长期的，斗争方法不要说死，要根据具体情况”。③ 还可以从中国驻越南大使馆一份有关当年 6 月越南形势的综合报告中推断，周恩来谈话的倾向也是与郭明书论述相反的。该报告在“中越关系”部分指出，胡志明在两次越劳会议上都有新的提法，其中包括了在国家统一问题上，“突出强调了这是一个长期而艰苦的斗争，要克服急躁思想”。该报告将这种提法归因于“我总理访越所提的一些意见已逐渐为越方所

---

① 《莫里亚科夫提供的资料分析：关于越南南方的局势》，1961 年 12 月 22 日，第 348 页。

② 郭明主编：《中越关系演变四十年》，南宁：广西人民出版社 1992 年版，第 67 页。

③ 中共中央文献研究室编：《周恩来年谱（一九四九——一九七六）》（中卷），北京：中央文献出版社 1997 年版，第 318—319 页。

接受并开始见之于公开谈话中”。[①] 由此看来，周恩来这时的表态至少也是含蓄和谨慎的，而非郭明书所描述的那样重视“武装力量”。

根据《周恩来年谱》披露的谈话重点，首先会引出一个很简单的问题：他为什么要这样说？从逻辑上分析有两种可能：其一是越方介绍了他们支援南方武装斗争的计划，而周恩来认为他们的设想是急躁冒进的，至少存在那样的倾向；其二是或许越方的计划并没有这样的内容，但周恩来担心他们操之过急，以至于欲速则不达，所以才这样说。不论是基于哪种情况，周恩来的建议都反映了中方的谨慎甚至担心，而这个担心的核心就是越方在力所不逮或策划不周的情况下就采取行动，不仅不可能较早实现统一，而且有可能引发美国的军事干涉，就像 1950 年 6 月发生在朝鲜半岛的战略性灾难。

在 1954 年 7 月初，周恩来在广西柳州就是根据这样的逻辑、用几乎相同的话语，劝告越劳中央接受划线停战以实现印支和平。[②] 1960 年 7 月，即周恩来访问河内后不久，赫鲁晓夫在布加勒斯特会议的一次发言中提到，在奠边府战役期间，周恩来曾经明确向苏方表示过，中国绝不会为了北越的军事需要而被卷入战争，因为“在朝鲜损失太大了”。[③] 赫鲁晓夫这段话发表于中苏关系开始恶化之时，自然会有他具体的政治目的，而且有关日内瓦会议期间中苏交往的内容，也还可以进一步核实。不过，赫鲁晓夫毕竟是 1954 年 3 月中苏越在莫斯科秘密会谈的当事人之一。在 1958 年夏季访华时，他曾当面同毛泽东、周恩来谈起 1954 年莫斯科三方会谈的一些内

① 外交部档案馆：《我驻越使馆关于 1960 年 6 月份越南动态综合报告》，106-00531-05（1），第 49 页。

② 参见牛军：《论 1954 年中国对印度支那停战政策的缘起与演变》，《冷战国际史研究》2016 年第 21 辑（夏季号），第 57 页。

③ 《H. C. 赫鲁晓夫的发言》，1960 年 7 月 16 日，载沈志华主编：《俄罗斯解密档案选编：中苏关系》第 9 卷，上海：东方出版中心 2015 年版，第 160 页。

容。他说胡志明曾提出，如果越军被法军打败，希望中国像在朝鲜半岛那样派遣志愿军，周恩来告诉赫鲁晓夫“还是不派志愿军好”。[①] 重要的是周恩来在这次会谈中并未否认赫鲁晓夫的话，可见赫鲁晓夫谈的这类内容还是有一定参考价值的。

无论如何，越劳三大都是一个重要的转折点，越劳中央从此将“解放南方”视为与“建设北方”同等重要的战略。目前无从确定，周恩来之前访越在多大程度上影响了越劳三大决议，但可以确定影响是存在的，否则中方不会公开支持越劳三大的政治路线。《人民日报》在越劳三大期间，一方面发表了题为《越南革命与建设的新里程碑》的社论，支持越劳三大决议关于“在南方成立一个民族民主联合政权”，“进而实现国家的统一”；另一方面用更多的篇幅，肯定和赞扬越劳中央提出首先“把北方建成为实现和平统一国家斗争的牢固基础”。[②]

中国领导人固然没有也不可能直接反对越劳中央支持南方武装斗争，但他们继续主张以政治解决为主，尤其是不可急于求成。周恩来等在后来接待到访的越劳领导人时，不断强调“在北方进行社会主义革命和建设是根本的、迫切的任务”；“解放南方”则是长期艰巨的任务，必须合法斗争与非法斗争相结合、“注意农村与城市的区别”“政治斗争和军事斗争相结合的方式”。特别是关于老挝问题的第二次日内瓦会议召开之际，中越领导人讨论的主要还是如何争取老挝地区局势降温，而越方在会谈中明确表示，他们对

① 《赫鲁晓夫与毛泽东会谈记录：对中东和国际局势的讨论》，1958 年 8 月 1 日，载沈志华主编：《俄罗斯解密档案选编：中苏关系》第 8 卷，上海：东方出版中心 2015 年版，第 151 页。

② 《越南革命和建设的新里程碑》，《人民日报》1960 年 9 月 12 日。

“打的问题也是很慎重的”。[①] 即使是毛泽东本人，此时虽然表达了对南方武装斗争的赞赏，也没有强调或鼓励越劳“打”。[②] 中国领导人在正式讲话和文件中仍然明确表示，支持越南根据《日内瓦协议》“争取祖国和平统一”。[③] 这个时期的这类公开宣示不能被认为仅仅是宣传策略而没有什么实质意义。它们的确从一个方面证明，中国领导人至少不希望越劳中央这时放弃将政治解决统一南方问题等作为主要方式。

中国这时对南越形势和越劳中央政策变化的反应等，的确是复杂甚至有些勉强的，但是毕竟向赞成在南越开展武装斗争迈出了重要的一步，而且发展趋势是清楚的，这包括不断增加对越军事援助，尽管增加的具体数量并不很大。越劳中央的游说固然是导致这一变化的重要原因，不过反观 1954 年日内瓦会议期间中越交涉的情况，可以基本断定，一旦中国的政策确定后，作为盟友越方其实是难以撼动的。所以不仅要观察中越之间的互动，更需要观察和分析中国对外政策本身的变动及其复杂的内部动力，从而更完整地揭示中国政策变化的原因。

从时间上看，越劳中央新南方政策形成阶段也正是中国对外政策革命化进程的开启时期。早在 1957 年 11 月 22 日，也就是毛泽东参加莫斯科各国共产党工人党会议后回国的第二天，政治局常委召开会议。毛泽东在这次会议上提出“支持世界革命的问题”，以及

---

① 《周恩来总理和范文同总理第三次谈话纪要》，1961 年 6 月 15 日，外交部档案馆：204-01445-01；参见王泰平主编：《新中国外交 50 年》（上），北京：北京出版社 1999 年版，第 161 页。

② 《毛泽东主席会见越南总理范文同的谈话》，1961 年 6 月 15 日，外交部档案馆：204-01445-04。

③ 《周恩来总理在欢迎越南范文同总理的国宴上的讲话》，1961 年 6 月 12 日，《人民日报》1961 年 6 月 13 日；《周恩来总理和范文同总理联合公报》，1961 年 6 月 15 日，《人民日报》1961 年 6 月 17 日。

“不能把和平共处作为一个党的对外关系总路线”。[①] 这可以说是中国对外政策将发生变动的前奏。如果进一步观察，越劳中央发动南方武装斗争的思考与中国外交在大跃运动背景下开始的“革命化”，本来就有可能存在互动。如前引郭明书记载，1958 年夏季，越劳中央向中共中央提交了《关于新阶段越南基本任务的意见》和《关于统一斗争路线和南方革命路线的若干意见》等两份文件。[②] 这在时间上与中国“大跃进”运动高潮是如此吻合，以至不能不引起联想，越劳中央的这种设想也是受到中国的“大跃进”以及随之兴起的外交革命化的影响的产物。例如，胡志明本人在夏季到中国参观后印象深刻，“表现很兴奋”，还曾赋诗表达对大跃进赞叹不已，并在国内大力宣传。[③] 根据中国驻越使馆的观察，越国内各方也对中国热火朝天的局面极为关注并感到鼓舞，范文同（Pham Van Dong）甚至表示，越劳也要“准备跃进，并且一定要跃进”。[④]

目前尚无法核实上述两份越劳中央文件起草的时间，目前可以大致推断应在 9 月或之后，或与中国“炮击金门”的军事行动有关。理由是赫鲁晓夫访华期间，在 8 月 1 日、2 日两天都在同毛泽东讨论国际形势。关于亚洲问题，他们具体谈到泰国和柬埔寨，毛泽东甚至对泰国表达了直接的兴趣，却未提到越南。[⑤] 此外金门炮战爆发后，胡志明曾在 9 月 8 日写信给毛泽东，询问中美是否会发

---

① 吴冷西：《十年论战 1956—1966：中苏关系回忆录》（上册），北京：中央文献出版社 1999 年版，第 152 页。

② 郭明主编：《中越关系演变四十年》，南宁：广西人民出版社 1992 年版，第 66 页。

③ 《胡主席回国后对我大跃进情况的宣传》，1958 年 7 月 22 日，外交部档案馆：106-00443-07；广西社科院编：《胡志明主席与中国》，北京：中国大百科全书出版社 1995 年版，第 75—76 页。

④ 《越南对我国大跃进的反映》，1958 年 8 月 29 日，外交部档案馆：106-00443-07；《续报越南学习我国大跃进经验情况》，1958 年 10 月 24 日，外交部档案馆：106-00443-07。

⑤ 《赫鲁晓夫与毛泽东会谈记录：漫谈国际形势》，1958 年 8 月 2 日，载沈志华主编：《俄罗斯解密档案选编：中苏关系》第 8 卷，上海：东方出版中心 2015 年版，第 158—177 页。

生战争以及越南应如何行动。毛泽东两天后复信说，“很少可能大打起来”，“贵国似可以照常工作”。[①] 这个回复与前述中共中央给越劳中央的回复是完全一致的，即“只能长期埋伏，积蓄力量，联系群众，等待时机的方针”。[②] 当然，苏联国防政策的变动也可能对越劳中央产生了影响。这期间苏联不仅在中国寻求建立海军基地，也在考虑利用越南的海港。赫鲁晓夫访华时就告诉毛泽东，苏军也打算使用越南的海军基地，而之前苏联外交部已经下达指示，要加强苏越军事合作。[③]

更重要的事件是1959年夏召开的庐山会议期间，外交部常务副部长张闻天被划为所谓彭德怀反党集团的重要成员。这导致8月下旬到9月中旬召开了全国外事会议，其主要内容是检讨和批判张闻天的“和平共处思想”，以及他“里通外国”即与苏联方面的“勾结”，结果是张闻天被免职。10月下旬，外交部又召开专门会议，继续批判张闻天的“和平共处”外交思想。[④] 由于张闻天在党内和外交部的特殊重要地位，这两次会议对他“和平共处思想”的批判等，导致1954年之后推行的和平共处政策开始动摇。在那样的气氛中，任何一位中国领导人都很难直接否定越劳中央发动南方武装斗争的诉求，就像他们不可能否定甚至一定要表达支持任何地方发生的武装斗争一样。

① 广西社科院编：《毛泽东与胡志明》，北京：世界知识出版社2008年版，第178页。

② 郭明主编：《中越关系演变四十年》，南宁：广西人民出版社1992年版，第66页。

③ 《苏联副外长索科洛夫电：加强苏越关系和对越南研究》，1958年4月16日；《赫鲁晓夫与毛泽东会谈记录：共同舰队和长波电台问题》，1958年7月31日，载沈志华主编：《俄罗斯解密档案选编：中苏关系》第8卷，上海：东方出版中心2015年版，第33—35、132页。

④ 参见张培森主编：《张闻天年谱（一九四二——一九七六）》（下卷），北京：中共党史出版社2000年版，第1156—1157页；萧扬：《张闻天与中国外交》，香港：香港中和出版有限公司2012年版，第136—144页；张树德：《毛泽东与张闻天：跟着真理走》，北京：中国青年出版社2012年版，第255—256页。

几乎与中国外交革命化同时，中苏关系发生逆转。起因是1959年7月，赫鲁晓夫在波兰发表了检讨苏联农业政策和批评农村公社的讲话，而毛泽东认为他是在暗讽中国的人民公社运动，是与“彭德怀反党集团”搞“内外呼应”。他当时曾经部署要立即发起反击，在《人民日报》公布赫鲁晓夫那些被认为是“反公社”的言论。[①]

赫鲁晓夫完全不了解中国政局的变化，他在随后的中印边界纠纷中没有支持中国的立场。特别是他访问美国后专程绕道北京，试图说服中方配合苏联与美国缓和的政策。10月初，中苏在北京举行峰会。赫鲁晓夫在会谈中批评中国对外政策是“冒险主义”，并要求中国“不仅要在信念和目标上”与苏联一致，行动上也要合拍。[②] 中国领导人对此强烈不满，以致这次峰会在争论中不欢而散，毛泽东因此批评赫鲁晓夫是“右倾机会主义”，“怕美帝国主义”。[③]

此次中苏峰会是中苏同盟走向衰亡的一个转折点，而中国外交革命化从一开始就这样同中苏在对外政策领域的分歧和争论纠缠在一起。在此复杂的背景下，越方对苏联政策的任何变化都难免影响到中方的态度。非常重要的是，当时中方认为，越劳中央对中苏分

① 毛泽东：《关于研究人民公社问题的批语》，1959年7月29日、8月1日，载中共中央文献研究室编：《建国以来毛泽东文稿》第8册，北京：中央文献出版社1993年版，第390—392页；毛泽东：《关于对人民公社进行调查研究问题给吴冷西、陈伯达、胡乔木的信》，1959年8月9日，载中共中央文献研究室编：《建国以来毛泽东文稿》第8册，北京：中央文献出版社1993年版，第462—463页；《关于注意发表国外对华评论问题的批语》，1959年9月4日；载中共中央文献研究室编：《建国以来毛泽东文稿》第8册，北京：中央文献出版社1993年版，第504页。

② 《前苏联国家新披露的有关1959—1962年中印关系文献》，《党史研究资料》1998年第8期，第19—20页；李越然：《外交舞台上的新中国领袖》，北京：外语教学与研究出版社1994年版，第160—164页。

③ 毛泽东：《关于国际形势的讲话提纲》，1959年12月，载中共中央文献研究室编：《建国以来毛泽东文稿》第八册，北京：中央文献出版社1993年版，第601页；余湛：《一次不寻常的使命》，载外交部外交史编辑室编：《新中国外交风云》，北京：世界知识出版社1994年版，第18页。

歧的态度在1960年11月召开的莫斯科会议前后有明显的变化，其一是从赞成苏联转向支持中国；其二是胡志明本人在中苏分歧时扮演了积极的斡旋者。

就前者而言，尚无足够的档案可用来叙述越劳内部变化的原因。不过中方根据自己的观察做出的判断是，在莫斯科会议之前，越劳中央是倾向苏联的，而且越劳中央有人甚至对中方甚为不满，认为中共代表在越劳三大期间的一些做法等，加深了越劳内部的分歧。[①] 但是在莫斯科会议期间，越劳领导人开始认识到，“莫斯科会议是中国观点的胜利”，对有些问题的认识“也更深了一步”，例如“对毛泽东思想和中国作用的认识”，等等。此外，越方在中苏分歧中固然继续保持谨言慎行，但重要的是中方是有所体谅的，他们认为越方这样做是因为“担心苏联采取报复行动”。[②] 鉴于1960年夏季苏联对中国实施了经济制裁，越劳代表在公开场合保持谨慎以避免步中国之后尘也遭到苏联的经济制裁，这当然是可以想象和理解的。中国决策层是根据中方获得的印象做出决定的，就如同所有决策者都是根据他们认识的而非真实的外部环境采取行动一样，而他们认定的变化是否符合越劳领导层内部的实际情况等，还需要做专门研究才能予以评价。

至于中方认定的胡志明个人的作用，首先是指他本人积极斡旋，终于促成了中苏领导人在莫斯科会议期间举行双边会谈。当时如果没有胡志明居间斡旋——不论他本人的动机为何——中苏最终

① 《我驻越使馆关于1960年9月份越南动态综合报告》，1960年10月12日，外交部档案馆：106-00531-08（1），第7—11页；《越南对赫鲁晓夫出席联大的反应》，1960年9月16日，外交部档案馆：106-00271-02（1），第1页。

② 《越南对莫斯科会议的反应及相关做法》，1961年1月8日，外交部档案馆：106-00661-11，第1—8页；《越南在莫斯科会议后的反应》，1961年1月8日，外交部档案馆：109-03052-04，第1—7页。

能达成妥协，促使莫斯科会议获得成功，至少也是非常困难的。[①]大量的历史案例都证明，绝不可低估个人和偶然性的重要（有时甚至是决定性）作用。综合以上两方面情况，加之中国领导人会后不久即对莫斯科会议做出相当积极的评价，中国选择在1961年1月末开始公开报道民解（越南南方民族解放阵线）成立，也可以理解为是对越劳中央的一种鼓励。

这个阶段美国在南越的介入也是重要原因，中、越的每次公开声明无不激烈谴责美国的“干涉”和“侵略”，并将越南问题的根源归结为美国在东南亚的侵略政策，这是题中应有之义。不过，美国这时的介入还是很有限的，在当地有1000人左右的军事顾问，主要负责训练等工作。到1961年春季，肯尼迪（John Kennedy）政府决定增加100名军事顾问和400名特种兵，以及增加对南越政权的军事援助。到年底，被称为“支援部队”的美国军事人员增加到3200人。[②] 如果加上有北越作为屏障，美国的这种介入远没有对中国构成安全威胁。确切地说，美国这种规模的介入首先和主要的还是对越劳南方政策的威胁；其威胁中国安全的程度，以及与中国向越南和老挝等提供各类援助的比例关系，还可做恰如其分的评估。中国领导人实际上也清楚，反对美国侵略的宣传与在印支实际上应采取的对策等，是要有所区隔的。

为了解释中国对美国威胁的实际判断和反应，可以从中国这阶段应对老挝危机的方式中找到线索。50年代末，老挝局势出现动荡。1960年8月9日，老挝伞兵中尉贡勒（Kong Le）发动军事政变，老挝随即爆发一场危机。贡勒随后积极寻求与越劳支持的

---

① 有关胡志明斡旋的情况可参见吴冷西：《十年论战1956—1966：中苏关系回忆录》（上册），北京：中央文献出版社1999年版，第405—410页。

② 参见资中筠主编：《战后美国外交史——从杜鲁门到里根》（下册），北京：世界知识出版社1994年版，第522、529页。

老挝人民党（以下简称“老人党”）及其武装力量巴特寮合作，并支持梭发那·富马（Souvanna Phouma）亲王组建政府。12 月，亲美的富米（Phoumi Vongvichit）军队攻占万象，老挝从此爆发持续的内战。中越一直都支持巴特寮武装力量，他们在危机爆发后认为，贡勒政变是反美的和对革命有利的，老人党应与之建立统一战线。[①] 这导致中国必须解决是否以及如何向老挝所谓爱国力量提供支持和援助，特别是苏联和越劳都已经表示将援助富马亲王的力量之后，而中国之前已经秘密向其提供过一些资金援助。[②]

中国决策层最初的反应并不是清晰和稳定的，这同老挝军事形势变动不定有很大关系。1961 年 2 月 8 日，副总理兼外交部长陈毅、副总参谋长罗瑞卿等会见了老挝一个代表团。他们当时说过，“只有继续在政治和军事方面取得胜利，打开局面”，才能解决老挝问题，而中国“愿意尽一切可能帮助你们”。[③] 他们在这里所说的“一切帮助”并不具体，因为政变发生后不久，陈毅本人就向到访的胡志明说过，中越最好“不要作声”，以免给美国介入提供口实。[④] 如果这还可以解释为策略性考虑，那么陈毅与老挝代表团会谈后不久会见苏联驻华大使契尔沃年科时，异常明确地表达了不赞成北越军事介入老挝内战，这就不能再被简单地用所谓的“策略考

① 《1960 年下半年老挝情况通报》，1960 年 9 月，外交部档案馆：106-00558-02，第 74—79 页；《关于配合越南、寮方反对联合国干涉老挝事》，1960 年 9 月 26 日，外交部档案馆：106-00155-04，第 1—2 页。

② 关于向富马提供资金事见《关于周恩来总理向老挝王国政府首相富马提供赠款事》，1960 年 12 月 24 日，外交部档案馆：106-00154-01（1），第 1 页；《援助贵宁八万美元事》，1961 年 3 月 18 日，外交部档案馆：106-00616-01；关于苏联提供援助问题，见《越南官员向我驻越南使馆通报苏联对老挝问题的态度》，1961 年 1 月 14 日，外交部档案馆：106-00628-08，第 1—2 页。

③ 《陈毅、罗瑞卿副总理接见方·丰萨万和坎苏·高拉情况》，1961 年 1 月 16 日，外交部档案馆：106-00620-03，第 1—2 页。

④ 《陈毅副总理八月十四日讲话》，1960 年 8 月 14 日，江苏省档案馆藏“省外事办公室”，全宗号：3124，第 103 卷。

虑”来解释了。

陈毅在会见中说，“越南派兵参加，会使老挝战争扩大，这在政治上对我们不利，会受到全世界人民的指责”，“会造成美国和东南亚条约组织国家直接派兵参加的借口”，“中、苏、越可以给一些物资援助”。尤为重要的是他还表达了对战争扩大到北越的担忧，说“我们曾经问越南同志，他们对战争扩大到北越没有思想准备。我们劝他们最好把战争约束在老挝的范围内，不要派兵去老挝”，中苏越提供物资援助即可。这段谈话相当清楚地透露了中方思考有关问题的底线，即任何行动都要考虑不能导致战争扩大到北越，“战争扩大了对我们并不利”。[①]

两周后，契尔沃年科向陈毅递交了一份备忘录，询问中方对富马要求苏联援助 10 架飞机并由中国派飞行员等的看法。陈毅立即表示，中方“派出驾驶员就是个大问题了；万一被打下来或叫敌人抓住，他们就会说我们参加老挝战争了。要派人就由越南派，他们长得和老挝人很相像”，而且“10 架飞机造不成军事优势”，这种帮助意义不大。[②] 言下之意是不仅中国不会提供飞行员，而且苏联提供飞机这类援助也没什么必要性。

1961 年 5 月，老挝内战双方达成一项停火协议，但内战并未因此停止，甚至还呈升级的趋势，中越苏也在协调增加对巴特寮武装和富马军队的援助。这期间，中国在增加军事援助方面是很谨慎的。这里顺便指出，有论著说从 1960 年 12 月到 1961 年 12 月，中国援助老挝的军事物资共 6 批，可装备 2 万军队。[③] 这个统计数字很可能是夸大的。根据目前披露的档案记载，当年 8 月 15 日，周

① 《陈毅副总理就老挝问题接见苏联驻华大使契尔沃年科的谈话记录以及苏大使面交中方的备忘录》，1961 年 2 月 8 日，外交部档案馆：109-03754-03，第 77—79 页。

② 《陈毅副总理同苏联驻华大使契尔沃年科谈话记录》，1962 年 2 月 23 日，外交部档案馆：109-03805-08，第 1—2 页。

③ 艾凌耀：《中国援老抗美的光辉篇章》，载《军事历史》1990 年第 1 期，第 37 页。

恩来在与范文同的会谈中提到，富马提出过要1万人的装备和5万人的军需品，而巴特寮之前提出需要2万人的军需品。他当时表示，对于各方提出的军援，需要与苏联和越劳协调之后才能分批供给，而且强调老挝方面“不能永远靠越南部队和兄弟党的武器装备，要靠自己的部队缴获敌人的武装，要靠自己生产”。他在这次会谈中首次提出，应召开中越苏老四方会议协调对老援助，之后中国再实施援助计划。[①]“四方会议”后来成为一种多边援助机制，并逐步演变为中国影响印支地区的多边机制。既然8月中旬还没有完全确定如此大规模援助的方式，到年底就能将其运送到位，在当时的运输条件下几乎是不可能的。当然，事实本身还有待历史档案进一步开放才能完全确认，不过中方在军援问题上的谨慎态度在随后一段时间不断表达出来，这一点是明显的。

7月3日，周恩来会见老挝苏发努冯（Souphanouvong）亲王时，向后者提出在老挝划界分治或搞联合政府等两种停战方案。他提出了一个很有吸引力的前景，即老挝的统一战线可以“搞出一个模范来，接受中、苏、越的援助，西方国家的援助也接受”，“这样搞两三年，泰国就会起变化，马来亚也会起变化，东南亚局势就会起变化”，当然这首先取决于当下老挝能否实现停战。至于军事援助，他说要考虑老方使用援助的效率和管理能力，而且“援助只能是帮助的性质，主要还是靠自己，今后要逐步自力更生”，他指出老挝人口“只有三百万人，军队比例太大”。[②]

中方这时在援助问题上保持谨慎，也源自另一个或许不很直接但是更根本性的情况，即中国国内经济正出现严重衰退。6月14

① 《8月15日周恩来同范文同、凯山谈话纪要》，1961年年8月15日，外交部档案馆：106-01372-01，第1—2页。

② 《周恩来总理、张宗逊副总参谋长等同苏发努冯谈话记录》，1961年7月3日，外交部档案馆：106-00612-02，第5—7页。

日，国务院刚刚下发了要求压缩外援的通知，要求各有关部门要严格控制和尽量减少外事活动经费和外援项目。①

更有分析价值的是中国领导人这时很明显地不愿看到老挝内战外溢到相邻国家，他们希望即将召开的第二次日内瓦会议能促成老挝停战。这至少部分地是因为美国明显加强的军事威慑正导致危机严重升级。中方这种担心首先反映在对越军进入老挝作战的态度上。

6月15日，毛泽东在会见范文同时，赞扬了越军在之前老挝帕东战役中做出的贡献。他可能认为这次战役对日内瓦会议得以召开有重要影响，符合中方“打得好才谈的成”的基本经验。范文同则为此感到自豪，他说“打帕东时有我们的人，敌人说的是不错的”。② 但这之后不久，中国领导人的态度就发生了变化。在前述7月3日同苏发努冯的会谈中，周恩来在谈到越南南北分治局面时就提到，“尽管南越有武装斗争，北越总不好派军队去，总是一个约束”。③ 中国领导人在这期间同越劳领导人讨论南方军事斗争时，曾特别提醒他们，如果要“大打”，就必须要考虑到“美国就有可能出兵”，而这是应该避免的。④

7月28日，陈毅与契尔沃年科举行会谈。他这时已经担任中国参加第二次日内瓦会议代表团团长，必定会更系统、深入和确切地掌握中国的各个方面情况。所以，他的谈话尤其是与苏联方面的谈

---

① 《关于大量压缩今年下半年外宾来访和外事费用的通知》，1961年6月14日，北京市档案馆：全宗号：102；《国务院、国务院外办有关外事工作的通知规定及市外办、市人委转发国务院通知》，北京市档案馆：102-001-00141，第29—31页。

② 《毛泽东主席会见越南总理范文同的谈话》，1961年6月15日，外交部档案馆：204-1445-04，第43—47页。

③ 《周恩来总理、张宗逊副总参谋长等同苏发努冯谈话记录》，1961年7月3日，外交部档案馆：106-00612-02，第5页。

④ 参见杨奎松：《毛泽东与印度支那战争》，载李丹慧主编：《中国与印度支那战争》，香港：天地图书有限公司2000年版，第36页。

话等，更具重要的指标意义。陈毅说，美国并不想把战争扩大到泰国和南越；此外，如果战争扩大到那些地区，同样“对我也不利，因为中国和越南都不宜卷入”。他还表示中方对越军进入老挝所造成的局面有所不满，并认为越军既然大规模参战，就不宜公开撤出老挝，否则会给人口实。他当时说，有 13 个营约 8000 越军官兵已经进入老挝，他们可以不撤出，但需要“隐蔽到丛林中”。[①] 8 月 10 日，陈毅在北京高等院校应届毕业生会议上作报告，相当直率地阐述了为什么一面宣传支持亚非拉革命，一面要在日内瓦会议上推动达成老挝停战协议。除了对美国战略意图的判断如上所述，他明确地说：“没有必要为一个小小的王国打一次世界大战”，“彻底打下去，就逼迫美国参战，逼迫东南亚条约国参战，我们、越南和苏联都参战，把老挝内战变成帝国主义与社会主义之间的战争，这不好。”[②]

虽然未获中方赞成，但越劳中央仍然决定派遣军队入老作战，其决策过程至今不详，那是需要专门研究的。不过无论如何，中国领导人后来事实上默认了越军的行动。这可以作为一个非常有价值的案例，用以解读中国处理与盟友关系的独特方式，包括到底是什么原因以及双方是什么样的互动模式，导致中国领导人在明确表达不赞成越军入老参战后，并没有能阻止越方采取行动，以及最终还不得不予以支持。

中国决策层应对老挝危机的做法从一个侧面佐证，他们这个时期对南越形势演变的反应是清楚的，在逻辑上也是一贯的。不论是处理老挝危机还是支持越劳在南方发动武装斗争，中国在宣传上当

---

① 《陈毅副总理接见苏联驻华大使、代办和商务代表关于老挝问题的谈话记录》，1961 年 7 月 28 日，外交部档案馆：109-03756-05，第 1—2 页。

② 《陈毅同志在北京市高等院校应届毕业生会上的报告》，1961 年 8 月 10 日，北京市档案馆：全宗号：22，目录号：1，卷宗号：598，第 4 页。

然可以说是反对美国侵略，这有利于在国内和国际上的政治动员。但中国领导人是有基本判断的，即美国领导人当时并没有大规模在南越干涉和特别是入侵北越的意图，他们甚至并不希望老挝的战争扩大。换句话说，中国开始赞成越劳在南方开展武装斗争之时，就有其他复杂得多的原因，甚至有不得已而为之的成分。而且中国领导人知道并且担心，对印支盟友的支持存在引发美国扩大军事干涉的风险，特别是如果北越像当年朝鲜打过三八线那样，向南方发动统一战争或者哪怕是派遣较多的军队。所以，抑制越劳中央的这类冲动，对于中国决策层是一项持续的严峻挑战。

第三节　转折年代

随着印支地区形势的演变，1962 年夏到 1963 年间，决定中国有关政策的结构性因素逐步清晰起来。首先需要确定的是，印支地区危机升级肯定与美国军事介入有重要关联，但不可忽视的是极为复杂的本地政治力量之间的斗争等，同样起着重大的作用。此外，苏联阵营内的复杂互动和中国国内政治的变动，包括中国决策层正在形成并因对世界政治的新判断而不断扩大起来的一种远超出印支地区的国际战略想象等，对中国印支政策的影响不仅是直接的，而且在呈上升的趋势。所以，揭示这些因素之间的异彩纷呈的互动，对于系统解读中国的决策过程不仅是必要的，而且是很有吸引力的。

1962 年夏季，就在老挝危机因第二次日内瓦会议终于达成协议而缓解之后，南越紧张局势自然凸显出来，几乎是没有间隔地立即成为中国决策者不得不面对的突出问题。事实上，中国援越政策恰在此刻进入一个新的阶段，标志性的事件是 1962 年夏季，中国开始向越南提供其数量明显大幅超过以往的军事援助。至于具体数量，各论著有不同的统计。

根据《“文化大革命”中的人民解放军》的叙述，“从1962年开始，中国向越南南方提供无偿军援”，并具体介绍了1962—1964年提供的援助数据。该书是将这时对北越的援助与对南方民解的援助分开统计的，其中对北方援助是将1956—1963年作为一个完整阶段；1965年以后的援助才被统称为“援助越南的武器装备”。[①]根据20世纪80年代出版的《当代中国外交》叙述，在1962年夏季，中越两国领导人分析了“美国入侵南越所造成的严重形势，并估计到它有进而袭击北越的可能性”，决定“立即向越南无偿提供可装备230个步兵营的枪炮”。[②] 所以，据此也可以将这笔援助理解为加强北越国防的军事援助。1998年出版的王泰平主编的《中华人民共和国外交史》确认，是“根据越方的要求，中国政府决定立即开始向越南南方人民武装提供必要的援助”。[③] 他主编的《新中国外交五十年》更清楚地指出：“根据越方要求，中国政府决定立即向越南南方人民武装提供可装备230个步兵营的第一批军事物资援助。”[④]

比较权威的叙述是军事科学院2011年出版的《中国人民解放军军史》的有关叙述。该书指出，在1961年美国在南越发动“特种战争”后，“应越南的请求，中国通过海上、陆地开辟的多条运输线，向越南南方提供了大量枪支、弹药及其他各种生活物资”。该书的综合统计是，从1955年到1963年，中国援越物资和武器装备总值2.47亿元人民币，其中包括各种枪支24万支、火炮2730

---

① 李可、郝生章：《“文化大革命”中的人民解放军》，北京：中共党史资料出版社1989年版，第408—409页。

② 韩念龙主编：《当代中国外交》，北京：中国社会科学出版社1988年版，第159页。

③ 王泰平主编：《中华人民共和国外交史（1957—1969）》第2卷，北京：世界知识出版社1998年版，第35页。

④ 王泰平主编：《新中国外交50年》（上），北京：北京出版社1999年版，第161页。

门、各种枪弹 1 亿发、炮弹 144 万余发，等等。[①] 作者没有解释，提供上述武器分别分布在哪个时间段上，以及这些武器装备是否提供给民解。不过根据行文推论，其中至少也有相当一部分是在 1962 年提供给了民解武装。

介绍上述论著是因为各位作者分别来自军事院校或外交部门，因此有理由相信他们阅读了更具体的历史档案，而其他陆续发表的论著中的有关叙述基本上都转自这些论著。基于这些论著可以基本确认两个事实：其一是 1962 年夏季，中国援越政策发生了重要的变化；其二是变化的重要内容是开始直接或间接通过北越，向民解提供了大规模军事援助。做这样的区分除为更详细地叙述历史，也涉及深层的问题：中国这时援越的主要动力和动机到底是什么？如果有多个目标的话，它们的轻重缓急到底是如何排列的？当然首先需要具体解释的是，为什么会在这个时间点上根据越方的请求，开始提供大规模军事援助？这批援助将被用到南方是可以预见的。

前引论著都将 1962 年上半年美国在南越的军事行动作为中国政策变化的起因，这提出了需要进一步分析的问题，即中国决策层这时对地区安全形势的评估，简单地说就是美军的行动等，到底是威胁了中国的安全，还是阻碍了民解的斗争？或者说两者兼而有之的话，哪一个影响更直接、更重要？

冷战对有关国家战略思维的突出影响之一，就是夸大不同地方出现的不同程度和性质迥异的冲突的战略含义，赋予它们地区甚至全球性的意义。换句话说，冷战双方的战略思维中都有程度不同的“多米诺骨牌”的逻辑，所以需要更仔细地阅读和分析那个时期的历史记录。就印支地区而言，由于老挝与中国接壤，美国一旦军事

---

① 《中国人民解放军军史》编写组编：《中国人民解放军军史》第 5 卷，北京：军事科学出版社 2011 年版，第 426 页。

介入，会比它在南越的干涉对中国的安全威胁更直接，而且当时老挝危机更紧张一些。这两个因素曾使中国领导人一度投入更多的精力，以便控制老挝危机。所以继续分析中国这时处理老挝危机的方式和过程，仍然是有参考价值的。

中国处理老挝危机的政策虽然也有很多波动，但总体上看更谨慎也更清晰。中国领导人几乎是在复制 1954 年日内瓦会议中的思路和办法，主要是“谈谈打打”，以打促和，争取老挝中立。从这个意义上讲，中国在第二次日内瓦会议的做法更多地反映了中国对印支政策中的延续性，而且这种延续性这时还是相关政策的主要方面。问题恰恰是在 1962 年夏季，中国政策的这种延续性再次受到越来越强烈的冲击，这首先来自越劳中央的南方战略的转变，同时伴随着中苏关系恶化和中国国内政局的动荡，这些因素都是解读中国政策的重要线索。

1962 年上半年的突出事件是 2 月开始，在老挝北部爆发了南塔战役。这是继帕东战役后规模最大的一次战役，越军实际上成为战役一方的主力。据中方当时掌握的数字，越军入老部队多达约万人之众。① 值得注意的是，中国恰在此前不久决定，派出约 3700 工兵及 2300 民工，进入老挝北部修筑公路。② 这可以视为中国对老挝危机政策的重要变动。虽然目前尚难了解决策的具体过程，但与之前的谨慎相比较，这已经足以证明，至少中国介入老挝军事危机的程度在升级，所以才有了后来的所谓“援老抗美”说法。当然，根据官修历史记载，这时并没有“援老抗美”这个政策，毕竟那时还谈不上在“抗美”，说是支援老挝革命要确切得多。按照张爱萍主编

① 《告越方决定继续包围南塔及寮方中央迁桑怒事》，1962 年 2 月 23 日，外交部档案馆：106-00692-02；《周恩来总理、陈毅副总理与越南范文同总理谈话记录》，1962 年 8 月 27 日，外交部档案馆：106-01386-01。

② 《关于军工出境改着便装和携带武器的报告》，1962 年 1 月 23 日，《关于军工出境该着便装和携带武器问题》，1962 年 2 月 1 日，外交部档案馆：106-00685-01。

的《中国人民解放军》叙述，所谓“援老抗美”开始于很久之后的 1968 年 9 月。[①]

南塔战役的影响是复杂的。越南和巴特寮取得了重要的军事胜利，控制了上寮地区的一个军事重镇和一片区域，包括与中国边界接壤的孟新地区。此外，越军虽然有些夸张地声称歼敌 1400 人，但他们也认识到“没有改变双方力量对比”，对攻占地区的控制也很不牢固。中方持同样看法，甚至比越方更谨慎一些。中国外交部的一项综合分析说，南塔战役“只打散了叛军，而没有大量消灭敌人的有生力量”，老挝“还处于相持不下的状态，一时难以发生根本的变化”。[②]

重要的是在战役期间，不仅肯尼迪政府公开声称要军事干预，而且美军进入泰国，建立了一个前进指挥部，特别是向泰老边界地区部署了尽管很有限的军事力量，而泰国军队则进入老挝，帮助富米军队作战。这在任何一方看来，都是明显增加了美军介入的可能。南塔战役尚未结束，外交部的一份综合分析就发出警告，美国在东南亚的“侵略活动显著加强”，它绝不会放弃老挝、南越，甚至“不惜打局部战争”，目前则是“集中力量控制南越，稳住老挝”。[③] 总之，中方认为南塔战役未能根本改变老挝僵局，只是促成

① 张爱萍主编：《中国人民解放军》（上），北京：当代中国出版社 1994 年版，第 275—277 页；另参见前引艾凌耀：《中国援老抗美的光辉篇章》，《军事历史》1990 年第 1 期，第 37—41 页。

② 《越总长与刘武官谈话情况》，1962 年 5 月 22 日，外交部档案馆：106-01033-03；《越顾问团与诺哈对老挝当前形势的看法》，1962 年 5 月 18 日，外交部档案馆：106-00695-01；《我驻越使馆与越方就老挝局势交换意见》，1962 年 5 月 25 日，外交部档案馆：106-00703-03，第 4 页。

③ 《越总长与刘武官谈话情况》，1962 年 5 月 22 日，外交部档案馆：106-01033-03；《越顾问团与诺哈对老挝当前形势的看法》，1962 年 5 月 18 日，外交部档案馆：106-00695-01；《我驻越使馆与越方就老挝局势交换意见》，1962 年 5 月 25 日，外交部档案馆：106-00703-03，第 4 页。

了一种各方认识到，应更注重政治解决的局面。①

事实很快证明，中方的判断是有道理的。这种军事僵局成为促使包括中国在内的有关国家于7月在日内瓦达成和平解决老挝问题协议的重要原因，当然这也导致了中方重新评估印支形势，其结果直接影响到援越政策。

在中国决策层看来，老挝危机加剧和日内瓦会议召开后一度久拖不决等所导致的最不确定也是最危险的前景，就是美军有可能加强军事干涉。这当然是他们最不愿意面对的，其原因既有安全的考虑，也有其他问题。例如，一旦越南遭受军事失败，也是对中国战略威望的损害；以及美军一旦介入，中国势必要增加更多援助，就像后来发生的那样，而这对于正陷于严重衰退的中国经济，会带来不堪之重负。在日内瓦会议复会前后，中国有关部门通过各个渠道收集信息，以判断美军事介入的可能性，这反映了中国决策层严重关注的重点所在。

5月22日晚，中国驻缅甸联邦大使李一氓报告，缅甸总理奈温告诉他，美驻缅大使不久前专门向奈温解释，美军入泰是为保卫该国，而非“要进入老挝”。② 6月6日，苏联驻缅甸使馆武官通报中方，刚返回仰光的印度使馆武官报告说，他在曼谷外交界获得的信息是，美军入泰的主要目的“不在于老挝和南越的局势，而是对泰国本身的局势不放心”。③

有关美国在泰国建立前进指挥所的意图的最直接信息，来自中美大使级会谈。6月23日，中国驻波兰大使王炳南奉命主动约见美

① 《对苏联与美国关系的综合性分析》，1962年5月10日，外交部档案馆：109-02417-01，第54—57页。

② 《奈温告一氓他同富马等的谈话》，1962年5月22日，外交部档案馆：106-01032-04。

③ 《印驻缅武官说美出兵泰国是对泰国本身不放心》，1962年6月6日，外交部档案馆：106-01032-04。

方驻波兰大使兼中美会谈代表卡伯特（John Cabot）。他反复向后者强调，美国必须对蒋介石在台海对面大规模集结军队承担责任和后果，同时也表达了中国反对美国在东南亚的军事介入。卡伯特当即表示，美国决无帮助台湾进攻中国之意图。[①] 实际上卡伯特此前已接华盛顿指示，准备于 27 日向中方谈判代表转达美国政府的上述立场。[②]

中美大使会谈后不久，肯尼迪政府又通过苏联转达了无意在亚洲升级紧张局势的信息。28 日，契尔沃年科告诉陈毅，赫鲁晓夫已向美方明确转达，苏联“坚定的”立场是“必须将美国军队撤出泰国”；肯尼迪通过其弟的回复是，美军将在 10 到 14 天内撤出在泰国的军队，但也不希望台湾海峡发生“复杂事件”，意即中方应以保持台海局势稳定作为交换。[③] 越方这时也以美军并没有介入南塔战役来向中方证明，他们坚决发起南塔战役时的判断是正确的，即美军不会直接介入，虽然之前他们中也有些人一度认为，美军进入泰国是“准备干涉老挝的严重步骤”。[④] 总之，各方信息都清楚表明，美国并没有直接军事介入老挝危机的意愿和决定。

中国领导人在 6 月下旬已经得出美国不会军事介入的基本结论。陈毅在与契尔沃年科会见后的第二天，即告诉到访的老挝代表团，中方已经从苏联了解到肯尼迪政府的意图，“现在美国似乎要缓和”，关键是日内瓦会议能否达成协议。[⑤] 基于对美国军事介入

---

① 王炳南：《中美会谈九年回顾》，北京：世界知识出版社 1985 年版，第 83 页。

② Roger Hilsman, *To Move A Nation* (New York: Doubleday Company, Inc, 1967), pp. 318-319.

③ 《陈毅副总理接见苏联驻华大使契尔沃年科谈话记录》，1962 年 6 月 28 日，外交部档案馆：106-01368-03。

④ 《越总长与刘武官谈话情况》，1962 年 5 月 22 日，外交部档案馆：106-01033-03；《越劳对组织联合政府的看法》，1962 年 6 月 10 日，外交部档案馆：106-00695-03。

⑤ 《周恩来总理、陈毅副总理接见老挝代表团的谈话记录》，1962 年 6 月 29 日，外交部档案馆：106-01386-07。

可能性的判断和对南塔战役后老挝形势的分析，中国领导人认为，政治解决老挝危机将获成功的时机已到。他们随即采取行动并取得成功，终于促成了第二次日内瓦会议于7月21日达成《关于老挝中立的宣言》和《关于老挝中立宣言的议定书》。[①] 当然这只是问题的一个方面，更重要的事态是中国随后即决定大幅加强对南越民解武装的支持。

前引论著通常都将中国这时开始提升援越规模同美国于1962年在南越实施“特种战”、特别是6月上旬在南越建立了一个“军事援助司令部”等事件直接挂钩，断定中国援越政策的变化是对美在南越加强军事存在的反应。[②] 这种因果关系肯定是存在的，但在多大程度上左右了中国决策者的选择，还需要推敲。从逻辑上并不能直接推导出，中方因此断定美国那种程度的军事行动，就足以构成了对中国安全的威胁。实际情况也不是那么简单的。

从时间上看，中国更大规模地向越方提供军事援助的决定，是在他们基本确定了美军事介入老挝这个最令人担心的情况至少暂时消失之后，才被付诸实施的。例如，在决策层尚未确定美军是否会军事介入老挝危机期间，中方对军事援助这类问题是保持谨慎的，至少执行部门在答复越方要求时，继续遵循着既定的不军事介入的原则。6月初，越军总参谋长文进勇（Van Tien Dung）就向中方提出，希望中国“支援”南塔地区作战，包括提供军事援助和“派人帮助建设”，结果被总参作战部拒绝。后者表示，尤其是直接派

---

① 《解决老挝问题的扩大的日内瓦会议文件汇编》，北京：世界知识出版社1962年版，第2—11页。

② 王泰平主编：《中华人民共和国外交史（1957—1969）》第2卷，北京：世界知识出版社1998年版，第34页；王泰平主编：《新中国外交50年》（上），北京：北京出版社1999年版，第161页。这两部通史都是王泰平主编，第二本出版较晚，其中没有1962年6月8日美国在南越建立“军事援助司令部”的内容。

人参与“这个问题很大，不好考虑”。[1] 所以，仍然有必要更系统地观察和分析此时中国对外政策变动的特点和内容，才能得出更确切的结论。

以往被忽视的是这个时期越劳中央的战略决策过程及其相关的各种谋略的运用。[2] 客观地看，老挝停战前后，越劳中央立即准备加强在南越的军事行动，而中国几乎同时决定向越方提供大规模军援，这两者间是否存在关联，的确需要深究。这期间，随着有关老挝停战的多边谈判迅速展开，越劳中央决定从老挝撤出主力部队，甚至最终同意，在谈判中至少可以表面上同意放弃对九号公路的控制，以及不经过那里向南方输送军队，而这正是富马政府和南越政权都很担心并反对的。[3]

越劳在老挝的让步同其这时将主要作战方向转向南越之间，很难说没有直接关联。南塔战役期间，越劳已在评估南越形势。他们当时对前景还难以做出确切的判断，换句话说就是尚无必胜的把握。[4] 首先是民解武装包括从北越渗透过去的人员等在 1962 年春夏的处境并不乐观。与之作战的南越政府军在美国援助下，战斗能力明显增强，这导致民解武装在作战中的伤亡增加，并难以达成一些战役目标。越劳领导人在与中方会谈时也承认，南越形势的发展存在几种不同的前景：“最好”的是南北统一；“最坏”的是美国出兵占领南越；此外还有“几种中间状态”，包括“南北联邦”、

---

① 《关于越总参谋长文进勇表示要我支援孟新南塔地区问题》，1962 年 6 月 1 日，外交部档案馆：106-01033-03。

② 这方面最新的重要成果是游览的博士论文：《统一战争视野下北越在印度支那地区的政策演变（1945—1975）》，华东师范大学博士论文，2015 年。

③ 《范文同介绍富马访越情况》，1962 年 6 月 17 日，外交部档案馆：106-01020-01；《越副外长的谈话》，1962 年 6 月 21 日，外交部档案馆：106-01020-01；《黎掌告越军撤出事》，1962 年 7 月 8 日，外交部档案馆：106-01020-01。

④ 《越南反对美国—吴庭艳集团斗争的几个问题》，1962 年 3 月 19 日，第 1—2 页，外交部档案馆：106-01002-09。

建立“联合政府”，等等，总之就是不确定的。[①] 其次是美军仍在增加对南越政权的军事援助和军事顾问，其中军事顾问的人数在1962年底达到1万人左右。他们的任务是加强对南越军队的训练、作战指导和提供战场支援，等等，有些被授权参与南越军队的作战行动。[②]

面对不利的军事形势和日益上升的美军事压力，4月上旬，越劳中央通过有关国际形势的决议，号召指战员们要提高对国际共运前途的信心，以及准备应付可能发生的与美国的“局部战争”。[③] 显然，民解武装在南越作战遇到困难，而越劳中央认为，有必要将更多力量投入南越战场，这就需要中国（包括其他国家）提供更多的援助和支持。[④] 正是在此背景下，越劳中央提出派遣军事代表团访华，与中方具体商讨在南越加强军事斗争时，如何协调双方的行动。这期间，越劳中央加强了同中方的联络。

6月28日，即契尔沃年科告诉陈毅美方不会军事介入老挝当天，越军方向中方转达了派遣军事代表团秘密访华，以及他们希望讨论的具体事项。内容包括：（1）目前形势和越军的战略；（2）中越在“对付可能发生的事情（即美军大规模介入，作者注）”时，双方如何协同作战；（3）中国需要提供的物资和技术援助，等等。这个军事代表团的成员包括了越军总参谋长文进勇，以及作战局

---

① 《毛主席与胡志明主席谈话记录》，1961年11月14日。

② George C. Herring, *America's Longest War: The United States and Vietnam* (New York: McGraw-Hill: 1986), p. 86; Melvyn P. Leffler and Odd Arne Westad, eds., *The Cambridge History of The Cold War*, Vol. Ⅱ (Cambridge: Cambridge University Press, 2010), p. 293.

③ 《越南劳动党中央关于国际问题的决议》，1962年4月9日，外交部档案馆：106-00661-09。

④ 见 Mark Moyar, *Triumph Forsaken: The Vietnam War, 1954-1965* (New York: Cambridge University Press, 2006), pp. 149-185。该书第6、7两章叙述了这个时期南越政府军在战场上取得的进展。

长、情报局长等关键性职能部门的军事领导人。[①] 尽管尚不能了解双方这一轮商谈的细节，但越方肯定是很满意的。10月间，武元甲（Vo Nguyen Giap）在的一次谈话中说，当时将“许多问题都解决了”，“这次访问取得很好结果”。[②] 前述中国援助230个步兵营的装备就是这期间双方谈判的结果，当然他们讨论的内容应不会仅限于此。系统了解和评估这次重要军事谈判的内容和影响等，有待档案的解密，毕竟中国援越迈出这一步影响甚大。

除军事代表团秘密访华外，越劳高层领导如胡志明、范文同等，这期间都曾到北京，与中国领导人讨论了南方斗争的战略。双方会谈的内容和达成的共识大致包括：（1）中国将支持越劳中央将作战重点转向南方，以及肯定要为其提供军事援助；（2）越军包括军事顾问等将全部撤出老挝，同时中方将向南塔地区提供帮助；（3）越南南方的军事斗争完全由越方自己承担，中国不直接介入。范文同就最后一点专门向周恩来表示，“南越的革命，一定要靠自己，这一方针的贯彻虽然有一些问题，但肯定是可以实现的。请你告诉毛主席放心，我们一定尽自己力量去做”。未能达成的共识对援越或许不那么重要，但对理解中国领导人此刻的思考很有参考价值。周恩来曾在会谈中提醒范文同，越劳的责任“不仅是南越，还有东南亚一大片地区”；范文同则对此态度谨慎，他对国家统一的关注显然是超过对东南亚革命的雄心的。[③]

周恩来与范文同的这次会谈发生在7月27—28日，这可以大

① 《越军代表团访问我国事》，1962年6月28日，外交部档案馆：106-00998-01。

② 《武元甲说越军代表团访华取得很好结果》，1962年10月16日，外交部档案馆：106-00998-01。

③ 《周恩来总理、陈毅副总理与越南总理范文同谈话记录》，1962年8月27日，外交部档案馆：106-01386-01；《周恩来总理与越南总理范文同谈南越革命和援助老挝》，1962年8月28日，外交部档案馆：106-01394-14；中共中央文献研究室编：《周恩来年谱（一九四九——一九七六）》（中卷），北京：中央文献出版社1997年版，第488页。

致确定为中国政策变化的一个标志，因为这次会谈不仅涉及援助，而且确认了双方在南越武装斗争中的战略共识。有意义的是几乎与此同时，7月26日，毛泽东批准了中央军委关于疏散在福建沿海集结的部队的报告。该报告认为，台海地区紧张局势已缓和，故无大兵驻扎之必要。[①] 显然，前述契尔沃年科转达的美方信息被中方认为是可信的，美国并没有同中国打仗的意图。这间接说明，中国这时大幅增加对越军事援助，并不能被确定为主要是因为受到美国的安全威胁。很难想象，中国决策层通过直接沟通可以确定，美国无意在台海同中国发生军事冲突和无意军事介入与中国接壤的老挝之后，他们还会根据美军在南越那种规模尚属有限的军事行动，就判断美国有从那里进攻中国的意图。

除了与中方高层交往外，越劳还采取多种方式施加影响。如越劳中央在河内召开援越多边会议，邀请了12个社会主义国家使团参加。中方代表收到邀请，不得不参与其中，尽管他们奉命在会议中保持某种超然姿态，以免被迫做出承诺。[②] 6月13日，中国决定接待第一个来自南方民解的代表团。之前越方主动向中方提出，派遣四人组成的民解代表团访问东欧社会主义国家，其间希望能顺访中国，成员包括民解中央委员会总书记阮文孝（Nguyen Van Hieu）等。[③] 他们选择此时采取主动，就是为了配合南方战略而展开国际宣传。结果是该代表团在北京的顺访变成了长时间的公开访问北京，而且还受到毛泽东本人接见一个小时，访问期间还有很多各层

---

① 中共中央研究室编、逄先知、冯蕙主编：《毛泽东年谱（一九四九——一九七六）》第5卷，北京中央文献出版社2013年版，第119页。

② 《关于召开使节会议》，1962年3月27日，外交部档案馆：106-00668-02；《驻越南使馆对老挝问题十二党会议可能出现情况的估计及批复》，1962年3月27日，外交部档案馆：106-00668-05。

③ 《关于接待越南南方民族解放阵线代表团访华的请示及计划》，1962年6月13日，外交部档案馆：106-00995-01。

级的会见和各种形式的欢迎仪式。此外，越方还不断释放出受到苏联压力和对苏方不满的信息，不论是否有意为之，结果都在影响中方的判断。[①]

从这期间毛泽东与民解代表会谈以及前不久与苏发努冯率领的老挝代表团会谈等内容看，他作为最高决策者，显然深度参与了决策过程，因此非常了解印支地区的政治和军事形势。[②] 另一间接证据也能说明，决策体制中的特点也确保了毛泽东这个阶段对援越政策的掌控。8 月 10 日，毛泽东在驻摩洛哥使馆发回的一份报告上批示，表达对国内“许多领导机关封锁消息”的不满。他在该报告上写道：“中央对国内很多情况不清楚。许多领导机关封锁消息，不做论证性报告。事前不请示，事后不报告，实行独立王国。而外国使馆消息，却如此认真而迅速。”[③] 他为何对国内有关机构提出这种严厉批评不是本文探讨的范围，但这个批示足以反映出他对外交部门能确保信息迅速上达的很高满意度；特别重要的是这还能证明，他这时在对外事务包括印支政策上的事必躬亲的重视程度。

以上主要是根据中国公布的部分档案，大致勾画双方互动的情况。可以基本确定，越劳中央是这次在老挝停战同时将重点转向南越的战略性转变的主动者。从他们的角度，争取得到中国的赞成和支持是这一转变的重要组成部分。中国之所以在 1962 年夏季与越劳领导人达成重要的、有战略性影响的共识，并开始对越提供大规模军事援助，越方的主动性和强劲的行动力等，起了不容忽视的作

① 《毛泽东主席会见越南南方民族解放阵线代表团的谈话记录》，1962 年 9 月 28 日，外交部档案馆：106-01412-01。

② 《毛泽东主席会见越南南方民族解放阵线代表团的谈话记录》，1962 年 9 月 28 日，外交部档案馆：106-01412-01。另见《毛泽东主席接见老挝苏发努冯亲王谈话记录》，1962 年 9 月 23 日，外交部档案馆：106-01386-08，第 32—35 页。

③ 中共中央研究室编、逄先知、冯蕙主编：《毛泽东年谱（一九四九——一九七六）》第 5 卷，北京中央文献出版社 2013 年版，第 131 页。

用，而且这种作用很可能一直被低估了。不过如前述，越劳领导人单靠其说服加多边外交的运作，还是不可能推动中国政策发生重大转变的。更确切地说，中越政策演变是双方相互推动的过程，所以还有必要深入分析其他一些特殊条件，它们导致在不同阶段上双方实际上在互相促进。首先就是中苏关系的持续恶化。

1961 年苏共二十二大前后，原本缓和下来的中苏关系再度紧张起来，包括越南在内的亚洲社会主义国家和共产党等，已经被中国领导人视为反对苏联修正主义路线的重要力量。团结他们以抵御"赫鲁晓夫的修正主义路线"和苏共在国际共运中掀起的"反华恶浪"，在中国领导人这个时期的议程中，占据着相当重要的地位。[①]在此背景下，中越关系当然不会是例外，实际上中苏在苏共二十二大期间的争论，几乎立即反映到中国的印支政策中。

一方面，中国加深了对苏联对印支政策的怀疑。苏共二十二大之前，中苏在解决老挝问题上就有一些分歧。中国驻苏使馆曾认为，中苏在老挝问题上的分歧只限于一些具体问题上，例如，(1) 苏联对搞"奥地利式"中立的兴趣很大，而对"最大地反映我方所占的优势，考虑还不足，表现有一定的妥协"；(2) 苏联可能会在对停战后巴特寮的政治地位上，作某些让步，以"换取西方承认富马"；(3) 苏联没有把第二次日内瓦会议"同最大限度地打击美国相结合"；(4) 苏联对英国的作用估计过高，对美国破坏会议的阴谋估计不够，等等。[②] 苏共二十二大以后，外交部则将中苏在老挝问题上的分歧提升到双方对外路线斗争的高度。外交部在一份有关苏联对老挝中立问题的报告中，列举了中苏七项之多的严重分歧，

① 参见中共中央文献研究室编、逄先知、金冲及主编：《毛泽东传（1949—1976）》（下），北京：中央文献出版社 2003 年版，第 1097 页。据该书叙述，自 6 月以来，毛泽东的"主要精力一直放在国际问题方面"。

② 《苏联对老挝问题的态度》，1961 年 5 月 8 日，外交部档案馆：109-03034-06。

包括了：（1）“如何认识、如何争取老挝中立问题”；（2）“老挝的中立应是独立国家的中立”；（3）“斗争策略问题：要不要同帝国主义讨价还价”；（4）“一手还是两手的问题。这也是见面就争的问题”；（5）苏联要靠“美苏解决问题”，“苏联根本不想同美斗争”；（6）“以斗争求妥协，还是以退让求妥协”；（7）“老挝联合政府组成不了责任在谁”。关键是该报告最后特别指出：“最重要的是战略策略思想的分歧。和平共处路线以及一系列修正主义方针策略同我的分歧”。[①]

由于这份报告是由外交部负责亚洲事务的副部长章汉夫起草的，应该说一方面它基本反映了中苏在苏共二十二大的分歧在中国决策系统中的影响；另一方面也可以合理推断，其观点也会反过来影响中国决策者对苏联的印支政策的判断，尽管这种影响最初还不很明显。上述对老挝军事形势的判断以及如何控制住危机不要升级，这时在中国决策议程中仍然占据首位，而且中方代表在日内瓦会议上以及援助老挝反富米力量等方面，仍然与苏方保持着配合。只是随着之后中苏争论的尖锐化，中国决策层对苏联在老挝乃至印支问题上的怀疑日益深刻，直至断定苏联在与美国勾结和打着“中立化”的幌子，阻止老挝革命力量的进一步发展。[②]

此外，越南很快成为中国与苏联争夺的标的，争取越劳在愈演愈烈的中苏争论中站在自己这边，成为左右中国有关政策的一个重要因素。这种竞争是显而易见的，而且可以被证明就是中方一些外

① 《章汉夫同志报告日内瓦会议情况》，1962年1月6日，外交部档案馆：102-00100-01。

② 《苏联最近对东南亚形势的分析和看法》，1962年6月9日，外交部档案馆：106-01032-04；《对苏联与美国关系的分析》，1962年7月21日，外交部档案馆：109-02417-01；《周恩来总理、陈毅副总理与越南范文同总理谈话记录》，1962年8月27日，外交部档案馆：106-01386-01。

交行动的目的。[①] 这当然也同越劳在中苏争论中的表现有关，这期间，胡志明更积极主动地在中苏之间扮演调解人的角色，而且他的立场被中方认为是倾向中共中央的。[②]

越劳中央的这种变化同中国这时是越南的主要援助者而苏联不是，以及胡志明本人与中共领导人有更密切的关系等有关。当然，最重要的还是苏联与美国改善关系，客观上不利于越劳中央的南方政策。中方根据获得的诸多信息断定，正是苏美改善关系这一点，在越劳党内引发了对苏联的怀疑和不满。[③] 这些信息的确有很高的可靠度，它们不仅来自越劳高层，也来自中国使馆人员同越南一些基层或不同部门的人员间的交流。

胡志明等越劳领导人虽然表现出在日益加剧的中苏争论中是站在中国这边的，但在中方看来，他们的行动还是有些含糊不清。[④] 例如，在苏共二十二大期间，中方代表注意到，赫鲁晓夫在大会发言中批评阿尔巴尼亚时，中国代表团没有起立鼓掌，越劳领导人则

---

① 《中越友协代表团在越访问情况》，1962 年 9 月 10 日，外交部档案馆：109-03222-05，第 97—100 页。

② 中共中央研究室编、逄先知、冯蕙主编：《毛泽东年谱（一九四九——一九七六）》第 5 卷，北京中央文献出版社 2013 年版，第 39—40、48—50 页；吴冷西：《十年论战 1956—1966：中苏关系回忆录》（上册），北京：中央文献出版社 1999 年版，第 344—351、405—407、479 页。

③ 《关于苏共 22 大问题的反映》，1962 年 1 月 2 日，外交部档案馆：109-03222-05；《越南劳动党中央委员会主席胡志明对苏联共产党二十二大的看法》，1962 年 1 月 4 日，外交部档案馆：106-00661-06；《越方对苏共 22 大的反映》，1962 年 1 月 24 日，外交部档案馆：109-03222-05；《陈子平大使谈苏对南越斗争的态度》，1962 年 2 月 3 日，外交部档案馆：109-03222-05，第 78—79 页。

④ 《胡主席对 22 大的一些看法》，1962 年 1 月 4 日，外交部档案馆：106-00661-06，第 66—67 页；《对 22 大的一些反映》，1962 年 1 月 6 日，外交部档案馆：106-00661-02，第 68—69 页；《续报季托夫访越情况》，1962 年 1 月 23 日，外交部档案馆：106-00992-01，第 30—31 页。

选择了起立而不鼓掌。[①] 这样做当然要好于站起来鼓掌的朝鲜代表团，但毕竟还不够鲜明，其原因既有越劳领导人的认识问题，例如他们对赫鲁晓夫错误的认识正在转变中，还没有达到立场坚定不移；[②] 也是迫于越南的处境，他们担心公开反对苏共有可能会遭到类似 1960 年夏季赫鲁晓夫施予中国的制裁，越劳中央毕竟正在领导一场艰苦卓绝的战争。[③] 对于这一点，中方这时是予以理解并带有同情心的，而有效的办法难免会包括增加对越援助。

1961 年 11 月 14 日，毛泽东与参加莫斯科会议后途经北京回国的胡志明长谈，他系统地批评赫鲁晓夫的各项政策。邓小平当时也在座，他刚参与了之前与黎笋（Le Duan）的会谈。胡志明在会谈中曾提出“顺便再谈一谈南越问题”的建议，邓小平立即回答，“要做好南越革命斗争的工作，南越革命是长期的”，这是他与黎笋会谈时达成的共识。他还说“打”是需要的，“但要小打”，越军如攻占大城市，“美国就有可能出兵”。在谈到老挝形势时，周恩来批评了苏联“急于达成协议”。毛泽东随即强调说，打赢了“才能建立联合政府”，而且“最后还要打”，“联合政府是暂时的”。[④]

需要说明的是，中国领导人这时肯定还继续主张主要用政治方式结束老挝危机，毛泽东的与众不同之处是他明确提出，谈判结束老挝冲突是暂时的办法，所以他表示支持越军入老作战。不过，这

---

① 《越方对苏共 22 大的反映》，1962 年 1 月 24 日，外交部档案馆：109-03222-05，第 66—68 页；《苏共代表团访越情况》，1962 年 3 月 6 日，外交部档案馆：109-03222-05，第 84—86 页。

② 《陈子平大使与我馆个别同志谈话内容》，1962 年 1 月 29 日，外交部档案馆：106-00662-08，第 80—81 页。

③ 《对 22 大的一些反映》，1962 年 1 月 6 日；《越方正担心苏联撤退专家》，1962 年 1 月 27 日，外交部档案馆：109-03222-05，第 73 页。

④ 参见杨奎松：《毛泽东与印度支那战争》，载李丹慧主编：《中国与印度支那战争》，香港：天地图书有限公司 2000 年版，第 36 页；中共中央文献研究室编：《毛泽东年谱（一九四九——一九七六）》第 5 卷，北京：中央文献出版社 2013 年版，第 48—50 页。

不能用来证明他这时不赞成老挝停战，以及也不能由此推论中国领导人内部此刻在此政策上存在分歧。综合地看，以上的叙述并不能、也不是为了证明，越南问题已经在中国对外政策议程中占据重要地位，而这一点的确会影响中国领导人的决策质量。这期间，毛泽东等人的主要注意力放在中苏争论上，在同其他国家共产党代表的会谈中均未提越南问题。即使毛泽东与胡志明会谈中说了上述那些话，也是在胡志明提出要讨论南越局势和其他与会中国领导人介绍有关越南问题和中越会谈达成的共识之后，如此而已。

从实际情况看，中苏竞争最直接的影响还不是越劳对中苏分歧的复杂态度，而是苏越关系出现改善的势头。恰逢1962年夏季，苏联突然向越劳领导人表示，苏联将支持他们的南方战略转变，其原因当然有待深入研究予以确认，但无论如何，重要的是越方就是这样认为的，他们的判断当然会影响到南方战略的转变。

7月中旬，胡志明访问了莫斯科。之后他告诉中方，苏联已经同意了“我们关于南越革命的方针路线，也答应给予援助”。外交部的有关报告说，他的兴奋之情溢于言表。[①] 武元甲、长征（Truong Chinh）等随后也访问了苏联，时间长达15天，目的是解释越劳中央的南方战略，以获得苏联的理解和支持。[②] 可以设想，在中苏已经存在竞争关系的背景下，中国领导人难免会采取措施来进一步密切同越方的关系，包括更明确和积极地支持越劳的南方战略，并提供与之匹配的各种援助，等等。

与中苏争论几乎同步发生的是，毛泽东根据对1956年以来美苏对抗缓解、两个阵营内部发生危机和反殖民主义运动发展等的观

① 《越南统一委员会一司长谈苏联同意关于南越革命的路线》，1962年7月21日，外交部档案馆：106-01002-12，第1页。

② 《越南驻华大使陈子平谈苏联情况》，1962年8月15日，外交部档案馆：106-00992-02，第41—43页。

察、分析和概括，形成了一套逐步丰富而又十分独特的对外政策思想或理论，它包括了对世界政治形势、基本格局、力量对比和分布、发展前景、战争、和平与革命的相互关系等的再定义。这反映在两个关键论述之中。

其一是世界处于“冷战共处”状态，这是 1960 年 5 月 27 日，毛泽东在上海会见英国元帅蒙哥马利（Bernard Montgomery）时提出的。根据他的阐述，所谓“冷战共处”是针对战争与“和平共处”而言的独特状态，其间包括“双方剑拔弩张，有局部战争”，当然“也不是一直很紧张”，基本上可以确定为是“两次世界大战中的间歇期”，即类似一战和二战之间的那个历史时期。[①]

其二是“第二中间地带”思想，其重要性是为中国以国际统一战线为主要内容的世界革命战略，提供了一个新的理论依据。毛泽东经过一段观察后，进一步发挥了他对“中间地带”的内涵的想象和论述，将“中间地带”分为两个部分：“一个是亚、非、拉”，“一个是欧洲”加上日本、加拿大等“强大的资本主义国家”。“第二个中间地带”的国家的共同点就是“对美国不满意，对苏联也不满意”。[②] 根据这一认识的逻辑，它们在特定时期和为了专门的目的，是可以成为中国的借用力量的。这个理论为中国调整对外政策、更现实地处理与一大部分西方国家的关系等，提供了非常大的回旋余地，最直接的后果就是导致了 1964 年 1 月 27 日中国与法国建交。

---

① 毛泽东：《同蒙哥马利元帅谈国际局势》，1960 年 5 月 27 日，载中华人民共和国外交部、中央文献研究室编：《毛泽东外交文选》，北京：中央文献出版社、世界知识出版社 1994 年版，第 421—422 页；吴冷西：《十年论战 1956—1966：中苏关系回忆录》（上册），北京：中央文献出版社 1999 年版，第 271 页。

② 毛泽东：《中间地带有两个》，1963 年 9 月，1964 年 1 月、7 月，载中华人民共和国外交部、中共中央文献研究室编：《毛泽东外交文选》，北京：中央文献出版社、世界知识出版社 1994 年版，第 506—509 页。

“冷战共处”和“中间地带”等是毛泽东各种关于世界革命的宏大论述中，同对外政策实践联系比较紧密的思想，它们经反复解释和充实，最终成为转变中的中国对外战略的指导原则。就理论论述的逻辑而言，这些思想对政策的导向既有支援世界革命的成分，也包含了应避免卷入大规模战争，当然也有不怕和准备应付大规模局部战争的内容。关键是在对外政策实践中，它们实际上会为其中哪一种倾向提供理论支持。这往往同特定阶段的政治形势有关，而1962年夏恰恰是中国对外政策革命化的重要节点。

苏共二十二大之后，由中苏争论引发的中国领导人对世界政治论述的革命化等，很快开始向对外政策领域传导。这在有关部门引起了争论，比较突出的是中共中央联络部的建议。时任中联部部长的王稼祥从2月开始，向中共领导人提交了该部研究形成的一系列报告，内容涵盖了对外政策的许多重大且基本的问题，其中有两点与本文直接有关。其一是王稼祥等在报告中提醒，理论争论紧张的时候，容易忽视斗争的“过火”，而且理论争论的逻辑会将人的认知导向荒谬的境地。其二是他们明确重申了1956年中共八大提出和随后持续执行的和平外交方针，并提出要防止被苏联推到反美第一线，避免在印支再打一次“朝鲜式的战争”。[①] 在当时背景下，这些观点显然有很强的针对性，而且饱含堪称睿智的见解。可惜在8月召开的中共八届十中全会上，王稼祥被指责主张“三和一少”的修正主义外交路线，并最终辞去了中联部长的职位，纠正外交革命化的最后机会就这样消逝了。

中国对外政策革命化推动了对越政策的转变这一点，也可以证

---

① 前引张沱生：《难能的探索，可贵的努力——试论王稼祥对党的国际战略思想的贡献》，载国际战略研究基金会编：《环球同此凉热——一代领袖们的国际战略思想》，北京：中央文献出版社1993年版，第176页；杨奎松：《毛泽东与印度支那战争》，载李丹慧主编：《中国与印度支那战争》，香港：大地图书有限公司2000年版，第37页。

明。中国从应对印支局势开始，就没有将其仅仅视为一个地区的问题，它至少也是与东南亚地区形势——不仅是安全局势，而且越来越多的是与地区革命形势——联系在一起。老挝危机发生后，中国领导人即认为“东南亚是多事之秋”，老挝问题解决得好，“东南亚就会起变化”。毛泽东在会见范文同时重申了越南是社会主义阵营的“南方前线”的观点，非常清楚地说明了越南处在“我们的南方前线，处在社会主义阵营前线”，越劳不只是“在南方领导革命斗争；你们还有帮助老挝、柬埔寨、泰国和马来西亚发展革命的任务”，中国和全世界都在感谢越南，并有义务予以帮助。[①] 1962年夏天，中国领导人更加强调援越的宏大意义。周恩来在会见范文同时说，越劳的革命责任“不仅是南越，还有东南亚一大片地区”。[②] 换句话说，越劳也应将南方斗争同东南亚革命联系起来。

1963年，中国领导人关于世界革命的思想在很快兴起的外交革命化大潮中迅速发酵。特别是在当年夏季，中苏大论战爆发，中共中央正是在与苏共中央展开“理论争论的逻辑”中，建构起一整套有关“世界革命”的宏大论述。[③] 与此同时，中国展开一场全面支持和援助“亚非拉”革命的外交行动，其声势可谓轰轰烈烈。最显著的首先是刘少奇当年春季对印度尼西亚、缅甸、柬埔寨和北越等四国的访问；之后是周恩来密集出访亚非13国和全力推动召开第

① 《毛泽东主席会见越南总理范文同谈话纪要》，1961年6月13日，外交部档案馆：204-01445-04；《周恩来总理、张宗逊副总参谋长等同苏发努冯亲王的谈话记录》，1961年7月3日，外交部档案馆：106-00612-02。

② 《周恩来总理与范文同总理谈话纪要》，1962年8月28日，外交部档案馆：106-01394-14，第1—4页。

③ 《关于国际共产主义运动总路线的建议：中国共产党中央委员会对苏联共产党中央委员会一九六三年三月三十日来信的复信》，1963年6月14日，《人民日报》1963年6月17日。

二次亚非会议。[①] 根据在国内革命和建设中"树立典型""由点带面"的经验，中国领导人在不同地区选择了几个重点支持的"革命典范"。欧洲是阿尔巴尼亚自不待言，非洲则是阿尔及利亚，拉美是古巴，在亚洲当然非越南莫属。相比较而言，民解武装更具代表性。他们正同美军进行直接和强度不断升高的军事斗争，这是其他国家和地区革命运动所没有的突出特点，而且越南离中国很近，所以提供援助有地利之便。

结果是民解武装斗争被赋予了越来越重大的世界意义。在中国的有关论述中，"越南革命也是十月革命的继续"，北越"坚定地守卫着社会主义阵营的东南前线"，南方民解武装斗争是"世界被压迫民族和被压迫人民争取解放的一个光辉的榜样"，等等。[②] 特别是民解武装同时也被称为是革命、反帝、民族解放、走中国革命的农村包围城市道路等的全方位的模范。毛泽东尤其看重的是最后一点，他曾因此主张其他共产党派人去越南取经，以及中国也要认真研究民解武装斗争的成功经验，因为那里的"游击战争搞得那样好"。[③]

或许，只有将这种评价同中共中央几乎同时发表的《关于国际共产主义运动总路线的建议》中有关时代、世界革命、民族解放运动、武装斗争道路等系统性论述结合在一起，才能更准确地理解将越劳南方战略定义为"十月革命道路的继续"这一点，对中国之后

---

① 可参见李潜虞：《从万隆到阿尔及尔——中国与六次亚非会议》，北京：世界知识出版社 2016 年版。

② 《刘少奇主席在越南国宴上的讲话》，1963 年 5 月 10 日，《人民日报》1963 年 5 月 12 日；《刘少奇在阮爱国党校欢迎会上的讲话》，1963 年 5 月 15 日，《人民日报》1963 年 5 月 16 日；《刘少奇主席和胡志明主席联合声明》，1963 年 5 月 16 日，《人民日报》1963 年 5 月 17 日。

③ 中共中央研究室编、逄先知、冯蕙主编：《毛泽东年谱（一九四九—一九七六）》第 5 卷，北京中央文献出版社 2013 年版，第 358 页。

政策的影响到底有多大。由此产生的一个无法回避的问题是，中国如此定义民解武装斗争真的是恰如其分的吗？以及是否可以作这样的推论：对民解武装斗争的本质的这种认识，就是若干年后中国对印支政策出现意想不到的转变的重要原因，至少也是重要原因之一。毕竟越劳领导人与中国领导人的认知是有明显差异的，他们认为越南人主要就是在打赢一场国家统一战争，而不是为了推动世界革命高潮的到来，不论他们的对手是谁。

与上述认识和宣传的激进化相匹配的是政策和行动，包括通过与越劳的高层访问、协调军事战略和增加军事援助，等等，它们将援越推向高潮。首先最具标志性的事件是 1963 年 5 月 10—16 日，时任中国国家主席刘少奇访问河内。这是中国最高层级的国家领导人访问，特别是刘少奇本人长期负责领导处理中共中央与各国共产党的党际关系，包括与越劳的关系，尤其是“援越抗法”政策的直接制定者，他出现在河内的意义非同寻常。

刘少奇在访问期间对“援越”做出了新的承诺，即诸多论著中都引用了的那句，“打起仗来，你们可以把中国当成你们的后方”。[①] 显然，中国领导人决定大幅增加对越军援时，已经考虑到一旦战争升级甚至扩大到北越的后果，而他们选择的介入方式包括了向北越提供一个巨大的“庇护所”。由此观之，在如何避免“朝鲜式的战争”的问题上，中国的政策这时的确在发生变化，不过这种承诺不仅表示中国将更积极支持民解武装斗争，也可以理解为中国不会像“抗美援朝”那样“抗美援越”。

还有必要更深入地阐述刘少奇访越的复杂背景，这对更准确理解其在中国政策形成中的至关重要的地位。以往论著对刘少奇这次

① 参见韩念龙主编：《当代中国外交》，北京：中国社会科学出版社 1988 年版，第 159 页；王泰平主编：《新中国外交 50 年》（上），北京：北京出版社 1999 年版，第 162 页。

访越的解读过于简单化了，这会使读者误以为他专为宣布援越而去。首先，中国领导人这阶段做类似可把中国“当成你们后方”的承诺，并非只对越南一家。他们几乎同时也向朝鲜方面表示过，“有大战”时对方可利用中国东北作为基地，甚至“要我们出兵我们出兵”，武器“无代价供给”、财政“尽可能地充分援助”，等等。正如毛泽东当时对朝鲜一个新闻代表团成员所说的，如果要朝鲜还钱，那就“不是国际主义”了。[①] 当年 9 月，刘少奇也以国家主席名义首次访朝，时间长达 15 天之久，超过访问河内的时间。以上情况至少表明，刘少奇访越期间的新承诺其实是一项更大计划的一部分，而非只是特惠于越劳中央的，而且对越劳中央的新承诺还未达到同时对朝鲜承诺的水平。

另根据官方编写《刘少奇传》叙述，刘少奇从 5 月 11 日到 15 日与越党政领导人的会谈，被概括为“连续举行会谈，交换对当前国际共产主义运动的看法”。[②] 这也能部分说明，刘少奇访越的目的至少不限于、甚至主要不是讨论援越。

2 月 11—28 日，中共中央在北京召开工作会议，中苏关系是讨论的重点之一。与会者在讨论中甚至谈到了苏联会否入侵中国的问题，以及提出一旦出现那种事件，中共“无非是退出北京，退到山沟里面去，退到延安去就是了”，等等。[③] 这虽然不是主流意见，但多少反映了中共高层里存在一种令人吃惊的不安与炽热的敌对气氛。会议期间，刘少奇点名批评胡志明“动动摇摇”，“历来右倾”，想当“超阶级超党派的全民领袖”，以及未来是搞社会主义还是搞“资产阶级共和国”也不决定，等等。他会后访越的首要目

---

① 参见中共中央研究室编、逄先知、冯蕙主编：《毛泽东年谱（一九四九——一九七六）》第 5 卷，北京中央文献出版社 2013 年版，第 212 页。

② 金冲及主编：《刘少奇传》（下），北京：中央文献出版社 1998 年版，第 940—941 页。

③ 参见吴冷西：《十年论战 1956—1966：中苏关系回忆录》（下册），北京：中央文献出版社 1999 年版，第 537 页。

的是说服越劳领导人，改变在“反修斗争”中的暧昧态度，明确坚定地站在中国一边。

刘少奇通过这次访问后认为，与越劳领导人的会谈是很有成效的，双方从未“这样系统”的交换意见，而黎笋明确表达对苏共不满，称赫鲁晓夫是“一个极端危险分子”。5月29日，刘少奇在北京与到访的朝鲜领导人的会谈中，向后者介绍了访越情况，包括他认为当时越劳中央同苏联斗争还不够坚定，以及党内存在分歧；他们不希望与苏联破裂，以及有人同意苏联关于政治解决南越问题的主张。他在与越劳领导人内部会谈中批评了这些观点之后，“越南同志的态度不错”，同意对苏联“要准备破裂”，等等。①

5月上旬，就在刘少奇出访期间，毛泽东召开一次政治局常委扩大会议，讨论确定了给苏共中央复信即后来定名为《关于国际共产主义运动总路线的建议》的内容，那篇文献成为指导与苏共论战的纲领性文件。中共中央随即开始向朝鲜和越南两党征求意见。

6月4日，毛泽东等中国领导人会见黎笋率领的越南代表团，向后者着重阐述了与苏共中央在理论和历史等领域的分歧。毛泽东在反对“赫鲁晓夫修正主义”这个总论题下明确提出，在南越“搞政治斗争不搞武装斗争”不对，“只小打不大打”不行，以及越劳领导印支革命的担子很重，例如老挝就“关系东南亚和世界被压迫民族”。其间邓小平特别强调，不要怕苏联“逼债”，中国就是这样挺过来并取得了进步，而中国援越“军火是根本不要钱的”。毛泽东补充说，对苏联要“少借点”，中共靠自力更生打赢了内战，

① 《刘主席与黎笋同志谈话纪要》，1963年5月14日，外交部档案馆：203-00571-01，第15—19页；中共中央文献研究室编：《毛泽东年谱（一九四九——一九七六）》第5卷，北京：中央文献出版社2013年版，第230—231页。另参见吴冷西：《十年论战1956—1966：中苏关系回忆录》（下册），北京：中央文献出版社1999年版，第571—572页；杨奎松：《毛泽东与印度支那战争》，载李丹慧主编：《中国与印度支那战争》，香港：天地图书有限公司2000年版，第38—39页。

所以“你们会搞好的”。黎笋当即表示赞成武装斗争，另外他还说，苏联内部意见也不一致，军方也支持武装斗争，等等。[①] 毛泽东这次谈话可谓一锤定音，1962 年夏季开始的政策转变再一次被强化。显然，此时在推动南越武装斗争方面，中国看上去比越劳中央更积极、更坚决。

援越大幅升级也同中越军事合作已经获得的进展有关。国家关系中一种“联系机制”的形成，通常会导致“箭在弦上，不得不发”的所谓决策困境。根据间接来源的数字，1963 年 8 月 2 日，中越两军经协商签订了《中国援助越南的武器装备和后勤四年规划》；11 月 9 日，中共中央致电越劳中央予以批准。根据这项规划，中方将在 4 年内向越方提供价值 3 亿元人民币的各种军事援助；到 1964 年底，中方提供的军事援助可以装备越军 46 个步兵师约 53 万人。[②] 如能将这时援越的数量同对他国同期的援助数据相比较，或许可以对其含义做出更准确的解读。

从南越战场形势看，1963 年年初，进入南方的越军人员正在北邑和新泰部署精锐部队以发动新战役，而中国的支持和援助正逢其时。在刘少奇访越之前的 3 月和他访越之后的 9 月，中越两军参谋长互访。双方讨论的重要内容就是一旦地面战争扩大到北越，两军如何配合作战。[③] 当然，详情需要有关档案开放才能进一步确认和给予分析。可以断定的是，他们此次达成的军事援助协议必定是同

---

① 参见吴冷西：《十年论战 1956—1966：中苏关系回忆录》（下册），北京：中央文献出版社 1999 年版，第 574—576 页。

② 《中国人民解放军军史》编写组：《中国人民解放军军史》第 5 卷，北京：军事科学出版社 2011 年版，第 426 页；另有间接资料统计，其中 1962 夏季到 1964 年，中国提供的武器装备中有各类枪支 9 万余支，火炮 446 门，枪弹 2103 万发和炮弹 7.64 万发，参见李可、郝生章：《“文化大革命”中的人民解放军》，北京：中共党史资料出版社 1989 年版，第 409 页。

③ 参见韩念龙主编：《当代中国外交》，北京：中国社会科学出版社 1988 年版，第 159 页；王泰平主编：《新中国外交 50 年》（上），北京：北京出版社 1999 年版，第 162 页。

军事战略和作战计划相匹配的，中方增加对越援助已经是欲罢不能了。

8月29日，经与越南领导人协商后。毛泽东本人公开发表《反对美国—吴庭艳集团侵略越南南方和屠杀越南南方人民的声明》，支持越南南方武装斗争。[①] 这是中国最高级别的政治姿态了，毛泽东所修改处是将原文“南越”改为“越南南方”，以便更鲜明地表达支持越劳统一南方的态度和立场。[②]

不过即使在6月会谈之后，中国决策层仍在坚守不直接参战的底线。9月22—24日，周恩来、罗瑞卿等秘密前往广东从化，参加中、越、老和印尼四国共产党领导人会谈，阐述对东南亚革命的看法和协调各方的行动。周恩来在会谈中说，美国尚难大规模军事干涉，而中国“会以最大努力来支持东南亚各国的反帝斗争”。关于越南形势，他说要“做好长期战争的打算”，中国“将是可靠的、值得信赖的大后方”。胡志明当时表示，“不要说5年、10年，要打，即使20年、30年甚至50年，也要打”。[③] 从披露出来的这些谈话内容可以合理推断，这时中越军事协调虽然在加强，但并不包括中国派遣军队，否则胡志明不必如此夸张地叙述战争的持久性。从后来的发展看，直到1964年8月北部湾事件爆发之前，中国援越继续保持在只提供物质援助和政治支持的框架内。

---

① 毛泽东：《反对美国—吴庭艳集团侵略越南南方和屠杀越南南方人民的声明》，1963年8月29日，载中共中央文献研究室编：《建国以来毛泽东文稿》第10册，北京：中央文献研究室1996年版，第552—554页。

② 广西社会科学院编：《毛泽东与胡志明》，北京：世界知识出版社2008年版，第200页。

③ 童小鹏：《风雨四十年》第2部，北京：中央文献出版社1997年版，第219—220页；《凯山同志继续回答问题记录要点》，1963年9月24日，外交部档案馆：106-01425-01，第1页；《凯山同志介绍老挝情况第四次会谈记录》，1963年9月24日，外交部档案馆：106-01425-01，第2页；《凯山同志介绍老挝情况第五次会谈记录》，1963年9月24日，外交部档案馆：106-01425-01。

第四节　援越革命

越南战争在1964年8月北部湾事件后急剧升级，使中国援越政策面对新的挑战，其核心就是是否承诺军事介入，而中国决策层最终选择了向北越派出支援部队。如前所述，诸多论著均认为，援越政策的这一重大变化是因为美国轰炸北越严重威胁了中国的安全。这是有道理的，特别是根据事态演变的时间顺序，可以大致看出它们之间明显的关联度。但这种解释还不是够充分和不够深入的，有必要分析各种基本因素的变动之后，才可以得出更确切的结论。

1963年秋季，南越形势出现剧烈震荡。首先是南越政权陷入政治危机。11月2日，吴庭艳本人在一次政变中被杀。新领导人很快被证明难以掌控局势，而美国深度介入了南越政权的这场混乱，从而陷入后来被证明是作茧自缚的困境。其次是发生了极具戏剧性的事件，即11月22日，肯尼迪总统被暗杀。接任的约翰逊（Lyndon Johnson）总统很快选择将战争扩大到北越，美军亦着手制订了计划，在南越大幅增加地面部队、空中轰炸近百处北越军事目标，以迫使北越停止向南军事渗透。

在此关键时刻，11月下旬，越劳中央秘密召开三届九中全会，评估了南越政变后的形势，并最终决定大幅加强南方的斗争，特别是军事斗争。越劳领导人在会议发言中说："越南革命是世界革命运动不可分割的一部分"，"要保卫和平，就十分需要大力推动南方的革命"，北越须加强援助民解武装斗争，并为此大幅调整北方建设计划。[1] 他们非常详细地评估了南方的局势，尤其是美国军事干涉的可能性、规模和特点。他们的主要看法包括：(1) 加强南方的武装斗争将导致美国继续进行“特种战”、甚至扩大为“局部战争”等两种可能性，而他们所说的“局部战争”的标志，就是在南越与民解作战的部队将是以美军为主或以其他美国盟国的军队为主。(2) 不论出现哪种形式的美国军事介入，南越的战争转变为世界大战是不可能的，而且即使发生局部战争也很可能只限于南方，不会扩大到北方；越劳只要采取“明智的战略”，善于利用敌人内部各种矛盾，不论面对哪种战争形式，都会取得最后胜利。(3) 当前南方战场处于“过渡时期”，改变敌我力量对比的主动权“掌握在我们手中”，越劳的战略是在政治、军事和外交三条战线展开斗争。[2] 这次会议的决定标志着越劳南方战略完成又一次重大转变，1964 年春季开始，越劳展开大规模动员，并将成建制的主力部队调入南越发动攻势作战。[3]

越劳中央的新战略导致其盟友面临需要提供更多援助的压力，至于中国，派遣作战部队的问题被提上讨论日程。1964 年 1 月末，黎笋率团访苏途经北京期间，与中国领导人讨论了战略方针和军事援助等问题。他们显然获得了中国的支持，最重要的是中方承诺，如果北越遭到美军的进攻，中国将不会“置身事外”。不过这种表述仍然可以被认为是模糊的和留有余地的，中国领导人这时还没有

---

① 参见［越］黎笋：《我党国际任务中的若干问题》，1963 年 12 月，载《兄弟国家和兄弟党报刊材料》1964 年 2 月 29 日，第 24—44 页。

② “Assesment of The Ninth Balance of The Power, The Capability for Development and Prospects of The South Vietnam People's Revolution Movement,” Gareth Porter, ed., *Vietnam: The Definitive Documentation of Human Decision*, Volume 2 (Stanfordville: E. M. Coleman Enterprises, 1979), pp. 223-227; Michael Hunt, ed., *A Vietnam War Reader: American and Vietnamese Perspectives* (New York: Penguin Books, 2010), p. 63.

③ 参见资中筠：《战后美国外交史——从杜鲁门到里根》（下册），北京：世界知识出版社 1994 年版，第 542—543 页。

打算直接在印支用兵。毛泽东在一次会谈中告诉黎笋，中国内部对是否出兵老挝存在不同意见，他的意见是以北越“为主”，而且越军也应保持谨慎。黎笋当时答称，中越两军已协商过，由越军进入老挝作战。[①] 中国不直接出兵老挝的原因如前述，主要是避免引发美军直接介入，以致引发中美战争。

由于得到主要是来自中国的支持和援助，越劳中央更坚定了他们的决心，即使面临美军更大规模的介入，也要将战争进行下去。随着民解武装频频发动攻势，南越战事急剧升级。其结果之一是美军介入的大幅升级，约翰逊政府之后不断公开发出战争威胁，美空军亦开始空袭老挝境内的北越交通线，中国驻上寮康开的经济文化代表团曾因此被炸，造成了中方人员1死5伤。[②] 南越政权也扬言，将配合美军空中行动向北方“进军”，南越军队对北越的军事袭扰已经展开。7月间，局势已经十分紧张。约翰逊政府一面通知南越政权，美军已获权空中轰炸北越的目标；一面通过各种方式警告北越停止军事行动，否则将遭空袭。

对于北越即将遭美军空袭，中国最初的反应仍然不能说是简单明了的。从春季开始，中国决策层明显在鼓励越劳中央在南方和老挝积极采取军事行动。除了不断增加各种类型的援助，尤为重要的是他们一再向越方表示，中国将承担义务保卫北越的安全，甚至不惜参战。最突出的是6月24日，毛泽东会见文进勇率领的越南军事代表团时，明确阐述了两个观点：第一是越方不必担心大打，“打得不疼不痒，不好解决问题，索性闹大了，好解决问题”，“革命力量越打越大，反革命力量越打越小，问题才能在较好的条件下解决”；第二是中越“无条件共同对敌”，“对南方战线，我们也应

① 《毛主席同越劳访苏代表团谈话纪要》，1964年1月30日。

② 《我驻康开代表团被美机轰炸及与越、寮两国交换意见情况》，1964年6月11日，外交部档案馆：106-01450-02。

做好准备”，“不能像朝鲜战争时那样，要准备得更够、更好”。[①]这是中国最高决策者在向越方确认，中国将在美军进攻北越的情况下参战。在谈到参战时，与会的刘少奇曾提示，还有“美国飞机来轰炸”但不进攻北越的可能性，毛泽东没做清楚的回答，而事实证明这才是后来中国需要处理的最现实的政策问题。

中国继续支持越劳新南方战略并加强援助等，反对美国加强军事干涉固然是重要原因，但对苏斗争升级和外交激进化加剧是更重要的背景。首先是中苏论战正处于高潮，中国领导人已经在考虑不惜与苏联破裂，并开始在外交口传达这一精神。1963 年 12 月 18 日，刘少奇在会见一个阿尔巴尼亚代表团时说，国际共运早晚要分裂，“与修正主义分裂，在某种条件下是必要的。相反，不分裂反而对世界革命不利”；“全世界有马列主义的政党，那时再开个国际会议，通过我们的纲领，批判赫鲁晓夫的修正主义纲领，到那时就成熟了”。[②] 中共中央将与苏联论战视为战略优先，理论争论的逻辑也在逐步扩展到国内政治中，更何况对越政策。中国领导人既然将越劳视为反修阵营的重要成员，就难免要为保持援越的一贯性而增加援助。

越劳三届九中全会结束不久，黎笋即率代表团访苏，其结果对越劳中央的新战略而言是消极的。如前述，越劳三届九中全会确定的战略目标非常明确集中，一切为了国家统一；当前是“过渡时期”，主要任务是通过政治、军事和外交三条战线的斗争来争取优势，因此外交的成败是决定新战略成败的关键因素之一。越劳代表

① 毛泽东：《中越两党要共同对敌》，1964 年 6 月 24 日，载中共中央文献研究室、军事科学院编：《建国以来毛泽东军事文稿》（下卷），北京：中央文献出版社、军事科学出版社 2010 年版，第 236—242 页。

② 《刘少奇主席和中央领导谈国际共运、德国统一以及美国与苏联关系问题》，1964 年 2 月 11 日—1964 年 7 月 8 日，外交部档案馆：109-03473-01，第 1—2 页。

团访苏可以说是贯彻新战略的第一个重大外交行动，而苏共中央的消极态度严重损害了越方战略利益。根据中方获得的信息，苏方不仅没有给予积极的支持和援助，甚至批评越劳新战略是“冒险主义”。① 1964年2月6日，在苏越第一次峰会中，越方向苏方介绍了九中全会决议。结果在会谈中间休息时，苏方列席人员竟走了一大半，而越方还一度决定，不与苏方发共同声明，因为双方没有“共同观点”。② 2月15日，苏越还是共同公布了一个两党会谈公报，不过当天的越劳《人民报》发表重要社论，在表达感谢苏共支持南方“正义斗争”后说，“这一表示变成具体行动”就会“成为宝贵的贡献”。③ 越方的不满之意或是期待已跃然纸上，这至少也证明了，他们对苏联的访问并没有得到实惠。

越劳九中全会上原本就存在对新战略的争论，在会议结束后，越劳中央立即在党内展开大规模宣传教育，而苏越会谈的结果进一步促使越劳中央将反对党内右倾机会主义与反对国际修正主义结合起来。越劳机关杂志《学习》连续发表长篇理论文章，一方面批判党内的“右倾机会主义”；另一方面不点名地批评赫鲁晓夫“修正主义”是对列宁主义的背叛，强调“世界革命的正确战略是政治上的战略进攻”，亚非拉是“一个革命的烘炉”，毛泽东思想和中国革命经验是对列宁主义的继承和发展，是亚非拉革命运动的“范例”。④

---

① 《越南苏联两党会谈情况》，1964年2月8日，外交部档案馆：106-01161-04，第11页。

② 《越南苏联两党会谈情况》，1964年2月8日，外交部档案馆：106-01161-04，第5—6页。

③ 《为在马克思列宁主义和无产阶级国际主义基础上加强越苏团结和国际共产主义运动而奋斗》，《人民报》1964年2月15日；《兄弟党报刊资料》1964年2月16日，第8页。

④ 《力量对比和战略进攻》，《保卫世界和平的正确道路》，《和平与革命》，载《兄弟党报刊资料》1964年2月8日，第3—12页；《兄弟党报刊资料》1964年2月12日，第8页；黎笋：《加强思想战线以巩固党》，《人民报》1964年2月3—5日，《兄弟党报刊资料》1964年2月25日，第2—12页；《发扬党的团结一致的传统，从思想和组织上加强党建工作》，载《兄弟党报刊资料》1964年2月28日，第3—7页。

如果比较这个时期（1963—1964）中共中央与苏共论战的“九评”文章，可以看出越劳中央上述反修论述不论在观点、逻辑，还是使用的语言等方面，与中共中央都是一致和一样的。尤其是文章中“不能把和平共处当作社会主义国家对外政策的总路线”这句，几乎是复制毛泽东和中方在中苏论战中的核心观点。这相当于是越劳中央公开明确地站在中共中央一边参与论战，中方的回应可想而知，增加援越愈发势在必行了。

在此之前，中方已经在评估越劳中央对中苏论战的态度，认为越劳对反修斗争的认识正在达标，他们在一些重要活动中“立场正确，高举了反帝反修的旗帜，批判了赫修集团的观点”；① 在处理越苏经济关系中“提高了警惕，不上圈套”，这是“出现的新现象”。② 2月25日至28日，越劳代表团刚结束访苏，邓小平、康生和方毅等随即前往河内举行两党会谈，讨论反修和援越。这次访问本身就是对越劳新战略的重要政治支持，特别是会谈一开始，中方就表示赞成北方“建设一套相当完整的自主经济体系”，并为此“提供更多的有系统的援助”。③ 随即开始的大规模援助33个项目以及其他内容丰富的商品贸易援助等，极大减轻了越劳将经济建设转向为新南方战略服务的负担。越方对中方评价甚高，说是帮他们“建立起一个自力更生的物资基础”，而且“更大的是中国党对越南党的关心”。④

中国大幅增加援越和主动给予政治支持，也是为了进一步坚定

① 《越庆祝十月革命节的情况》，1963年11月11日，外交部档案馆：106-01079-05。

② 《越苏贸易谈判情况》，1963年11月14日，外交部档案馆：109-03351-03。

③ 《驻越使馆关于1964年第一季度中越两国关系报告》，1964年4月1日，外交部档案馆：106-01175-01，第18—25页；中共中央文献研究室编：《邓小平年谱（一九〇四—一九七四）》（下），北京：中央文献出版社2009年版，第1800—1801页。

④ 《黄文欢谈我援越意义》，1964年3月27日，外交部档案馆：105-01150-09，第93—94页。

越劳中央的反修立场。中方对越劳代表团在2月访苏中的表现虽然评价甚高，但还是有不满意之处的，特别是认为越方最后还是同意发表苏越共同公报，这就是给苏“抹粉”。2月29日，在与到访的金日成会谈中，中国领导人曾提到，黎笋在莫斯科主张与苏联“要干到底”，但越劳中央的决定是对苏“要缓和一段”，这说明越劳“内部不一致”。① 此外，中方从越劳中央统一部获得的信息也显示，苏联在“收买越南干部、反对越劳九中全会决议”。② 中方此刻采取积极援越的行动，有利于而且实际上也极大拉近了双方关系。根据驻越使馆评估，越劳九中全会以来是中越“最密切的时期”，“特别是北京已成为世界无产阶级革命中心的这一事实”，展现了对越南人民的“吸引力”，“他们以到过北京为最大的幸福”，等等。③

不过这里还是需要说明，中方的努力并没有也不大可能根本改变越劳九中全会关于维护中苏“团结”和越苏关系的既定政策，这项政策毕竟反映了越劳新南方战略的实质性需求。黎笋曾用形象的话，非常生动向越军干部解释了对苏政策：“反修斗争好比是在一个玻璃瓶里打臭老鼠，一定要把臭老鼠打死，但要打的巧，不要把玻璃瓶也打破了”。④ 越劳中央的这种策略其实是此时中越关系中一个相当深刻的隐忧。

与中苏论战激化同时，中国推动亚非运动的行动进入新的高潮。1963年12月到1964年2月，周恩来先后访问亚非13国，目

---

① 中共中央文献研究室编：《邓小平年谱（一九〇四——一九七四）》（下），北京：中央文献出版社2009年版，第1801—1802页。

② 《苏馆收买越劳干部的做法》，1964年3月27日，外交部档案馆：109-03534-4，第4—5页。

③ 《驻越使馆关于1964年第一季度中越两国关系报告》，1964年4月1日，外交部档案馆：106-01175-01，第18—25页。

④ 《越苏会谈趣闻二则》，1964年3月2日，外交部档案馆：106-01161-04，第17—18页。

的是强化中国在亚非运动中的影响力，扩大反美反苏国际统一战线。中国代表团一方面加强对亚非国家援助，相继提出对“阿拉伯国家和非洲国家关系的五项原则”和“对外经济技术援助的八项原则”，树立中国优越于其他大国的道义形象；[①] 另一方面是推广中国革命经验，争取引导新独立的非洲国家走更坚决的、甚至是快速向社会主义过渡的道路，而这方面的交往反过来又使中国代表团确信，“非洲正处在革命高潮中”，“非洲的形势是一片大好的革命形势”。[②] 在这之后开始贯彻的积极推动召开第二次亚非会议的政策，将“反对美帝，支持越南”列为“当前外交活动的主题”，要“突出反美，造成声势”，将会议办成“审判美帝的讲坛”，当然还有不使苏联的破坏“得逞”，等等。[③] 中国实际上是开辟了新的战线，而援越即是推动亚非运动的重要动力，也是越来越重要的内容，尤其是成为中国反帝最坚决、最彻底、最有说服力的象征。

7月5日至8日，应老挝人民党的建议，周恩来率团前往河内参加中越老三党会议。他在发言中将东南亚定义为“世界矛盾最集中，斗争最尖锐，革命条件最成熟的地区”，不论美国采取何种方式扩大战争，中国“必将出面支持东南亚人民的斗争”，原则是

① 周恩来：《中国处理同阿拉伯国家和非洲国家关系的五项原则》，1963年12月12日；《对外经济技术援助的八项原则》，1964年1月15日，见中华人民共和国外交部、中央文献研究室编：《周恩来外交文选》，北京：中央文献出版社、世界知识出版社1990年版，第387—389页。

② 《关于周恩来总理出访亚非十四国访问报告大纲（原批件）（内部未定稿）》，1964年6月17日，中国外交部档案馆：203-00607-01。

③ 《亚非会议的斗争形势外交通报第95期》，1965年6月18日，外交部档案馆：107-00933-01，第38—39页。

“美国走一步，中国走一步，美国出兵，中国也出兵”。[①] 由于南越和老挝的斗争被赋予如此广泛的意义，中国出兵的承诺被置于支援东南亚革命的逻辑与语境之中等，均非偶然。这之后不久，中国开始着手向所谓“左派兄弟国家、兄弟党和友好国家”通报东南亚和越南形势，并将这些党和国家分为三类，分别通报不同内容。第一类是“越南、巴特寮和朝鲜——需要以最迅速方式及时告知”；第二类是“阿尔巴尼亚、古巴、罗马尼亚、印尼共、日共，可视情况每二、三天或一星期通知一次”；第三类是“亚非友好国家，目前考虑主要是柬、缅、印尼、巴基斯坦、阿尔及利亚、几内亚、马里、坦桑（加纳待与黄华同志商定）”等，“一般可通过我驻外使馆去谈”，“视情况一星期左右通报一次”；此外“对其他亚非国家以及东欧国家”，“也可视情况做些工作”。[②]

影响援越政策的另一重大发展是1964年春夏开始，中国领导人越来越担心爆发侵华战争。系统分析导致毛泽东等明显高估战争危险的各种复杂因素等，将在下一章探讨。最直接相关的事件是1964年6月11日，美空军轰炸了中国驻老挝代表团驻地，中国工作人员1死5伤。中方很快认定轰炸是“美国蓄意向我挑衅”，是“报复行动”。[③] 美空军在与中国接壤国家实施轰炸，必定会加剧中国领导人的战争危机感，在中方引起震动、愤怒和警觉应是可想而知的。问题是中方的反应耐人寻味。中方一方面与越、老协调行

① 《凯山同志谈的情况》，1964年6月13日，外交档案馆：106-01463-02；参见中共中央文献研究室编：《周恩来年谱（一九四九——一九七六）》（中卷），北京：中央文献出版社1997年版，第654页；童小鹏：《风雨四十年》第2部，北京：中央文献出版社1997年版，第220—221页。

② 《关于将东南亚和越南目前斗争情况通知左派兄弟国家兄弟党和友好国家的工作安排》，1964年8月7日，外交部档案馆：106-00795-01。

③ 《我驻康开代表团被炸后我政府发表的声明及陈毅外长致两主席函》，1964年6月1日，外交部档案馆：106-01450-01；《使馆对美即轰炸我代表团的意见》，1964年6月12日，外交部档案馆：106-01450-02-1。

动，向美国发出强烈抗议，并通报有关国家争取支持；[1] 另一方面并未据以大张旗鼓地展开宣传和政治动员，以致现在的论著甚至都忽略了此事的存在。从研究的角度看，这无论如何都不合情理。可确定的事实是，毛泽东的战争危机感在事件发生后明显上升。他在五天后的政治局常委会上提出，各省都要搞军工计划，“总而言之，是要准备打”。[2] 军委领导人经讨论认为，这是他经过“慎重考虑”后提出的，故应予落实。[3] 这期间，中共中央正开会讨论第三个五年计划，毛泽东多次谈到要做好战争准备，加快三线建设等。6 月 24 日，毛泽东即向越方表示了一旦美军进攻北越，中国军队就“开过去”。[4]

最能表达毛泽东的思路和精神状态的是他 7 月 2 日听取地方军工建设汇报时说，“准备好了，敌人要来也好办，趁我们还在的时候再打它一仗，也好”。[5] 这期间他甚至表示过，很想去“看看南方的斗争”，那里“创造了很多新的东西，是中国过去所没有的”。[6] 了解这种精神状态很有利于理解毛泽东对 8 月初北部湾事件的最初反应，毕竟他和他的同事都身经百战，在战争中获得了巨大

---

① 《我驻康开代表团被炸后我政府发表的声明及陈毅外长致两主席函》，1964 年 6 月 1 日，外交部档案馆：106-01450-01；《王炳南副外长接见苏联驻华大使契尔沃年科谈话记录》，1964 年 6 月 13 日，外交部档案馆：109-02713-17。

② 毛泽东：《在中央政治局常委和各中央局第一书记会议上的讲话》，1964 年 6 月 16 日，载中共中央文献研究室、军事科学院编：《建国以来毛泽东军事文稿》（下卷），北京：中央文献出版社、军事科学出版社 2010 年版，第 229—230 页。

③ 中共中央文献研究室编：《建国以来毛泽东文稿》第 11 册，北京：中央文献出版社 1996 年版，第 103 页。

④ 参见中共中央研究室编、逄先知、冯蕙主编：《毛泽东年谱（一九四九—一九七六）》第 5 卷，北京中央文献出版社 2013 年版，第 367 页。

⑤ 毛泽东：《准备好了敌人要来也好办》，1964 年 7 月 2 日，载中共中央文献研究室、军事科学院编：《建国以来毛泽东军事文稿》（下卷），北京：中央文献出版社、军事科学出版社 2010 年版，第 244 页。

⑥ 《毛主席接见委内瑞拉共产党代表团谈话记录》，1964 年 8 月 28 日，参见中共中央文献研究室编：《毛泽东年谱（一九四九—一九七六）》第 5 卷，北京：中央文献出版社 2013 年版，第 399 页。

的经验和荣耀，他们不惧怕战争，甚至欣赏战争中的某种氛围和展现军人的气质。

第五节　革命但要安全

1964 年 7 月 30 日夜，一支南越海军突击分队秘密登上美军炮艇，在北部湾（又称东京湾）海域偷袭了北越控制的纽岛和湄岛。这次行动是根据美军在当年 1 月制定的“34A 行动计划”实施的，该计划包括袭击和破坏北越沿海的海防设施等。为配合该计划的实施，美海军舰船将在东京湾巡弋，提供威慑、侦查和掩护等任务。所以，在南越突击分队采取行动时，美海军驱逐舰进入该地区展开电子侦查活动。

8 月 2 日晚，在与南越突击队交战中处于高度戒备状态的人民军海军部队发现美舰。指挥员立即派鱼雷快艇发起攻击，结果被美军舰击沉一艘。停泊附近的美航母“提康德罗加”号随即派遣战机参战，击伤另两艘人民军舰艇。8 月 4 日，美国总统约翰逊得到来自战区的消息后，决定立即轰炸北越沿海的部分军事设施。美空军奉命当晚出动，轰炸了海防等几处越南海军基地和油库。这就是“北部湾事件”。

8 月 6 日晨，毛泽东在阅读抗议美军轰炸北越的声明稿后批示：“要打仗了，我的行动得重新考虑”。[①] 他就这样放弃了长时间策划准备并即将开始的上溯黄河源头的行动，而上溯黄河的源头曾是他发自心底的渴望。不过，中国领导人有关立即爆发战争的判断很快

---

① 毛泽东：《对中国政府抗议美国侵犯越南的声明稿的批语》，1964 年 8 月 6 日，载中共中央文献研究室、军事科学院编：《建国以来毛泽东军事文稿》（下卷），北京：中央文献出版社、军事科学出版社 2010 年版，第 255 页。

因所获情报而改变。那之后他们判断，美国轰炸北越是试探性的，不会立即将战争扩大到北越，甚至“会有一个时期的缓和”。[①]

8 月 13 日，毛泽东会见到访的黎笋，向后者详细阐述了他了解的北部湾事件、对越劳战略的建议、中方援越的原则，等等。他描述说，美军看来还不会进攻北越，最初美海军炮击人民军舰艇是舰长擅自决定；第二天，华盛顿是根据美军的报告而下令轰炸北越沿海目标，而这也反映了“美国人很紧张，惊惶失措”；既然“几家都不想打，所以打不起来”。然后他建议越劳“要修一些阵地”，今后 10 到 15 年“不打大仗，只打小仗，像南越那样”，而不能像朝鲜当年那样，“先向南，再北撤”。他还告诉黎笋，中方内部对出兵存在不同意见，“也有热心家”，不过“将来真正出兵”会面临诸多问题，现在做军事准备但“没有增兵”。黎笋当时表态，“决心自己搞，但有中国帮助，是可靠的保证”。参加此次会谈的周恩来随后补充说，毛泽东说的“已经很清楚了”，意即这就是中国决策层的决定。[②] 概言之就是战争还不会扩大到北越，而中国还不会参战，尽管要做准备。

10 月 5 日，毛泽东向到访的范文同更详细地阐述了中国的决定。他说“我们中国有些同志过于积极”，他本人主张“既要准备，又要谨慎，不要那么急躁”，先在广东、广西、云南和湖南部署待机。他还进一步提出，南方“不是要我们去的问题，也不是要你们北方派很多军队去”，师级主力何时去“要看时机”。关于和谈，他认为“谈一谈也有好处”，尽管未必谈的成。范文同表示同意这种明显是限制战争升级的设想，他说越劳力争将战争限制在南

---

① 《周恩来总理接见朝鲜驻华大使朴世昌谈话记录》，外交部档案馆：105-01898-01，第 15—24 页。

② 参见中共中央研究室编、逄先知、冯蕙主编：《毛泽东年谱（一九四九——一九七六）》第 5 卷，北京中央文献出版社 2013 年版，第 385—386 页。

越特种战的范围内来夺取胜利，既不使战争扩大到北越，也争取避免南方转变为“局部战争”，而“这样是可以做到的”。①

显然，此时中国领导人的危机感已经缓解，他们不仅大致判断出美国难以也没打算就此进攻北越，而且也希望越劳不要推动战争升级，包括有节制地派兵进入南方参战。诸多论著都分析了毛泽东等这个时期对战争危险估计过高，但上述事实证明，他们由突发事件引发的战争危机感并非持续不断和没有改变的。特别是在援越决策过程中，虽然存在基于误判突发事件而夸大战争危险的影响，但他们仍然还保持着对“底线共识”的坚守。这反映在军事准备、外交胁迫对手和节制盟友等一系列复杂的行动之中。

1965年3月2日，美军发动“雷鸣”行动，开始大规模轰炸北越军事设施。5天后，两营3500名美国海军陆战队在岘港登陆，拉开了美军大规模参战的序幕。据统计到当年底，驻越美军达到18万之多。几乎与此同时，3月中旬，越南劳动党中央秘密召开十一中全会，决议集中全国力量，争取在“短时间、控制和战胜敌人和伪军”，并准备应付“南方和北方的局部战争”。越劳随后继续派更多主力进入南越，民解武装要在春夏季攻势作战中重创南越军队，北方经济则“全部转入战时生产”。② 越劳中央在坚决升级与美军对抗的同时，为达成其战略目标，展开更加积极和全面的从外部争取更大规模军事援助的外交活动。

美军急剧地大规模军事干涉和越劳中央立即决定继续坚决抗战等，从两个方面再次对中国决策层提出挑战。首先是美国有计划地

---

① 毛泽东：《应做好美国扩大越南战争的准备》，1964年10月5日，载中共中央文献研究室、军事科学院编：《建国以来毛泽东军事文稿》（下卷），北京：中央文献出版社、军事科学出版社2010年版，第267—272页。

② 《越南劳动党中央全会决议内容及有关情况》，1965年5月15日，外交部档案馆：106-00882-01；［越］越南国防部军史研究院编：《越南人民军史》第2部（廖贤春等译），桂林：广西人民出版社1991年版，第131—132页。

轰炸北越和空军对中国领空领海频繁的侦查活动等，都加剧了中国决策层中的不安全感，特别是军队内部主张反击的呼声明显高涨。4 月 9 日，副总参谋长杨成武报告，美军机 8 日连续 4 次侵入海南岛上空。他建议改变 1 月 11 日颁布的关于对美机只监视不攻击的规定，应坚决打击美机，但追击不超出大陆和海南岛及其领海上空。毛泽东对此认为，美机都是在试探，“就应该坚决打”。[①] 第二天，中央书记处呈送《中共中央关于加强战备工作的指示》，首次将美军轰炸北越定义为“严重地威胁了我国的安全”，提出“在思想上和工作上应当准备应付最严重的情况”，包括“做好对付敌人空袭的准备”和“在我们国土上作战”，“对小打、中打以至大打，都要有所准备”。

12 日，中央政治局召开扩大会议，专门讨论越南形势和战备问题。会上气氛炽热，有些与会者的发言反映了他们对大战临近的紧迫感。[②] 会议审议通过了上述加强战备的指示，毛泽东第二天批示“同意”。[③] 14 日，该文件下发县团级干部；空军随后制订了在边境地区和全国与美空军进行大规模长期空战的计划，并开设遂溪前指，统一指挥广东方向的空军和海南岛海军航空兵；还有有关的部队进入战备状态。这期间反美战备的宣传急剧升温，并在全国范围展开空前规模的群众集会和游行示威活动。

越劳中央这时再次提出派兵入越的请求。根据越劳三届十一中全会决议精神，越方提出派团访华协调双方战略。1965 年 3 月 21

① 毛泽东：《坚决打击入侵海南岛上空的美机》，1965 年 4 月 9 日，载中共中央文献研究室、军事科学院编：《建国以来毛泽东军事文稿》（下卷），北京：中央文献出版社、军事科学出版社 2010 年版，第 306 页。

② 参见陈兼、赫斯伯格：《越战初期中美之间特殊的“信息传递”》，《史林》2004 年第 1 期，第 117 页。

③ 毛泽东：《对中共中央加强战备工作的指示的批语》，1965 年 4 月 13 日，载中共中央文献研究室、军事科学院编：《建国以来毛泽东军事文稿》（下卷），北京：中央文献出版社、军事科学出版社 2010 年版，第 307 页。

日晚，中央政治局常委召开会议，讨论了越南战争和东南亚形势，以及其他一些外交问题。第二天，周恩来向毛泽东汇报说，与会者认为东南亚形势有多种可能的前景，并估计越劳政治局派团访华时可能提出的三项要求：(1) 派兵入越；(2) 为越空军提供庇护所；(3) 中国空军依托本土基地参与空战，即朝鲜战争中苏空军依托中国本土机场参加与美军空战的“安东式支援”。毛泽东在听取汇报时谈了两点：(1) 关于美国扩大战争，“要打就早点打，趁我们活着打完这一仗”；(2) 关于援越“恐怕都要答应”，“我们发了那么多声明，什么不能置之不理呀，什么打了越南就是打了中国呀，结果敌人一来，我们溜了那还行，不能见死不救”。[①] 政治局常委会议和毛泽东这次谈话的精神反映到上述中共中央书记处起草的战备指示中，也成为与越劳代表团谈判的指针。

中国决策层迅速做出决定，当然主要是基于必须履行承诺的义务感，不过来自苏联的压力也是一个不容忽视的重要因素。2 月 12 日，毛泽东会见访问河内路过北京的苏联代表团，双方讨论的重要话题之一是中国如何援助越南。中方在会谈中批评苏共中央对支援世界革命不甚积极，特别是“对南越支援太少”。柯西金（A. N. Kosygin）则反唇相讥，说苏联在欧洲对抗北约，在亚洲没有空军，而中国不同，“你们有空军”，“你们有部队，你们有海军，你们为什么不这样做呢？”[②] 可以大致设想，这种发生于不久之前的当面责难会对中国领导人产生何种影响，至少不会是降低中方的援越压

---

① 中共中央研究室编、逄先知、冯蕙主编：《毛泽东年谱（一九四九——一九七六）》第 5 卷，北京中央文献出版社 2013 年版，第 487 页；中共中央文献研究室编：《周恩来年谱（一九四九——一九七六）》（中卷），北京：中央文献出版社 1997 年版，第 720 页。

② 《毛泽东主席、刘少奇主席等同过境我国的苏联总理柯西金谈话记录》，1965 年 2 月 12 日，外交部档案馆：109-03957-07。《毛泽东主席、刘少奇主席等同过境我国的苏联总理柯西金谈话记录》，1965 年 2 月 12 日，载中共中央研究室编、逄先知、冯蕙主编：《毛泽东年谱（一九四九——一九七六）》第 5 卷，北京中央文献出版社 2013 年版，第 278 页。

力，尽管柯西金也声称，苏共并“不能指责你们在南越不跟帝国主义斗争，没有打击美帝国主义”。

4月9日，黎笋率团与刘少奇和邓小平举行会谈。目前尚无法看到这些会谈的记录，根据中国一些论著中的介绍，越方要求增加援助和向北越派遣工程兵、铁道兵和地面防空部队。刘少奇表示，中方将履行国际主义义务，凡越方需要而中国有的，将尽力援助；越方不请中方不去，越方请哪一部分，中方就派哪一部分。[①] 根据此次会谈的决定，双方随后展开谈判，并签订了中国向越方提供大量武器、军用物资和向北越派遣支援部队等两个协定。与上述中央政治局常委会议估计不同的是，他们并没有讨论中国空军采取“安东式支援”行动，这很可能是因为越方未提出这类要求。

5月16日，毛泽东会见应邀来访的胡志明。如本章开始所述，胡志明只提出，希望中国能派兵将修路工程“包下来”，这样就可以有更多的人民军官兵到南方去。毛泽东的答复是“我们来包，不成问题”。[②] 6月初，文进勇与罗瑞卿举行两军作战会谈，具体商定了中国军队一旦入越的作战原则和方式。越方提出，如果战争保持“当前状况”即所谓“南打北炸”，越方将单独“把担子挑起来”，中国以各种方式予以支援即可。[③] 在此共识基础上，中方终于确定了是否与美军直接交锋的两个关键条件：（1）美军地面部队进攻北越或越过20度线进攻河内；（2）“越南政府要求我们去”。6月9日，毛泽东与印度尼西亚合作国会议长阿鲁季（ArudjiKartawinata）会谈。他说，如果美军“打到河内，只要越南政府要求我们去，那

① 参见王泰平主编：《新中国外交50年》（上），北京：北京出版社1999年版，第164页。

② 中共中央研究室编、逄先知、冯蕙主编：《毛泽东年谱（一九四九——一九七六）》第5卷，北京中央文献出版社2013年版，第494页。

③ 李可、郝章生：《“文化大革命”中的人民解放军》，北京：中共党史资料出版社1989年版，第417页。

我们是要参加的”。[①] 后来在1966年3月28日，毛泽东在会见日本共产党代表团时解释说，中国一直没有出兵实际参战，是因为越方认为，“他们自己能打，不需要外国帮助”。[②]

目前尚无法统计出3月之后，中国援越规模大幅扩张的确切数字。间接披露的统计是越方提出，原规划中的15万人的装备提前交付，另增加防空武器5—7个基数，以及海空军各类装备和机场、火炮、拖引车辆，等等。中方基本满足了这些要求。[③] 不过更重要和更能说明问题的，是中国援外体制因援越规模而改变。这的确是历史性的，足以证明援越数量和规模的确在大幅度增加。

5月26日，为准备与越军事代表团谈判，周恩来向刘少奇、邓小平等报告了与越方谈判情况，其中提到：“交通、运输、工程方面”应由“中央成立一援越领导小组”，“在领导小组下，成立一工作小组”。根据周恩来的建议，中共中央决定成立“援越领导小组”，加强援越的组织和领导；在此小组之下组建“中共中央、国务院支援越南工作小组”，具体负责组织实施各项援助。[④] 这是新中国成立以来首次组建领导和协调对外援助的机构，它不仅表明中国决策层的重视，也反映了这项援助的复杂和规模巨大所必然引起的协调中央各部门间关系、中央和地方的关系、各类援助之间的关系等的复杂性。就决策的过程看，这个机构的建立同中国军队6月开始进入北越等，共同构成了援越抗美政策形成的标志。

---

① 《毛泽东主席接见印尼合作国会议长阿鲁季谈话记录》，1965年6月9日，外交部档案馆：105-01336-02。

② 《毛主席接见日共代表团宫本显治等第一次谈话记录》，1966年3月28日。

③ 《中国人民解放军军史》编写组编：《中国人民解放军军史》第5卷，北京：军事科学出版社2011年版，第427—428页。

④ 周恩来：《加强援越工作的组织和领导》，1965年5月26日，载中共中央文献研究室、军事科学院编：《周恩来军事文选》第4卷，北京：人民出版社1997年版，第527—529页。

在这个阶段，中国领导人有关美国扩大军事介入威胁了中国安全的认知对决策的影响等，相比较而言是最直接的，这是客观事实。不过中苏矛盾的继续升级、特别是苏共领导层此刻转向积极介入越南战争，从而加剧了中苏在印支地区的竞争，同样是推高中国援越强度的至关重要的因素。在苏联总理柯西金访问越南后，3 月初，中国外交部提交了有关苏联援越动向的报告，内容包括了苏联的援助项目清单、苏联动员东欧国家参与援越、越苏组建双边“混合委员会”等情况。西方媒体的相关分析也被收集起来上报，其内容大致就是苏联援越的目的包括要“防止中国单独控制东南亚”。[①]就与苏联在印支乃至东南亚地区争夺影响力的斗争而言，中国领导人这时很可能已经有了更强烈的紧迫感，并预感到援助有可能难以达到预期的效果。[②] 毕竟，苏联的经济和军事力量远超中国，他们如果愿意的话，可以向越南提供更多甚至更有效的援助。

此外，几乎就在同时，苏共中央不顾毛泽东本人亲自出面表达反对，还是在 3 月初宣布召开了莫斯科各国共产党会议的筹备会议。中苏关系破裂终成定局，中国已无可能再同苏联协调援越政策，而这导致中国需要通过实际行动证明，越南真的并不那么需要苏联援助。同时，中国领导人推动第二次亚非会议而频繁出访和在国内接待亚非领导人，不断宣传召开该会议是“一场很伟大的斗争”，“不仅是在亚非内部，而且还是在联合国外面的一场伟大的斗争”，还要将这次会议办成“审判美帝的讲坛”。[③] 尤其是他们这阶段进一步断定，“今年国际阶级斗争的中心在亚非，而越南问题是

① 《关于苏联对越武器援助》，1965 年 3 月 3 日，外交部档案馆：109-02850-01，第 123—124 页。

② 参见李丹慧：《中苏在援越抗美问题上的分歧和冲突（1961—1973）》，载李丹慧主编：《中国与印度支那战争》，香港：天地图书有限公司 2000 年版，第 126—191 页。

③ 中共中央文献研究室编：《周恩来年谱（一九四九——一九七六）》（中卷），北京：中央文献出版社 1997 年版，第 733 页。

中心的中心”，“一切要落实到反对美帝”，“要以气壮山河的精神，为越南助威”。[①] 这些都在逻辑上决定了，中国只有更坚决和有效地通过援越来反对美国升级越南战争，他们没有退让、示弱的空间。

中苏竞争与中国对外政策的革命化这两个因素的进一步发展，的确决定着援越的方向和力度。换个角度也可以设问：在这样的背景下，中国领导人即使没有那么强烈的安全被威胁感，但是如果越方提出援助要求，难道他们就不派遣支援部队吗？回答这个问题需要分析中国领导人 4 月展开控制中美危机的外交行动。他们在决定派遣支援部队时，也开始向美方传递信息，目的是说明中国并无意同美国打仗但必要时也不惜一战的底线。

中国领导人根据观察和情报判断，美国很难大规模进攻北越，更不可能对中国发动战争，但多年的经验使他们习惯于做两手准备，可以说他们对有备无患的笃信和思维方式，才是在国内进行战备动员的主要原因。此外，在这里很有必要重申朝鲜战争决策留下的教训，包括当年过于相信斯大林的判断，以为美国不可能也来不及大规模军事介入，朝鲜半岛的战争就会结束了，以致他们在尚有机会时，没有采取果断的行动来阻止金日成发动进攻。无论如何，美国当年决定军事介入之快、战争动员和大规模快速投送军事力量的能力之强，等等，的确给中国领导人留下了深刻的印象，以致他们绝不会再在此类问题上掉以轻心，在积极备战的同时，采取一切外交措施来预防又一次因为误判而引发同美国的局部战争。

1965 年 4 月 2 日，周恩来出访巴基斯坦。他到达卡拉奇当天即会见巴基斯坦总统阿尤布·汗（Mohammad Ayub Khan），请即将访

---

① 《当前形势和我们的任务》，1965 年 5 月 7 日，外交部档案馆：106-01319-04，第 19—21 页。

美的后者届时向美国领导人转达中方的三个原则：第一，中国不会挑起与美国的战争，他专门提到“台湾就是证明”，以安抚前述美方于1962年夏通过苏联转达的关切；当然这也是在提醒对方，以往的沟通是可信的。第二，中国“说话算数”即会履行义务，只要越方“提出要求”，中方一定会提供援助。第三，中国已经做了与美国发生战争的准备。他最后清楚阐述了中方对“战争”定义，即“如果美国对中国进行全面轰炸，那就是战争”。[①]

第二天，周恩来到达仰光。他在同缅甸国家主席奈温（Ne Win）会谈时告诉后者，他已经请阿尤布向美方转达上述三点内容，以及他这次概括出来的第四点，即“战争的方式不能由美国一方选择，如果美国轰炸中国，中国可以用另一种方式还击”，这可以理解为，如果美国轰炸中国，中国将在印支展开地面战争；他还补充说，“这四句话说明我们是克制的”。周恩来这次谈话还有另外两个重要的内容：第一，估计美军会轰炸20度线以北包括河内在内的北越目标，但这并不能被确认为美军将攻占北越；第二，美国已经通过华沙大使级会谈向中方转达，美军“无意与中国作战”。不过，他认为美国这样做的目的包括了要使“南越人民感到孤立”，所以中国还是“必须表示支持南越人民，说明他们不是孤立的”。[②]这句话足够清楚地解释了中国援越的部分动机，即那样做是为了鼓舞民解的斗志。从战略的角度，在美军大规模升级军事介入的情况下，民解是否能保持斗志，对于他们能否坚持武装斗争是至关重要的。

周恩来上述谈话透露的信息相当丰富，特别是表明了中国领导

---

① 周恩来：《中国坚决支持越南人民的抗美战争》，1965年4月2日，载中共中央文献研究室、军事科学院编：《周恩来军事文选》第4卷，北京：人民出版社1997年版，第511—514页。

② 《周恩来总理和奈温主席会谈记录》，1965年4月3日，外交部档案馆：106-01266-01，第162—189页。

人在尽力避免由于误判而导致同美国的战争。其前提则是他们根据已经从美方获得的信息，断定美国并没有决定将地面战争扩大到北越，更不要说是攻击中国，以及根本不存在引发世界大战的前景，尽管他们的政治经验和战略思维方式决定了他们必定要“做最坏的准备”。从逻辑上说，他们通过外交渠道与美方沟通的目的，本质上是为了防止双方因为误判而导致军事冲突。从后来中美关系的演变看，更重要的是双方进一步在深层上构建起一种可以称之为“战略互信”的共识，即双方并无冲突的意图，而且他们相信在清晰了解了对方的行为准则后，也是可以避免直接冲突的。

由于约翰逊政府的决定，阿尤布·汗访美未成行，中方希望由他转达信息的外交努力未能落实，而美军对北越的轰炸仍在继续。为了尽可能增加形势中的确定性，中国领导人采取了新一轮外交行动。他们利用各种外交场合，公开阐述了上述“四句话”的内容。最有代表性的是 5 月 31 日，陈毅召见英国驻华临时代办霍普森（Donald Hopson），向后者清楚转达并具体解释了“四句话”。他在会见中还解释说，曾经请阿尤布·汗转达但未能如愿，因此这次请霍普森代劳并表示感谢。[①]

选择英国使节在中美之间“传递信息”是中国危机管理质量的一次重大提升。中国领导人在朝鲜战争中有过类似经验，即通过印度驻华大使潘尼迦向美国发出美军不得越过三八线的警告。[②] 这一渠道客观上存在导致“信息衰减”从而降低警告可信性的可能性。4 月 2 日，周恩来在同阿尤布会谈时曾专门谈到，“这次我们的朋

① 参见陈兼、赫斯伯格：《越战初期中美之间特殊的“信息传递”》，《史林》2004 年第 1 期，第 121—122 页。

② 周恩来：《美军如越过三八线，我们要管》，1950 年 10 月 3 日，载中共中央文献研究室、军事科学院编：《周恩来军事文选》第 4 卷，北京：人民出版社 1997 年版，第 66 页。

友换了，不是印度而是巴基斯坦了”。[①] 这是意有所指的，巴基斯坦也是美国的盟友，在逻辑上当然有利于提高警告的可信度。陈毅选择英国这个美国铁杆儿盟友传递信息，也是为了强化转达中方立场的准确性和可信性。

1966 年 4 月 10 日，周恩来在会见巴基斯坦《黎明报》记者时，对之前数次传达的信息做了完整的概括：（1）“中国不会主动挑起对美国的战争”，即没有同美国战争的意图；（2）“中国人说话是算数的”，即还将履行义务继续援越；（3）“中国是做了准备的”，即准备应付同美国的战争，如果美方有战争意图的话；（4）“战争打起来，就没有界限”，即中国的反击将是不对称的。[②]

事实证明，中国领导人的危机管理是相当有效的，其成功之处在于大大降低了援越可能带给安全形势的不确定性，以致中国领导人可以为更复杂的外交目标来选择一种安全的行动方式，当然其影响还远不止于此。

第六节 结语

同冷战时期中国其他诸多战略决策一样，援越抗美是在一个长过程中形成的，它包含着相当复杂的目标，不同目标间的轻重缓急也并非一成不变的。这个过程证明了两个重要的特点：第一，维护国家安全并不是甚至在大部分情况下不是推动政策演变

① 周恩来：《中国坚决支持越南人民的抗美战争》，1965 年 4 月 2 日，载中共中央文献研究室、军事科学院编：《周恩来军事文选》第 4 卷，北京：人民出版社 1997 年版，第 512 页。

② 周恩来：《关于中国对美政策的四句话》，1966 年 4 月 10 日，载中共中央文献研究室、军事科学院编：《周恩来军事文选》第 4 卷，北京：人民出版社 1997 年版，第 544—545 页。

的首要动力。第二，中国的确在印支有重要的地缘安全利益，不过真正重要的是地缘安全利益的影响并不只是在推动中国加强援越，也在深层次上强有力地约束着中国的政策选项和诸多对外行为。通过中国领导人那些看上去相当复杂的行为来透视和解读其逻辑，可以看到一条贯穿始终的线索：他们并不打算因援越而与美国作战，或曰打一次“朝鲜式”的局部战争，更不希望引发一场想象中的世界大战。他们对世界革命高潮的到来的确充满憧憬和期待，但从没有想过应该将他们当时界定的中国安全利益当作代价。简言之，要革命但国家必须是安全的或简称“安全的革命”，这是援越抗美政策及围绕它展开的外交行动背后的战略逻辑和根本性的指导原则，也是解读和评价中国领导人在之后各阶段的选择和中国相关对外行为的至关重要的线索。当然，如果以此作为一个坐标，该如何评价他们在各阶段的认知和选择，还有进一步探讨的巨大空间，而且唯其如此，才能建构起完整的分析中国对外战略决策的体系。

第五章
重建均势：调整对美政策

1969年12月3日，南斯拉夫在波兰首都华沙的科学文化宫举行时装展览会，美国新任驻波兰大使斯托塞尔（Walter Stoessel）和负责中美大使级会谈联络工作的助理西蒙斯（Thomas Simons）出席。当时中国驻波兰使馆二秘李举卿和翻译景志成也在座，而且他们通过观察已经意识到，与会的美方可能会有不同寻常的举动。散场时，李、景二人为避免与美方发生接触，迅即起身离开。不过他们担心的事情还是发生了。西蒙斯追上来首先介绍了斯托塞尔大使的身份，后者随即表示，很想会见新到任的中国驻波兰临时代办雷阳。之后，西蒙斯又在文化宫外广场追上正匆匆离去的李举卿，告以是美国总统尼克松在华盛顿直接指示他向中方转达，总统本人希望与中国“进行重大的、具体的会谈”。第二天，在美国国务院的例行新闻发布会上，发言人麦克罗斯基（Robert McCloskey）回答记者提问时说，斯托塞尔与雷阳谈话了。傍晚，西蒙斯又专门打电话询问中国使馆负责大使级会谈联络工作的骆亦粟，是否向北京报告了昨晚的谈话，并告美方已经在应付新闻界的询问时做了肯定的答复。骆亦粟当时在电话中做了简要的确认。[①]

美方12月3日晚和4日晚些时候在华沙与中方接触的情况等，被驻波兰使馆于4日报回国内。使馆得到的回馈是"外交部连续来电询问3日晚文化宫广场上发生情况的细节，并要求准确核实美方人员身份"。[②] 惊人的巧合是，12月4日，几乎就在美国在华沙寻找机会的同时，周恩来将一份起草于11月20日的报告送呈毛泽东。该报告根据外交部11月7日的分析，提出于12月初，释放在当年2月拘留的2名美国公民。[③] 根据北京和华沙之间的时差，即使骆亦粟4日下午接到电话后立即电报北京，周恩来在送呈上述这报告时，也未必就能收到来自驻波兰使馆有关斯托塞尔谈话的报告。

事实表明，中美双方同时都在寻找打开关系的途径，这就是所谓的历史机遇。所以，当美方12月3日晚和4日下午在华沙与中方接触的情况等，被驻波兰使馆报回国内时，周恩来的反应的确给人印象深刻。据时任外交部副部长耿飙回忆，周恩来看到来自华沙的电报后说"有门道了，可以敲门了，拿到敲门砖了"，并"赶快拿去报告"毛泽东。[④] 耿飙的这个回忆应不是虚构，这时周恩来的确也在寻找时机。这个时间应该是在4—7日之间，毛泽东的批示

---

① 景志成：《美国大使在华沙追我的真相》，载《新中国外交风云》编委会编：《新中国外交风云》，北京：世界知识出版社1999年版，第254—255页。骆亦粟：《在风起云涌的年代里（1949—1989）》，北京：新华出版社2011年版，第124页。

② 骆亦粟：《在风起云涌的年代里（1949—1989）》，北京：新华出版社2011年版，第124页。

③ 中共中央文献研究室编：《周恩来年谱（一九四九一九七六）》（下卷），北京：中央文献出版社1997年版，第336—337页。

④ 耿飙：《周恩来是新中国外交的创始人和奠基者》，载裴坚章主编：《研究周恩来——外交思想与实践》，北京：世界知识出版社1989年版，第15页。

是“同意”恢复中美大使级会晤，他还提出要公开接触，不必保密。[①]

12月8日，骆亦粟按照国内指示，前往美国使馆通报了中方的决定。西蒙斯则借此机会再次强调，斯托塞尔3日的谈话真的“是严肃的”[②]。这是中国使馆官员历史上第二次进入美国大使馆。第一次是在10个月前的2月初，骆亦粟前往美国使馆通知美方，中方决定推迟原定20日举行的大使级会谈。当时美方根据对等原则坚持要这样做，北京批准了骆亦粟去美国使馆。[③] 10日，骆亦粟又通过电话告美方，雷阳希望第二天下午2时，在中国使馆会见斯托塞尔。第二天，中国大使雷阳与斯托塞尔举行了中美大使级会谈中断两年多后的首次代表级会谈。[④] 经过20年的敌对与隔绝之后，中美和解的大门就这样在华沙打开了一条缝。

这一被证明是历史性的外交事件有着意义深远的重大背景。一方面，它是尼克松政府对华政策的所谓“革命性”转变的结果。[⑤]另一方面，更重要的是几乎与尼克松政府开始行动的同时，1969年夏秋之际，中国决策层也在开启历史性的对外战略转变，其主要内容就是从曾经在国际冷战体系中选择的向苏联“一边倒”的战略，

---

① 宫力：《中国的高层决策与中美关系解冻》，载姜长斌、［美］罗伯特·罗斯主编：《从对峙走向缓和：冷战时期中美关系再探讨》，北京：世界知识出版社2000年版，第686页。

② 骆亦粟：《在风起云涌的年代里（1949—1989）》，北京：新华出版社2011年版，第125页。

③ 骆亦粟：《在波兰的岁月》，载《当代中国使节外交生涯》编委会编：《当代中国使节外交生涯》第4辑，北京：世界知识出版社1996年版，第178页。

④ From Embassy Warsaw to Secretary of State, December 10, 1969, Central Foreign Policy Files, 1967-1969, Political and Defense, Pol ChiCom-U. S. to Pol1 ChiCom-U. S. Box 1973, RG59, National Archives; From Rogers to Embassy Warsaw, “Sino-U. S. Meeting,” December 11, 1969, Digital National Security Archive (DNSA), CH00094.

⑤ ［美］亨利·基辛格：《白宫岁月——基辛格回忆录》第1册（陈瑶华等译），北京：世界知识出版社1980年版，第238页。

转向通过与宿敌美国实现和解，从而缔造一种新的战略均势，而推动这次转变的根本动力是中国国家安全战略的变革。

第一节　定义问题

如果从 1969 年冬季中国决定向美国释放和解信号算起，到 1978 年 12 月 16 日，中美宣布建交，两国关系正常化用了大约 10 年。系统叙述这个转变将涉及非常丰富且繁杂的内容，可以确定的是在如此漫长的过程中，中国国家安全战略的转变是推动与美国和解的最初和主要的动力，并决定了与美国建立战略合作的前进方向。所以，是历史进程本身决定了应该将中国安全战略的转变作为研究的开端。

此外，在当时的中国领导人看来，做出与美国和解的选择就是战略性的，它事关中国国家安全和重建全球战略均势的全局；而且后来的历史也证明了，他们的选择的确是历史性的，不论对世界政治还是中国未来几十年的历史，都产生了长远的巨大影响，包括加速了苏联阵营的崩溃和苏联的解体，尽管起作用的程度需要做准确的评估。所以，将这次国家安全战略转变置于战略决策的框架中解读，是合理的。

当然，历史进程也证明，中国国家安全战略的转变并没有能推动实现与美国关系的正常化。这是由冷战背景下形成的中美对抗的结构性特点决定的，包括了诸如双边关系中的台湾问题、围绕中国周边的地缘安全问题，以及全球冷战体系下与美国的系统性争斗，如意识形态、现代化模式、反殖民主义运动，等等。[①] 进一步说，中国领导人在不同时期对与美国在各领域对抗的认识和采取的行动，都同中国国内政治的发展存在明显的互动。[②] 所以，还是需要将中国决策者的思考和行为置于由一些决定性的因素组成的历史结构中加以观察和分析。

这个结构包括了三个关键性的因素，它们结合在一起，构成了解读中国对美政策从对抗到和解的历史性转变的框架。这三个因素是：（1）大规模、高强度的战备以及由此推动的国家安全战略转变；（2）美国对华政策的转变以及由此引起的中美互动；（3）中国国内政局动荡及其影响下的战略决策体制变化。就研究中国战略决策而言，最有分析价值的核心问题就是，中国决策者的认知中的战略优先在这些结构性因素的互动过程中，发生了什么样的变化，从而推动了中国对美政策出现一个个重要的转变。这样说是因为缘起于冷战前期的中国与美国对抗，包括了军事安全、国家统一与现代化战略选择等极为深刻的内容。它们被嵌在国际冷战的框架中，更加剧了中美对抗的复杂性和烈度。这些内容理应被更仔细地界定和分别处理的必要性和可能性等，在很长一段时间被忽视或无视。

以往的研究还忽略或没有明确地解释两个至关重要的历史进程。第一是中国决策者的苏联威胁认知的形成与中国对美国政策转变的长时段背景这两者之间的互动。这里所谓对美政策转变的长时段背景是指：（1）中国与美国在地缘安全领域多次危机管理和互动

---

① 裴斗虎（Gregg A. Brazinsky）的新作系统阐述这个时期冷战体系下中美系统性争斗的内容和特点，这本书对深入理解冷战体系下中美对抗的复杂性有重要启发，见 Gregg A. Brazinsky, *Winniing The Third World: Sino-American Rivalry During The Cold War* (Chapel Hill: The University of North Carolina, 2017)。

② 参见李捷：《物极必反：60年代的中国国内政治与中美关系》，载姜长斌、［美］罗伯特·罗斯主编：《从对峙走向缓和：冷战时期中美关系再探讨》，北京：世界知识出版社2000年版，第491—537页。

所积累的低度“战略互信”；（2）政治动荡时期在中国决策系统内部出现的复杂变动，包括了机制和人事的。

回溯中美从对抗到开始和解的历史，中国决策者认知中的战略优先排序出现过两次关键性的转变。第一次转变从 1964 年夏季到 1965 年秋季；第二次是从 1968 年夏季到 1969 年夏季。两次转变的关键内容和结果简言之有两个：其一，如学界已经指出的，他们断定苏联作为全球新的战争策源地，对中国的安全威胁的严重性和紧迫性等，显然压倒了其他安全问题。其二，与之相对应，他们认为美国的威胁在下降。需要指出，这里不是说在他们的思考中，美国威胁相对于苏联威胁的下降，而是绝对的下降。通过数次国际危机管理，中国领导人对美国对华政策和战争意图的判断已经足够确定，即美国对中国安全的军事威胁绝对的下降。所以，只要美国停止那些被视为威胁中国安全的措施，包括从越南和台湾撤军，尤其是可以先从越南撤军做起，即可在安全领域被视为中国的盟友。用毛泽东在时任美国总统国家安全事务助理基辛格（Henry Kissinger）第一次秘密访华期间的一段话说，就是“美国要从越南撤军，台湾不慌，台湾没打仗，越南在打仗”。[①] 正是在国家战略的优先排序中，抵抗苏联威胁终于成为压倒一切的首要目标，以及断定美国并没有威胁中国的战略意图两个因素，共同导致其后与美国从对抗走向和解过程中的一系列选择看上去都是极富戏剧性的。

进一步分析，由于中美对抗包含极为复杂的内容和层次，中国决策者认知中的战略优先的变化在很多情况下是决定性的，中国的政策和行为并不完全取决于美国采取了什么行动，尽管那个时期的

---

① 参见宫力：《中国的高层决策与中美关系解冻》，载姜长斌、［美］罗伯特·罗斯主编：《从对峙走向缓和：冷战时期中美关系再探讨》，北京：世界知识出版社 2000 年版，第 700 页。

美国对华政策的确相当僵硬且乏善可陈。① 概言之，中国领导人认知中的战略轻重缓急不发生重大的变化，对美政策是很难转变的；他们认知中战略优先的变化程度和不同的排序，也决定着对美政策转变的方向和程度。

第二节　安全战略转变的缘起

根据诸多相关研究成果首先可以基本确定的是，中国安全战略的转变开始于1964年夏天，其突出的特点就是中国决策层在加强战备以准备防止和打败美国军事入侵的同时，开始考虑应付苏联军事入侵的威胁，并相应地着手研究和调整国防政策。从演变的趋势看，美国在军事安全领域的威胁虽然在中国领导人的关注中还占据重要地位，但的确从这时开始逐步缓解甚至在趋向虚化。中美对抗的内容越来越多地表现为主要是一种向更大地域扩展的全球性争斗，而非是对中国越来越严重的安全威胁，尽管印支地区的战争在1965年春的升级一度加剧了中美在印支安全领域的对抗和中国领导

① 一些研究成果依据新解密的美国外交档案，比较详细地揭示和分析了肯尼迪政府和约翰逊政府时期美国对华政策逐步出现的变化。这些研究证明，那些变化的程度一方面尚难以改变中国政策的发展趋势；另一方面则有可能加剧中国决策层的反感。例如约翰逊政府内部提出一些建议，将对华政策的重点放在影响毛泽东之后的下一代领导人，等等，而这正是毛泽东反对“和平演变”的根本担心所在。可参见罗斯玛丽·福特：《重新定义：国内局势及60年代美国对华政策》，载姜长斌、［美］罗伯特·罗斯主编：《1955—1971年的中美关系——缓和之前：冷战冲突与克制的再探讨》，第298—333页；罗伯特·罗斯：《序言》，载姜长斌、［美］罗伯特·罗斯主编：《从对峙走向缓和：冷战时期中美关系再探讨》，北京：世界知识出版社2000年版，第32—34、538—573页。因这章不专门讨论美国对华政策，在此仅作简介。

人的危机感。[1] 反之，苏联与中国在战略安全领域的对抗日渐尖锐，直到苏联在这一年被中国决策者确定为地缘安全领域的另一个对手和一种更复杂的威胁——包括对政权安全的威胁。

1964年6月16日，毛泽东上午在北京十三陵水库观看了军事演习，年初开始的解放军全军大比武运动至此达到一个高潮。这次演习是根据毛泽东的建议安排的，他在一周前的一次中央工作会议上提出，“军事演习训练，在北京搞一次射击”，请各省委书记都来观摩。[2] 系统了解他在这个时期的一些谈话，提出这样的建议不会是一时兴起，这同他对中国的安全环境和军事应对之策的思考有密切关系。

演习的当天下午，毛泽东参加了政治局常委会和各中央局第一书记会议，发表了后来被证明对中国安全战略和对外政策产生了重大影响的讲话（以下简称“6·16谈话”）。根据目前部分和间接公布的一些内容看，毛泽东在讲话中主要谈了两个问题，一个是“地方党委要抓军事”；另一个是要重视“培养接班人”。[3]

从战略决策的角度看，“6·16谈话”是中国国防战略转变的一个开端，因为其中涉及的军事部分相当于否定了之前确定的“北顶南放”的国防战略。所谓“北顶南放”是对中央军委之前确定

---

① 这方面有参考价值的最新成果见 Gregg A. Brazinsky, *Winning The Third World, Sino-American Rivalry During The Cold War*（Chapel Hill: The University of North Carolina Press, 2017）。该书将中美在冷战时期在第三世界的对抗与竞争的核心概括为围绕“国际地位”的争斗。

② 毛泽东：《关于加强三线建设的讲话》，1964年6月8日，载中共中央文献研究室、军事科学院编：《建国以来毛泽东军事文稿》（下卷），北京：中央文献出版社、军事科学出版社2010年版，第226页。

③ 毛泽东：《培养无产阶级的革命接班人》，1964年6月16日，载中共中央文献研究室编：《建国以来毛泽东文稿》第11册，北京：中央文献出版社1996年版，第85—87页；毛泽东：《在中央政治局常委和各中央局第一书记会议上的讲话》，1964年6月16日，中共中央文献研究室和军事科学院编：《建国以来毛泽东军事文稿》（下卷），北京：中央文献出版社军事科学出版社2010年版，第229—230页；中共中央研究室编、逄先知、冯蕙主编：《毛泽东年谱（一九四九——一九七六）》第5卷，北京中央文献出版社2013年版，第363页。

的一项国防军事战略的形象的概括，它简单地说就是在未来的反侵略战争中，北方地区要立足于坚守防御即“北顶”；南方一些地区可以诱敌深入即“南放”。毛泽东在这次谈话中说：“北顶南放，我看不一定”，“顶，要顶一下，顶不住还不是走？”他提出军事战略的设想“不能放在顶得住上”，所以地方要“搞武装”，包括“地方党委要搞军事”“每省要搞一个兵工厂”，等等。[①] 后来的发展很快证明，这次谈话的逻辑的确开启了国防战略的大转变和对第三个五年计划的大幅修改。毛泽东提出，为应付局部战争甚至世界“大战”，应该立即将进行“大、小三线建设”等，列为未来五年经济建设的重点。[②]

提出上述观点还是因为此后不久，7 月 2 日，毛泽东召开会议听取周恩来等人的汇报。他在谈军事战略问题时，重申了“地方搞军事”的必要性，以及“各省要搞兵工厂”，并对爆发战争问题表现出某种紧迫感。不过尤为重要的是，他明确提出“战略问题，你们不能只注意东边，不注意北边，只注意帝国主义，不注意修正主义”。[③] 依据目前公开的历史文献，这是毛泽东第一次将与苏联可能发生战争的问题提高到国家安全战略层次，而且这在中国决策层引发的震动是可想而知的。

7 月 14 日，时任总参谋长罗瑞卿向毛泽东报呈一份有关军委国

---

① 毛泽东：《在中央政治局常委和各中央局第一书记会议上的讲话》，1964 年 6 月 16 日，载中共中央文献研究室、军事科学院编：《建国以来毛泽东军事文稿》（下卷），北京：中央文献出版社、军事科学出版社 2010 年版，第 229—230 页。

② 参见陈小鲁：《陈毅与中国外交》，载国际战略基金会编：《环球同此凉热——一代领袖们的国际战略思想》，北京：中央文献出版社 1993 年版，第 152 页；关于三线建设的部分可参见鲁礼华和郭冰：《毛泽东加快三线建设评析》，《当代中国史研究》1993 年第 3 期，第 38 页。

③ 中共中央研究室编、逄先知、冯蕙主编：《毛泽东年谱（一九四九——一九七六）》第 5 卷，北京中央文献出版社 2013 年版，第 369 页；毛泽东：《准备好了敌人要来也好办》，1964 年 7 月 2 日，载中共中央文献研究室、军事科学院编：《建国以来毛泽东军事文稿》（下卷），北京：中央文献出版社、军事科学出版社 2010 年版，第 243—244 页。

防战略会议的纪要，内容是时任军委副主席及国防部长林彪和时任副总参谋长杨成武等在7月10日、12日两日会议上的谈话。林彪在会议中说，毛泽东“6·16谈话”是“具有最高思想水平的文献”，应该“认真传达研究、贯彻执行，用这个谈话把我军的战略思想完全统一起来”。[①]

毛泽东第二天即在纪要上批示，要于16日或17日找个时间，与有关领导人“专门谈一次军事问题”。结果是当天（15日）下午，就在中南海颐年堂召开了一次谈话会议（以下简称“7·15谈话会”），与会者有周恩来、彭真、贺龙、陈毅、罗瑞卿、杨成武等。林彪没有出席，他通过罗瑞卿转达了包含“六个最”的赞成意见，即“主席关于战略方针的指示是根据最新的情况，经过了最周密、最深刻的考虑的，因此看得最高、最远，因此，应当作为最后的决定意见，必须坚决贯彻执行”。[②] 这些情况大致反映了那两次会议中，军队高级领导人非常重视并表达了将遵奉毛泽东的讲话精神。

可以非常肯定的是，上述纪要中的发言内容和“7·15谈话会”如此及时地召开等均表明，“6·16谈话”以及之后毛泽东的谈话至少已经在军队高层产生了重大影响。那些多年与毛泽东共事的领导人都已经意识到，毛泽东的讲话将带来或者至少很有可能带来国家安全战略的全局性变动。为了务必跟上他的思考以便准确地予以理解和执行，就有必要更清楚了解和确认“6·16谈话”的重点，及其在毛泽东心目中到底有何等重要的地位。

在“7·15谈话会”上，经毛泽东提议，由罗瑞卿首先发言。

---

① 中共中央研究室编、逄先知、冯蕙主编：《毛泽东年谱（一九四九——一九七六）》第5卷，北京中央文献出版社2013年版，第375页。

② 参见《罗瑞卿传》编写组：《罗瑞卿传》，北京：当代中国出版社1996年版，第473页。

后者谈了他对“6·16谈话”的理解，概言之就是“战略方针多准备几手”；毛泽东立即予以肯定。他随后更准确地概括了他思考中的问题，说“我看主要有两个问题。第一个战略问题，敌人从哪里来。第二个战略问题，就是搞地方武装，有些省要搞一个兵工厂”。①

关于“敌人从哪里来”包括两层含义。其一是在作战层面，外敌将从哪个方向（以及以何种方式）发动军事进攻。毛泽东在“6·16谈话”中已经质疑了之前国防战略赖以建构的一些基本判断，他说，“敌人一定从东北来？还是走日军老路？我看不一定。从广东来，得到什么东西？也不一定”。② 这次他表达的关注是入侵者会“走八国联军的老路”，即“进渤海，从天津登陆”，直取北京。他在回应罗瑞卿谈二战中德军打莫斯科的经验时说，当时德军打到莫斯科“困难一些，打到北京还容易一些”。③ 其二是在战略层面，判断到底是哪个国家会发动大规模战争，特别是大规模入侵中国。苏联威胁就是在这个层面上被提出的。

关于“第二战略问题”即“地方要抓军事”，简单地说就是应该如何应付预想中的战争。如前所述，20世纪60年代初形成的国防战略是“积极防御，北顶南放”，而毛泽东这次提出的核心观点

---

① 中共中央研究室编、逄先知、冯蕙主编：《毛泽东年谱（一九四九——一九七六）》第5卷，北京中央文献出版社2013年版，第375页。

② 毛泽东：《在中央政治局常委和各中央局第一书记会议上的讲话》，1964年6月16日，载中共中央文献研究室、军事科学院编：《建国以来毛泽东军事文稿》（下卷），北京：中央文献出版社、军事科学出版社2010年版，第229页。

③ 毛泽东：《关于建设地方武装和备战问题》，1964年7月15日，载中共中央文献研究室和军事科学院编：《建国以来毛泽东军事文稿》（下卷），北京：中央文献出版社、军事科学出版社2010年版，第252页；另参见《罗瑞卿传》编写组：《罗瑞卿传》，北京：当代中国出版社1996年版，第385页。

就是要各地备战，不能都依靠中央，“要搞地方武装”。[①] 产生这种想法同毛泽东这时对越南战争的观察有关，他非常欣赏南越民解的游击战经验，说那里“只有一千几百万人，还没有我们一个省大，游击战争搞得那样好。难道我们就不行”？[②] 当然这只是原因之一。

更深入地分析毛泽东将“地方抓军事”视为战略问题的逻辑，也可以说在他本人对战略形势的判断中，存在很高的不确定性，即还不能确定到底是哪个国家、将从哪里以及用哪种方式，率先或同时向中国发动进攻。所谓“地方抓军事”毋宁说是一种比较保守的、“生存第一”的原则，一种能够在应付难以预料的最坏情况时，还可以立于不败之地的战略。毛泽东这个时期本来就有一种对战争将要爆发的紧迫感，而战略判断中的不确定性难免会加剧他的紧迫感。6 月 8 日，毛泽东在政治局常委扩大会议发表长篇讲话，其中强调了贯彻加强、加快三线建设的必要性，以及要“准备游击战争的根据地”等。他说“有了这些东西，我就放心了”。[③] 他还为此提出，要将中央工作会议延长三天或一周，以彻底讨论形势。正是这种紧迫感使毛泽东在 7 月 2 日的会议上说了那句一度流传的豪言壮语：“准备好了，敌人来了也好办，趁我们还在的时候再打它一

① 毛泽东：《关于建设地方武装和备战问题》，1964 年 7 月 15 日，载中共中央文献研究室、军事科学院编：《建国以来毛泽东军事文稿》（下卷），北京：中央文献出版社、军事科学出版社 2010 年版，第 251 页。

② 毛泽东：《关于加强三线建设的讲话》，1964 年 6 月 8 日，载中共中央文献研究室、军事科学院编：《建国以来毛泽东军事文稿》（下卷），北京：中央文献出版社、军事科学出版社 2010 年版，第 225 页。

③ 毛泽东：《关于加强三线建设的讲话》，1964 年 6 月 8 日，载中共中央文献研究室、军事科学院编：《建国以来毛泽东军事文稿》（下卷），北京：中央文献出版社、军事科学出版社 2010 年版，第 226 页；另参见中共中央研究室编、逄先知、冯蕙主编：《毛泽东年谱（一九四九—一九七六）》第 5 卷，北京中央文献出版社 2013 年版，第 359 页。

仗，也好。”①

以上不厌其详地叙述有关中国决策层围绕军事战略的思考和讨论，是要证明1964年夏季是中国安全战略发生历史性转变的开端，其关键内容就是毛泽东所谈的两个“战略问题”。在这里有必要先补充说明，根据直接和间接公开的历史文献，毛泽东在1964年春夏这个阶段有关战略问题的思考，包括了更丰富的内容。除了这里专门探讨的军事安全外，还有主要表现为反对修正主义和防止出现赫鲁晓夫式的接班人的政权安全问题、国民经济计划与安全战略的关系、亚非拉革命运动在世界政治中的历史地位，等等。这些每一个都无比巨大的问题之间的逻辑关系及其在毛泽东的思考中是如何展开的，等等，是需要专门研究和论述的，而国家安全战略只是毛泽东宏大思考的诸多问题之一，而且必然会受到他思考的系统和逻辑的影响。

这里首先需要解读毛泽东的战争紧迫感和改变安全战略的决定等，与中国地缘安全环境变化之间的关联。厘清这一点的另一个价值是，它有助于更深入理解中国当时独特的决策制度使毛泽东的认知（而非客观的安全环境变化）在多大程度上支配了国家安全战略的转变。

综合地看，在整个50年代，中国通过一系列诸如结盟、局部战争、军事援助、战争边缘政策和以建立“亚洲和平体系”为目标的双边、多边外交行动等，在周边地区塑造了一个尚能维持基本稳定与和平的安全局面。在东北和西北边疆地区，由于同苏联结盟而几乎没有安全方面的压力。1953年7月达成的《朝鲜停战协定》和1954年7月达成的有关印支和平的《日内瓦协议》，基本缓解了

① 毛泽东：《准备好了敌人要来也好办》，1964年7月2日，载中共中央文献研究室、军事科学院编：《建国以来毛泽东军事文稿》（下卷），北京：中央文献出版社、军事科学出版社2010年版，第244页。

在朝鲜半岛和印度支那半岛的紧张局势；美军驻扎在三八线以南，而法军则撤退到17度线以南并于不久后撤出。在中国领导人看来，朝鲜是社会主义阵营的“东方前哨”，而越南则是社会主义阵营的“南方前线”，这相当于中国在两个战略方向上，都拥有了安全缓冲地区。[①]

在台湾海峡地区，经过1954—1955年和1958年两次危机以后，解放军攻占了除金门、马祖之外的绝大部分东南沿海岛屿，从而极大地限制了来自台湾国民党军队的骚扰性进攻，并能保持着对台湾当局的军事压力。在东南亚地区，通过双边和多边外交努力，中国同那里主要国家的关系获得明显改善或缓和。尤为重要的是，经过1958年夏季的台海危机之后，中国与美国在地缘安全和军事领域的尖锐冲突也进入一个相对稳定的阶段。客观地看，50年代末出现的安全环境已经使中国领导人可以较长时间地集中精力于国家的经济建设，而不必担心会立刻发生大规模军事入侵。

从国际冷战体系的角度看，中国在50年代塑造的安全环境中固然存在结构性危机，而且上述局面的确也没有持续很长时间。诸多论著都叙述了1962年中国安全环境的全面恶化，包括春季在新疆伊犁、塔城地区发生大规模边民外逃苏联、夏季台海局势紧张以致解放军在东南沿海部署30万大军备战、秋季爆发了中印边境自卫反击战，等等。[②] 问题在于，到底是什么原因导致安全环境恶化，

① 关于越南是社会主义阵营的“南方前线”的说法参见《毛泽东主席会见越南总理范文同谈话纪要》，1961年6月13日，外交部档案馆：204-01445-04；《周恩来总理、张宗逊副总参谋长等同苏发努冯亲王的谈话记录》，1961年7月3日，外交部档案馆：106-00612-02。

② 章百家：《通向缓和的崎岖之路——变动中的国际环境与中国对美政策（1954—1971）》，载姜长斌、［美］罗伯特·罗斯主编：《从对峙走向缓和：冷战时期中美关系再探讨》，北京：世界知识出版社2000年版，第437页；李捷：《物极必反：60年代的中国国内政治与中美关系》，载姜长斌、［美］罗伯特·罗斯主编：《从对峙走向缓和：冷战时期中美关系再探讨》，北京：世界知识出版社2000年版，第497页。

以及如何评估周边局势动荡的程度及其确切的含义。

1962 年春夏发生的新疆伊塔事件和秋冬季爆发的中印边境自卫反击战等各有其原因，但在中国决策者的思维中，这两者在逻辑上都可以导向一个结论，即奠基于中苏军事同盟条约的两国军事安全关系并非稳定和可靠的，甚至有可能发生更糟的事情。尤其是在中印边境冲突问题上的分歧，对中苏战略互信的伤害是相当严重的。

中印军队在接壤的边境地区第一次发生军事冲突是在 1959 年夏季，当时苏联领导人没有顾及中方的意愿，在尚未接到中方建议从而未确认中方态度的情况下，就发表了一个声明，这立即被中方认为是偏袒了印度的行动。[①] 在之后不久赫鲁晓夫访华期间的峰会中，双方在此问题上的分歧不仅未能弥合，甚至变得更深刻了。赫鲁晓夫在谈话中提到，中国的地区政策影响到同盟国家之间的相互义务。[②] 这相当于指责中国 1958 年“炮击金门”和 1959 年在中印边界的行动等，违背了中方理应承担的条约义务，损害了苏联的战略利益。但在中方看来，苏联就中印边境冲突发表的那个声明才不符合社会主义国家间关系的准则，至关重要的是苏联对此事件的反应暴露了中苏在领土争端问题上的深刻分歧，而不仅仅是像以往研究成果所强调的那样，苏联偏袒印度只是有悖其理应承担的同盟义务和社会主义国家间关系准则。

正是在上述背景下，1960 年夏季，苏联对中国实施经济制裁之后不久，中国领导人立即想到了中苏战争，而最有可能是在边疆问题上。8 月 10 日，中共政治局召开会议。毛泽东在发言中总结与会者针对中苏关系的讨论时说，无非“《中苏友好互助同盟条约》一

---

① 参见王泰平主编：《中华人民共和国外交史（1957—1969）》第 2 卷，北京：世界知识出版社 1998 年版，第 228—229 页。

② 《赫鲁晓夫与毛泽东会谈记录：关于台湾问题和中印关系的争论》，1959 年 10 月 2 日，载沈志华主编：《俄罗斯解密档案选编：中苏关系》第 8 卷，上海：东方出版中心 2015 年版，第 223—228 页。

风吹，对中国实行军事威胁，甚至同美国人一起来打我们”。[①] 这是目前能看到的中国领导人最早谈到中苏可能爆发战争的记录，而且毛泽东显然不只是随口一说而已。中国决策层内部是有更具体的判断的，例如刘少奇当时就认为，苏联有可能在新疆“搞颠覆活动”。[②] 这之前不久，8 月初，中苏首次发生了边境纠纷，在新疆博孜艾格尔山的山口，苏边防人员驱赶了中国边民。与此同时，新疆维吾尔自治区政府根据中共中央的指示，开始着手处理伊犁地区拥有苏联国籍的干部问题，要求他们放弃双重国籍，否则就应回到苏联去。[③]

1962 年 4、5 月间，在新疆伊犁、塔城地区发生了 6 万多中国边境居民大规模越境前往苏联的事件。这证明了中国领导人之前的判断并非空穴来风。[④] 8 月 3 日，毛泽东在会见参加中央工作会议的西北地区五省负责人时说，伊塔事件是赫鲁晓夫策动的，其目的是颠覆当地政府还是另有企图，尚不能确定，但新疆有必要加强军事力量准备，“斗争的主要方向是苏联修正主义”。[⑤] 中国国防政策的局部性变化就这样开始了，它在多大程度上影响了当年秋季中印边境自卫反击战中的中方军事决策的目标，是很值得深入探讨的。

对本章研究更有直接意义的事实是，毛泽东的上述讲话发表于

---

① 吴冷西：《十年论战 1956—1966：中苏关系回忆录》（上册），北京：中央文献出版社 1999 年版，第 339 页。

② 中共中央研究室编、逄先知、冯蕙主编：《毛泽东年谱（一九四九——一九七六）》第 5 卷，北京中央文献出版社 2013 年版，第 124 页。

③ 参见李丹慧：《对 1962 年新疆伊塔事件起因的历史考察——来自中国新疆的档案》，载李丹慧主编：《北京与莫斯科：从联盟走向对抗》，桂林：广西师范大学出版社 2002 年版，第 503 页。

④ 关于伊塔事件参见李丹慧：《对 1962 年新疆伊塔事件起因的历史考察——来自中国新疆的档案材料》，载李丹慧主编：《北京与莫斯科：从联盟走向对抗》，桂林：广西师范大学出版社 2002 年版，第 480—509 页。

⑤ 中共中央研究室编、逄先知、冯蕙主编：《毛泽东年谱（一九四九——一九七六）》第 5 卷，北京中央文献出版社 2013 年版，第 124 页。

解放军刚刚解除了东南沿海对台战备的一周之后。由于台海局势紧张，5 月 29 日，毛泽东在杭州紧急召见罗瑞卿，下达关于要在东南沿海立即备战，后者当天即向在北京主持军委工作的林彪等汇报。第二天，中央军委战略小组召开专门会议，根据毛泽东指示的内容，讨论在该方向打击台湾国民党军队进犯的方针。这个军委战略小组成立于 1959 年，主要职能是协助军委工作，对国防和战争问题提供战略性咨询和建议，包括研究世界战略形势，等等。当时的与会者判断，蒋介石很有可能在美国的支持和配合下，派军队进犯大陆，对此应作充分准备。会议内容被总参作战部迅速整理成文，不过在整理稿尚未发出时，参会的罗瑞卿即在第二天凌晨 1：00 又一次接到毛泽东紧急电话，并奉命立即到杭州汇报。毛泽东听取汇报后表示，东南沿海地区发生战争的可能性很大，应向华东地区增派军队，“要大家准备打仗”。

6 月 1 日，罗瑞卿召开华东局会议，传达了毛泽东战备的指示，即对“大战、中战、小战”都要有所准备。[①] 10 日，中共中央下发了东南沿海备战的指示，军委遂命令 33 个步兵师、10 个炮兵师、两个铁道兵师、3 个坦克团和 5 个工兵团等进入战备，另调集 10 万老兵作预备兵员。[②] 台海紧张局势持续的时间并不长，到 7 月末就基本结束了，其原因和对中美关系的复杂的潜在影响等，将在后面的有关部分展开分析。

上述 1962 年那些接踵而至的周边事态，再加上当年入冬季节爆发的中印边境自卫反击战等，的确各有其具体原因，其中包含着某些会导致中国安全战略发生根本转变的历史因素。对于要同时应

---

① 参见《罗瑞卿传》编写组：《罗瑞卿传》，北京：当代中国出版社 1996 年版，第 368 页，第 370—371 页；中共中央研究室编、逄先知、冯蕙主编：《毛泽东年谱（一九四九——一九七六）》第 5 卷，北京中央文献出版社 2013 年版，第 103 页。

② 参见《中国人民解放军军史》编写组编：《中国人民解放军军史》第 5 卷，北京：军事科学出版社 2011 年版，第 316 页。

付来自“四面八方”的威胁的中国决策者，这些因素的确影响了他们对国家安全战略的思考。不过为了确定到底是什么原因导致了中国安全战略发生变化，还是有必要首先界定清楚问题中蕴含的两个层次，它们是需要分别解读的。

第一个层次是客观上，世界形势和中国安全环境是否发生了重大的变化，以及由此带来的对中国安全的威胁等，到底达到了什么程度。可以说 1962 年中国安全环境的确发生明显变化，甚至秋季还在中印边境地区爆发了战争。不过，这些都还不足以证明，真的会爆发中国决策层定义的“大战”，即爆发世界大战或发生对中国的大规模军事入侵，已经解密的美国和苏联的有关档案都可以证明这一点，而历史遗留的边界领土争端将成为主要的安全麻烦。

第二个层次是中国领导人尤其是毛泽东对战争威胁的判断等，是否与客观事实大致相符。一个重要但易被忽视的事实是，在 1962 年春夏，毛泽东本人开始将注意力转向国防战略问题。当然，他的注意力转移是部分的和与此前一段时间相比较而言的。5 月 17 日，毛泽东约见了罗瑞卿等人，对军委修改《关于战略方针的建议》做出了指示。值得注意的是他说到，这个文件在他那里已经放了两年了。换句话说，他直到这时才又开始关注国防战略问题。至于是什么具体原因导致他关注点的这种转移，目前还不得而知，但它对中国决策过程的影响是很清楚的，这也是必然的。在约见了罗瑞卿后，毛泽东立即发表有关在东南沿海地区大规模战备的谈话①，这之间是否存在以及存在何种关联，不应该被忽视或无视。

毛泽东上述认知变化的影响到底有多大，其实既难以准确描述，也不容易估量。这里呈现的历史过程可以大致说明，如果确有必要确定导致后来中美和解的那次中国安全战略转变何时开始于中

---

① 《罗瑞卿传》编写组：《罗瑞卿传》，北京：当代中国出版社 1996 年版，第 368 页。

国决策者的头脑之中，1962 年春夏应该就是这个时刻，而且中国决策层难免会更认真关注和思考与中苏在安全领域的矛盾的性质和严重程度。

第三个层次的具体问题是，毛泽东后来从 1964 年夏天开始提出的加强战备和改变第三个五年计划的一系列指示和部署，是否有基本的客观依据？这方面已经有诸多论述指出，毛泽东高估了爆发大规模战争的可能性。[①] 不过，还是有必要进一步确定毛泽东这个时期对爆发战争的形势的具体判断到底是什么。他的确比之前更多地强调了战备的重要性，一再提出要根据战争会“早打”“大打”来修改第三个五年计划，特别是强调三线建设的重要性。[②] 问题是他对爆发大战争的危险的判断和强调战备等，到底是根据正日益激化的中苏大论战中的理论推论，还是作为一位有丰富战争经验的军事领袖，基于对战略安全形势的缜密思考后断定，大战真的已经迫在眉睫了？

如果更仔细地阅读已经可以看到的历史文献，可以确定，毛泽东这个时期对战争问题的阐述和对战备的强调，主要还是来自理论的推导和被中苏大论战严重激荡起来的紧张斗争气氛熏染所致。在一种理论被强化到一定程度的情况下，其核心观点通常都会引导决策者的关注重点大幅转移或过度聚焦，有时甚至会将某种思考推导到荒谬的地步。

毛泽东的个性的影响也是不容忽视的，这主要是指他在长期从

---

① 中共中央文献研究室编：《建国以来毛泽东文稿》第 11 册，北京：中央文献出版社 1996 年版，第 103 页；中共中央研究室编、逄先知、冯蕙主编：《毛泽东年谱（一九四九—一九七六）》第 5 卷，北京中央文献出版社 2013 年版，第 363 页。这个时期毛泽东关于战备的论述参见孙东升：《我国经济建设战略布局的大转变——三线建设决策形成述略》，《党的文献》1995 年第 3 期，第 42—48 页。该刊此期还选载了几篇有关三线建设的历史档案。

② 参见孙东升：《我国经济建设战略布局的大转变——三线建设决策形成述略》，载《党的文献》1995 年第 3 期，第 42—48 页。

事各种形式的政治斗争中，逐步形成了一种强烈的危机意识。毛泽东的危机意识并不是一个很容易精确定义的概念，它包含了毛泽东对世界政治的基本观察和他对世界政治本质特征的感受，大体来说有三方面内容：（1）认为紧张与冲突是世界政治最基本的特征；（2）对威胁特殊的敏感；（3）迫切追求激烈的变革或跃进。这种危机意识更像是概念与经验、感觉的混合物，它区别于理论思想，没有系统和明确的框架，但在强化理论思考和判断形势的过程中，起着相当重要的作用。毛泽东的危机意识是在长期革命生涯中形成和强化，并植根于内心深处。它经常作为一种潜意识，塑造了毛泽东思考和理解世界政治和安全形势的前提，从而严重地影响着他的战略思考和决策。①

此外还有必要更深入地研究中国国内政治因素对 1964 年国防政策和战备动员的深刻影响，包括研究这时期因重新检讨国防战略所引发的一系列重要会议及其讨论和决议、国防工业领导机构的重组、军队领导层人事变动以及由此引起的矛盾等因素。例如，在 1964 年 4 月 25 日，总参作战部根据副总参谋长杨成武的指示，提交了针对“国家经济建设如何防备敌人突然袭击”进行专门调查研究的报告。该报告提出，国务院需要组织“专案小组”，采取措施“以防备敌人的突然袭击”。② 总参在 5 月上旬将此报告提交中国领导人，并获毛泽东的亲自批示，“要精心研究，逐步实施”。③ 8 月 19 日，国务院副总理李富春等人提交专项报告说，毛泽东的批示

① 关于毛泽东的“危机意识”的研究可参见牛军：《毛泽东国际战略思想探源》，载《国际政治研究》1995 年第 1 期，第 4—10 页。

② 《关于国家经济建设如何防备敌人突然袭击的报告》，1964 年 4 月 25 日，载中共中央文献研究室编：《建国以来重要文献选编》第 19 册，北京：中央文献出版社 1998 年版，第 130—132 页。

③ 毛泽东：《“关于国家经济建设如何防备敌人突然袭击的报告”的批示》，1964 年 8 月 12 日，载中共中央文献研究室编：《建国以来重要文献选编》第 19 册，北京：中央文献出版社 1998 年版，第 130 页。

“极为重要”，总参作战部的报告“是我国战略防御的一项重大措施”，国务院将牵头成立包括13人的“专案小组”，以及拟采取多项措施请中央批准，等等。[①]

上述情况表明，毛泽东固然是安全战略转变的发起者，但他个人的因素是在何种体制和机制、政治环境和气氛等之中起作用的，还需要进一步分析。在档案未解密以及尚无法完整呈现导致决策过程运转的制度、机制等的真实作用的情况下，应该时刻告诫在以往研究中还存在着这个相当薄弱的环节。如果不能更具体地揭示那些因素与毛泽东的战争危机感和中国战备升级等之间的互动，包括互相激励，其实是很难完整呈现此时期中国安全战略变化及其特点的。系统论述这类问题已经超出本章论述的范围，这里立此存照。

第三节　中美地缘对抗衰退

解读60年代末中国安全战略的转变，必须要揭示中国领导人对中美地缘安全对抗在衰退这个事态的认知过程，这当然首先就要回顾1962年春夏中苏地缘安全对抗初现端倪的时刻，中国领导人在解决地区危机中，开始与美国构建了被证明是有效的冲突与危机管理机制，尽管他们这时根本没有考虑这种已经属于低级别的“战略互信”的起步，对中美关系有什么长远的意义。

理解1962年的变化，首先需要大致叙述中国对美政策的演变轨迹。中国决策者是在新中国成立前后开始从国家安全的角度思考战略问题的，如第一、二章所述，从那时起他们就将与美国对抗以

① 《李富春等关于落实毛泽东对国家经济如何防备敌人突然袭击问题批示的报告》，1964年8月19日，中共中央文献研究室编：《建国以来重要文献选编》第19册，北京：中央文献出版社1998年版，第133—135页。

及由此可能引发的与美国的战争等，视为国家安全的最主要和最直接的威胁。新中国成立后特别是朝鲜战争后，消除美国的威胁和与美国展开全面对抗，成为国家安全战略中的首要问题，也是推动国防建设和制订军事计划的主要动力。在中国决策者看来，当时中国四周任何一个方向上出现被认为是形势恶化的安全问题，即使不是美国直接介入的结果，也有可能导致中国与美国对抗的战略地位被削弱。这在中国决策者心目中就是如此，不论纷至沓来的各种事件本身的起因与过程有多么的复杂。这种梦魇般的逻辑固化在中国领导层的战略思维之中，是有其历史性的原因的。

中国塑造周边安全环境的战略和政策固然包含着源自历史传统的复杂诉求和源自国家内部政治运作的动力，不过在当时中国决策者的认知中，有关战略和政策与美国处于全面对抗的状态有着更直接甚至是最突出的关联。中美在安全领域的矛盾和冲突在深层次上反映的是一个新兴地区强国与一个世界超级大国之间通常都会发生的地缘政治对抗，中美结构性矛盾的复杂之处还在于，这场对抗不仅发生在冷战背景下，还被嵌入中国近代“建国”历史进程中。中共领导的革命运动从某种意义上说，也是中国治乱循环历史的再现；它不仅是一场政治革命和民族革命，还包含着实现国家统一的抱负和终极目标。具体地说，解决台湾问题是这场革命的最后一步。

美国由于二战后期的复杂原因而介入国共斗争，以及在冷战爆发后为了同苏联对抗，先是成了中国革命运动的对手，然后是在中华人民共和国成立后，又变成阻碍中国统一的敌人。尤其是在中国领导人看来，美国在台湾海峡的军事介入还是对中国安全的威胁，是把台湾作为“侵略的基地”，为发动侵略战争做准备。[①] 可以说，在中美对抗的开始阶段就出现的台湾问题，从来都被认为具有两重性，美国在台湾海峡的军事介入既是阻碍中国实现统一，也是对中国安全的威胁，因此是更大范围的中国周边安全问题的组成部分。

50年代中期，中国领导人为了缓和中美关系和台海紧张局势，一方面采取了主动行动，通过中美大使级会谈，提出了释放美国在押人员这样的实际建议，而且为推动中美谈判，一再提出了被认为是有利于和解的“具体途径”。[②] 当时主要是由于美国政府坚持僵化的敌对政策，导致中美大使级会谈未能取得中国领导人期待的实质性进展。这使中国领导人终于得出结论，“在美国政府不改变它的死硬的和敌视的态度以前”，中国方面的努力“是徒然的”。[③] 1958年夏季，他们确定了“一揽子”原则，即“台湾问题不解决，其他问题都谈不上”。[④] 这表明，中方为几年来争取与美国和解的努力画上了一个句号。后来的发展证明，这个决定成为一项重要的原则，对中国政策的影响既深刻又长久，包括一直维持运转的中美大使级会谈，甚至最终都没有能成为两国走向和解的现成机制。当两国决策者真的决心和解时，大使级会谈机制就被放弃了。

无论如何，系统地分析和观察美国军事介入台湾问题之于中国所包含的前述两重性质，很有助于解读中国改变战略优先排序的复杂性及其对中美和解的根本性意义。中国决策者肯定了解美国将台

① 周恩来：《抗美援朝，保卫和平》，1950年10月24日，载中共中央文献研究室、军事科学院编：《周恩来军事文选》第4卷，北京：人民出版社1997年版，第75页；《抗美援朝中存在的思想问题》，1950年11月25日，载中共中央文献研究室、军事科学院编：《周恩来军事文选》第4卷，北京：人民出版社1997年版，第111页。

② 《周恩来总理兼外交部长关于目前国际形势、我国外交政策和解放台湾问题的发言》，1956年6月28日，《人民日报》1956年6月29日。

③ 周恩来：《目前国际形势和我国外交政策》，1958年2月10日，《人民日报》，1958年2月11日。

④ 王炳南：《中美会谈九年回顾》，北京：世界知识出版社1985年版，第71页。

湾问题同亚太地区战略挂钩的那类逻辑，否则就难以解释，为什么他们在1955年开始尝试与美国谈判时，会将台湾问题切割为中美之间的“国际性问题”和大陆与台湾蒋介石政权之间的“内政问题”，并提出可以与美国谈判消除台海紧张局势，但也必须以此为界，不能讨论台湾的地位这个“内政问题”。[①] 他们还一再向美方传达，中国无意“同美国打起来”，更无意在亚太地区实行武力扩张，而且还可以同台湾当局谈判，用和平方式实现统一。[②] 就在1958年8月，毛泽东与军事领导人讨论何时发动对金门的炮战期间，林彪曾直接向毛泽东本人建议，向美方转达避免炮战引发双方军事冲突的意图。尽管这个建议没有被采纳，但林彪的行动足以证明，在决策高层中有人认为而且可以明确提出，美国并没有与中国战争的意图，至少当时没有。[③]

即使在1958年9月重开的大使级会谈陷入僵局后，中国领导人也没有放弃过同美国保持接触，特别是在危机时刻通过中美大使级会谈，直接与美方沟通以避免战争。此外，中国领导人一直认为，中美缓和或和解是有利于解决台湾问题的，这甚至是决定性的国际条件。8月末，中国驻波兰大使暨中美大使级会谈的中方代表王炳南紧急奉命回国，向政治局汇报中美谈判情况。当他在汇报时说到“由于我们掌握真理，对美国无所惧、无所求”时，毛泽东即

---

① 中共中央文献研究室编：《周恩来年谱（一九四九——一九七六）》（上卷），北京：中央文献出版社1997年版，第474—475页；裴坚章主编：《中华人民共和国外交史（1949—1956）》第1卷，北京：世界知识出版社1994年版，第344—345页。

② 毛泽东：《不能把台湾问题上的国际问题同国内问题混淆起来》，1959年10月5日，中华人民共和国外交部、中共中央文献研究室编：《毛泽东外交文选》，北京：中央文献出版社、世界知识出版社1994年版，第382页；中共中央文献研究室编：《周恩来年谱（一九四九——一九七六）》（上卷），北京：中央文献出版社1997年版，第474—475页；裴坚章主编：《中华人民共和国外交史（1949—1956）》第1卷，北京：世界知识出版社1994年版，第345页；中共中央研究室编、逄先知、冯蕙主编：《毛泽东年谱（一九四九——一九七六）》第5卷，北京中央文献出版社2013年版，第465页。

③ 叶飞：《叶飞回忆录》，北京：解放军出版社1988年版，第654—655页。

插话说“我们要台湾回归祖国，怎么无求于美国呢？”[①]

1959年10月5日，毛泽东在一次内部谈话中说得更直截了当，“台湾问题很复杂，又有国内问题，又有国际问题。就美国说，这是一个国际问题，国际问题只能用和平道路解决，不能用武力解决”，“我们要求美军撤出台湾，他们不干，我们只能等，他们要多少时间撤出，我们就等多少时间”。[②] 这其中的逻辑是清楚的，不缓和与美国的关系，就难以解决台湾问题。换句话说，与美国达成协议或和解，将有利于解决台湾问题。应该注意的是，这是在中美谈判再次陷入僵局之后，中国最高决策者表达的基本判断。

1960年夏季，印支地区爆发了老挝危机，中美立即被卷入一轮新的紧张争斗。在处理老挝问题和控制地区危机升级的过程中，中国与美国展开的复杂互动，这应该和在事实上到底对中国领导人的认知产生了何种影响，是很值得分析的。

从实际情况看，从老挝危机发生开始，中国领导人就不希望被太深地卷入其中，特别是不希望中国被迫军事介入。所以，他们积极支持和平解决危机的国际努力，当时主要是积极支持和参与为解决老挝问题召开的第二次日内瓦会议。这使中国领导人又有了一次在国际多边机制下与美国处理地区危机的机会，他们可以通过直接交往来更清楚地了解美国的政策。

1961年5月16日，第二次日内瓦会议召开，中国外交部长陈毅率代表团出席。这是陈毅外交生涯中唯一一次参加解决地区冲突的大型多边国际会议，也是他第一次有机会直接同美国高级外交代表打交道。他的美国对手是美国国务院东亚事务助理国务卿、资深

---

① 王炳南：《中美会谈九年回顾》，北京：世界知识出版社1985年版，第70页。

② 毛泽东：《不能把台湾问题上的国际问题同国内问题混淆起来》，1959年10月5日，载中华人民共和国外交部、中共中央文献研究室编：《毛泽东外交文选》，北京：中央文献出版社、世界知识出版社1994年版，第382页。

外交官哈里曼。这种经历给陈毅带来何种影响不得而知，8 月 10 日，他在给北京市高等院校应届毕业生所做外交形势报告的内容，对于理解他的认知变化有重要的参考价值。在这次报告中，他阐述了中国对老挝问题的政策和他本人参加第二次日内瓦会议的活动，特别是用了相当多的篇幅，阐述了对美国政策的一些复杂的看法。他除了谴责美国政策的侵略本质和介绍中国代表团的英勇斗争之外，也详细生动地叙述了与美国方面直接或间接的交往，从中可以了解他的某些观察和认识。

陈毅当时告诉年轻的听众们，他不仅“看不出美国现在就要打世界大战”，而且注意到美方“总想和中国代表团拉关系”。陈毅随后详细介绍了他为什么有这种判断。他说是与会的苏联外长葛罗米柯告诉他，哈里曼曾经请苏方牵线与他本人“一起开会”，说是见面“不打招呼、不握手，不好”。陈毅则“根据中央的方针指示，不理他”。不过，哈里曼的夫人还是在会场上找到一次机会，主动同中国代表团中的一位女士握了手，并说“希望中美关系能够改善”。最富戏剧性的是哈里曼终于找到这样一次机会：当时陈毅正在喝咖啡，于是在一旁站立多时的一位加拿大代表终于转过身来询问他，是否可以同哈里曼夫人握握手。陈毅表示同意，于是便先与哈里曼夫人握手，并获得对方的礼节性赞美。这时，一直等在一旁的哈里曼趁势趋前与陈毅握手，陈毅也没有回避。就这样，中美高级别外交代表在外交场合不直接接触、不握手的尴尬被打破了。陈毅在离开日内瓦之前，曾经专门指示留在那里继续谈判的代表团成员，如果美方“要谈问题，由美国政府向中国政府提出，由外交部长找一个地方谈”。

陈毅随后的解释比较全面地揭示了这个时期中国对美政策的内容和原则：第一，这时中国对外战略的战略重点不在打开中美关系，中美关系的发展取决于是否有利于提升中国在亚非拉革命中的地位。用陈毅的话说就是，“不能把中国在亚洲、非洲、拉丁美洲反帝、反殖民主义的民族解放运动中的领导地位放弃，而去同美国拉关系”。第二，美国还没有主动和解的表示，即“美国并没有表示要和解”；第三，如果美国希望和解，需要采取有意义的实际行动，即“要和解，要美国人做出一两件像样的事情再说”。陈毅谈话的逻辑中有一个重要的内容，即中方认为，中美外长级的高级别会谈而非华沙大使级会谈，才是中美解决实质问题的首选机制，“两个大国，不搞静悄悄的外交”。[①]

陈毅本人当时和后来到底如何体会和理解这次弥足珍贵的外交经验，尚不得而知，不过这类经验及其对中国领导人的有关思考到底有没有造成影响，以及如果有的话，到底造成了何种影响，的确是值得认真分析的。目前并没有历史文献能用来回答这个问题，基于普遍性的认知发展规律推理，这类经验的累积和持续扩大的影响等，完全有可能进入中国决策层的战略思考过程，并最终成为其重要的组成部分。事实是在八年后（即 1969 年）发生的中美和解进程中，正是陈毅本人在关键时刻，向毛泽东和周恩来提出了“打破常规”，跨过中美大使级会谈，通过建立外长级甚至更高级别的会谈机制，直接打开和解大门。这将在后面叙述。特别值得注意的是，他在转交一项有关的研究报告时，曾经直接告诉周恩来，他对美方是否会对高级别会谈的建议做出积极回应的判断是，“美国会接受这个想法”。[②] 当然，要在陈毅 1969 年的这个判断和他 1961 年的经验之间建立起可证明的直接联系，尚需要作大量的研究，特别有待历史档案的进一步开放。但是，陈毅的判断绝不会与他本人的

---

① 《陈毅同志在北京市高等院校应届毕业生会上的报告》，1961 年 8 月 10 日，北京市档案馆：全宗号：22，目录号：1，卷宗号：598，第 6—8 页。

② 参见 Chen Xiaolu, “Chen Yi and China’s Diplomacy,” Michael Hunt and Niu Jun, ed., *Chinese Communist Foreign Relations, 1920s - 1960s, Personalities and Interpretive Approaches* (Washington D. C.: Woodrow Wilson Center for International Scholars, 1994), p. 110。

外交经验无关这一点，在逻辑上应该是可以确定的。

中美高级外交官之间在1961年开始的“握手”，很快就有了新的实质性发展。前述1962年夏季的台海危机只持续了一个半月，7月26日，毛泽东批阅同意一天前中央军委关于疏散进入福建战备部队的报告。该报告建议后撤福建前沿的驻军，其理由是台湾的国民党军队“大、中规模窜犯东南沿海的可能至少已经推迟”。[①] 至关重要的是，中央军委的这个判断主要是根据中美之间的直接沟通和美国通过苏联高层的传话，具有相当高的准确性。所以，完全了解这些情况的毛泽东迅速予以批准，也就在意料之中了。

当时中美之间的直接沟通是通过华沙的中美大使级会谈进行的。台海出现紧张局势后不久，中国驻波兰大使王炳南奉命中断在国内休假，紧急返回华沙，向美方转达中方对台海紧张局势的严重关切，以及确切地了解美方的政策。6月23日，王炳南主动约见美国驻波兰大使兼美方谈判代表卡伯特。他在会谈中向后者反复强调，中方认为美国将不得不对蒋介石政权在台海地区大规模集结军队承担责任和后果。卡伯特则明确表示，他肯定美国决无进攻中国之意图。[②] 实际上，卡伯特此前已接到华盛顿的指示，原就准备于27日约见中方谈判代表，转达美国政府的上述信息。[③] 所以，两国大使在23日的会谈中立即达成了降低台海紧张局势的共识。

除中美在华沙的直接接触外，美国也在通过苏联传递信息。6月28日，苏联驻华大使契尔沃年科会见陈毅，向后者介绍了苏联方面与美方讨论老挝局势时获得的信息。他说赫鲁晓夫已经向美方明确转达，苏联对印支问题的“坚定的”立场是“必须将美国军

---

① 中共中央研究室编、逄先知、冯蕙主编：《毛泽东年谱（一九四九—一九七六）》第5卷，北京中央文献出版社2013年版，第119页。

② 王炳南：《中美会谈九年回顾》，北京：世界知识出版社1985年版，第83页。

③ Roger Hilsman, *To Move A Nation* (New York: Doubleday Company, Inc, 1967) , pp. 318－319.

队撤出泰国”。美国总统肯尼迪则通过其弟回复称，美军将在10—14天内，撤出在泰国的军队，同时也不希望台湾海峡发生“复杂事件”。[①] 美方通过苏联转达的这个信息，与卡波特在华沙表达的立场是完全一致的，而中方显然相信了美方不打算加剧台海紧张局势、更无意进攻中国。陈毅在与契尔沃年科会见后的第二天，就告诉到访北京的一个老挝代表团，根据苏联大使介绍的情况，“现在美国似乎要缓和”。[②] 这之后，不仅台海局势明显降温，而且第二次日内瓦会议也终于在7月21日达成《关于老挝中立的宣言》和《关于老挝中立宣言的议定书》。[③] 由于陈毅参与了这次中美危机管理的过程，可以合理地推断，这会对他1969年大胆提出与美方和解的方案产生影响。

1962年9月下旬，中共中央召开八届十中全会。毛泽东在9月24日的发言中，在理论层次上阐述了同美国对抗的长期性和不可能解决的本质。他主要谈了阶级、形势和矛盾三个问题，其中“阶级”问题就是“国际帝国主义、民族主义，那些都是资产阶级国家，阶级斗争没有解决，那就不待说了”；所谓“矛盾”问题则是“我们跟帝国主义的矛盾；全世界人民跟帝国主义的矛盾首先是美国的矛盾”。[④] 两天后，周恩来在发言中回顾了当年的安全形势和中国应对之策，呼应了毛泽东的宏观判断。他说，“从全盘的国际关系来说，我们同美帝国主义之间的斗争是主要矛盾”，“毛主席抓

---

① 《陈毅副总理接见苏联驻华大使契尔沃年科谈话记录》，1962年6月28日，外交部档案馆：106-01368-03。

② 《周恩来总理、陈毅副总理接见老挝代表团的谈话记录》，1962年6月29日，外交部档案馆：106-01386-07。

③ 《解决老挝问题的扩大的日内瓦会议文件汇编》，北京：世界知识出版社1962年版，第2—11页。

④ 《毛泽东在八届十中全体会议上的讲话记录》，1962年9月24日，转引自中共中央文献研究室编、逄先知、金冲及主编：《毛泽东传（1949—1976）》（下），北京：中央文献出版社2003年版，第1250—1252页。

住了这个中心环节，就调动了全局”。[①] 周恩来的这段概括性发言表明，中国领导人这时并不认为，中国安全环境中已经出现有可能发生根本性转变的潜在趋势，中美在地缘安全领域的对抗仍然是中国面对的首要安全威胁，尽管客观上它正变得越来越不重要，或许实际上本来就不该那么突出。毛泽东本人在一年多后才开始意识到，中美在安全领域的对抗是否存在减弱的潜在趋势及其是否有战略层次的意义等，这至少是个需要关注和值得认真考虑的问题。1964年1月17日，他在同几位美国记者讨论国际问题时，实际上透露了他内心深处的思考和判断。他说，第一，美国的“主要敌人”是苏联，不是中国；第二，美国目前很难发动世界大战。[②]

中美之间深刻的结构性矛盾是导致中国领导人继续将美国视为首要安全威胁的最主要原因，即使在中印边境自卫反击战后，中国领导人仍然保持着上述周恩来阐述的判断。一方面是美国约翰逊政府继续采取敌视中国的政策，并在各个领域和越来越多的地区展开同中国的激烈争斗，以遏制中国扩大影响力；另一方面，中国对美政策也在进一步激化，支持亚非拉革命运动和建立国际反美统一战线等，在中国对外政策中一度成为首要的任务。根据前引陈毅1961年夏季的阐述，对美政策在中国对外政策中的排序不仅低于中国对社会主义国家的政策，而且也低于支援亚非拉革命运动的政策。[③] 不应该低估甚至无视中国对外政策中这种轻重缓急排序的重要影

① 《周恩来在中共八届十中全会上的讲话记录》，1962年9月26日，转引自中共中央文献研究室编、逄先知、金冲及主编：《毛泽东传（1949—1976）》（下），北京：中央文献出版社2003年版，第1227—1228页。

② 毛泽东：《美国在两个第三世界都遇到抵抗》，1964年1月17日，载中共中央文献研究室、军事科学院编：《建国以来毛泽东军事文稿》（下卷），北京：中央文献出版社、军事科学出版社2010年版，第214—215页；另参见中共中央研究室编、逄先知、冯蕙主编：《毛泽东年谱（一九四九——一九七六）》第5卷，北京中央文献出版社2013年版，第306页。

③ 《陈毅同志在北京市高等院校应届毕业生会上的报告》，1961年8月10日，北京市档案馆：全宗号：22，目录号：1，卷宗号：598，第8页。

响，实际上，支援亚非拉革命在此时中国对外政策中拥有战略优先，这一点的影响是全面的，不仅反映在对美国政策中，也被中国处理与法国的关系所证明。

例如，1960 年 9 月，毛泽东在会见访华的阿尔及利亚临时政府总理阿巴斯（Ferhat Abbas）时，相当明确地表示，如果中国需要在阿尔及利亚和法国两者间选择与谁建交，中国肯定选择前者。他说："如果有一天法国政府找到我们，我们有两个条件：一个是要同蒋介石断绝外交关系；一个是不能干涉我们援助你们，如果它把干涉我们援助你们当作一个建交的条件，我们不干。"[①] 1961 年 2 月 8 日，毛泽东在会见访华的法国议员密特朗（Francois Mitterrand）时，向后者明确表示，法国有必要与阿尔及利亚谈判解决结束殖民统治问题，而中法建交只有在阿尔及利亚问题解决之后。[②]

从 1963 年春季开始，毛泽东开始重新描绘世界政治图景。他越来越相信，一次新的世界革命高潮正在到来，其主要标志就是亚非拉地区的革命运动在高涨。2 月 6 日，毛泽东对一篇古巴人写的时评中的观点深表肯定。该文认为"目前世界主要矛盾是帝国主义同殖民地革命之间的矛盾"，而"殖民地解放和革命将带来帝国主义的灭亡"。他在该文上批写道，"古巴的看法是正确的，值得一看"。[③] 当年夏天，中苏大论战一开始，中共中央就系统阐述了一整套包括 25 条重要内容的"国际共产主义运动的总路线"，从而将他

① 参见裴坚章主编：《毛泽东外交思想研究》，北京：世界知识出版社 1994 年版，第 271 页。

② 中共中央研究室编、逄先知、冯蕙主编：《毛泽东年谱（一九四九——一九七六）》第 4 卷，北京中央文献出版社 2013 年版，第 537 页。

③ 毛泽东：《对〈再论陶里亚蒂同志同我们的分歧〉稿的批语和修改》，1963 年 2 月，载中共中央文献研究室编：《建国以来毛泽东文稿》第 10 册，北京：中央文献出版社 1996 年版，第 246 页。

们的世界革命思想系统地理论化了。[①] 1964 年夏季，在突出战备和三线建设的重要性的同时，毛泽东对亚非拉革命前景的乐观预期等，也明显超过了对爆发战争和国家安全面临威胁的担心。7 月 13 日，就在提出要从战略高度思考“敌人从哪里来”的问题之前两天，毛泽东还在热情洋溢地阐述，“现在整个世界看来，特别是亚洲、非洲、拉丁美洲是存在革命形势的”，“整个世界的前途是光明的”，等等。[②]

毛泽东此时重新定义了他的“中间地带”思想，目的就是要使中苏论战中阐述的一套关于亚非拉革命的理论在对外政策领域具有可行性；这一新论述同外交实践相结合并赋予后者的突出特点，就是强化建立国际反美统一战线的外交努力。[③] 换句话说，与美国尖锐对抗和争斗是中国自证在世界革命运动和国际共运中具有优越的道义地位和超过苏联的领导地位的需要。所以，国际反美统一战线政策几乎贯彻到这个时期中国外交的各个领域，典型地体现在援越抗美和推动第二次亚非运动。前者被视为是反对美帝国主义斗争的典范，在中国的有关论述中，“越南革命也是十月革命的继续”，北越“坚定地守卫着社会主义阵营的东南前线”，南越的民解武装斗争是“世界被压迫民族和被压迫人民争取解放的一个光辉的榜样”，

① 《关于国际共产主义运动总路线的建议：中国共产党中央委员会对苏联共产党中央委员会一九六三年三月三十日来信的复信》，1963 年 6 月 14 日，《人民日报》1963 年 6 月 17 日。

② 中共中央研究室编、逄先知、冯蕙主编：《毛泽东年谱（一九四九——一九七六）》第 5 卷，北京中央文献出版社 2013 年版，第 374—375 页。

③ 毛泽东：《中间地带有两个》，1963 年 9 月，1964 年 1 月、7 月，中华人民共和国外交部、中共中央文献研究室编：《毛泽东外交文选》，北京：中央文献出版社、世界知识出版社 1994 年版，第 506—509 页。

等等。[①] 至于第二次亚非会议，中国力图将其打造成为“审判美国的讲坛”。[②] 总之，不论是为了在全球舞台上实现世界革命的理想，还是为了在国际共运中获得反修斗争的优势，坚决与美国尖锐斗争都成了最主要的口号和行动。这时与其说是美国对中国的安全威胁加大了，不如说是对中国推动世界革命的目标的威胁增加了。

显然，在这个阶段，地缘政治对抗和维护国家安全的考虑等，并没有在中国对美政策中占主要地位，实际上是在相对淡化。当然，这并不是说中国领导人不那么关注安全问题，只是从思考的逻辑看，他们是在积极支援世界革命运动的同时，争取避免引火烧身导致国家安全环境恶化，而不是相反的因果关系。由于印支是当时中美地缘军事对抗最突出的和几乎是唯一的地区，分析中国领导人对美国升级越战的反应是有参考价值的。

1964 年 8 月上旬，毛泽东本人一度对与美国发生战争的形势做出相当严峻的估计，这的确事出有因。7 月 27 日，毛泽东刚刚向越南领导人承诺，如果美国“轰炸或登陆”北越，“我们就要打”。[③] 此后不久即 8 月 3 日，突然爆发了“北部湾事件”，美军随即开始轰炸越南北方的海防港和一些设施；美国参众两院很快分别通过《东京湾决议案》。[④] 北部湾事件立即加剧了中国领导人对爆发战争的紧迫感，毛泽东在阅读中国政府声明稿后批示说“要打仗了”，

---

① 《刘少奇主席在越南国宴上的讲话》，1963 年 5 月 10 日，载《人民日报》1963 年 5 月 12 日；《刘少奇在阮爱国党校欢迎会上的讲话》，1963 年 5 月 15 日，载《人民日报》1963 年 5 月 16 日；《刘少奇主席和胡志明主席联合声明》，1963 年 5 月 16 日，载《人民日报》1963 年 5 月 17 日。

② 《当前形势和我们的任务》，1965 年 5 月 7 日，外交部档案馆：106-01319-04，第 19—21 页。

③ 中共中央研究室编、逄先知、冯蕙主编：《毛泽东年谱（一九四九——一九七六）》第 5 卷，北京中央文献出版社 2013 年版，第 378 页。

④ 转引自时殷弘：《美国在越南的干涉和战争》，北京：世界知识出版社 1993 年版，第 174—175 页。

并决定取消预定的行程。[①] 此次行程是骑马上溯黄河源头，有关人员已经为此准备了一个多月。

8 月中旬，中央书记处召开的会议上，毛泽东再次提出要抓紧备战。他甚至说，要不要搞三线建设就如同大革命时期要不要到农村一样，是革命不革命的问题。[②] 10 月间，毛泽东在给刘少奇、周恩来等人的一项批示中称，三线建设“是长远的战略性的大问题，现在不为，后悔无及”。[③]

毛泽东的这种反应是合逻辑的，但不能等同于他断定美国会很快入侵中国，或者说中国必然就会选择与美国发生军事冲突甚至战争。事实是中国领导人很快就得出了美国不会进攻北越的结论，并做出了不直接介入这场战争的决定。他们最初显然并不确定，北部湾事件的起因就是美国蓄意扩大战争，甚至可能都不能确定，越南领导人是否了解和掌握这一突发事件的详细过程，所以周恩来、罗瑞卿当天即建议越方应“查清情况”。[④] 之后不久，中国领导人就认为美军的行动还不能被确定为大规模入侵北越的前奏，战争不仅不会扩大到北越，甚至还可能“会有一个时期的缓和”。[⑤] 显然，

---

① 毛泽东：《对中国政府抗议美国侵犯越南的声明稿的批语》，1964 年 8 月 6 日，载中共中央文献研究室编：《建国以来毛泽东文稿》第 11 册，北京：中央文献出版社 1996 年版，第 120 页；毛泽东：《对国家经济建设如何防备敌人突然袭击的报告的批语》，1964 年 8 月 12 日；载中共中央文献研究室编：《建国以来毛泽东文稿》第 11 册，北京：中央文献出版社 1996 年版，第 126 页。

② 参见鲁礼华和郭冰：《毛泽东加快三线建设评析》，载《当代中国史研究》1993 年第 3 期，第 38 页。

③ 毛泽东：《对广东省委关于国防工业和三线备战工作报告的批语》，1964 年 10 月 22 日，载中共中央文献研究室编：《建国以来毛泽东文稿》第 11 册，北京：中央文献出版社 1996 年版，第 196 页。

④ 参见江英：《冲突与克制：越南战争期间的中美关系》，载姜长斌、［美］罗伯特·罗斯主编：《从对峙走向缓和》，第 268 页；《罗瑞卿传》编写组：《罗瑞卿传》，北京：当代中国出版社 1996 年版，第 386 页。

⑤ 《周恩来总理接见朝鲜驻华大使朴世昌谈话记录》，1964 年 8 月 6 日，外交部档案馆：105-01898-01，第 15—24 页。

他们并不是担心美国立即要进攻中国，而是中国一旦不得不出兵越南，会不会导致与美国的战争。

8月13日，毛泽东会见到访的越劳中央总书记黎笋，详细阐述了他了解的北部湾事件的过程、对越方战略的建议、中方援越的原则，等等。他的基本判断是美军还不会进攻北越，“几家都不想打，所以打不起来”，而且中越还要争取今后10—15年“不打大仗，只打小仗，像南越那样”。[①] 10月5日，毛泽东在会见到访的范文同时说的更清楚，北越目前还不要派军队进入南越，美国打不打越南北方“现在还没有定”，他甚至提到，越美“谈一谈也有好处”。范文同则解释说，越方会“力争不使战争扩大到越南北方”。[②] 显然，北部湾事件并非由越劳中央有计划的军事行动引发的，以及越方此后也不会主动选择那种会将中国拖入战争的政策。直到1965年3月之前，中国领导人都认为，越南战争将限制在南越，主要战争形式还是以游击战为主，这是由民解的战略方针决定的。用毛泽东的话说，“问题是在南越”，“南越人民自己会把美帝国主义赶走的”，美空军轰炸北越死不了几个人。[③]

1965年3月2日，美军发动所谓“雷鸣行动”，在越南的军事行动大幅升级，这再次加剧了中美在地缘安全领域的对抗。中国反美政策也急剧升温，中国决策层甚至一度形成不惜被卷入战争也要加强援越的炽热气氛。4月9日，中共中央起草了关于加强战备的指示稿，认为美国的行动“严重威胁了我国的安全”，中国“应当

---

① 参见中共中央研究室编、逄先知、冯蕙主编：《毛泽东年谱（一九四九—一九七六）》第5卷，北京中央文献出版社2013年版，第385—386页。

② 毛泽东：《应做好美国扩大越南战争的准备》，1964年10月5日，载中共中央文献研究室、军事科学院编：《建国以来毛泽东军事文稿》（下卷），北京：中央文献出版社、军事科学出版社2010年版，第267—272页。

③ 《毛泽东主席、刘少奇主席等同过境我国的苏联总理柯西金谈话记录》，1965年2月12日，外交部档案馆：109-03957-07。

准备应付最严重的情况”，包括美国发动空中战争，“以至在我国国土上作战”。毛泽东于13日批准了这份文件。[①]

以往论著绝大多数以此为根据，强调美国军事干涉升级威胁了中国安全，而加强援越首先是为了应对美国威胁。[②] 上一章的有关部分已经论证了，这一观点有道理但有些简单化了。中国对越南战争升级的反应并不都是、有时甚至主要不是与美国的地缘安全斗争所导致的，这里不复述。进一步说，从做出有关决定的时间顺序看，以及中国领导人诸多论述中展示的逻辑也证明，中国领导人考虑和着手处理与美国之间的危机，是他们在履行援越承诺后必须要面对的一个后果。他们的主要关注并不主要是来自对美国加强军事干涉威胁了中国安全的一般性判断，更重要的是增加援越是否会引发美国对中国的战争的担心，以及中国将如何管理由此引发的中美危机。

特别重要的是中国领导人随后积极与美国展开国际危机管理。这并不是基于美国威胁中国安全这类一般性的判断，而是为了避免加强援越导致误判而同美国发生战争，而且他们已从美方获悉，美国无意进攻北越，更不要说是进攻中国。中国管控危机以避免中美军事冲突的努力，可参见上一章有关部分的叙述和分析。从为防止因误判而引发与美国的军事冲突而展开的外交沟通看，中国这次对中美危机的管理几乎可以说是尽善尽美的，而如此有效和堪称精致的危机管理，必定会增加两国之间在军事安全领域的“互信”度。

① 毛泽东：《对中央关于加强战备工作的指示的批语》，1965年4月13日，载中共中央文献研究室编：《建国以来毛泽东文稿》第11册，北京：中央文献出版社1996年版，第359页。

② 参见陈兼、赫斯伯格：《越战初期中美之间特殊的“信息传递”》，《史林》2004年第1期，第117页；毛泽东：《坚决打击入侵海南岛上空的美机》，1965年4月9日；毛泽东：《对中共中央加强战备工作的指示的批语》，1965年4月13日，载中共中央文献研究室、军事科学院编：《建国以来毛泽东军事文稿》（下卷），北京：中央文献出版社、军事科学出版社2010年版，第306、307页。

中美最初的“互信”恰恰体现在一次次成功化解危机的外交沟通之中，尽管双方这时仍然是充满了敌意的。

从中国决策层的认识演变看，随着美国军事干涉越南战争的升级，他们对美国威胁中国安全的战略意图的担心，在 1965 年 4 月上旬曾经达到 1958 年以来的最高峰。从 5 月开始，他们对美国威胁的担心已经明显地不那么强烈了。随着与美方的沟通，他们终于得出新的结论，美国在印支军事介入的目的和能力都是有限的。

8 月 11 日，在讨论新国防战略方针的政治局常委会上，毛泽东阐述了自 3 月以来观察印支形势的结论。他说，美国决策者“看来日子很不好混”，几个主要领导人“每天都要用全副精力处理越南问题”，而中国则“不要用全副精力，也不要很多精力，稍微注意一下就好了”。总之“美国人软下来了”，越南再坚持打三年半“就差不多了”，那时“约翰逊会垮台”。[①] 11 月 17 日，他在一次谈话中这样解释说，“党内还有人认为打不起来或者只是小打，大打不相信。他们是有道理的，我们本来就是两手准备。”[②] “两手准备”可以说就是他对前一段大张旗鼓进行战备的一个总结。其次则是中美之间已经形成了一套行之有效的危机管理机制，中国决策者有足够的理由做出判断，只要双方没有蓄意发动战争的意图，这套机制足以避免误会引发的军事冲突。

诸多历史文献都可以证明，毛泽东这时对是否会爆发大规模战争的看法远不是确定的，只是他长期在危险的国内战争中形成的思维方式等，决定了他在战争这类生死存亡的问题上，必定要作“有备无患”这种选择。特别是，即使在日益紧张和最具挑战性的印支

① 中共中央研究室编、逄先知、冯蕙主编：《毛泽东年谱（一九四九——一九七六）》第 5 卷，北京中央文献出版社 2013 年版，第 520—521 页。

② 毛泽东：《要争取快一点把后方建起来》，1965 年 11 月，载《党的文献》1995 年第 3 期，第 41 页。

地区，中国领导人对美国军事干涉造成的安全威胁的判断，也远不像诸多论著描述的那么严重。以往很多有关战争和战备的大量研究和论述等，比较充分陈述了毛泽东等中国决策者对美国作为帝国主义国家是战争策源地和有可能成为战争的发动者的很多认识和论述，但也因此忽视了中国领导人对美国发动对华战争的意图的理性判断。

实际上毛泽东从没有毫无保留地确定，美国就会发动对中国的战争。反之，尤其是在朝鲜战争中，不论基于何种理由，毛都断定美国不会对中国发动战争的可能性是很高的，而发动战争才是概率很低的事情。1965 年的危机管理则使中国领导人再次确认了他们的这个战略判断，即曾经被形象地概括为“东风压到西风”的世界战略形势落实到中美在军事安全领域，就表现为美国的确还没有发动对华战争的意图，包括它既没足够的力量，也没有准备好。毛泽东就是这样解释的，他在理论上尚无法也从没想到过，要修正“帝国主义就是战争”这个列宁主义的经典论述。

总之，有足够的理由将 1965 年视为冷战时代中美地缘安全争斗从降温走向结束的转折年代。如果系统观察这个时期中国决策层的有关言行，更完整地描述出这个时期中国备战的全景，很有利于理解中美之间持续的危机管理及其可能产生的长期影响。从逻辑上推论，与苏联关系的紧张和中国决策层对苏联威胁的日益关注，也可能是导致他们更愿意控制中美危机和避免中美冲突的日益重要的原因。一种被称为“战略三角”的均势政策的逻辑这时已经存在了。

第四节　中苏地缘对抗的嬗变

1965年3月23日，《人民日报》和《红旗》杂志编辑部联合发表题为《评莫斯科三月会议》的社论，宣布苏共中央在3月初召开各国共产党会议的筹备会是严重的分裂行动，这标志着社会主义阵营“名存实亡”。[①] 宣布“名存实亡”在当时被认为是国际共运范围大论战又一次升级的标志，只是说明中苏关系更加不堪而已。不过后来的发展证明，这句成语对冷战进程具有相当复杂的战略意义。中国毕竟是通过同苏联结盟而加入社会主义阵营、也就是选择了加入冷战中。现在公开宣布与苏联社会主义阵营这个冷战中的关键一方的关系实际上不复存在，这已经在逻辑上使中国会（后来也在事实上）成为冷战中非常特殊的一方。中国将作为独立于苏联阵营的政治力量，在世界政治舞台、主要是东亚国际政治舞台上行动，而这将导致东亚冷战——以及从长远看乃至全球冷战格局的巨大改观。

就历史过程看，毛泽东最初还是将中苏理论争论视为国际共运洪流中的主义和正统之争，并专注于同苏共的理论分歧和在亚非革命运动、反殖民主义运动等领域的竞争，同时仍然站在国际共运中革命先锋的立场，继续在诸多领域与美国激烈争斗。不过，随着原本被中苏同盟所掩盖的两国在地缘安全领域的矛盾和在论战中中苏双边安全关系的严重恶化，那些现实中的紧张、危机和冲突等，使中国领导人越来越多地从实力政治而非国际共运的理论逻辑等，思考国家面临的安全环境、在世界战略格局中的真实地位和可行的对

① 《评莫斯科三月会议》，《人民日报》1965年3月23日。

外政策。中国在冷战中的战略选择的变化是历史性的，中国领导人对这个变化的认知和塑造是一个逐步自觉的历史过程。以往的研究没有明确地区分清楚这个历史过程中的两个部分从而确定分析的视角，这导致了叙事中一些因果关系的含混不清和无谓的争论。所谓两个部分，其一是中苏领导人都基于国际共运成员的身份而展开的理论争论的过程，它当然会影响国家间关系，但叙述的逻辑肯定是很另类的。其二是两国领导人对国家间关系涉及的各种问题的认识和定义的过程。这两个部分不能被简单地混在一起叙述，确定分析的视角是必要的。这首先有助于把握住基本的线索并使之清晰连贯。其次是可以大致解释在60年代及其后，“均势”何以成为中国领导人处理战略问题的指导思想。

中国领导人对中苏国家间关系的认识过程是从解决两国之间的历史遗留问题开始的。在中苏同盟解体过程中，双方在地缘安全领域的政策分歧、历史遗留问题导致的纠纷同军事冲突、大规模战备等结合在一起，逐步在中国决策者的观念中建构出一种中美苏三边互动的战略均势概念。这就是历史在塑造历史，没有中苏同盟的破裂，“均势”就不可能成为中国领导人处理国家安全战略问题的主导思想，也就不会有他们对中美苏战略三角概念的回应和塑造。

如上所述，1962年中国安全环境出现了将会发生大变动的潜在趋势。除了与美国在安全领域的对抗开始趋向缓解外，就是与苏联在地缘安全领域开始趋向对抗，其标志就是当年春季爆发的伊塔事件和中国决策层的反应，这导致了中国国防政策开始局部性调整，是不争的事实。尤为重要的是中国决策层的认知变化，实际上反映了中苏关系中一些结构性矛盾的存在及其深刻的历史性影响。历史遗留的边疆和边界问题等，是这种结构性矛盾的具有实质性的组成部分。新中国成立后与苏联结盟固然暂时缓解了这类矛盾，实际上也为通过外交谈判合理地解决有关问题创造了一些条件，包括友好气氛和充足的时间。不过历史的演变证明这些是远远不够的，利用适当的时机来积极主动地解决有关问题的主观意愿是必不可少的，问题是这在 1960 年之前几乎不存在。

1959 年 8 月和 10 月，中国与印度两度发生边界军事冲突，苏联对此所持的立场成为中苏分歧的一个爆发点。在中国领导人看来，尤为重要的是苏联既是社会主义兄弟国家，还是中国的军事盟友，在中印冲突中却偏袒了印度，这有悖其应承担的义务。在 10 月 2 日于北京举行的首脑会晤中，两国领导人就中印冲突发生争论，中方提出麦克马洪线不合法，以及印军首先越过实际控制线并开枪射击。苏方则坚持中方使用武力是不对的，无论如何中印边界纠纷都是“一个小事件”，不必大动干戈。[①] 他们最终未能达成一致，而这一结果的潜在影响非常深刻，毕竟中苏之间存在类似的历史遗留的争议领土。双方在中印军事冲突中的分歧证明，中苏同盟关系、兄弟党关系等，在涉及历史遗留的领土争端这个领域，似乎都没有起到想象中的正面作用，后来的事实证明就是如此。

1960 年 6 月，苏联边防军开始以越界为理由驱赶中国牧民，两国边界纠纷从此不断发生。双方通过外交渠道的沟通立即暴露了实质性分歧，即两国存在因对边界的不同理解而形成的领土纠纷。8 月 17 日，苏驻华使馆向中国外交部提交了针对中国边民越界的照会。中方代表罗贵波当场答复，“我们认为，这是中华人民共和国的领土”，从而拒绝了苏方的要求。[②] 根据中方当事人的回忆，中方在当年夏季向苏联提出举行边界谈判的建议。苏联则反对举行“边

---

① 《赫鲁晓夫与毛泽东会谈记录：关于台湾问题和中印关系的争论》，1959 年 10 月 2 日，载沈志华主编：《俄罗斯解密档案选编：中苏关系》第 8 卷，上海：东方出版中心 2015 年版，第 424—428 页。

② 《苏达利科夫与罗贵波会谈纪要：关于中苏边境纠纷》，1960 年 8 月 17 日，载沈志华主编：《俄罗斯解密档案选编：中苏关系》第 9 卷，上海：东方出版中心 2015 年版，第 182—183 页。

界谈判”，后来提出应代之以“核定个别地段边界走向”的磋商。[①]这种回应是否受到中苏领导人之前有关中印边界问题的争论的影响，需要进一步考察，而有关谈判直到四年后才开始。

与中苏边界纠纷密不可分的还有边疆居民管理问题。1962年春季的伊塔事件是一次集中爆发，该地区有约6万中国边民跑到了苏联。即使苏联政府决定关闭伊犁的苏联领事馆，但困扰中国地方政府的苏侨问题并未获根本解决。由于苏联因袭了沙皇时代的某些政策，加之复杂的历史过程，苏联在两国毗邻的中国边疆地区的渗透深刻且影响巨大。两国关系出现任何负面发展的趋势，都会反映在边疆地区。伊塔事件从某种意义上说是一个先兆，反映了中苏同盟的根基发生动摇后，两国关系很难避免因复杂的历史遗留问题而在地缘安全领域出现尖锐对抗。中国领导人对此类问题的特殊敏感和反感，也因为有历史根源而极为强烈，毛泽东迅速决定要做预防性的军事部署。如上所述，8月3日，毛泽东在会见参加中央工作会议的西北地区五省负责人时，提出需要在新疆加强军事力量，目的就是针对苏联方面有可能挑起的军事冲突。[②]

伊塔事件同边界纠纷所造成的紧张与敌对情绪不仅没有很快降温，而且还在中国高层内部蔓延。1963年2月间，中共中央召开工作会议。根据与会者回忆的描述，会议在讨论中苏关系时，气氛是相当严峻的。除了邓小平在报告中提出“要有长期斗争的思想准备”，与会者甚至分析讨论了苏联是否会发动对华战争。他们中有人提出要做最坏的准备，诸如“无非是退出北京，退到山沟里面去，退到延安去就是了”。这类发言透露出，这也是“毛主席早就设想到了，无非再上山打游击就是了”。当然，他们的基本判断是

① 周晓沛：《中苏中俄关系亲历记》，北京：世界知识出版社2010年版，第8页。

② 中共中央研究室编、逄先知、冯蕙主编：《毛泽东年谱（一九四九—一九七六）》第5卷，北京中央文献出版社2013年版，第124页。

那种情况还不会发生，苏联由于与美国“两霸相争，很难妥协”，还不会与中国破裂，更不会发动战争。回忆者还披露，有“中央同志”在报告中提到了抗战结束后，中共能够成功应对内战爆发的基本经验，并根据这类经验提出，现在不仅要做好思想准备，而且“在作战部署上也有所准备”，才能立于不败之地，乃至更快地取得最后胜利。①

大风起于青萍之末，中苏在安全领域的对抗就是这样拉开帷幕的，而且立即使历史遗留的边界领土问题大幅升温。1963 年 3 月 8 日，《人民日报》发表题为《评美国共产党声明》的社论，首次公开提出，历史上中苏存在过不平等条约，并质问苏联：“是不是要把所有不平等条约问题通通翻出来，进行一次总清算呢？”②

当年夏季，几乎同时发生几个重大事件，包括中苏两党会谈破裂并爆发大论战、苏联与美英签署《部分禁止核试验条约》、越南战争升级，等等。这些事件推高了毛泽东和他的同事们对世界革命形势高涨的乐观预期和中国军队几乎立即着手准备应付同苏联的军事对抗。当年 7 月，罗瑞卿专程先后到东北的吉林、黑龙江考察；10 月，他又奉毛泽东之命，到新疆伊塔等中苏边境地区勘察地形。③ 军委战略小组组长刘伯承也率参谋前往东北边境地区，考察和规划当地的军事设施建设，他认为苏联是有可能入侵东北地

---

① 吴冷西：《十年论战 1956—1966：中苏关系回忆录》（下册），北京：中央文献出版社 1999 年版，第 536—537 页；阎明复：《阎明复回忆录》（二），北京：人民出版社 2015 年版，第 771—773 页；在这次会议期间，刘少奇、邓小平都就中苏问题做过专门报告，参见中共中央文献研究室编：《刘少奇年谱（一八九八——九六九）》（下卷），北京：中央文献出版社 1996 年版，第 572 页；中共中央文献研究室编：《邓小平年谱（一九〇四——九七四）》（下），北京：中央文献出版社 2009 年版，第 1746 页。

② 《评美国共产党声明》，《人民日报》1963 年 3 月 8 日。

③ 《罗瑞卿传》编写组：《罗瑞卿传》，北京：当代中国出版社 1996 年版，第 385—386 页。

区的。[①]

毛泽东决定改变中国安全战略不仅与中苏论战同时，特别是与中苏边界谈判同步，而中苏边界纠纷升级和谈判的进展及结果，对中国决策层的战略判断有独特的影响。1964 年 2 月 8 日，中苏就解决边界问题展开谈判。双方代表一开始就发生激烈的争论。苏方的立场正如苏斯洛夫（M. A. Suslov）当时在苏共中央全会上阐述的，“中苏之间不存在领土问题，中苏边界是历史上形成的，现在只是需要确定其中某些段落”。[②]

从一开始，中国决策高层对此次谈判最终取得何种结果虽未寄予太高期待，但还是希望争取能达成一些结果。周恩来曾对到访的朝鲜领导人解释过，中苏双方对历史问题的认识存在无法消除的尖锐分歧，不过中方并没有打算要求苏联归还根据过去条约控制的领土，在谈判中可以将认识上的分歧与如何具体划界分开，争取能达成共识并找到解决问题的途径。[③] 毛泽东本人也持类似看法，他在 10 月 9 日会见阿尔巴尼亚国防部长巴卢库（Beqir Balluku）时还说，谈判目的“是达到一个合理的边界状态，订一个边界条约”。[④] 中方代表在谈判中一定要争清楚历史上的是非，既有利于中国在谈判中取得道义优势，也服务于中国在亚非拉革命运动中取得道义上的优势。不过争论归争论，从在北京的第一轮谈判进程看，有关历

---

① 参见《刘伯承传》编写组：《刘伯承传》，北京：当代中国出版社 1992 年版，第 669 页；程蕊编著：《刘伯承传》，北京：贵阳：贵州人民出版社 2001 年版，第 416—417 页。

② 《苏斯洛夫在苏共中央全会报告（节录）：关于中苏关系部分》，1964 年 2 月 14 日，载沈志华主编：《俄罗斯解密档案选编：中苏关系》第 10 卷，上海：东方出版中心 2015 年版，第 345 页。

③ 《刘主席、周总理接见朝外相朴成哲谈话记录》，1964 年 3 月 24 日，外交部档案馆，109-03909-07，第 124—129 页。

④ 中共中央研究室编、逄先知、冯蕙主编：《毛泽东年谱（一九四九—一九七六）》第 5 卷，北京中央文献出版社 2013 年版，第 417 页。

史是非的分歧没有妨碍双方谈判代表就一些问题达成了很有意义的成果。[①] 问题在于这期间，谈判达成协议的必要气氛和动能正在消失。毛泽东此时更重视的是与苏共中央的理论交锋，而且正在从全球战略格局的视角，考虑威胁来自何方和如何调整安全战略。即使是他对战争和战备问题的关注度，也大大超过了对中苏边界谈判的关注。这是有具体原因的。

首先是中苏边界问题谈判开始后不久，3 月 15 日，总参呈报了一份有关新疆备战方案，其中分析苏联的意图是“防御性的”可能性高于“进攻性的”可能性；如苏联发动进攻则有“大打、中打和小打”三种形式，其中“中打、小打”的可能性高于“大打”，而“小打”则随时都可能发生；报告的结论是要“做好应对赫鲁晓夫修正主义集团进攻的一切必要准备”。[②] 4 月 25 日，总参作战部提交了一份关于防止突然袭击的调研报告。[③] 由于该报告获毛泽东的好评并被敦促抓紧落实，国务院专案小组遂又提交了一份《关于国家经济建设如何防备敌人突然袭击问题的报告》，其中称毛泽东对总参作战部报告的批示“极为重要”，“必须认真对待，努力做好”。[④]

由于毛泽东从这时开始对战争问题（不仅是甚至主要不是与苏联的战争）的关注度正大幅上升，这类报告难免对他的判断产生独特的影响，这应是合理的推论。例如 5 月 27 日，毛泽东本人就在政治局常委会上提出，“要考虑到万一”赫鲁晓夫“冒天下之大不

① 李凤林：《中苏（俄）边界谈判的历程和基本结论》，载徐日彪编：《中苏历史悬案的终结》，北京：中共党史出版社 2010 年版，第 7—10 页。

② 中共中央文献研究室、军事科学院编：《建国以来毛泽东军事文稿》（下卷），北京：中央文献出版社、军事科学出版社 2010 年版，第 220 页。

③ 《总参作战部的报告》，《党的文献》1995 年第 3 期，第 34—35 页。

④ 毛泽东：《对国家经济建设如何防备敌人突然袭击的报告的批语》，1964 年 8 月 12 日，载中共中央文献研究室编：《建国以来毛泽东文稿》第 11 册，北京：中央文献出版社 1996 年版，第 126 页；《关于国家经济建设如何防备敌人突然袭击问题的报告》，1964 年 8 月 19 日，载《党的文献》1995 年第 3 期，第 33—34 页。

韪，竟然把战争强加到我们头上”，中国要“加强抵抗武装入侵的准备”。[①]

从历史过程看，有关战争形势的判断和战备随之愈演愈烈等，至少部分地是中国决策体制内形成的一种自循环的结果。这个系统中存在一种“回音壁效应”，即最高决策者的判断甚至只是一些看法等，都会在系统内被迅速吸收，然后再通过某种渠道或形式反射出来，使最高决策者听到来自不同方向的诸多与自己的判断或想法相同的声音，甚至愈演愈烈。毛泽东对战争的担心与决策体制的互动就是在这样的循环中相互促进的。这里需要指出的是，毛泽东以往对爆发大战的担心和军队战备很长时间里都主要是、甚至完全是针对美国的。不过这次不同的是，经过持续将近两年的援越抗美和中美危机管理，中国决策层对于美国是否要发动大战这个问题已经有了基本结论，这在客观上导致与苏联在安全领域的对抗逐渐凸显出来。

其次也是后果更严重的是4月3日，苏共中央公布了2月中央全会针对中国的决议和苏斯洛夫的有关报告，其中公开点名批评了中国领导人。两天后，刘少奇召集周恩来、邓小平、陈毅、彭真等讨论应对之策。陈毅在会上专门提到，苏共中央文件中直接点了毛泽东和其他一些中共领导人的名字，“这个事情不简单”；邓小平等也认为，这是个标志性事件。[②] 毛泽东在之后不久会见日本共产党代表时，也专门说到，“我们只批评他一个人，他批评我们七、八个人”。[③]

---

① 吴冷西：《十年论战 1956—1966：中苏关系回忆录》（下册），北京：中央文献出版社 1999 年版，第 778 页。

② 吴冷西：《十年论战 1956—1966：中苏关系回忆录》（下册），北京：中央文献出版社 1999 年版，第 742 页；参见中共中央文献研究室编：《邓小平年谱（一九〇四——一九七四）》（下），北京：中央文献出版社 2009 年版，第 1806 页。

③ 《毛主席同日共代表团第二次谈话记录》，1964 年 4 月 10 日。

4 月 27 日，《人民日报》登载了苏共中央的决议和赫鲁晓夫的部分言论。根据毛泽东的指示，《人民日报》编辑部加了一个按语，其中专门指出，苏共中央的反华文件“反映了赫鲁晓夫等人对于马克思列宁主义，对于阶级斗争，对于革命，对于民族解放运动，对于无产阶级专政，充满了刻骨的仇恨”，“苏共领导特别集中地攻击中国各族人民的伟大领袖毛泽东同志，攻击毛泽东思想，这也只能进一步暴露了他们自己的修正主义面目”，“苏共领导妄想诋毁毛泽东同志和毛泽东思想，不过是蚍蜉撼大树，可笑不自量。”[①] 显然，苏共中央点人名的做法后果非常严重，这已经被中共中央认为是赫鲁晓夫有颠覆中共领导层尤其是针对毛泽东本人的企图。

6 月 8 日，毛泽东在政治局常委扩大会议上专门指出，“赫鲁晓夫是善于搞政变的人”。[②] 这并非空穴来风，也是毛泽东在这个阶段非常强调接班人问题的一个因素。翌年 2 月 12 日，毛泽东在同访问河内路过北京的柯西金会谈时，还提到如果苏共中央想停止论战，其条件就包括取消“去年 2 月那个报告，那个决议”。[③] 在毛泽东看来，这既是中苏决裂的一个关键事件，也是中苏和解的一个关键障碍。

相比较而言，毛泽东此时对中苏边界谈判的关注度并不很高，以致没有慎重权衡一些公开谈话的复杂影响，而他的地位决定了他的任何公开谈话都必定会冲击谈判进程。7 月 10 日，毛泽东会见日本社会党代表佐佐木更三（Sasaki Kozo）等人时说，苏联与中国也

---

① 《苏共中央二月全会的反华报告〈人民日报〉编辑部按语》，《人民日报》1964 年 4 月 27 日。

② 毛泽东谈话内容参见中共中央研究室编、逄先知、冯蕙主编：《毛泽东年谱（一九四九——一九七六）》第 5 卷，北京中央文献出版社 2013 年版，第 357—360 页；吴冷西：《十年论战 1956—1966：中苏关系回忆录》下册，北京：中央文献出版社 1999 年版，第 779 页。

③ 《毛泽东主席、刘少奇主席等同过境我国的苏联总理柯西金谈话记录》，1965 年 2 月 12 日，外交部档案馆：109-03957-07。

有领土问题，沙皇俄国靠武力占领了中国大片的领土，“这笔账算不清”。[①] 他的谈话两天后被日方公布，苏联方面反应极为强烈，很有可能他们本来就是有备而来的。

8 月 19 日，苏共中央主席团召开专门会议，讨论制定所谓“解决社会主义国家间领土争端的原则”。赫鲁晓夫在会上发表了长篇讲话，其中谈到中国以历史主张提出有争议领土问题是不合理的，违背了列宁的民族自决原则，甚至“是利用战争做了暗示”，即有用武力或武力威胁解决边界领土争端的倾向；苏共中央则认为，也可以用当地民族自决的方式来解决。[②] 赫鲁晓夫这篇讲话从中国的立场看，肯定是相当严重的，其中暗含着可以用住民自决的方式裂解中国边疆地区的逻辑，以及为苏联施加军事压力找借口。这次会议的决定很快反映在苏联媒体对中国的抨击之中。

9 月 2 日，《真理报》刊登文章，系统批判了中国的对外政策。在有关中苏领土争议的部分，该文指责中共中央谋求在国际共运中特殊地位的企图背后，“隐藏着扩张主义的企图”；中方根据“历史权利”对苏联的领土要求“是毫无根据的”，这不仅“触犯了苏联的利益”，还导致了“国际紧张局势的加剧”。[③] 9 月 15 日，赫鲁晓夫在会见日本议员时，进一步使用了可以被理解为是威胁的语言。他说谁胆敢破坏“神圣的”苏联边界，谁就会遭到“坚决反

---

① 《毛泽东接见佐佐木更三、黑田寿男等日本社会党中左派人士的谈话记录》，1964 年 7 月 10 日，转引自沈志华主编：《俄罗斯解密档案选编：中苏关系》第 10 卷，上海：东方出版中心 2015 年版，第 373 页。

② 《赫鲁晓夫在苏共中央主席团会议上的讲话：中苏边界问题》，1946 年 8 月 19 日，载沈志华主编：《俄罗斯解密档案选编：中苏关系》第 10 卷，上海：东方出版中心 2015 年版，第 377 页。

③ 苏联《真理报》，1964 年 9 月 2 日，载沈志华主编：《俄罗斯解密档案选编：中苏关系》第 10 卷，上海：东方出版中心 2015 年版，第 375—376 页。

对”。[①] 针对赫鲁晓夫等发出的威胁，10 月 9 日，毛泽东在会见朝鲜总参谋长崔庸健和阿尔巴尼亚国防部部长巴卢库时，谈到要准备对付赫鲁晓夫派兵进攻中国。[②]

中苏领导人这样的隔空争论严重破坏了边界谈判的气氛，这至少也是中苏边界谈判 8 月结束后未能如约在莫斯科召开第二轮会谈的原因之一，而边界领土争端在此之后逐步发展成引发军事冲突的热点。如果将这个过程同毛泽东改变中国安全战略的思考结合起来观察，很难否定它们之间存在非良性的互动。

仅从这场争论的角度看，毛泽东本意并不是要激化边界争议问题，他甚至希望能控制住事态不要太过恶化。在 7 月 10 日与日本代表团的谈话引起强烈反应后，9 月上旬，他曾在同到访的法国代表团会谈时试图加以缓颊。他当时说，中方并不是要苏联归还那 150 万平方公里土地，提及此事只是为了“采取攻势”，让苏联人“紧张一下”。[③] 不过这些似乎都没有起作用，除了赫鲁晓夫本人的好斗言论外，苏联一些职能部门也认为，中苏边界局势将日趋紧张。苏联驻华使馆曾向苏共中央报告说，黑龙江和乌苏里江地区未来有可能发生军事冲突。之后还进一步报告说，中国已经决定在一系列江心岛上将苏方挤走的方针，建议应对“中国人上岛给予回击”。[④] 中国陆地边界总长约 2.2 万公里，在诸多存在争议地段发生纠纷甚至冲突很难避免，事实是中苏边界遗留问题是在独特的气氛和更复杂的认知背景中，终于成为推动中国安全战略根本性改变的

---

① 周文琪、褚良如：《特殊而复杂的课题——共产国际、苏联与中国共产党关系编年史》，武汉：湖北人民出版社 1993 年版，第 541 页。

② 中共中央研究室编、逄先知、冯蕙主编：《毛泽东年谱（一九四九——九七六）》第 5 卷，北京中央文献出版社 2013 年版，第 417 页。

③ 《毛主席接见法国技术展览会负责人及法国大使的谈话》，1964 年 9 月 10 日。

④ A. 叶利扎维金：《柯西金同周恩来在北京机场的会谈》，《国史研究参考资料》1993 年第 2 期，第 64 页。

导火索。

10月14日，赫鲁晓夫突然被罢免。中国领导人立即决定利用这一机会，了解苏联政局和苏共中央的对华政策。[①] 11月上旬，周恩来率领中国党政代表团访问莫斯科。7日晚，周恩来率团参加苏方举行的招待会。其间，苏联国防部部长马利诺夫斯基（R. I. Malinovskii）对贺龙说，“不要在政治上耍魔术，不要让任何的毛、任何的赫鲁晓夫再妨碍我们。”[②] 这番可谓赤裸裸的针对毛泽东本人的谈话，固然反映了苏共内部的确有不少人将中苏关系恶化归结为赫鲁晓夫与毛泽东个人之间的矛盾，但严重的是中方代表团将其定义为是“很严重的挑衅”。周恩来立即向苏联领导人提出抗议，并率中国代表团退出招待会。[③] 联系上述背景以及此时国内政治形势的基本特点，周恩来要表达出不同的判断是根本不可能的。这一事件对中苏关系的破坏性打击怎么估计都不过分，在苏联是否企图颠覆毛泽东领导这个敏感问题上，它至少也是加深了毛泽东等中国领导人对苏联的怀疑、警惕和反感。

11月14日，政治局常委专门开会，听取周恩来率团访苏的汇报。毛泽东在会上将马利诺夫斯基的话定性为“颠覆”，他说“我们到莫斯科去就是想推动苏共新领导往好的方面变，结果他们竟然要在我们党内搞颠覆活动”。[④] 这一判断在多大这程度上影响着正

---

① 余湛：《一次不寻常的使命——忆周总理最后一次访问苏联》，载外交部外交史研究室：《新中国外交风云》第3辑，北京：世界知识出版社1994年版，第19页。

② 《中苏两党会谈记录》，1964年11月8日，转引自中共中央文献研究室编、逄先知、金冲及主编：《毛泽东传（1949—1976）》（下），北京：中央文献出版社2003年版，第1307页。

③ 参见李连庆：《大外交家周恩来》第5卷，北京：人民出版社2016年版，第273页；吴冷西：《十年论战1956—1966：中苏关系回忆录》（下册），北京：中央文献出版社1999年版，第861—862页。

④ 中共中央研究室编、逄先知、冯蕙主编：《毛泽东年谱（一九四九——一九七六）》第5卷，北京中央文献出版社2013年版，第435页。

在变动中的中国安全战略，必须予以足够的重视。首先可以确定的是，它强化了中国领导人的战争危机感。

1965年1月23日，在听取国家计划工作汇报的政治局常委会上，毛泽东再次强调三线建设要抓紧。他说这“就是同帝国主义争时间，同修正主义争时间”，后一句可以被理解为也要抓紧准备同苏联打仗。[①] 这是目前能看到的他首次明确将苏联视为与美国并列的威胁的记载，而且加强战备也包括了针对苏联。10天后，毛泽东批准了国务院副总理谷牧根据之前会议精神起草的报告，其中明确写入了“应从准备应付战争，同帝国主义、修正主义争时间的考虑出发”这句话。[②] 这个决定就这样被确定为国家有关政策的一个目标。

3月1日，苏共中央在莫斯科召开了各国共产党和工人党会议的筹备会议，这被中国领导人视为是苏共分裂国际共运的严重步骤。几乎与此同时，美国开始扩大对北越的轰炸，“援越抗美”问题一度占据了中国领导人的中心议程。这期间，中国领导人曾利用苏联总理柯西金访越路过北京，尝试缓和双边关系。周恩来向柯西金提出了改善双方关系的六点建议。毛泽东本人在与柯西金会谈中也暗示，双方的矛盾就是“笔墨官司，一个人也没有死”，而且“只要帝国主义动刀子”，中苏“就会团结起来”。[③] 不过在中美基

① 毛泽东：《搞好三线建设打起仗来就不怕了》，1965年1月23、24日，载中共中央文献研究室、军事科学院编：《建国以来毛泽东军事文稿》（下卷），北京：中央文献出版社、军事科学出版社2010年版，第290—291页；参见中共中央研究室编、逄先知、冯蕙主编：《毛泽东年谱（一九四九——一九七六）》第5卷，北京中央文献出版社2013年版，第473页。

② 中共中央研究室编、逄先知、冯蕙主编：《毛泽东年谱（一九四九——一九七六）》第5卷，北京中央文献出版社2013年版，第476页。

③ 《毛泽东主席、刘少奇主席等同过境我国的苏联总理柯西金谈话记录》，1965年2月12日，转引自中共中央研究室编、逄先知、冯蕙主编：《毛泽东年谱（一九四九——一九七六）》第5卷，北京中央文献出版社2013年版，第278页；中共中央文献研究室编：《周恩来年谱（一九四九——一九七六）》（中卷），北京：中央文献出版社1997年版，第706页；吴冷西：《十年论战1956—1966：中苏关系回忆录》（下册），北京：中央文献出版社1999年版，第914—921页。

本完成外交沟通和中国领导人对印战争形势做出基本判断之后，他们的思考很快就回到准备“两线作战”的轨道上。

5月21日，就在越战升级和中国主动与美国展开危机管理期间，中央军委召开讨论国防与战备的作战会议。周恩来在会上发表的讲话中提到，与会者“都想到战争会来得快”，“帝国主义和修正主义联合打，甚至于打核战争”，“两面都打”，等等。这反映了领导层不少人认为或同意会发生与苏联的战争，并需要为此做好准备。当然，这次讲话也反映出，周恩来本人并不认为实际情况就是如此。[①] 8月11日，毛泽东主持召开政治局常委会，听取有关贯彻军事战略的汇报。他在发言中专门提出，苏联“可能对我们实行大包抄，要准备它来，总参谋部也要经常考虑，研究这个问题”。[②]

仔细分析中国领导人的“苏联威胁”认知的形成过程，可以大致将他们的看法分为两类。一类是来自对苏联军事干预社会主义阵营国家的历史记忆，其中1956年的波匈事件使他们对苏联不惜动用武力干涉社会主义阵营国家的行为方式印象深刻。中国领导人当时是以布达佩斯发生了反革命暴乱为理由，同意了苏军入侵匈牙利。[③] 但事实是不论如何评价当时的匈牙利形势，那都是匈牙利的内政问题，按照普遍的国家关系准则，并不能成为苏军攻占布达佩斯的合法依据。当中国与苏联在内外政策上发生严重分歧之时，中国领导人会如何总结当年不同的体会，尚未发现文字记载，但的确有想象空间。

10月10日，毛泽东在中南海召开了有各中共中央局第一书记

---

① 周恩来：《我们将赢得进步，赢得和平》，1965年5月21日，中共中央文献研究室、军事科学院编：《周恩来军事文选》第4卷，北京：人民出版社1997年版，第520—525页。

② 中共中央研究室编、逄先知、冯蕙主编：《毛泽东年谱（一九四九——一九七六）》第5卷，北京中央文献出版社2013年版，第520—521页。

③ 参见沈志华主编：《中苏关系史纲：1917—1991年中苏关系若干问题再探讨》（增订版），北京：社会科学文献出版社2011年版，第165—166页。

参加的会议，主要谈战备和三线建设。他在谈抓紧“小三线”建设时说，“小三线很重要”，除了“打起仗来”不能只靠中央这个理由外，还要准备应付国内政局可能出现的大变化。针对有人担心“地方抓军事”会发生内部问题，他说“不怕造反”，“如果中央出了修正主义，应该造反”，“如果出了赫鲁晓夫，那有小三线就好造反”。在他看来，备战和三线建设，一是“一定要准备美帝国主义、修正主义整我们”；二是“要准备我们内部出修正主义、法西斯地富反坏复辟，整贫下中农，那时老百姓不赞成，搞造反”。[①] 这就是毛泽东明确赋予之前 1964 年 6 月提出的“地方抓军事”方针的新的战略价值。从这个意义上说，在中国领导人看来，所谓“苏联威胁”带来的地缘战略问题固然是严重的，但更深刻的是它不仅威胁着国家的领土主权，而且关系到政权安危和他们正在从事的伟大事业的生死存亡。

中国领导人这时对周边安全事态的反应，也反映了对苏联威胁的判断在多么深刻地塑造着他们的地缘战略思维，以致他们倾向将周边的任何突发军事冲突等，也都同苏联反华和施压联系起来。9 月 6 日，印度在有争议的克什米尔地区向巴基斯坦发动军事进攻，印巴在克什米尔的争端扩大为两国间的全面冲突。中国政府立即发表声明，谴责印度的军事行动“是赤裸裸的侵略行为”，并开始在中印边界地区向印度施加军事压力，并向巴基斯坦提供军事援助。[②]

至关重要的是，中国对印巴冲突的强烈反应同与苏联的对抗联系在一起。中国一面抨击美国是印度的支持者，同时指责苏联也在“为印度侵略者撑腰”，称勃列日涅夫（L. I. Brezhnev）当局对印度的支持同赫鲁晓夫在 1959 年和 1962 年的中印边界冲突中的政策

---

① 中共中央研究室编、逄先知、冯蕙主编：《毛泽东年谱（一九四九——一九七六）》第 5 卷，北京中央文献出版社 2013 年版，第 534 页。

② 《中华人民共和国政府声明》，1965 年 9 月 7 日，载《人民日报》1965 年 9 月 8 日。

一样，是在“玩弄同样的手法”，目的是“在全世界范围内掀起一个新的反华浪潮”。[①] 1966 年 1 月，苏联与蒙古人民共和国签订军事同盟条约，随后开始向中蒙边界大量增兵。3 月 28 日，毛泽东在会见日本共产党代表团时，激烈地指责苏联的这些行动足以证明，他们企图入侵中国东北和新疆，与美国一起分裂中国。[②]

如果将上面的那些看法联系起来，的确可以勾画出一个苏联企图蚕食中国周边的险恶地缘图景。因此可以说也是在 1965 年，在中国决策层的认知中，中苏安全关系已嬗变成为包括领土争端、地缘冲突和政权威胁的系统性对抗。

在论述中国领导人的苏联威胁认知形成过程和特点、程度时，还是有必要说明，他们至少当时并没有认为，苏联基于各种理由的大规模入侵是迫在眉睫的，那毕竟只是一种可能性，尽管需要予以警惕并严加防范。此外，就研究中国领导人的“苏联威胁”认知形成这个视角而言，不论 1963 年春天开始的大论战如何使他们自信在理论争论中占有了优势，以及中苏边界纠纷日渐升级等，中国领导人有关“苏联威胁”的战略判断在理论上都有些难以自洽。根据在大论战中阐述的对世界政治的理解和中国的对外战略理论，很难合乎逻辑地推导出，苏联会成为对中国国家安全和对世界和平的威胁，以致难以避免中苏在地缘安全领域的对抗。在与苏共争论谁代表真正的列宁主义的同时，又将对方视为可能入侵中国或颠覆中国政权的国际角色和战争策源地，根据原有的理论是很难自洽的。简单地说，如果后一种对苏联国际角色的定义成立，与苏联展开的理论争论其实是完全没有必要的。

---

① 《谁在给印度侵略者撑腰》，载《人民日报》1965 年 9 月 18 日。

② Masaru Kojima, ed., *The Record of the Talk between the Japanese Communist Party and the Communist Party of China*, published by the Central Committee of the Japanese Communist Party at Tokyo, 1980, pp. 206-207.

1968 年 8 月 21 日，苏联等华约五国军队入侵捷克斯洛伐克，镇压了被称为“布拉格之春”的改革运动，这为中国决策者解决理论上的困境或者说是根本改变对苏联国家性质的认知，提供了关键性契机。

23 日，毛泽东在中南海他的住处召开紧急会议，除林彪外，中国主要军政领导人均出席了会议。[①] 与会者讨论了苏军入侵捷克斯洛伐克后的形势，发言的内容目前不得而知，最后决定肯定包括了公开严厉谴责苏联的入侵行动。当天的《人民日报》发表了题为《苏联现代修正主义的总破产》的评论员文章，将苏联定性为“社会帝国主义”国家，苏军占领捷克斯洛伐克则是“美苏勾结妄图重新瓜分世界的结果”。[②] 这一定性之于中国对外政策的重要性，首先在于它确定了苏联入侵捷克斯洛伐克不再是苏共中央做出了一个干涉其他社会主义国家的内部事务（如 1956 年匈牙利事件）的错误决定这么简单的问题，而是苏联从社会主义国家蜕变为社会帝国主义国家的标志。换言之，苏军的行动已经是由苏联的帝国主义国家性质决定的。

其次是为将苏联视为新的战争策源地的战略判断，提供了一个合逻辑的理论前提。此前，中国领导人尽管对苏联对外政策的批评言辞激烈，但他们仍然认为，苏联与美国是有根本区别的。美国对外扩张和侵略是基于帝国主义制度的全球性称霸，而苏联则主要是因为奉行错误的理论和政策而在客观上起着“帮凶”的作用；苏联对外政策的主要错误还不是要称霸，而是要用牺牲其他国家和人民的利益来与美国妥协；美国是要独霸世界，苏联则是企图靠与美国勾结来与美国共同统治世界。现在苏联不仅起着“客观上”成为美

① 周恩来在会议结束后向林彪通报了会议情况，可参见中共中央文献研究室编：《周恩来年谱（一九四九——一九七六）》（下卷），北京：中央文献出版社 1997 年版，第 51 页。

② 《苏联现代修正主义的总破产》，载《人民日报》1968 年 8 月 23 日。

国的“帮凶”的作用，而且已经是同美国一样的世界霸权的争夺者，是新的世界大战的策源地。

10月31日，中共中央通过八届十二中全会公报，确认了苏联正在与美国一起“妄图重新瓜分世界”的战略判断。[①] 这个判断对中国安全战略的影响当然是相当严峻的，毕竟当时的苏联是一个与中国有着数千公里边界的邻国，而美国与中国相隔万里，它在东南方向上建立了一些军事基地，但同苏联依仗其地理位置给中国带来的安全压力，还是不可同日而语的。

第五节 “乱”与均势

苏军入侵捷克斯洛伐克之后，毛泽东花了不少精力和时间来思考会不会爆发战争？谁有能力、有意愿发动世界大战？以及对中国的威胁到底主要来自哪里？等等。他一再同到访的外国共产党领导人讨论爆发世界大战和世界革命的可能性，他又用“乱”这个词来概括他对世界形势的不确定性的判断。10月5日，在同到访北京的阿尔巴尼亚国防部长巴卢库会谈时，毛泽东说“看来整个世界还是要乱”，问题只是“怎么个乱法，现在很难说。打世界大战？这是一种乱法。不打世界大战，打局部战争，也是一种乱法。”[②] 11月28日，毛泽东会见到访的澳大利亚共产党主席希尔（Edward Hill）。他说“似乎要打仗了”，现在不仅是美国，苏联也有发动世界大战的能力和野心，而且苏联发动战争的危险更大一些。他建议希尔“也考虑一下世界问题，战争问题，战争与和平问题，是战争呢，

① 《中国共产党第八届扩大的第十二次中央委员会全会公报》，1968年10月31日，载《人民日报》1968年11月1日。

② 《毛泽东会见阿尔巴尼亚国防部长巴卢库的谈话》，1968年10月5日。

还是革命？是发生战争后引起革命呢，还是革命能制止战争？总而言之，现在既不打仗，又不革命，这种状况不会持续很久了。”①

毛泽东个人的这种关注、思考和疑问等至关重要。他一再提及但难以得出结论的这些问题等，听上去有些大而无当，但对于中国安全战略的转变却是根本性的。特别是考虑当时的具体背景，如果说此前中国领导人对中苏边界纠纷总的来说还是采取就事论事的态度；那么现在他们就难免将中苏边界争端置于一种新的战略逻辑之下，赋予新的战略含义。尤为重要的是，毛泽东此时在中国政治中的核心地位决定了一旦他阐述了自己的思考，即使尚无结论，必定会带动一波政策讨论甚至调整。

1969 年 3 月，中苏军队在乌苏里江珍宝岛爆发了军事冲突。这一事件之于中国安全战略转变的重要性在于，它以直接军事冲突的形式，有力地强化了中国决策层的苏联威胁认知。指出这一点有助于解读有关中国安全战略转变的认知逻辑。

如前所述，中国领导人重新思考和界定中国面对的安全威胁的起点，是他们对中国周边安全形势的变化的判断。但他们对根本改变国家安全战略的必要性的判断，则与此不同，是基于对全球战略形势和国家安全环境等两个层次的思考，包括了对爆发世界大战和大规模局部战争这两种可能性的估计，而不仅仅是中国边疆地区面临多么直接和严重的安全威胁。进一步说，苏联这时有没有发动大规模对华战争的准备不那么重要，重要的是中国决策者将苏联内部的政治变化及其与苏联对外行为之间的互动视为什么性质？以及是否出现了新的世界战争策源地——苏联？就解读此次中国战略决策过程而言，这是必须予以专门分析的，也包括了要回答一个带普遍

① 毛泽东：《关于战争与革命的问题》，1968 年 11 月 28 日，载军事科学院、中共中央文献研究室编：《建国以来毛泽东军事文稿》（下卷），北京：中央文献出版社、军事科学出版社 2010 年版，第 349—352 页。

意义的理论问题：在中国的战略决策过程中，决策者们的认知到底在多大程度上契合了真实的外部世界，从而导致他们做出一项大致合理的选择？可以确定的是，新一波政策研讨反映了主导中国领导人的战略思维的重大变化。一方面是中苏同盟“名存实亡”和中苏地缘安全矛盾的凸显；另一方面是他们对全球力量对比的认知的改变等。这两者的叠加导致了更适合进行地缘斗争的均势逻辑取代了意识形态的经典，成为支配这次讨论和改变国家安全战略的指导原则。

中国领导人对苏联威胁的认知和对周边事态的强烈反应等，同迅速增加的中苏边界纠纷结合在一起，成为推动他们决定在中苏边界采取军事行动反击苏军的重要动力。中国决策者 1962 年伊塔事件中得到的警示是，只要苏联认为有必要，两国之间的历史遗留问题是可以成为军事施压的借口的，而两国之间这类问题的确非常之多。历史的进程恰恰表明，这类威胁已经成为现实的政策问题。

1964 年夏季的中苏边界谈判结束后，两国边界纠纷明显呈激化态势。根据中国当时的报道，从 1964 年 10 月到 1969 年年初，由苏军挑起的边界纠纷多达 4189 起。[①] 根据中国军史研究间接披露的统计，从 1964 年 1 月到 3 月，苏军战机侵入中国领空 20 余次。[②] 这些数字有可能是夸大了，但即使缩小一些，其数量也是比较可观的，这在敌对的气氛中引发双方军事冲突逐步成为越来越大概率的后果。

面对日益增加和强化的边界纠纷，1968 年 1 月下旬，中国决策层包括毛泽东、林彪和周恩来等人召开会议，讨论并批准了黑龙江军区关于在珍宝岛对苏军进行反击的作战方案，命令在警告无效和

---

① 《人民日报》1969 年 5 月 25 日。

② 《中国人民解放军军史》编写组编：《中国人民解放军军史》第 5 卷，北京：军事科学出版社 2011 年版，第 393 页。

苏军打死中方人员时，边防部队可以开枪实行自卫还击。[①] 此外，根据目前可以看到的间接资料，黑龙江军区的方案和总参的指示等，都是针对边境地区持续发酵的纠纷的具体措施。当时那些有关反击作战的各种规定和措施可以证明，拟议中的军事行动并没有特殊的战略意图，其目的就是要在边境地区打击苏军的侵扰和挑衅行动。

例如，中央军委在 1 月 4 日的指示中说，边防部队“在反挑衅斗争中严格遵守针锋相对、后发制人，以及有理、有利、有节的原则”，边防军事斗争要配合外交斗争。具体措施诸如“如遭苏方殴打，可还手自卫，但不要开枪”；“苏方向我方开枪，我应当场向苏方提出最强烈抗议，并鸣枪警告；当两次警告无效和打死打伤我方人员时，我边防人员可开枪实行自卫还击”，等等。[②] 2 月 19 日，总参在给沈阳军区、黑龙江省军区的指示中说，有关部队应该“既不示弱，又不主动惹事”；在随后的指示中又规定，“当警告无效，打死打伤我方人员时，我应坚决自卫还击”。[③]

从军事角度看，苏军在中苏边界的行动并没有什么特别重要的意义，也很难说有挑起军事冲突从而进攻中国和扩张领土的企图。从逻辑上看更像是向中国施加压力的一种手段，以迫使中国在政治上妥协，或在国际共运中贬损中国的威望，甚至不能排除是误判中国的边界政策（如认为中国企图蚕食有争议土地）的反应。仔细分

---

① 参见李可、郝生章：《“文化大革命”中的人民解放军》，北京：中共党史资料出版社 1989 年版，第 318 页；徐焰：《1969 年中苏边界的武装冲突》，《中共党史研究资料》1994 年第 5 期，第 5 页；《中国人民解放军军史》编写组编：《中国人民解放军军史》第 6 卷，北京：军事科学出版社 2011 年版，第 95 页。

② 李可、郝生章：《“文化大革命”中的人民解放军》，北京：中共党史资料出版社 1989 年版，第 318 页。

③ 参见《中国人民解放军军史》编写组编：《中国人民解放军军史》第 6 卷，北京：军事科学出版社 2011 年版，第 96 页；李可、郝生章：《“文化大革命”中的人民解放军》，北京：中共党史资料出版社 1989 年版，第 319—320 页。

析中国领导人的论述可以得出结论，他们当时对苏联威胁的程度和方式的基本判断是，苏联还不可能“大规模出兵打中国”，最有可能的是在边界地区“搞点摩擦，制造一些边境事件”。[①] 1969 年 1 月下旬，周恩来在给边防部队的指示中，很清楚地将军事行动限定在“边防斗争”的范围，用他的话说就是，“既要掌握好进行政治斗争的边防政策，又要准备好重点进行自卫反击斗争以为后盾”。[②] 这类话语不能被解读为有很明确的战略含义，更合逻辑的是他们在面对不确定的形势时，在采取“有备无患”的应对措施。

珍宝岛冲突爆发后，毛泽东本人也还没有立即将此事件视为苏联要发动大规模侵华战争的前兆。虽然还无法找到有关的档案文献，根据中国军事问题决策的基本程序，他肯定知道黑龙江军区的行动计划的来龙去脉，以及中国军事行动目的的有限性。因为如果没有获得毛泽东批准，中国军队在珍宝岛的军事行动是不会发生的。由此也可以做出合理的推断，如果毛泽东等中国领导人这时不是断定苏军行动也是有限的边界挑衅行为，很有可能不会批准在珍宝岛采取军事行动，至少不会在国内即将召开九大的关键时刻，冒引发大规模战争的风险。

由于还缺乏有关档案，比较中共中央文献研究室编撰的《毛泽东年谱》和《周恩来年谱》是有意义的。根据《周恩来年谱》记载，珍宝岛冲突爆发当天，周恩来召集了有关部门的会议，座谈研究国际问题，主要内容应该就是珍宝岛军事冲突，至少也会有关。第二天即 3 月 3 日，他致信毛泽东、林彪等，提议召开中央文革碰头会，以便当面汇报之前讨论的情况。此段落中还记载“当晚，到

---

① 中共中央研究室编、逄先知、冯蕙主编：《毛泽东年谱（一九四九——一九七六）》第 5 卷，北京中央文献出版社 2013 年版，第 417 页；参见吴冷西：《十年论战 1956—1966：中苏关系回忆录》（下册），北京：中央文献出版社 1999 年版，第 826 页。

② 参见李可、郝生章：《“文化大革命”中的人民解放军》，北京：中共党史资料出版社 1989 年版，第 319 页。

毛泽东处开会”。这给人的印象是，当晚中国领导人开过会讨论了国际问题，合理的推断应该包括珍宝岛事件。[①] 但比较《毛泽东年谱》的有关记载，3 月 3 日晚，召开了中央文革碰头会，讨论的是“九大准备工作”，未提到讨论了珍宝岛事件。直到 3 月 7 日，中央文革碰头会在安排九大准备工作之后，才出现讨论中苏军事冲突的记载。毛泽东有关军事行动的指示是反应式的，即根据苏军行动采取对应的作战方式，“如果苏联打到我们岸上，我们打到他的岸上”。不过他同时也提出，需要研究苏联军事行动的目的，“苏联为什么这么挑衅，总有他的需要，不能说苏联、美国不想占领欧洲和亚洲，包括中国在内”。[②]

根据上述记录，珍宝岛冲突这时甚至都没有立即占据中国决策层的主要日程，这可以被解读为此刻发生的边界冲突在他们意料之中，以及他们相信，这场冲突并不会立即升级为中苏大规模战争。不过，如果上述毛泽东那段要研究苏军行动的动机的谈话是针对周恩来关于国际问题讨论的汇报而发的，那么从逻辑上就可以推断，他对苏联行动有很深的疑虑，而且不能排除他对周恩来的汇报内容不甚满意，至少也是感到不满足。这也很有可能是推动周恩来后来积极启动新的国际问题讨论的一个主要动力。周恩来的看法从之后不久的一次谈话中或可窥得一斑。3 月 14 日，周恩来在会见外宾时说，“苏联要进攻中国有困难”。[③] 这是他根据有关机构研究后做出的判断，而毛泽东本人也很快表达了他的基本判断，即目前尚不能断定苏联会发动大规模战争，但也决不能对苏联的威胁掉以轻心。

---

① 中共中央研究室编、逄先知、冯蕙主编：《毛泽东年谱（一九四九——一九七六）》第 6 卷，北京中央文献出版社 2013 年版，第 282—283 页。

② 中共中央研究室编、逄先知、冯蕙主编：《毛泽东年谱（一九四九——一九七六）》第 6 卷，北京中央文献出版社 2013 年版，第 232 页。

③ 中共中央研究室编、逄先知、冯蕙主编：《毛泽东年谱（一九四九——一九七六）》第 6 卷，北京中央文献出版社 2013 年版，第 285 页。

第二天，15 日，在专门听取周恩来汇报珍宝岛冲突情况时，毛泽东说“苏联现在搞珍宝岛出于他们国内的需要”，苏军“在乌苏里江的挑衅，还不能联系到大战，这不过是一个开端就是了”，但他还是提出，“东北、华北、西北要准备打仗”。[①] 3 月 22 日，毛泽东在中央文革碰头会上说，珍宝岛冲突是突发事件，苏联高层事先并不知情，政治局也没有讨论，他甚至没有同意在九大政治报告中过多谈中苏边界冲突。[②] 当天，周恩来报告了有关部门汇报的截听到苏联领导人柯西金要求与他本人通电话一事。柯西金打来的那个电话被接线员以对方是修正主义头子而挂断。毛泽东立即批示，“准备举行外交谈判”。[③] 对于这期间苏联边防军炮击珍宝岛，周恩来在给毛泽东和林彪的一封信中说，那是“故意虚张声势，做给人看”。[④]

显然，如果简单地确定中苏边界冲突导致中国领导人的苏联威胁的认知出现根本转变，从而推动他们决定根本改变安全战略和对外政策包括与美国和解等，由此建立的因果关系还是不够充分的。仅仅根据目前间接披露的历史文献中反映出来的他们对苏军在珍宝岛的行动的看法和分析等，尚不足以得出那样的结论，何况他们对苏联威胁的真实程度的判断并不是稳定不变的。更仔细地分析他们的认知特点，至少还需要回答两个问题：第一，他们到底是根据何

① 毛泽东：《在听取珍宝岛自卫反击战等情况汇报时的谈话》，1969 年 3 月 15 日，载中共中央文献研究室、军事科学院编：《建国以来毛泽东军事文稿》（下卷），北京：中央文献出版社、军事科学出版社 2010 年版，第 355—358 页。

② 参见王永钦：《1966—1976 年中美苏关系纪事》，载《当代中国史研究》1997 年第 4 期，第 119 页。

③ 毛泽东：《对周恩来关于苏联要求与我通话的处置意见的批语》，1969 年 3 月，载中共中央文献研究室编：《建国以来毛泽东文稿》第 13 册，北京：中央文献出版社 1998 年版，第 21 页。

④ 中共中央文献研究室编：《周恩来年谱（一九四九——一九七六）》（下卷），北京：中央文献出版社 1997 年版，第 290 页。

种观念和理论，解读世界战略形势，尤其是大国关系的本质特点及其在世界政治中的影响；第二，他们实际上是根据中苏论战中阐述的世界革命理论，还是中国传统的战略经验，或者说是以哪种观念为主等，来建构新的安全战略的。回答这些问题需要专门分析中国决策层这时的新动向，即毛泽东正在发起的新一轮战略研究。

非常重要的是，中国决策层开始思考和展开研讨国际战略形势时，也在着手准备在中苏边界采取军事行动。以往研究都忽略了此军事决定与战略研究同步展开这个重要的事实，这是非常不应该的，因为这两者之间是否存在因果关系，对于判断这次战略研究的目的和倾向至关重要。当然，要完全揭示它们之间的关联还有待档案公开。

2月19日，几乎就在中央军委批准沈阳军区和黑龙江军区在边界准备采取军事反击计划的同时，毛泽东要求陈毅领导徐向前、聂荣臻和叶剑英等几位资深军队和外交领导人（他们因为都有军队的元帅军衔，被习惯称为“老帅”），专门“研究一下国际问题”，因为他感觉“国际问题有些怪”。[①] 大约两周之前，毛泽东应周恩来的建议，提出召开一次中央文革碰头会，内容包括讨论国际形势和政策问题。2月7日，他在一次会议上专门谈到中美关系时说，尼克松（Richard Nixon）上台后“可能有些变化，但暂时不会有大变化”，因为美国深陷越战而无暇他顾。[②] 这些都发生在珍宝岛事件之前不久，而不是之后，所以应该说它们是同苏联入侵捷克斯洛

① 中共中央研究室编、逄先知、冯蕙主编：《毛泽东年谱（一九四九——一九七六）》第6卷，北京中央文献出版社2013年版，第230页。

② 中共中央研究室编、逄先知、冯蕙主编：《毛泽东年谱（一九四九——一九七六）》第6卷，北京中央文献出版社2013年版，第229页。

伐克而非中苏边界冲突直接相关。①

上述主要是来自《毛泽东年谱》透露的断断续续的信息首先可以说明，毛泽东这时在继续关注和思考世界战略形势的变化；其次也说明他尚不能得出确切的结论，尤其是不认为美国的政策会有较大调整。就他疑问的最直接的针对性而言，则是 1968 年 10 月通过的中共八届十二中全会公报中那段对世界战略形势的论断，包括“美帝和苏修妄图重新瓜分世界，互相勾结，又互相争夺。美帝国主义对越南进行的侵略战争，得到了苏修的默契和支持，而苏修叛徒集团公开出兵占领捷克斯洛伐克，也得到了美帝的默契和支持”，以及“美帝、苏修拼凑一些什么垃圾，组织反华、反革命的‘神圣同盟’”，等等。②

这里首先需要解读一个事实，这有助于更准确判断这个时期毛泽东的有关思考和系统解读中国的决策过程。1974 年 12 月 12 日，周恩来会见了访华的美国参议院民主党领袖曼斯菲尔德（Mike Mansfield）。他当时说过，“打开中美关系是毛主席的决策，他很早就读了尼克松 1968 年当选以前写的一篇论文。当时我们都未读过，只有毛主席注意到了，他告诉了我们，我们才读了”。周恩来这样讲是针对曼斯菲尔德说，他本人在内心认为周恩来“是世界上最伟

---

① 见熊向晖：《我的情报与外交生涯》，北京：中共党史出版社 1999 年版，第 186 页。熊向晖在回忆录中，对本人在《毛泽东“三个世界”理论研究纲要》一文中阐述的一个观点提出质疑。该文指出，陈毅等受毛泽东委托召开座谈会研究国际形势“并不是在珍宝岛事件之后”。熊向晖的回忆认为这一“说法不确”，座谈会召开应是九大之后。现有文献证明笔者当年的论述是符合事实的，熊向晖对此提出质疑是因为，他本人在 5 月下旬才开始参加第二阶段研讨，不了解之前的情况，以致有此误解。澄清这一疑问并不表明笔者低估熊向晖回忆录的价值，目前该书对了解这段的历史仍是不可缺少的，其中有些内容至今还是仅有的。笔者的叙述见萧延中编：《晚年毛泽东》，北京：春秋出版社 1989 年版，第 28 页。

② 《中国国共产党第八届扩大的第十二次中央委员会公报》，1986 年 10 月 31 日，载《人民日报》1968 年 11 月 1 日。

大的政治家之一”。[①] 周恩来为何要作这样的解释不得而知，其中必有原因，很可能是借机表达，绝无在任何领域贪功的想法。有论著根据周恩来五年后的这次回忆就断定，毛泽东在 1967 年阅读了尼克松那篇发在《外交》杂志的文章《越南之后的亚洲》后，就认为尼克松上台“会改变对华政策”。[②] 以上对毛泽东在 1969 年 2 月 7 日中央文革碰头会上发言的分析，足以说明实际情况并非如此。实际上在 3 月 15 日听取汇报时，他也谈到尼克松“实际上搞扩军备战”，在亚洲“派人到日本压日本，好便于美苏勾结扩军备战，他们好指挥一切”，等等。[③] 总之，他这时对尼克松政府的对华政策还没表现出有什么期待。

如果说美国方面政策的变化已经引起中方的注意，最早应该追溯到 1966 年 3 月，第 129 次中美大使级会谈。这次会谈开始后，时任美国驻波兰大使格罗诺斯基（John Gronouski）即表示，“美利坚合众国愿意与中华人民共和国进一步发展两国关系”。根据时任中国驻波兰大使王国权回忆，美国在此前多达 128 次的会谈中，从未使用过“中华人民共和国”的称谓。特别是在这次会谈结束时，美方还有意识地高声向中方翻译询问，是否准确翻译了“中国政府”

---

① 中共中央文献研究室编：《周恩来年谱（一九四九——一九七六）》（下卷），北京：中央文献出版社 1997 年版，第 684—685 页；宫力：《中国的高层决策与中美关系解冻》，载姜长斌、［美］罗伯特·罗斯主编：《从对峙走向缓和：冷战时期中美关系再探讨》，北京：世界知识出版社 2000 年版，第 714 页，这里引用的周恩来这段谈话的内容比《周恩来年谱》摘录的完整。参考尼克松的文章 Richard Nixon, “AsiaafterVietnam,” *Foreign Affairs*, Vol. 46, No. 1, October 1967, pp. 111-125；中译文题为《尼克松撰文策划美加紧控制侵略亚洲的做法》，《参考资料》1967 年 10 月 28 日（下午），第 9 页。

② 宫力：《中国的高层决策与中美关系解冻》，载姜长斌、［美］罗伯特·罗斯主编：《从对峙走向缓和：冷战时期中美关系再探讨》，北京：世界知识出版社 2000 年版，第 683 页。

③ 毛泽东：《在听取珍宝岛自卫反击战等情况汇报时的讲话》，1969 年 3 月 15 日，载中共中央文献研究室、军事科学院编：《建国以来毛泽东军事文稿》（下卷），北京：中央文献出版社、军事科学出版社 2010 年版，第 357 页。

一词。中方翻译予以确认，并表达这是美方“友好的表示”。王国权事后回忆，他就此情况向国内报告，但“未有引起足够的重视和及时研究”。[①] 毛泽东和周恩来不可能没有看到这份报告，疑问在于中方为什么没有反应。后来是从1968年5月5日开始，约翰逊政府一再提出早日召开第135次大使级会谈。中方直到11月25日才答复，会谈延期到1969年2月举行。[②] 这也可以说明一些问题，如毛泽东本人当时至少对改善中美关系没有多少关注和兴趣。

从时间顺序看，2月19日，毛泽东请陈毅等四位资深军事领导人（以下简称四人小组）讨论国际问题，是之前包括上述2月7日会议讨论国际问题等的继续。目前直接或间接披露的那些毛泽东谈话证明，在国际问题领域，他首先关注的并不是中美关系；其次是他这时对尼克松上台后美国对华政策的变化等，还没有形成什么特别的看法。换句话说，毛泽东是在推动研究全球战略形势，而非有意要启动改变对美政策的决策程序。他启动战略形势研究与其说是因为有了大致的判断，还不如说是因为有太多的疑问，却难以做出足够确定的判断。此外，他提出请四人小组研究的是“国际问题”，而非专门研究美国对华政策，而且还是在安排他们去工厂蹲点总结所谓“六厂二校”的经验之时，顺便提起的。应该说毛泽东首先关注的是他们四人对“六厂二校”经验的了解和总结，其次才是他们对“国际问题”的想法。至于对美政策，这时甚至还不能被证明是需要考虑的问题。

2月19日的安排中包含的另一个重要问题是，毛泽东为什么提出“由陈毅挂帅”？当一项重大决策程序启动之后，谁最初在其中

---

① 王国权：《我的大使生涯》，载外交部外交史研究室编：《当代中国外交使节生涯》第2辑，北京：世界知识出版社1995年版，第154—155页。

② From Embassy Warsaw to Department of State, “135th Meeting U. S. -ChiCom Talks,” November 25, 1968, Central Foreign Policy Files, 1967-1969, Political and Defense, Pol ChiCom-San to Pol Chicom-U. S. , Box, 1972, RG59, National Archives.

占据主导地位至关重要，甚至有可能决定了最终结果。这已经被诸多国内外的案例研究所证明。随后研究将进一步证明，中国安全战略转变的决策过程中，作为其重要的组成部分的战略形势研究也是一个分为两个阶段、持续约 10 个月的过程，主持研究的人选的确起了非常重要的作用。

选择陈毅挂帅的最直接的原因，应该是在 1968 年的 12 月，他呈上一份分析报告，就世界战略形势问题提出了与当时基于世界革命理论的论述有明显不同的判断。报告认为，美国的战略重点仍然在欧洲，即以美洲为“巩固后方，紧握欧洲”。陈毅断言：以为美国打越战就是“战略东移”是不对的；以为美苏共同反华就是美国放弃或不重视欧洲，这是错误的；以为美苏没有矛盾、美国正在放弃颠覆苏联和东欧国家，这也是错误的。[①] 这些观点在当时的背景下的确非同凡响，比照 10 月份八届十二中全会决议的有关论述，例如“苏修叛徒集团公开出兵占领捷克斯洛伐克，也得到了美帝的默契和支持”等，其特殊意义就很明显了。该报告的内容也表明，至少他（自认为）了解毛泽东内心的真实关切所在，而且很可能与毛泽东的倾向性看法是契合的。11 月 14 日，中央文革碰头会开会。毛泽东在听取周恩来汇报与范文同会谈情况后，阐述了他对美国对外政策、主要是对越南战争的政策的基本看法，其主要观点就是美国的战略“没有中心”，“尼克松讲摊子摆得太散了”。他分析说，美国从越南撤军有几个条件，第一是国内出问题、第二是“要控制地中海”、第三是欧洲出问题，以致“越南比较次要起来”。他基于上述分析提出：“美越不久是不是可以解决问题，要设想一

① 转引自陈小鲁：《陈毅与中国外交》，载国际战略基金会编：《环球同此凉热——一代领袖们的国际战略思想》，北京：中央文献出版社 1993 年版，第 155 页。

下”。[①] 这应该反映了毛泽东读尼克松发表在《外交》季刊的那篇《越南之后的亚洲》留下的印象。[②] 陈毅的报告为毛泽东的这个预感提供了美国战略的宏观图景，在逻辑上无疑契合了毛泽东的思考。

也还可以推断，毛泽东选择陈毅担纲有其他一些非常重要的因素。陈毅担任 1958 年成立的中央外事领导小组的组长，有就外交的大政方针和具体部署提出建议之权，有权利和义务就对外战略问题提出建议，而且因职责所在，过去就是如此工作的。在他那个层次上，大概无人比他更了解对外政策各个领域的真实和具体的动态。就对美政策而言，他有最直接的经验和了解大量第一手的信息。[③] 最后这一点对于中国对美政策的调整至关重要，有这种经历与没有这种经历，对于一个决策者的思考和选择，有时是完全不同的。

此外，此时陈毅在政治上正处于危难之中。中央文革小组中的左派领袖们对所谓“二月逆流”的批判尚未结束；八届十二中全会后，陈毅已经中止参与对外工作。他此刻提交这样的报告固然会有政治风险，但客观上也可能有利于他继续介入战略决策过程，从而在权力中枢和外交系统中保持影响力。做这样的分析是因为在他的政治经历中有过先例。

1944 年 11 月下旬，经美国特使赫尔利调处的国共谈判又陷入僵局。中共中央认为当时面临三个选项：第一，中断谈判，“另起炉灶”组织“解放区联合委员会”；第二，做出妥协，争取与国民

---

① 中共中央研究室编、逄先知、冯蕙主编：《毛泽东年谱（一九四九——一九七六）》第 6 卷，北京中央文献出版社 2013 年版，第 216 页。

② 《参考资料》是在 1967 年 10 月 28 日（下午），以《尼克松撰文策划美加紧控制侵略亚洲的做法》为题，翻译刊载了该文。

③ 中共中央组织部、中共中央党史研究室、中央档案馆编：《中国共产党组织史资料》第 5 卷，北京：中共党史出版社 2000 年版，第 41—43 页。

党达成协议；第三，“就汤下面”将谈判拖延下去。[①] 12 月 1 日，陈毅写给毛泽东一封长达 13 页的信，在信的第一部分阐述了他主张“就汤下面”，将国共谈判拖下去。他在开篇即举清初多尔衮给史可法的信中的名句，所谓“本朝天下取之于闯献，非取之于明朝”。他以这句话所包含的战略指导思想为例，系统阐述了目前宜将谈判“拖下去”，等待国际国内形势巨变，“水到渠成，把我党推上全国大舞台，实有如水就下，沛然莫御之妙用”；他还提出了“拖下去”的具体办法。[②] 这部分建议的确展示了陈毅有立足于争天下的战略高度和纵览国际国内政局的宏大视野，这肯定也符合毛泽东的想法。毛泽东当天接信后边读边圈，阅后即提笔回复：“来信读悉，启示极多，十分感谢！”他还就陈毅信中所谈整风中的体会写道，“你的思想一通百通，无挂无碍，从此到处是坦途了”。[③] 此后中共中央处理国共谈判的办法证明，毛泽东的确接受了陈毅的建议，而且效果不错。回顾这段历史很有助于理解，毛泽东选择陈毅并使之成为战略研究小组主持人及其对这项研究发展路径的影响的来龙去脉。

除陈毅牵头外，毛泽东点将的徐向前、聂荣臻和叶剑英等同陈毅一样，都身经百战，有丰富的战略决策经验，其中徐向前还担任过前述 1959 年成立的军委战略小组副组长。他们的组合可以说是当时中国高层中外交、军事等战略决策精英的最优集成了，而且他们此刻的政治处境也都类似，同属于“靠边站”。由此不可避免地产生一个疑问：毛泽东在他认为是关系到国家安危的战略问题上，

---

① 关于此阶段美国调处国共谈判过程可参见牛军：《从赫尔利到马歇尔：美国调处国共矛盾始末》，北京：东方出版社 2009 年版，第 47—66 页。

② 《陈毅传》编写组著：《陈毅传》，北京：当代中国出版社 1991 年版，第 311—312 页。

③ 中共中央文献研究室编撰、逄先知、金冲及主编：《毛泽东年谱（一九四九——一九七六）》（中卷），北京：人民出版社、中央文献出版社 1993 年版，第 562 页。

到底相信谁？这不仅是说他政治上信任谁的问题，还包括在战略安全领域，他到底遵循何种政治理论和逻辑。看来他至少非常重视基于战略决策的经验的判断，而不是世界革命的理论。

当时在中国决策系统中还有影响巨大的中央文革小组，该机构成立之初虽然是专门为了领导“文革”，但运动开始后权力迅速扩张，包括先是以中央碰头会的模式与政治局常委共同开会。1967年2月，毛泽东决定“党和国家的重大问题”首先提交中央文革小组，这使中央文革小组等同于中共中央书记处的层级了。其次是借批判“二月逆流”，中央文革小组会议实际上取代了政治局会议，而中央文革碰头会也取代中央碰头会，成为例行的决策会议。后者原为周恩来主持的相当于政治局常委扩大会议的决策机制，这当然同时意味着周恩来的影响力也在衰退中。[①] 九大召开前，包括如何处理中苏边界冲突等事务，都是在中央文革碰头会上决定的。

但是，讨论国际问题和对外政策的四人小组从一开始就是独立的，与外交之外的其他系统无任何直接的联系。在毛泽东1969年2月19日讲话后，周恩来本人立即积极推动四人小组着手研究国际问题。五天后即24日，陈毅根据周恩来的指示，分别电话联系徐向前、聂荣臻等人，转告周恩来的三点指示，其重点是由陈毅召集四人讨论国际战略形势，并转发给他们的30份文件和毛泽东、林彪的有关谈话。[②] 四人小组这个特殊的战略研究机制就这样被启动了，后来的发展证明，它是对中国战略决策体制的一个至关重要的修缮，也成为推动安全战略转变的一个关键环节。

这里因叙事需要重复前述，即珍宝岛冲突爆发当天，周恩来还

① 参见中共中央文献研究室编：《周恩来年谱（一九四九——一九七六）》（下卷），北京：中央文献出版社1997年版，第125、127、130页。

② 《徐向前年谱》编写组：《徐向前年谱》，北京：解放军出版社2016年版，第250页；周均伦主编：《聂荣臻年谱》（下卷），北京：人民出版社1999年版，第110页。

在组织有关部门讨论“国际问题”，并随后向毛泽东作了汇报。相关讨论的内容和结论，以及毛泽东在听取汇报后的反应等，目前尚不得而知；从时间看可以基本断定，这次“国际问题”讨论是针对珍宝岛事件的。3 月 7 日，毛泽东在中央文革碰头会谈到国际问题，从内容看是针对周恩来的汇报和珍宝岛事件而发的。他说“苏联为什么这么挑衅，总有他的需要，不能说苏联、美国不想占领欧洲和亚洲，包括中国在内”。[①] 从这句话的逻辑上分析，周恩来提交的汇报和毛泽东本人都还不能确定，苏军在珍宝岛的行动是不是反映了苏联有发动大规模战争的意图。

3 月 21 日晚，苏联方面几次表示要获得毛泽东的电话号码，苏驻华使馆告外交部，“奉苏联部长会议主席命，有话要转达”。中方前线部队同时发现苏军在调动，并获得了有关情报，并据以判断珍宝岛地区苏军有可能要“强占”该岛，而苏方的外交行动是“故作姿态”。周恩来在第二天提交给毛泽东的建议包括：军事上加强兵力、火力部署，“以逸待劳，准备后发制人”；外交上则回复“通过电话的方式进行联系已不适用”，请苏方“通过外交途径正式向中国政府提出”。毛泽东批示“同意”，以及“即准备举行外交谈判”。[②] 如果比照周恩来的建议内容，毛泽东的批示显示他在用外交方式处理中苏边境军事冲突的问题上，要更明确和积极。顺便说明，4 月 7 日，周恩来在一份给毛泽东等的建议中，还判断苏军在珍宝岛加强军事行动“是虚张声势，做给人看”，而中方的反击应“采取突然回击一次，给以重大杀伤”，时机则选择在九大政

---

① 中共中央研究室编、逄先知、冯蕙主编：《毛泽东年谱（一九四九——一九七六）》第 6 卷，北京中央文献出版社 2013 年版，第 232 页。

② 毛泽东：《对周恩来关于苏联要求与我通话的处置意见的批语》，1969 年 3 月，中共中央文献研究室编：《建国以来毛泽东文稿》第 13 册，北京：中央文献出版社 1998 年版，第 21 页。

治报告"发表的前夕"。[①] 此建议亦获毛泽东批准。

3月22日，毛泽东在中央文革碰头会上谈到中苏冲突时，专门说到，四人小组的成员不要各管"一个部门"，"要管宽一些：军事、政治、国内、国外。你们几位年纪大的人，多吃几年饭，经验多一些"。显然，在炽热的政治运动和空前激昂的理论喧嚣中，毛泽东仍然保持着一种长期战略决策经验赋予他的怀疑、冷静和敏感，他需要来自另一种基于均势和历史经验的见解和建议。用他的话说就是"小萝卜头有用，但他们没有经验"。[②] 需要指出的是，毛泽东在这次会议上重提研究战略形势，也是因为很具体的原因再次引发了他对国际问题的疑问。

以上叙述了珍宝岛冲突爆发前后一个时期中国决策层研究国际问题和处理中苏边境冲突的大致情况。它表明中苏边界军事冲突最初确实没有立即导致中国领导人对安全形势的认识的急剧变化，其影响更多的是有利于九大期间强化政治动员。从战略决策的角度观察，中国领导人（特别是毛泽东本人）这时关注的重点还不是苏联军事进攻中国与否，而是全球战略形势到底发生了什么变化，这同珍宝岛事件的发生在他们的意料之中有直接关系。进一步说，"国际问题"也只是毛泽东关注的各种重要问题之一，不在中国决策议程的中心。不过决策程序中出现的变化的确表明，在国家安全战略和对外政策领域，毛泽东并不相信那些在"文革"中获得大权、只

---

① 周恩来：《对付苏军挑衅的提议》，1969年4月3日，中共中央文献研究室、军事科学院编：《周恩来军事文选》第4卷，北京：人民出版社1997年版，第554页。

② 《毛泽东同中央文革碰头会成员及陈毅谈话记录》，1969年3月22日，转引自中共中央文献研究室编、逄先知、金冲及主编：《毛泽东传（1949—1976）》（下），北京：中央文献出版社2003年版，第1543页；参见中共中央研究室编、逄先知、冯蕙主编：《毛泽东年谱（一九四九——九七六）》第6卷，北京中央文献出版社2013年版，第237页；中国人民解放军军事科学院编：《叶剑英年谱（一九四九——九七六）》（下），北京：中央文献出版社2007年版，第981页。

在政治运动中长袖善舞的人物们。在他心目中，世界被看成一个放大了的“天下”，其中内容和本质与中国人的“天下”并没有什么根本的不同，在其中权力政治是决定性的。进一步说，毛泽东相信经验，特别是相信有历史经验的人做出包含着历史经验的战略判断。在涉及国家安全和军事战略领域，他实际上更依赖长期战争中形成的决策集团的思考。这种思考的特点是重视宏观的趋势、对最终状态的描述、达到战略目的的谋略以及中国从中获得的基本好处和可能付出的代价等之间的比例关系，等等。

就对中国领导人认知的影响而言，珍宝岛冲突只是再度激起了他们对想象中的世界战略形势变化的关注和疑问。真正直接推动他们决心根本改变中国安全战略的，是九大结束不久相继出现的一些重大事态。

首先是中国决策系统中出现新动向。毛泽东在九大结束后立即开始战备动员。4 月 28 日，中共九届一中全会召开。在确定政治局和军委人事安排后，毛泽东发表讲话说，九大后“还要继续革命”，搞好“斗、批、改”运动；此外“就是要准备打仗。无论哪一年，我们要准备打仗”。[①] 战备立即成了中国政治中非常突出的内容，“准备打仗”成为军队的首要工作。九届一中全会刚结束，5 月 2 日至 6 日，新组建的军委办事组即召开座谈会，讨论贯彻毛泽东“要准备打仗”的指示，出席九大的包括军区和军兵种的高级军队负责人均参会。该会议结束三天后，中央文革小组向全军干部下发毛泽东在九大和九届一中全会期间有关战备的讲话。5 月 26 日，政治局常委开会，听取军委办事组关于战备和国防工作的汇报。三天后即 29 日下午，毛泽东离京南下，直到 9 月下旬才返回。这期间，

① 毛泽东：《在中共九届一中全会上的讲话》，1969 年 4 月 28 日，载中共中央文献研究室编：《建国以来毛泽东文稿》第 13 册，北京：中央文献出版社 1998 年版，第 35—41 页。

战备工作在军委办事组的领导下持续大幅升温，解放军大量增编新部队，各地方也加强民兵武装，国民经济实际上转向临战状态，许多企业转向生产军品，大批工厂开始迁往内地。

其次是中国决策机制出现了重大的变化，其标志是5月27日，周恩来指示四人小组展开新一轮战略研究。这有两层含义。

第一层含义是这相当于启动了一个与军委办事组平行的决策机制，界定和分别分析这两个机制的作用和相互关系等，对理解中国安全战略转变非常重要。

4月28日，九届一中全会召开，确定了中共政治局成员，四人小组中只有叶剑英成为政治局委员。随即召开的政治局会议确定了中央军委成员，以及负责处理军委日常事务的军委办事组的人事安排。该组长为黄永胜、副组长为吴法宪，成员包括叶群、李作鹏、邱会作等。同时，四人小组成员都继续在新一届中央军委担任副主席职务，这样的人事安排决定了一旦四人小组机制启动，在军委领导的决策体系中，就同时有军委办事组和四人小组两个系统在同步运行。前者有很大的实权，而后者成员全部位居军委副主席层级，尽管他们不直接参与处理军委日常事务，但在某个时刻甚至会有比军委办事组更大的影响力。

从当时的实际情况看，两者并行和同步运作，但缺少交集。其中军委办事组领导的针对苏联的战备工作，在决策系统中看上去更有影响，在安全战略转变中占主导地位。因为九大后的一段时间里，毛泽东更重视的是针对苏联的战备，他和林彪直接领导也更关注的是军委办事组的工作，后者的主要任务就是落实战备，而战备问题在确认和强化苏联是中国安全的首要和迫切威胁的认知过程中，起了重要和直接的作用。

第二层含义是谁在指导甚至领导了四人小组的战略研究。有关回忆、间接文献等，均将此轮研讨叙述为是根据毛泽东指示进行的。一般地说，周恩来并无可能背着毛泽东启动高层战略研究。但的确也还没有档案能证明，毛泽东这期间有对此事的直接指示。现有的官修年谱、传记或研究成果等的记载，主要都根据熊向晖回忆录中的有关内容，他在这个阶段开始参加四人小组研讨会，主要承担记录和文字整理工作。他在回忆中记载是在 5 月 27 日，陈毅找他谈话，告以毛泽东本人在九届一中全会后提出，四人小组成员继续到北京的工厂蹲点，同时“共同研究国际形势”，“提出书面意见”。[①] 详查《毛泽东年谱》记载，这段内容如此具体是毛泽东在 1969 年 2 月 19 日的中央文革碰头会上说的。[②] 另如前述，毛泽东曾在 3 月 22 日说过，“几位老同志”要“管宽一些，军事、政治、国内、国外”。[③] 至于九届一中全会之后，毛泽东是否专门提到此事，还未见到直接或间接的官方记录，而陈毅这段话是来自周恩来给他的电话。

不能排除周恩来主动重启此一研究机制的可能性。九大后他在决策系统中的地位的变化、需要处理的外交问题和他本人的思考等，都使他有需要和动力，利用过去的安排和对毛泽东内心活动的理解等，主动采取行动。

从陈毅找熊向晖谈话的时间看，周恩来再次启动四人小组讨论战略形势，是在 26 日政治局常委会听取军委办事组关于国防报告的当天，可以推断是军委办事组的报告提升了周恩来要判断安全形势的紧迫性。陈毅当时告诉熊向晖，他当时就重启国际战略研究一事，立即直接向周恩来表达过的疑问，即九大政治报告刚获通过，

① 熊向晖：《我的情报与外交生涯》，北京：中共党史出版社 1999 年版，第 173—174 页。

② 中共中央研究室编、逄先知、冯蕙主编：《毛泽东年谱（一九四九——一九七六）》第 6 卷，北京中央文献出版社 2013 年版，第 230 页。

③ 中共中央研究室编、逄先知、冯蕙主编：《毛泽东年谱（一九四九——一九七六）》第 6 卷，北京中央文献出版社 2013 年版，第 237 页。

其中有对国际问题的专门阐述，立即重新研究的必要性是什么？周恩来的答复对理解毛泽东内心的困惑和研究决策系统的机制和过程等均很重要。他说，毛泽东“一贯思想是主观认识应力求符合客观实际”。目前还不能证明这段话是毛泽东在何时以及是否专门对周恩来讲的，如属实则表明毛泽东仍然有不确定感，九大政治报告的论断未必符合变化着的形势，至少毛泽东对此还是存有疑问的。不过，周恩来本人肯定也有很多疑问。以往研究都忽视了周恩来同时对决策系统已陷混乱的说明，而这恰恰能证明他的确有很深的疑虑甚至担忧。

根据陈毅的陈述，周恩来当时说有三个问题在困扰他本人和妨碍中国对外政策的运行：第一，各部门都在集中力量搞斗批改运动，无暇处理外交工作；第二，研究国际问题的干部大部分未能解放出来工作，无法提供起码的政策咨询；第三，他本人忙于各种政治运动，没时间“过细地考虑天下大事”。[①] 就了解决策系统混乱给外交工作特别给对美政策等带来的麻烦而言，时任驻波兰使馆从事调研工作的骆亦粟回忆很有帮助。他对有关确定第 135 次中美大使级会谈日期的交涉过程的描述，细致地揭示了周恩来的处境和外交工作的困窘。

中美原商定 1968 年 5 月 29 日举行第 135 次会谈，但会期临近时，中国驻波兰使馆接获周恩来的指示电，由于美越开始谈判，中美会谈时机不妥，需要推迟。中方在随后交给美方的信函中建议，将会谈延期到 11 月下旬，理由是中国大使届时不能返任，以及现在也没什么好谈的。骆亦粟这时正在驻波兰使馆负责安排中美大使级会谈事务，他回忆当时对周恩来指示的体会是，继续拒绝美方的

---

① 熊向晖：《我的情报与外交生涯》，北京：中共党史出版社 1999 年版，第 173—174 页。

建议有两种可能的原因，其一是要看美越谈判的进展；其二也许是国内形势混乱，周恩来要应付国内危局，根本无暇考虑会谈中的具体问题。[①] 从实际情况看，恐怕后者才是主要原因。决策层当时无人能集中精力细致地判断形势和确定处置之道，何况中美关系如此敏感和重要，稍有闪失就难免在国内运动中遭到新的攻讦，甚或在外交领域造成大麻烦。解决这类问题可以说就是周恩来启动四人小组机制的深层动力了。

此外，军委办事组的构成对周恩来主导的外交领域是有影响的。组长原为杨成武，他是在 1967 年 9 月由周恩来提名而担任该职的。[②] “文革”开始后，杨成武一直同周恩来保持密切的工作关系，后被打倒，这也意味着周恩来在军队的实际影响被进一步削弱。周恩来尚能保持关键性影响的领域可以说就是外交系统了，四人小组的存在和研究工作等，无疑有利于加强周恩来在外交系统的领导和行动力，特别是帮助他在一些重大的对外政策问题上，保持合理的判断。这些都可以说明，中美实现和解的进程在中国政治中的确有超出外交领域的复杂影响和值得深究之处。

即使还不能确定是周恩来主动启动了四人小组第二轮研讨，是他本人直接领导了四人小组的讨论这一点是确定无疑的。这一判断是基于两个至关重要的事实。

首先，周恩来一开始就明确告诉陈毅，四人小组要根据形势，“对原来的看法和结论要及时做出部分的甚至全部的修改”，而不要

---

① 骆亦粟：《在风起云涌的年代里（1949—1989）》，北京：新华出版社 2011 年版，第 118 页。

② 中共中央文献研究室编：《周恩来年谱（一九四九——一九七六）》（下卷），北京：中央文献出版社 1997 年版，第 193 页。

"被框住"。[①] 这既是最充分的授权，也是一种重要的、带有导向性的提醒，即九大政治报告中的论述不论来自多高的层级，都未必是符合实际的，因此可以予以否定。为达到这个目的，周恩来采取了具体措施，保障四人小组在不受政治运动的干扰下，展开充分独立的研究。他派遣总参的熊向晖协助记录和整理四人小组的讨论内容和研究报告，并指示由外交部的姚广专门负责联络和材料递送工作。这种人事安排是有意识地阻绝了不受信任或有可能面临政治风险的人员参与其中，从而确保讨论过程不受"文革"政治运动的干扰。[②]

其次，周恩来提供了关键性的指导。他通过及时提供很有价值的信息，引导四人小组的讨论沿更合理的思路展开，这也是同样重要的。6 月 1 日，陈毅提交了四人小组的工作计划，第二天获周恩来批示，他们的任务是就是集中讨论国际形势和国防问题，并提出意见。[③] 周恩来为此向四人小组提供了重要的、只有他能最及时掌握的决策信息。这一方面反映了周恩来本人的关注和倾向等；另一方面，对于四人小组的研究沿着更为合理（或者也可以说是更符合周恩来思考倾向）的线路发展，也是必不可少的条件。

6 月初，外交部已经着手安排第一批大使出国履任，一些外交工作开始恢复。23 日，周恩来指示有关部门，将"有关国际问题的重要文件、资料"送四人小组。他的这个决定毛泽东可能是不知道的，例如直到 1971 年 5 月 1 日后，毛泽东还在一项指示说，陈毅

---

① 中共中央文献研究室编：《周恩来年谱（一九四九—一九七六）》（下卷），北京：中央文献出版社 1997 年版，第 302 页；熊向晖：《我的情报与外交生涯》，北京：中共党史出版社 1999 年版，第 174 页。

② 熊向晖：《我的情报与外交生涯》，北京：中共党史出版社 1999 年版，第 175 页。

③ 中共中央文献研究室编：《周恩来年谱（一九四九—一九七六）》（下卷），北京：中央文献出版社 1997 年版，第 301 页。

“还是外交部长”，外交文件要“送他看”。[①] 他如果当时知情，恐怕就不会做这样的指示了。

目前尚无法全面了解都有哪些文件被送达四人小组，不过不论周恩来的意图是什么，他通过信息输入会影响后者的研究进程和判断，这是必然的后果。特别是在这个阶段，尼克松政府已经有所行动，中方开始陆续从不同渠道获得美方有意改善关系的信息。

周恩来固然需要借助资深战友的智慧来回答毛泽东的特殊关切，问题是他为什么此刻如此积极主动。仅用他需要协助而过问此事作为理由，远不是充分的。周恩来在决策层中的特殊地位，无疑有利于提高四人小组对决策过程的影响力。反之亦然，四人小组的研究进程也会加强周恩来本人的影响力，只要他们的建议使改变对外政策成为有理的和对之有利的。所以，将周恩来的积极行动置于当时决策系统的重要动态中作比较观察，或许更能理解其特殊价值和复杂含义。

进一步比较军委办事组此时紧锣密鼓地召开的战备会议和部署，由周恩来单线推动和掌控的四人小组战略研究，更能凸显中国领导人丰富的战略决策经验所导致的审慎，以及此时中国战略决策系统仍然保持着一种惯性——非常注重经验和某种力求确保万无一失的灵敏度。

为了叙述的需要，这里略有重复地回顾此前四人小组的战略研究过程，有助于更系统地理解这个特殊的决策机制的变化。四人小组机制最初开始于 1968 年冬季持续到 1969 年 3 月中旬。1968 年 11 月 28 日，毛泽东同到访的澳大利亚共产党领导人希尔会谈时提出

① 陈小鲁：《陈毅与中国外交》，载国际战略基金会编：《环球同此凉热——一代领袖们的国际战略思想》，北京：中央文献出版社 1993 年版，第 156 页。

“考虑一下这个世界问题”即“战争问题，战争与和平问题”。[①] 参加这次会见的中方成员有周恩来和陈伯达、康生、姚文元等，前述陈毅1968年12月报告应包括针对这次谈话的内容而作。后来是周恩来根据毛泽东1969年2月19日的谈话，于23日指示陈毅联络筹备。3月1日召开的第一次研讨会，标志该机制终于启动。3月29日，四人小组根据他们多次讨论的意见，汇总提交了题为《从世界的森林看一棵珍宝树》的报告。[②] 毛泽东于3月30日批示，印发参加中央“文革”小组碰头会的各成员，这一阶段至此结束。

这个阶段形成的书面报告包括前述1968年12月陈毅的报告、1969年3月18日叶剑英提交的包括七点建议的报告、3月29日“四人小组”提交的《从世界的森林看一棵珍宝树》。这几份文件被分别记载在官修的年谱、传记中，其原件目前均未公开，因此当然可以推测或许还有其他报告或文献。

四人小组于3月1日开始，之后又在5日、8日、16日等开始讨论国际形势，内容集中于美苏的对外政策和爆发战争问题。他们总的看法是，苏联“搞点紧张是可能的，但要在中国大搞，则不可能”，美国也无力再进攻中国；另外，美苏的战略重点仍在欧洲，控制中东的石油资源将成为它们斗争的焦点。[③] 3月18日，叶剑英本人向毛泽东和中共中央提交了一份有七点具体建议的报告，内容

① 中共中央研究室编、逄先知、冯蕙主编：《毛泽东年谱（一九四九——一九七六）》第5卷，北京中央文献出版社2013年版，第219页。

② 参见中国人民解放军军事科学院编：《叶剑英年谱（一九四九——一九七六）》（下），北京：中央文献出版社2007年版，第982页。

③ 周均伦主编：《聂荣臻年谱》（下卷），北京：人民出版社1999年版，第1107—1109页；《聂荣臻传》编写组著：《聂荣臻传》，北京：当代中国出版社2015年版，第392页；中国人民解放军军事科学院编：《叶剑英年谱（一八九七——一九八六）》（下），北京：中央文献出版社2007年版，第98页；《徐向前年谱》编委会编：《徐向前年谱》，北京：解放军出版社2016年版，第251—252页。

是关于备战和军事问题的。[①]

3月29日，四人小组提交了由叶剑英执笔的《从世界森林看一棵珍宝岛树》，内容包括应从世界战略格局的大背景下，理解苏联挑起中苏边界冲突的动机，珍宝岛事件并非中苏领土争端引起的偶发事件，反映了美苏都有争霸全球的企图，以及各国之间存在复杂的矛盾，等等。[②] 无论从标题还是披露的内容看，这篇报告属于对珍宝岛事件后世界形势的宏观判断，还没有很强的针对性。此外，据《聂荣臻传》记载，在3月16日的研讨中，与会者“建议中央缓和中美关系，尽快恢复中美会谈，打开中美外交新格局”。[③] 综合当时正在筹备九大、中美关系的实际状况等各方面情况，他们这时就提出了打开中美关系的建议，其可能性是很低的。当然，此议当时是否存在，还要等档案开放才能做最后结论。

4月1日，中共第九次全国代表大会召开。“九大”的政治报告有关国际形势的部分在多大程度上吸收了这些报告的内容等，尚无从考证，但毛泽东认为他心中的疑问并未解决是确定无疑的。

与上述第一阶段的情况相比，5月27日开始的新研讨有一个突出的特点，就是周恩来本人成为积极的推动者和实际的领导者，这极大地提高了讨论的质量和影响。可以设想，如果没有周恩来的积极推动和提供的那些条件，四人小组的研讨会是寸步难行的。也正是这样的特殊条件，使四人小组能做出在当时算是与众不同的判断，并提出根本改变国家安全战略的设想和实施办法，包括必须和如何打开中美关系。

---

① 叶剑英的报告内容不详，参见《叶剑英传》编写组：《叶剑英传》，北京：当代中国出版社2015年版，第366页。

② 《叶剑英传》编写组：《叶剑英传》，第366—367页；《聂荣臻传》编写组：《聂荣臻传》，北京：当代中国出版社2015年版，第392页。

③ 《1969年3月16日：陈毅、叶剑英、聂荣臻座谈国际形势》，《聂荣臻传》编写组：《聂荣臻传》，北京：当代中国出版社2015年版，第392页。

6月7日，四人小组研讨会在中南海武成殿开会，由陈毅主持。据熊向晖回忆，陈毅一开始阐述了研讨的宗旨为“议议天下大事”，主要是如何估计苏联从北面和美国从南面等对中国的战争威胁，“要做出明确回答，不能模棱两可，含糊其辞”，而周恩来的指示就是讨论的原则，“脑袋里不要有框框”和“密切注意世界战略格局的发展变化”。陈毅认为之前一些单位的调研“有价值的不多”，“差不多都是上面怎么说，自己做注脚”而已。[①] 此后四人小组开会10余次，分别于6月29日提交报告《对苏修社会帝国主义炮制的莫斯科黑会的看法》、7月11日提交报告《对战争形势的初步估计》。[②] 目前仍然无法查阅上述报告的原文，只能依靠一些间接资料和熊向晖回忆录。后者有较高的可靠性，其中附有一份陈毅手迹的照片，内容包括肯定了熊向晖“整理的记录，工作很细”。[③]

在7月11日提交的《对战争形势的初步估计》中，四人小组将世界政治格局概括为“国际上两大阶级的对抗，集中地表现为中、美、苏三大力量的斗争”，美苏反华是因为它们都害怕“威力无穷的毛泽东思想指导各国人民革命，把它们送进坟墓”。这个借用国际阶级斗争话语阐述全球战略形势的开篇的重要价值，主要就是在观念上大幅提升了中国在世界安全形势中的战略地位，即美苏对抗的冷战格局正在被中国及其代表的世界革命力量所改变，中国已经成为左右世界政治前途的一极。报告的其他主要观点则更有实际价值，包括：第一，美苏矛盾不是缓和了，而是“互相敌对更为

---

① 熊向晖：《我的情报与外交生涯》，北京：中共党史出版社1999年版，第179页。

② 《徐向前年谱》编写组编：《徐向前年谱》，北京：解放军出版社2016年版，第250页；熊向晖：《我的情报与外交生涯》，北京：中共党史出版社1999年版，第181—186页。熊向晖回忆为9月17日，参见《我的情报与外交生涯》，北京：中共党史出版社1999年版，第193页。

③ 熊向晖：《历史的注脚——回忆毛泽东、周恩来及四老帅》，北京：中共中央党校出版社1995年版，第181页后插图。

严重了”，“真正的、现实的利害矛盾还是在它们之间。它们的斗争是经常的、尖锐的”；第二，“在可预见的时期内，美帝、苏修单独或联合发动大规模侵华战争的可能性都还不大”；第三，美苏都在“布局”，都无力立刻发动世界大战，欧洲和中东是它们对抗“比较集中地地区”；第四，苏联对中国的威胁大于美国的威胁，但它不会与中国大打；苏联军力东移“并不意味它的战略东移”，它的战略重点还在欧洲，而美国“并不相信苏修真会和中国大打”，也不会听任苏联的“扩张”。①

上述观点反映了四人小组这阶段讨论的内容，他们的论述比较多地展示了权力政治的逻辑和均势理论。正是基于这种逻辑，他们不相信美国和苏联“在可预见的时期内”，有发动大规模侵华战争和世界大战的可能性。尤为重要的是，他们自觉不自觉地将中国放在这种权力政治的结构中，并揭示了中美苏之间存在着某种“三角”互动。

从1964年开始大规模备战后，从权力政治的角度观察和思考中美苏是否存在战略性的互动，在毛泽东的思考中所占比重变得越来越大，只是还不十分清晰，更没有被提升到影响世界战略格局的高度。例如1964年10月22日，他在政治局常委扩大会议上就说过，苏联人“现在对美国有顾虑，需要中国这个朋友”，所以不要把他们“逼到”美国那边去。② 1965年2月11日，毛泽东会见柯西金率领的苏联代表团时，向对方提出了相同的观点并得到回应。③根据这种具有普遍性的共同的外部威胁将推动两个国家合作甚至结

① 熊向晖：《我的情报与外交生涯》，北京：中共党史出版社1999年版，第181—186页。

② 中共中央研究室编、逄先知、冯蕙主编：《毛泽东年谱（一九四九——一九七六）》第5卷，北京中央文献出版社2013年版，第422页。

③ 吴冷西：《十年论战1956—1966：中苏关系回忆录》（下册），北京：中央文献出版社1999年版，第920页。

盟的逻辑，苏联成为首要威胁这一变化，同样也会推动中美之间“团结起来”。

7月11日的报告对中美苏三边互动关系的阐述也是很初步的，四人小组在这时并没有提出争取与美国和解的建议。该报告上送周恩来转呈毛泽东，后于20日由中央办公厅印发各中央领导人。在战备急剧升温的气氛中，四人小组报告显然不会、看来实际上也没有引起毛泽东更多的重视。这一阶段研究到此结束。

7月29日，四人小组又展开第三轮探讨。这期间共召开10次会议，并于9月17日提交了报告《对目前形势的看法》，以及之后不久，陈毅向周恩来提出打开中美关系的三点“不合常规”的口头建议。[①] 直到这个时段，四人小组才提出改变对美政策这个标志着安全战略根本转变的建议。导致这一关键进展的直接原因是客观形势中的两个重大变化。

首先是在这个阶段，尼克松政府正通过各种渠道，向中国传达改善关系的信息，而且这些信息渐次被中国决策层接收到。这方面最初的事件是3月1日，尼克松访问巴黎时会见法国总统戴高乐（Charles de Gaulle），同后者谈到，从长远看需要与中国交往。[②] 3月底，戴高乐在华盛顿参加艾森豪威尔的葬礼期间，尼克松同他谈到有意改善对华关系。戴高乐则指示法国驻华大使埃蒂安·M. 马纳克（Etienne M. Manach），向中方悄悄转达尼克松的意向，时间

---

① 熊向晖回忆为9月17日，参见《我的情报与外交生涯》，北京：中共党史出版社1999年版，第193页；《徐向前年谱》（下卷）记载是9月16日，第259页。另据熊向晖回忆，是陈毅在四人小组会上提出，由他口头向周恩来报告四点建议，原因是外交部资深领导担心引起政治麻烦，见《我的情报与外交生涯》，北京：中共党史出版社1999年版，第179页；陈小鲁记录是陈毅向周恩来做了口头汇报，见《陈毅与中国外交》，载国际战略基金会编：《环球同此凉热——一代领袖们的国际战略思想》，北京：中央文献出版社1993年版，第156页。

② “Memorandum of Conversation,” Paris, March 1, 1969, *FRUS*, VOL. Ⅶ, Western Europe; 1969, NATO, pp. 446-454.

大约是在5月初。[①] 目前还无法证实在5月初，法国大使是否、如何以及传递了什么信息。美国已经公布的档案中，并没有尼克松请戴高乐向中方传达信息的记载。可能性比较大的是法国方面自己打算告诉中方，尼克松有改善对华关系的想法。这里可以设想，如果法方的确转达了一些信息，这对周恩来5月下旬积极推动四人小组的战略研究不会没有影响。之后不久，6月17日，美国参议院民主党领袖曼斯菲尔德在访问柬埔寨期间，通过西哈努克（Norodom Sihanouk）亲王转信给中方，希望能访华并会见周恩来。尼克松显然了解曼斯菲尔德的行动，他在26日给基辛格的一封信中表示，应鼓励曼斯菲尔德争取访华。[②] 7月21日，美国政府第一次宣布，取消部分对华贸易管制措施和放宽美国公民到中国旅行的限制。5天后即26日，西哈努克派人将曼斯菲尔德的信面交中国驻柬埔寨大使康矛召，周恩来当天即收到此信。[③] 四人小组于三天后即29日，开始了新一轮战略讨论。这在时间上纯属偶然，还是与美方的行动存在因果关系？看上去如此紧密的互动是值得深究的，未来档案解密或许能证明，四人小组的研讨在多大程度上是对美国政策变动的反应，周恩来的作用方可完整呈现。

特别重要的是7月下旬，就在四人小组新一轮研究开始之时，尼克松本人利用出访巴基斯坦和罗马尼亚这两个国家，摸索与北京建立新的联系渠道。他知道这两个国家都同中国保持着友好关系，特别是同中国领导人之间有较高的互信，所以有利于转达他正在尝

---

① 参见［美］塔德·肖尔茨：《和平的幻想：尼克松外交内幕》（上册）（邓辛等译），北京：商务印书馆1982年版，第151页；资中筠主编：《战后美国外交史——从杜鲁门到里根》（下册），北京：世界知识出版社1994年版，第628页。

② 资中筠主编：《战后美国外交史——从杜鲁门到里根》（下册），北京：世界知识出版社1994年版，第627页。

③ 中共中央文献研究室编：《周恩来年谱（一九四九——一九七六）》（下卷），北京：中央文献出版社1997年版，第312页。

试改变对华政策的意图。8 月 1 日，尼克松在拉合尔同巴基斯坦总统叶海亚（Yahya Khan）举行会谈。叶海亚特别提出了美国应该改善对华关系的建议，尼克松则表示，美国不会参加“孤立中国的任何安排”，以及解决亚洲的问题不能没有中国参与，等等。根据美方的记录，尼克松在与叶海亚会谈中，并没有提出请后者向中方传话。8 月下旬，美国务院从拉瓦尔品第得到巴基斯坦方面的信息称，尼克松告诉叶海亚，他希望与中国和解，并请叶海亚向中方转达。美方得到此信息后，向巴基斯坦驻美使馆确认了两点：第一，尼克松本人理解叶海亚关于应将中国带回国际社会的观点；第二，他认为要解决亚洲的问题离不开中国这样的大国，以及美国不参与孤立中国的任何安排。叶海亚可以向中国最高层级转达这些观点，转达的时间和方式由叶海亚自己决定。[①]

显然，尼克松 8 月 1 日请叶海亚传话还不能说是确定无疑的，不过他随后确实在罗马尼亚采取了决定性的行动。8 月 2 日，即在会见叶海亚的第二天，尼克松又飞往布加勒斯特，会见了罗马尼亚总统齐奥塞斯库（Nicolae Ceausescu）。他在会谈中表达了美国反对苏联建立“亚洲集体安全体系”，也不会参加任何孤立中国的安排，而且希望与中国和解。这一次他明确表示，希望罗马尼亚担当中美之间的“媒介”。[②] 显然，罗马尼亚方面才是尼克松此行中唯一被确定的直接受托者，这也是有历史原因的。早在 1967 年 6 月 26 日，时任总统约翰逊在华盛顿会见罗马尼亚部长会议主席毛雷尔

① Memorandum From Lindsey Grant and Hal Saunders of the National Security Council Staff to the President's Assistant for National Security Affairs (Kissinger), Washington, August 21, 1969; Memorandum of Conversation, Washington, August 28, 1969, *FRUS*, Vol. XVII, China, 1969-1972, pp. 69-70, pp. 74-75.

② "Memorandum of conversation between President Nixon and President Ceausescu," August 2; National Archives, Nixon Presidential Materials, NSC Files, Box 1023, Presidential/HAK Memcons, "Memcon President Nixon and President Ceausescu August 2-August 3, 1969".

（I. G. Maurer）时，就有意请他给中国方面带话，表达美国无意进攻中国，以及希望与中国开展贸易和其他中国所愿意的交往。[①] 目前尚无法查证到，毛雷尔当年是否向中方转达过这次会谈的内容。

特别重要的是，尼克松这次出访不仅向中国发出试探性的和解信息，更重要的是他从巴基斯坦与罗马尼亚等领导人那里得到的信息都是，中国并不是一个具有“侵犯性”的国家，这一印象肯定对他的判断产生了重要影响。8 月 13 日（北京时间），中苏继 3 月珍宝岛军事冲突后，又在中国新疆的铁列克提地区再次爆发流血冲突。第二天，尼克松在紧急召开的国家安全委员会会议上，提出了基辛格后来称为“革命性的理论”，即在中苏冲突中，“苏联是更具侵略性的一方”。[②] 尼克松这样说是基于合逻辑的推断，还是为正在进行的与中国秘密联络寻找理由，后人不得而知。不过比较自肯尼迪政府（或许更早）以来的美国对华政策的逻辑前提——中国比苏联更危险和更有侵略性，可以肯定尼克松这次的论断是具有颠覆性的，那些熟知美国对华政策脉络的白宫幕僚们对此心知肚明。[③]

罗马尼亚领导人对尼克松改变对华政策的谈话的确是非常认真的。9 月 7 日，毛雷尔利用访问越南途经北京的机会，会见了周恩来。他们会谈的更详细的内容有待档案进一步解密，但已经可以大致确定，毛雷尔告诉周恩来，尼克松在罗马尼亚期间“明确地无保留地表示愿意寻求同中国关系正常化的途径”，并希望罗马尼亚给

---

① “Memorandum of Conversation1,” Washington, June 26, 1967, *FRUS*, 1964 - 1968, Vol. XVII, Eastern Europe, pp. 430-435.

② ［美］亨利·基辛格：《白宫岁月——基辛格回忆录》第 1 册（陈瑶华等译），北京：世界知识出版社 1980 年版，第 238 页。

③ “Report of the Sino-Soviet Task Force,” April 1, 1961, National Security Files, Box 22(Z), Kennedy Library.

予帮助。[1] 毛雷尔本人参加了尼克松与齐奥塞斯库（Nicolae Ceausescu）8 月 2 日的会谈，当时还专门向尼克松介绍了他本人访华的经历以及与中国领导人会见的观感等。总之可以基本确定，周恩来此时已经获得了尼克松政府有意改善对华关系的比较可靠的信息。

需要说明的是，不论巴基斯坦和罗马尼亚这时是否在传递信息，中方都有可能在 9 月 7 日之前就获知，尼克松在出访期间与有关国家领导人讨论过对华政策。这样说首先是国际主流媒体已经在 8 月上旬报道了尼克松与罗马尼亚领导人的会谈，包括他们讨论过美国对华政策和中美关系。《参考资料》足够充分和细致地译载了这些报道，这些报道的频度和普遍程度都足以引起任何有政治经验的人的关注甚至给予非常重视。中国决策者正常情况下每天都会阅读这本资料，说他们会对此类信息没有感觉或感觉不够，是非常勉强的，更有可能的是至少周恩来本人会重视这些公开的信息。这些报道的可靠程度很高以及会引起外交问题这一点，可以从台湾当局的反应佐证。8 月 6 日，台湾当局驻美“大使”周书凯曾约见基辛格，要求澄清有关尼克松在会见齐奥塞斯库时，谈到要改变对华政策的传闻，基辛格当时完全予以否认。[2] 之后，美国国务院也从巴基斯坦听到了该国坊间有关尼克松与叶海亚会谈内容的传闻。对于外界，这恐怕只是个可信与不可信的问题；对于中国决策层，则难在无法予以确认，这更凸显了毛雷尔传递信息的重要价值。简言之，美国对华政策的急剧变化是四人小组第三阶段讨论的一个关键

---

① 骆亦粟：《在风起云涌的年代里（1949—1989）》，北京：新华出版社 2011 年版，第 123 页；中华人民共和国外交部外交史研究室编：《周恩来外交活动大事记 1949—1975》，北京：世界知识出版社 1993 年版，第 538—539 页。

② Memorandum of Conversation, Washington, August 6, 1969, *FRUS*, VOL. XVII, China, 1969-1972, pp. 51-52.

背景，他们肯定能够通过周恩来，及时获得事态进展的可靠信息。

另一个重要事态是中国战备在6月后持续大幅升温，直到9月进入新的高潮。6月军委办事组座谈会以后，解放军开始大量增编新部队，各地方也加强民兵武装，国民经济实际上转向临战状态，许多企业转向生产军品，大批工厂迁往内地。中国的战备同苏联有针对性地加强对中国的军事压力存在明显的互动，这期间，苏军举行了大规模实兵演习，并将边界东段的冲突向西段有利于苏军作战行动的地区扩散，不断引发新的流血事件；苏联领导人和宣传机构不断发出战争乃至核战争威胁。最严重的事件是在8月13日，苏军在新疆铁列克提地区有计划地伏击中国边防部队，造成中方28人阵亡。

苏联的行动极大提升了毛泽东的警惕和紧张，这时军委办事组从总参得到的主要情报是“苏联可能对中国采取突然袭击”。军委办事组当时判断，进入冬季后，中苏边界军事冲突很可能升级，中苏、中蒙边境将全线陷入紧张，甚至有可能从边界冲突扩大为大战，今冬至明春斗争“必将更尖锐、更紧张，更复杂”。毛泽东、林彪等不仅同意军委办事组的判断，而且进一步提出要“准备应付突然袭击”，准备工作要针对突然袭击“可能早到来这一点上”。[①] 8月28日，中共中央发布了《中国共产党中央委员会命令》，指示边疆各省、市、自治区及驻边疆部队，立即着手作好反侵略战争准备。[②] 按照中共中央的命令，东北、华北和西北的解放军部队进入紧急战备状态。至此中国战备达到第一个高潮。

中国决策层一度力图控制战备的范围，他们在9月初采取了一

① 《中国人民解放军军史》编写组编：《中国人民解放军军史》第6卷，北京：军事科学出版社2011年版，第107页。

② 国防大学党史党建政工教研室编：《中共党史教学参考资料》第26册，北京：国防大学党史党建政工教研室1988年印，第365—367页。

些措施，如不允许地方报刊再宣传“要准备打仗”和“一切为了打仗”等口号。这一方面是避免引起过度恐慌；另一方面也同苏联总理柯西金将访华有关，他利用赴越南参加胡志明葬礼的机会，表达希望与中国领导人举行会谈。

11 日，周恩来在北京机场会见柯西金，这个地点的选择如果不是刻意为之，也会在客观上给对方留下印象，即中国的国内局势如此不稳定，以致不可能主动挑起对苏联的战争。周恩来在会谈后给毛泽东的报告中说，中苏此性质的接触还是第一次，应“争取和缓边境局势四条协议实现”，以及“促进边界谈判”。① 在经毛泽东批示“同意”后，周恩来于 14 日开始准备与苏联谈判的方案。两天后，政治局召开专门会议，讨论通过了周恩来起草的致柯西金的信，其内容主要是采取缓和边界紧张局势和举行边界谈判的具体措施。②

上述所有与苏联交往的行动肯定是经毛泽东同意的，问题在于他虽然同意有关中苏谈判的安排，却没有改变对苏联即将发动战争的基本判断，实际上还更焦虑了。这同军委办事组对安全形势的看法有直接关系，他们与毛泽东之间是直接互动的。

中共中央战备命令发布后，军委办事组也召集总参人员，专门研究苏联的战略动态，这在时间上与四人小组的研讨工作几乎是重叠的。换句话说，这个时期有两个系统在同时进行内容有不少重叠的战略研究。9 月 10 日，军委办事组向政治局常委提交了一项报告，对苏联发动大规模侵华战争做了较严峻的估计。他们认为，珍宝岛事件后，苏联确实在加快对华战争准备，目前虽然还没做好大

---

① 中共中央文献研究室编：《周恩来年谱（一九四九——一九七六）》（下卷），北京：中央文献出版社 1997 年版，第 321 页。

② 周恩来《致柯西金的信》，1969 年 9 月 18 日，载中华人民共和国外交部和中共中央文献研究室编：《周恩来外交文选》，北京：中央文献出版社、世界知识出版社 1990 年版，第 462—464 页。

战的准备，但苏联领导人是“一伙不计后果的冒险家”，是“什么蠢事、坏事都可能干得出来的，战争提早到来的危险性是存在的”。[①] 该报告中所谓“冒险家”与“突然袭击”等，反映的正是毛泽东本人的担心。军委办事组作为执行机构，更加不可能忤逆毛泽东的判断或倾向，这也是所谓体制“回音壁”效应的另一例证。这时包括周恩来也没成为例外，9 月 22 日，他在军委办事组召开的全军战备工作会议上发表讲话，也还是要说“特别要防止敌人突袭，要加强戒备”。[②]

目前无法得知毛泽东和政治局常委对此报告的文字批示，只能确定的是 16 日、18 日政治局曾召开内容尚未披露的会议，以及特别是毛泽东本人，在此期间显示了对爆发中苏战争的极为强烈的担心。在军委办事组提交报告后不久，他在预定于 17 日《人民日报》刊登的庆祝国庆 20 周年口号中，亲笔加上：“全世界人民团结起来，反对任何帝国主义、社会帝国主义发动的侵略战争，特别要反对以原子弹为武器的侵略战争，如果这种战争发生，全世界人民就应以革命战争消灭侵略战争，从现在起就要有所准备。”[③] 第二天，《人民日报》发表文章，将这个口号定义为是战前“伟大的动员令，具有深远的战略意义”。[④] 中国领导人之后相继发表措辞强硬的讲话，《人民日报》《解放军报》和《红旗》杂志的国庆社论也突出强调了要加强战备。

---

① 《中国人民解放军军史》编写组编：《中国人民解放军军史》第 6 卷，北京：军事科学出版社 2011 年版，第 105 页。

② 中共中央文献研究室编：《周恩来年谱（一九四九—一九七六）》（下卷），北京：中央文献出版社 1997 年版，第 322 页。

③ 毛泽东：《对国庆二十周年送审稿的批语和修改》，1969 年 9 月，载中共中央文献研究室编：《建国以来毛泽东文稿》第 13 册，北京：中央文献出版社 1998 年版，第 66 页。

④ 《全国人民热烈欢呼〈庆祝中华人民共和国成立二十周年口号〉发表 紧跟伟大领袖毛主席夺取社会主义革命和建设新胜利 同全世界人民一道把反对帝修反的伟大斗争进行到底》，《人民日报》1969 年 9 月 18 日。

在中国领导人心目中，以往的经验就是苏联入侵社会主义国家的目的都是进行政权更迭，作战方式有 1956 年入侵匈牙利和 1968 年入侵捷克斯洛伐克两种，而入侵捷克斯洛伐克的方式就是利用机降部队发动突然袭击，6 个小时即攻占布拉格并控制了该国政权中枢，这是极有震撼性的。当然，这一次中国还面临苏联发出的发动外科手术式核打击的威胁。不过对于上述三种类型的战争，毛泽东等最担心的还是苏联发动突然袭击，特别是像入侵捷克斯洛伐克式的突然袭击，这导致中国的战备带有阵发性的特点。

在毛泽东看来，苏联发动突然袭击的第一个高危期是国庆节期间。9 月 19 日，他先后在上海、南京等地同一些地方和军队等的领导人谈话，包括听取战备汇报等。他告诉他们"各守岗位"，不要到北京参加国庆活动，以免"敌人消灭我们的中心"。参加军事会议的军事领导人五天后即回。① 第二天，军委办事组在京召开全军战备工作会议，研究应付苏联突然袭击的措施。27 日，四天前才到北京不久的毛泽东便要求中断会议，各军区领导人立即返回指挥岗位，准备应付苏军突然袭击。9 月间，林彪本人亲率军委办事组人员视察了华北地区战备。他在国庆前夕直接向毛泽东建议，采取战备措施以防止苏军突然袭击，并获批准。他随后召集军委办事组开会，向全军发布国庆期间战备命令。"三北"地区陆海空军部队于 30 日夜间，转入临战戒备状态。中国战备从此进入第二个高潮。

根据毛泽东等的判断，定于 10 月 20 日召开的中苏边界谈判是国庆后的又一个高危期，苏联有可能利用其谈判代表团 19 日到京或 20 日开始谈判时，发动突然袭击。10 月 14 日晚，政治局召开会议，决定疏散在北京的党和国家领导人，由周恩来和军委办事组留

① 中共中央研究室编、逄先知、冯蕙主编：《毛泽东年谱（一九四九——九七六）》第 6 卷，北京中央文献出版社 2013 年版，第 267 页。

守，毛泽东本人会议结束后即离京前往武汉。17 日，政治局成员分别向将被疏散的高级干部传达政治局会议的决定。第二天，疏散到苏州的林彪发出了关于军队要加强战备，防止敌人突然袭击的紧急指示，军委办事组当晚将其下达全军。这份指示的内容解释了之前政治局会议决定疏散的原因，命令全军必须进入紧急战备状态，装备紧急疏散，组织精干指挥班子进入战时指挥位置，等等。[①] 根据该项命令，全军 90 多个师、4100 架飞机、430 余艘舰艇紧急疏散，各大中城市也有数以千万计的居民疏散到农村。对“突然袭击”的判断和一种极度紧张的担忧，就这样推动了第三次战备高潮，也是九大之后战备的最高峰。陈毅等也在疏散之列，四人小组机制就这样在 10 月中旬结束了，他们也没有机会再讨论国际战略了。

不厌其详地叙述美国对华政策的变动和中国战备的升级，首先就是为了纠正以往研究几乎只聚焦于四人小组战略研讨的内容和功能等，这造成了对中国决策体制和决策过程的误读。只有系统地了解政治、外交和军队等几个系统的运作过程和特点等，才能界定出四人小组的与众不同之处和特殊影响。其次则是证明，四人小组的研讨内容是变化的，他们的看法同变化的外部环境的各种因素都存在的互动。他们有关与美国和解的设想并非靠“战略思考”想出来的。例如，上述那种几乎达到极致的战备状态，怎么可能不影响到中国对外政策包括对美政策的大调整；正是那样紧张的气氛更容易推动人们去积极思考，如何寻找可借用力量来平衡外部威胁。更何况，美国人从 4 月开始，就在有意识地利用中苏边界冲突，直到向中国传达具有很高可信度的和解信息。

4 月 2 日，基辛格与苏联驻美大使多勃雷宁（Anatoly Dobrynin）

---

① 中共中央党史研究室编：《中共党史大事年表》，北京：人民出版社 1987 年版，第 372 页。

举行会谈。会谈中后者询问，白宫是否成立了一个专门研究对华关系的委员会。基辛格立即予以确认，并告后者，在华盛顿，“也有一些人倾向于打苏联和中国牌”，以及相信改善对华关系“可以加强美国在全球的地位”，不过他保证，尼克松政府“不同意所有这些观点”。多勃雷宁在给克里姆林宫的报告中表示，他并不相信基辛格的说辞。[①] 5月27日，苏联外长葛罗米柯召见美国驻苏联大使比姆（Jacob Beam），递交了柯西金的一封复信。他借此机会专门说明，苏联不打算利用美国与中国之间的麻烦，以及尼克松政府对美苏关系应有长远考虑，他的意思就是美方不要企图通过与中国和解来对付苏联。基辛格由此得出结论：“仍然非常模糊的三角关系，已经初露端倪。”[②]

之后，美苏之间开始了频繁交换有关对华关系的信息，他们的诸多行动都与如何权衡在战略三角关系中的利弊有关。尤其是美国方面，如前述在8月已经大致形成了与中国和解的构想，并开始付诸行动。当时如无特殊原因，中国决策高层每天都会阅读《参考资料》如实译载了国际舆论的详细报道。这些报道的频度和内容的详细度，都足以引起中国决策者的重视甚至采取一些行动。这就是四人小组开始最后一轮战略研究时，中国面对的新的国际政治现实，即美苏都已经意识到了并开始试探，如何在“战略三角”架构中构建对自己有利的战略均势。

根据熊向晖回忆，四人小组在被疏散前曾表示过，同意毛泽东和军委采取的战备措施，这也算是同毛泽东等达成了基本共识，即不仅苏联代替美国成了中国的主要威胁，而且存在苏联大规模军事

① 《多勃雷宁与基辛格会谈纪要：巴黎会谈及中美关系》，1969年4月2日，载沈志华主编：《俄罗斯解密档案选编：中苏关系》第11卷，上海：东方出版中心2015年版，第371—372页。

② ［美］基辛格：《白宫岁月——基辛格回忆录》第1册（陈瑶华等译），北京：世界知识出版社1980年版，第229页。

入侵迫在眉睫的危险。不同的是四人小组这时在塑造全球战略均势的层次上，非常明确地提出了利用美苏矛盾的非常富有进取性的构想，其核心主要是大幅改变以往的对美政策，改善对中国实际上同时与美苏为敌“两个拳头打人”的相当不利的战略处境。

所谓“战略三角”就是指在特殊条件下形成的一种三边（这里具体地说就中美苏三国）互动的结构和现象，其中每一方分别与另外两方的关系和对另外两方的政策等，都必定会受到另外两方之间的关系和政策的影响。在这种结构中，每一方的两对双边关系如果都好于两个对方之间的关系，就是处于最有利的地位；反之，则必定是处于不利的地位，不调整政策只会陷入更加不利。例如在60年代中期以来，中美关系和中苏关系均差于美苏关系，中国客观上就处在最不利的战略地位；如果中国调整政策，使中美关系好于美苏关系，就会有利于中国处理对苏关系，等等。依据这种“三角政治”的基本原理，可以说前述7月11日的报告提出，“中苏矛盾大于中美矛盾，美苏矛盾大于中苏矛盾”，这在逻辑上蕴含着与美国和解的必然性，如果中国希望改善其国际地位和安全环境。实际上，第三阶段讨论最独特的内容，正是提出了“尽快打开中美之间的僵持局面，恢复中美会谈”。

不同与会者的传记、年谱等作为间接资料，分别突出了不同与会者的观点，但他们的共同点是都承认，中美已经存在反对苏联威胁的共同战略利益，并主张利用当前时机改变对美政策。他们的讨论证明，中国历史上的战略决策经验是中国决策者最直接和有效的参照系，信手拈来便可顺理成章。例如，叶剑英在讨论中说，可参考魏、蜀、吴三国“演义”中，诸葛亮如何“东联孙吴，北拒曹操”。同时，陈毅也援引了斯大林与希特勒签订互不侵犯条约的例子，其逻辑实际上就是在为改变对美政策进行合法性的论证。[①] 根据权力政治和均势理论解读国际政治和制定战略，以列宁主义的策略思想进行合法性论证，被再次证明是中国战略决策思维的一个本质性的特色。

如前所述，在对外决策领域存在两个系统，一个是军委之下的军委办事组。它对安全形势的研判更多的是反映了毛泽东对战争形势的判断，并根据军委最高决策者的指示，制订和实施战备计划。另一个系统则是周恩来指导的国际战略形势研究系统。尽管还不能说这个系统可以脱离毛泽东的领导自行其是，但肯定不是他关注的重点，至少其研究的问题在他看来不那么迫在眉睫。而且也没有资料证明，四人小组的研究最后的报告获得了毛泽东的直接关注。不过，这个系统的运作由于得到周恩来的直接掌控，可以得到足够多的、甚至多于军委办事组的决策信息，以及有机会影响到最终的决策。四人小组一方面可以通过外交部，及时了解迅速变动的美国对华政策和中苏关系的进展，其及时的程度令人印象深刻。例如，9月 11 日，周恩来与柯西金在北京机场举行会谈；四人小组 13 日就可以讨论会谈的详细内容，并于 17 日就向周恩来报送了《对目前形势的看法》报告。能迅速获得关键信息是至关重要的原因。

此外，可以确定，他们同周恩来保持着比较密切的联系。例如除了陈毅同周恩来有直接往来外，叶剑英还在 9 月 4 日陪同周恩来访问河内，参加对胡志明的吊唁活动。尽管目前无法证明，他们当时是否交换过有关看法，但的确不能排除这种可能性。特别是他们第二阶段研究的气氛有明显的改善，讨论范围从毛泽东提出的国际

---

① 熊向晖：《我的情报与外交生涯》，北京：中共党史出版社 1999 年版，第 190 页；中国人民解放军军事科学院编：《叶剑英年谱（一八九七——一九八六）》（下），北京：中央文献出版社 2007 年版，第 982—983 页；周均伦主编：《聂荣臻年谱》（下卷），北京：人民出版社 1999 年版，第 1108—1111 页。

问题终于转向中国的具体政策、特别是对美政策这种敏感的领域。这很难说还属于毛泽东最初授权时假定的范围之内，有周恩来的直接关照应该是最主要的原因了。

在周恩来掌控指导的系统中，除了四人小组外，还存在另一个以外交部专业人员为主组成的子系统。当外交部大部分人员在参加“文革”运动时，有一小部分人被选出，集中在东交民巷15号院，协助周恩来处理包括中美关系在内的外交问题，他们可以不参加外交部大院的运动，被称为“业务班子”。[①] 此外，中联部也可以纳入这个子系统中。根据中共中央指示，中联部“文革”中不搞群众夺权斗争运动。当时名义上是康生和周恩来共同领导部内工作，实际上是周恩来在直接领导。当时维持部内日常工作的副秘书长申健同时负责中联部的美国研究，一直掌握业务工作，特别是受到周恩来直接领导，并直接向周恩来提供咨询。[②] 九大之后，中国外交系统一度瘫痪的诸多功能开始逐步恢复，6月初陆续向国外派出大使，对本文特别重要的是，派出大使包括向波兰派出临时代办雷阳。周恩来在雷阳行前指示他，要密切注意中美关系，特别是要立即报告来自美方的新情况。[③]

外交部这个系统与四人小组最后阶段的研究是有交集的，特别是涉及改变对美政策，这两个子系统之间有关键性的沟通和协调。这首先是指经外交部副部长姬鹏飞推荐，时任外交部美欧司司长姚广，直接参与为四人小组提供相关的情报信息，并保持与外交部的沟通。姚广历任西欧司副司长（1955—1957）、驻波兰使馆政务参

---

① 王力：《回眸中美关系演变的关键时刻》，北京：世界知识出版社2008年版，第44页；朱祥忠：《我的拉美外交生涯》，上海：上海辞书出版社2009年版，第54页。

② 熊真：《一对外交官夫妇的足迹》，南京：江苏人民出版社1995年版，第168—171页。

③ 王力：《回眸中美关系演变的关键时刻》，北京：世界知识出版社2008年版，第45页。

赞（1957—1962）、第二亚洲司司长（1962—1969）、欧美司司长（1969—1970），其专业资历和素质能够决定提供的信息质量等均会比较高和比较有针对性。其次是外交部系统对四人小组报告的内容也有影响。

根据熊向晖回忆，姚广在讨论的最后阶段曾经介绍，外交部系统也在研究美国对华政策，并向中央提交了研究报告，其主要内容就是分析尼克松调整对华政策的动机，但没有提出中国的应对之道。姚广转达这一信息的目的显然是希望四人小组能与外交部保持某种协调，他说“外交部主要领导同志”建议，四人小组在原则上提出利用美苏矛盾即可，“不宜具体”；以及在美越和谈期间，恢复中美大使级会谈“也不适宜”。这同前述骆亦粟有关 1968 年间中美大使级谈判的回忆内容是一致的。陈毅当即表示“尊重”其意见。[①] 从建议内容看，这位“主要领导人”非常了解中美大使级会谈情况，以及此时中方对恢复谈判不甚积极的具体原因。

四人小组在 9 月 17 日报告中，接纳了“外交部主要领导人”的意见。他们没有提出改变对美政策的充分建议，只是点到为止，即提出对美保持所谓“原则上坚定，策略上灵活”，“苏修要求举行边境会谈，我已表示同意；美帝要求恢复大使级会谈，我也可以选择有利时机给予答复。这种战术上的行动，可能收到战略上的效果”。[②] 至于“战略上的效果”在他们看来是什么，目前不得而知。后来的研究者是根据中美关系的发展，将其解读为打开中美关系和建立“战略大三角”关系，等等。这当然还需要进一步证明。

在最后讨论定稿的当天，陈毅终于还是明确提出，要“从战略上利用美苏矛盾，就有必要打开中美关系”。客观地说，这是由均

① 熊向晖：《我的情报与外交生涯》，北京：中共党史出版社 1999 年版，第 191 页。
② 熊向晖：《我的情报与外交生涯》，北京：中共党史出版社 1999 年版，第 194 页。

势战略的基本逻辑决定的，包括在所谓三边关系中必须保持两条边（中苏、中美）有大致足够平衡。只要按这个逻辑推断，智慧足够的话就会得出这样的结论。从当时的实际情况看，苏联和美国都已经在有意识地打中国牌，或都在防止对方在战略武器谈判进程中，利用己方与中国的矛盾来获得某种优势或有利的地位。中美僵局客观上造成中国无法像苏联那样，有意利用中苏谈判来改善、至少不削弱自己与美国打交道的地位。这种局面无论如何对中国都是不利的，所以陈毅才断定，通过高级别会谈打开中美关系“就是一个战略行动”，而非仅仅是战术行动导致的“战略后果”。至关重要的是，陈毅还提出了具体步骤，就像 1944 年 12 月设计了拖延国共谈判的路径一样。他提出三点打破 1958 年以来坚持的“常规”行动路线：第一，主动提出举行中美部长级会谈，即跨越长期僵持的大使级会谈；第二，举行高级别会谈不设先决条件，即通过改善中美关系来为解决台湾问题创造条件，而不是相反，像以往那样将解决台湾问题作为打开中美关系的先决条件；第三，华沙会谈可在中国使馆举行以利于保密，这是至关重要的技术保障。陈毅在讨论中表示，由他本人向周恩来作口头报告，而不写在文字报告中，以照顾外交部领导人的顾虑。①

可以基本断定，陈毅后来向周恩来面陈过上述有关打破“常规”的具体建议，他肯定不缺这样的机会，并有着空前的热情和信念。② 至于周恩来是否向毛泽东转达过这些具体步骤，从之后周恩来在各个阶段推动与美国和解的进程时所保持的谨慎看，可能性不是很高，至少不会是很及时的。他几乎一直是走一步看一步，包括

---

① 转引自陈小鲁：《陈毅与中国外交》，载国际战略基金会编：《环球同此凉热——一代领袖们的国际战略思想》，北京：中央文献出版社 1993 年版，第 156 页；熊向晖：《我的外交与情报生涯》，北京：中共党史出版社 1999 年版，第 195 页。

② 陈小鲁：《陈毅与中国外交》，载国际战略基金会编：《环球同此凉热——一代领袖们的国际战略思想》，北京：中央文献出版社 1993 年版，第 156 页。

每一次向毛泽东提出应向前迈进的建议，他也都是非常慎重的。贯彻一项战略需要精细的战术，这是战略实践的常识。但对于周恩来来说，其特殊的复杂性在于，这不仅适用于对付美国人，也包括在炽热的政治运动期间稳妥地处理与毛泽东的关系。

如前所述，中国战备在10月中旬达到了最高潮，四人小组被疏散导致战略研究的终结，不过中国决策层已经基本达成通过与美国和解来建立新战略均势的共识，特别是主要执行者周恩来已经大致明确了实现这一战略的途径和措施。

1968年8月苏军入侵捷克斯洛伐克和1969年春夏中苏发生边界军事冲突，推动中国最高决策者毛泽东对安全战略思考的轻重缓急完成了根本性的转变。为了应付中苏战争特别是苏联以突然袭击的方式入侵中国和摧毁中国政权的战争，一度成为他的首要和紧迫的关切，以致中国的战备动员达到前所未有的紧张程度。在此过程中，四人小组战略研究的完成与中国的高强度战备是同步的，中国决策层设想启动中美和解是以中苏很有可能爆发战争为前提的。事后可以对当时领导层对爆发战争的判断和采取的措施作各种冷静的和更合理的检讨，不过事实就是国家安全战略的根本性改变，成为推动中国决策层决心根本调整对美政策的关键动力。历史上有很多事情是歪打正着的，没有毛泽东对中苏战争形势的那种判断，很难说中美和解会发生在1969年年末。换句话说，如果没有那种对战争形势的判断和由此产生的紧迫感和大规模战备，等等，中国决策层会不会在这个时刻决定改变对美政策，还是有想象空间的。

第六节　打开和解之门

到10月中旬大规模战备疏散之时，对于中国决策层来说，打开中美关系就是抓住一个机会的问题了，而机会恰恰在此刻出现。10月10日，巴基斯坦总统特使谢尔·阿里·汗（Sher Ali Khan）会见基辛格时曾提出，如果周恩来能访问巴基斯坦，叶海亚总统希望能向他转达美国对亚洲的政策。他借此询问基辛格，关于中国，美方有什么具体的信息需要转达？基辛格的答复是，叶海亚总统可以说美国正从台湾海峡调走两艘驱逐舰。之后不久，叶海亚总统本人会见中国驻巴基斯坦大使张彤，通报了7月底尼克松访问巴基斯坦的情况，特别是转达了尼克松本人的话，“美国要同中国友好”，以及美国将从台湾海峡撤出两艘驱逐舰，以示“友好姿态”。他还根据与尼克松会见的印象，增加了一句美国对与中国的关系“正常化感兴趣”。张彤则对叶海亚的作用表示感谢，并告中国将释放两名美国公民。①

12月4日，周恩来将11月20日收到的一份报告送呈毛泽东。该报告是根据外交部11月7日的分析，建议于12月初释放在当年2月拘留的两名美国公民，他们是在海上乘游艇越入珠海附近海域而被拘留的。政治局会议讨论认为，在12月7日或稍后释放。毛泽东批示“照办”。②

与此同时，就发生了本章开篇叙述的那一幕在华沙开启中美和解之门缝的外交事件。随之而来的是1970年1月20日，第135次中美大使级会谈终于在中国使馆举行了。美方在这次会谈中首先提出，尼克松政府准备派一名代表前往北京，或在华盛顿接待中国的

---

① “Direct and Indirect Specific Messages Between The U. S. and PRC,” May 12, 1971, Memorandum for Henry A. Kissinger from Winston Lord, National Security Council Files, Miscellaneous Memoranda Relating to HAK's Trip to PRC, July 1971, Box 1033, Richard Nixon Presidential Library and Museum, Yorba Linda, California；骆亦粟：《在风起云涌的年代里（1949—1989）》，北京：新华出版社2011年版，第123页。

② 中共中央文献研究室编：《周恩来年谱（一九四九——一九七六）》（下卷），北京：中央文献出版社1997年版，第336—337页；中共中央文献研究室编：《毛泽东年谱（一九四九——一九七六）》第6卷，北京：中央文献出版社2013年版，第274页。

代表，以便“更彻底地探索”任何问题。前述陈毅10月中旬向周恩来面陈的打开中美僵局的那个“大胆的”建议，就这样被事实证明是非常之合理和有预见性的。美方不仅是“会接受”，而且主动和首先就提出了举行部长级会谈以解决问题。

2月10日，在美国使馆举行了第136次中美大使级会谈。雷阳在会谈中告诉美方，中国政府愿意在北京接待美方部长级代表或总统特使。[①] 至此，历时15年的中美大使级会谈（从1955年8月开始至1970年2月结束）终结了；中美高级别直接会谈的通道打开了；中国对美政策的战略性转变终于迈出了决定的一步。

第七节 结语

1969年3月的中苏边界军事冲突爆发后，美苏两国很快就开始分别从中美苏三边互动的角度，有意识地利用中苏或中美矛盾，这在客观上将中国置于相当不利的战略地位。在逐步构建起来的“战略三角”中，美苏、中苏两边存在互动，而中美之间始终隔绝，即使在中国认为苏联威胁已经超过美国的情况下，仍然固守1950年末确定的原则，显然是非常不合理的。所以，通过革命性的外交行动迅速和根本改变中美无法互动的状况，是任何战略选择的关键目的，而如何达成这个目标则决定了当时所有相关研究和外交行动的意义和价值。

综合性地看，当时中国决策层的思考中存在不同的观念，包括列宁主义的战争与革命理论、有浓厚历史经验色彩的权力政治和均

---

① 骆亦粟：《在波兰的岁月》，载《当代中国使节外交生涯》编委会编：《当代中国使节外交生涯》第4辑，北京：世界知识出版社1996年版，第181—182页。

势思想，以及富有中国特色的以“中间地带”为主要话语的国际统一战线思想，等等，当时，即使在四人小组的讨论和报告中，也有非常明显的意识形态话语。但是，真正推动中国战略转变的还是权力政治和均势思想。如果仔细阅读他们的认知过程，可以说，中国战略文化和政治斗争经验等，对于他们的战略思维有更实质性的影响，而列宁主义的理论更多的是一种表达规范，而非分析工具。

进一步说，四人小组机制对任何中国战略研究都是有重要启发的，除了研究者应该具有比较丰富的战略决策经验外，还有一些条件是必不可少的。首先就是参与战略研究必须有的放矢，针对的必须是最高决策层非常关心的问题，而且需要获得基本的授权；其次是他们要能获得基本的包括有关各方情况的有效和及时的信息；最后是与最高决策层保持足够通畅的沟通渠道（如陈毅与周恩来之间），以便及时调整思考方向，避免最终滑到无的放矢的境地。

关于中国国内的决策体制变动问题，仍有巨大的研究空间，当然这方面的研究扩展也更依赖档案的进一步开放，否则很难做出更深入的界定。不过在这个阶段上已经出现的一些重要特征，也证明更丰富的想象力对于战略决策研究是何等重要。例如，到底应该如何界定周恩来在对美政策转变中的作用？毛泽东固然既是决策过程得以开始的推动者，也是这个过程——不论有什么结果——得以结果的最终决定者。但是，根据以上的系统分析，毛泽东开启的这个过程是为了研究更为广泛的“国际问题”，不仅是爆发大战，还有是否爆发革命。是周恩来——不论有意还是无意——将研究逐步引导到改变对美政策的轨道，至少这也是最富成效和被后来证明是有伟大历史意义的结局。此外，从国内政治的角度看，周恩来是中美和解的真正的受益者，他因为操作打开中美关系的整个过程而站到那个阶段的政治舞台中心并熠熠生辉，而且在之后持续了很长一段时间，并被历史永远铭记。从这个角度，甚至可以说除了陈毅之外，他是另一位真正最希望打开中美关系的人，至少比毛泽东要积极、主动和迫切得多。事实上，当四人小组因为战备疏散而脱离了决策层之后，是周恩来稳步和谨小慎微地根据陈毅提供的具体设想，引导中国外交（甚至包括引导毛泽东）走上了与美国和解之路。

这个时期，中国决策者对苏联安全威胁的认知是推动中国安全战略转变的主要动力，他们认为中苏安全领域的对抗是严峻和深刻的，苏联不仅严重威胁中国领土主权的安全，而且在威胁政权和执政集团的安全。此外，他们决定与美国和解的动力是比较表层的，只想在抗衡被认为是迫在眉睫的苏联威胁时利用美国而已。国内一些论著对和解过程中的戏剧性给予很多关注，这掩盖了和解的动力很有限这个事实。正是中苏对抗的深刻和中美和解的肤浅，导致了后来中国与美国和苏联实现关系正常化先后都各用了 10 年之久；也导致了中国推行反苏国际统一战线政策长达 15 年之久。

最后需要说明，本文主要阐述了 20 世纪 60 年代中国分别同美苏的安全关系的演变与中国战略决策系统之间互动的特点，而更深入精细的阐述会导致一些问题显得更突出了。例如，在揭示冷战体系与中国安全战略的互动在特定阶段的具体关联时，还需要进一步厘清这种关联在多大程度上决定了中国决策者的思考；到底是何种观念包括世界革命理论、均势战略思想、国内战略决策的经验，等等，真正支配着他们在战略安全领域的思考和决定。本章对这个问题的分析和判断还是初步的，有进一步讨论的巨大空间，特别是需要同其他案例进行比较分析，才能得出更具解释力的结论。

再例如，60 年代安全战略转变两个阶段的主要外部环境都是冷战体系，而国内政治背景则非常不同，第二阶段决策是在第一阶段运行的决策体制遭严重破坏的背景下展开的。在目前档案解密很有限的条件下，无法完整呈现决策体制巨变所涉各方面的具体状况，当然也就无从比较分析、从而难以回答诸多本不该回避的疑问，包括如果不出现国内政局大动荡，安全战略的转变会不会是另一种方式或有程度的不同、会更合理或更不合理，等等。

进一步从更广泛的视角还可以提出，苏联领导人为了阻止他们想象中的中国蚕食边境领土而向中国施加军事压力、甚至进行核战争恐吓，是不是一种很缺乏远见的、不理性的决策。他们采取的军事行动作为导致中国决策层决心与美国和解的重要的外部动力，最终促成了中美建立战略合作这种对苏联相当不利的战略态势。这也从另一个方面说明，在复杂的多极力量结构中，因夸大对方行为的战略含义就威胁使用武力，会产生意想不到的非常消极的长远的战略后果。对苏联是如此，对其他国家也一样。

第六章
退出冷战：
中苏关系“正常化”

1989年5月16日，邓小平在人民大会堂会见到访的苏共中央总书记、苏联总统戈尔巴乔夫。以这次会谈为标志，中苏在经历了长达25年的对抗之后，终于实现了国家关系“正常化”。邓小平在会谈中向后者（实际上也是向他的同事和未来的决策者们）阐述，是何种战略逻辑在最深层次上决定着中国人对中苏关系的思考。在他看来，关于20世纪60年代那场中苏意识形态大论战，双方谁也谈不上正确，而历史因素才是最关键的，两国间“真正的实质问题是不平等”。这包括两方面的内容：第一是1840年以来，有两个国家从中国得利最大，一个是日本，一个是沙俄，后来延续到“十月革命后也还有侵害中国的事情”。第二个是苏联威胁了中国的安全，即“对中国的威胁从何而来”？邓小平认为，中苏正常关系应建立在新的基础上，简单地说就是合理解决历史遗留问题、遵循普世的国家间关系准则、尊重彼此的地缘安全关切等。反之，意识形态、苏联经济模式、冷战对抗等曾经在40年前推动中苏结盟的那些要素，都与“正常化”没什么关系了。邓小平这次总结性的谈话是他经过三年思考的产物，它后来以“结束过去，开辟未来”为题，被收录于《邓小平文选》第3卷。[①] 不过还有不少人后来似乎并没有像邓小平希望的那样，彻底地“结束过去”，他们心目中的中苏关系“未来”更像是“过去”，直到苏联消失了，也仍然痴心不改，甚至移情于俄罗斯。

邓小平这次谈话蕴含的逻辑对于解读中国此一决策的历史价值是至关重要的。

第一，这是因为邓小平本人参与了中苏从结盟到对抗再到“正常化”的大部分过程。在中苏论战阶段，他是中国决策的核心成员之一，充分了解中苏走向对抗的所有关键事件和主要原因。在“正常化”阶段，他是最高决策者，领导和控制着两国从尖锐对抗到恢复正常关系的全过程。这种异常丰富的经历所累积的经验，使他对中苏关系中各种复杂问题的本质有比当时任何一位中国决策者都要深刻的理解。

第二，如果比较第一章有关毛泽东在新中国成立初期访苏寻求结盟时的相关论述，邓小平谈话展示的战略逻辑的特点会显得尤为清楚和突出，中国决策层非常明确地不再将中苏“正常化”的动力和目的等，置于冷战体系建构的“选边站”的战略逻辑之中。这当然不是说虽然接近尾声但尚在进行中的冷战，对中国对外政策已经没有约束。就中国对外政策与冷战体系的关系而言，中国实现与苏联关系“正常化”的特殊意义是，它标志着中国在参与冷战约40年之际，第一次同时与美苏两个超级大国建立了正常的国家关系。如果说中国决策层在20世纪80年代中期已经选择了退出冷战，那么中苏“正常化”是“退出冷战”的关键和最后的一步。因此可以说，研究中苏“正常化”决策，需要同时解读两个相互交织的过

① 邓小平：《结束过去，开辟未来》，1989年5月16日，载《邓小平文选》第3卷，北京：人民出版社1993年版，第292—295页。

程：一是中苏双边关系的“正常化”；二是中国选择“退出冷战”，而后者具有更为深刻的意义，必须给予足够的重视。之所以这样说是基于一个历史性的原因，即中国卷入冷战与1950年2月14日的中苏结盟直接相关，它不仅是导致冷战向东亚大规模蔓延的一个重要因素，也推动了中华人民共和国建国伊始，便站在东亚冷战的最前沿，长期与美国对抗。历史就是如此地富有戏剧性：中国是通过同苏联结盟而卷入冷战；在40年后又通过同苏联实现“正常化”而退出冷战。可以说中苏“正常化”决策的过程也是中国退出冷战的过程，处理对苏关系不过是中国在20世纪80年代构建脱离冷战体系的新战略均势的一个关键环节。历史并没有留下太多时间来检验新的战略均势之于中国的利弊，但当冷战终于结束的那个时段，中国的确已经自外于美苏两个超级大国的竞争，不仅免于被世界政治的惊涛骇浪所席卷，最终还能找到新的立足点。

第一节　定义问题

中苏关系“正常化”决策是指中国从1979年春季到1989年春季处理对苏关系过程的一系列重要的选择。既然将其定义为战略决策，首先就需要解释清楚这个概念的确切含义。

一、“正常化”

有关论著中使用中苏关系“正常化”这个概念，是借用20世纪80年代中国外交话语中用来表述那个时期对苏政策的表达。实际上从双边关系重建的角度，准确地说应该是“再正常化”了，本章继续使用“正常化”是按照约定俗成的办法，以便于读者理解研究的对象和时间段。中苏两国在1949年10月已经建交，而且从没有中断过，只是有段时间各自召回了大使。与史称的“中美关系正常化”相比较，更有助于理解中苏关系“正常化”的本质特征。“中美关系正常化”要解决的是是否以及如何承认对方政府为国家的合法代表并建立外交关系，以及由此而来的一系列法律问题；中苏关系“正常化”要解决的是在两国已经建立外交关系的背景下，如何使国家间关系真正遵循普遍的国家间关系准则，其中包含了根除两国在冷战尖锐对抗阶段建交时赋予双边关系，甚至整个中国对外关系的一些独特内容，等等。

进一步说，将实现中苏关系“正常化”作为一项战略决策，其内涵要比中美关系正常化决策更为深刻。如果比较这两个“正常化”的过程，可以看出中美关系正常化的国内背景是中国从一个革命国家转向现代国家的开端；中苏“正常化”则是中国已经走在现代国家建设的轨道之上。这个过程至少包含了两个相互关联的重要转变。

第一个转变是结束中苏结盟伊始就存在的、实际上是不正常的国家关系——将执政党之间的关系作为国家间关系的核心，以及由此导致的将保持意识形态的一致性作为维系双边关系的关键纽带，代之以普遍适用的国家关系准则，这在中国外交话语中就是“和平共处五项原则”。

第二个转变是结束两国的敌对关系和地缘战略对抗，在从同盟到对抗这两个极端之间，找到一种中间的稳定状态。这种状态是否和如何最终形成并固定下来，固然取决于中苏双方的努力和达成的共识；就中国决策过程而言，则取决于决策层内部在一些事关全局的问题上逐步达成共识。这包括了确定中苏关系对已经深刻转变的中国国家战略的主要价值是什么，而这次国家战略转变的关键性内容之一，就是放弃苏联的经济模式和由此必然发生的一系列极为深刻的政治和经济变革。还有就是在冷战体系下是否应该以及如何按照普遍性的国家关系准则，规范社会主义国家间关系，等等。这些都是由冷战时代中苏关系历史的具体内容决定的，中国决策层围绕这些问题展开的争论也是真实存在的，邓小平的上述谈话则是对结论的概括。

二、认知与认同

中国对苏联政策的一个根本性的特点是每次战略性转变都与国家发展战略和安全战略的调整同步，中国领导人在每个阶段做出有关选择的背后，都蕴含着他们对国家对外政策所涉及的一些关键性问题的反思。在这个大过程中看中国的“正常化”决策，可以说它主要是中国领导人对世界政治和中国对外政策的认知演变在处理中苏关系领域的延伸，而非他们遵循某些一成不变的原则和对苏联方面的行为简单地做出回应的结果。

此外，更宏观地观察中国对外政策与冷战体系的关系的演变，可以说是中苏关系“正常化”而非中美关系正常化了，更多和更实质性地反映了中国领导人对冷战以及中国与冷战之关系的思考和选择。如果说解读中苏结盟是揭示中国“进入冷战”的过程，那么解读中苏关系“正常化”决策在本质上就是揭示中国“退出冷战”的过程，是中国决策者决定退出冷战决定了中苏“正常化”的进程、结局和某些重要的特点，而不是相反。这里所谓的“退出冷战”至少包括三层内容：第一，中国安全战略和对外政策的指导思想逐步摆脱在国际冷战环境中形成的思维模式的桎梏；第二，中国的对外政策逐步转变为在冷战体系中保持一定程度的中立；第三，中国对外关系逐步演变并最终形成一种超然于东西方两大集团对抗的态势，中苏关系“正常化”则是其最突出的象征——经过40年的反反复复之后，中国终于能够同时与两个超级大国保持正常关系。

在中国学术界和政策分析领域的话语中，“冷战思维”这个概念通常是指美国或苏联有关冷战以及相关的安全战略和对外政策的一套概念和逻辑。当时的中国领导人虽然极少使用“冷战”这一概念，但并不等于冷战的大环境对中国对外政策没有影响，只是中国领导人的相关认识和话语更富有“中国特色”，它们同样深刻影响着中国的对苏政策。

中国领导人在中华人民共和国成立前后一个时期，大致形成了对国际冷战和中国对外政策的一些关键性问题的认知，以及构成并表达这种认知的逻辑和一套概念体系，其内容可以说是中国对外政策意识形态在冷战体系下的具体化。它们大致包括：（1）对世界政治的主要矛盾的认识——美国与苏联的对抗是世界政治中的主要矛盾，先是美国、后是苏联，相继成为主要矛盾的主要方面；（2）对冷战时期战争与和平问题的认识——世界大战不可避免，一个或两个超级大国是战争的主要策源地；（3）对中国在东西方对抗中的地位的认识——或者是“非杨即墨”，这决定了在大多数情况下是争取建立国际反帝、反霸统一战线，与一方结合，反对另一方；“两个拳头打人”的状况也存在过，但时间不长，在20世纪60年代只持续了四五年的时间；（4）对国家安全战略的认识——美国或苏联总是“亡我之心不死”，中国国防必须立足于大打、早打、打核战争；（5）由于政权安全面临来自外部的颠覆，特别是“和平演变”的威胁，进行意识形态斗争必须是对外政策的重要内容。在序言和有关部分结合案例分析，对对外政策中的意识形态问题做了具体论述，不过全面和系统地梳理并分析中国在国际冷战环境中形成的某些思维方式，以及它们与中国相关政策之间的关联，还是一个需要专门探索的领域。

如果与冷战时代的其他主要大国相比较，中国领导人对世界政治的解读和对外战略思想的独特之处主要还不在以上那些部分，而是毛泽东阐述和邓小平主政时期继续坚持的一套围绕中国的世界地位的论述，正是这些论述在根本上决定了中国或早或迟都要为中苏关系找到不同于50年代曾经奉行的基础和准则。

那套论述最初体现于毛泽东在1946年8月提出的“中间地带”思想中。当时正是二战后中国内战全面爆发的关键时刻，毛泽东试图通过重新描述世界政治图景，从而证明中共应该奋起打败国民政府的军事围剿并进一步夺取全国政权。他当时描述了他构建的世界政治图景，即世界政治由三个部分组成：美国阵营、苏联阵营和它们两家之间“广大的中间地带”；“中间地带”的人民革命斗争决定着世界的前途，从逻辑上说，作为这场斗争的一部分的中国革命也是决定世界前途的一部分力量；美国是最凶恶的敌人，因为它反对和镇压人民革命。[①] 难以确定“中间地带”思想在多大程度上影响了建国前后那个阶段的中共对外政策，因为从1947年秋季起，为了与苏共中央提出的“两大阵营”理论保持一致，“中间地带”在中共话语系统中消失了八年之久。

直到1954年夏季，即中国积极参加日内瓦会议时期，毛泽东才重提这个概念，目的是为中国即将开始在亚非地区展开的外交行动提供理论支持。[②] 从此以后，在每次中国对外政策发生阶段性变化的时刻，毛泽东都会重提“中间地带”并赋予新的解释，特别是重新界定中国不同于世界上所有各种类型国家的独一无二的世界地位。

60年代前期，随着中国在亚非地区对外行动的大幅扩展，毛泽东又一次用他的“中间地带”概念描绘了世界政治地图。在他的新

① 毛泽东：《和美国记者安娜·路易斯·斯特朗的谈话》，1946年8月6日，载《毛泽东选集》第4卷，北京：人民出版社1991年版，第1193—1194页。

② 毛泽东：《关于中间地带，和平共处以及中英中美关系问题》，1954年8月24日，载中华人民共和国外交部、中央文献研究室编：《毛泽东外交文选》，北京：中央文献出版社、世界知识出版社1994年版，第159—160页。

论述中，世界进入了“大动荡、大分化、大改组”的时期，在“中间地带”出现了“革命风暴”，“世界革命风暴的主要地区亚洲、非洲和拉丁美洲”，其极端重要性被描述为将给“整个的旧世界以决定性的摧毁性的打击”。[①] 作为掀起这场风暴的组成部分的中国，必将比苏联和美国拥有更具影响力的地位，这是可以推断的。所谓的“中间地带”一度被分为“第一”和“第二”两个部分，这一方面为中国同法国等美国在欧洲的盟友发展关系提供了理论解释；另一方面更凸显了中国领导人对中国独特身份的理解和强调。[②] 这推动他们从这个时期开始，试图系统地从理论上解决国家认同和中国的世界地位等根本性问题，其内容包括了对世界政治的本质、各种政治力量的作用和发展趋势以及中国的历史命运等基本问题的思考和判断。

此外，“中间地带”作为毛泽东独创的新概念，也被用来分析世界政治并成为中国制定对外政策的依据，为中国的国际统一战线政策提供具有实践意义的指导方针。就后一个功能而言，“中间地带”思想可以被认为是中国外交行为的主要理论依据。在毛泽东构建的世界政治图景中，除了美苏两个超级大国，存在一个包括中国在内的被称之为“中间地带”的部分，那里面的国家在政治属性和地区属性上五花八门，但中国领导人认为它们有一些共同点，即都希望维持世界政治势力之间的均衡稳定，以及分别同美国或者苏联有着各种各样的矛盾。它们都希望或至少在部分时间和在不同的问

---

① 参见《人民日报》编辑部、《红旗》杂志编辑部：《评莫斯科三月会议》，《人民日报》1965 年 3 月 23 日；《中国共产党第八届中央委员会第十一次全体会议公报》，1966 年 8 月 12 日，《人民日报》1966 年 8 月 14 日；毛泽东：《致阿尔巴尼亚劳动党第五次全国代表大会的贺电》，1966 年 10 月 25 日，载中共中央文献研究室编：《建国以来毛泽东文稿》第 12 册，北京：中央文献出版社 1998 年版，第 151—153 页。

② 毛泽东：《中间地带有两个》，1963 年 9 月，载《毛泽东外交文选》，北京：中央文献出版社、世界知识出版社 1994 年版，第 506—509 页。

题上，都希望保持程度不同的“独立性”。这是中国领导人认为可以通过纵横捭阖，同它们建立服从于不同目标的、有时是暂时的“国际统一战线”的基本根据。毛泽东在晚年提出的“三个世界”思想是对他的思考的坚持和延续，里面包含了某种由历史带来的动力。[①]

在“中间地带”理论演变和有关中国世界地位的理论建构中，中苏关系的作用是独特而且异常重要的。正是在这个阶段发生了愈演愈烈的中苏分歧直到中苏同盟的破裂，使毛泽东对“中间地带”的不断阐释具有了特殊的含义，它呼应了同苏共中央论战中形成的一套激进的世界革命纲领。客观地看，当中苏同盟破裂和中国决定独树一帜之后，中国的国家身份和在中国冷战体系中的地位依托于何种力量和落脚点在哪里，的确成为中国领导人在制定国家战略时不得不思考和回答的基本问题。

从国家身份的建构与认同的角度看，中苏同盟的兴起与衰亡的整个过程一直伴随着中国领导人对他们最初基于“一边倒”和结盟而形成的对中国世界地位及其前景的判断的自我怀疑和自我挑战。由此观之，毛泽东在50年代中期重提“中间地带”，在逻辑上包含着一个根本性的疑问：中国谋求在世界上（当时很大一部分是在亚非革命运动中）获得越来越重要的地位和尊重的各种努力，到底是属于苏联阵营的世界战略的一个组成部分，还是更多地反映了中国复杂多样的国家身份和认同的内在需求。后来与苏联愈演愈烈的争论证明，后者在中国领导人心目中更多地代表了中国人的历史性诉求，而问题恰恰在于，不根本改变建国初期形成的同苏联的特殊关系——不论用何种方式，中国领导人都不可能建构起他们想象中的

① 参见牛军：《毛泽东“三个世界”理论的研究纲要》，载萧延中主编：《晚年毛泽东》，北京：春秋出版社1989年版，第80—87页。

中国世界地位的认同。进一步说，中苏“正常化”决策必定要促进和体现中国决策者对这类根本性问题的思考，而他们围绕对苏政策的争论事实上也反映了对这类基本问题的确存在不同看法。

三、决策的内、外部结构

“正常化”决策启动于1979年春，当时中国决策层在决定终止即将到期的《中苏友好同盟互助条约》的同时，做出了恢复中断15年的中苏谈判的决定。在建立之初曾被认为是牢不可破并将万古长青的中苏同盟，最终以“名存实亡”的方式破裂，它证明如此特殊（以执政党际关系为中心和主要基础）和密切（双方最高领导人通过经常性个人交往而高度重视和政治、经济、文化等全方位联系并在经济上有较高相互依存度）的同盟，并不足以长期维系两国关系健康稳定的发展。特别是同盟解体后，双边关系长期无法被规范，直至发生虽然规模不大、烈度不高但有潜在的巨大破坏性的军事冲突，等等，这在客观上推动了中国决策层逐步思考，中苏关系到底有何种特点，以及到底应该建立在什么基础上和依据什么准则，才是合理的选择。

同时，恶化的双边关系同历史遗留问题包括领土争端，以及中国的内外政策等纠结在一起，既增加了控制局势的紧迫性，也大大增加了处理相关问题的复杂性和为“正常化”寻找新基础的难度，并导致决策过程不断受到各种因素有时是极为严重的干扰。因此，“正常化”首先需要的是维稳，其次只能是在对抗和冲突中逐步和缓慢地进行。由1979年春开始直到1989年5月戈尔巴乔夫总统访华，实现“正常化”经历了整整10年，这与中美关系从和解到正常化的时间几乎一样漫长。

由于决策过程如此之漫长，必定会有多种因素在其中发挥影响，有些因素对中国决策层来说，甚至是偶然或突发的。基于对决策全过程的综合考察，其中至为关键并贯穿始终的，是中国国内政治和中国领导人对外部战略环境的认知，以及由此引起的他们对“正常化”的战略目的的持续调整。这包括两个层面的问题，一是中国国家战略转向以经济建设为中心和改革开放，二是客观存在的外部战略环境和中国领导人对它的认识和理解，后者比较突出和典型地反映在他们对所谓“中美苏战略大三角”的理解和论述过程中。简单地说，国内政治与中美苏战略三角涉及的主客观因素等，共同构成了一个历史性的结构。中国领导人在其中认识和处理“正常化”问题，后来人则可以也只能通过观察这个结构，大致梳理出“正常化”决策的脉络和归宿，分析和理解中国有关决策的起因、动力、背景和主要特征。

这个时期，中国内部出现的巨大变革不仅是“正常化”决策的重要背景，甚至可以说是推动中国相关政策变革的主要动力。相比较而言，不仅中国的决策过程的启动要早于苏联，而且多数情况下比苏联方面要主动得多。这其中的主要原因是中国的国家战略转变早于苏联，即中国从 1978 年年底就开始实行改革开放。国家战略转变从根本上决定了中国决策层如何界定苏联在中国对外战略中的价值，中苏关系无论如何都不再可能像建国初期那样，成为中国对外关系中的战略基石，原因即在于此。实际情况是当他们用这个阶段的国家战略需求作为衡量对外关系的标尺时，苏联之于中国现代化的价值被界定得日益清晰，概括地看其趋势，显然是在贬值的，尽管其重要程度在中国决策层内部有不同的看法，这也是对苏政策在这个时期存在波动的一个原因。

此外，中国决策层从 1978 年年底开始，就将稳定和发展与美国等发达国家的关系置于战略优先，这肯定会影响对苏关系“正常化”的选择。这种影响是相当具体的。70 年代初，中苏关系紧张升级和中美和解等，导致中美苏三国在安全战略层面形成了独特的互动，即所谓的“中美苏战略大三角”，这是国际冷战体系直接影响中国战略决策的特殊背景。

这里所谓的“中美苏战略大三角”包含两个基本内容。

第一个基本内容是“战略”的含义。这首先是指中美苏三边关系是当时国际政治中具有战略影响的关系。从中苏同盟破裂和中美关系缓和这类重大历史事件导致的后果看，由此而形成的中美苏三边关系及其以后的历次变化，都对70年代初期及之后的国际冷战史产生了巨大的战略影响。其次，是指在中美苏三边关系中，不论是中美、中苏或美苏等双边关系如何变化，起主导作用的都是安全战略因素。进一步说，在这种以战略关系（不论是合作、缓和还是对抗）为主要内容的双边关系的基础上互动的“大三角”，必然是以安全战略为主要动力和内容的，这是理解中美苏“大三角”互动的基本线索。

第二个基本内容是指那个时期中美苏之间的战略互动形成了特殊的结构。这个结构是在冷战的两极对抗体系中形成的，它必定要受到两极结构的制约，在宏观上不可能摆脱冷战的制约。从某种意义上说，这个结构的作用主要是维持两极对抗的平衡，尽管有时候这并不一定是三方决策者制订政策时的主要考虑，但对三个国家（本章主要探讨的是对中国）的对外政策的影响，特别是每个国家对其他两个国家的政策的影响，是实实在在存在的。中美苏三国的力量从一开始就不是均等的，其中突出的是中国不是一个超级大国，这一点是决定中国对有关的形势作出自己独特反应的重要因素。当然，在指出三角结构的重大影响的同时，也应承认大国之间的互动也不可能是机械的过程，即不仅是国家权力相互作用的过程，还必须具体分析各国内部其他因素，以及不同时期各国在三角结构中相对地位的变化。

“中美苏战略大三角”和中国决策者在不同阶段上对它的认知、

认可到选择摆脱它等，严重影响着中国决策的进程。所以，不系统了解中国决策者如何思考中美关系，也难以理解决策过程中的一些主要特点和变化。例如，中国决策者如何为了维持与发展同美国的战略合作，有意地控制中苏“正常化”的进程和节奏，等等。正是中美苏战略三角的存在及其与中国决策过程的互动，使中国决策者的选择有时会有更广泛的意义，包括对国际冷战体系的改造。中苏“正常化”之所以被定义为是战略决策，这也是重要原因之一。

以上述这两个因素作为分析中国决策的主要线索，是必须的和至关重要的，但这并不意味着研究可以到此为止。战略决策理论和方法关照的所有方面和层面，同样适用于分析“正常化”决策的整个过程。漫长的决策过程，以及这期间复杂的国内政治变革与国际冷战的特殊进程之间的互动等，更凸显了“战略管理”的作用，即主要是在基本确定的战略判断和原则的指导之下，根据变动的内外需求和地缘战略目标的轻重缓急，从而控制“正常化”进程和节奏，确保任何行动都不至于脱轨，以及防止战略优先的目标在中苏双边关系渐进改善时，无意中被边缘化，等等。专门指出这一点是因为“管理”在“正常化”决策过程中表现得尤为突出。

第二节　“正常化”的缘起

系统解读中苏关系“正常化”决策的历史，必定要涉及中国人建构现代国家和国家认同的认识等历史最深层次的问题。这里仅以“正常化”概念的出现和最初的演变为线索，可以大致确定将“正常化”作为战略决策之前，中国领导人处理中苏国家间关系的政策经历了两次转变。

第一次转变是在 20 世纪 60 年代前期爆发意识形态大论战的背

景下，中国领导人提出根据普遍的国家间准则，在两党关系和意识形态这个中苏同盟的核心纽带断裂的情况下，尝试维持住两国关系的基本正常和稳定。

中国政府正式提出将和平共处五项原则作为包括中苏关系在内的社会主义国家关系的基础，是在1956年秋爆发的波兰、匈牙利事件期间。当年11月1日，中国政府发表支持苏联政府《关于发展和进一步加强苏联同其他社会主义国家的友好和合作的基础的宣言》的声明，说“社会主义国家都是独立的主权国家”，“社会主义国家的相互关系就更应该建立在五项原则的基础上”。[①] 从当时特殊的背景和中国后来处理中苏关系的实践看，中国领导人这时提出社会主义国家“都是独立的主权国家”这一观点具有重要的意义，不过他们还是将国家间关系放在社会主义阵营和所谓无产阶级国际主义的框架中思考的，而且这次表述毕竟还不是针对中苏关系的。

在1960年年初，由于中苏两党关系恶化，中共中央提出要“尽力来推迟中苏两党、两国的破裂时间”，他们似乎认识到并试图做到，将两党关系与国家间关系有所区隔。[②] 当年7月16日，苏联对中国实行制裁，宣布召回在中国的苏联专家，这是苏共将两党意识形态分歧扩展到国家关系的重要标志。中国领导人在交涉中表达了希望能维护两国双边关系的愿望，他们提出，应就两国经济贸易领域出现的矛盾和问题举行政府间的谈判。这是他们为避免意识形态争论外溢到国家关系的第一次尝试，从结果看，这种尝试是行得通的。1961年间，中苏经贸关系有所发展，双方就中国偿还贸易欠

① 《中华人民共和国政府关于苏联政府1956年10月30日宣言的声明》，1956年11月1日，载《新华半月刊》1956年第21—24期，第103页。

② 吴冷西：《十年论战1956—1966：中苏关系回忆录》（上册），北京：中央文献出版社1999年版，第313页。

款的期限和部分欠款的利息等达成了协议。此外双方还签署了一些新的经济合作协定和为期五年的科技合作协定。①

第一次尝试是1964年2月至8月，中国外交代表团与苏联外交代表团举行了边界问题谈判。双方在谈判中就中苏边界东段4280公里边界线中的4200公里部分达成了初步的协议，并草签或谈妥了部分工作小组协议。② 后来由于两国关系急剧恶化和双方国内政局都出现剧烈动荡，谈判在8月结束后未能继续进行。

1965年2月，苏联总理柯西金访问越南往返两次路过北京，与毛泽东、周恩来等多次会谈，内容涉及两党之间的意识形态争论、两国在援越抗美中的合作、支持非洲新独立国家以及双边关系中的一些问题。中国领导人的某些谈话清楚地反映了他们已经形成的思考逻辑，即争取将两党关系与国家关系分开处理，并努力付诸实施。例如，周恩来在给毛泽东的报告中提出，他向苏方提出的若干建议虽然难以立即落实，但可以为“改进国家关系”留有余地。③ 此次会谈后不久，中苏两党关系全面破裂，国家关系也随即进一步恶化。不过如果没有之前这些外交尝试，就不会有后来提出“正常化”这个概念和相关的稳定国家间关系的具体主张。

第二次尝试缘起于1969年春夏的中苏边界军事冲突，其中突出的变化是中国决策者根据他们对当时世界政治形势的认识，将处理中苏关系及其相关问题同以维持全球战略均势为目的的反霸权主

---

① 参见王泰平主编：《中华人民共和国外交史（1957—1969）》第2卷，北京：世界知识出版社1998年版，第236页，第240—243页。

② 参见王泰平主编：《中华人民共和国外交史（1957—1969）》第2卷，北京：世界知识出版社1998年版，第254—255页。

③ 《柯西金与毛泽东会谈记录》，1965年2月11日，载沈志华主编：《俄罗斯解密档案选编：中苏关系》第11卷，上海：东方出版中心2015年版，第33—45页；中共中央文献研究室编：《周恩来年谱（一九四九——一九七六）》（中卷），北京：中央文献出版社1997年版，第706、708页；吴冷西：《十年论战1956—1966：中苏关系回忆录》（下册），北京：中央文献出版社1999年版，第913—921页。

义国际统一战线联系起来。

当年9月11日，中苏两国总理在北京机场会谈。他们都有意在爆发军事冲突的严峻局势中，努力探寻如何将几乎不可调和的两党斗争同维持正常的国家关系区别开来。已经公开的苏方记录和苏联翻译里沙特·沙拉福特吉诺维奇·库达舍夫（R. S. Kudashev）的回忆都证明，苏联总理柯西金在会谈中，首先提出“应当找到使我们两国关系正常化的途径”，或“采取一切措施使苏中两国关系正常化是必要的”。[①] 目前能看到的中方资料是中共中央文献研究室编辑的《周恩来年谱》引用的内容，即周恩来在会谈中提出：“中苏之间的理论和原则问题争论不应影响两国的国家关系，不应该妨碍两国国家关系的正常化”。[②] 究竟是谁首先提出两国关系“正常化”这个概念和诉求，最终还要看中方公布会谈记录才能确定。不过可以肯定的是，中国领导人认为在两党关系已经无可挽回的情况下，应争取维持住国家间的正常关系，所以周恩来在会谈中同意与苏联举行边界谈判、恢复两国贸易关系和恢复互派大使。[③]

目前还无法了解苏联最高当局最终是如何评价这次会谈的，只有间接的资料表明，柯西金本人表达过希望从更积极一些的意义上评价中国方面的立场。[④] 中国领导人对此次会谈给予了积极的评价，

---

① 《柯西金与周恩来会谈记录：维持边界现状避免武装冲突》，1969年9月11日，载沈志华主编：《俄罗斯解密档案选编：中苏关系》第12卷，上海：东方出版中心2015年版，第19页；里沙特·沙拉福特吉诺维奇·库达舍夫：《回忆中苏关系》，载《当代世界》1998年第7期，第45页。

② 中共中央文献研究室编：《周恩来年谱（一九四九—一九七六）》（下卷），北京：中央文献出版社1997年版，第320—321页；另见王泰平主编：《新中国外交50年》（中），北京：北京出版社1999年版，第935页。

③ 《柯西金与周恩来会谈记录：维持边界现状避免武装冲突》，1969年9月11日，载沈志华主编：《俄罗斯解密档案选编：中苏关系》第12卷，上海：东方出版中心2015年版，第20—25页。

④ 里沙特·沙拉福特吉诺维奇·库达舍夫：《回忆中苏关系》，载《当代世界》1998年第7期，第45页。

更有意义的是其中的逻辑。周恩来在会谈两天后报告毛泽东，“中苏这样政府性质的接触还是第一次”，意即边境军事冲突使两国总理级领导人终于开始仅就国家间关系问题展开谈判。毛泽东对该报告的肯定表明，他同意周恩来的判断。周恩来随后根据毛泽东和政治局的决定，于9月18日致信柯西金，提出解决中苏边界问题的建议，并准备根据苏方的回应再决定发表政府声明。[①]

两国总理达成的共识未能变为现实。柯西金在给周恩来的回函中仅同意采取措施，“使边境局势正常化”；[②] 中国则同时开始实施针对设想中的苏联大规模入侵的全面备战。尽管如此，他们会谈中提出“正常化”的概念和曾经准备采取的措施等，仍具有特殊意义。因为是在中苏边界军事冲突的关键时刻，两国领导人提出并将“正常化”作为追求的目标，从而使“正常化”成为两国对外政策话语中能够重合的范畴，特别是它从提出伊始，对于双方就都具有了所谓“政治正确”的性质。

1969年春夏的边界军事冲突导致的中苏紧张局势持续到20世纪70年代。中国决策层不仅继续强化对苏联的意识形态批判，而且视苏联为首要的安全威胁，并因此大幅改变国家安全战略。一方面，他们将苏联定性为新的世界大战策源地和对中国国家安全主要的和最危险的威胁。毛泽东在1973年2月到1974年1月，相继提出的所谓“一条线”“一大片”的战略，也被称为是“国际反霸统一战线”战略。[③] 另一方面，中国实现了与美国的历史性和解。这

---

① 周恩来：《致柯西金信》，1969年9月18日，载中华人民共和国外交部、中共中央文献研究室编：《周恩来外交文选》，北京：中央文献出版社、世界知识出版社1990年版，第462—464页。

② 中共中央文献研究室编：《周恩来年谱（一九四九——一九七六）》（下卷），北京：中央文献出版社1997年版，第322—323页。

③ 参见王泰平主编：《中华人民共和国外交史（1970—1978）》第3卷，北京：世界知识出版社1999年版，第7页。

一对外战略的转变导致在冷战体系之下，开始形成了一种中美苏战略三角关系。中国的对苏政策更加紧密地同冷战纠结在一起的同时，也推动中国领导人更愿意从全球战略均势而不是双边关系来考虑和处理中苏关系的强烈倾向。毛泽东在第一次会见美国总统尼克松时甚至说过，“国际形势才是大问题”，“台湾事小，世界事大”。[①] 从后来的发展看，正是这时主导中国领导人处理迫在眉睫的安全威胁的思考主题，诸如保持全球战略均势、制衡苏联等，才是压倒一切的头等“大事”。

在这个时期的中国对苏政策话语中，继续保持了对“正常化”的原则论述。20 世纪 70 年代初，中国代表曾经明确向苏方提出，两国关系“应当建立在和平共处五项原则的基础上”。[②] 1973 年 9 月，中共召开第十次全国代表大会。十大政治报告在国际形势部分突出强调了苏联霸权主义的危险性，同时基于以往逐步形成的观念，提出了一套完整的论述，简言之就是，“原则争论不应妨碍两国关系在和平共处五项原则基础上的正常化。”[③] 后来的发展证明，这句话被写进中共十大的政治报告是有重要意义的。首先是它指出了中苏关系与 50 年代相比已经根本不同，不存在所谓共同“理想”和“精神”；其次则是明确界定了对苏政策存在两个不同的领域：一是针对被认为的全球战略力量失衡，将反对苏联扩张作为对外战略的重点；二是针对已经根本改变了的双边关系，提出了以普遍的国家关系准则取代同盟。尤为重要的是这套论述产生于“文革”的

---

① ［美］基辛格：《白宫岁月——基辛格回忆录》第 4 册（陈瑶华等译），北京：世界知识出版社 1980 年版，第 17—18 页。

② 勃列日涅夫：《在苏联工会第十五次代表大会上的讲话》，1972 年 3 月 20 日，载上海人民出版社编译室译：《勃列日涅夫言论集（1972）》第 8 集，上海：上海译文出版社 1975 年版，第 34 页。

③ 周恩来：《在中国共产党第十次全国代表大会上的报告》，1973 年 8 月 24 日，《人民日报》1973 年 9 月 1 日。

炙热气氛中，中共十大第一次将处理中苏关系所应遵循的原则写进党的最高文件，它表明中国领导人已经确定，未来的中苏“正常化”只能基于国际社会有普遍性的国家间关系的准则。理解这个转折性的事件，有助于解读后来中国决策层内部分歧的根源。

这个时期苏联对华政策包含两方面的内容。其一是继续向中国施加政治和军事等各方面的压力，包括增加在东亚地区的军事力量，以及提出建立“亚洲集体安全体系”，先后同越南、阿富汗签订具有军事同盟性质的友好条约。苏联同时还试图离间美国、日本等国同中国的关系，防止美、日同中国结成反苏战略同盟。苏联不断向美国和日本等施加压力，苏联舆论也不断抨击中国的对外政策，离间美国与中国的战略合作，恫吓日本不要积极发展中日合作，等等。其二是苏联领导人还多少抱有希望，或者说他们的外交思维框架决定了他们相信，中苏“正常化”包括还可以比普遍的国家间关系“更进一步”，意即中国能回到“社会主义大家庭”。[①] 最突出的是他们利用1976年1月周恩来逝世和9月毛泽东逝世发起的一轮攻势。

苏联领导人当时认为，毛泽东等去世后中国政局会发生变化，中国对外政策也可能随之发生对苏联有利的变化。[②] 9月13日，苏联外交部长葛罗米柯等人为毛泽东逝世前往中国大使馆吊唁，苏联主要媒体播发了这一消息。[③] 苏联媒体此后一段时间没有发表批评

---

① 勃列日涅夫：《在苏联共产党第二十四次代表大会上的总结报告》，1971年3月30日，第14页；勃列日涅夫：《在苏联工会第十五次代表大会上的讲话》，1972年3月20日，高茂等译：《勃列日涅夫言论集》第13集，上海：上海译文出版社1981年版，第34页。

② 《情况通报：中国形势和中国新领导的政策》，1977年1月17日，载沈志华主编：《俄罗斯解密档案选编，中苏关系》第12卷，上海：东方出版中心2015年版，第268页；勃列日涅夫：《在招待保加利亚党政代表团的宴会上的讲话》，1977年5月30日，载高茂等译：《勃列日涅夫言论集》第13集，上海：上海译文出版社1981年版，第146页。

③ 《美〈巴尔的摩太阳报〉报道〈中苏关系不像会突然解冻〉》，《参考资料》（下）1976年9月16日，第49—50页。

中国的评论。勃列日涅夫后来的一次讲话表明存在这样的可能性，即苏联领导人之所以试图利用中国主要领导人逝世的时机缓和两国关系，是因为他们当时认为，毛泽东去世后中国政局会发生变化，中国对外政策也可能随之发生对苏联有利的变化。勃列日涅夫当时就说：“中国现在正处在一个复杂的时期。这种状况大概在某种程度上影响着中国领导当前的立场。”[①] 所以他们有意利用悼念毛泽东逝世的机会，做出缓和中苏关系的姿态。不过，他们的试探没有得到任何想要的回应。

中国新领导人在几乎每一个外交场合都重申，他们将坚持执行毛泽东在世时的对外政策，继续反对苏联霸权主义和贯彻反苏国际统一战线政策。1977 年 8 月，中共十一大政治报告更鲜明地阐述了十大对世界战略均势失衡和苏联扩张危险性的判断，认为，首先“苏美两家是新世界大战的策源地，特别是苏联社会帝国主义具有更大的危险性”；其次是中国正“面对帝国主义特别是社会帝国主义的侵略和威胁，苏修亡我之心不死”。[②] 11 月 1 日，《人民日报》发表编辑部文章，系统论述毛泽东“三个世界划分的理论”。这篇文章是在中国政局转换的时刻，试图从理论上肯定毛泽东晚年对外政策的正确性与权威性，并表示新领导人将坚定地予以贯彻。文章重申了 1968 年苏军入侵捷克斯洛伐克时中共中央对苏联对外政策的基本分析，即“苏联的国家性质是社会帝国主义，这种制度也就酝酿着战争”。[③]

到此为止，中国的对苏政策完成了第二次转变，处理中苏双边

① 勃列日涅夫：《在招待保加利亚党政代表团的宴会上的讲话》，1977 年 5 月 30 日，高茂等译：《勃列日涅夫言论集》第 13 集，上海：上海译文出版社 1981 年版，第 146 页。

② 华国锋：《在中国共产党第十一次全国代表大会上的政治报告》，1977 年 8 月 12 日，《人民日报》1977 年 8 月 23 日。

③ 《毛主席关于三个世界划分的理论是对马克思列宁主义的重大贡献》，《人民日报》1977 年 11 月 1 日。

关系已经被中国决策者提升到塑造全球战略格局的高度，从而实际上极大地扩展了“正常化”的内涵和复杂性。

第三节　决策战略化

“正常化”作为战略决策，其过程开始于1979年春季，直接的原因看上去有些偶然。导致中苏结盟的《中苏友好同盟互助条约》于1950年4月11日生效，有效期为30年，即到1980年4月11日期满。根据有关条款规定，双方应于有效期满前一年，就条约的延续或终止进行谈判。当时苏联方面已经表明，不会主动提出终止该条约。1979年1月，勃列日涅夫在接受美国《时代》周刊采访时明确表示：苏方“任何时候都不会撕毁体现苏中两国人民友谊的文件”[①]。苏联这样做当然更多的是为争取外交主动，至少可以将两国关系恶化的责任推给中方，从而获得道义上的好处。不过从客观效果看，这的确为缓和双方关系留下了空间。上述局面使中国决策者必须要做出决定，而他们的选择是宣布终止该条约，同时提出就两国关系“正常化”展开谈判。

4月3日，时任外交部长黄华约见苏联驻华大使谢尔巴科夫，递交了中国政府关于不延长《中苏友好同盟互助条约》的照会，并建议双方就解决悬而未决的问题和改善两国关系举行谈判，签订相应的文件。黄华在会见时还口述了一个含有缓和双方关系的决定，即中方不会公布照会，只是由新华社播发一条短消息，目的是避免因为宣布终止条约而引起国际上较大的震动。[②] 同一天，第五届人

① 转引自马叙生：《结盟对抗均不可取——忆八十年代中苏关系实现正常化的过程》，《东欧中亚研究》2001年第2期，第62页。

② 黄华：《亲历与见闻——黄华回忆录》，北京：世界知识出版社2007年版，第356页。

大常委会第七次会议通过决议，决定《中苏友好同盟互助条约》“期满后不延长”。[①] 外交部同时向国内相关机构下发通知，解释了终止《中苏友好同盟互助条约》的理由和即将采取的行动，主要内容是“近三十年来，国际形势和敌友关系已发生了重大变化”，而“条约早已名存实亡”；在宣布终止条约时将提出举行“改善两国关系”的谈判，这是“出于在坚持反霸原则的前提下，在处理同苏的国家关系上留有余地，外交上掌握主动的考虑”。[②]

苏联对中国会终止该条约应在意料之中，他们立即指责中方要为此“承担全部责任”，并掀起一波谴责中国的宣传浪潮。但对中方会提出就双边关系展开谈判的建议，未必有足够的准备。所以在4月17日，苏联外交部长葛罗米柯约见时任中国驻苏联大使王幼平，递交一份复照，表示同意就谈判的题目和宗旨达成协议后，再商谈谈判的级别和地点。[③]

从事实的层面看，不论是中方的选择还是苏联的回应，首先都是由中苏同盟条约到期这个既定的历史时刻导致的，否则很难确定这个进程会开始于1979年春天。当然，以上的叙述也可以说明，中苏双方都保持着维持甚至争取缓和双边关系的意愿。不过对于本章的研究最有意义的事实是，中方就是这样主动开启了中苏“正常化”的进程。中国当时的决策包含了两层内容：其一是终止《中苏友好同盟互助条约》，实际上就是终止在20世纪60年代中期就已经被认为是“名存实亡”的同盟关系。其二是决定向苏联提出就解

---

① 《第五届人大常委会第七次会议决议不延长中苏友好同盟互助条约》，1979年4月3日，载《我国对外关系文件选编》（1979），北京：新华通讯社1980年版，第164页。

② 《关于不延长中苏条约的通报》，1979年4月3日，福建档案馆：222-12-287，第24—27页。

③ 《关于对中苏谈判问题的表态口径》，1979年4月23日，福建档案馆：222-12-287，第28—29页；参见王泰平：《新中国外交50年》（中），北京：北京出版社1999年版，第946页。

决双边关系的问题展开谈判，而且决策的过程证明他们是认真的，尽管显然准备不足，对苏方的反应也并无十分把握。这再次显示了历史偶然性的重要作用，人们通常是在处理面对的非常具体的事务时，才开始建构战略选择的观念和进程。

中方将终止《中苏友好同盟互助条约》这一点在当时看来应该是没有悬念的，苏联方面也不会感到意外。此时中国正致力于建立反苏国际统一战线，延长《中苏友好同盟互助条约》在逻辑上与该政策是背道而驰的，实际上中方也已经确定了终止该条约的决定。

1978 年 7 月，中日重开缔结和平条约的谈判。当时中日在条约中是否增加反霸条款方面，仍然存在分歧，主要是日方担心恶化与苏联的关系，不希望加入此条款。中方将签和约同建立反苏国际统一战线联系在一起，坚定主张应在和约中加入反苏内容。为促使日方同意，8 月 9 日，黄华在外长会谈中向日本外相园田直（Sunao Sonoda）表示，《中苏友好同盟互助条约》到期将予以废除。据中方在场者回忆，园田直“顿时笑逐颜开”。[①] 第二天，邓小平在会见园田直时也告诉后者，中方“会正式宣布废除”《中苏友好同盟互助条约》。[②] 之后不久，美方也提出了对《中苏友好同盟互助条约》的质疑，将其作为中美正常化的一个障碍。8 月 17 日，卡特（Jimmy Carter）总统的国家安全事务助理布热津斯基（Zbigniew Brzezinski）会见时任中国驻美联络处主任的柴泽民。其间他提到，中国“同苏联有一个条约”怎么办？柴泽民当时很明确地回答：“那个条约已经丝毫不起作用了。它将在 1980 年终止”。[③] 显然，终止《中苏友好同盟互助条约》在中美建交谈判和中日和约谈判时，

---

① 汪培柱：《忆中日和平友好条约缔约谈判》，郑言：《外交纪实》（三），北京：世界知识出版社 2007 年版，第 237 页。

② 黄华：《亲历与见闻——黄华回忆录》，北京：世界知识出版社 2007 年版，第 232 页。

③ ［美］兹比格涅夫·布热津斯基：《实力与原则》（邱应觉、梅仁毅、王家湘、章含之、江云译），北京：世界知识出版社 1985 年版，第 260—262 页。

就已经决定了。

1978年12月16日，中国与美国发表了建交公报，宣布翌年1月实现两国关系正常化。[①] 中国决策层据此认为，反苏国际统一战线已经形成，中国在对苏关系中占据了更有力的地位。另一个对中苏关系影响深远的重大事件是1979年年初，爆发了中越战争。1978年11月3日，越南与苏联签订了《苏越友好合作条约》，两国建立军事同盟。这极大鼓励了越南在印支地区推行具有扩张性的战略计划。1978年11月25日，越南利用柬埔寨国内政局的复杂演变，扶持了一个柬埔寨傀儡政府，越军随即向柬埔寨发动进攻。1979年1月7日，越军攻占了柬埔寨首都金边。由于苏越的战略同盟被认为包含了针对中国的意图，这不仅严重加剧了中苏关系紧张，中越双边关系中的矛盾和两国在地区层次的矛盾等，都因为苏联在背后支持越南对抗中国而迅速激化。

印支地区局势的发展加剧了中国决策层采取有效遏制苏联扩张行动的紧迫感，也足够严重地挑战了中国领导人推动反苏国际统一战线的威望，这是他们决定发动对越战争的至关重要的因素。中国地缘战略的基本特点决定了他们不可能允许持敌对态度的越南在印支地区谋求支配地位，何况越南与苏联结成军事同盟。为了打击越南在印支地区的扩张和对中国边境地区的侵扰，中国决策层终于决定发起对越作战。1979年2月17日，中国军队在广西的龙州、靖西和云南的河口、金平等地，向越南北部毗邻中国的几省发起进攻。根据中国政府公开声明，越军入侵柬埔寨表明，“苏越大小霸权主义勾结起来，进行侵略扩张，这是当前印度支那地区的和平遭到破坏、东南亚地区的安全和稳定受到威胁的根源所在”。[②] 中国

① 《人民日报》1978年12月16日，号外。

② 《人民日报》评论员：《越南当局的霸权主义逻辑》，《人民日报》1979年5月7日。

采取军事行动的目的包括遏制和打击苏联在东南亚的扩张。

中国决策者采取军事行动的重要目的还包括鼓励亚太地区的其他国家勇于奋起与苏联对抗，以及鼓励美国和日本等国放弃被认为是“软弱”的绥靖苏联的“幻想”，促使它们更坚决地反对苏联在世界各地的扩张，同时也是为了提高中国在反苏国际统一战线中的影响力。[①] 最后这一点绝不应该被忽视，因为这时的最高决策者，也是对越作战的主要设计者和推动者邓小平与毛泽东是同一代人，他参加领导了抗战时期与国民党的统一战线。这一代领导人的政治经验使他们都坚信，要在政治同盟中获得足够的影响力甚至领导力，除了正确的政治路线和政策，也取决于自己的“模范”作用，包括在关键时刻立场坚定，敢于运用实力原则。[②]

基于以上的形势，中国领导人认为，这时终止《中苏友好同盟互助条约》既是必然和必要的，也是一个有利的时机，应该采取明确和坚决的态度。不过这种形势更凸显了一个问题，即为什么中方要同时主动向苏方提出展开处理两国关系的谈判，特别是这发生在对越作战结束后不到一个月？可以一般性地推论，这样做是基于战术性的考虑，即减少终止《中苏友好同盟互助条约》可能给中国对外关系带来的不确定性。根据目前能看到的即使是有限的文献等可以大致断定，中国决策层确实有这样的考虑，但全部动力远不止于此，涉及的背景则更复杂，必须要做更详细的分析。

首先是苏联在越南发动入侵柬埔寨的战争和之后不久爆发的中越战争期间，向越南提供了各种援助，增加了一些在中苏边界地区的军事活动，并动员其几乎所有盟友，声援越南和谴责中国的军事行动，中苏间的敌对气氛在明显增加。此外，苏联毕竟刚刚同越南

---

① 《传达方毅讲话的记录》，1979 年 2 月。

② 毛泽东：《中国共产党在抗日时期的任务》，1937 年 5 月 3 日，载《毛泽东选集》第二卷，北京：人民出版社 1991 年版，第 262—263 页。

签订了同盟条约，在中越战争期间却没有采取值得一提的军事行动来援助其新盟友，这也是事实；特别是中国驻苏联使馆的外交官反而从苏方得到了希望缓和关系的信息。苏方这种行为对中国对外决策系统的神经末梢——驻苏使馆到底造成了何种影响，的确值得重视。

对越战争结束不久，驻苏联使馆内部就围绕《中苏友好同盟互助条约》的存废展开讨论，其务实程度在此前是难以设想的。时任驻苏大使王幼平等人在讨论中提出，一方面，由于中美和中日等都实现了关系正常化，中苏军事同盟肯定已经过时，没有维持的必要了。另一方面，从对越作战中苏联没有采取军事行动的情况看，《中苏友好同盟互助条约》对苏联还是有一定约束作用的。他们提出，最稳妥的处理办法是在终止《中苏友好同盟互助条约》的同时，谈判签订一项新的“国家关系文件”取而代之，这样既可以避免引起大的震动，有利于稳定周边环境。驻苏使馆内部提出通过谈判签订新协议的设想，主要还是基于稳定中苏双边关系和改善中国周边环境的考虑。很有代表性的是在讨论中，有人引用了毛泽东的一句话：“应当好好谈判，谈出个睦邻友好关系。”不过特别重要的是他们的讨论已经提出了战略均势的逻辑，这体现在他们对中美苏战略三角的认知中，即提出推动中苏谈判还可以加强中国在中美苏战略三角中的地位。他们设想的具体做法，就是在废约的同时，向苏方提出举行签订新的规范“国家关系”的文件。①

仔细分析讨论者的依据，还是存在一些疑点的。例如，他们为什么会认为，《中苏友好同盟互助条约》有阻止苏联在对越战争期间采取军事行动支援越南的作用？或许，如时任使馆政务参赞马叙

① 马叙生：《我亲历的中苏关系正常化过程》，《百年潮》1999 年第 4 期，第 33—34 页；另参见云水：《出使七国纪实——将军大使王幼平》，北京：世界知识出版社 1996 年版，第 247 页。

生所回忆的，驻苏使馆人员通过同“有背景的苏人士”的接触，留下了这样的印象？[①] 这些都有待档案的进一步公布。无论如何，驻苏使馆希望能借终止条约的机会缓和甚至改善中苏关系的倾向是非常明显的。在讨论结束后，王幼平即指示马叙生衔命回国，了解外交部的动向。他授意后者，如感觉条件适合，就向外交部汇报使馆的建议。

马叙生回到北京后，走访了外交部有关机构。他得到的印象是外交部也在研究之中，而部一级领导人的想法同使馆的建议基本吻合，所以他本人正式汇报了驻苏使馆的讨论内容。结果是他不仅受到鼓励和肯定，而且回莫斯科前还被获准阅读了外交部起草的文件。文件内容肯定与驻苏使馆的建议一致，否则在马叙生回到莫斯科传达有关情况时，就不会引起使馆同人们“热烈的掌声”。[②] 这段回忆留下了一个问题：如果当时外交部内部的看法与驻苏联使馆相反，马叙生还会如实汇报他们讨论的结果吗？当然最大的疑问还是为什么在中越战争刚刚结束，中国对外职能部门便出现了几乎一致的缓和中苏关系的积极气氛。

不久后，外交部上报了《关于不延长中苏友好同盟互助条约的请示》，并于 3 月 24 日获得最高决策层的批准。目前还无法读到该报告的确切内容，从间接公布的信息可以基本判断，外交部的建议包括了终止条约和提出谈判等两项内容。根据黄华的回忆披露，4 月初，邓小平接受了外交部的建议，明确指示不再延长名存实亡的《中苏友好同盟互助条约》，以及同时向苏方提出，为解决两国间悬而未决的问题和改善中苏关系举行谈判，以签订相应的文件。[③]

外交部的建议和驻苏使馆的上述反应证明，当时在决策系统中

---

① 马叙生：《我亲历的中苏关系正常化过程》，《百年潮》1999 年第 4 期，第 33 页。
② 马叙生：《我亲历的中苏关系正常化过程》，《百年潮》1999 年第 4 期，第 34 页。
③ 黄华：《亲历与见闻——黄华回忆录》，北京：世界知识出版社 2007 年版，第 209 页。

存在着一股要求缓和甚至改善中苏关系的气氛，并引起最高决策者的注意，后者还采纳了他们的建议。这时刚经历了思想解放运动和十一届三中全会，国内思想空前活跃，对包括对外政策在内的各领域的检讨和思考十分活跃。这种气氛必然会反映到中国决策系统中，难免影响到有关处理中苏条约的讨论。

此外，外交部从20世纪60年代末在周恩来主导下，开始逐步恢复正常的政策调研工作，机制和人员都没有重大变动，这保证了政策研究的思维的延续性。这种延续性具体反映在有关报告的视角和逻辑中，就是继续将“运用”和“调动”中美苏战略三角作为重要的政策问题。外交部当时继续认为，世界战略形势的基本特点是美国在收缩力量，而苏联还在继续扩张中，所以中国政策的基本面应该是加强与美国合作和加强国际反苏统一战线；与此同时也有“适当利用苏联这张牌”的必要，“在对苏国家关系上不可把文章做绝，要留有余地，有时可以做出适当松动”，等等。[①] 外交部建议在废约的同时提出签订新的“国家关系文件”，同利用美苏矛盾这种“三角”谋略的思路有密切的关联。从某种角度说，他们的建议也很像是根据“战略三角”逻辑推导的产物。

5月5日，时任中国外交部副部长余湛约见谢尔巴科夫，递交了中方对双边谈判设想的备忘录，主要内容包括：（1）确定两国关系准则；（2）消除国家关系正常化的障碍；（3）发展贸易、科技、文化等各个领域的关系；（4）根据谈判结果签订相应的文件；（5）举行中苏边界谈判。[②] 这些内容的核心是确定终止条约后国家关系的准则，争取通过谈判改善双边关系并争取达成规范两国关系的新协

① 《关于中美苏三角关系的一些问题（摘要）》，1979年5月12日。

② 马叙生：《结盟和对抗都不好——80年代的中苏关系》，《世界知识》2000年第12期，第36页。

议。[①] 根据这个备忘录的内容，可以看出中国政策的明显变化，即没有像以往那样，坚持以解决边界问题作为谈判国家间关系准则的先决条件，以及要求苏方首先执行 1969 年 9 月 11 日中苏总理机场会谈的谅解，签订缓和边界紧张局势和解决边界问题的协议，包括苏军从蒙古撤军，等等。

6 月 4 日，苏方回复同意举行谈判，并建议 7 月和 8 月在莫斯科举行副外长级谈判，制定两国关系原则的文件。中方接受了在莫斯科举行谈判的建议，24 日，王幼平被任命为谈判代表团团长，随后相继组建了中苏国家关系谈判办公室和政府代表团。当时代表团着手起草《关于两国关系的协议草案》《关于维持边界现状，防止武装冲突和谈判解决边界问题的协定草案》《关于两国事务来往的有关设想和意见》等文件，并讨论形成谈判方案等。

以上的安排表明，外交部和谈判代表团从一开始就是按照通过谈判确定两国关系准则并争取达成协议的既定方针等，展开准备工作的。但在 8 月下旬，对苏政策出现了重大的变化。当时外交部上报了《关于中苏国家关系谈判方案的请示》，25 日，邓小平阅后批示，“以在政治局讨论为好”。[②] 后来的发展表明，邓小平提出要在政治局讨论外交部拟订的谈判方案，是因为他有了新的考虑，所以才认为还是需要在决策层讨论和达成新的共识的。

8 月 29 日，中共中央政治局召开专门会议，讨论中苏谈判，主要领导人均出席。会议由华国锋主持，邓小平做了主旨发言。他认为“谈判不可把重点放在制订不解决实际问题的空洞文件上”，核心目标应是解决战略性的问题，即解除苏联的军事威胁，不能在百

---

① 参见王泰平主编：《新中国外交 50 年》（中），北京：北京出版社 1999 年版，第 946 页。

② 中共中央文献研究室编：《邓小平年谱（一九七五——一九九七）》（上），北京：中央文献出版社 2004 年版，第 546 页。

万大军压境的情况下同苏联改善关系，具体说就是两条：苏联从蒙古撤军和不支持越南侵略柬埔寨；中苏双方都要承诺，不在对方邻国驻军和建立军事基地，不利用邻国威胁对方。关于谈判的具体方针，邓小平提出了“要防止急于求成”，要“有灵活性”，但如何把握则视谈判进展的具体情况而定，而且同意谈判本身就已经算是“灵活性”了。①

综观邓小平谈话的内容，可以肯定地说这次会议标志中国对苏政策出现一次意义重大转变，其核心就是将谈判的重点从主要是改善双边关系，转向聚焦于国家的战略安全，在地缘战略的高度上加以审视、权衡利弊和处理具体问题。正是基于这个转变了的逻辑，邓小平提出有必要根本改变原定方针，将谈判的重点从确定国家关系准则和签署协议，转向聚焦地缘安全斗争，将追求战略安全利益即消除来自周边各个方向的安全威胁等，作为核心诉求，而且在谈判中“不急于求成”，实际上就是保留拉长慢慢切香肠的时间和空间。

由于邓小平这时在决策系统中处于关键地位，政治局会议的讨论和最终决定不会与他谈话的内容有根本不同。用参加了这次会议的马叙生的话说，就是“和原来外交部的报批方案相比，这次会议不再把确定关系准则和签订文件放在重要地位”。中方首席谈判代表王幼平则根据邓小平的谈话，将谈判指导方针概括为“针锋相对，坚持原则；高屋建瓴，正面交锋；不抱幻想，不急求成；注意讲理，争取同情”。② 根据这样的方针，谈判当然也就不再可能聚焦到那些抽象的国家关系准则了。

后来的发展证明，这次政治局会议是中国决策层确定指导和控

① 马叙生：《我亲历的中苏关系正常化过程》，《百年潮》1999 年第 4 期，第 34 页。

② 参见丁明：《1979 年中苏谈判的经过与邓小平的运筹帷幄作用》，《党的文献》2006 年第 6 期，第 65 页。

制“正常化”进程的战略方针的一个关键性事件，因此需要进一步分析邓小平提出召开这次会议并发表上述谈话的主要背景，特别涉及当年7月召开的对外使节会议上有关对苏政策的讨论。

根据中共中央战略理论的逻辑，党的十一届三中全会开始的中国国家战略转变在对外政策领域至少涉及两个非常基本的问题：第一是需要确定，是否会有比较长时间的和平与稳定的外部环境，以致中国可以集中精力从事经济建设；第二是需要确定，能否通过制定和执行恰当的对外战略和政策，塑造适应中国国家战略转变的安全环境和对外关系结构。这些都必然会延伸到对苏政策领域，不论中苏关系在轻重缓急的排序中处于何种位置。其实决策系统内部最初针对废止《中苏友好同盟互助条约》引发的讨论，就是这一战略转变在对外关系领域的最初反映而已，只不过在随后阶段又出现了新的波动。

1979年3月30日，也就是在中国决策层批准外交部有关废止《中苏友好同盟互助条约》和重开中苏谈判的请示报告后不久，邓小平在中共中央召开的理论工作务虚会上发表了一次讲话。他在阐述毛泽东的贡献时，对其晚年制订的对外战略做了相当肯定性的评价。他说，“现在可以看得更清楚，毛泽东同志在他晚年为我们制定的关于划分三个世界的战略，关于中国站在第三世界一边，加强同第三世界的团结，争取第二世界国家共同反霸，并且同美国、日本建立正常外交关系的决策，是多么英明，多么富有远见”，这个战略“对于打破苏联霸权主义企图在国际上孤立我们的狂妄计划，改善我们的国际环境，提高我国的国际威望，起了不可估量的作用”。[①] 邓小平这段讲话很能反映他对中国对外战略的基本思考，

① 邓小平：《坚持四项基本原则》，1979年3月30日，载《邓小平文选》第2卷，北京：人民出版社1994年版，第160页。

特别是他对70年代以来的对外政策思想与实践的肯定与坚持。这是有特殊原因的。

毛泽东提出的“三个世界”概念是在邓小平直接指导下，完成了理论化的过程，并且是由他亲自在联合国舞台上予以系统阐述的。相比较而言，邓小平当时是以更为实用的态度，将其与建立国际反霸统一战线连接起来。确切地说，他更多的是将其视为一种国际统一战线的战略理论和指导思想，并在他1975年间代替周恩来处理对外政策的一段不长的时间里，用以指导着外交实践，所以他才在这次讲话中，将毛泽东的“三个世界”概念定义为“战略”。可以肯定的是，毛泽东本人当年同意邓小平对“三个世界”概念的解释和阐述是符合他本意的。不过有大量事例可以证明，在很多情况下，对一种理论化的概念的文字理解同自称遵奉这种理论的行动者在实践中的理解之间，并不都是一致的，有时候差别是巨大的。在邓小平本人解读毛泽东的“一边倒”和“三个世界”等概念的实践中，并不难发现，他有时会从更实用的角度加以运用，或更能理解一些概念所包含的实用之精髓。例如建国前夕关于“一边倒”政策，邓小平就将其解释为“打破帝国主义封锁之道”之一，为此“一边倒”“愈早表现于行动愈好”。[①] 无论如何，邓小平这时将“三个世界”思想阐述为一种成功的战略，其中的逻辑必定会延伸到对外关系（包括处理中苏关系）的具体领域，这很快就反映到不久后决策系统中的有关讨论中。

从历史延续性的角度观察，邓小平要求苏联首先消除对中国的安全威胁，也可以在毛泽东后期处理中苏关系的思路中找到线索。1973年12月21日，毛泽东在召开的中央军委会议上就说过，苏联

① 邓小平：《打破帝国主义封锁之道》，1949年7月19日，《邓小平文选》第1卷，北京：人民出版社1989年版，第134页。

要改善中苏关系，首要的条件就是要从中苏边界地区撤军，“撤到赫鲁晓夫时候那样”。当时邓小平在被打倒后刚被平反和被任命为解放军的总参谋长，是毛泽东的安全战略和对外政策的主要执行者，对此类原则立场肯定有非常深入的了解。不过特别有意义的是，与毛泽东不同，邓小平这次没有像前者那样，继续进一步要求苏联承认从1960年布加勒斯特会议以后所犯的一系列“错误”。可以说放弃意识形态争论是邓小平与毛泽东的明显不同之处，这也反映在他随后应对决策系统内部的讨论之中，并成为中国对苏政策转变的另一个关键特点。

邓小平当时发表那番谈话，的确是有特殊的针对性的。这个时期，中国思想界空前活跃，国内关于“检验真理的标准”大讨论与中苏准备谈判的进展联系在一起，导致外交领域对处理对苏关系的反思与讨论。当时中国报刊开始公开讨论所谓“社会主义模式”的多样性，并批评对待社会发展模式的“教条主义”的态度，认为世界上并没有统一的、普世的社会主义发展模式；中国也同样不能垄断所谓“真正的社会主义”原则，并用它来定义他国社会性质和各项政策。这种认识的逻辑延伸到中苏关系领域，必然导致从根本上否定当年中苏论战的合理性。实际上随着对“文革”的否定，中国逐渐终止了对所谓苏联“修正主义”的批判。这种理论争论也反映到有关对外政策的思考之中，对中苏关系的讨论是其表现之一，其程度已经达到了“更加沸沸扬扬，日趋公开化”的程度。这是驻苏使馆敢于主动讨论并提出松动对苏关系建议的重要的国内政治背景，也是驻苏使馆敢于开风气之先的原因。①

7月上旬，外交部召开了第五次驻外使节会议，其间出现了要求缓和中苏关系的呼声，一些驻外大使对“联美反苏”的战略提出

① 马叙生：《我亲历的中苏关系正常化过程》，《百年潮》1999年第4期，第33页。

了不同意见。[①] 时任中共中央总书记胡耀邦在发言中，否定了“三个世界”思想中的重要结论。他提出，首先不能将苏联对外政策解释为苏联政治制度的产物，说苏联搞资本主义制度的理由并不充分，所以“必须把苏联统治集团奉行的政策同它的社会制度区别开来”，否则中国“外交政策方面和理论方面就站不住脚”。此外，他也认为，苏联对中国安全的威胁并不那么巨大和紧迫，苏联“进行亡华之战，我觉得不容易”。[②] 据与会者回忆，胡耀邦的这些观点在当时是有一定代表性的。[③]

胡耀邦发言的内容和其他持相同看法者的观点肯定包含了很合理的成分，很有助于反思处理对苏关系乃至对外政策中的重大失误，这也在客观上为调整对苏政策等创造了一定的条件。不过，从战略决策实践的角度看，这类观点产生于国内理论争论的背景之下，更多的是理论思想的争论向对外政策领域的延伸。它同国家战略转变对对外战略和对外关系布局的核心需求等之间，尚缺少直接的联系；对改善中苏关系与中国对外关系全局之间的关联等，也缺少必要的解释。

进一步说，那种比较单纯地基于理论思考、根据对社会主义国家间关系的普遍原则的阐述等，提出改善中苏关系的主张，在逻辑上存在将对苏政策的思路重新引向中苏论战时代的潜在风险。从当时的实际情况看，这种视角和论述尽管有其合理性，但对改变对苏政策这类战略层次的重大决策，还是缺乏足够说服力的，实际上也未必是有利的。黄华在 1980 年年初的一次报告中说，“有人认为，苏是犯了错误的社会主义国家，用所有制的公式来套苏联，用对外

① 朱良：《对外工作回忆与思考》，北京：当代世界出版社 2012 年版，第 90 页。

② 盛平、王再兴编著：《胡耀邦思想年谱（1975—1989）》（上册），香港：泰德时代出版有限公司 2006 年版，第 118—119 页。

③ 马叙生：《结盟与对抗均不可取》，《东欧中亚研究》2001 年第 2 期，第 61 页。

政策是对内政策的继续的公式来套。这种思想非常糊涂、十分有害。只能麻痹我们自己，搞乱人们的思想”。[1] 这其中的逻辑也是很清楚的，即仅仅基于一般性的理论推导，不具体分析国家安全环境和安全利益等专门领域面临的实际问题和处理具体问题的实践，也会导致同样的失误。

此外，邓小平本人在会议开始阶段的发言中，已经就对外战略做了宏观的阐述，提出应继续遵循“三个世界”的基本思路。他坚持根据以往的结论，在两个层次上定义苏联“霸权主义”，既苏联仍然是中国的主要威胁和主要的世界战争策源地。更重要的是，邓小平在发言中不仅谈安全战略，而且强调对外政策还必须要为国家发展战略服务。理解他的这种思考有助于解读后来中国决策者为何决定要摆脱战略三角关系的束缚。他说：“我们要资金，要技术等等，我们真正能够得到的东西还是在西方，包括美国，包括日本，包括西欧”，所以对苏联的关系“松不得”。至于苏联是不是社会主义国家，固然可以通过理论讨论予以澄清，但在邓小平看来那并不那么重要，重要的是它是“社会帝国主义”。[2]

当然，可以说长期推行反苏统一战线政策和邓小平本人的政治地位这两个因素，都会对这次讨论的最终结果产生重要的影响，但对此次争论的分析绝不应这么简单了事。相比较而言，邓小平的论述显得更具有全球战略的视野，关键是内容也更为丰富，尤其是能够将对外政策与国家发展战略的需要联系在一起，所以将对中苏关系在中国对外战略全局中的位置界定得更清楚，因此也就更能容易得到支持。

---

① 《黄华同志谈国际形势（记录稿，未经本人审阅）》，1980 年 1 月 4 日，上海档案馆，B1-9-117。

② 参见中共中央文献研究室编：《邓小平年谱（一九七五——九九七）》（上），北京：中央文献出版社 2004 年版，第 532—533 页。

驻外使节会议在7月中旬结束，会议的总结报告根据邓小平的发言做出结论：“战争的因素在继续增长，战争要来只能来自苏联，我们要立足于它早来，立足于大打。我们‘一条线’的战略，就是国际反霸统一战线。所谓‘反霸’，就是侧重反‘一霸’，联合‘两霸’中间的‘一霸’。按照列宁的教导，美国起码是间接同盟军。”[①] 这种论述中的一些判断固然有可商榷之处，但同当时建立国际反霸统一战线的对外战略是协调的，那些有关改善中苏双边关系的建议最终未被载入文件之中。这次使节会议的讨论和有关结论也是导致中国决策层决定将中苏谈判聚焦于地缘安全问题的最主要、最直接的原因和根据。

中国内部围绕对苏政策的争论也同中美苏“战略三角”的互动有直接关联。如前所述，中国外交部有意推动中苏“正常化”谈判并争取取得成果，而中国决策层对展开谈判显然也是支持的，但他们不希望因中苏接近过快而影响中美关系的稳定和发展。问题是中美建交后不久，双方即出现了尖锐矛盾。

4月10日，即邓小平3月30日理论务虚会讲话仅10天后，美国总统卡特签署了《与台湾关系法》。在邓小平该谈话发表之前，美国会参众两院已经通过了该法案。这对中国决策者无疑是严峻的挑战，也是在中国内部引发对苏政策讨论的至关重要的外部原因，有关对苏政策的讨论会在使节会议上升到一定的热度，当然与中美在台湾问题上的矛盾凸显有重要的关系。

从实际情况看，中国决策者能否较为稳妥地应付，既取决于中方的决断，美国人的行动也至关重要。首先是在《与台湾关系法》问题上，中方表达了严重抗议并采取使军事交流降温的行动。[②] 4

---

① 朱良：《对外工作回忆与思考》，北京：当代世界出版社2012年版，第90页。

② 刘连第、汪大为编著：《中美关系的轨迹——建交以来大事纵览》，第9页；王泰平主编：《新中国外交50年》（下），北京：北京出版社1999年版，第1377页。

月 19 日，邓小平会见弗兰克·丘奇（Frank Church）率领的美参院外交委员会访华团，他阐述了中方的立场，即《与台湾关系法》“实际上否定了中美关系正常化的政治基础”，由于卡特总统已经表示“在执行这个法案时要遵守中美建交协议”，中国将听其言、观其行。[①]

7 月 6 日，卡特政府在一份复照中解释说，《与台湾关系法》“并不是在每一个细节上都符合政府的意愿，但它为总统提供了充分的酌情处理的权力”，总统承诺“将遵守两国建交时达成的各项谅解”。[②] 与此同时，卡特政府内部也已经意识到，《与台湾关系法》给中美关系造成了严重的负面影响，特别是使邓小平受到政治压力。美国行政当局试图在经贸与军事合作等领域采取行动予以补救，从而挽救中美战略合作。他们决定将给予中国最惠国地位问题与美苏关系脱钩，以及加强与中国在军事领域的合作，允许放开向中国出口可用于军事领域的先进技术的限制，等等。[③]

6 月 21 日，卡特政府宣布，派遣副总统蒙代尔（Walter Mondale）8 月访华，后者于 8 月 25 日到达北京。27 日上午，他在与邓小平的会谈中表示，卡特政府将中美关系视为最优先的战略关系，中国已经被列为一个“友好国家”，从而为解决最惠国地位和提供有偿技术服务奠定了法律基础，以及卡特政府正安排向中国提供 20 亿美元的信贷。这些措施将使中美关系“真正具有正常化的全部含义”。双方还讨论了印支局势，并大致协调了解决柬埔寨问题

---

① 中共中央文献研究室编：《邓小平年谱（一九七五——九九七）》（上），北京：中央文献出版社 2004 年版，第 507—508 页；田曾佩主编：《改革开放以来的中国外交》，北京：世界知识出版社 1993 年版，第 386 页。

② 王泰平主编：《新中国外交 50 年》（下），北京：北京出版社 1999 年版，第 1377—1378 页。

③ 参见陶文钊主编：《中美关系史（1972—2000）》（下卷），上海：上海人民出版社 2004 年版，第 85—90 页；樊超：《1980 年代中国对美政策调整》，北京大学博士学位论文，2013 年，第 81—83 页。

的政策。[1] 第二天下午，双方签订了未来两年中美文化交流和中美水力发电、有关水资源利用等一系列的协议。邓小平对此评价甚高，认为中美在政治、经济、科技、文化等方面的合作会有更积极的前景。[2]

中美关系在夏季的重要进展不可能不影响中国领导人的思考和随后召开的政治局会议。在 8 月 29 日的政治局会议上，邓小平阐述了处理中苏谈判如果不抓住战略性的问题，就会丧失主动权，不仅什么也得不到，还会对中国“有利的世界格局产生破坏作用，从而输得精光”。所谓“有利的世界格局”，当时主要就是指中国与美日等形成的战略合作。在中国领导人看来，毕竟是中美战略合作能带来更大的战略利益，包括安全利益和经济利益。反之，苏联不仅在威胁中国，在经济和其他领域也不能提供什么更有价值的东西。[3] 在中苏副外长级谈判开始前，邓小平在同美国前总统尼克松会谈时，重申了中国仍然会在保持全球战略均势的层次上与苏联谈判，包括要谈“苏联的扩张主义和霸权主义，而不只是中苏边界问题”；以及苏联“对中国是一个实实在在的威胁”，必须消除那些障碍，等等；他还介绍了将在谈判中提出的那些具体要求。[4] 这一系列会谈表明，中国决策层已经在有意识地避免中苏谈判给中美战略合作带来消极的影响。在中美苏战略三角中确保中苏关系不干扰中美关系，就在这种背景下，作为一条原则逐步明确起来。

---

① “Memorandum of Conversation,” Beijing, August 27, 1979, 9: 30 a. m. - 12: 10 p. m., *FRUS*, 1977-1980 (Washington: 2014), Vol XIII, pp. 937-944；《关于蒙代尔访华的通报》，1979 年 9 月 1 日，福建档案馆：222-12-287-88. 67-73。

② 《邓小平在美国副总统蒙代尔举行的告别宴会上的讲话》，1979 年 8 月 28 日，《我国对外关系文件选编》，北京：新华通讯社 1980 年编印，第 306 页。

③ 马叙生：《我亲历的中苏关系正常化过程》，《百年潮》1999 年第 4 期，第 36—37 页。

④ 中共中央文献研究室编：《邓小平年谱（一九七五——九九七）》（上），北京：中央文献出版社 2004 年版，第 557 页。

10月17日，中苏在莫斯科开始了副外长级谈判。中方代表在《关于改善中苏两国关系的建议》中明确提出，苏方首先应消除对中国的军事威胁，包括将在两国边境地区部署的军事力量减少到1964年以前的水平；撤走在蒙古的苏联驻军和军事设施；停止支持越南入侵柬埔寨。苏方则坚持谈判不应涉及第三方，包括苏军撤出蒙古和越军撤出柬埔寨，等等。直到12月3日，双方举行了六次正式会谈，结果未取得任何共识。12月27日，苏联军队入侵阿富汗。31日，中国副外长张海峰约见谢尔巴科夫，在谴责苏联入侵阿富汗后，宣布推迟下一轮副外长级会谈。1980年1月20日，中国外交部新闻司发言人正式宣布中断两国谈判。[①] “正常化”战略实施的第一阶段就此结束。

第四节　重启“正常化”

第一轮中苏副外长级磋商中断后，中苏谈判陷入停顿，两国关系再次冰冻，中国继续致力于推动建立国际反苏统一战线。中国决策层认为，1979年的外交行动取得了重要成果，“从中国、日本、美国、西欧形成一条线，反包围，取得了很大的成就”，“为破坏打乱苏联的战略部署，为四化建设取得支持创造了有利条件”。[②] 直到1982年春，中国决策层才重新启动中苏“正常化”决策。这次最具体直接的推动来自勃列日涅夫于3月24日在塔什干发表的讲话（以下简称“3·24”讲话）。他在阐述苏联对亚洲地区的政策

① 《苏入侵阿富汗威胁中国安全，中苏谈判当前不宜举行》，《人民日报》1980年1月21日。

② 《黄华同志谈国际形势（记录稿，未经本人审阅）》，1980年1月4日，上海市档案馆：B1-9-117，第1—10页。

时，也系统地提出了改善中苏关系的建议：（1）苏联“从来也不想干涉”中国内政；（2）“过去完全承认、现在仍然承认中华人民共和国对台湾岛的主权”；（3）“过去和现在都没有”威胁中国的安全；（4）“不带任何先决条件”地与中国谈判解决“不涉及第三方”的任何问题。[①] 苏联和东欧国家媒体立即予以积极报道和评价，希望能引起中国决策层的重视。

勃列日涅夫上述谈话的背景比较复杂。它一方面的确反映了勃列日涅夫本人的意愿，而且他在这方面一直有所坚持；[②] 另一方面，谈话内容并没有在苏联决策体制内经过系统讨论并达成足够的共识，所以也很难起到指导和协调苏联决策系统的作用。[③] 这种混乱的情况持续到夏季，致使外部很难解读苏联对华政策到底发生了什么变化。不过这并不妨碍观察和分析中国决策层立即做出的很有意义的反应，实际情况是他们正是利用了这次机会，在停滞将近两年后，重新开启了“正常化”决策的过程。

勃列日涅夫讲话发表当天，中国外交部内立即展开了讨论。参与者认为，该讲话包含了“积极成分”，可以证明苏联政策的确出现了有意义的变化。他们当然无法了解苏联决策系统内部的复杂情况，所以根据逻辑推理罗列了这个变化的原因，包括苏联在中美苏战略三角中处于不利地位、美苏军备竞赛更加激烈、苏联国内经济更加困难，等等。不过他们作为经验丰富的资深外交官显然明白，仅用现实主义的权力政治观，并不能完全解释清楚勃列日涅夫的真

---

① 《勃列日涅夫在塔什干授勋大会上的讲话》，《参考资料》（下）1982 年 3 月 25 日，第 9—10 页。

② 《切尔尼亚耶夫日记摘录：苏共中央内部关于对华方针的分歧》，1982 年 8 月 7 日，载沈志华主编：《俄罗斯解密档案选编：中苏关系》第 12 卷，上海：东方出版中心 2015 年版，第 314 页。

③ 《切尔尼亚耶夫日记摘录：苏共中央内部关于对华方针的分歧》，1982 年 5 月 21 日，7 月 10 日，载沈志华主编：《俄罗斯解密档案选编：中苏关系》第 12 卷，上海：东方出版中心 2015 年版，第 306—310 页。

实意图和苏联政策变化的程度。所以他们建议，可以将勃列日涅夫讲话作为一个契机，“争取”能缓和中苏关系，并使之逐步走上“正常化”。重要的是他们阐述了这样做的好处：不仅有利于改善中国的外部环境，还可以增强中国在中美苏战略三角中的回旋余地。第二天下午，黄华当面向邓小平汇报了外交部讨论的内容和建议。邓小平当即指示，应立即做出公开反应，谈话要言简意赅，掌握分寸，既要坚持原则，又“不拒人千里之外”。[①]

根据邓小平的指示，3 月 26 日，时任副外长钱其琛在外交部记者招待会上发表了一个简短的声明。他说“注意到了”勃列日涅夫讲话，以及中方“重视的是苏联的实际行动”。[②] 这是“文革”后外交部召开的第一次记者招待会，钱其琛的回应因此更加凸显。

综合中国各层级的反应和决定，他们一方面大致重复了既往有关讨论的某些特点和基本倾向，既认为应改善中苏关系，又对苏联很缺少信任，所以通常都会谨慎回应，中方的公开表态是试探性和留有余地的。真正重要的是这次中苏隔空互动推动邓小平重新开始思考对苏政策，而且他立即决定继续将“正常化”置于战略层次来处理。中国决策体制赋予最高决策者的巨大权力也非常重要，它使邓小平可以在决策层内部正式讨论之前，就根据 1979 年 8 月政治局会议的决定，大致定义了“正常化”的战略目标并间接转达给苏方。

4 月 16 日上午，邓小平会见罗马尼亚领导人齐奥塞斯库。他在会谈中请后者转告勃列日涅夫，中国重视的不是言辞，而是实际行动，苏联可以先做一两件事看看，例如从柬埔寨、阿富汗问题上做

① 黄华：《亲历与见闻——黄华回忆录》，北京：世界知识出版社 2007 年版，第 357—358 页。

② 《就勃列日涅夫在塔什干的讲话，我国外交部发言人发表谈话》，《人民日报》1982 年 3 月 27 日。

起；或者从中苏边界或蒙古撤军做起，否则中国不会接受苏方的建议。[①] 比较邓小平这次谈话和勃列日涅夫“3·24”讲话的内容，可以清楚看出双方最高领导人在“正常化”问题上是各说各话的，内容基本没有交集之处。勃列日涅夫“3·24”讲话提出，要广泛解决双边关系中的问题；邓小平的谈话则将中国的目标锁定在地缘安全领域，并将中国最关切的安全利益具体化为“三大障碍”。比较双方的诉求有利于透视双方决策的质量和层次，从而更深刻地解读中国决策中的丰富的战略含义。

这次谈话也传递了另一个重要的信号，即邓小平这时在决策层已经站稳核心地位，这更容易导致对苏政策的连续性。理解这一点对解读中国决策过程有重要的价值，因为邓小平这次谈话就是后来中方提出“正常化”必须清除“三大障碍”的最初表述。其中苏军入侵阿富汗与也被列为“正常化”的一个“障碍”，是缘起于 1980 年 1 月中方声明，苏联对阿富汗的侵略行为为中苏正常化“设置了新障碍”，这成为当时中方决定中断中苏副外长级谈判的主要理由。[②]

从外交部内部讨论的内容看，如同 1979 年春终止《中苏友好同盟互助条约》时一样，他们对推动中苏缓和比较务实，对事务性层次有比较周到的考虑。他们和最高决策者之间，在缓和中苏关系并争取实现“正常化”的大目标上是有高度共识的，但在战略思路和如何推进等方面，则有明显的差别。前者不论基于什么原因，更关注双边关系层面的各种问题；后者关注的重点则是改善国家安全环境，即必须在涉及国家安全的问题上取得实质性的利益，以及国

---

① 中共中央文献研究室编：《邓小平年谱（一九七五——九九七）》（下），北京：中央文献出版社 2004 年版，第 815 页。

② 《苏入侵阿富汗威胁中国安全，中苏谈判当前不宜举行》，《人民日报》1980 年 1 月 21 日。

家发展战略与对外关系能否得到合理有效的协调；等等。此外，邓小平与齐奥塞斯库的谈话也表明，他这时在安全问题上已经有所权衡，即所谓“三大障碍”可以逐次解决。不过由于这时尚未确定出轻重缓急的顺序，所以他说苏联从清除哪个“障碍”做起都可以。

这个时期美国对华政策变动对中国领导人调整对苏政策产生了更为直接和极为复杂的影响。中国领导人决定立即对勃列日涅夫讲话做出某种回应，在很大程度上就是对里根政府发出一个警告。不过系统观察决策的整个过程，通过调动中苏关系来影响美国对华政策作为植根于中美苏“战略三角”的均势谋略，其逻辑也决定了调整对苏政策的特点和限度等，必定要受到后来中美关系发展的影响。

1981 年 1 月，美国新上任总统里根（Ronald Reagan）在入主白宫后即宣布，将采取所谓“双轨”对华政策，在继续发展中美关系时，也要根据《与台湾关系法》加强对台军售，尤其是要出售当时算是高性能的 FX 系列战斗机。这导致中美关系严重波动，双方在其他领域也是矛盾、冲突层出不穷。中国领导人立即决定采取对抗措施，遏制美国在台湾问题上的“倒退”。他们很快就提出要与美国“拉开距离”，甚至不惜冒中美关系降级的风险。

邓小平本人当时认为，中国的战略地位已有重大改善，苏联威胁已经不那么严重了。用他的话说，就是“如果中美关系倒退，苏联也只能凶到那么个程度嘛!”[1] 换句话说就是，中国在战略安全领域对美国的需求已有所下降。1 月 4 日，邓小平会见美国参院共和党副领袖史蒂文斯（Theodore Stevens）等人。他在会谈中系统阐述了中方在台湾问题上的立场，并发出了将不惜中美关系倒退的严

---

① 王立：《回眸中美关系演变的关键时刻》，北京：世界知识出版社 2008 年版，第 133 页。

厉警告。他同时阐述了中国无意与美国进行意识形态斗争的立场。①

1月11日，邓小平审阅了外交部有关《里根政府加强与台湾关系和我对策的请示》。他批示，应在“政治局会议上郑重讨论一次”，当前“最迫切的事，是台湾官方人士将参加里根就职典礼，外交部应就此提出交涉，并拟出对案”。② 邓小平当天还召见外交部负责人，专门讨论应采取何种反击措施。他认为有必要坚决反击里根政府的挑衅，要准备承担中美关系倒退到1972年以前的后果，但具体步骤要妥当，最终目的是经过斗争后，能维持中美关系的正常和稳定。③ 1月16日，政治局召开会议，经讨论认可了邓小平11日的谈话。后经中方交涉，里根政府取消了台湾“官方”代表出席里根就职仪式的安排。此后不久，中方就美国售台武器同里根政府展开交涉。

中美关系的波动促使中国决策层将更多的注意力投入国际问题。1月23日，邓小平在政治局会议上提出，有必要就对外政策展开讨论。他认为存在三个主要问题：第一，如何判断国际形势；第二，如何看待第三世界；第三，如何处理与美国和苏联的关系等。④ 在最后一个问题上，中国决策者当时固然认真地提出过，需要同美国拉开一些距离，但对中苏关系的看法似乎没有什么实质性改变。他们认为缓和两国关系是必要的，但也不能走太快，以免得不

---

① 参见韩念龙主编：《当代中国外交》，北京：中国社会科学出版社1988年版，第231—238页；邓小平：《发展中美关系的原则立场》，1981年1月4日，载《邓小平文选》第2卷，北京：人民出版社1994年版，第378页；中共中央文献研究室编：《邓小平思想年谱（一九七五—一九九七）》，北京：中央文献出版社2011年版，345—346页。

② 中共中央文献研究室编：《邓小平年谱（一九七五——九九七）》（下），北京：中央文献出版社2004年版，第705页。

③ 王立：《回眸中美关系演变的关键时刻》，北京：世界知识出版社2008年版，第134页。

④ 中共中央文献研究室编：《邓小平年谱（一九七五——九九七）》（下），北京：中央文献出版社2004年版，第708页。

偿失。

2 月 11 日，根据邓小平之前的提议，政治局开会专门讨论了对外政策，邓小平在这次会上的发言应是他经过深思熟虑的结论。针对中美关系出现的动荡等情况，他提出应坚持以往的战略方针，“建立反霸统一战线”，“这个格局不要变”，中苏可谈双边关系中的贸易、边界等，但如果没有大的变化（如苏联从阿富汗撤军）等，就不能恢复中苏谈判，否则就会损害“外交格局”。他还对利用“战略三角”搞“打牌”策略的有效性等，表示了怀疑。[①]

6 月 13 日，邓小平在一次政治局常委会上，阐述了与里根政府对抗的意图和目的。他认为，唯有敢于搞“边缘政策”，才能争取到有利的结果，维持甚至推动发展中美关系。所以他说，“不要怕中美关系倒退，更不要怕停滞”。[②] 三天后，他当面向访华的美国国务卿黑格（Alexander Haig）阐述了中国决策层的立场，后者带来了副总统布什（George H. W. Bush）的一封信。在会谈中，邓小平系统阐述了对当前中美关系的看法，顺序首先是双边关系的战略性质；其次是经贸关系如“美国仍采取敌对国的态度处理同中国的贸易、商业、技术转让”等；最后是“最敏感的”美国售台武器问题。他最后说，要对“中美关系停滞，甚至后退”做好准备。[③]

客观地看当时的状态，由于中苏尖锐对抗，美国在“战略三角”中处于相对有利的地位，即美国与苏联和与中国的关系等，都分别好于中苏关系。这也就是邓小平对利用“中美苏战略大三角”

---

① 中共中央文献研究室编：《邓小平思想年谱（一九七五——一九九七）》，北京：中央文献出版社 2004 年版，第 348 页；参见《李先念传》编写组：《李先念传 1949—1992》（下），北京：中央文献出版社 2009 年版，第 1231—1232 页。

② 中共中央文献研究室编：《邓小平年谱（一九七五——一九九七）》（下），北京：中央文献出版社 2004 年版，第 748 页；王立：《回眸中美关系演变的关键时刻》，北京：世界知识出版社 2008 年版，第 135 页。

③ 中共中央文献研究室编：《邓小平年谱（一九七五——一九九七）》（下），北京：中央文献出版社 2004 年版，第 748—749 页。

的有效性感到怀疑的主要原因。所以，在中美那种恶化的气氛中，中国领导人只要认识到并打算改善中国所处的不利的战略地位，当勃列日涅夫借机发出和解信号时，他们就会开始调整对苏政策以加强与美国打交道的地位，这也是顺理成章的。

从 1981 年夏季到 1982 年夏季，正是中美在台湾问题上展开紧张的意志较量的时期。勃列日涅夫选择这个时机发表“3・24”讲话，强调了苏联对“一个中国”原则的坚持，肯定也是有针对性的。当时，邓小平要求立即做出回应，利用缓和中苏关系的姿态，向美国施加压力，是最主要的原因了。这反映了客观存在“战略三角”结构的影响力是不以决策者的好恶为转移的，不同的是操作的时机、方式和程度而已。这里顺便指出，钱其琛的回忆录中说，中方立即对勃列日涅夫“3・24”讲话做出回应，是因为中美售台武器会谈“取得了新的进展”，“中美两国关系的新框架可以说基本确立”等。这显然是不准确的，因为这时中美正在紧张较量，谈判在 3 月底陷入僵局，还谈不上“重大进展”。不过，这段回忆还是有其参考价值的，它揭示了中国决策层随后不久决定大幅调整对苏政策的思考逻辑，实际上他们相信的是，稳定的中美关系才有利于中苏“正常化”。①

在中国对外关系的现实中，中苏关系必定会受到中美关系的严重牵制，后者不仅涉及中国的安全环境，而且对国家战略的影响也是中苏关系无法相比的。中国决策者心目中的战略目标中的轻重缓急，反映了他们对这种战略均势的特点的认识和理解，简言之就是中美关系优先于中苏关系。具体到开启中苏谈判，就是稳定的中美关系必定会加强中国在处理对苏关系中的地位。按邓小平的说法就

---

① 钱其琛：《外交十记》，北京：世界知识出版社 2003 年版，第 3—4 页；关于 3 月间中美谈判的情况，可参见王立：《波澜起伏——中美关系演变的曲折历程》，北京：世界知识出版社 1998 年版，第 230 页。

是“先同美国达成协议，再调整对苏关系，对中国最为有利”。[1]其中的逻辑是可以利用搞中苏缓和来加强同美国打交道的地位，但并不会让中苏关系干扰中美关系，更要防止苏联在中美关系遇到麻烦时从中渔利。

1982年7月15日，在中美谈判出现转折的关键时刻，邓小平在自己家中召集了一次重要会议，目的是就中美谈判的最终结果做出判断和决断。两天前，美国驻华大使恒安石（Arthur W. Hummel Jr.）向邓小平转交了里根的一封信，信中阐述了美国对售台武器问题的底线。[2]邓小平在会议中提出，中美就美国售台武器的谈判可以到此为止，这得到与会者的同意。针对有与会者在会议中提出有必要改善中苏关系，邓小平认为中美、中苏两对关系都要改善，中方可“做一个比较大的姿态，争取中苏关系有一个大的改善”。但他重申，必须继续将中苏“正常化”聚焦于地缘战略，缓和双边关系必须是有原则的。

正是在这次会议中，邓小平将之前他同齐奥塞斯库所谈的三点内容概括为必须解决的“三大障碍”，苏联可以不必一步到位，但总要先有所行动，他特别提到如能解决越南从柬埔寨撤军即可。邓小平这时提出将敦促越南撤出柬埔寨作为中苏“正常化”的“三大障碍”之首这个设想，主要是基于从苏联最容易做到什么的考虑。所以他随后即说，“解决北边的问题最重要，北边对我们威胁最大”。所谓“北边”就是指苏联在中苏、中蒙边境地区的大规模

---

① 参见王立：《回眸中美关系的关键时刻》，北京：世界知识出版社2008年版，第150页。

② 参见中共中央文献研究室编：《邓小平年谱（一九七五——一九九七）》（下），北京：中央文献出版社2004年版，第830页。

驻军。[①]。

上述邓小平对中美、中苏等关系的系统回应表明，他很认真地考虑过对苏政策，并且断定不仅应该坚持将“正常化”问题继续置于战略层次，而且进一步提出了明确的行动路线图和具体措施。此外，他还提出了具体的行动办法，派遣苏欧司司长于洪亮，以视察使馆工作名义前往莫斯科，直接向苏联转达中方的意图。这个建议获与会者同意。

“7·15”会议标志着“正常化”战略决策的又一次重大进展。

其一是与会者再次就“正常化”必须置于战略层次和结果、必须具有战略价值等核心目标，达成了共识。后来的发展证明，这个共识具有长期的影响力，约束着中国决策层内部处理对苏关系的讨论范围，尤其是出现不同意见的时候，任何试图加快中苏关系发展的主张都会受到这个共识的强有力的约束。

其二是中国决策层在确定了宏观管理的目标时，也找到了可行的措施，包括分解战略目标、排列出轻重缓急和确定可逐步实现之的行动方针，等等。这是中国方面从此开始掌握“正常化”进程的主动权的一个关键原因，比较苏联的决策过程严重滞后的情况则更是如此。正是在这次会议之后，中国成为中苏“正常化”的主要推动者和谈判过程的掌控者。

8月17日，中美签署了《八一七公报》。此前一周，于洪亮奉命前往莫斯科。由于中美谈判大局已定，中国决策者相信，此时处理中苏关系具备了有利的条件。洪亮衔携带的外交部说帖是经过邓小平亲自核准的，它包括两方面内容：其一是向苏方说明，中方认为现在时机已到，可以为改善中苏关系采取实际行动了；其二是按

---

① 戴秉国：《战略对话：戴秉国回忆录》，北京：人民出版社、世界知识出版社2016年版，第39页；另参见钱其琛：《外交十记》，北京：世界知识出版社2003年版，第7页。钱其琛在回忆中将此次会议描述为是为讨论中苏关系而召开的，似与事实不符。

照邓小平的指示，建议苏方先从促使越军撤出柬埔寨做起，当然苏方也可以先解决影响两国关系的其他安全问题，例如减少中苏边境地区的武装力量，或为苏军撤出蒙古找到可接受的办法；此外也可以在阿富汗问题上找到合理的解决办法，等等。[①] 这是中方第一次正式直接向苏方提出有关“三大障碍”的具体建议，同时对每个问题都保留了讨论的余地。例如，用“减少中苏边境地区的武装力量”代替苏联立即“从边境地区撤军”等，这样的表述与苏方有关建立边界信任措施的建议等，在措辞上更接近一些。

于洪亮到达莫斯科后，向苏方提出要在中国使馆面见苏联外交部的负责人。苏方派遣外交部副部长伊利切夫（L. F. Ilichev）在第一远东司副司长贾丕才（M. S. Kapica）陪同下，来到中国使馆。当时，于洪亮一字不差地背诵了说帖内容。伊利切夫表示，需要向上级请示后才能答复。于洪亮在访问波兰后，回程经过莫斯科，在那里再次见到伊利切夫。后者在会见时又表示，苏方将会做出正式答复，这也可以理解为苏联尚无法及时做出回应，其原因不得而知。

直到 8 月 20 日，苏联第一副外长马尔采夫（A. F. Mal’tsev）才向中国使馆临时代办马叙生递交了一份备忘录。苏方在备忘录中表示，愿在任何时间、地点和任何级别上，同中国展开谈判，以便“消除任何关系正常化的障碍”。邓小平在北京亲自听取有关报告后，当即决定可以重开中断了两年多的中苏谈判。之后中苏双方很快便商定，先由两国副部长级的特使就“正常化”问题举行政治磋商。

9 月 18 日下午，邓小平陪同金日成乘火车访问四川。他在专列

---

① 黄华：《亲历与见闻——黄华回忆录》，北京：世界知识出版社 2007 年版，第 359 页；钱其琛：《外交十记》，北京：世界知识出版社 2003 年版，第 7—8 页。

上与后者长时间会谈，内容包括介绍中国对苏政策的调整：第一，中苏接触的目的是实现“正常化”；第二，之所以提出消除“三大障碍”，就是因为苏联在威胁中国安全；第三，在“三大障碍”中，苏联可以先做其中一件来表示诚意；第四，中方判断谈判将是长期的，实质性问题并不容易解决；第五，中方处于有利地位，而苏联的“日子不好过”。[①] 这是目前能看到的中国领导人对“正常化”决策最系统的阐述，即“正常化”决策的根本目的就是解决中国的安全关切，对谈判“不急于求成”，而且中国处于比苏联更有利的战略地位，所以更有条件从“正常化”过程获得实质性的地缘战略利益。

中国领导人实际上就是根据上述战略判断和方针，试图严格控制中苏谈判和缓和的进程。例如，在谈判开始前，中国对外友协曾经请示，派代表团参加苏中友好协会成立 25 周年纪念活动，结果被邓小平否决。他显然不想在谈判前，给对方留下任何中方急于改善关系的错觉。[②]

10 月 5 日，中苏副部长级特使的第一轮政治磋商在北京举行。中方代表团按照邓小平“不要转弯太急”和“不急于求成”的指示，确定了一个被称之为“立足战略全局”，“坚持原则立场”和“不急于求成”的谈判方针。它是标志“正常化”战略的这次转变基本完成的一个重要界碑，其关键内容包括：第一，“正常化”目标主要服务于地缘安全战略的需要，包括了根本消除“苏联威胁”，以及有利于解决与周边安全有关的难题；第二，稳定和改善中美关系优先于中苏“正常化”，而且中国处于比苏联有利的战略地位，

① 中共中央文献研究室编：《邓小平年谱（一九七五—一九九七）》（下），北京：中央文献出版社 2004 年版，第 851 页。

② 中共中央文献研究室编：《邓小平年谱（一九七五—一九九七）》（下），北京：中央文献出版社 2004 年版，第 857 页。

有必要也可以控制“正常化”进程，并“不急于求成”；第三，“三大障碍”可以分步骤解决，轻重缓急将根据变化的形势和中国认知的主要战略需求等进行调整。

从更长的时段考察这个时期中国领导人同时处理中美和中苏关系的思考和实践，对于揭示中国领导人的战略逻辑中正在出现的重要且深刻的变化，有不可替代的重要价值。简要地比较之前那代中国领导人分别处理与美国和苏联的关系的历史，不难确定他们在很长时间里都相信，在美苏冷战体系中，中国对外政策是“非杨即墨”，不可能同时与美苏保持良好的关系，总是要联合一方来反对另一方。这种思维方式在对外政策中的表现，不是“以美划线”，就是“以苏划线”。毛泽东等在新中国成立之初决定“一边倒”和与苏联结盟，一个重要原因是为了应付与美国的对抗。1969 年秋季，毛泽东下决心与美国和解，是因为他极度担心被认定的“苏联威胁”；邓小平在 1978 年末下决心实现中美正常化，很大程度上也是为了对抗“苏联威胁”。① 从这个意义上说，中国领导人在 1982 年夏季同时处理美苏关系尤其是调整对苏政策的逻辑和实践，反映了上述思维方式正在发生潜在的重要变化，其实质就是中国有必要、实际上也有可能，不必在美苏之间做出非此即彼的选择。他们当时正有意无意地开始思考，如何在美苏冷战体系中，同时与两个超级大国都维持正常或缓和的关系；他们在有意或无意地尝试，同时与两个超级大国改善关系。恰在此时召开的中共十二大开始提出，并在随后逐步确立的“独立自主的不结盟”政策，就是他们战略思维变化的集中反映，其中包含了对以往 30 多年处理与美国和苏联的关系的基本经验的反思。从这个意义上说，中国决策层又一

① 邓小平：《解决台湾问题，完成祖国统一大业提上具体日程》，1979 年 1 月 1 日，载《邓小平文选》第 2 卷，北京：人民出版社 1994 年版，第 155 页。

次开启“正常化”决策，也就意味着他们开始尝试在两极体系中争取一个超然的更能自主行动的位置。当然，这在 1982 年夏天还只是一个开端而已。

处理国家间关系在某种程度上是国家间决策质量的比较、竞争或对抗，中苏“正常化”可以说是一个经典案例。这个阶段中国能够取得控制“正常化”进程的主动权，主要是因为在竞争性的战略决策中，优先于对方制定出合理明确的战略目标，其基本条件是中国国家战略转变的完成和巩固等，为对外战略的调整提供了明确的方向和轨道。此外，中国政局逐步稳定，特别是邓小平本人核心地位的确立，为有效地管理战略目标和决策过程等，提供了可靠的体制保障。

在这方面，苏方的决策过程恰好提供了相反的例证。勃列日涅夫发表“3·24”讲话后，苏联决策层内部仍然争论不休，难以达成共识。所谓的“塔什干路线”在有关部门中并没有被执行，有些部门领导人甚至反其道而行之。直到 8 月 6 日，主持苏共中央日常工作的安德罗波夫（Y. V. Andropov）才接到勃列日涅夫的“一张便条”，要求贯彻“3·24”讲话的精神。勃列日涅夫写道，要“尽力消除紧张关系，推动合作，达成相互理解，而不是把中国往美国推”，他建议召开政治局的专门会议予以讨论。① 比较中国的决策过程，这时已经结束了“协商—共识”的程序。

如前述，于洪亮在 8 月 9 日，已经随身携带外交部的说帖，启程前往莫斯科。而勃列日涅夫建议的政治局专门会议于一个月后，即 9 月 9 日才召开。当然，这对苏方的好处是，他们已经知道了中国决策层的决定，所以能做出有些针对性的决定，即通过中苏谈判

① 《切尔尼亚耶夫日记摘录：苏共中央内部关于对华方针的分歧》，1982 年 8 月 7 日，载沈志华主编：《俄罗斯解密档案选编：中苏关系》第 12 卷，上海：东方出版中心 2015 年版，第 314 页。

“试探出解除苏中关系不必要的尖锐化和成见的可能性”。[①] 这虽然也算是个选择，但实质上等于还在原地踏步。苏方决策系统的这种迟钝同勃列日涅夫的健康有很大的关系，他这时每天只能工作 2 小时，并且很快就去世了。他之后的两位继任领导人者也都只工作一两年就病死了。苏联此刻进入政治动荡期，这也是导致苏联的政策缺乏活力和明确的目标，以及在执行层面缺乏持续动力的一个重要原因。

第五节　“不急于求成”

中苏第一轮谈判于 10 月 5 日开始，持续到 21 日。谈判开始后，中国代表团团长钱其琛提出，中方主张集中讨论消除“三大障碍”，并提出苏联可以“先从一件事做起”，例如苏联可以首先“停止支持越南侵略柬埔寨，促使越南从柬埔寨撤军”。他说这对维护地区和平很重要，另外也比较切实可行，因为苏联要做的只是向越南方面施加影响而已。该建议被苏方拒绝，不过，钱其琛还是利用招待伊利切夫游览休闲之机告诉后者，之前于洪亮在 8 月转达的口信中，还是有重要的新内容的。他指的是：在减少中苏边境地区武装力量方面，中方措辞中有双方都承担义务向后撤军的含义；在印支问题上，中方只要求苏联促使越军撤出柬埔寨，不涉及苏越关系的其他方面，等等。[②] 第一轮政治磋商于 21 日结束。三天后，黄华会见苏联代表团团长伊利切夫，再次强调了苏联可以应先做一两

---

① 《苏共中央政治局会议记录：关于缓和苏中关系及国际局势的讨论》，1982 年 9 月 9 日，载沈志华主编：《俄罗斯解密档案选编：中苏关系》第 12 卷，上海：东方出版中心 2015 年版，第 317 页。

② 参见钱其琛：《外交十记》，北京：世界知识出版社 2003 年版，第 11—16 页。

件实事。[1]

第二轮政治磋商于1983年3月在莫斯科举行，此后直到1986年4月，在莫斯科举行第八轮政治磋商为止，都未能取得任何进展。导致数年马拉松式政治磋商无结果的原因，在中苏双方都是很深刻的。

在中国方面如前所述，这次决定启动中苏谈判，部分地同中美关系恶化联系在一起。当时经过同里根政府在台湾问题及其他一些领域的矛盾与纠纷，中国决策层提出了“与美国拉开距离”的设想。所谓“与美国拉开距离”，简单地说是基于建交后中美关系动荡而激发的对美国的强烈不信任，塑造一种在战略层面能避免被美国利用的状态。这一设想一经提出，就没有仅仅局限于如何处理中美双边关系中的矛盾，它被逐步纳入到确定和改善中国在地区和全球战略均势中的地位的逻辑中。1983年年初，中央外事小组经研究后建议：“要旗帜鲜明地反对苏美两霸，而不只反一霸，也不联合一霸反对另一霸”，“谁搞霸权反对谁，谁在哪里搞就在哪里反对谁”；根据这个逻辑，他们提出，对美国“不再讲战略关系”，对苏要“适当加温”，等等。[2]

不过从实际情况看，在经历了一段动荡后，中美关系反而从1983年秋季开始逐步稳定下来，不久后甚至走上发展的快车道。1984年1月和5月，两国领导人实现了互访。此后，双方关系不仅日益改善，而且在某些领域甚至出现了跃进式的合作。这种现实固然映射了有关战略和政策的理论性讨论等，有进一步契合当代国际关系发展的复杂性的空间。更值得关注的是，中美关系的快速发展客观上的确牵制了中苏关系发展的速度。

---

① 黄华：《亲历与见闻——黄华回忆录》，北京：世界知识出版社2007年版，第360页。

② 参见《李先念传》编写组：《李先念传1949—1992》（下），北京：中央文献出版社2011年版，第1234页。

中美关系的每一次向前发展，一方面使中国领导人相信提升了中国在同苏联谈判中的地位；另一方面也牵制了他们推动“正常化”的进度，甚至在弱化他们改善中苏关系的积极性。他们从中得出的结论是，除了可以继续控制改善中苏关系的速度外，也可以向苏联提出并坚持某些条件，何况他们对苏联威胁的认知尚无根本性改变，仍然将反对苏联扩张作为战略性任务，特别是将苏联增加在亚洲的军事行动和军事部署等，视为针对中国安全的主要威胁。

1984 年 1 月，中国总理访问美国。他在同里根总统会谈中说，中国的确在同苏联对话，但中苏关系不可能有大的改善。他在接受美国五大电视网记者联合采访时说，中国在美苏之间不会采取等距离的政策。[①] 2 月 22 日，邓小平接见了布热津斯基率领的美国战略与国际问题研究中心代表团。在后者询问中国的对外战略是否有变化时，邓小平说，“中苏关系不可能有戏剧性的变化”，除非苏联在消除“三大障碍”上迈出一步。[②]

显然，“与美国拉开距离”的这个“距离”本来就是有内在限度的，它主要是在安全战略上尽可能避免被美国利用而已，根本不可能拉到与中苏“等距离”，也不意味着中国决策层可以不重视和不愿积极发展中美关系。更何况中美建交后，随着中国现代化的国家战略日益巩固完善，特别是随着改革开放的不断深化，奠基于对抗苏联的中美战略合作正开始历史性的转型，即中美双边关系的内容越来越多地超越了安全战略合作的范围而迅速丰富化，在经贸、科技、文化等广泛领域获得全面发展，这导致中美关系的基础变得更加广泛和稳固。此外，美国决策层注意到中苏改善的动向，主动

① 参见陶文钊：《中美关系史（1972—2000）》，上海：上海人民出版社 2004 年版，第 161—162 页。

② 中共中央文献研究室编：《邓小平年谱（一九七五——一九九七）》（下），北京：中央文献出版社 2004 年版，第 962 页。

采取措施改善对华关系予以牵制，也是一个重要原因。

苏方政策的不确定性也影响了中国决策者对中苏谈判的态度。苏方从一开始就不打算在战略层次讨论问题，政策的调整不仅缺乏足够的动力，还受到国内政局的严重牵制。特别是这个时期，苏联最高领导人因健康原因频繁更迭，这导致苏方基本失去了对这场博弈的控制力，只是随波逐流而已。中国外交部当时了解的情况是，勃列日涅夫在晚年“每天只能工作一个小时，打打电话，无法正常视事”[①]。所以，即使前述9月邓小平与金日成的谈话被转达到莫斯科并报告了勃列日涅夫本人，他是否有时间和精力了解和思考等，在中方看来都是值得怀疑的。这种情况肯定会降低中方推动“正常化”的意愿，因为对方的决策体系几乎没有能力对中方的努力做出有效的回应。

1982年11月10日，勃列日涅夫突然病逝，这在中国决策层引发许多疑问。他们亟须了解，苏联对华政策是陷入停滞，还是会出现新的转机。他们很快做出重要决定，首先是中共中央发出唁电并赠送花圈。外交部随后建议，先由全国人大常委会副委员长乌兰夫和外交部长黄华前往苏联使馆吊唁，以试探苏方反应。外交部的建议获决策层批准并付诸实施，苏方则对中方的行动表示欣慰，苏联媒体也跟进做了积极报道。

双方的这种良性互动使中国决策层决心搞一场“葬礼外交”。11月15日，苏联方面宣布为勃列日涅夫举行国葬。中国领导人很快决定派黄华率代表团前往莫斯科参加葬礼。代表团在行前上报了他们拟定的行动方针，其主要倾向简言之就是保持低调，为进一步缓和创造气氛、保留余地。他们建议：第一，吊唁以改善关系为主调，不主动谈双方的分歧，不直接提“三大障碍”，不搞正式会谈；

---

① 钱其琛：《外交十记》，北京：世界知识出版社2003年版，第18页。

第二，对勃列日涅夫只评价其正面作用，肯定他生前多次表达愿改善中苏关系的积极态度；第三，强调对改善双方关系的真诚愿望，主张以务实的态度和方式逐步实现两国关系的“正常化”；第四，吊唁时强调中苏传统友谊；第五，祝贺苏联新领导人就职，并转达中国党政领导人的问候；第六，吊唁只限于国家间关系，不涉及两党关系和不参加苏联阵营国家的多边活动。外交部的这个建议获得批准，不过很快又被修正了，而修正的动力来自邓小平本人，他表现出对这次外交行动的格外关注，并显然要严格控制其过程。

13日晚，黄华在离京之前，专门打电话给邓小平，以便确认后者的指示。邓小平在电话中凸显了他对消除“三大障碍”的重视，他指示黄华此行必须更为准确和清楚地表达既定的方针，避免礼节性的活动导致偏离战略原则和模糊“正常化”战略的焦点，以致给苏方造成幻觉和引起其他方面的误解。他指示黄华，可以主动拜会苏联外交部长葛罗米柯，进行坦率的对话；在会见苏共中央新任总书记安德罗波夫时，要表达希望这位新领导人为改善中苏关系做出新的努力。邓小平还提出，为了使苏联公众准确了解和重视中国代表团此行的意义，要用外交部长对新华社记者谈话的方式，通过媒体直接播发中方立场。① 可以看出，邓小平就是要利用更高层级的交往，使对方更清楚地理解中方的原则——消除“三大障碍”，这样做的好处也是可以使代表团的任何行动都很难被各方误读。就客观效果看，也可以使中国的政策执行团队准确理解和执行他的战略原则。

14日清晨，中国代表团离开北京后不久，邓小平很快又采取了新的行动。他指示新华社要立即发一个简短的谈话，对勃列日涅夫

---

① 黄华：《亲历与见闻——黄华回忆录》，北京：世界知识出版社2007年版，第360—362页。

的评价既不能简单地批评，也不能只说好话。[1] 这一指示同外交部的建议的确有所不同，主要是明显地增加了对勃列日涅夫执政时期苏方恶化中苏关系的批评。胡乔木根据邓小平的指示，起草了以黄华名义发表的谈话稿，并于当天播发，这时黄华还在飞行途中。该谈话稿对中苏关系做了大略的回顾，其中隐含了对勃列日涅夫时期的政策的批评，以及希望苏联新领导人做出新的努力。尤为重要的是，谈话稿明确提出，苏联应做出努力，消除“三大障碍”。[2]

黄华到达莫斯科机场时，被守候在那里的中国驻苏联大使杨守正告知，中共中央已经发来特急电报。黄华到使馆后，阅读了特急电报和新华社播发的谈话稿全文。特急电报的内容主要是指示黄华，应根据新华社播发的谈话稿表态，此外还对原定的方针做了两处修改：第一，黄华要以外长身份主动要求会见葛罗米柯，争取举行一次外长级政治会谈；第二，在会见安德罗波夫时，要明确表达中方对苏联新领导人是寄予希望的。[3] 到此为止，黄华在莫斯科的外交行动的基调终于确定下来。他在“葬礼外交”中需要更积极主动地推动中苏关系，但决不能偏离既定的战略原则。邓小平通过这些做法，再次表达了他对战略问题的关注和坚持，不允许任何外交程序和事务性的交往导致“正常化”战略失焦。

黄华肯定立即理解了谈话稿与外交部原建议的区别之处。他在参加葬礼期间，受到安德罗波夫的特殊礼遇。后者在接见参加葬礼的各国来宾时，曾经与黄华进行了一次较长时间的礼节性会面。目前还无法了解苏方做这种安排的具体用意，但黄华是有备而来的，他利用这个机会转达了中方希望推动以及如何改善中苏关系的信

---

① 钱其琛：《外交十记》，北京：世界知识出版社 2003 年版，第 20 页。

② 《中苏和平友好符合两国人民和世界和平利益》，《人民日报》1982 年 11 月 15 日。

③ 黄华：《亲历与见闻——黄华回忆录》，北京：世界知识出版社 2007 年版，第 363—364 页。

息。会见之后，苏方还专门安排人找到黄华，认真逐句地核对了谈话内容。

11月16日下午，黄华同葛罗米柯举行了一个半小时的正式会谈，这是20年来中苏外长的首次会谈。葛罗米柯在会谈中告诉黄华，安德罗波夫本人在会谈前接见他，并直接给予指示。黄华则重申，苏联需要在消除“三大障碍”方面采取行动，中方期待苏联在苏军从中苏边界后撤方面有所行动。葛罗米柯明确排除了讨论越军撤出柬埔寨的可能性，他强调最好从没有争议的双边问题做起，例如发展贸易、经济合作和文化交流，等等。黄华表示双边往来固然可以逐步安排，但这些事情对“正常化”的意义不是很大。[①]

黄华的“葬礼外交”没有也不大可能取得实质性结果，不过对苏联新领导人的影响以及推动中苏关系的缓和等的积极作用，是确定无疑的。双边关系开始出现积极变化，特别是苏联在战略安全领域确实开始采取措施，以消除中方的疑虑。1983年春季，美苏就欧洲地区削减中程导弹部署展开新一轮谈判。中方担心一旦美苏达成协议，苏联有可能把从欧洲削减的中程导弹转移部署到乌拉尔山以东地区，从而加大对中国的军事压力。[②] 8月26日，安德罗波夫在接受《真理报》采访时说，如美苏达成协议，苏将销毁被裁撤的中程导弹。他明确说这是回应中国的关切，苏联那样做中国就没有理由担心了。不过他还专门指出，中苏关系“出现了某种积极的趋势”，只是在“三大障碍”问题上，苏联“同中国之间还有不小的分歧。”[③]

---

① 黄华：《亲历与见闻——黄华回忆录》，北京：世界知识出版社2007年版，第368—369页。

② 《〈纽约时报〉文章〈中苏在莫斯科恢复会谈〉》，《参考资料》（下）1983年3月4日，第4页。

③ 《安德罗波夫答〈真理报〉记者问》，塔斯社1983年8月26日电，转引自《安德罗波夫评中苏关系和核裁军问题》，《参考资料》（下）1983年8月27日，第3—4页。

他的讲话对消除中方的疑虑是有积极作用的，中方的确给予了肯定的评价。8月28日，《人民日报》摘要转载了安德罗波夫的谈话，以表示注意到安德罗波夫谈话中出现的积极变化。[①] 9月2日，国家副主席李先念在欢迎约旦国王侯赛因（Hussein bin Talal）的宴会上发表讲话，其中肯定了安德罗波夫讲话的有关部分，“是值得欢迎的”。[②] 这是中国领导人首次公开回应安德罗波夫谈话，塔斯社和苏联各大报均予以报道。17日，《人民日报》发表评论说，与之前相比，安德罗波夫的谈话还是“前进了一步”。[③]

1983年9月中旬，苏联副外长贾丕才访华。在此之前，安德罗波夫公开提出，可以同中方谈判“共同制订和实施在苏中边界地区的信任措施”。[④] 蒙古领导人泽登巴尔（Tsedenbal Umzhagin）也在随后的一次谈话中表示，“苏联在蒙古暂时驻军”并不是中苏改善关系的障碍。[⑤] 这可以被解读为，蒙古并不反对苏联从中蒙边境地区撤军。安德罗波夫提出这个建议是在选择性地回应中方的部分关切，双方军队在边境地区脱离接触这类信任措施，是中方在1969年9月两国总理机场会晤中首先提出的。当时周恩来曾经建议：“在有争议地区，双方武装力量脱离接触。”柯西金当场表示赞成，但他在会谈后给周恩来的回函中，唯独未就此建议做出书面承诺，甚至连个说明都没有。[⑥] 安德罗波夫这时重提此建议，也可算是有针对性地表达诚意，尽管拖了那么长时间。

---

① 《安德罗波夫谈欧洲导弹问题和苏中关系》，《人民日报》1983年8月28日。

② 《李先念主席欢宴约旦国王侯赛因，李先念说：安德罗波夫表示改善中苏关系的愿望值得欢迎》，《人民日报》1983年9月3日。

③ 《怎样才符合世界和平利益》，《人民日报》1983年9月17日。

④ 《安德罗波夫评中苏关系和核裁军问题》，《参考资料》（下）1983年8月27日，第4页。

⑤ 《吉廷斯评贾丕才访华》，《参考资料》（下）1983年9月9日，第4—5页。

⑥ 参见王泰平主编：《中华人民共和国外交史（1957—1969）》第2卷，北京：世界知识出版社1998年版，第275页。

在贾丕才离开北京当天，《人民日报》即发表评论，进一步提出苏联必须撤出在亚洲部署的SS-20导弹。评论指出，中方所说的撤退苏联在中苏、中蒙边界的军事力量“当然也包括导弹在内”，因为这些导弹“对中国和其他亚洲国家构成了威胁”。[①] 中方的建议相当于扩展了中苏边境相互信任措施的内容，这样做主要是为了配合美方在欧洲中导谈判中的立场。不过，这并不等于中国决策层没有重视苏方就从中苏边界后撤军队的表态的重要价值。24日，邓小平在会见金日成时说，他认为安德罗波夫对“三大障碍”的表述是有变化的，将过去提出的谈判“不要涉及第三国”，改为“不要损害第三国的利益”。[②] 这在逻辑上可以解释为，从蒙古撤军和越军撤出柬埔寨对于苏联都是可以谈判的领域了。

不久，刚刚出现一些活力的中苏关系又陷入冰冻。1984年2月9日，安德罗波夫突然病逝。中国决策层很快决定，派遣国务院副总理万里前往莫斯科，参加安德罗波夫的葬礼。万里此行的收获是同苏联部长会议第一副主席阿里耶夫（G. Aliev）举行了长时间会谈，从而实现了两国副总理级会谈。不过他也错失了一个机会，这当然有其具体原因。

同黄华参加勃列日涅夫葬礼时相比，这次邓小平显得比较谨慎。在代表团启程前，邓小平曾指示，不要主动要求同苏联新领导人会谈，如苏方提出这类建议，可应邀参加并听取意见。在葬礼期间，苏方曾通过中国驻苏使馆询问万里，是否有意同新领导人契尔年科（K. U. Chernenko）举行会晤。万里在回复对方的询问时，使用了“客随主便”这样一个不冷不热的中式客气话。苏方对这句话的理解是，万里并无意、至少不积极谋求同契尔年科会面，结果

---

① 《怎样才符合世界和平利益》，《人民日报》1983年9月17日。

② 中共中央文献研究室编：《邓小平年谱（一九七五——一九九七）》（下），北京：中央文献出版社2004年版，第936页。

他们没有做进一步安排。[1]

中国决策层这次明显地不够积极的态度，主要反映了他们对契尔年科本人不甚了解。安德罗波夫还有过同中国领导人交往的经历，契尔年科从未访问亚洲国家，并被认为比较平庸。尤其是中国决策层了解了他的健康状况堪忧，“属过渡性人物，不可能有大的作为”。[2] 另一个更重要的原因是，中国总理一个月前刚访问了美国，两国正磋商安排里根4月末至5月初的访华行程。积极推动中美高层访问的努力与无法确定中苏关系能否获得进展的判断等，从两个方向上同时促使中国决策者选择了控制中苏升温的速度，结果是万里参加的这次“葬礼外交”成了一次名副其实的外交礼仪。

第六节　“退出冷战”

1985年是中国政策转折的关键时刻，其标志首先是中国决策层最终确定了决策目标的战略优先排序，将政策重点明显聚焦于解决印支地区问题，即在消除“三大障碍”问题上，将苏联促使越军撤出柬埔寨作为中苏“正常化”的首要、最后甚至成为唯一的“障碍”。其次则是中国决策层提出举行两国最高首脑会议的建议，并将“峰会”（而非其他）定义为实现“正常化”的标志。相比较而言，确定目标的轻重缓急对于一项战略的规划和贯彻尤为重要。

在1982年夏季确立“正常化”战略时，中国决策过程是留下了某种不确定性的，即在提出苏联可以对“三大障碍”分步骤做出

① 汤世稼：《随万里参加安德罗波夫葬礼——中苏关系杂忆》，载《外交学院学报》2000年第3期，第41页。

② 李鹏：《和平发展合作：李鹏外事日记》（上），北京：新华出版社2008年版，第5页。

回应时，并没有最终明确，三个障碍中的哪一个之于中国的安全关切，是需要最优先解决的当务之急。如前所述，邓小平早就明白，苏联不可能同时解决“三个障碍”。他当时提出“先做一步”看看，例如可以从促使越军撤出柬埔寨做起，这并非基于中国首要的安全关切。他仍然认为，苏联在中苏边界大规模驻军才是最严重、最直接的威胁。在随后开始的外长级会谈中，钱其琛也是以“相对容易办到”为理由，劝说苏方考虑先解决越南从柬埔寨撤军。此外，从70年代开始，中国对外战略的关键内容就是建立反霸国际统一战线。中国领导人直到80年代初都坚持认为，执行这个战略是卓有成效的，造成了对中国有利的国际环境。[①] 可以说直到1984年间，中国在“三大障碍”何者为要的问题上，都存在模糊的空间。

所谓“战略就是确定轻重缓急”，首要的是对在各个层级上涉及的战略目标的排序都做出清楚的选择。这一方面是为了目标集中；另一方面则有利于战略的贯彻，避免因重点不清和由此导致的能力、方法等的不足，以及可能在执行中释放出混乱的信息，致使对方即使有意愿，也会手足无措。由此观之，在此之前就很难说“正常化”战略的规划是完整的和可以被真正贯彻到底的。当然，也可以假定，中国决策层是有意在战略优先的问题上保留了某种弹性。他们在谈判中一再表露，对于苏联很难一次性解决所有“三大障碍”有预判，加之邓小平一开始就确定了“不急于求成”的原则，这都相当于为在博弈过程中调整方案保留更多的选择余地。

就“确定轻重缓急”而言，中国的战略目标包括了丰富的层次。其一是在分别处理与美苏两个超级大国的关系中，中美关系优先于中苏关系；其二是在中苏关系中，地缘安全战略优先于其他双

① 《黄华同志谈国际形势》，1980年1月4日，上海档案馆：B1-9-117，第1页。

边关系的任何领域；其三是在涉及地缘安全的“三大障碍”，解决印支问题优先于中苏边界驻军和苏军撤出阿富汗等两个“障碍”。据此，中国领导人在1985年间基于终于被确定的首要地缘战略关切，将促使越南从柬埔寨撤军作为“正常化”的首要目标，这才标志着“正常化”战略的最终形成。

一项重大战略决策的最终定型通常都会经历较长的时间，而时间的延长通常难免出现空间中各种状态的改变。中国“正常化”战略的优先次序在经历三年后才最终确定，也是有客观条件的。具体地说，就是这次战略选择的完成是同中国对外战略的重大转变直接联系在一起的。这更凸显了“正常化”决策的历史意义，在中华人民共和国历史上，中国为应对全球冷战体系而设计的对外战略从未如此紧密地同一项地区安全战略结合在一起并为之服务。

1985年3月，戈尔巴乔夫（M. S. Gorbachev）上台。他在当选苏共总书记的中央全会上表示，苏联希望“同中华人民共和国的关系能有重大的改善”，并认为“这是完全可能的”。[①] 中方很快做出回应，派遣副总理李鹏参加契尔年科的葬礼。12日晚，李鹏乘机到达莫斯科。他在从机场到下榻旅店途中，就向迎机的苏联外交部第一远东司司长罗高寿（I. A. Rogachev）提出，如能会见戈尔巴乔夫本人，他会有重要信息转达。两天后，李鹏与戈尔巴乔夫等举行了双边会谈。后者在会谈中表示，中苏应举行政治会谈，提高对话的级别，争取两国关系获得“重大改善”。李鹏转达了中国决策层的立场，中苏不会再成为盟友，但可以成为“好邻居”“好朋友”。[②]

---

① 《戈尔巴乔夫在苏共中央全会上的讲话》，《参考资料》1985年3月12日（下），第15页。

② 李鹏：《和平发展合作：李鹏外事日记》（上），北京：新华出版社2008年版，第10页；李凤林：《莫斯科二十年》，载《当代中国使节外交生涯》丛书编委会：《当代中国使节外交生涯》第4辑，北京：世界知识出版社1996年版，第309页。

戈尔巴乔夫的行动与其前任相比还是有新意的，除了苏方能很快安排这次会谈的，戈尔巴乔夫本人在谈话中还表达了提升政治谈判级别的意愿，这足以证明他对改善中苏关系的积极态度和重视程度。所以此后不久，4 月 18 日，邓小平在与英国前首相希思（Edward Heath）会谈时，对戈尔巴乔夫上述谈话做出初步回应。他提出“三大障碍”都要解决，不过苏联可以先做劝越南从柬埔寨撤军。他当时说：“苏联人比较容易做而无任何损失的是，让越南人从柬埔寨撤出去。”[①] 这是他本人首次明确强调，解决“三大障碍”不仅存在轻重缓急之分，而且以解决印支地区冲突为优先，其含义与以往是有根本性区别的，而非给苏联一个下台阶的姿态。

当年 10 月 9 日，邓小平在会见齐奥塞斯库时，请后者给戈尔巴乔夫带口信说，苏联只要在越南从柬埔寨撤军问题上与中国达成具有可信性的谅解，而不是立即就实现越南撤军，中方就可以与戈尔巴乔夫举行中苏峰会，他本人甚至可以破例去访问莫斯科。[②] 这里所谓“破例”，是针对他 1979 年 1 月访问华盛顿后曾说过，他出访的任务完成了，改革开放的外部格局已经基本建构起来，所以，以后不再出访。自那以后他的确没有再跨出过国门。按照这次口信，妨碍“正常化”的“三大障碍”实际上已经变成了解决印支问题这一个；邓小平本人则以访问莫斯科作为条件，敦促苏联新领导人做出政治决断。可以说中国决策层从此将“正常化”与苏联劝说越军撤出柬埔寨直接挂钩，并以最高领导人访苏实现峰会作为回报。这会增加戈尔巴乔夫改变政策的诱惑力，在时隔 30 年后在莫斯科实现两国首脑峰会，对任何有欲望成为伟人的政治家来说，都

① 中共中央文献研究室编：《邓小平年谱（一九七五——一九九七）》（下），北京：中央文献出版社 2004 年版，第 1041 页。中共中央文献编辑委员会编：《邓小平文选》第 3 卷，北京：人民出版社 1993 年版，第 119 页在登载该谈话内容时删去了这一部分。

② 中共中央文献研究室编：《邓小平年谱（一九七五——一九九七）》（下），北京：中央文献出版社 2004 年版，第 1085—1086 页。

是值得向往的，而事实证明，戈尔巴乔夫是有成为伟人的欲望的。

中国决策层此时大幅度调整对苏政策是明显的事实，其原因极为复杂，需要深究。有论著认为，是戈尔巴乔夫上台这一事件为中苏正常化注入“新的生命”。[①] 1985 年 3 月，戈尔巴乔夫上台，这的确可以看作苏联内外政策将发生根本转变的前兆，不过当时并无迹象表明，戈尔巴乔夫真的打算很快在对华政策上有所作为。实际上，他花了很长时间来巩固在苏共党内的政治地位，处理中苏关系这件事远没有提上议事日程。

10 月 22 日，齐奥塞斯库利用在保加利亚开会期间，向戈尔巴乔夫转达了邓小平谈话的内容，戈尔巴乔夫表示会认真考虑。[②] 尚无法确定这一情况是否被立即反馈到中国；另一种可能是戈尔巴乔夫的表态被认为是不清楚的。11 月 4 日出版的美国《时代周刊》刊登了邓小平的谈话，其中包括分先后解决“三大障碍”的内容。[③] 由于邓小平采取这种公开和直截了当的反应方式，两天后，中方即接到苏方通知说，他们收到邓小平通过齐奥塞斯库转达的口信了。[④] 随后不久，苏方又提出立即在远东某地举行中苏峰会的建议。苏方的反应表明，戈尔巴乔夫还没有准备好为根本改善中苏关系采取实质性的步骤，但对峰会的确是有兴趣的。

中国在更主动推进“正常化”是相当明显的，其原因首先是中国同苏联以及苏联阵营一些国家的关系在持续改善。一方面，中苏双边关系的经贸、文化和人员往来等领域在迅速增加。另一方面，从 1983 年开始，中国同中东欧的苏联阵营国家以及一些西欧国家共产党等的关系，都在逐步改善。这推高了中国内部改善中苏关系

---

① 苏起：《论中苏共关系正常化》，台北：三民书局 1992 年版，第 119 页。

② 中共中央文献研究室编：《邓小平年谱（一九七五——九七九）》（下），北京：中央文献出版社 2004 年版，第 1086 页。

③ “An Interview with Deng Xiaoping,” *Time*, November 4, 1985, p. 40.

④ 钱其琛：《外交十记》，北京：世界知识出版社 2003 年版，第 23 页。

的呼声，因为同苏联阵营国家和西欧国家共产党的关系能否取得突破性进展，至少部分地取决于中苏关系的状况。

由此带来的另一个问题是，同中东欧国家关系的改善仍然保持了某些社会主义阵营国家间关系的特点，如领导人之间互称“同志”，互相将对方定义为“社会主义国家”，以及恢复党际交往，等等。加之这类国家间关系与很多国家间关系不同，它们分属外交部和中联部两个部门处理，或由两个部门共同处理。外交部的职能决定了他们并不在意苏联以及东欧国家是否是社会主义，但是对方国家通常对此甚为看重，这也就成了外交部寻求关系突破的一个问题。[①] 负责处理党际关系的中联部似乎更在意确认那些国家的性质，否则党际关系受到的负面影响要大于国家间关系。上述变化的确影响到中苏双边关系的改善，例如苏联副总理阿尔希波夫（I. V. Arkhipov）访华期间，会见他的中方领导人与他互称“同志”；同时在决策系统中也不断出现建议，要为苏联恢复“社会主义国家”的名义。[②]

中苏双边交往中出现了政治变化如意识形态因素的影响有所提升，在中国决策系统中并非空穴来风。最初的争论如前所述，源自1979年夏季的使节会议，同中国国内思想解放运动引发的理论思想争论有直接关联。从1983年年初开始，在中国决策层内又开始了是否要加快改善中苏关系的讨论，参与者“有的主张快一点，步子大一点，有的主张慢一点，不要急”，等等。这类争论持续到1985年，有关加快改善中苏关系的主张进一步升级。中央外事小组曾经

① 马叙生：《八十年代东欧问题回眸》，载外交部《当代中国使节外交生涯》编委会：《当代中国使节外交生涯》第5辑，北京：世界知识出版社1997年版，第173页。

② 《李先念传编写组》编：《李先念年谱》第6卷，北京：中央文献出版社2011年版，第189页；朱良：《同一些国家共产党关系的调整和党的对外工作的拓展——朱良同志访谈录之一》，《中共对外关系史料》1999年第5期，第50—52页；钱其琛：《外交十记》，北京：世界知识出版社2003年版，第10页。

建议，中苏“双方来往可以多一些，气氛可以热一些，级别可以高一些”。有的建议甚至提出，“不把消除三大障碍作为发展两国政治关系的先决条件，而是通过发展政治关系来促进经济关系的发展，推动障碍问题的解决”，等等。[①]

有关此类讨论和双边关系的发展等导致了一种复杂的气氛。1984 年 12 月，阿尔希波夫时隔多年访华。当时在中国内部讨论了是否使用“社会主义国家”来称呼苏联，而且是存在分歧的。7 月 12 日，时任对外友协负责人、资深外交官王炳南向胡耀邦提交建议，考虑承认苏联是社会主义国家和加强对东欧各国的工作。[②] 就在阿尔希波夫来华之前两个月，外交部苏东司司长马叙生曾提交一份报告，内容包括了应“确认”苏联“为社会主义国家”。[③] 结果是这份报告根本未能获外交部部级领导准许上报，由此可见这类问题的敏感度之高。但陈云、薄一波和彭真等高层领导人根据事先的安排与前者会见时，因为曾经有多年交往形成的个人友谊而施以拥抱之礼，在相拥时甚至泪水外溢。在国际共运和苏联阵营中，领导人见面以相互拥抱和互亲左右面颊为礼仪之必须。这是遵循俄罗斯民族的传统习惯，所要表达的是对奠基于以苏共为代表的社会主义国家间“同志式关系”的认可。换句话说，由于这种仪式本身就是一种特殊关系的表征，中苏政治关系就这样实际上被提升了。也正是在那些会见中，苏联有时被称为“社会主义国家”。[④] 这超出了会见前的规定，的确打破了多年来的禁忌。

---

① 《李先念传编写组》编：《李先念传 1949—1992》（下），北京：中央文献出版社 2009 年，第 1237 页。

② 骆亦粟：《炳公轶事——忆外交家王炳南》，外交部《当代中国使节外交生涯》编委会：《当代中国使节外交生涯》，北京：世界知识出版社 1999 年版，第 51 页。

③ 马叙生：《八十年代东欧问题回眸》，载外交部《当代中国使节外交生涯》：《当代中国使节外交生涯》第 5 辑，北京：世界知识出版社 1997 年版，第 173 页。

④ 李凤林：《莫斯科二十年》，载外交部《当代中国使节外交生涯》编委会：《当代中国使节外交生涯》第 4 辑，北京：世界知识出版社 1996 年版，第 302 页。

这种变化对既定的“正常化”战略的潜在冲击是严重的。由于中苏本来就有外交关系，双边关系一些领域的改善与中国同其他中东欧国家、西欧国家共产党等党际关系的改善等结合在一起，客观上明显增加了既定战略出现失焦的可能性，会逐步稀释地缘安全诉求的合法性，这导致邓小平所极力坚持的中国地缘战略诉求被边缘化，“正常化”有可能变成一个没有战略内容的空洞的概念。

邓小平显然意识到必须做出必要和明确的纠正。他一方面在决策层巩固和加强既有的共识，澄清并强调“正常化”的战略含义及其核心地位，同时控制双边关系的发展，要求有关机构“对中苏交往要加以适当控制”。[①] 最突出的行动是在苏方积极推动两国外长互访时，邓小平坚持用在联合国举行外长会谈的方式取而代之。他认为，外长互访“就意味着正常化，美国、西方就要考虑同中国的关系问题”。[②] 从后来的发展来看，中国外长钱其琛访问莫斯科虽然早于中苏峰会，但的确就是因为已经基本确定了峰会的时间表和历史地位之后，他才得以成行。另一方面，邓小平也采取更积极的行动来推动“正常化”战略。前述他通过齐奥塞斯库向戈尔巴乔夫转达口信，就是新一轮行动的开端。

中美关系的积极发展是另一个间接但也不可忽视的条件。1984年年初到5月，中美两国高层领导人实现了互访。中国领导人利用各种机会，促使美国在台湾问题上进一步做出明确的承诺，这为中美关系的稳定和进一步发展等，创造了更宽松的政治环境。[③] 5月，美国总统里根访华后，中美关系进入了全面发展的史称“蜜月”的

---

① 《李先念传》编写组编：《李先念传 1949—1992》（下），北京：中央文献出版社2011年版，第1237页。

② 参见蒋本良：《“我今天打了一张大牌”——从邓小平一个口信看其“大三角”战略的运用》，《领导文萃》2001年第6期，第45—49页。

③ 参见苏格：《美国对华政策与台湾问题》，北京：世界知识出版社1998年版，第536—539页。

阶段。特别是双方在军事合作领域，取得了前所未有的进展。中美关系的稳定发展使中国领导人更加相信，中国正处于有利的战略地位，可以更加主动和自信地推动中苏“正常化”。当然，他们也更加感到从容不迫。从实际情况来看，邓小平在面临内部改善中苏关系的压力时，继续坚定地要获得实实在在的战略利益，部分地因为当时从苏联那里确实也得不到中国现代化所急需的其他东西，何况过于快速地改善中苏关系，还要冒损害中美关系的风险。这就是为什么中国领导人经常要向美方解释，中国不会再同苏联结盟，也不会在美苏之间搞平衡。简而言之，就是不能为发展中苏关系而损害中美关系。

与中美建交决策相比，这时在中国决策者的认知中，稳定和发展中美关系已经不仅是在安全战略领域具有重大价值，而且与国家战略的根本性转变存在正相关这一点，随着时间的推移变得越来越明确和重要。中美战略合作不仅有利于改善中国的安全环境，而且对实现中国的现代化目标已经变得不可或缺了。保持与美国合作已经不是一般性的针对战争、霸权等战略安全问题，因国家现代化战略转变所产生的需求正变成推动中国对美政策持续调整的更为深刻和持久的因素。所以，即使中国决策者已经明确决定，不基于“中美苏战略大三角”的框架制定对外政策，不在冷战中扮演积极的角色，他们也没有改变中美关系优先于中苏关系的基本原则。后来的发展证明，即使是在中苏实现“正常化”之后很长时间里，也仍然如此。

如果更系统地考察中国政局的变动，有必要强调尽管有上述对外关系的种种变动，真正导致中国领导人决心加快“正常化”进程的最主要原因，仍然是在中国的内部形势，主要是中国发展战略的新发展所引发的中国领导人对涉及对外政策的重大问题的新思考和新判断。这些思考自 1978 年以来从未中断，它们积累到 1985 年夏季前后，出现了飞跃性的提升。最重要的标志是中国领导人明确提出和平与发展是当今世界两个主题的思想。[①] 这是中国领导人在认识“时代”问题上的一次巨大变化，它基本否定了在所谓“时代”问题上长期坚持的主要观点。与此相联系的是，继 1983 年军队精简机构之后，中国决策层大致从 1984 年春夏开始，酝酿实施规模达百万人之众的大裁军。[②] 当年 11 月 1 日，邓小平在中央军委座谈会上，宣布了裁军一百万的决定。为解释这一决定的必要性，他明确地阐述了不可能爆发大战——主要是指包括世界大战和大规模入侵中国的战争——的观点。[③]

1985 年 5 月 23 日至 6 月 6 日，中共中央军委在北京召开扩大会议，讨论百万裁军方案和精简后的军队改革和编制。这次会议做出了三个重要决定：国防建设要以经济建设为中心考虑其轻重缓急；实行百万人大裁军；在对外政策方面，放弃反苏国际统一战线的方针，并确定不再以“中美苏战略大三角”为基础，设计中国的对外政策。会议期间，邓小平阐述了一段时间以来中国领导人的重要思考和结论。

6 月 4 日，邓小平与一些军队领导人谈话。他说经过几年仔细观察和思考，中国决策层已经完成了“两个重要的转变”。第一个转变是“改变了原来认为战争的危险很迫近的看法”。这句话可以被合逻辑地延伸为，苏联的威胁也并不像以往被认为的那么严重，因为以往中国领导人所说的安全威胁主要就是指来自苏联的战争威胁。第二个转变是放弃反苏国际统一战线政策，不在所谓“美中苏

① 邓小平：《和平与发展是当代世界的两大问题》，1985 年 3 月 4 日，载《邓小平文选》第 3 卷，北京：人民出版社 1993 年版，第 105 页。

② 参见张震：《张震回忆录》（下），北京：解放军出版社 2003 年版，第 268—271 页。

③ 邓小平：《裁减军队，提高军队素质》，1984 年 11 月 1 日，载中共中央文献研究室、军事科学院编：《邓小平军事文集》第 3 卷，北京：中央文献出版社、军事科学出版社 2004 年版，第 266—267 页。

战略大三角”的思维框架中，制定中国的对外政策。[①] 邓小平的这次谈话意义重大，是决策系统中持续将近两年的讨论研究的结论，它可以被看作是中国宣布“退出冷战”的一个标志性的历史事件。[②]

差不多从这个时候起，中国领导人越来越频繁地向国际社会表明，中国已经放弃以反苏国际统一战线作为自己对外政策的基调，并希望在建立多元世界政治秩序的基础上，推进中苏“正常化”。邓小平在会见奥地利总统鲁道夫·基希施莱格（Rudolf Kirchschläger）时，甚至改变了他过去一直坚持的对毛泽东晚年对外战略思想的肯定。他很明确地说，毛泽东对国际形势的判断“也有缺陷”。[③]

中国领导人对所谓“时代”问题做出新判断和决定大裁军等，在根本上都是促使他们就国家现代化战略和基本规划等达成共识的关键条件。这个共识就是要争取在21世纪中期，使中国现代化的发展状况接近发达国家的水平。为了实现这个战略目标，中国领导人一再说明中国还“希望有七十年的和平”。[④] 这种对未来的思考和规划，才是促使他们下定决心根本改变中国的安全战略和对外政

---

① 邓小平：《在军委扩大会议上的讲话》，1985年6月4日，载《邓小平文选》第3卷，北京：人民出版社1993年版，第126—129页；可参见《徐向前年谱》编委会：《徐向前年谱1950—1990》（下卷），北京：解放军出版社2016年版，第537页。这部分记载了6月17日陈云同徐向前的谈话，说受中央委托征求徐向前对国际战略的看法。陈云说他、李先念和胡耀邦等都不同意邓小平搞“三足鼎立”的主张，因为做不到。

② 《李先念》编写组编：《李先念传1949—1992》（下），北京：中央文献出版社2011年版，第1236—1237页。

③ 中共中央文献研究室编：《邓小平年谱（一九七五——一九九七）》（下），北京：中央文献出版社2004年版，第1076页。

④ 邓小平：《在中国共产党全国代表会议上的讲话》，1985年9月23日，载《邓小平文选》第3卷，北京：人民出版社1993年版，第143页。另参见中共中央文献研究室编：《邓小平年谱（一九七五——一九九七）》（下），北京：中央文献出版社2004年版，第1057、1059页。

策的关键动力。

基于上述背景，前述邓小平 10 月 9 日给戈尔巴乔夫的口信肯定不是简单的谈判策略，更不会是一时兴起。虽然还无法揭示做出这个决定的具体过程，但可以推断至少他本人是经过深思熟虑的，其中包含着对外战略思考的重大变化，即中国的主要诉求正从维持全球战略均势转向获得实实在在的地区战略利益。与之相配合，中国决策层明确将中苏谈判的焦点从解除苏联“大兵压境”的威胁，转向解决越南从柬埔寨撤军问题。简而言之就是通过改善中苏关系，迫使越南从柬埔寨撤军，根除印支地区紧张局势。这被定义为符合中国的印支地区战略利益。可以设想，如果能利用苏联的影响解决印支地区冲突，中国的周边环境将获得实质性改善。后来中苏政治谈判之所以持续到 1989 年春夏之交，中苏难以在越南撤出柬埔寨问题上达成谅解等成为主要原因。

第七节 “正常化”与安定南疆

1985 年中国对外政策转变也导致中国对印支地区政策的调整，提出以“安定南疆”为核心的尽快恢复印支地区和平的政策。这首先是中国国家战略发展的客观形势使然，中国不可能在全力以赴地进行现代化建设时，继续无限期地听任毗邻的印支地区处于战争状态并使自己卷入其中。不仅同越南在边境地区持续的军事冲突在干扰中国的发展战略，而且柬埔寨问题的复杂性也决定了中国长期被拖在其中，会持续地损害中国的国际地位，特别是在东南亚地区的影响力。所以，中国领导人迅速将中苏“正常化”战略聚焦于印支问题，并通过直接或间接的方式，一再向苏联领导人转达尽快彻底安定印支形势，才是中国首要的地缘战略关切。

中国战略的重新聚焦和对印支政策的调整等，固然反映了中国国家战略的内在需求，但也绝不是一厢情愿的，该地区的形势在1985年夏季的确出现了重大变化。越南由于深陷柬埔寨战争，国内经济、社会等面临极为严重的困难，被国际描述为正成为世界上“最贫穷的国家”。1985年3月25日，越南提出了政治解决柬埔寨问题的五点建议，其中对从柬埔寨撤军这个关键问题的表述出现了一些变化。[①] 越南在在契尔年科逝世两周后发表这个声明，其目的就包括向克里姆林宫的新主人做出姿态，这也是声明立即引起国际社会注意的重要原因。

6月下旬，时任越劳总书记黎笋访问莫斯科。戈尔巴乔夫在欢迎宴会上的致辞中说，苏越都希望同中国关系正常化。黎笋也在致辞中表示，要恢复中越“传统友好关系和正常的睦邻关系”。[②] 6月28日，苏联外交部发言人在新闻发布会上说，苏越领导人相信，“苏中以及越中关系的正常化将符合加强亚洲和平与安全的宗旨”。[③] 在黎笋访问结束时，双方发表了《苏越联合宣言》，其中专门声明，“双方认为，苏联和越南社会主义共和国同中华人民共和国实现关系正常化将符合加强亚洲和平与国际安全的目的”。[④] 苏越明显地在向改善对华关系的方向协调他们的对华政策。

从趋势上看，解决柬埔寨的政治问题变得越来越重要，这也是中国决策者将印支问题与中苏“正常化”直接挂钩的重要原因。在柬埔寨的政治问题上，中国面临相当复杂和困难的局面，主要是在

---

① 《东盟对越南提出的所谓解决柬问题的五点建议反应冷淡》，《参考资料》（上）1985年3月26日，第53页。

② 《戈尔巴乔夫和黎笋在苏方宴会上的讲话》，《参考资料》（下）1985年6月29日，第18页，第20页。

③ 《洛梅科在新闻发布会上介绍苏越会谈情况》，《参考资料》（下）1985年6月29日，第13页。

④ 《苏越联合宣言》，1985年6月29日，《参考资料》（下）1985年6月30日，第22页。

如何安排越军撤出后柬埔寨的政治前途方面，阻力并不仅仅来自越南和苏联，这类问题客观上的确也不是苏联能完全控制的。对于中国决策者来说，苏联在这个问题上做到什么程度就是可以接受的，仍然有可以操作的空间，这取决于他们在不同时期对相关问题的评估。例如如何评估中苏政治关系取得大幅进展的紧迫程度；如何评估苏联促使越南撤军的实际能力；以及随着时空的变化，中方愿意在政治解决柬埔寨问题上可能做出的让步的程度，等等。后来中苏政治谈判之所以持续到 1989 年春夏之交，双方难以在越军撤出柬埔寨所涉及的政治问题上达成谅解等是主要原因，至少也是主要原因之一。

12 月下旬，李鹏访问欧洲途经莫斯科回国。李鹏在莫斯科停留期间，戈尔巴乔夫临时决定会见他。李鹏事前并无与戈尔巴乔夫会见的计划，故紧急请示北京并获批准，会谈结果是双方各说各话。戈尔巴乔夫在会见中阐述了苏联的政策要点，即继续争取实现“正常化”，以及希望同中国在国际事务中“站在一条战线上”。李鹏拒绝了与苏联在国际上搞统一战线，他说中国需要与西方国家友好相处，而中苏之间最关键的是解决柬埔寨问题，“只要苏联促使越南从柬埔寨撤军，中苏间一切都好谈”。① 由于这是一次未经事前周密计划的临时会见，其影响不仅在于未能获得实际成效，而且在国际上引起对中国对苏政策的猜测和评论，这促使中国决策层果断搁置了推动中苏政治关系发展的选项。② 这次事件也证明，中国决策层内部有关无条件发展中苏政治关系的看法，会导致对外关系布局的动荡和“正常化”战略失焦。这的确不是一个抽象的、可以简

① 李鹏：《和平发展合作：李鹏外事日记》（上），北京：新华出版社 2008 年版，第 15—16 页。

② 戴秉国：《战略对话：戴秉国回忆录》，北京：人民出版社、世界知识出版社 2016 年版，第 47 页。

单地坐而论道的理论问题，而是战略决策的实践经验问题；能否确保战略目标的集中并实现，有时取决于决策体制能否为保持战略行为的一致和连贯提供保障。

1986年2月，苏共召开二十七大。戈尔巴乔夫在大会的政治报告中提出，苏联将从阿富汗撤军。他在谈到改善中苏关系时，除了继续表达将追求关系正常化外，并无具体改变。中国决策层随后召开专门会议，讨论该次大会有关决定及其对苏联对华政策的影响。与会者认为，苏联“只走了一小步”，还没有下决心解决印支问题。① 此外，中苏副外长级政治磋商直到这时也未能在“三大障碍”上取得实质性进展，中苏政治关系继续陷入僵局。

倒是印支局势不久即出现变化，最突出的是越南方面提出了从柬埔寨撤出全部军队的时间表。3月4日，波兰《晚快报》刊载了越南外交部第一副部长阮颐年（Nguyen Dy Nien）对记者的谈话。他说，“越南军队将在1990年前撤出柬埔寨，即使那时波尔布特（Pol Pot）集团的残余分子还在”，“这甚至还可以发生得更早一些”。② 这是越方第一次非正式地公开表示，要在1990年前撤出柬埔寨，并且不以彻底清除红色高棉作为撤军的条件。3月10日，越南外交部发表《关于中国反越的敌对政策备忘录》，指责中国无视越南已经提出了“将于1990年全部从柬埔寨撤军，如果能有一个政治解决办法的话还可以早些撤军”。③ 越南就是以这种方式，正式宣布了一个明确的撤军时间表，并提请中方予以重视。柬埔寨韩桑林（Heng Samrin）政权的外交部副部长贡昆（Kong Korm）此后

---

① 李鹏：《和平发展合作：李鹏外事日记》（上），北京：新华出版社2008年版，第16页。

② 《越第一副外长说越军将在一九九〇年前撤出柬埔寨》，《参考资料》1986年3月5日，第42—43页。

③ 《越外交部发表“关于中国反越的敌对政策备忘录”》，《参考资料》1985年3月15日，第11页。

不久公开表示，最多用两年时间，找到政治解决柬埔寨问题的办法。[①]

越南政策的变化引起各方的重视和积极评价。民柬联合政府的三方代表不久后在北京召开内阁会议，经讨论提出了政治解决柬埔寨问题的“八点建议”，包括：民柬联合政府可以同越南直接谈判撤军，以及越军可以分两阶段撤出；第一阶段撤军完成后，民柬即可同越南支持的韩桑林政权谈判；越军全部撤出后将组成以西哈努克亲王为首的“四方”联合政府，即在未来的联合政府中可包括韩桑林政权。[②] 3月18日，民柬联合政府提出“八点建议”的当天，胡耀邦会见了民柬三方领导人，公开表示那是个“富有远见的方针”，而且还“充分照顾到越南人民的利益”。[③] 他还专门谈到，“只要越南从柬埔寨撤军，就可以恢复中越传统友谊”。[④] 4月22日，中方利用中老建交25周年的机会，开始主动改善同老挝政府的关系。

7月28日，戈尔巴乔夫在海参崴发表讲话，第一次正式和系统地回应了“三大障碍”问题：关于从蒙古撤军，苏联“正同蒙古人民共和国领导人一起研究关于相当大一部分苏联军队撤出蒙古的问题”；关于中苏关系，苏联在各领域发展同中国的合作，理解与尊重中国的国内政策，也愿意谈判解决黑龙江地区的边界遗留问

---

① 《柬伪副外长宣称达成寻求柬冲突政治解决办法只限两年》，《参考资料》1985年3月15日，第12页。

② 参见王泰平主编：《新中国外交50年》（上），北京：北京出版社1999年版，第203页。

③ 《胡耀邦会见西哈努克、宋双、乔森潘时说，中国支持民柬政治解决柬埔寨问题建议，重申全力支持民柬的救国斗争，相信柬埔寨的春天一定会到来》，《人民日报》1986年3月19日。

④ 《胡耀邦会见西哈努克、宋双、乔森潘时说，中国支持民柬政治解决柬埔寨问题建议，重申全力支持民柬的救国斗争，相信柬埔寨的春天一定会到来》，《人民日报》1986年3月19日。

题，“而边界线的正式走向可以以主航道为界”；关于撤退中苏边境军事力量，苏联愿意“讨论旨在相应地降低陆军水平的具体步骤”；关于从阿富汗撤军，苏联“愿意应阿富汗政府的请求使驻在这个国家的苏联军队回国”；关于柬埔寨问题，苏联不愿再支持越南占领柬埔寨这场毫无前途的战争，但柬埔寨问题属地区性冲突，主要应由中越之间解决，“许多事情取决于中越关系正常化”。[①] 通观戈尔巴乔夫谈话，苏联对于解决“三大障碍”是相当认真的，但对中国表达的首要关切即解决印支地区问题，苏联这时还不想而且实际上也很难做到让越南从柬埔寨撤军，原因之一是苏联未必能完全支配越南的政策。

在4月举行的中苏第8轮副外长级政治磋商期间，苏方就提出，将柬埔寨问题作为一种地区冲突，与中方讨论解决办法。[②] 更宏观的原因是苏联亚太战略的优先次序。在苏联的战略日程表中，苏军撤出阿富汗要先于解决柬埔寨问题。所以，与从阿富汗和蒙古撤出军队相比，苏联在柬埔寨问题上的行动迟缓得多。越南当时继续坚持将撤军同不允许红色高棉参加柬埔寨联合政府的问题挂钩。苏联在此问题上还无法、或者说是还不打算劝越南做出让步。[③]

对于中国决策者来说，戈尔巴乔夫的谈话虽然值得肯定，但有些模糊了焦点，与他们已经改变了的地缘战略关切还不相符。恰逢此时，越劳总书记黎笋逝世，越南政局的重要变化难免影响到中方的政策。8月13日，外长吴学谦约见苏联驻华使馆临时代办费多托

---

① 《戈尔巴乔夫在给崴市授勋大会上的讲话》，《参考资料》1986年7月30日，第30—38页。

② 参见田曾佩主编：《改革开放以来的中国外交》，北京：世界知识出版社1993年版，第293页。

③ 《戈尔巴乔夫同阮文灵举行会谈》，《参考资料》1987年5月19日，第54—56页；《阮文灵在克里姆林宫宴会上的讲话》，《参考资料》1987年5月20日，第23页；《苏越联合声明》，《参考资料》1987年5月22日，第45页。

夫（V. P. Fedotov），告诉后者中方不满意戈尔巴乔夫忽视印支问题，而这才是邓小平通过齐奥塞斯库传话的核心内容。[①] 9月2日，邓小平接受美国记者华莱士（Mike Wallace）采访。他直截了当地表示，如果苏联在推动越军撤出柬埔寨问题上“走出扎扎实实的一步”，他就可以会见戈尔巴乔夫。[②] 几乎与此同时，民柬联合政府三方领导人在北京发表宣言称，他们将坚持“八点建议”，直到越南接受以此建议为基础进行谈判。[③]

5月7日，中国领导人会见访华的保加利亚领导人日夫科夫（Zhivko Zhivkov），请他向戈尔巴乔夫转达口信：解决柬埔寨问题的关键是越南撤军，越军撤出后，中国希望建立以西哈努克为首的联合政府。[④] 中国领导人明确表态，不支持红色高棉在越军撤出后控制柬埔寨，这是对国际社会的关切的积极回应，也给苏联提供了回旋余地。5月11日，邓小平委托访华的联合国秘书长德奎利亚尔（Javier Perez de Cuellar）向越南方面转达：第一，柬埔寨内政和某个人犯的错误都不能成为军事占领柬埔寨的理由，越南必须首先从柬埔寨撤军；第二，越军撤出后，柬埔寨问题由柬四方协商解决；第三，中国支持西哈努克亲王为首的四方联合政府，不希望红色高棉掌权；第四，只有解决了柬埔寨问题，中越关系才能正常化。[⑤]

---

① 《外交部新闻发言人发布新闻，吴学谦会见苏联代办谈中苏关系》，《人民日报》1987年8月14日，第1版；钱其琛：《外交十记》，北京：世界知识出版社2003年版，第25页。

② 邓小平：《答美国记者迈克·华莱士问》，《邓小平文选》第3卷，北京：人民出版社1993年版，第167—168页。

③ 参见王泰平主编：《新中国外交50年》（上），北京：北京出版社1999年版，第203页。

④ 转引自王泰平主编：《新中国外交50年》（上），北京：北京出版社1999年版，第205页。

⑤ 《邓小平会见德奎利亚尔时指出，解决世界和平和发展问题联合国的作用越来越重要》，《人民日报》1987年5月12日第1版；参见王泰平主编：《新中国外交50年》（上），北京：北京出版社1999年版，第206—207页。

中方至此阐明了可能做出的让步。

苏方比较快地做出了回应，这表明苏联领导人的思考终于开始聚焦。5月12日，戈尔巴乔夫会见了刚从北京访问归来的日夫科夫，他显然从会见中了解了中方的立场。第二天，罗高寿在中苏第十轮政治磋商结束后发表谈话说，苏联“准备尽可能地协助解决柬埔寨局势问题”。[①] 23日，戈尔巴乔夫本人在回答意大利共产党《团结报》提问时，终于将柬埔寨问题放在中苏“正常化”框架里，他说双方都应关心通过政治途径予以解决。[②]

由于中苏关系在包括边界谈判等在内的各领域持续发展，中国决策者更愿意在印支问题上采取积极行动。他们最初认为，越南在印支扩张是苏联包围中国的战略步骤。一旦确定苏联已经没有了这种意图，越南侵柬之于中国将是一个单纯得多的地区问题，从逻辑上说，中国的解决方式也会随之发生变化，事实也是如此。

11月16日，邓小平会见土井多贺子（Doi takako）率领的日本社会党代表团。他在会谈中非常明确地说，只要苏联在解决柬埔寨问题上采取行动，他愿前往苏联任何地方会见戈尔巴乔夫。[③] 10天后，戈尔巴乔夫在会见赞比亚领导人卡翁达（Kenneth Kaunda）时回应说，他注意到了邓小平的谈话，他本人期待在任何地方同邓小平会见，只是希望中方不设“先决条件”。[④]

苏联真正开始实际行动是在1988年4月，即苏、美、巴基斯坦和阿富汗达成政治解决阿富汗问题的《日内瓦协议》之后。5月

① 《罗高寿说苏对中苏关系的发展感到满意》，《参考资料》1987年5月14日，第16—17页。

② 《戈尔巴乔夫对意〈团结报〉编辑部的书面答复》，《参考资料》1987年5月24日，第79页。

③ 中共中央文献研究室编：《邓小平年谱（一九七五——一九七九）》（下），北京：中央文献出版社2004年版，第1218—1219页。

④ 《戈尔巴乔夫会见卡翁达时谈他同邓小平会晤问题》，1987年11月27日，《参考资料》1987年11月28日。

23 日，苏联外长谢瓦尔德纳泽（E. Shevardnadze）会见越南外长阮基石（Nguyen Co Thach），他说苏联已经准备好为解决柬埔寨问题“做出贡献。”[①] 两天后，越南宣布于 6 月开始从柬埔寨撤出 5 万军队，剩下的军队届时将由金边政权指挥，并于 1990 年年底前全部撤出。罗高寿第二天发表讲话，将越南部分撤军的决定同即将举行的中苏第十二轮政治磋商挂钩，即柬埔寨问题“将在议程上处于明显的地位”。[②] 5 月 29 日，苏联政府发表声明，苏联准备寻求解决柬埔寨问题的建设性办法。[③] 6 月上旬，谢瓦尔德纳泽在纽约联合国会议期间会见钱其琛，主动提出希望双方召开解决柬埔寨问题的专门会议。[④] 20 日，第十二轮中苏副外长级政治磋商会议结束。双方同时宣布，副外长级政治磋商会议已经完成了历史使命，双方将举行专门解决柬埔寨问题的副部长级磋商。

7 月间，越方已经向中方表示，越南撤军时间可早于 1989 年年底开始。[⑤] 中国决策层明确表示，不支持红色高棉在越南撤军后控制柬埔寨政府，也不会支持红色高棉领导人参加柬埔寨联合政府。7 月 1 日，中国外交部就柬埔寨局势发表声明，宣布中方主张“越南尽早从柬埔寨全部撤军是解决柬埔寨问题的关键”；“赞成在西哈努克亲王主持下建立柬埔寨四方参加的临时联合政府”；“临时联合政府成立后，柬各派的军队应当冻结，不参与政治，不干预大选”，等等。[⑥] 2 日，李鹏在担任总理后首次接受外国记者采访，他重申

---

① 《谢瓦尔德纳泽会见越南外长阮基石》，《参考资料》1988 年 5 月 24 日，第 51 页。

② 《罗高寿说苏希望中越就关系正常化问题举行谈判》，《参考资料》1988 年 5 月 27 日，第 5 页。

③ 《苏政府声明说越撤军为政治解决柬问题开辟了新的可能性》，《参考资料》1988 年 5 月 30 日，第 31 页。

④ 钱其琛：《外交十记》，北京：世界知识出版社 2003 年版，第 47 页。

⑤ 李鹏：《和平发展合作：李鹏外事日记》，北京：新华出版社 2008 年版，第 27 页。

⑥ 《外交部就柬埔寨问题发表声明，越方应该尽早提出短期内从柬撤军的时间表，我赞成建立四方临时联合政府进行自由选举》，《人民日报》1988 年 7 月 2 日。

中方的原则立场后说，中苏外长能否举行会谈，取决于副外长级商谈的结果。[①] 显然，中国决策层一方面相信，根本解决柬埔寨问题的条件已经成熟；另一方面，绝不会在取得决定性进展之前就提升中苏政治关系。

8月27日至31日，中苏举行了有关柬埔寨问题的第一轮副外长级会谈。9月2日，罗高寿发表谈话，希望越南“明年撤出其全部军队”，他说这“肯定会给中国和苏联之间的关系带来积极的影响”。[②] 第二天，他还向越南第一副外长丁儒廉（Dinh Nho Liem）通报了中方在越南撤军时间上的立场和苏联的态度。[③]

中苏副外长级会谈达成的另一个重要共识，是将柬埔寨问题分为“内部”和“外部”两个层面来解决。[④] 这一看似技术层面的进展是有实质性意义的，因为越南方面一直坚持将撤军同阻止红色高棉参加联合政府挂钩；而且苏联坚持越军撤出后，只能建立一个西哈努克领导的临时机构，而非政府。中苏达成的上述协议可以将越南撤军与柬埔寨未来的内部问题分开解决；同时使金边政权还能作为政府存在，同时保持排除红色高棉进入未来政府的讨论空间。这时关键的问题在于越南是否会接受，结果是9月24日，越南国务委员会主席武志公（Vo Chi Cong）访苏后发表的越苏联合公报称，越南撤军同消除红色高棉控制柬埔寨政权的威胁是“相互联系的关

① 张荣典、朱云龙：《雅加达非正式会晤如果达成协议，中国愿参加柬埔寨问题国际保证》，《人民日报》1988年7月4日，第1版。

② 《罗高寿说苏中有了更多的共同点但仍存在分歧》，《参考资料》1988年9月3日，第6页；《罗高寿说苏中副外长会晤有助于苏中政治关系正常化》，《参考资料》1988年9月4日，第5页。

③ 《每日动态（苏联·东欧）》，《参考资料》1988年9月4日，第3页。

④ 《罗高寿说苏中有了更多的共同点但仍存在一些分歧》，《参考资料》1988年9月3日，第6页；《罗高寿说苏中副外长会晤有助于苏中政治关系正常化》，《参考资料》1988年9月4日，第5页。

键问题”。[①]

基于这一进展，9月16日，戈尔巴乔夫在克拉斯诺亚尔斯克发表谈话，表示“愿意立即着手准备苏中最高级会晤”，并首次提出中越之间直接谈判解决柬埔寨问题的建议。[②] 这表明，苏联的确在为摆脱柬埔寨问题上的困境寻找切实可行的办法，中方则很快给予肯定性评价。[③] 中方不久后同意派钱其琛访问莫斯科。28日，苏外交部公布两国外长将互访，而且是钱其琛首先访问莫斯科。

10月9日，中国决策层召开会议，经讨论决定，钱其琛访苏的主要任务是促使越南撤军，而且只要越南承诺1989年撤军就可举行中苏首脑会晤。换句话说，越南撤军后柬埔寨内部的政治问题等，可以不是中苏外长会谈的重点，甚至也不是中苏首脑会谈的障碍了。事实是钱其琛访问莫斯科时，已经在为“中苏首脑会晤做准备”。[④]

钱其琛访苏的时间是12月1日至3日。在此之前，11月8日，李鹏主持召开了一次外事小组会议，主要讨论了外交部长钱其琛即将出访莫斯科的安排，以及鉴于中苏谈判获得的进展，是否可以着手安排中苏首脑峰会。与会者们都很明确，所谓“峰会”的主要部分就是指邓小平与苏共中央总书记戈尔巴乔夫的会谈，以及以此为标志，宣布中苏关系实现了“正常化”。之后决策高层召开专门会议，确定了中苏首脑会晤的具体形式。[⑤] 中国决策层对中苏峰会问题在这时已基本确定。

---

① 《越国务委员会主席武志公访苏联合公报》，《参考资料》1988年9月25日，第28页。

② 《戈尔巴乔夫在克拉格斯诺亚尔发表的重要讲话》，《参考资料》1988年9月17日，第21—22页。

③ 柴世宽、周树春：《外交部发言人评戈尔巴乔夫讲话　我注意到苏愿促进柬问题解决希望作出切实努力》，《人民日报》1988年9月23日。

④ 钱其琛：《外交十记》，北京：世界知识出版社2003年版，第29页。

⑤ 李鹏：《和平发展合作：李鹏外事日记》，北京：新华出版社2008年版，第27页。

12月上旬，中苏外长举行会谈，最后以《共同记录》的方式达成内部谅解，包括尽早政治解决柬埔寨问题，越南撤军时间是1989年6月到12月底之间，以及戈尔巴乔夫愿意访问北京，与邓小平共同实现中苏“正常化”。[①] 戈尔巴乔夫在会见钱其琛时，主动表示他希望访华，钱其琛则当面转达了中方的邀请，双方将时间定在1989年上半年。

越南对华政策随即出现了转折。就在中苏外长会谈结束10天后，越南主动与中方秘密接触。可以合理推断苏联就是幕后推手，中方对此未必完全不知情。12月14日，越南外交部给中国大使馆打电话说，越南第一副外长丁儒廉请中国驻越大使李世淳于15日上午10时，到越外交部会谈。李世淳获国内批准后按时前往，丁儒廉面交了越外长阮基石给钱其琛的一封信，提出1989年3月前，在北京举行外长级会晤。12月23日，中国决策层经研究答复越方，建议近期先派一位副外长到北京，就解决柬埔寨问题举行内部磋商。中越秘密谈判从此开始。[②] 1989年1月6日，越南外交部公布了越军提前撤军的时间表，即至迟到9月从柬埔寨撤出全部军队。中旬，丁儒廉秘密访问北京。他在访问期间明确承诺，越南将于9月底从柬埔寨全部撤军，中方则接受了这一时间表。[③] 中越之间仍存在分歧，但那对中苏峰会已经没有什么影响了。

1989年1月10日，李鹏前往邓小平住处，专门汇报了外交工作。他详细介绍了中苏关系的各种进展，并请示有关谢瓦尔德纳泽

---

① 李惠生：《钱外长结束对苏联正式访问，钱其琛说中苏关系正常化进程已开始苏外长说苏中关系进入现实主义时期》，《人民日报》1988年12月5日；参见钱其琛：《外交十记》，北京：世界知识出版社2003年版，第32页。

② 李家忠：《亲历上世纪90年代中越关系正常化始末》，《湘潮》2010年第4期，第36—37页。

③ 参见王泰平主编：《新中国外交50年》（上），北京：北京出版社1999年版，第205页。

将访华，特别是之后邀请戈尔巴乔夫访华的决定和时间表。邓小平当即同意，将戈尔巴乔夫访华时间定在4月底5月初，访问的重要成果则是中苏两国领导人发布一个"联合新闻公报"。李鹏当时建议，是否发表一个"正式公报约束力大一些，而且中美发表了三个公报"。邓小平立即明确地阐述了中苏与中美"不一样"，前者是"恢复关系的正常化"，后者则是"建交"，所以不必采取一样的形式。①

在邓小平看来，中苏"峰会"后发表何种规格的文件，绝不仅仅是个外交程序问题，其本质是在中国的对外战略中，中美关系的位阶仍然要高于中苏关系。这是他为20世纪80年代中国对外关系构建的战略格局的核心部分之一，是个需要贯彻始终的战略原则。所以在涉及的几乎所有方面都要坚持并有所体现，其目的不仅是避免国际社会的误读，而且要在国内决策层中保持连贯和清楚的共识。之后不久，戈尔巴乔夫访华所涉诸事逐步落实，邓小平在接待礼仪方面又做出"要适度"的指示，内容具体到他与戈尔巴乔夫见面之时的形式，就是"只握手，不拥抱"。他特意叮嘱，在商谈礼宾安排时，要向对方"打招呼"，即对此一姿态要有言在先，以免误解。②

2月2日，苏联外交部长谢瓦尔德纳泽访问北京，为两国首脑会晤做最后努力。双方在2月6日同时发表了《中国苏联两国外长关于解决柬埔寨问题的声明》，并宣布戈尔巴乔夫将于5月15日至18日访华。从有关解决柬埔寨问题的内容看，双方仍然存在分歧。实际上即使中苏完全达成共识，也未必就能使政治解决柬埔寨问题变得很顺利，这是由该问题本身的复杂性决定的。5月15日至18

① 李鹏:《和平发展合作：李鹏外事日记》，北京：新华出版社2008年版，第27—29页。

② 钱其琛:《外交十记》，北京：世界知识出版社2003年版，第36页。

日，戈尔巴乔夫正式访华。中国党政最高领导人都同戈尔巴乔夫举行会谈，其中最重要的是5月16日邓小平与他会谈。以此为标志，中苏关系“正常化”终于实现了，也可以说是中国的“正常化”战略终于成功了。

第八节　结语

1991年，苏联发生八一九事件，苏联最终解体，中苏关系也从此走入历史。不过，两年之前才实现的中苏关系“正常化”为中国应对这一世界性大变局提供了特殊的条件。中国决策过程包含的一系列关键判断和选择：中国当时在战略地位上优于苏联、“正常化”决策的核心应该是谋求地缘安全利益、中苏关系不应在中国对外关系布局中占太大比例如“不能超过中美关系”“正常化”绝不回到同盟以及不以意识形态为基础，等等，无一不被苏联解体这个无情的事实证明，都是相当合理的，尽管同所有的战略判断一样，在诸多局部和细节上仍然有讨论的余地。可以设想，如果没有相对稳定的中美关系，或者说中苏关系在中国对外关系全局中占过大比重，那么国家的突然消失将给中国对外关系造成何等严重的负面影响。

对于中国对外战略服务的目标和战略全局来说，苏联突然解体和冷战终结等，终究不过是局部性的问题，形成这种局面当然同中国在冷战后期的一系列战略决策，特别是中苏“正常化”决策有着莫大关系。其中的重要经验就是战略决策背后的战略判断至关重要，它有时决定着国家在重大历史事变中的命运和根本性的应对之道的合理性与成败。

深入研究“正常化”决策的重要价值还不仅在于它所导致的上

述后果。一个更突出也是最值得认真思考和借鉴的，是中国决策者特别是邓小平本人对战略决策过程进行的有效控制，其复杂性和鲜明的特点在其他各战略决策案例中并不多见。它再次证明了战略的本质是管理这个命题，进一步说，战略性竞争的本质是战略管理质量的竞争。这里所谓的“战略管理”，首先是指比较及时的并坚持将“正常化”界定为追求安全战略利益的过程，这反映在决策系统内部反复出现的讨论和凝聚共识的过程之中。其次是将“正常化”聚焦于谋求战略安全利益后，不断对决策目标及其变动的轻重缓急等，进行有效的管理和控制，包括坚决地排除那些听起来“正确”的坐而论道的干扰。

中苏“正常化”决策过程与思想解放运动几乎是同步的，一方面，那个时期空前活跃的思想交锋的确为对苏政策的讨论提供了有益的政治气氛；另一方面，理论的争论也难免受到传统思维方式的影响。这同中国对外政策意识形态的演变进程纠结在一起，有可能导致对决策的论证偏离追求战略利益的轨道。简单地说，某些观点尽管也会推动中苏关系的改善，但有可能将“正常化”牵引到或重新置于已经被历史证明是“不正常”的基础之上，在实践中则导致难以实现战略利益的最大化。从这个角度，邓小平在决策开始阶段即提出，以及在后来的每次重要节点上坚持和强调苏联必须首先消除“三大障碍”，并直接控制处理双边交往的过程，这对于保持足够的政策共识和行动协调等至关重要。确保战略原则和目标的表述的连贯和清晰准确，也有利于避免苏联方面因误读中国政策而做出无效甚至有害的反应。

20 世纪 80 年代是中国外交各个方面都在发生前所未有的深刻变革的时期，研究这场变革对于揭示和理解“战略是管理”这个概念的含义在中国的战略决策实践中的巨大价值，绝不是可有可无的。本章的这个案例证明了很有必要更深入地分析这个时期中国的决策体制和机制。尽管可以基本确定，在高度集权的对外决策体制中，邓小平本人处于核心地位以及研究他的思考与行为具有头等的重要性，但这并不能取代对决策过程中的诸多其他特点的观察和解读。完成这个任务有待更多历史档案和文献的挖掘和积累。

参考文献

一、文献与档案

（一）人物文集

中华人民共和国外交部和中共中央文献研究室编：《毛泽东外交文选》，北京：中央文献出版社、世界知识出版社 1994 年版。

中共中央文献研究室编：《毛泽东文集》，北京：人民出版社 1996 年版。

中共中央文献研究室、解放军军事科学院编：《建国以来毛泽东军事文稿》，北京：军事科学院出版社、中共中央文献出版社 2010 年版。

《毛泽东选集》，北京：人民出版社 2001 年版。

中共中央文献研究室编：《建国以来毛泽东文稿》，北京：中央文献出版社 1987 年版。

解放军军事科学院、中共中央文献研究室编：《毛泽东军事文集》，北京：军事科学出版社、中央文献出版社 1993 年版。

中共中央文献研究室编：《毛泽东在七大的报告和讲话集》，北京：中央文献出版社 1995 年版。

中共中央文献研究室、中央档案馆编：《建国以来周恩来文稿》，北京：中央文献出版社2008年版。

中华人民共和国外交部、中共中央文献研究室编：《周恩来外交文选》，北京：中央文献出版社、世界知识出版社1990年版。

中共中央文献研究室、解放军军事科学院编：《周恩来军事文选》，北京：人民出版社1997年版。

《周恩来选集》，北京：人民出版社1981年版。

中共中央文献研究室、中央档案馆编：《建国以来刘少奇文稿》，北京：中央文献出版社2005年版。

《刘少奇选集》，北京：人民出版社1981年版。

《陈云文选》，北京：人民出版社1984年版。

《邓小平文选》，北京：人民出版社1993年版。

中共中央文献研究室、解放军军事科学院编：《邓小平军事文集》，北京：军事科学出版社、中央文献出版社2004年版。

《张闻天文集》编辑组编：《张闻天文集》，北京：中共党史出版社1995年版。

《彭德怀传记》编写组编：《彭德怀军事文选》，北京：中央文献出版社1988年版。

《陈赓军事文选》编辑组：《陈赓军事文选》，北京：解放军出版社2007年版。

中共中央文献研究室、解放军军事科学院编：《叶剑英军事文选》，北京：解放军出版社1997年版。

张爱萍：《张爱萍军事文选》，北京：长征出版社1994年版。

（二）文件集

中央档案馆编：《中共中央文件选集》，北京：中央党校出版社1992年版。

中共中央文献研究室编：《建国以来重要文献选编》，北京：中央文献出版社 1998 年版。

中共中央宣传部办公厅、中央档案馆编研部编：《中国共产党宣传工作文献选编　1949—1956》，北京：学习出版社 1996 年版。

中华人民共和国外交部档案馆编：《中华人民共和国外交档案选编（第一集）1954 年日内瓦会议》，北京：世界知识出版社 2006 年版。

沈志华编：《俄罗斯解密档案选编：中苏关系》，上海：东方出版中心 2015 年版。

沈志华编：《朝鲜战争：俄国档案馆的解密文件》，台北：台湾“中央研究院”近代史研究所 2003 年版。

中华人民共和国外交部档案馆编：《中国代表团出席 1955 年亚非会议》，北京：世界知识出版社 2007 年版。

《中美关系资料汇编》，北京：世界知识出版社 1957 年版。

新华社编：《我国对外关系文件选编》，北京：新华通讯社 1980 年编印。

齐世荣主编：《当代世界史资料选辑》，北京：北京师范学院出版社 1990 年版。

秦孝仪主编：《中华民国重要史料初编——对日抗战时期第三编战时外交》，台北：中国国民党“中央委员会”党史委员会 1981 年版。

王铁崖编：《中外旧约章汇编》，北京：生活·读书·新知三联书店 1962 年版。

《解决老挝问题的扩大的日内瓦会议文件汇编》，北京：世界知识出版社 1962 年版。

国防大学党史党建政工教研室编：《中共党史教学参考资料》，北京：国防大学党史党建政工教研室 1988 年印。

上海人民出版社编译室译：《勃列日涅夫言论集》，上海：上海译文出版社 1975 年版、1981 年版。

中共中央组织部、中共中央党史研究室、中央档案馆编：《中国共产党组织史资料》，北京：中共党史出版社 2000 年版。

二、年谱与年表

《李先念传》编写组和鄂豫皖边区革命史编辑部编：《李先念年谱》，北京：中央文献出版社 2011 年版。

刘连第、汪大为编著：《中美关系的轨迹——建交以来大事纵览》，北京：时事出版社 1995 年版。

王焰主编：《彭德怀年谱》，北京：人民出版社 1998 年版。

徐泽浩编：《王稼祥年谱（一九〇六—一九七四）》，北京：中央文献出版社 2001 年版。

张培森主编：《张闻天年谱（一九四二—一九七六）》，北京：中共党史出版社 2000 年版。

中共江苏省党委党史办公室编：《粟裕年谱》，北京：当代中国出版社 2006 年版。

中共中央党史研究室编：《中共党史大事年表》，北京：人民出版社 1987 年版。

中共中央文献研究室编：《陈云年谱》，北京：中央文献出版社 2015 年版。

中共中央文献研究室编：《邓小平思想年谱（一九七五—一九九七）》，北京：中央文献出版社 2011 年版。

中共中央文献研究室编：《邓小平年谱（一九〇四—一九七四）》，北京：中央文献出版社 2009 年版。

中共中央文献研究室编：《邓小平年谱（一九七五—一九九七）》，北京：中央文献出版社 2004 年版。

中共中央文献研究室编：《刘少奇年谱（一八九八—一九六九）》，北京：中央文献出版社 1996 年版。

中共中央文献研究室编、逄先知主编：《毛泽东年谱（一八九三—一九四九）》（上、中、下卷），北京：人民出版社、中央文献出版社1993年版。

中共中央研究室编、逄先知、冯蕙主编：《毛泽东年谱（一九四九——一九七六）》第1—6卷，北京：中央文献出版社2013年版。

中共中央文献研究室编：《毛泽东思想年谱（一九二一——一九七五）》，北京：中央文献出版社2011年版。

中共中央文献研究室编：《周恩来年谱（一九四九——一九七六）》，北京：中央文献出版社1998年版。

中共中央文献研究室编：《刘少奇传》，北京：中央文献出版社1998年版。

中国人民解放军军事科学院编：《叶剑英年谱（一九四九——一九七六）》（下），北京：中央文献出版社2007年版。

中国外交部外交史研究室主编：《周恩来外交活动大事记 1949—1975》，北京：世界知识出版社1993年版。

周均伦主编：《聂荣臻年谱》（下卷），北京：人民出版社1999年版。

三、回忆录

薄一波：《若干重大决策与事件的回顾》，北京：中共中央党校出版社1991年版。

陈有为：《无悔坦荡人生：从记者到中国外交官的回忆与自白》，香港：天地图书有限公司2010年版。

［美］兹比格涅夫·布热津斯基：《实力与原则》（邱应觉、梅仁毅、王家湘、章含之、江云译），北京：世界知识出版社1985年版。

戴秉国：《战略对话：戴秉国回忆录》，北京：人民出版社、世界知识出版社2016年版。

杜平：《在志愿军总部》，北京：解放军出版社 1991 年版。

谷牧：《谷牧回忆录》，北京：中央文献出版社 2009 年版。

［美］哈里·杜鲁门：《杜鲁门回忆录》（李石译），北京：生活·读书·新知三联出版社 1974 年版。

［美］亨利·基辛格：《白宫岁月——基辛格回忆录》（陈瑶华等译），北京：世界知识出版社 1980 年版。

洪学智：《抗美援朝回忆》，北京：解放军文艺出版社 1990 年版。

黄华：《亲历与见闻——黄华回忆录》，北京：世界知识出版社 2007 年版。

胡琏：《金门忆旧》，台北：黎明出版社 1976 年版。

《胡乔木回忆毛泽东》编写组：《胡乔木回忆毛泽东》，北京：人民出版社 1994 年版。

《杰出将领聂凤智》编委会编：《杰出将领聂凤智》，南京：江苏人民出版社 1994 年版。

雷英夫、陈先义：《统帅部参谋的追怀》，南京：江苏文艺出版社 1994 年版。

李鹏：《和平发展合作：李鹏外事日记》，北京：新华出版社 2008 年版。

李越然：《外交舞台上的新中国领袖》，北京：外语教学与研究出版社 1994 年版。

骆亦粟：《在风起云涌的年代里（1949—1989）》，北京：新华出版社 2011 年版。

聂荣臻：《聂荣臻回忆录》，北京：解放军出版社 1984 年版。

钱其琛：《外交十记》，北京：世界知识出版社 2003 年版。

师哲：《在历史巨人身边：师哲回忆录》（修订本），北京：中央文献出版社 1995 年版。

苏维民：《杨尚昆谈新中国若干历史问题》，成都：四川人民出版社 2010 年版。

童小鹏：《风雨四十年》，北京：中央文献出版社 1994 年版。

外交部外交史编辑室编：《新中国外交风云》，北京：世界知识出版社 1994 年版。

王炳南：《中美会谈九年回顾》，北京：世界知识出版社 1985 年版。

王立：《波澜起伏——中美关系演变的曲折历程》，北京：世界知识出版社 1998 年版。

王力：《回眸中美关系演变的关键时刻》，北京：世界知识出版社 2008 年版。

吴冷西：《忆毛主席——我亲身经历的若干重大历史事件片断》，北京：新华出版社 1995 年版。

吴瑞林：《抗美援朝中的第 42 军》，北京：金城出版社 1995 年版。

伍修权：《在外交部八年的经历 1950. 1—1958. 10》，北京：世界知识出版社 1983 年版。

萧劲光：《萧劲光回忆录》，北京：当代中国出版社 2013 年版。

肖劲光：《肖劲光回忆录（续集）》，北京：解放军出版社 1988 年版。

熊向晖：《历史的注脚——回忆毛泽东、周恩来及四老帅》，北京：中共中央党校出版社 1995 年版。

熊向晖：《我的情报与外交生涯》，北京：中共党史出版社 1999 年版。

熊真：《一对外交官夫妇的足迹》，南京：江苏人民出版社 1995 年版。

阎明复：《阎明复回忆录》，北京：人民出版社 2015 年版。

叶飞：《叶飞回忆录》，北京：解放军出版社 2007 年版。

张秀山：《我的八十五年：从西北到东北》，北京：中共党史出版社 2007 年版。

张震：《张震回忆录》，北京：解放军出版社 2003 年版。

周晓沛：《中苏中俄关系亲历记》，北京：世界知识出版社 2010 年版。

郑文翰：《秘书日记里的彭老总》，北京：军事科学出版社 1998 年版。

朱良：《对外工作回忆与思考》，北京：当代世界出版社 2012 年版。

朱祥忠：《我的拉美外交生涯》，上海：上海辞书出版社 2009 年版。

朱理治：《朱理治回忆录：往事回忆》，北京：中共党史出版社 2017 年版。

四、传记

《陈赓传》编写组：《陈赓传》，北京：当代中国出版社 2013 年版。

《陈毅传编写组》著：《陈毅传》，北京：当代中国出版社 1991 年版。

程蕊编著：《刘伯承传》，贵阳：贵州人民出版社 2001 年版。

程中原：《张闻天传》（修订版），北京：当代中国出版社 2006 年版。

东方鹤：《张爱萍传》，北京：人民出版社 2000 年版。

《方毅传》编写组：《方毅传》，北京：人民出版社 2008 年版。

空军政治部编：《空军高级将领传》，北京：蓝天出版社 2002 年版。

《李先念传》编写组：《李先念传 1949—1992》，北京：中央文献出版社 2009 年版。

《刘伯承传》编写组：《刘伯承传》，北京：当代中国出版社 1992 年版。

彭德怀传记组：《彭德怀全传》，北京：中国大百科全书出版社

2009 年版。

罗元生：《百战将星王尚荣》，北京：解放军文艺出版社 1999 年版。

《彭真传》编写组编：《彭真年谱（一九〇二——一九九七）》，北京：中央文献出版社 2012 年版。

阮虹：《一个外交家的经历：韩叙传》，北京：世界知识出版社 2004 年版。

盛平、王再兴编著：《胡耀邦思想年谱（1975—1989）》，香港：泰德时代出版有限公司版。

《粟裕传》编写组：《粟裕传》，北京：当代中国出版社 2000 年版。

《王尚荣将军》编写组：《王尚荣将军》，北京：当代中国出版社 2000 年版。

杨圣清：《新中国首任驻美大使柴泽民》，北京：中共党史出版社 2009 年版。

杨万青、齐元春：《刘亚楼将军传》，北京：中共党史出版社 1995 年版。

《志愿军第一任参谋长解方将军》编写组编：《志愿军第一人参谋长解方将军（1908—1984）》，北京：军事科学出版社 1997 年版。

中共中央文献研究室编：《邓小平传 1904—1974》，北京：中央文献出版社 2014 年版。

中共中央文献研究室编：《毛泽东传 1949—1976》，北京：中央文献出版社 2003 年版。

中共中央文献研究室编：《周恩来传 1949—1976》，北京：中央文献出版社 1998 年版。

五、专著

柴成文、赵勇田：《板门店谈判》，北京：解放军出版社 1992 年版。

柴成文、赵勇田：《抗美援朝纪实》，北京：中共党史资料出版社1987年版。

戴超武：《敌对与危机的年代——1954—1958年的中美关系》，北京：社会科学出版社2003年版。

《当代中国》丛书编辑部：《当代中国海军》，北京：中国社会科学院出版社1987年版。

《当代中国》丛书编辑部：《当代中国空军》，北京：中国社会科学院出版社1989年版。

《当代中国》丛书编辑部：《当代中国军队的军事工作》，北京：社会科学出版社1989年版。

《当代中国》丛书编辑部：《当代中国外交》，北京：社会科学出版社1988年版。

［德］迪特·海茵茨希：《中苏走向联盟的艰难历程》（张文武、李丹琳译），北京：新华出版社2001年版。

［美］弗拉季斯拉夫·祖博克：《失败的帝国：从斯大林到戈尔巴乔夫》（李晓江译），北京：社会科学文献出版社2014年版。

宫力：《邓小平与美国》，北京：中共党史出版社2004年版。

郭明主编：《中越关系演变四十年》，桂林：广西人民出版社1992年版。

李可、郝生章：《“文化大革命”中的人民解放军》，北京：中共党史资料出版社1989年版。

贾庆国：《未实现的和解：中美关系的隔阂与危机》，北京：文化艺术出版社1998年版。

李连庆：《大外交家周恩来》，北京：人民出版社2016年版。

［俄］尼·特·费德林、伊·弗·科瓦廖夫、安·梅·列多斯基：《毛泽东与斯大林、赫鲁晓夫交往录》（彭卓吾译），北京：东方出版社2004年版。

李潜虞：《从万隆到阿尔及尔——中国与六次亚非会议》，北京：世界知识出版社 2016 年版。

［俄］A. M. 列多夫斯基：《斯大林与中国》（陈春华、刘存宽译），北京：新华出版社 2001 年版。

吕桂霞：《遏制与对抗：越南战争期间的中美关系（1961—1973）》，北京：社科文献出版社 2007 年版。

牛军：《从赫尔利到马歇尔：美国调处国共矛盾始末》，北京：东方出版社 2009 年版。

牛军：《冷战与新中国外交的缘起》，北京：社会科学文献出版社 2013 年版。

逄先知、李捷：《毛泽东与抗美援朝》，北京：中央文献出版社 2000 年版。

潘一宁：《中美在印度支那的对抗（1954—1973）——越南战争的国际关系史》，广州：中山大学出版社 2011 年版。

裴坚章主编：《中华人民共和国外交史》，北京：世界知识出版社 1994 年版。

齐德学：《巨人的较量——抗美援朝高层决策和指导》，北京：中共中央党校出版社 1999 年版。

曲爱国、鲍明荣、肖祖跃编：《援越抗美——中国支援部队在越南》，北京：军事科学出版社 1995 年版。

沈志华：《毛泽东、斯大林与朝鲜战争》，广州：广东人民出版社 2003 年版。

沈志华：《无奈的选择：冷战与中苏同盟的命运》，北京：社会科学文献出版社 2013 年版。

沈志华主编：《中苏关系史纲：1917—1991 年中苏关系若干问题再探讨》，北京：社会科学文献出版社 2015 年版。

时殷弘：《敌对与冲突的由来——美国对新中国的政策与中美关

系（1949—1950）》，南京：南京大学出版社 1995 年版。

苏格：《美国对华政策与台湾问题》，北京：世界知识出版社 1998 年版。

［美］塔德·肖尔茨：《和平的幻想：尼克松外交内幕》（邓辛等译），北京：商务印书馆 1982 年版。

陶文钊：《中美关系史》，上海：上海人民出版社 2004 年版。

田曾佩：《改革开放以来的中国外交》，北京：世界知识出版社 1993 年版。

王泰平主编：《新中国外交 50 年》，北京：北京出版社 1999 年版。

［挪］文安立：《全球冷战：美苏对第三世界的干涉与当今世界的形成》（牛可译），北京：世界图书出版公司 2010 年版。

萧扬：《张闻天与中国外交》，香港：香港中和出版有限公司 2012 年版。

肖娴：《刘少奇外交思想与实践研究（1949—1966）》，北京：中国社会科学出版社 2013 年版。

谢益显主编：《中国外交史：中华人民共和国时期 1949—1979》，郑州：河南人民出版社 1988 年版。

徐日彪编：《中苏历史悬案的终结》，北京：中共党史出版社 2010 年版。

徐焰：《第一次较量——抗美援朝战争的历史回顾与反思》，北京：中国广播电视出版社 1990 年版。

徐焰：《金门之战》，北京：中国广播电视出版社 1992 年版。

杨奎松：《“中间地带”的革命：国际大背景下看中共成功之道》，太原：山西人民出版社 2010 年版。

姚峻主编：《中国航空史》，郑州：大象出版社 1998 年版。

［越］越南国防部军史研究院编著：《越南人民军史》（廖贤春等译），桂林：广西人民出版社 1991 年版。

尹启明、程亚光：《第一任国防部长》，广州：广东教育出版社1997年版。

［俄］尤·米·加列诺维奇：《两大领袖斯大林与毛泽东》（部彦秀、张瑞璇译），成都：四川人民出版社1999年版。

张爱萍主编：《中国人民解放军》，北京：当代中国出版社1984年版。

张盛发：《斯大林与冷战》，北京：中国社会科学出版社2000年版。

张树德：《毛泽东与张闻天：跟着真理走》，北京：中国青年出版社2012年版。

张小明：《冷战及其遗产》，上海：上海人民出版社1998年版。

中国人民解放军军事科学院军事历史研究部：《抗美援朝战争史》，北京：军事科学出版社2000年版。

周文琪、褚良如：《特殊而复杂的课题——共产国际、苏联与中国共产党关系编年史》，武汉：湖北人民出版社1993年版。

资中筠主编：《战后美国外交史——从杜鲁门到里根》，北京：世界知识出版社1994年版。

六、论文集

国际战略基金会：《环球同此凉热——一代领袖们的国际战略思想》，北京：中央文献出版社1993年版。

姜长斌、［美］罗伯特·罗斯主编：《从对峙走向缓和：冷战时期中美关系再探讨》，北京：世界知识出版社2000年版。

裴坚章主编：《毛泽东外交思想研究》，北京：世界知识出版社1994年版。

李丹慧：《中国与印度支那战争》，香港：天地图书有限公司2002年版。

牛大勇、沈志华主编：《冷战与中国的周边关系》，北京：世界知识出版社 2004 年版。

裴坚章主编：《研究周恩来——外交思想与实践》，北京：世界知识出版社 1989 年版。

沈志华：《中苏同盟与朝鲜战争研究》，桂林：广西师范大学出版社 1999 年版。

萧延中编：《晚年毛泽东》，北京：春秋出版社 1989 年版。

章百家、牛军：《冷战与中国》，北京：世界知识出版社 2002 年版。

张沱生、史文主编：《中美安全危机管理案例分析》，北京：世界知识出版社 2007 年版。

中俄关系史研究会编：《战后中苏关系走向》，北京：社会科学文献出版社 1997 年版。

七、英文文献

Gregg A. Brazinsky, *Winning The Third World: Sino-American Rivalry During The Cold War*(Chapel Hill: The University of North Carolina, 2017).

George C. Herring, *America's Longest War: The United States and Vietnam 1950–1975*(New York: McGraw Hill, 1986), 2th edition.

Harry Harding, ed., *China's Foreign Relations in the 1980s* (New Haven: Yale University Press, 1984).

Mark Moyar, *Triumph Forsaken: The Vietnam War, 1954 – 1965* (New York: Cambridge University Press, 2006).

Michael Hunt and Niu Jun, ed., *Chinese Communist Foreign Relations, 1920s–1960s, Personalities and Interpretive Approaches* (Washington D. C.: Woodrow Wilson Center for International Scholars, 1994).

Shen Zhihua, *After Leaning to One Side: China and Its Allies in the Cold War* (Stanford: Stanford University Press, 2011).

Thomas J. Christensen: *Worse Than a Monolith: Alliance Politics and*

Problem of Coercive Diplomacy in Asia (Princeton, NJ: Princeton University Press, 2011).

Zhai Qiang, *China and the Vietnam War, 1950–1975* (Chapel Hill: University of North Carolina Press, 2000).

Gareth Porter, ed., *Vietnam: The Definitive Documentation of Human Decision*, Volume 2(Stanfordville: E. M. Coleman Enterprises, 1979).

Masaru Kojima, ed., *The Record of the Talk between the Japanese Communist Party and the Communist Party of China*, published by the Central Committee of the Japanese Communist Party at Tokyo, 1980.

Michael Hunt, ed., *A Vietnam War Reader: American and Vietnamese Perspectives*(New York: Penguin Books, 2010).

The Senator Gravel Edition, *The Pentagon Papers: The Defense Department History of United States Decision-making on Vietnam*, Volume 3 (Boston: Beacon Press, 1971).

U. S. Department of State, *American Foreign Policy: Basic Document 1950–1953* (Washington D. C.: Government Printing Office, 1957).

U. S. Department of State, *Foreign Relations of the United States*, Korean War, Vol. Ⅶ, 1950(Washington, D. C.: United States Government Printing Office, 1976).

U. S. Department of State, *Foreign Relation of United States*, Korea and China, Vol. Ⅶ, 1951(Washington, D. C.: United States Government Printing Office, 1983).

U. S. Department of State, *Foreign Relation of United States*, Korea, Vol. XV, 1952–1954(Washington, D. C.: United States Government Printing Office, 1984).

U. S. Department of State, *Foreign Relation of United States*, Eastern Europe, Vol. Ⅶ, 1964–1968(Washington, D. C.: United States Government

Printing Office, 1996).

U. S. Department of State, *Foreign Relation of United States*, China, Vol. XVII, 1969-1972(Washington, D. C.: United States Government Printing Office, 2006).

U. S. Department of State, *Foreign Relation of United States*, Western Europe, NATO, Vol. XII, 1969(Washington, D. C.: United States Government Printing Office, 2012).

U. S. Department of State, *Foreign Relation of United States*, China, Vol. XVII, 1973-1976(Washington, D. C.: United States Government Printing Office, 2012).

U. S. Department of State, *Foreign Relation of United States*, China, Vol. XII, 1977-1980(Washington, D. C.: United States Government Printing Office, 2013).

索　引

A

阿巴斯　409
阿尔希波夫　550，551
阿里耶夫　544
阿鲁季　371
阿尤布·汗　374-376
埃蒂安·M. 马纳克　462
艾奇逊　122，125
艾森豪威尔　221，238，247，267，291-293，462
安德罗波夫　535，540-545

B

巴卢库　422，427，434
贝鲁诺索夫　48
贝文　121
比姆　472
彼得罗夫　47，48
波尔布特　559
波伦　221
勃列日涅夫　431，501-504，522-526，529，535，536，539-541，544，574
布热津斯基　506，538，576
布什　528

C

长征　346
崔庸健　126，427
戴高乐　462，463
德奎利亚尔　562
丁儒廉　565，567
杜勒斯　291，294
杜鲁门　122，125，153，173，183，198，202，211，215，230，314，323，357，463，577，584
多勃雷宁　471，472

F

范文同 317-319，325-327，332，337，339，343，348，349，367，392，413，445
费多托夫 562
弗兰克·丘奇 519
富马 323-325，334，337，342
富米 323，333，343

G

戈尔巴乔夫 44，310，484，493，547-549，552，556-563，566-569，581
格罗诺斯基 443
葛罗米柯 108，139，157，169，170，175，188，204，214，291，292，404，472，502，505，540-542
贡昆 559
贡勒 323

H

哈里曼 43，403，404
韩桑林 559，560
赫尔利 45，446，447，582
赫鲁晓夫 17，251，284-288，292，310，316，317，319-322，335，342，344，345，352，353，359，360，391，393，394，406，419，423，425-428，431，516，581
黑格 528
恒安石 530
侯赛因 543
胡志明 104，113，114，297，298，315，316，319，321，322，324，337，339，343-346，350，352，355，370，371，411，468，474
华莱士 562
霍普森 376

J

基辛格 22，381，384，463，465，466，471，472，479，501，577
贾丕才 532，543，544
捷列宾 57-63，81
金光侠 110
金日成 97，100，101，105-108，110-120，125-130，136-141，144，151，154-158，160，162，168-171，175，181，

183，184，187-196，198-202，204，205，208-210，212-214，217-221，361，374，532，539，544
金雄　199
金一　107，108

K

卡伯特　334，406
卡特　506，519，520
卡翁达　563
凯南　198
柯克　204，211，212
柯林斯　173
柯西金　370，372，413，425，427，429，440，461，468，472，474，498-500，543
科瓦廖夫　59，64，85，88，106-108，124，581
克拉克　220，221
肯尼迪　34，323，333，335，356，385，406，465
库茨涅佐夫　57-59，61-63，220，222
库达舍夫　499

L

拉夫连季耶夫　85
拉祖瓦耶夫　169，189，191，210，214，216，218
黎笋　345，352，353，356，357，359-362，366，367，370，413，557，561
李承晚　105，107，108，131，221
李奇微　202，204，209，211
李周渊　115-118
里根　173，198，230，314，323，357，463，526-528，530，537，538，545，552，584
列多夫斯基　56，582
列宁　24，29，39，40，62，65，81-83，91，92，360，416，425，426，432，474，480，481，503，519
鲁道夫·基希施莱格　555
罗高寿　547，563-565
罗申　59，85，118，127，130，137，138，140，143，145，151，153，154，156，158，170，184，204，213，214

M

马尔采夫　532
马立克　59，198，202

马利诺夫斯基 428
马林科夫 251
马歇尔 53，447，582
麦克阿瑟 162，173
麦克罗斯基 379
曼斯菲尔德 442，463
毛雷尔 464-466
蒙代尔 520，521
蒙哥马利 346，347
米高扬 55，56，64-73，75，79，82，83，89，101，125
密特朗 409
莫洛托夫 89，159，220，221

N

奈温 334，374，375
南日 206，207
尼赫鲁 120
尼克松 12，379，381，441-446，457，462-466，472，476，479，501，521，583

P

潘尼迦 120-122，181，182，376
佩图霍夫 207，210，211
朴宪永 140，144，189，190，193，216，219
朴一禹 155，157

Q

齐奥塞斯库 464，466，524，526，530，548，549，552，562
契尔年科 544，545，547，557
契尔沃年科 324，325，327，335，338，339，364，406，407
丘吉尔 245，247

R

日夫科夫 562，563
阮基石 564，567
阮文孝 340
阮颐年 559

S

什特科夫 107，108，110，111，117，118，138，139，149，157，175，187，188
史蒂文斯 526
司徒雷登 124，229
斯大林 17，39-41，43-48，53-66，68，69，73-81，83-90，92，93，95，99，101-115，117-120，123-127，

129，130，136，138-145，149-159，167，169，170，176，181，184，185，187-201，204，205，208-219，221，310，374，473，581，582，584，596
斯诺　162，566
斯托塞尔　379-381
苏发努冯　326，327，340，341，349，392
苏斯洛夫　422，424
索洛维约夫　78

T

铁托　65，66
土井多贺子　563

W

维辛斯基　35，107，108，111，116-118，184，211，212
文进勇　336，338，358，371
吴庭艳　309，311，313，315，337，354，356
武元甲　338，346
武志公　565，566

X

西哈努克　463，560，562，564，565
西蒙斯　379，381
希尔　434，457
希思　548
谢尔·阿里·汗　479
谢尔巴科夫　37，504，511，522
谢瓦尔德纳泽　564，567，568

Y

叶海亚　464，466，479
伊利切夫　532，536
尤金　176，277，287
园田直　506
约翰逊　356-358，366，375，385，408，415，444，464

Z

泽登巴尔　543
佐佐木更三　425，426

后　记

这本书包括的六个案例研究的框架，最初形成于我在北京大学国际关系学院讲授的“中国外交决策研究”课程，可以说，这首先是十余年课堂教学积累的产物，其中有我在教学中的体会，也有来自对学生在课堂上提出、我当时无法给予充分回答的问题的思考。当然，十余年授课中介绍过的内容远不止这些。

此外，从案例研究的角度看，这肯定也不属于“新领域”研究一类；即使是在我的研究范围，它们也不是新的课题，尽管在写作过程中，在史实层面上，的确根据新发现的历史资料对一些问题做了一些更正和补充，并基于不同的观察和分析视角，提出了诸多新的判断和解读。近些年来，笔者在这个领域发表的论文不少都在题目中加上“再研究”，其目的就是要说明，根据多年的研究体会，大量即使被认为已经是耳熟能详的事件，仍然都有根据新的证据和新的视角再解读的必要，包括对相关的历史事件做进一步考证，重新界定或确认一些事实；尤其是通过更深入细致的分析，还可以呈现出以往被忽视的那些至关重要的含义。在中国对外关系和对外政策这个领域，的确有大量个案是需要重新解读的，从某种意义上说，这个领域仍然是一个有待开掘的巨大的宝藏。

在这里，不妨重复这样的看法，学界在从中国古代战略决策历史中寻找思想资源时，不妨也将一些关注转向当代中国历史中的战略思想和战略决策实践。毕竟，当代战略决策更直接地影响了当代中国对外关系的各个方面，也是当下中国战略思想和理论的源头活水。希望这本书在这方面能有所贡献。

牛军

2019 年 9 月 8 日

冷战国际史研究丛书已出版图书

1. 张曙光：《接触外交：尼克松政府解冻中美关系》，北京：世界知识出版社2009年1月版。

2. 王新蕾：《旧金山媾和与中国》，北京：世界知识出版社2009年3月版。

3. 徐天新、沈志华主编：《冷战前期的大国关系：美苏争霸与亚洲大国的外交取向（1945—1972）》，北京：世界知识出版社2011年4月版。

4. 范宏伟：《和平共处与中立主义——冷战时期中国与缅甸和平共处的成就与经验》，北京：世界知识出版社2012年8月版。

5. 孙德刚：《准联盟外交的理论与实践：基于大国与中东国家关系的实证分析》，北京：世界知识出版社2012年9月版。

6. 房建国：《美国对阿尔及利亚战争政策研究》，北京：世界知识出版社2012年11月版。

7. 崔丕、［日］青山瑠妙主编：《多维视角下的亚洲冷战》，北京：世界知识出版社2014年8月版。

8. 梁志：《冷战与情报：美国"普韦布洛"号危机决策史》，北京：世界知识出版社2014年12月版。

9. 李潜虞：《从万隆到阿尔及尔——中国与六次亚非国际会议（1955—1965）》，北京：世界知识出版社2016年3月版。

10. [俄] 叶菲莫娃：《斯大林和印度尼西亚 1945—1953 年苏联对印度尼西亚的政策：不为人知的一页》（吕雪峰译），北京：世界知识出版社 2016 年 5 月版。

11. 李晓亮：《阿富汗战争：苏联高层决策研究（1979—1989）》，北京：世界知识出版社 2016 年 11 月版。

12. 梁志、韩长青主编：《冷战时期的中国与世界》，北京：世界知识出版社 2017 年 11 月版。

13. 吕雪峰：《战后初期苏联对东欧政策：捷克斯洛伐克个案（1945—1953）》，北京：世界知识出版社 2018 年 1 月版。

14. 徐显芬：《未走完的历史和解之路：战后日本的战争赔偿与对外援助》，北京：世界知识出版社 2018 年 8 月版。

15. 牛军：《冷战时代的中国战略决策》，北京：世界知识出版社 2019 年 10 月版。

16. 翟韬：《文化冷战与认同塑造：美国对东南亚华人华侨宣传研究（1949—1965）》，北京：世界知识出版社 2020 年 9 月版。